영혼돌봄의 상담학
- 신학과 심리학의 통합을 위한 탐구 -

편집 | 마크 맥민, 티모디 필립스
공역 | 전요섭, 안경승, 강경미, 한숙자,
김영근, 황규명, 이은규, 김태수,
한재희, 심수명, 강병문

기독교문서선교회

기독교문서선교회(Christian Literature Crusade: 약칭 CLC)는 1941년 영국 콜체스터에서 켄 아담스에 의해 시작되었으며 국제 본부는 영국의 쉐필드에 있습니다.
현재 약 650여명의 선교사들이 59개 나라에서 180개의 본부를 두고, 이동도서차량 40대를 이용하여 문서 보급에 힘쓰고 있으며 이메일 주문을 통해 130여국으로 책을 공급하고 있습니다.
CLC는 청교도적 복음주의 신학과 신앙을 선포하는 국제적, 초교파적, 비영리 문서선교기관으로서, 하나님의 뜻에 합당한 책을 만들고 이 책을 통해 단 한 영혼이라도 구원되길 소망하며 이를 위해 주님이 오시는 그날까지 최선을 다할 것입니다.

Care for the Soul

Exploring the Intersection of Psychology & Theology

Edited by
Mark R. McMinn & Timothy R. Phillips

Translated by
Korea Evangelical Christian Counseling Society

Copyright © 2001 by Mark R. McMinn and the estate of Timothy R. Phillips
Originally published in English under the title as
Care for the Soul: Exploring the Intersection of Psychology & Theology
by InterVarsity Press
Translated by permission of InterVarsity Press. Downers Grove, Illinois 60515, U.S.A.

All rights reserved.

Korean Edition
Copyright © 2006 by Christian Literature Crusade
Seoul, Korea

추모사

이 책의 공동 편저자이며 역사·조직 신학자인 티모디 필립스(Timothy R. Phillips) 박사는 우리 삶에 깊이 침투한 타락의 문제를 날카로운 시각으로 통찰하였다. 인간의 타락 이후 죄는 우리의 삶을 오염시켰기 때문에 우리는 질병과 고통으로 신음해 왔다. 이로 인해 우리는 하나님 사랑의 넓음과 길이와 높이와 깊이를 경험할 수 있는 영적인 본향을 사모하게 된 것이다(엡 3:18). 그는 암(癌)과 사투를 벌이는 와중에서도 신학을 묵묵히 제자들에게 가르치며 살았다. 그러나 결국 2000년 9월 27일, 우리는 너무나도 귀한 교수이자, 친구인 동료를 잃었다. 샌디 필립스는 신실한 남편을 잃어야 했으며, 아론과 갈렙은 사랑하는 아버지를 떠나보내야 했다. 그동안 살아온 반세기처럼 팀의 죽음은 그가 얼마나 정직하고 선한 사람인지 보여 주었다. 우리는 팀을 그리워할 것이다.

Mark R. McMinn, Wheaton College, 공동 편저자

팀 필립스는 기독교 신학자이자 교수로서 해야 할 바람직한 것들 중 가장 멋진 일을 해낸 최고의 사람이었다. 예수 그리스도를 향한 그의 순결하고 열정적인 열정, 거기에 자신의 삶을 온전히 순종함으로 그의 주님과 구세주가 되시는 하나님께 드리고자 했던 열망을 소유한 –정확히는 그것에 의해 지배된– 사람이었다. 이러한 것들로부터 그의 놀라운 학문, 능력, 용기, 섬기는 종의 마음, 열정, 희생정신 그리고 성실함이 나온 것이다. 여기에 그의 탁월한 재능과 쉼 없는 노력들을 덧붙일 수 있을 것이다. 팀 필립스는 주변의 우리 모두와 학생들, 동료들, 그리고 친구들을 가득 채워주었다.

Stanton L. Jones, provost of Wheaton College, 제2장 저자

인자하고 성실하며 인내심 많은 스승인 팀 필립스의 죽음은 그의 가족과 직장동료 그리고 학생들에게까지 큰 충격이었다. 신학과 다른 학문의 분야들과의 건설적인 대화의 장을 열고 복음주의와 비복음주의 학자들 사이의 유익한 토론을 이끌어 온 그의 헌신은 신학계에 큰 축복이었다. 이 책에서 설명된 대로 그의 업적은 신학을 통해서 우리가 찾은 약속된 세상에 대한 언약이 약해지지 않는 한 사라져서는 안 될 것이다. 부디 그의 가족도 그가 하나님과 학회 그리고 교회에 가져다주었던 훌륭한 명예 속에서 위로를 받으시기 바란다.
Ellen T. Charry, Princeton Theological Seminary, 제5장의 저자

팀 필립스는 휘튼 대학(Wheaton College)에서 진정으로 헌신적이고 최선을 다하여 학문에 매진한 교수이며 학자 중 한 분이었으며, 학문적으로 인격적으로 고귀한 사람이었다. 우리는 그를 몹시 그리워할 것이다.
Robert C. Roberts, Baylor University, 제6장 저자

나의 좋은 친구이자 가까운 동료였던 팀 필립스는 그의 인생을 모두 다른 여러 학자들에게 자신과 동일한 영감을 불어 넣어주는 일과 함께, 인간의 몸으로 현현하신 예수님을 연구하는 데 보냈다. 무엇보다 그의 업적을 탁월하게 해주는 점은 그가 그의 연구 대상 자체와 더불어 그와 함께 연구하기 원하여 모인 사람 모두를 깊이 사랑했다는 점이다.
Dennis L. Okholm, Wheaton College, 제7장 저자

팀의 업적들은 나로 하여금 항상 단순히 하나님-중심적 신앙이 아닌, 그리스도-중심적 신앙을 지켜 나아가야 하는 중요성을 생각나게 해준다.
Michael W. Mangis, Wheaton College, 제8장 저자

저는 팀이 무엇을 믿고 어떻게 살아가야 하는지에 대한 두 가지 문제 사이에서 흔들림 없이 완벽한 조화를 보여준 것에 대해서 감탄하지 않을 수 없었다. 그가 살았을 때처럼 죽을 수 있었다는 것은 예수 그리스도에 대한 그의 믿음의 증거이다. 우리는 그의 삶에 대해 감사할 때조차 그를 그리워 할 것이다.
L. Gregory Jones, Duke University, 제11장 저자

그의 삶을 되돌아 볼 때, 2000년 9월 20일에 있었던 '성서 영감설'이라는 주제를 가지고 행해진 그의 마지막 강의는 아주 적절하였다. 왜냐하면 그는 학자이면서 교사로서 '하나님의 말씀으로서 성경의 권위'를 변호하는데 일생을 헌신하였기 때문이다.
Richard Schultz, Wheaton College, 제12장 저자

새벽에 비추시는 빛처럼 예수님의 공의를 알 수 있게 해 주었던 사람인 팀의 일생을 우리에게 선물로 주신 하나님께 감사드린다.
Myrla Seibold, Bethel College, 제14장 저자

나는 팀 필립스의 하나님에 대한 확실함과 열정적인 사랑, 그리고 '그리스도-중심적인 입장'을 가지고 복음주의 신학에 조심스럽게 접근하는 모습, 그리고 온화한 목회적 태도에 높은 평가를 하지 않을 수 없다.
Stephen K. Moroney, Malone College, 제15장 저자

역자 서문

본서는 한국복음주의 기독교상담학회에서 두 번째 내 놓는 역서이다. 본서는 미국에서 출판된 도서로서 마크 맥민(Mark R. McMinn)과 티모디 필립스(Timothy R. Phillips)가 편집한 책으로 원제목은 『영혼의 돌봄』(Care for the Soul)이지만 『영혼돌봄의 상담학』이란 제목으로 출간한다. 본서는 상담학 관련 도서인데도 불구하고 상담이라는 용어가 의미로만 내포되었을 뿐 명시되지 않아 바꾸게 된 것이다.

본서의 번역은 우리 학회의 감독상담사로서 현직 교수들 가운데 시간적 여유가 계신 분들께서 맡아주셨다. 서론은 총신대학교 황규명 교수, 제1장은 백석대학교 한재희 교수, 제2장은 국제신학대학원대학교 심수명 교수, 제3장은 백석대학교 김태수 교수, 제4장, 16장은 그리스도대학교 강경미 교수, 제5장, 제11장, 제12장은 아세아연합신학대학교 안경승 교수, 제6장, 제9장, 제10장은 성결대학교 전요섭 교수, 제7장은 안양대학교 이은규 교수, 제8장, 제15장은 복음신학대학원대학교 김영근 교수, 제13장은 총신대학교 강병문 교수, 제14장, 제17장은 한영신학대학교 한숙자 교수께서 맡아주셨다.

본서의 성격은 신학과 심리학 간의 갈등을 해소하고 통합을 시도하는 책으로서 이와 관련된 책이 국내에는 흔치 않아 한국 기독교상담학계에 소개하고자 번역을 하게 된 것이다. 책을 빨리 소개하고자 여러 교수들이 나누어서 번역을 했는데 각 대학에서 수업과 연구 등 맡은 일이 많아 책을 받은 지 1년이 되어서야 번역을 마치게 되었다. 번역하기 위해서 책을 받았을 때는 여유가 있어 금방 옮길 것 같았는데 차일피일 미루다가 1년이라는 세월이 훌쩍 지나가 버리고 말았다. 더 이상 이 일을 미룰 수 없어 급히 출판하게 된 것이다. 다소 매끄럽지 못한 부분이 발견되더라도 이러한 상황을 너그럽게 이해해 주기를 바란다. 또한 문화적 정황의 차이로 옮기기 어려운 부분에 대해서는 충분히 의역하여 뜻을 전달하기로 했음을 밝혀두고 싶다. 이를테면 '심리치료'라는 용어는 '상담 및 심리치료'로 바꾸어 옮겼다.

  번역에 앞서 본서를 대충 읽어 볼 때는 복음주의적 입장에서 훌륭하게 평가할 만한 책이라고 생각해서 번역했으나 번역 후, 책을 구체적으로 살펴보니 우리의 복음주의 입장과 다소 다른 견해도 발견되었다. 따라서 본서의 내용이 한국복음주의 기독교상담학회의 입장과 전적으로 동일하다고 보기는 어려우며, 다만 한국 기독교상담학계에 신학과 심리학의 통합과 관련된 신간을 소개한 것으로 의미를 찾았으면 좋겠다. 후학들이 본서를 읽고 통합과 관련된 상담학을 잘 정립할 수 있기를 간절히 바란다.

  끝으로, 본서를 출간하기까지 후원해 주신 기독교문서신교회(CLC)의 임직원들께 감사드리며, 책이 나오기까지 교정에 힘써준 학회 간사 김수경 선생에게도 고마움을 표한다.

2006년 11월
역자대표 전 요 섭 교수(Ph.D., Ed.D.)

추모사_ 5
역자서문_ 8

서 론: 신학과 심리학, 그리고 영혼돌봄을 위한 상담
　　　마크 맥민(Mark R. McMinn)/ 황규명_ 13
제1장: 교차로에서의 질문: 영혼돌봄과 현대 상담 및 심리치료
　　　데이비드 파우리슨(David Powlison)/ 한재희_ 37
제2장: 신학과 심리학의 통합에 대한 변증서
　　　스탠톤 존스(Stanton L. Jones)/ 심수명_ 99
제3장: 발달심리학을 뛰어넘는 신앙적 순례
　　　브리트 웹 미첼(Brett Web-Mitchell)/ 김태수_ 125
제4장: 자아 개념: 영혼의 방어 측면에서
　　　제프리 보이드(Jeffrey H. Boyd)/ 강경미_ 163
제5장: 심리학을 지나 신학으로
　　　앨런 체리(Ellen T. Charry)/ 안경승_ 187
제6장: 바울 상담 및 심리치료의 개관
　　　로버트 로버츠(Robert C. Roberts)/ 전요섭_ 211
제7장: 화를 낼 것인가 말 것인가?: 분노에 관하여 현대 심리학은 금욕신학으로부터 무엇을 배울 수 있는가?
　　　데니스 오크홈(Dennis L. Okholm)/ 이은규_ 257
제8장: 정신분석학과 관상신학의 통합: 영적지도의 역사로부터의 교훈
　　　마이클 맨지스(Michael W. Mangis)/ 김영근_ 291

제9장: 상담에서 내담자의 죄 탐색: 자아 기만의 사례연구에 대한 신학적 전망
　　　필립 몬로(Philip G. Monroe)/ 전요섭_ 313
제10장: 기독교상담자를 위한 통합적 지도: 목회상담에서 신학과 심리학
　　　드보라 밴 듀센 헌싱거(Deborah van Deusen Hunsinger)/ 전요섭_ 337
제11장: 기억의 상처 치유: 구원과 죄에 대한 신학과 심리학
　　　그레고리 존스(L. Gregory Jones)/ 안경승_ 369
제12장: 지혜문서에 대한 책임 있는 해석
　　　리처드 슐츠(Richard Schultz)/ 안경승_ 389
제13장: 성경적 해석학과 기독교심리학
　　　브라이언 메이어, 필립 몬로(Bryan N. Maier & Philip G. Monroe)/ 강병문_ 421
제14장: 상처가 깊을 때: 용서하기 위해 노력하고 있는 사람들을 위한 격려
　　　마일라 시볼드(Myrla Seibold)/ 한숙자_ 447
제15장: 우리 자신을 더 높이는 사고에 대한 심리학과 신학적 분석
　　　스티븐 모로니(Stephen K. Moroney)/ 김영근_ 471
제16장: 참여를 통한 이해: 심리학과 후비평적 인식론의 교차로를 향해서
　　　데이비드 아란 윌리엄스(David Alan Williams)/ 강경미_ 507
제17장: 가족붕괴: 발달적 접근
　　　신디아 닐 킴볼(Cynthia Neal Kimball)/ 한숙자_ 527

편집자 & 저자 소개_ 553
역자 소개_ 557

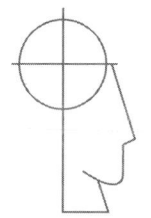

Care for the Soul:
Exploring the Intersection of Psychology & Theology

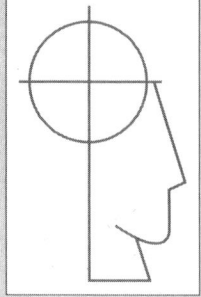

Care for the Soul:
Exploring the Intersection of Psychology & Theology

서론

신학과 심리학, 그리고 영혼돌봄을 위한 상담

마크 맥민(Mark R. McMinn)

어떤 최고급 승용차의 광고문구 가운데 "당신의 영혼의 가치를 느끼게 하는 차"라는 표현이 있었다. 차 가격이 5,000만원 정도였던 그 차에 대해서 그와 같은 표현을 할 수 있는가에 대해 논란의 여지가 될 수 있겠지만, 광고를 하는 사람들은 이러한 표현이 아무 문제가 되지 않는다고 말한다. 다른 것들과 마찬가지로 영혼도 역시 가치를 매길 수 있다고 이해하기 때문이다. 최근에 발행된 몇몇 책들의 제목에서도 우리는 영혼과 관계된 말들을 쉽게 찾아볼 수 있다. 『영혼을 위한 닭고기 수프』(Chicken Soup for the Soul), 『영혼을 위한 펭귄과 오리 수프』(Penguin Soup for the Soul and Duck Soup for the Soul), 『영혼의 섹스』(The Soul of Sex), 『당신의 영혼을 살아있게 하는 100가지 방법』(100 Ways to Keep Your Soul Alive), 『여성의 영혼을 위한 초콜릿』(Chocolate for the Woman's Soul), 『영혼을 위한 지압법』(Acupressure for the Soul), 『영혼을 위한 비행술 교본』(A Flight Manual for the Soul), 그리고 『영혼을 위한 애완동물 기르는 법』(Animal Guides for the Soul) 등등이 바로 그것이다. 그 이외에도 '영혼의 음악'(soul music)과 '영혼의 친구'(soul mate), 그리고 '영혼의 음식'(soul food)라는 것들도 있다. 잠깐이라도 대형 서점에 나가보면 영혼(soul)이라는 단어가 들어간 책을 수 없이 찾아볼 수 있을 것이다. 이처럼 오늘날에 영혼이라는 단어가 다시 등장하는 것은 단지 인간에 대한 기독교적 이해가 더 깊어졌기 때문이 아니라고 의심하는 데에는 충분한 이유가 있다. 정신분석이라는 과학적 설명 그리고 자극과 반응이라는 인과관계를 중요시하는 현대 사회의 분위기 속에서 영혼이라는 개념은 그리 믿을 만하지 않은 역사적 산물 정도로 축소된다. 그러나 현대의 경험주의와 이성주의가 후기 현대주의 시대의 다원주의로 이어졌을 때, 비록 영혼이 무엇이냐에 대한 아무런 합의가 이루어지지 않았음에도 불구하고 영혼의 대한 새로운 관심이 생겨나게 되었다.

어떤 사람은 현대성 그 자체가 영혼에 대한 이러한 관심을 불러 일으켰다고 주장하기도 한다. 그 결과 오늘날 영혼이나 정신에 대한 연구는 좀더 구체적인 학문인 심리학으로 나타났고 이는 해마다 수천 명의 대학 졸업자들이 이 분야에 대한 연구로 계속 몰려들게 하고 있다. 엘렌 체리(Ellen Charry)는 본서에 쓴 글에서 20세기를 '심리학적 세기'라고 명명했다. 그 정도로 심리학적인 연구는 인간정신에 대한 치유를 본격적으로 탐구하던 임상기관들과 상담기관들에 의해 주도되었다. 하지만 그렇게 심리학이 비약적인 발전을 거두던 시기에 우리가 어떻게 영혼에 대한 주도권을 빼앗겼다고 이의를 제기할 수 있을까? 그 질문과 마찬가지로 이에 대한 답변도 현대성의 인식론적 전제에 있다고 할 수 있다. 지난 한 세기 동안 심리학 연구는 심리학에 대한 존중을 하나의 과학으로 발전시키기 위해서 계몽시대 이전에 영혼에 대한 이해를 구성해 왔던 종교적 전통을 종종 무시해 왔다.[1] 때로는 우리도 영혼을 오해하여 정신의학의 발전을 촉진시키려고 애쓰기도 하였다. 본서에서 몇몇 저자들은 말하기를 영혼의 개념이란 현대성의 자아 개념으로 오용되고 있다고 지적하였다. 그래서 섣불리 자기 치유개념을 일반심리학자들에게 떠맡겨 버리면서 영혼돌봄의 중요한 요소를 놓쳐 버리고 말았던 것이다.

우리 시대에 풍미했던 탈현대성이라는 변화의 영향으로 우리는 과학의 가치와 한계를 고민하며, 신학적 전통의 역할과 영성의 영역들에 대해 고심하는 교차점에 서게 되었다. 물질세계를 원자적 구성 요소들의 총합이라고 받아들이며 또한 미시세계를 창조계를 이루는 구성요소로서 충분히 바라볼 수 있게 되었다면, 이제 우리는 원자, 분자, 세포, 조직, 공동체, 문화, 사회를 모두 함께 엮는 관계를 어떻게 이해할 수 있을 것인가? 이제 우리가 임상적 우울증에 대해 그의 정신적 충격들과 정신약물학적인 영향을 다루기 위해 과학적으로 유효한 방법들을 가지고 있다면, '사망의 음침한 골짜기'(시 23:4)나 '어두운 밤'[2]을 경험하는 영혼들에 대해서 이제 우리는 어떻게 이해할 것인가? 더욱 대량 살상의 가능성에 대해 다른 어떤 시대보다 더욱 쉽게 접하게 된 이 시대에, 이제 우리는 어떻게 영혼이 받게 되는 고통과 괴로움을 치유할 수 있는가?

이에 대해 현대 심리학은 영혼돌봄을 위한 상담에 관심이 있는 그리스도인들에게 제공할 만한 무언가를 가지고 있는지도 모른다. 이러한 부분에 대해 진지하게 고민했던 기독교상담학자들이 모여 본서에서 많은 부분으로 함께 참여하게 되었다. 본서는 이러한 주제를 중심으로 모였던 신학대회와 그 결과물로 나오게 되었지만 본서의 주된 전제인 영혼돌봄을 위한 상담은 과거와 현재의 풍부한 교회론적 전통들로부터 이끌어 나와야만 한다고 보았다. 따라서 이 책을 통해 우리는 신학과 심리학의 교차된 부분을 살펴보고자 한다.

1. 영혼을 위한 치유(治癒)인가? 치료(治療)인가?

본서는 "영혼돌봄을 위한 상담: 신학과 심리학의 교차점을 연구하며…"라는 주제로 열린 휘튼 신학대회(Wheaton Theology Conference)의 산물이다. 휘튼 대학의 성경신학과와 심리학과에 의해 주최되어 열린 이 대회에는 신학과 심리학 사이의 관계에 관심이 있는 저명한 신학자들과 철학자들, 그리고 심리학자들이 함께 모였다.

본서의 제목인 『영혼돌봄의 상담학』(Care for the Soul)은 대회의 주제였던 '영혼에 대한 치료적 상담'에서 약간 바뀐 것이다. '치료'는 '치유'로 변경하였다. 이러한 변화는 단지 글자 한 자의 변화가 아닌 그 이상의 의미를 갖는다. 대회에 참가한 몇몇 심리학자들은 '영혼에 대한 치료적 상담'이라는 주제에 포괄적으로 담긴 뜻에 대해서 불편함을 토로하였다. 영혼을 치료한다는 것은 분명히 심리학자들의 역할은 아니었다. 심리학자들은 영혼에 대해서 고통을 줄이고 정서적인 괴로움 속에 있는 사람들이 삶의 의미를 되찾도록 도와주며 그들이 스스로와 다른 사람들과 주변의 세계를 좀더 분명하게 바라볼 수 있도록 격려한다. 쉽게 말하면, 심리학자들은 영혼을 돌보는 것이다. 대다수의 기독교심리학자들이 주장하는 대로 영혼을 치료한다는 것은 하나님의 영역이며 일반적인 심리학적 접근법의 관점을 넘어서는 것이다. 본서 『영혼돌봄의 상담학』은 집필한 심리학자들에게도 좀더 자연스러운 것이 될 뿐만 아니라 많은 신학자들 사이에 존재하는 긴장도 줄여주는 계기가 될 것이다. 왜냐하면 복음주의 신학은 영혼을 치유하는 것에 대한 것이기 때문이다. 단지 죄의 고백과 예수 그리스도의 구속을 통한 영혼돌봄에 더 많은 관심을 갖는 것뿐이다.[3] 다수의 심리학자들이 영혼돌봄을 위한 치유상담으로 두각을 나타내고는 있지만 복음주의 신학의 메시지는 상한 영혼을 위한 회복을 제공한다.

그래서 본서의 제목에서조차도 신학과 심리학의 교차점에서 발견되는 어떤 함축적인 긴장이 나타난다. 이러한 긴장들이 새로운 것은 아니다. 많은 학자들이 과거 수십 년 넘게 그러한 분야에 대해서 연구해 왔다.[4] 다행스럽게도 바로 그 학자들 중의 많은 수가 이러한 교차점에 대해서 관심을 가지려고 하고 주의 깊게 영혼에 대해서 관찰한다. 그들은 과거의 풍부한 전통들과 교리들을 현재의 역동적인 지성적 분위기와 같은 것으로 받아들이는 기독교심리학을 세우는 데 일조하고 있다.

그 목표가 영혼을 치유하는 것이든지, 치료하는 것이든지 간에 우리는 먼저 확실하게 영혼을 고려해야만 한다. 제4장에서 제프레이 보이드(Jeffrey Boyd)가 이러한 필요를 논증하였다. 그는 자신의 열정적인 논문에서 우리에게 영혼에 대한 신학적 해석으로 돌아오라고 촉구하였다. 영혼을 고려하는 것은 신학과 심리학의 공동의 연구 과제이며 이것은 바로 본서의 주요한 핵심이자 초점이다.

2. 함께 하지만 너무 가까워서는 안 되는 관계

만약 영혼에 대한 연구가 공유된다고 하더라도 그에 대한 접근방식은 전혀 다르다. 본서에 기고한 저자들은 다양한 학문적 배경과 관점들을 가지고 있으며, 학문적 관심의 영역과 수학 과정도 모두 다르다. 사실 본서의 가장 큰 장점 중의 하나가 바로 이러한 여러 분야에 걸친 종합적인 관심사에 있다. 각 장은 철학자들과 신학자들, 성경학자들, 임상심리학자들, 발달심리학자들과 사회심리학자들, 그리고 성경적 상담자들에 의해 저술되었다. 대회가 진행되는 동안 본서의 각 내용들을 수합하면서 우리 모두는 영혼에 대해서 함께 주목하였다. 서로를 통해서 듣고 배울 수 있는 특권을 누린 후 우리는 각자의 전문적인 분야로 돌아왔다.

이러한 서로 다른 학문 분야 사이에서 상호교류 하는 가운데 직면한 한 가지 도전은 공유되는 영역을 언제 강조해야 하는지, 또한 자신의 독특성과 때때로 본질적으로 완전히 다른 관점들을 언제 강조해야 하는지를 배우는 것이다. 『선지자』(The Prophet)라는 책에서 칼릴 지브란(Kahlil Gibran)은 두 명의 연인에게 "함께 하지만 너무 가까워지지는 말라"고 충고하였다. 바로 『영혼돌봄의 상담학』과 같은 책들은 기독교심리학자들과 신학자들, 그리고 성경적 상담자들이 모두 한 자리에 모이기를 요구한다. 왜냐하면 그들은 우리가 영혼에 대해서 연구할 때에 제시할 수 있는 중요한 관점들을 가지고 있기 때문이다. 하지만 각 학문들은 나름대로의 독특한 방법론과 다른 학문에서는 수용할 수 없는 지식 체계를 가지고 있다.

영혼에 대해 관심을 가지고 있는 심리학자들과 상담자들은 신학자들을 필요로 한다. 체리는 자신이 쓴 장에서 이점을 잘 설명하였다. 인간에 대한 심리학의 현시대적 관점은 때때로 신학적 근본을 갖는 인간론에서 벗어나고 있다. 본서에시 데니스 오그홈(Dennis Okholm)은 분노에 대해 쓴 글 속에서 그리고 로버트 로버츠(Robert Roberts)는 사도 바울의 상담에 대해서 쓴 글 가운데에서 신학자들과 철학자들이 현대 정신건강 분야의 의사들에게 제공할 수 있는 자료들에 대해서 설명하였다. 리처드 슐츠(Richard Schultz)가 자신의 글에서 지적한 대로, 그리스도인의 정신건강을 다루는 전문가들은 때로 성경을 적절히 사용하기 위해서 성경학자들의 도움을 필요로 한다.

심리학자들과 신학자들이 이러한 책의 저술을 위해 함께 모이는 것도 드문 일이지만 성경적 상담자들과 기독교심리학자들이 한데 모이는 것도 정말 흔치 않은 일이다. 한 쪽에서 제이 아담스(Jay E. Adams)[5] 초기 저작들이 출간되면서 다른 쪽에서는 게리 콜린스(Gary R. Collins)[6]의 저서들과 존 카터(John Carter)와 브루스 내러모어(Bruce Narramore)[7]의 책들이 나온 이래로 성경적 상담학은 기독교심리학과는 완전히 구별된 위치를 차지하고 있었다. 각자의 연구법은 고유한 훈련기관과 관리체제를 가지고 있었고 이 두 분야의 지도자들은 종종 서로를 비판하기도 하였으며(그 내용이 옳건 틀리건 간에), 때로는 상대를 설명할 때에 지나치게 과장된 표현을 쓰기도 하였다. 어떤 성경적 상담자들은 기독교심리학을 오해하여 그들이 현 시대의 심리학적인 이론들에 내포된 일반적인 전제들을 무비판적으로 받아들인다고 공격하기도 하였다. 반대로 어떤 기독교심리학자들은 성경적 상담자들을 오해하여서 그들이 내담자의 죄라는 정형화된 관점만을 고집한다고 몰아세우기도 하였다.

성경적 상담자들과 기독교심리학자들 사이의 논쟁은 종종 그리스도인으로서의 정신건강을 위한 방법을 모색하려는 자들을 혼란스럽게 만들기도 하였다. 또 안타깝게도 성경적 상담자들과 기독교심리학자들 사이의 불꽃 튀는 논쟁은 극단적인 기독교 저술가들에 의해서 더욱 악화되기도 하였다. 이들은 성경적 상담자는 아니었지만 개인적으로나 혹은 집단적으로 자신들의 베스트셀러를 통해서 기독교심리학자들을 공격함으로써 논쟁을 격화시키기도 하였다. 그 중 어떤 저자는 다음과 같이 말하면서 비통해 하기도 하였다. "우울증에 대해 도움을 얻기 위해서 하나님과 그분의 말씀에서 떠나 상담 및 심리치료에 의지하는 그리스도인들은 전혀 만족을 얻을 수 없을 뿐만 아니라 오염되고 해롭기까지 한 '말라버린 저수지(상담 및 심리치료)' 에서 물을 찾고자 하는 '생명의 샘물(하나님의 말씀)' 을 저버린 자들이다."[8]

1970년대와 1980년대에 반심리학적인 책들의 연속 출간에 대응하여, 신학적 학문배경을 가지고 있는 저명한 한 기독교심리학자는 『당신은 심리학을 신뢰할 수 있는가?』(Can You Trust Psychology?)라는 책을 썼다. 본서에서 그는 심리학의 일부 부분들에 대해서 조심스러운 확신을 나타내었다. 그리고 균형적이고 공정한 태도로 이러한 주장을 펼쳤다.[9] 그 이후 얼마 동안 논쟁은 중단되거나 최소한 감소되는 것처럼 보였다. 하지만 1993년에 어떤 목회자이자 성경적 상담자가 『왜 기독교심리학을 신뢰할 수 없는가?』(Why

서론: 신학과 심리학, 그리고 영혼돌봄을 위한 상담

Christians Can't Trust Psychology?)라는 책으로 다시 포문을 열었다.[10] 그 책은 이전의 반심리학적인 책들보다는 훨씬 더 균형 잡힌 것이기는 하였지만, 그런 책이 출간된다는 것은 양자가 어떤 합의에 이르기란 아직도 멀었다는 것을 분명히 나타내는 것이었다. 이러한 불일치와 갈등의 역사 속에서 양측이 이 책의 공동 저자로 함께 작업을 했다는 것은 기념비적으로 진일보한 일이 되는 셈이다.

복음주의 신학자 밀라드 에릭슨(Millard Erickson)은 "사회의 문제에 대한 우리의 접근방식은 우리의 죄에 대한 관점에 의해 주도될 것이다."라고 말했다.[11] 기독교심리학자들과 성경적 상담자들은 인간 문제에 대한 죄의 역할에 대해서 합의를 이루지 못해 왔다. 성경적 상담자들은 사랑의 하나님으로부터 우리를 멀어지게 하며 마음의 우상으로 이끌어 가는 죄의 압도적인 영향에 대해서 끊임없이 강조했다. 영혼을 위한 치유를 위해서는 하나님의 풍성한 은혜와 축복을 경험하지 못하도록 저해하는 우상을 섬기는 마음에 직면해야만 한다고 하였다. 이에 반해 기독교심리학자들은 잘못된 학습과 발달 시기에서 충분히 건강하게 성숙되지 못한 관계들, 그리고 부정확한 사고방식들을 문제의 근원으로 강조해 왔다. 그들은 신학과 심리학을 통합하려고 시도하면서 현대 심리학의 많은 공헌들을 높이 평가했다. 물론 이러한 양분은 지금 말한 것처럼 그렇게 간단하지 않다. 양측은 죄를 하나의 문제로 보고 있고 둘 다 잘못된 학습과 건강하지 못한 관계들, 그리고 부정확한 사고들이 문제라는 것을 알고 있다. 차이점은 현재 인식된 문제의 원인들 중에서 무엇이 우선적인 것이냐 하는 점이다. 성경적 상담자들은 상대적으로 은밀한 부분이 드러나야 하는 것에 더 많은 강조점을 두고서 죄에 초점을 맞추는 반면, 기독교심리학자들은 대개 일반적으로 드러나 있는 것을 연구하는 데 더 많은 시간과 열정을 투자한다.

성경적 상담자들이나 기독교심리학자들은 모두 합당한 이유와 근거를 가지고 있다. 심리학의 발견 중 어떤 것들은 인간의 고통을 덜어주는 데 매우 유용하다. 그러한 예로서 스탠톤 존스(Stanton Jones)는 제2장에서 자폐아를 위한 상담 및 심리치료를 사용하였다. 또한 죄가 근본적인 인간의 문제라는 성경적 상담자들의 말은 옳다. 이러한 점은 이 책의 여러 장에서 특히 강조되었다. 그래서 웨스트민스터 신학교에서 성경적 상담학 과정을 마치고 휘튼 대학에서 심리학 박사 과정을 졸업한 필립 몬로(Philip Monroe)는 자신이 쓴 장에서 지적하기를, 기독교심리학자들은 때로는 자신들이 대하고 있는 내담자의 삶의 주변에 있는 죄의 영향을 쉽게 간과해 버린다고 하였다.

"우리는 동일한 것을 단지 다른 말로 말하고 있을 뿐이다"라고 말하면서 갈등을 피해 버리고 싶은 유혹이 있기는 하지만, 사실은 성경적 상담자들과 기독교심리학자들이 동일한 것을 말하고 있는 것은 아니다. 분명한 합의에 이를 만한 요소가 있지만 역시 매우 첨예하게 대립되는 차이점도 있다. 하여튼 대회를 진행하고 이 책을 편집하였던 우리가 약속할 수 있는 것은 성경적 상담자들과 기독교심리학자들 양측 모두 영혼에 대한 논의에 있어서 충분히 귀 기울일 수 있을 만한 무엇인가를 가지고 있다는 것이다.

3. 교차점에서의 전망

이 책은 컨퍼런스가 시작되었을 때 한 성경적 상담자와 또 다른 기독교심리학자에 의해 발표된 전혀 다른 관점들이 드러나면서 처음 고안된 것이다. 데이비드 파우리슨(David Powlison)에 의해 집필된 제1장은 현대 심리상담자들과 대다수의 기독교 심리상담자들에게 있는 핵심적인 전제들에 대한 의문을 제기한다. 파우리슨은 결론내리기를 영혼을 위한 치유상담은 우선적으로 교회의 영역 안에 있어야 한다고 하였다. CCEF(Christian Counseling and Educational Foundation)의 교수진이자 성경적 상담학 저널(Journal of Biblical Counseling)의 편집인 파우리슨 박사는 자신의 모든 생애를 교회가 영혼을 위한 치유상담을 위해 준비되도록 하는 일에 헌신하였다.

제2장의 저자인 존스는 현대의 상담 및 심리치료를 무비판적으로 받아들이는 위험성에 대해 지적하였다. 그는 신학과 심리학의 주의 깊은 통합을 위한 '변증적 논증'을 기술하였다. 존스는 제안하기를 현대의 정신건강을 다루는 기관은 잘 훈련된 기독교 심리상담사를 배출하기 위한 전략적인 장소가 된다고 하였다. 휘튼 대학교에 임상심리학 박사 과정을 창설하고 현재

서론: 신학과 심리학, 그리고 영혼돌봄을 위한 상담

교무처장을 맡고 있는 존스는 그가 설명한 주의 깊은 통합을 이루기 위한 훈련 환경을 만들기 위해 많은 시간을 투자해 왔다.

이렇게 처음 두 장을 통해 나타나는 학문적인 상호교류의 저술은 다음과 같은 세 가지 이유로 이 책의 나머지 부분에 대한 중요한 맥락을 제시한다. 첫 번째 파우리슨과 존스는 심리학의 주요한 현재의 활동에 대해서 관심을 가져야 하는 이유를 설명하였다. 전체적으로 보았을 때 이러한 장들은 우리에게 영혼을 돌보는 일에 대해서 심리학의 역할을 비판적으로 바라보라고 요구하고 있다. 적절하게 신학과 관련된 심리학과 혼합시키고자 하는 위대한 목표를 갖는 통합 운동은 때때로 사람들을 인간경험과 관계들에 대해서 그리고 하나님께 대해서 거짓되고 위험한 결론에 이르게 할 수가 있다. 기독교심리학자들은 너무나 자주 세상 사람들의 일반적인 가치관에 대해 영적으로 조심스럽게 대하고자 하는 그리스도인들의 태도를 무시해 버리는 잘못을 저질렀다. 체리는 이것을 다음과 같이 설명하였다. "어떤 심리상담 자들이 내담자들이 치료적인 과정으로 사용될 수도 있는 영적인 자원들을 가지고 있다는 것을 깨닫기 시작하였다고 할지라도, 이러한 것은 여전히 기본적으로 세상적인 것 자체를 위해 지원되는 추가적인 자원들로서만 여겨진다."[12] 이 책의 대부분의 저술가들은 기독교심리학의 현재 활동은 가능한 것도 아니고 꼭 해야만 하는 것도 아니라는 점에 동의하고 있다.

두 번째, 파우리슨과 존스는 자신들의 분석을 통해서 신학적인 체계를 설명하였는데 이는 우리에게 영혼을 이해한다는 것은 현대 신학이 등장하기 훨씬 이전부터 영적지도자들과 신학적 지도자들의 임무였음을 상기시켰다. 이전의 영혼을 치유하는 형식을 영역의 면에서 대치할 수 있다고 보이는 심리학은 신학과 심리학의 교차점을 연구하는 데 심혈을 기울이는 사람들에 의해 조심스럽게 연구되어야만 한다. 효과적인 영혼의 치유는 온전한 신학을 필요로 한다.

세 번째, 파우리슨과 존스 사이의 불일치된 영역이 있다는 것은 이 책 전체를 통해 나타나는 의견의 다양성을 보여준다. 특히 더 재미있는 것은 영혼을 치유하는 기관으로서의 교회에 대한 토론이다. 그리스도인들은 가장 먼저(아니면 유일하게) 삶에 나타나는 분쟁과 도전들에 대해 도움을 얻기 위해 교회로 나아와야 하는가, 아니면 교회의 일을 대신하여 유익을 가져나

줄 수 있는 전문가의 도움을 받을 수 있는 어떤 적절한 곳이 있는가? 이렇듯 각기 다른 관점에서 생겨나는 긴장은 파우리슨과 존스에 의해 집필된 장에서만 국한되지 않는다. 불일치의 영역은 이 책 전반에 걸쳐 나타날 것이다. 그레고리 존스(L. Gregory Jones)와 마일라 시볼드(Myrla Seibold)의 용서에 대한 관점 사이에 존재하는 동일성과 차이점들에 유의해 보라. 그리고 브릿 웹 미첼(Brett Webb-Mitchell)과 신디아 닐 킴볼(Cynthia Neal Kimball) 사이에 있는 그리스도인들의 삶 속에서 발달심리학에 대한 관점의 차이도 눈여겨보라. 우리는 동일한 생각을 가지고 있는 저자들을 모아 책을 만들어서 논쟁을 피하고자 하지 않았다. 또한 편집자들로서 완전히 동감하는 글만을 선택하려고 하지도 않았다. 오히려 그 반대로 우리는 학문적으로 일치하지 않는 논쟁 가운데 예수 그리스도의 몸인 교회를 강하게 하고 더욱 성장하도록 돕는 데 사용될 수 있는 무엇인가를 얻게 되리라고 믿는다.

4. 자신의 입장을 고수

제3장과 제4장의 필자들은 그리스도인들이 영혼을 치유하는 일에서 특권을 주장하는 것에 대해 자신감을 가져야 한다고 주장한다. 사람들을 더욱 정서적으로 건강하고 성숙하게 인도하는 것은 심리학적인 사명일 뿐만 아니라 신학적이며 종교적인 사명이다. 이것은 역사적인 면에서와 철학적인 면에서, 그러면서도 실제적인 면에서 그리고 교회론적인 면에서 주장될 수 있다.

역사적인 면에서 영혼을 치유하는 것은 과거 교회와 목회자들의 전담 업무였다. 그렇지만 현대에 들어와서 점차 밀리기 시작하여 이제는 일반상담 및 심리치료 전문가들에게 맡겨져 버렸고 그들에 의해서 사람들이 갖고 있던 종교적 가치는 때로 무시되기도 하고[13] 심지어는 비판받기도 하였다.[14] 후기 현대주의가 종교에 대한 심리학의 공격을 다소 누그러뜨리기는 하였지만[15] 상담 및 심리치료를 중시하는 풍조가 생겨나면서 사람들 개개인이 그들 자신을 "진리의 속박과 윤리적 이상의 굴레"에서 탈피하고자 노력하

서론: 신학과 심리학, 그리고 영혼돌봄을 위한 상담

게 되었다. 그래서 로저 루딘(Roger Lundin)은 이렇게 말했다. "상담 및 심리치료 중시의 풍조에서는 진리에 대한 기독교적인 개념과 윤리적 삶에 대해서는 생각할 여지가 없다."[16] 이 책은 우리의 상담 및 심리치료를 중시하는 풍조를 폭넓은 역사적 문맥 속에서 바라볼 수 있도록 돕는다. 그래서 영혼을 치유하는 것을 하나의 신학적인 연구 주제로서 주창하는 방법을 모색할 수 있게 한다.

철학적인 면에서는 영혼을 치유하는 일에 대한 신학적이며 종교적인 차원을 이해하는 것이 필수적이다. 그 이유는 전체적인 의미의 맥락 속에서 상담 및 심리치료자들과 상담자들의 업적을 인정하기 위해서이다. 도날드 브라우닝(Donald S. Browning)은 강조하기를 "비록 많은 상담자들은 자신의 상담이 나름의 도덕 체계를 가지고 있다는 것을 깨닫지 못한다 하더라도, 항상 어떤 의미에서든지 도덕 체계에 관여되고 있다"고 하였다.[17] 심리학의 주된 흐름이 자신의 도덕적 가치의 의미를 제대로 깨닫지 못하고 있었기 때문에 결국에는 스스로를 이와 무관한 것처럼 혼돈스럽게 만들어 왔던 것이다. 그런 의미에서 신학과 심리학의 상호교류의 장치를 마련하는 것은 우리에게 영혼을 치유하는 일의 형이상학적인 차원을 이해할 수 있는 기회를 얻게 하고 있다.

실제적인 면에서 심리학자들이 일반인들보다 훨씬 덜 종교적이기는 하지만 심리학적인 도움을 찾는 대다수의 사람들은 여전히 자신의 종교적인 가치가 더 존중되기를 원한다는 사실은 매우 흥미로운 것이다.[18] 이렇게 자신의 영혼을 위한 치유를 찾는 것은 전통적으로는 사실 자신의 삶에 있는 영적인 측면을 깨닫는 것이있다. 안타깝게도 영적인 측면의 중요성을 이해하지 못하는 쪽은 내담자 자신이 아니라 대개 전문적인 심리상담사들이었다.

교회론적인 면에서 교회는 공통적인 신앙적인 토대를 함께 나눌 수 있는 인간 발달의 이론과 정신건강을 위한 도움을 필요로 한다. 어떤 특별한 상황과 환경에서 고안된 심리학적 발달 이론이 필수적으로 교회 환경에 적용되어져야 한다고 생각할 필요는 없다. 이런 저런 이유로 해서 그리스도인들이 영혼을 치유하는 일에 있어 신학과 종교의 연관성을 대담하게 강조하는 것은 적절할 뿐만 아니라 필요한 일이다.[19]

제3장에서는 미첼이 실제적일 뿐만 아니라 교회론적인 근거를 가지고 교

회가 인지발달 이론을 무비판적으로 수용하는 것을 비판하였다. 그리고 영적인 면에서 순례자의 이미지를 적용하여 그 대안으로 제시하였다. 제4장에서 보이드는 우리가 하나님과 우리 자신에 대한 정확한 이해를 추구하려는 경우가 아니면 영혼에 대해서 논하는 때가 거의 없다는 것을 지적한다. 그래서 그는 세상 사람들의 정신건강을 위한 활동에 관해 그리스도인들이 가지고 있는 인식에 대해서 역사적이며 철학적으로 분석하는 일을 시도하였다. 제5장에서 체리는 신학적 인간학자들이 현대 일반심리학의 압도적인 역할에 밀려서 제 목소리를 잃어가고 있다고 호소하였다. 보이드가 말한 대로 우리는 좀더 영적인 자들이 되기보다는 그저 자기 자신이 되어가고 있을 뿐이었다. 그래서 체리는 신학자들에게 영혼을 치유하고 치료하는 일에 더욱 공헌하도록 촉구하고 있다. 이와 같이 지금까지 말한 세 장은 우리가 현대 정신건강에 관한 이해를 추구하고자 할 때 신학적으로 근본이 되는 중요한 논의들을 보여주고 있다.

5. 약속에 대한 분명한 전망

만약 현대 사회에서 광범위한 인식론적인 변화들 때문에 사람들이 진리에 대한 교회론적인 권위보다는 차라리 과학에 더 의지하게 되어서 교회가 영혼에 대한 치유를 잃어버렸다면 결국 후기 현대주의 사회에서는 모든 인식론을 의심하는 데까지 나아가게 된다. 이것은 여러 가지 진리에 대한 주장이다. 그것은 다른 사람들에게 해를 입히지 않는 한도 내에서만 받아들인다는 일종의 다원론적 입장에서 근거 부족을 야기해 온 것이다. 그렇지만 영혼을 위한 치유에 관심이 있는 사람들을 위한 반가운 소식이 있는데 그것은 후기 현대주의가 종교를 상담 및 심리치료자들이 관심을 갖는 합법적인 요소로 만들었다는 것이다. 그래서 상담이 종교적인 형태를 띨 수 있는 가능성이 열리게 되었다. 그 결과로 우리는 상담 및 심리치료를 받는 수많은 그리스도인 내담자들과 상담 및 심리치료를 하는 기관들과 교회에 설치된 상담소들을 찾아 볼 수 있게 되었다. 뿐만 아니라 후기 현대주의적인 모든 근거를 의심하는 '의심의 해석학'으로 인해 기독교 신학자들은 아무리 완벽한 진리라고 하더라도 인간의 제한된 이성에 의해 다시 해석되어야만 한다고 생각하게 되었다. 마이클 맨지스(Michael Mangis)가 이에 관한 내용을 제8장에서 설명하였고 데이비드 윌리엄스(David Williams)는 제16장에서 이를 암시적으로 나타내었다.

다른 측면으로 그리스도인들에게는 나쁜 소식이 있는데 그것은 성경의 내용과 기독교 전통에서 나온 진리 주장은 때로는 고리타분하고 근거 없는 것으로 치부된다는 것이다. 많은 후기 현대주의자들은 우리 모두가 나름대로의 진리 주장이 있고 그것은 심지어 절대적 진리란 존재하지 않는다는 말도 일종의 진리주장이라는 것을 깨닫지 못한다. 그래서 치유상담을 받기 바라는 그리스도인들에게 있어서 중요한 도전은 더욱 기독교 신앙의 진리 수호와 기독교 역사의 풍성한 유산들에 강하게 의존하면서 개인에 대한 후기 현대주의적인 관점에 의해 주어지는 기회들과 교육들에 대해 신중하게 대처하는 것이다.

제6장부터 제10장은 기존에 수립된 신학적 진리 위에 심리학을 세우고자 노력하는 자들을 위한 근거를 제공해 준다. 로버츠는 치유상담을 위한 근거로서 사도 바울의 서신서들을 사용한다. 오크홈과 맨지스는 초기 교부들과 수도사 신학자들의 저작들을 살피고 나서 자신들이 발견한 것을 상담자들이 현재 사용하는 전제들과 방법들에 연결시키고 있다. 교회 역사를 주의 깊게 돌아보는 것은 우리로 하여금 현대 심리학의 여러 전제들과 일반심리학자들의 최근의 이론들을 무비판적으로 받아들이게 하는 '새로운 것이 더 좋은 것' 이라는 생각에 의문을 제기하게 만든다.

몬로는 심리적으로 불편하게 생각하는 개인의 쇠를 느러내는 것에 대해서 구체적으로 설명하기 위해서 청교도 신학을 살피고 있다. 인간의 결함론(죄의 신학)은 이 책 전체에 흐르고 있는 주된 주제이다. 죄 문제는 파우리슨과 스탠톤 존스와 체리와 그레고리 존스, 그리고 스티븐 모로니(Stephen Moroney)와 그 외 다른 사람들에 의해 언급되고 있다. 드보라(Deborah van Deusen Hunsinger)는 신학과 현대 심리학의 용어와 가치 체계가 분명히 다르기는 하지만 모두 나 도움을 간질히 원하는 자의 필요를 채워준다는 이론적인 체계를 세운다. 그녀는 칼케돈 회의에서 언급되었던 그리스도의 양성 관계의 논리적인 흐름을 따라서 이와 같은 상이한 두 학문 사이의 관계성을 정립하고 있다.

6. 두 갈래 길을 바라보며

우리가 휘튼 신학 컨퍼런스 기간 동안과 이 책을 준비하기 위해 소요된 수개월 동안 함께 작업하던 과정이 어떤 의미에서 교차로에 서 있는 것이라고 했을 때 중요한 일은 양 방향을 모두 바라보는 것이었다. 우리는 어떻게 신학이 심리학으로 하여금 영혼을 회복시키도록 도울 수 있는가와 더불어 심리학이 어떻게 신학과 그리스도인들의 삶에 유익을 가져다 줄 수 있는지를 생각해야만 했다. 이 책의 제5장에서는 이러한 문제를 설명하고 있다.

여기에서 제시하는 요점은 다음과 같다. 첫 번째, 신학에는 기독교심리학에 도움을 줄 수 있는 부분이 많다. 존스는 자신이 용서에 대해 쓴 장에서 이에 대한 가능성을 보여준다. 심리학자들은 최근에 용서에 대해 관심을 보이기 시작했고 그 연구를 위해 템플턴 재단의 장학 사업단은 용서에 대한 심리학적인 연구에 더욱 투자하기로 약속했다. 또한 이미 기독교 단체들은 수세기 동안 용서를 실천해 왔고 논의해 왔다. 우리가 정말 용서의 본질을 잃어버리지 않고서 그 실천을 기독교 공동체와 신학과 분리시킬 수 있을까? 용서란 치유적인 기술 그 이상의 의미가 있다.[20] 온건한 해석학의 중요성에 대해 다룬 제12장과 제13장은 심리학에 대한 신학적인 근거를 제공한다. 제12장에서 슐츠는 구약의 지혜서들을 다루면서 해석학이 종종 기독교 상담자들에 의해 사용되는 것을 비판한다. 그리고 그러한 성경들의 적절한 해석에 대한 새로운 제안을 내놓는다. 제13장에서는 브라이언 메이어(Bryan Maier)와 몬로가 팀을 이루어서 기독교상담사들을 위한 온건한 성경 해석학의 중요성에 대해서 서술한다.

만약 우리가 이 양쪽 방향을 바라본다면 신학과 그리스도인들의 삶에 대한 심리학의 잠재적인 공헌을 고려해야만 한다. 그래서 이 책의 마지막 제4장은 이러한 필요성을 말하고 있다. 마일라 시볼드는 용서의 과정에 대해서 심리학적인 고찰을 하였다. 이 고찰에 대해서는 논쟁의 여지가 있기는 하지만 때로 기독교 공동체들이 용서의 의미를 해석하고 적용할 때 내세우는 관점을 바로 세우는 계기가 될 수 있다. 스티븐 모로니는 우리 자신의 관점들과 의견들을 과장하려고 하는 경향성에 대한 사회 심리학적인 증거를 내놓고 나서 자신과 다른 사람들에 대한 정확한 개념을 갖기 위해 성경적인 논의를 제공한다. 모로니가 쓴 장은 성경해석학에 대해 입문 과정을 배우고 있는 학생에게는 매우 유익한 읽을거리가 될 것이다. 그 다음으로 윌리엄스는 학문의 철학성과 그의 신학적인 의미를 이해하기 위해서는 개념연구가 중요하다는 것을 나타낸다. 끝으로 신디아 닐 킴볼은 빠르게 변화하는 가족체계 속에 기독교 공동체의 역할에 대한 발달심리학으로부터 이끌어낸 통찰들을 소개하면서 가족해체의 발전 과정에 따른 분석을 소개한다.

7. 미래에 대한 전망

간행물 "심리학과 신학"(Psychology & Theology)의 25주년 기념호에서 테레사 티스데일(Theresa C. Tisdale)과 스콧 테랜더(Scott E. Thelander)와 패트리샤 파이크(Patricia L. Pike)는 "우리는 통합에 있어서 새로운 시대를 열게 되었다"[21]라고 말하였다. 만약 우리가 영혼에 대해서 가장 효과적인 사역을 하려고 한다면 이러한 새로운 시대는 심리학자들과 신학자들이 자신들의 존중하는 전문 영역에 대해서만 집중하는 것으로 규정되어서는 안 된다. 우리는 신학과 심리학의 공통점에 대해서 연구할 필요가 있다. 이 책은 그러한 방향에서 진일보하기 위한 목표에 따라 이루어졌다.

이 책에서 제시된 학문직 성향과 마친기지로 신학과 심리학 사이의 관계에 대한 연구는 연구의 다양한 초점들과 방법론이 고려되는 다방면에 걸친 것이어야 한다. 적어도 심리학적 방법론과 신학적 체계 그리고 기독교 영성을 포함한 네 가지 방법론이 수행되어야 한다.[22] 이 네 가지 방법론이란 상호제휴적인 교류, 심도 깊은 학문연구와 신앙과 삶의 일치, 그리고 상담 연구자 자신의 성숙이다.

상호제휴적인 교류는 기독교 봉사자들이 신학과 역사, 문화와 신앙에 기반하여 잘 발전된 도덕규범을 가지고 상담학이나 심리치료의 현장으로 나아가도록 도와준다. 그것은 형이상학적이면서 인식론적인 전제들에 대한 비판적인 가치평가를 요구한다. 예를 들면, 많은 일반적인 심리학 박사 학위 과정에서는 거의 독점적으로 현대주의적이며 과학적인 연구방법이 계속 사용되고 있다. 이러한 과정들을 입안하는 사람들은 최신 심리학에 대한 이해에 몰입하는 학문연구란 현대주의에서 훨씬 더 벗어나는 것일 뿐만 아니라 때로는 과학의 진리에 대한 신념까지도 의심해야만 한다는 근거를 제공하는 것을 깨닫지 못하는 것 같다.

최근에 어떤 저명한 학자는 최신 심리학 저널에 "최종적으로 중요한 것은 자료이다"[23]라는 제목의 글을 기고하였다. 그는 과학의 양적 자료가 우리들을 지성적인 고민이 가져다주는 불확실성으로부터 자유롭게 할 것이라고 말하는 것처럼 보인다. 그러한 제목 밑에는 전제가 깔려있고 그것들은 다른 학문적인 연구 분야에서 발견되는 신학과 같은 좀더 포괄적인 학문과는 쉽게 양립하지 못한다. 효과적인 영혼에 대한 치유는 지식에 대한 과학적인 연구 뿐만 아니라 신학적인 연구까지 허용하는 상호제휴적인 교류를 필요로 할 수 있다. 또한 상호제휴에 입각한 통합은 양 방향적이다. 드보라처럼 윌리엄스와 다른 사람들도 역시 심리학은 신학에 도움이 될 수 있다고 말한다. 그리고 사회과학의 유익은 임상심리학이나 상담심리학에만 국한되지 않는다. 한 예로 이 책은 임상심리학과 사회심리학, 인지심리학과 발달심리학을 연구한 사람들의 저술을 담고 있다.

상호제휴적인 의견교환이 다양한 학문영역으로부터 나오는 진리를 함께 엮어 나가고자 하는 다소 힘든 작업을 요구하는 반면에 심도 깊은 학문연구는 한 분야에서의 연구를 통해 이러한 진리를 적용하도록 한다. 가장 학문적으로 상호제휴적인 교류를 했던 저명한 학자들이 실천면에서도 항상 뛰어났던 것은 아니었다. 다음과 같이 말하면서 흐느껴 우는 사람과 마주하고 앉아 있다고 상상해 보라. "저는 평생 동안 올바르게 살아왔습니다. 하지만 사람들은 그래도 저를 비난하고 거부합니다." 펠라기우스 교도(Pelagian)와 반율법주의 이단에 대해서 아는 것이 어쩌면 영혼을 치유하는 일에 관심이 있는 그리스도인들에게 중요한 근거를 마련해 줄지도 모르겠다. 하지만 이러한 문제에 대해서 효과적으로 상담할 수 있도록 장담해 주는 것은 아니다. 어거스틴(Augustine)의 『고백록』(Confessions)이나 존 칼빈(John Calvin)의 『기독교강요』(Institutes)를 인용하는 것이 도움이 되지 않을 것이며 이런 상황과 같이 민감한 문제에 대해서 '전적 타락' 교리에 관해 논의한다는 것은 무의미한 일이다. 그렇다면 어떠한 말을 할 수 있겠는가? 또한 그런 말이 고민으로 미칠듯하게 된 사람에게 어떻게 받아들여지겠는가? 이러한 고민들이 통합적인 방법 적용에서 다루어지는 문제들이다.

콜린스는 통합의 주제를 다루고 있는 "심리학과 신학" 저널에서 다음과 같이 말했다. "나는 상대적으로 적은 수의 목사들이나 전임 상담사역자가 실제 상담현장에서 구체적으로 도움 될 만한 것들을 발견할 수 있으리라고 생각하지 않는다."[24] 이러한 책 속에서 나타나는 관점을 가지고 사역을 바라보는 것이 더 도움이 될 것이다. 우리는 어떻게 통합할 것인가? 이를 위해 어떤 기술이나 방법이 사용되는가? 10년 후에 워싱턴은 언급하기를 콜린스의 실제적인 통합 방법론에 대한 촉구가 큰 변화를 일으킨 것은 아니라고 하였다.[25] 이러한 실제적인 방법론을 만드는 것이 치유상담에 관심이 있는 자들이 담당해야 할 일일 것이다.

통합적인 학문연구는 최신의 신학과 심리학을 영혼을 위한 치유(혹은 이런 분야와 관련된 영역)의 임상적인 실제에 적용하게 한다. 체리는 이점을 단도직입적으로 설득력 있게 밝혔다. "우리 신학자들은 실천가가 되기를 포기하였지만 이를 부끄러워해야 한다. 그리고 어쩌면 그 손해를 줄이려는 것이 너무 늦은 일은 아닐 것이다."[26] 통합적인 방법 적용에 관심이 있는 사람들에게는 이 책에서 심리학자들과 신학자들에 의해 쓰인 몇 개의 주목할 만한 장이 도움이 될 것이다. 시볼드와 그레고리 존스의 용서에 관한 장은 임상사역자들에게 그들의 사역현장에서 용서의 원리를 적용하는 것에 관해 유익이 될 수 있는 것을 제공해 줄 것이나. 밀(Meal)과 스댄톤 존스 그리고 파우리슨의 글을 통해서는 치료적인 방법을 위해 가장 효과적인 계획을 수립하는 법을 배우게 될 것이다. 또한 맨지스와 모로니는 거의 모든 상담 과정에서 일어나는 상담자의 자아 기만(self-deception)을 비평할 수 있게 한다. 뿐만 아니라 많은 글 속에서 저자들은 상담치료자들이 자기 자신과 그리고 자기가 상대하고 있는 내담자들에 대한 이해를 통해서 은밀한 죄에 휘말려들 수 있음을 환기시킨다.

그런데 신학과 심리학 사이의 교류에 있어서 또 다른 형식인 보우마 프레디거(Bouma Prediger)가 이름붙인 '신앙과 실천의 통합'은 그리스도인들이

상담에 참여하는 것이 필요하다고 역설한다.[27] 오래 전 아리스토텔레스는 정의에 대한 이상에 근거한 행동을 '실천'이라고 명명했다. 그리스도인들이 정통교리와 진리 수호를 중요하게 여기는 것처럼 우리는 또한 정통적인 실천과 참되고 진실된 행동을 중요하게 생각해야 한다. 야고보는 유대 그리스도인들에게 쓴 야고보서에서 신앙과 실천의 통합에 대해서 다음과 같이 날카로운 의문을 던졌다.

> 내 형제들아 만일 사람이 믿음이 있노라 하고 행함이 없으면 무슨 이익이 있으리요 그 믿음이 능히 자기를 구원하겠느냐 만일 형제나 자매가 헐벗고 일용할 양식이 없는데 너희 중에 누구든지 그에게 이르되 평안히 가라, 덥게 하라, 배부르게 하라 하며 그 몸에 쓸 것을 주지 아니하면 무슨 이익이 있으리요 이와 같이 행함이 없는 믿음은 그 자체가 죽은 것이라(약 2:14-17).

영혼을 치유하는 사역은 신앙과 실천의 통합을 이루게 한다. 이는 다시 말해서 부와 기회의 불균등한 분배로 인하여 생겨나는 현실 세계의 모든 문제들 가운에 기독교 사역을 행하고자 하는 열정으로 이루어지는 심리학인 것이다.

현실의 상황에 대해서 헨리 나우웬(Henri Nouwen)은 다음과 같이 진술했다.

> 위험한 것은 미래의 목회자들이 성도들의 정신을 자유롭게 만들어 놓는 것이 아니라 오히려 자신들의 잠재적 능력에 대한 혼란에 빠져 스스로를 위축시키고 다른 사람들에 대해 긍휼히 여기는 마음이 필요한 좀더 어려운 일을 피하기 위해 자신들의 신분의 특수성을 사용하게 되었다는 것이다. 기독교 지도자들의 사명은 모든 사람들에게 가장 유익한 것을 전해 주는 것이고 그들을 좀더 인간적인 공동체로 인도하는 것이다. 그렇지만 여기에 위험성이 있는데 그들의 전문화된 눈은 따뜻한 마음씨를 가진 사람의 눈이 아니라 더 판단적이고 냉철한 분석을 하려는 눈이 된다는 것이다. 배고픈 자에게는 더 많은 빵이 필요하듯 이들에게 더 많은 훈련과 준비가 필수적이다. 하지만 사랑 없이 주어지는 빵이 평화 대신에 분란을 일으킬 수 있는 것처럼 긍휼함이 없는 전문성은 용서조차

일종의 치료 방법으로 만들어 버릴 것이다.[28]

그래서 신앙과 실천의 통합은 학문성과 사역의 신중한 균형을 필요로 한다. 특히 지금과 같은 후기 현대주의 시대에서는 신중한 학문연구에 별로 관심이 없는 긍휼히 여김은 그저 그 상태 그대로 있거나 혹은 오히려 더 해로운 참견이 될 뿐이다. 그리고 그럴 때에 치료자가 주장하는 진리란 그저 그것이 진리라는 이유에서 그의 개인적인 면에서만 당연하게 여겨질 뿐이다. 또한 긍휼히 여김이 없는 학문성은 실제 괴로움에 빠진 사람들을 대할 때 적절하지 않거나 혹은 매우 위험스럽게 적용될 뿐이다. 인간에 대한 긍휼히 여기는 마음과 함께 연합된 학문연구야말로 도래한 새로운 천년에 영혼을 위한 새로운 치유는 기독교 공동체를 위한 새로운 도전이 된다.

본서의 여러 장(chapter)들은 실천 중심적이다. 예를 들면, 시볼드의 용서에 관한 장은 신앙과 실천의 통합을 위한 내용을 담고 있다. 그녀는 가장 쉽게 상처 받기 쉬운 사람들은 사회에서 가장 힘없는 자들이라고 말한다. 그래서 용서에 대한 그리스도인들의 기본 관점은 자주 상대적인 권력의 위치에 있는 사람들에 의해 정의된다는 것이다. 킴볼은 가족해체와 관련된 자신의 글에서 기독교 부모들에 의해 적절한 지도가 이루어지는 오랜 기간의 가정훈육에 대해서 제시하고 있다.

네 번째로 '자기 성숙(personel formation)'이란 상담자 자신의 성격의 성숙을 강조한다. 그리고 상담자가 내담자에게 유익을 주고 치유를 하는 상호작용의 관계성에 참여하려는 포용력을 중시한다. 최근 상담학 분야에서 선두적인 학자인 솔 가필드(Sol L. Garfield)는 상담자들이 상담연구에 소홀히 함을 지적하였다.[29] 그 뿐만 아니라 동일한 저널에 기고한 다른 학자들에 따르면 치료사의 개인적 자질이 치료의 결과에 영향을 미친다는 것이다. 사역자들의 개인적인 자질이 마음에 대한 치유를 위한 그들의 포용력에 영향을 미친다는 것은 당연한 일이다. 영적인 성숙함으로 다른 사람들을 돕는 것은 수 세기동안 사역자의 자연스러운 모습이 되어 왔다. 그들의 축적된 지혜는 기독교심리학자들의 개인적인 발전이나 직업적인 성숙함보다도 훨씬 더 큰 유익을 줄 수 있는 것이다.

기독교의 영성이 관련된 신학과 잘 연결될 때 사람들은 지성보다 훨씬 더 강력한 은혜를 경험한다. 그리고 이러한 경험이 쌓이면 기독교 치유의 본질적인 부분이 된다. 항상 경건한 삶을 살아가며 끊임없이 주님을 의지하고자 하는 신실한 상담자는 그가 고통 가운데에서 몸부림치는 내담자를 상담하게 될 때에 실천신학과 심리학의 교차점에 서 있는 셈이다.

리처드 포스터(Richard J. Foster)는 자신의 베스트셀러인 『영적 훈련과 성장』(The Celebration of Discipline)의 서두에서 "겉으로만 그럴싸한 것은 이 시대에서 빠지기 쉬운 함정이다"30)라고 말했다. 이는 다시 말해서 피상성이란 현대 정신건강에 대한 치유에 있어서도 역시 빠지기 쉬운 함정이라는 말이 될 수 있다. 수많은 정신건강 기관이나 미국 심리학 협회에 의해 광고되는 경험적으로 증명된 처지법의 최신 목록과 같은 방법을 통해 언제 어디서든지 생물학적인 간섭이 가능하게 된 이래로, 전문 심리학은 이전의 치유를 위한 좀더 상호관계적인 접근법에서 벗어나 더 짧고 기법 중심적인 경향으로 바뀌고 있다. 그리스도와의 친밀한 관계성이 기독교적인 경험의 중요한 핵심이라고 확신하는 사람들은 또한 이러한 구원적 의미의 관계성이 내담자와의 관계까지도 포함하여 모든 것을 변화시킨다는 것을 깨닫는다. 만약 좋은 치유상담이 단순히 적절한 시간에 적절한 치료방법을 전해 주는 것뿐이라면, 자기 성숙이란 별로 필요하지 않을 것이다. 반면에 만약 좋은 치유상담에는 상담자의 영적인 역동성과 스스로에 대한 준비와 내담자에 대한 관계적인 신중한 노력이 필요하다고 한다면, 개인적 성숙이란 기독교 치유상담이 다루는 중요한 목표가 된다.

이것은 결코 쉬운 문제는 아니다. 상담에서 행하는 영적인 치료법이 그렇게 쉽고 간단하게 하나의 기법으로 변질되는 것도 아니다. 그래서 하나님을 알고자하는 열정은 자기 자신을 알고자 하는 노력으로 변화된다. 그래서 헌싱거는 다음과 같이 말했다.

> 기도하는 것과 육체적이며 정서적인 치유 사이에 일어날 수 있는 상관관계를 보여주는 경험적인 연구는 이미 많이 존재한다. 어떤 사람들은 그런 연구는 기도에 대한 좋은 변증이 되리라고 생각하고, 또 다른 사람들은 학문적인 연구를 통해 충분히 확신을 얻게 되어 실제적인 유익을 위해서 날마다 기도하는 것에 전념하게 되었다고도 말한다. 하지만 하나님과 친밀한 관계를 갖는다는 기도의

진정한 중요성과 목적은 이제까지 간과되어 왔다. 하나님이 우리의 삶의 중심을 차지하는 대신에 그저 우리의 감정적이고 정신적인 상태만이 중심을 차지했던 것이다.[30]

개인적인 성숙은 영적인 치료기법들을 배우는 것 이상을 요구한다. 그것은 겸손하게 마음의 중심에 하나님을 모시고 동행하는 것이다. 맨지스는 자신의 쓴 장에서 정신분석학과 관상신학을 다루면서 상담자의 개인적인 성숙이란 효과적인 치유상담을 위해 필수적인 부분이라고 역설하였다. 우리가 마음을 치유하는 상담 사역을 행하고자 사람들을 선택하고 교육시킬 때 상담자의 성격은 중요한 문제가 된다.

이 책은 신학과 심리학이 교차되는 영역을 다루고 있다. 하지만 그 영역은 결코 단순하지만은 않다. 이 영역은 신학적으로도 풍부하면서도 교회론적인 전통에 의해 영향을 받는다. 또한 현대 심리학의 파괴력과 유익에 의해 지배를 받는다. 그러면서도 오늘날 사역자들의 성격적 자질과 신앙 공동체의 특성에 의해 좌우된다. 우리는 이 책이 목회자들과 신학자들, 심리학자들, 성경적 상담자들, 교육자들, 그리고 마음을 치유하는 사역을 하고 있는 학생들 사이에 많은 대화와 고민을 촉진하게 되리라고 확신한다.

■주(Notes)

1) Allen E. Bergin, "Psychotherapy and Religious Values," *Journal of Consulting and Clinical Psychology* 48 (1980): 95-105; Stanton L. Jones, "A constructive Relationship for Religion with the Science and Professional of psychology: Perhaps the Boldest Model Yet," *American Psychologist* 49 (1994): 184-99.
2) John of the Cross, *Dark Night of the Soul* (New York: Doubleday, 1990).
3) Dennis L. Okholm, & Timothy R. Phillips, (eds.) *More Than One Way? Four Views on Salvation in a Pluralistic World* (Grand Rapids: Zondervan, 1995).
4) Paul C. Vitz, *Psychology As Religion: The Cult of Self-Worship* (Grand Rapids: Eerdmans, 1977); Jay E. Adams, *Competent to Counsel* (Grand Rapids: Baker, 1970).
5) Adams, *Competent to counsel*. Jay E. Adams, *The Christian Counselor's Manual* (Grand Rapids: Baker, 1973).
6) Gary R. Collins, *How to Be a People Helper* (Santa An, CA.: Vision House, 1976); *Christian Counseling: A Comprehensive Guide* (Waco, TX.: Word, 1980).
7) John Carter, & Bruce Narramore, *The Integration of Psychology and Theology: An Introduction* (Grand Rapids: Zondervan, 1979).
8) Dave Hunt, *Beyond Seduction* (Eugene, OR.: Harvest, 1987).
9) Gary R. Collins, *Can You Trust Psychology?* (Downers Grove, IL.: InterVarsity Press, 1988).
10) Ed Bulkey, *Why Christians Can't Trust Psychology* (Eugene, OR.: Harvest, 1993).
11) Millard J. Erickson, *Christian Theology* (Grand Rapids: Baker, 1985), 563.
12) Ellen T. Charry, "Theology After Psychology," 126-7.
13) Bergin, "Psychotherapy and Religious Values"; Scott Richards, & Allen E. Bergin, *A spiritual Strategy for Counseling and Psychotherapy* (Washington, D.C.: American Psychological Association, 1997); Edward P. Shafranske, (ed.) *Religion and the Clinical Practice of Psychology* (Washington, D.C.: American Psychological Association, 1996).
14) Albert Ellis, *The Case Against Religion: A Psychotherapist's View* (New York: Institute for Rational Living, 1983).
15) Jones, "Constructive Relationship."
16) Roger Lundin, *The Culture of Interpretation* (Grand Rapids: Eerdmans, 1993), 6.
17) Donald S. Browning, *Moral Context of Pastoral Care* (Philadelphia: Westminster

Press, 1976).
18) Stephen Quackenbos, Gayle Privette, & Bonnel Klentz. "Psychotherapy: Sacred or Secular?" *Journal of Counseling and Development* 63 (1985): 290-3; Richards, & Bergin, *Spiritual Strategy*.
19) Jones, "Constructive Relationship."
20) Katheryn Rhoads Meek, & Mark R. McMinn, "Forgiveness: More Than a Therapeutic Technique," *Journal of Psychology and Christianity* 16 (1997): 51-61.
21) Theresa C. Tisdale, Scott E. Thelander, & Patricia L. Pike, "We Press On Toward the Goal: Introduction to the 25th Anniversary issue, Part 1," *Journal of Psychology and Theology* 25 (1997): 3.
22) Steve Bouma-Prediger, "The Task of Integration: A Model Proposal," *Journal of Psychology and Theology* 18 (1990): 21-31; Everett L. Worthington Jr., "A Blueprint for Intradisciplinary Integration," *Journal of Psychology and Theology* 22 (1994): 79-86.
23) Peter E. Nathan, "In the final Analysis, It's the Data That Count," *Clinical Psychology: Science and Practice* 4 (1997): 281-4.
24) Gary R. Collins, "Moving Through the Jungel: A Decade of Integration," *Journal of Psychology and Theology* 11 (1983): 2-7
25) Worthington, "Blueprint for Intradisciplinary Integration."
26) Ellen T. Charry, "Theology after Psychology," 134.
27) Bouma-Predige, "Task of Integration."
28) Henri J. M. Nouwen, *Ministry and Spirituality* (New York: Continuum, 1996), 135.
29) Sol L. Garfield, "The Therapist as a Neglected Variable in Psychotherapy Research," *Clinical Psychology: Science and Practice* 4 (1997): 40-3.
30) Richard J. Foster, *Celebration of Discipline: The Path to Spiritual Growth* (San Francisco: Harper Collins, 1988), 1.
31) Deborah van Deusen Hunsinger, "An Interdisciplinary Map for Christian Counselors: Theology & Psychology in Pastoral Counseling," 230.

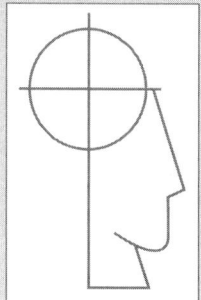

Care for the Soul:
Exploring the Intersection of Psychology & Theology

제1장

교차로에서의 질문:
영혼돌봄과 현대 상담 및 심리치료

데이비드 파우리슨(David Powlison)

엄청난 개혁의 시대는 그 역사를 서술하는 데 있어서 결코 적절한 시기가 아닙니다. 시대적 견해가 지속적으로 유지되어야만 하는 기억할 만한 서술은 만일 그들이 열정적이고 결정적인 시기에 죄악의 한복판에 있었다면 확신을 얻을 수도, 현재의 편견 없는 특성을 제시할 수도 없었을 것이다. 또한 집단의 정신으로부터 너무나 떨어져 있는 사람이거나 목격자로서 어떤 격동을 묘사하는 것에 너무도 차분히 자기 자신을 통제하는 사람이라면 우리는 그의 고요함에 실망하고 말 것이며, 우리가 받아들이고 싶어 할지도 모르는 모든 감정의 느낌을 보존할 만한 영혼의 능력을 그가 소유하지 않았다는 사실에 대해 우리는 염려해야만 할 것이다.[1]

우리는 대변혁의 시대에 살고 있다. 1955년 경건한 그리스도인들이 상담의 모델에 대한 이해가 없었던 때를 기억해 보자. 보수주의 신학자들은 영혼을 돌보기 위해 목회자와 다른 기독교 사역자들을 훈련시키는 데 있어서 상담과 관련된 어떤 교육적 프로그램도 갖고 있지 않았다. 기독교 서점들은 일상생활의 문제와 변화의 과정에 관한 책들을 진열하지 않았다. 복음주의자, 근본주의자, 오순절 교파, 그리고 개혁주의자들의 지도자 누구도 고통을 겪고 있는 사람들을 탐색하고 변화시키며 회복시키기 위한 상담기술을 전혀 알지 못하였다. 실천신학은 그 자체로 설교, 선교, 교육, 복음전도, 성만찬, 교회의 조직 및 행정과 관련된 것에만 관심을 갖고 있었다. 제자양육 프로그램에서는 교리와 노력성 그리고 헌신적 행동들을 가르쳤다. 이런 내용들 모두 좋은 것임에는 틀림없다. 그러나 인간 내면의 역동을 이해하기 위한 통합적 지혜에 있어서 질적인 면은 어떠한가? 인간의 자아 이해를 위해서는 얼마나 풍성한 것을 제공하는가? 교회는 파괴적 속성에 대해 얼마나 잘 분석하였으며 인간 관계의 건설적인 측면을 얼마나 잘 실행하였는가?

유사하게 관찰되고 생각되며, 비슷하게 느껴지고 행동하도록 변화시키는 것은 과연 무엇인가? 인간 변화의 과정은 무엇인가? 무엇이 고통 받는 사람들을 지탱해 주고 죄인들을 변화시키는가? 영혼을 돌보기 위한 어떤 체계적인 분석도 영혼을 어떻게 치유하며, 그 치유법을 발견할 수 있는 세부적인 사항을 파악할 수 없다. 1955년에 '하나님 중심'이라고 말하는 복음주의 교회들은 상담에 대해서는 거의 언급하지 않았다. 그 당시 보수적인 신학 입장으로부터 가장 최근의 중요한 상담 활동은 마치 시민전쟁을 연상하는 것과 같았다. 상담과 관련된 기관이나 서적, 그리고 프로그램을 구체화시키고 교회의 전통과 교류할 수 있는 전문가들이 없이 그리고 변화와 상담에 대해 잘 개발된 실천신학 없이 기도, 성경구절, 예배, 파멸된 악령, 교리, 간증, 훈계, 충성 등의 교회 자원들은 체계적 이해로부터 추상적인 종교적 형태로 감소되어졌다. 이러한 것들은 실패할 수밖에 없었다. 일반상담 및 심리치료 전문가에게 보내는 수밖에는 대안이 없었다.[2]

복음주의자들 가운데서 상담의 공백은 역으로 주변을 에워싼 문화 속에 상담의 홍수에 대한 균형을 잡았다. 20세기는 일반심리학과 그들의 삶 속으로 그런 이론을 전달하는 정신건강 전문가가 생기고 확산되는 것을 목격하였다. 세속적 기구들은 새로 등장하는 상담 문화와 부분적으로 공동 저작자이며 그것을 생산하는 한 부분이라 할 수 있는 주요한 교회들과 한 팀을 이루었다. 자아 인식의 현대적 형태는 심리학적이거나 사회적, 신체적, 혹은 심리·사회적, 정신·신체적, 심리·사회·신체적이었다. 다른 말로 표현하면, 개인 내적인 현상이나 개인 상호적인 현상 또는 신체적 현상들은 명백하게 하나님과 마주하고 있지 않다. 종교적 신념, 실습, 경험들 역시 개인적으로는 매력적이고 의미가 있겠지만 성경에 나타난 하나님은 인간의 조건을 객관적으로 설명하고 표현하는 데 있어서 의미심장하지는 않다.

인간은 조형되거나 지탱되는 것이 아니다. 즉 우리의 다양한 고통은 의미심장한 상황 안에서만 존재하는 것은 아니다. 우리는 계수되거나, 관찰되거나 평가되지 않는다. 우리는 추적당하거나 구속되지 않는다. '하나님'은 인간의 심리적 개념으로는 객관적으로 측량할 수 없다. 우리의 영혼 안에서 가치 있는 것은 다른 것과 함께 해야만 한다. 복음주의자들은 현대의 세속주의와 현대인들의 세계관과 반대의 입장이 될 수도 있다. 그러나 그들은 분석과 치료를 제공하는 근본적인 업무보다 더 이상의 어떤 일을 하고 있지는 않는다. 내담자를 다루기 위한 지식과 기술, 조사, 치료적 대화는 세속주의자들과 자유주의자들의 영역이 되어 버렸다.[3]

1. 상담 혁명

그러나 혁명은 지난 40년 동안에 상담 혁명으로 일어났다. 복음주의자들은 상담을 시작하였고, 상담학에 대해서 저술하였으며 상담자들을 교육하기 시작했다. 그들은 베스트셀러를 쓰고 대학원 프로그램을 활성화시켰으며 상담 센터를 설립하였다. 심각한 손상은 심각한 치료를 필요로 한다는 것에 모든 사람이 동의하였다. 즉 혼란스러워하고 고통당하며 통제 불능인 사람은 말씀과 기도 외에 그 이상의 어떤 것이 필요하다는 데 동의하는 것이다. 그러나 모든 혁명에서와 같이, 변화를 위한 필요에 대해서 진심으로 동의하는 사람들도 필요한 변화의 내용에 대한 의견에 있어서는 심각하게 견해를 달리 한다. 무수한 단계적 변화와 다양성이 존재한다. 그러나 큰 틀에서 보면 상담 혁명에서 두 부류로 나눌 수 있다.

한 집단은 클라이드 내러모어(Clyde Narramore)의 발자취에 따른 풀러 신학교의 심리대학원(Fuller Seminary's Graduate School of Psychology)을 중심으로 발전하였다. 이 계보의 핵심적인 학문적 특성은 지혜로운 상담은 복음주의적 신앙이 현대 심리학 이론과 상담기법 그리고 전문적 역할과 주의 깊게 통합되어야 한다는 것이다. 복음주의적 상담자들의 운동은 이러한 지적이며 교육적인 사역을 일으키고 교회에서의 상담에 대한 필요성을 전파하기 위해 일어났다.

다른 집단은 아담스의 발자취를 따른 웨스트민스터 신학교(Westminster Seminary) 내에 있는 기독교상담과 목회훈련 교육을 중심으로 발전하였다.

이 계보의 핵심적인 학문적 특성은 지혜로운 상담은 성경이 시대를 지배하는 문화적 준거 틀에 상관없이 목회신학적 발달의 핵심이라는 사실을 인지하는 것이다. 성경적 상담자들의 운동은 이러한 지적이며 교육적인 사역을 일으키고 교회에서의 상담에 대한 필요성을 전파하기 위해 일어났다.[4]

열정이 대단하였기에 고요한 중립은 불가능하였으며 중립적 태도는 오히려 의심스럽고 바람직하지 않았다. 문제가 그렇게 중대할 때 어떻게 사려 깊은 사람이 중립으로 남을 수 있겠는가? 웰빙과 자아 이해, 그리고 참 사람의 실현, 하나님의 사람, 개인적이면서도 협력적인 태도 등에 대한 모든 것이 문제가 된다. 이러한 그리스도의 속성을 드러내며 사랑하기 위한 우리의 능력에는 문제가 있다. 이러한 치료적 문화 안에서 하나님의 영광은 위기에 처해 있다. 우리가 영혼을 돌보기 위해서 알아야 하고 해야 할 일들을 어떻게 알 수 있고 할 수 있을까?

이 글은 열정이 식어 버린 과거에 대해 도전하는 것이 아니다. 나의 헌신과 신념들은 다음에 오는 내용 안에서 명백해 질 것이다. 나는 교회가 현대 목회신학에 관한 모든 것 이상의 그 어떤 것, 즉 체계적인 성경적 상담이라고 이름 부를 가치가 있는 것을 필요로 하고 있다는 사실을 믿는다. 그러나 나는 승리주의자는 아니다. 나는 옳다고 생각하는 사람들이 이루어 놓은 광범위한 성취에 관심이 있는 것처럼 아직도 남겨져 있는 의제에 관심이 있다. 그리고 근본적으로 동의할 수 없는 사람들에게 에너지를 불어 넣어주고자 하는 많은 사람들에 대해서도 마음 깊이 공감한다. 우리 모두가 함께 도달할 때까지는 아무도 '도착' 한 것이 아닐 것이다. 도달은 단순한 진리만의 문제가 아니다. 진리, 사랑, 기술과 조직적인 구조는 모두 같은 높이까지 성장해야 한다. 그것이 에베소서 4장에서 말하는 하나님의 소명이다.

2. 실행할 수 있는 분류 찾기

우리와 함께 동행하며 소명의 가치에 대해 언급하는 그리스도의 부르심은 즉시 우리 모두에게 전문용어의 문제를 제기한다. 상담 혁명에 참여한 사람들은 어떤 일이 진행되어져야 하는 방법에 대해서 동의하지 않는다. 그리고 이것은 단순히 비논리적인 사건에 관한 이념들 사이에 일어나는 말다툼이 아니다. 우리 중에 아무도 신앙에 대해 광범위하게 다른 개념과 그리스도인의 행실에 대해서 무관심할 수는 없다. 사람들은 무엇이 진실한 것이며 건강한 교회가 되기 위해 무엇이 필요한 것인가에 대해 심각하게 서로 다른 관점에서 교육, 직무, 평판, 기구와 사역 등을 인식한다. 그러나 우리는 어떻게 하면 건설적으로 그 갈등에 대해 토의할 수 있겠는가? 우리의 갈등이 진흙 구덩이가 되는 것이 아니라 오히려 문제를 분명하게 하기 위해 현재의 상담 전쟁에서 서로 다른 측면을 공정하게 특성화시킬 수 있는 방법은 무엇인가? 우리가 싸움을 악화시키고 이기적인 모방을 서투르게 영속시키기보다는 사랑 안에서 그리고 평화를 추구하는 관계 안에서 진리를 말할 수 있는 방법은 무엇인가?

1) 심리학에 대한 대항자인가 아니면 심리학적 이단자인가?

불행하게도 소위 말하는 심리학에 대해 대항하는 자와 심리학적 이단자가 서로 격돌할 때 그것은 마치 공공경고 체계 안에서 격렬한 비난을 하는 것과 같은 효과를 나타낸다. 하나님의 자녀들이 냉혹한 말에 의해 감화되는 일은 거의 드물다. 우리가 다른 언어를 통해서 각각의 집단을 볼 때 그 집단들은 부끄럽게도 평판이 나쁘게 나타난다. 주의 하지 않은 당파적인 말은 하나님께서 우리를 부르시고 그가 우리를 훈련하시기 위해 활용하실 건설적이고 친절하고 부드러운 말을 시험하는 데는 실패한다(엡 4:15, 29:2; 딤전 2:24-26; 마 7:1-5). 주위에는 실제로 몇몇 대항사와 이난사가 있다. 그러나 도발적인 말과 과도하게 일반화시키는 것은 대체적으로 우리의 구원을 성취하기보다는 인간성에 가장 나쁜 경향을 도발하고 키우며 정당화한다.[5]

나는 우리 대부분이 부드럽게 대해야 할 형제자매라는 사실이 의심스럽다. 우리는 서로 무시하고 자기주장만 고집부리며 약점을 잡는다(히 5:2). 논쟁의 양 방향에 있는 상당수의 그리스도인들은 서툴다고 하기보다는 오히려 성미가 꼬인 것으로 보여진다. 우리의 죄는 우리를 뒤틀린 사색가, 뒤틀린 개업상담자, 뒤틀린 신학자, 뒤틀린 성경신학자, 뒤틀린 문화분석가로 만든다. 우리 모두는 성질이 뻬뚤어지고, 안목이 짧아지고, 부분적인 진리를 내포하는 잘못된 모습 안에서 서로를 찌르고 있다. 모든 실수는 외고집 논리를 지니고 있다. 우리가 이단에 전적으로 빠지지 않더라도 잘못된 실수와 반쪽짜리 진리를 붙들고 있을 수도 있다. 하나님께서 우리를 좀더 숙련된 협력자로 만들어 주기를 소망한다.

20세기에 있어서 말씀 중심의 교회는 영혼을 돌보는 사역에 있어서 매우 빈약했다. 그리스도께서는 우리가 개인적으로 그리고 집단적으로 지혜 안에서 의미 있는 성숙을 이룰 수 있기를 원하신다. 성숙은 어렵고 서서히 이루어지는 일이며 문제가 되는 논란거리가 될 수도 있는 매우 중대한 일이기 때문에 천천히 완성된다. 불화와 거짓의 씨는 언제나 교회가 인간성의 회복과 구원에 대한 진실한 지혜를 통해 성장하는 것을 방해하기 위해 활발하게 움직인다. 그러나 사랑과 진리의 씨앗은 수세기에 걸친 오랜 세월 동안 열정 가운데 유지되며 역사되고 있다. 성경적인 지혜는 제우스의 머리로부터 커다랗게 자라나서 피어오르는 것이 아니다. 그것은 작게 태어나서 그리스도의 마음의 충만함을 향하여, 하나님의 은혜를 유지하는 가운데 많은 시련과 실수를 통하여 성장하는 것이다.

성경이 현대의 상담 모델을 만들기에 충분하다고 믿는 심리학 타파자들은 현대 심리학이 오히려 최종적 분석에 있어서 체계적으로 위선과 그럴듯하게 꾸미고 있다고 인식하기에 근본적으로 현대 심리학을 신뢰하지 않는다. 그들은 성경 자체가 융합주의를 강렬히 반대한다고 생각한다. 그러나 아직도 그들은 심리학으로부터 어떤 것을 배울 수 있기를 원한다. 잘못된 것은 어리석음을 뜻하는 것이 아니다. 실수는 그럴듯하게 되기 위해서 진리의 요소를 빌려 와야 한다. 하나님께서는 그의 자녀들의 생각과 실행 속에서 공백과 조잡함 또는 왜곡됨을 드러내기 위해 주의 깊게 추적할 수 있는 실수를 때때로 허락하신다. 성경이 충분하다는 것은 성경이 모든 것을 철저히 설명하고 있다거나 성경의 메시지가 단지 증명된 교안을 통해서 접근하고 의사소통한다는 것을 의미하는 것은 아니다. 성경의 모든 적용은 우리로 하여금 신학적이고도 해석적인 작업을 요구한다. 유익하고 진실된, 신앙적인 신학은 성경에 깊이 있게 자리잡고 있지만 때때로 본문이 말하는 것보다 다소 다른 것을 말할 때도 있다. 이는 그러한 신학이 일련의 다른 질문들에 대해 언급하기 때문이다.[6] 직접적 만남 속에서의 사역은 어떤 방향에서든 성경을 활용해야만 한다. 목회는 단순하게 대화 가운데 성경본문을 증거로 끼워 넣는 식의 사역이 아니다. 모든 목회에서는 목회자의 교구에 속한 그리스도인들의 다양한 상황에 대한 반응에 있어서 예민한 감수성과 유연성을 가져야 할 것을 요구한다.[7]

비록 예외가 있기는 하지만 소위 말하는 심리학 타파자들이 상담에 대한 반대주의자들은 아니다. 그들 중의 많은 경우는 세속적이거나 유사 상담 및 심리치료를 선택함으로써 영혼을 사랑하고 효과적으로 돌보는 일을 개발하고 실행하는 일을 한다. 토론할 점은 상담을 하고 하지 않고의 문제가 아니다. 신뢰하고 있는 상담의 종류가 무엇이냐 하는 것과 수행하고 있는 상담의 종류가 어떤 것이냐 하는 것이다.

성경이 현대 상담 모델을 세우기에 충분한 의도를 가지고 있지 않다고 믿는 소위 심리적 이단자들은 일반심리학이 제공하는 근본적인 역할을 확실히 알고 있다. 상담 원리들은 몇 가지 종류의 필요한 진리를 제공한다. 즉 상담학적인 전문성은 몇 가지 종류의 효과적인 다양한 실제를 제공한다. 그러나 소위 상담적 이단자라고 취급되는 사람들도 성경이 최종적인 권위를 제공하고 있다고 주장한다. 성경이 충분하지 않다는 것은 성경이 부적절하거나 일반상담 및 심리치료에 종속되어야만 한다는 것을 의미하는 것이 아니라 성경 자체가 외부 세계로부터 보고 듣는 것을 조절해야 한다는 것을 의미한다. 성경은 그 자체가 성경주의를 거부한다.

비록 예외를 발견하게 된다고 해도 '이단자'들은 세속주의의 낙타를 그대로 받아들이는 것을 쫓아내지 않고 의심하지 않는 교회에, 그것을 몰래 삽입하는 것을 쫓아내지 않는다. 그들 중의 대부분은 현대 심리학의 세속성을 비판하며 성경적 시도가 실패한 것처럼 보이는 것이 무엇인지 점검해 본다. 왜 그들이 심리학자가 되었는가? 교회의 현대적 이해와 실행 속에서 결핍된 것을 살펴보는 것은 그들이 인간에 관한 힘든 연구를 하기 위해 시간과 노력을 기울이는 주요한 이유이다. 이러한 문화 속에서 때때로 그것은 심리학을 언구하는 것을 의미한다. 사람이 겪는 영혼의 고통과 불행을 세심하게 지켜보는 것을 허락하고 훈련하는 것을 요구하는 곳이 또 어디에 있겠는가? 또 다른 어디에서 잘못된 관계를 생각하게 될 수 있겠는가? 또 다른 어디에서 사람이 살아온 삶 그대로 세심한 부분까지 탐구할 수 있도록 가르침을 받으며 적절히 도움을 받을 수 있겠는가? 전형적으로 신학적인 목회 훈련은 지혜를 적용하고 상담 과정을 끈기 있게 탐구하는 데 있어서 충분히 세밀하게 관찰하지 않는다.[8]

2) 신학화시키는 자인가 아니면 심리학화시키는 자인가?

논쟁적 언어는 대화를 과열시켜서 이해와 경건한 것을 뒤엎는 경향이 있다. 우리는 '충돌자'와 '이단자'를 각각 신학적 연구자와 심리학적 연구자로 좀더 온화하게 묘사 할 수 있다. 그러나 이러한 용어들 역시 쉽게 잘못 이해된다.

체계적인 목회신학을 추구하는 사람들은 심리학적 경험에 대해서 언급할 것을 요구한다. 즉 그들은 성경적 범주의 렌즈를 통해서 삶의 현실적 사례를 연구하여 해석한다. 그들의 신학적 관점은 수직적 측면이 아닌 내면적이고 수평적인 양상들에 대한 것이다.

다른 한편으로 신학과 심리학의 통합을 추구하는 사람들이나 기독교와 심리학 이론 사이의 대화를 추구하는 사람들은 신학적 작업을 요구한다. 그들은 인간의 심리내적인 문제와 관계적인 문제에 관련된 은혜적 교리가 의미하고자 하는 것과 표현하는 방법을 밝히고자 한다. 세속 학문 분야들은 신학적 질문을 위한 주제에 적합하며 심리학적 논제는 성경에 전적으로 일치되는 것을 필요로 하지는 않는다. 그들은 또한 교회 경험이 때때로 율법주의와 부도덕을 키워온 사람들에게는 그들이 행하는 돌봄의 실제를 하나님의 은혜가 깃드는 대화로 간주한다. 교회가 경직되어 진정한 돌봄이 상실된 현장에서 그들은 믿음이 꽃필 수 있는 은혜의 성육신과 친절하고 수용적인 태도를 제공하는 것을 목표로 한다. 그래서 두 부류 모두 신학적이고 동시에 심리학적이 되기를 요구한다.

3) 목회상담자인가 아니면 심리학자인가?

시대적 논쟁을 특성화하기 위해 직업적인 범주를 어떻게 하여야겠는가?

그것은 단순히 목회자와 상담자들 사이의 영역 싸움인가? 목회상담자들은 사역에 매우 큰 가치를 부여하며 지역교회는 권위와 상호작용 모두를 중요하게 생각한다는 것은 명백하다. 이들과 마찬가지로 심리학자들은 전문성을 위한 자격증을 매우 가치 있게 여긴다. 왜냐하면 자격증은 보험료 청구를 가능하게 하기 때문이다. 또한 심리학자들은 교회의 통치권 안에 머무는 것을 반대한다. 그러나 전문적 명칭과 관련해서는 모래 위에 선을 긋듯이 명확할 수는 없다.

목회상담자 집단은 다양한 분야의 심리학자들, 정신 의학자들, 신경 전문의들, 정신과 간호사들, 사회사업가들, 내과 의사들, 대학원생들, 심리학 전공자들을 비롯한 정신건강 분야에서 훈련받고 경험이 축적되어 있으며, 자격증을 갖고 있는 많은 사람들을 포함하고 있다.[9] 그들은 심리학을 내면적으로 알고 있으며 심리학은 서서히 금이 가기 시작하고 결국은 무력해진다고 생각한다. 성경과 신학은 인간의 마음을 훨씬 더 사실적으로 증거하고 있는 그대로의 삶을 더 좋게 느끼도록 하며, 그리스도의 생생한 능력을 통해 삶을 송두리째 변화시킨다고 주장한다.

반면에 심리학자 집단은 목회자들, 장로들, 안수집사들, 신학대학원생 및 교수들, 평신도 상담자들, 목회상담 프로그램 이수자들, 지역교회에서의 지도자들 등 사역에 대한 훈련을 받고 목회경험과 자격증을 겸비하고 있는 많은 사람들을 포함하고 있다. 그들은 내면적으로 신앙에 대한 지식을 알고 있으며 신앙고백을 하고 있다. 그러나 그들 역시 때때로 생동하는 신앙과 목회훈련이 실제에 있어서 경직되며 쓸모가 없다는 것을 발견한다. 심리학은 궁극적인 문제들을 접근함에 있어서는 무지하다는 것이 명백함에도 불구하고 인간경험에서 무시되었던 측면을 가치 있게 만들고 지적인 호기심을 자극하며 내담자로 하여금 자아 인식과 실제적 지혜를 탐색하도록 용기를 주고 있다. 요약해서 말하자면 교회적인 접근도 정신건강의 경험도 실제적 문제들에 대한 예언적인 지침을 제공하고 있지는 않다.

4) 성경적 상담인가 아니면 기독교상담인가?

성경적 상담(예, *Journal of Biblical Counseling*)과 기독교상담(예,

American Association of Christian Counselors, AACC)처럼 일반적으로 단체들이 자신들을 위해 적용한 명칭은 무엇과 관련된 것인가? 각 집단은 다른 집단에 대비되는 자기만의 명칭을 갖는다. 성경적 상담이라는 칭호와 그것을 옹호하는 것은 마치 성경의 권위를 믿으며 그 권위를 통해 행하는 것이고 그들 이외의 다른 형태의 상담은 비성경적이라는 것을 암시하는 것처럼 보인다. 이와 유사하게 기독교상담이라는 칭호는 그리스도인들이 행하는 상담이라고 할 수도 있고 아닐 수도 있지만 분명하게 그리스도인으로 인식되고 행동하면서도 그들이 고백하는 믿음과 다소 차이가 나는 방법으로 상담하는 것은 함축하여 암시하는 것처럼 보인다. '성경적'이라는 용어와 '기독교'라는 용어는 분명히 문제가 되고 있으며 현재의 혼동 속에서 논란이 되고 있는 것이다.

여기에 더 큰 문제가 있다. 즉 기독교상담의 영역 안에서 각각의 집단이 자신의 위치를 고수하고 나아가는 것은 더욱 어렵게 되었다. 이는 지난 10년 동안에 서로 가까워진 것처럼 보이기 때문이다. 심리학자들은 분명히 더 큰 간격으로 움직였다. 그러나 아담스의 모델 위에 세워진 구조는 확실하게 발전되었다. 기독교상담자들은 1990년대에 들어서서 1970년대나 1980년대의 모습보다 더욱 뚜렷하게 성경적인 방향으로 움직였다. 게리 콜린스(Gary R. Collins)와 래리 크랩(Larry Crabb)은 복음주의적 상담자들의 이중적 주체성의 복음적인 부분이 더 이상 직업적인 장애가 되지 않는다는 사실에 대한 가장 가시적인 실례를 보여주고 있다.

인간 본성에 대한 좀더 전인적인 관점이 복음주의적 심리학자들 사이에서 나타난다. 몇몇 사람들은 아직도 '심리적, 감정적, 관계적, 정신적' 문제들로부터 '영적' 문제들은 분리하려고 시도하고 있다. 하지만 어떤 사람들은 전문가로서의 가치를 높이려 하며 영혼돌봄과는 질적으로 다른 것으로서 그들의 행동을 정의하고자 시도하고 있다. 그러나 전문성의 테두리에 있는 많은 것에 있어서 영적인 문제와 심리적 문제 사이의 구분이 매우 인위적이고 문제가 많은 것으로 보인다. 전인적인 관점에 대한 옹호자들은 진정한 자아 인식과 진정한 하나님에 대한 인식은 상호교환적인 관점이라는 존 칼빈(John Calvin)의 기본적 성찰을 힘입고 있다. 이러한 전인적인 관점은 복음주의 상담자들의 직업적 자아 이미지에 영향을 주었다. 이와 더불어 기독교상담자들은 교회와 밀접하게 연결되어야만 하는 그리스도를 위한 사역 즉 노인사역이나 목회돌봄과 관련하여 상담을 정의함으로써 기독교 정체성을 명백하게 표현하고자 한다. 기독교상담자들은 더욱 아담스를 따르는 목회상담자 또는 목회신학자같이 소리를 내게 되었다.

반면에 성경적 상담자들 역시 변하고 있다. 그들의 저서는 1970년대 초반보다 더 넓은 관심과 개념들을 보여주고 있다. 그들은 보완하거나 발전시키고 더 나아가서 아담스의 핵심적 모델의 많은 면을 교체하였다. 그들은 다음과 같은 일들에 대해서 더 많은 주의를 기울이고 있다.

- 동기, 자기평가, 신념, 자아 기만 등의 개인내적인 역동
- 다양한 종류의 고통에 대한 영향과 반응
- 공감, 유연성, 상담방법론적인 탐색과 인내의 측면
- 기독교 신앙과 현대 심리학 사이의 상호작용에서의 미묘한 차이
- 결혼과 가족 의사소통의 실용성
- 중독이라 칭하는 것들에 대한 원인과 치료[10]

최근 성경적 상담 모델은 더욱 세분화되고 많은 심리적 문제들에 대한 이해를 시도하고 있다. 그래서 심리학자들이 더 성경적으로 보이고 성경적 상담자들은 더 심리적으로 보인다. 이렇게 눈에 띄게 뒤바뀌는 현상은 무엇을 의미하는가? 이 두 부류가 화해로 나아가고 있는 것인가 아니면 더 깊은 충돌로 돌진해 가고 있는 것인가? 아니면 그들이 아직 상상할 수 없는 재편성의 방향으로 움직이고 있는가?

나는 두 가지 시각이 근본적인 면에서는 아직도 상반된다고 믿는다. 그러나 나 역시 우리의 현재 상황이 문제들에 대한 신선한 견해들을 표출할 수 있는 성숙한 상태라고 생각한다. 반쪽짜리 진리와 좋은 의도는-이것들 모두가 어떤 정신적 태도와 좁은 시야, 그리고 어떤 측면에 대한 무시 등에 의해 아주 쉽게 변질되었지만-좀더 잘 이해될 수 있는 소명과 진리 안에서 보여 질 때 매우 다른 빛을 통해 나타날 수 있다. 나는 우리가 그리스도의 몸이기에 생각과 행동이 근본적으로 차이가 있는 곳에서도 어떤 일치를 이룰 수 있기를 소망한다. 일치할 수 없는 부분들은 교회가 그 위치를 평가하고

현명하게 선택할 수 있게 하기 위해서 공개적으로 언급되고 토론되어야만 한다. 또한 우리는 현존하는 두 부류의 영역을 존중할 수 있는 기대하기 어려운 일치의 접점을 찾을 수 있을 것이다. 결국 우리는 자신의 영광과 우리의 복지를 위해 역사를 섭리하시는 살아계신 하나님을 섬긴다. 하나님께서는 무지와 무능력, 그리고 갈등과 혼란으로 뒤범벅이 된 그의 자녀를 떠나지 아니하실 것이다. 그는 우리의 왜곡된 귀와 좁혀진 시야 속에서 그리고 그의 뒷전에서 겨우 더듬거리는 속에서도 우리를 통하여 승리할 수 있도록 이끌어 가신다.

5) VITEX 또는 COMPIN?

우리가 활용해야 할 분류법은 도대체 어떤 것인가? 나는 편견에 있어서는 최소한으로 줄일 수 있고 명확한 초점에 대해서는 최대한으로 표현할 수 있는 언어를 활용할 것을 제안한다. 핵심적인 질문은 성경의 의도와 범위, 신학적 업적의 본질, 그리고 교회가 세상으로부터 칭송받을 수 있는 것에 대한 중요성의 척도와 관련된다.

나는 기본적으로 다른 두 가지 경향성을 VITEX와 COMPIN으로 표현하고자 한다. 첫 글자만으로 표현된 약어는 이해되지 않는가? 아니 오히려 더 나을 수도 있다. 비록 이 말들이 쥬라기 공원의 이상한 단어처럼 들리지만 나는 그것들의 낯설음과 함축적인 평이함이 오히려 과도한 열정을 막음으로써 더욱 원활한 토론을 도와줄 수 있기를 소망한다. VITEX는 심리학이 성격과 변화, 그리고 상담의 전반적인 분야에 있어서 기독교 모델의 건설을 위해 생생한 외현적(VITal EXternal) 공헌을 해야 한다고 주장하는 것을 의미한다. COMPIN은 성격과 변화, 그리고 상담의 기독교 모델을 설정하는 데 있어서 기독교 신앙 안에 포괄적인 내적(COMPrehensive INternal) 자원이 있다고 주장한다. VITEX에서는 성경적 신앙과 적용이 우리로 하여금 밖에서 유입되는 것을 평가하기 위한 통제를 부여하는 반면에, 어떤 모델을 설정하기 위한 세부사항을 충분히 제공하지 않는다고 주장한다. COMPIN에서는 심리학자들이 동기를 부여하고 정보를 줄 수는 있지만, 건전한 모델의 구성에 있어서는 필요 없다고 주장한다.[11]

미래에 대답되어야 할 매우 중요한 세 가지 질문은 지적이고 방법론적이며 복음주의 상담의 제도적 특성들을 정의해야 할 것이다. 이러한 특성들은 궁극적으로 VITEX 혹은 COMPIN의 시각을 통해 특성화될 것이다. 여러 가지 세부적 질문들이 지향하고 있는 세 가지 주된 질문들은 인식론, 동기이론, 사회 구조와 함께 해야만 한다. 첫째로, 사람을 이해하고 돕는 데 진정으로 도움이 되는 지식은 무엇인가? 둘째로, 근본적으로 우리는 사람을 어떻게 이해하는가? 셋째로 우리는 좋은 상품을 전달하기 위해서 상담자들을 어떻게 교육하고 자격을 주고 감독해야 하는가?

3. 인식론적 우선순위

진정으로 사람을 이해하고 돕기 위해서 활용되는 지식은 과연 어떤 것인가? 복음주의적 상담자들은 인식론에 있어서 상당히 뿌리 깊게 갈라져 있다. 한편으로 VITEX에서는 일반심리학이 기독교상담에 활발한 기여를 했기 때문에 기독교와 심리학의 "통합"에 관심이 있다. 그리스도인들은 사회와 행동과학이 제공하는 것들로부터 구성적 요소들을 배울 수 있다. 그리스도인들은 심리학적 연구와 정신건강 전문가들로 참여할 수 있다. 그러나 정직한 복음주의자들로서 VITEX 추종자들은 최종적이고도 기능적인 권위를 위해서 성경을 원한다.

다른 면에서 COMPIN은 기독교 신앙의 내적인 자원들이 상담이 하는 일을 포괄적으로 포함하고 있기 때문에 상담복회를 위한 내용과 개념에 있어서 성경 자체로 충분하다는 것에 관심을 가지고 있다. 성경 자체로 충분하다는 것은 그것 안에 모든 지식을 총망라하여 포함하고 있다는 의미에서가 아니라 상담의 통일성과 포괄적인 체계를 올바르게 정렬한 것이라는 의미에서 충분하다는 것이다. 그리스도인들은 세상이 제공해야만 하는 것에 대해 분명한 대안을 제시할 수 있다. 그리스도인들은 그들 자체의 특징적이고, 목양적이면서도 상호적인 사역을 새생할 수 있다. 그러나 정직한 관찰자와 사색가로서 COMPIN 추종자들은 이론적으로나 적용적인 면에서 사회과학과 다른 영역으로부터 지식을 얻기를 원한다.

그러나 그 두 영역은 서로 과거에 대한 것을 말하려는 경향이 있다. COMPIN은 VITEX를 인식론적으로 경험이 없고 혼합주의라고 비판함으로써 VITEX 그 자체를 불신한다. "모든 진리는 하나님의 진리이다"라는 것은 "모든 거짓말은 악마의 거짓말이다"라고 하는 것과 같이 제한 없는 인식론적 진리이다. 진정한 물음은 차이를 어떻게 말하는가 하는 것이고 우리를 혼란스런 미궁 속으로 던져 버리는 것이 무엇인가 하는 것이다. 즉 우리는 명백하고 신뢰성이 있는 지식적 자원을 정의할 필요가 있다. 더 나아가서 VITEX 사고의 실제적 생산물들은 일반적으로 일반계시라는 이름으로 자기 자신을 받아들이면서 세속 이론의 해석에 세례를 주고 있다.[12] 이와 마찬가지로 사려 깊은 VITEX는 기독교 대중 심리학의 엄청난 위협으로부터 그 자체를 분별하고자 하는데 이 두 집단은 각자 끼리끼리 모이는 것처럼 들리는 경향이 있다.

반면에 VITEX는 COMPIN을 율법주의와 비지성적이라고 비판함으로써 COMPIN 그 자체에 대해 불신한다. 충분함은 가벼운 대답, 율법주의와 승리에 도취된 듯한 분리주의로 너무 쉽게 넘어진다. 어떤 사람이 "성경에 말하기를"이라고 말하는 것은 자체의 명확함이 아니다. 즉 그것은 진지한 음미와 비평에 대해서 주관적임에 틀림이 없다. "성경에 말하기를"이라고 말하는 것은 우리가 살아온 것 자체로서의 삶에 대해 눈을 감아 버리듯 우리의 마음을 냉정하게 하여 대화를 단절하는 것이 아닌 오히려 더욱 깊이 생각하고 주의 깊게 토론해야만 하는 것이다. 더 나아가서 성경적 권위라는 이름 안에서 COMPIN적 사고의 실제적 결과는 너무 자주 도덕주의, 경건주의, 신비주의에 대한 반대로 스스로를 허용하였다.[13] 사려 깊은 COMPIN이 경직된 성경주의적 고착과 폭언 속에 빠져 있는 사람들의 공격성에서 스스로를 분리하는 것처럼 그것은 유사한 주장을 하는 경향이 있다.

교회의 상담은 막다른 교착 상태에 갇혀 있다. 우리는 어떻게 새로운 영역을 열어갈 수 있을까? 교착 상태를 뚫기 위해서 나는 우리 모두가 매우 진지하게 인식론적 토론을 재구성할 것을 주장한다. 우리는 우리의 인식론적 우월성이 무엇이어야만 하는지 우리 스스로에게 질문해야만 한다. 이 질문은 두 가지 측면이 있다. 무엇보다도 '인식론적 우월성이 성경에 의해서 어떻게 표현되어 있는가?' 하는 것과 두 번째로 '우리 시대와 장소에서 교회 복지와 교회가 증언을 하는 것으로 불리는 치료적 문화 두 가지 모두를 위해서 필요로 하는 것이 무엇인가?' 하는 것이다. 나는 성경의 모델과 우리 시대의 요구 모두가 동일한 대답을 하고 있다고 확신한다.

따라서 첫 번째로 중요한 과제는 긍정적인 성경적 진리를 명료화하고 우리 문화에서 "상담 문제"라고 명명한 것들에 대한 체계적인 실천신학이 되어야 한다는 것이다.

두 번째로 중요한 과제는 그것이 세속적이거나 혹은 종교적이거나 영혼을 위한 성경적 돌봄에 대한 대안적인 모델들에 대해 재해석하고 설명할 수 있어야 한다는 것이다.

세 번째 중요한 과제는 할 수 있는 한 우리는 다른 불완전한 모델로부터 배울 수 있어야 한다는 것이다. 즉 우리는 우리가 반대하는 사람들이나 의견이 일치하지 않는 사람들을 통해서도 정보를 얻으며 동기부여를 받을 수 있어야 한다.

만약 우리가 그들의 적절한 요구에 이러한 중요한 과제를 포함한다면 교회는 우리의 목회에서 서로 함께 세상을 향한 빛으로서 번영할 것이다. 성경 그 자체가 이러한 특별한 요구에 모델이 될 수 있겠는가? 물론이다. 다음은 풍성한 지원적 자원을 즐길 수 있는 질문에 대한 대답의 일부가 될 수 있다.

1) 첫 번째 주요 과제: 성경적 진리의 명료화와 영혼돌봄에 대한 체계적인 실천신학 개발

첫 번째 주요 과제에 대한 성경적 확증에는 결코 실수가 없다. 하나님 계시의 우선적 목적은 비평하거나 쏟아지는 문화의 홍수 속에 적응하는 것이 아니다. 그는 구별되시며 거룩하시다. 그는 선포하시고 가르치시며 어떤 특별한 것을 모델로 하기를 원하신다. 성경의 긍정적 메시지는 존재하는 것이고 그리고 상담에 대해서도 존재하는 것이다. 성경은 내용과 방법, 그리고 구조의 측면에서 잘 짜여진 교과서 내용으로서가 아니라 성경의 전체적인 측면에서 상담적 교훈과 의미가 넘쳐흐르고 있다.

우리는 상담을 어떻게 정의하는가에서 부터 시작한다. 상담은 근본적으로, 상담료를 지불하는 조건에서 매주 한 시간의 회기를 갖는 등의 명백하고 계획적이고 형식화된 구조 틀 안에서 취약한 부분을 회복시키고자 하는 목표를 가지고 제공하는 직업적인 도움 활동은 아니다. 이러한 문화의 전문화된 정의의 측면에서 보면 성경은 상담 주제에 있어서 상대적으로 불충분한 것처럼 보인다. 그러나 만약 상담이 언어에 대해, 지혜롭거나 어리석은 친구에 대해, 주인과 제자 관계에 대해, 진심으로 말하는 진리와 거짓에 대해, 생명의 말씀에 관한 사역에 대해 말하는 것이라면 성경은 이 모든 것에 대해 풍성하도록 흘러넘치게 될 것이다. 상대적으로, 형식적이며 개인적인 상담은 단지 실천적 진리와 비형식적 관계 혹은 공적인 사역을 특성화시키는 지식적인 사랑을 적용하고 확장한다. 상담은 그것이 형식적이든 비형식적이든지 간에 어리석음(우리로 하여금 하나님으로부터 멀리 떨어져 재정립하는 것)이나 지혜로움(우리로 하여금 하나님께 재정립시키는 것)의 둘 중 하나가 된다. 우리는 가장 최우선적으로 자신의 구조(paradigm)를 배워야 할 필요가 있다.

2) 두 번째 주요 과제: 대안적 모델에 관한 재해석과 설명

성경은 현재 진행되는 여러 가지 종류의 과오적 형태들과 끊임없는 갈등의 경계를 조정한다. 우상숭배자들과 거짓말쟁이들, 거짓 선생들과 '이 세상에 속한 것'은 끊임없이 변화하는 바이러스성 병원균과 같다. 거짓은 항상 창의적으로 새로 일어나며 때로는 비슷한 옛날 주제에 변화를 주기도 한다. 본능적으로 죄성이 강한 인간은 마치 살아계신 하나님이 계시지 않는 것처럼, 그의 눈에 우리 삶에 대한 심판이 없는 것처럼, 구세주가 필요 없는 것처럼 인생을 생각한다. 인간은 하나님의 대용품들과 진리의 대용품들을, 그리고 삶의 다른 의미와 다른 방법들을 주도면밀하게 생산한다. 우리 삶에 대한 이론은 우리의 삶과 같다. 그들은 실제를 왜곡하기 위해 우리의 본능을 반영한다.

죄는 체계적으로 왜곡하는 영향을 나타낸다. 성경은 우리에게 죄와 잘못을 주시하고 드러내는 방법을 가르친다. 대부분의 타락이 특출한 것만은 아니다. 우리가 그것을 간과하는 것은 대부분 일상적인 장소에서이다. 우리

시대에서 그것은 특정 일반심리학이 인간의 마음속에서 일어나는 현상에 대해서 설명하는 가설을 포함한다. 어떤 일반심리학은 신앙과 관계없는 문화적 산물이기 때문에 일반심리학자들은 영혼과 관계에 대한 그들의 불신앙적인 견해를 피할 수 없다. 이론들은 그런 이론들을 만들고 깨달은 사람들의 불신앙을 체계화하고 합리화한다. 세상의 지혜는 언제나 어리석기 때문에 성경은 진리를 방어하고 명확하게 하고 유사한 거짓으로부터 사람들을 보호하기 위해서 두 번째 논쟁을 시도한다. 이러한 논쟁은 편집증적인 성미 급한 사람으로부터 일어나지는 않는다. 구속자는 공략을 수행하고 더 현명한 진리로 사람을 개종하기 위해 이론들을 비판한다. 두 번째 주요 과제인 비평은 첫 번째 주요 과제에 대한 하나의 이론적인 함축이고 성경적 진리를 분명하게 하는 것이다.

3) 세 번째 주요 과제: 불완전한 모델로부터의 배움

우리는 우리를 둘러 싼 모든 것으로부터 배울 수 있다. 성경은 배경의 문화들을 하나님의 구속적이며 변혁적 사역의 협력적 측면으로 자연스럽게 받아들인다. 하나님의 종들은 언어, 정치, 종교, 경제, 예술, 교육, 농업, 군사적으로 그들 주위에 있는 것들과 상호교류 한다. 진리를 알리고 잘못을 비판할 때 우리는 많은 것들을 적절히 활용한다. 그러나 그러한 학습은 기본적 모델을 확립하는 중심으로부터 구별되어 제3의 역할을 수행한다. 우리는 죄로 인하여 더럽혀졌기 때문에 하나님은 때때로 그의 백성들을 꾸짖으시고 우리로 하여금 그의 진리를 명확히 이해할 수 있도록 하기 위하여 지각할 수 있는 있는 실수를 활용하신다. 하나님의 구속적 계시는 건설적이지만 반성경적 이론들은 도발적이기 쉽다. 우리 자신과 세상에 대한 성경의 외적인 지식은 성경적 진리의 범위를 지속적으로 확장하고 이해의 깊이를 넓히기 위한 누룩과도 같다. 우리는 배우며 비판하고 재해석하며 변화하고 적용한다. 우리는 우리의 관점을 재설정하고 조정하는 것을 깨닫기 위해 우리가 해야민 히는 것이 무엇인지를 알 때 성경의 외적인 것과 건설적으로 교제할 수 있다.

만일 우리가 성경적 안목을 통해 본다면 비록 어떤 것이 하나님을 드리네지 않거나 하나님에 대한 증거를 보이지 않는 경향이 있다고 해도 그 모든 것은 하나님의 세상이다. 성경은 성경의 외적인 것들 안에서, 창조물과 타락한 문화적 상품들, 하나님을 공격하는 현대적 거짓말의 종말론 안에서 자유롭게 교통하고 있다. 그러나 하나님은 언제나 해석하시고 또는 재해석하신다. 하나님은 영존하신다. 성경적 진리는 우리의 관점에 올바른 것을 제공한다. 일례로 신명기의 형식적 구조는 고대 근동의 정치적 협약의 모델이 된다. 그러나 하나님께서는 그가 활용하시고자 하는 것을 근본적으로 재생산한다. 어떤 구약성경 잠언은 형식적인 면에 있어서 고대 이집트인들의 격언과 일치한다. 하지만 그것들이 미신이나 정령신앙, 또는 우상숭배의 상황에서 의미하는 것은 여호와를 두려워하는 잠언의 상황에서 의미하는 것과는 근본적으로 다르다.

성경의 저자들은 결코 세속교육을 두려워하지 않는다. 모세는 이집트인이 받는 모든 교육을 받았다(행 7:22). 하나님께서는 다니엘과 그의 친구들에게 갈대아인의 학문과 지혜의 부분에서 지식과 통찰력을 주셨다(단 1:17). 바울은 많은 지식을 쌓은 사람이었다(행 26:24). 그러나 모세와 다니엘 그리고 바울은 하나님의 구속적 안목을 통해서 삶을 해석하였다. 바울은 그레데에서 인생을 연구한 사람으로 '인류학자'의 기호를 인용할 수 있었고(딛 1:12), 아덴에서는 헬라 문학의 언어로 논쟁하였다(행 17:28). 하나님의 종들은 생활하고, 말하고, 보고, 하나님의 규범을 수행하는 곳에서 그들의 시대와 장소에 따른 문화 속에서 자연스럽게 활동한다. 성경은 그리스도인들이 지적으로 고립되고, 성경주의자가 되고, 문화로부터 단절되도록 하는 어떤 근거도 제시하지 않는다.

비록 타락했지만 이 세상은 하나님의 구속의 무대이다. 그러나 문화를 적절히 활용하는 것은 우선적으로 언제나 하나님의 진리의 명확한 눈길에 의존되어야 하며 두 번째로 타락한 대안에 대한 냉철한 회의적 안목에 종속되어야 한다. 바울은 분명히 그 시대의 문화로부터 많은 것을 배웠다. 그러나 그는 그가 선포했던 체계적 진리를 메마르고 정상이 아닌 대용품으로부터 배우지 않았다. 오히려 그가 선포했던 진리는 그러한 대용물들을 새롭게 작업하였다.[14]

4) 우리 문화의 필요성에 대한 세 가지 주요 과제를 적용

성경 그 자체는 내가 첫 번째, 두 번째, 세 번째 주요 과제라고 명명하는 것들에 대한 모델이다. 그러면 우리 문화는 무엇을 요구하는가? 나는 동일하게 주요 과제들을 적용한다고 확신한다. 우선 혼란된 교회와 미개한 문화 모두 그 어떤 것보다도 정확하게 적용되는 긍정적인 성경적 진리를 요구한다. 우리는 우리 자신의 구별된 심리학을 이해하고 실행할 필요가 있다. 우리는 영혼을 돌보기 위해 구별된 방법을 이해하고 실행해야 할 필요가 있다. 만약 우리가 우리 자신의 진리에 대한 독특한 지혜를 잘 알지 못한다면 우리는 현재의 어둠 속에서 빛으로 행하는 것이 아니라 그 어두움의 부차적 원리로써 행하게 될 것이다. 진리는 우리가 제공할 수 있는 최상의 것이다.

두 번째로 우리는 혼란과 어두움의 현대적 자원에 대한 명쾌한 비판을 필요로 한다. 영혼을 돌보고 이해하기 위한 세속적 대안들은 조심스러운 탐색과 명확한 도전을 필요로 한다. 첫 번째 주요 과제와 두 번째 주요 과제는 우리로 하여금 하나님의 사람을 세우고 보호할 수 있는 능력을 준다. 그들은 심리화된 문화에 대해 그리스도의 진리를 적절하게 선언하고 말할 수 있는 능력을 준다. 우리는 우리를 둘러싼 세상과는 다르게 믿고 행동한다.

마지막으로 현대의 실수와 상호작용함으로써 우리의 모델을 발달시키기 위한 소명은 세 번째 주요 과제로 구별된다. 그들의 성공은 확실히 우리에게 다시 증명될 수 있고 우리가 역으로 변화되는 것에 설득되지 않는 한 우리의 무지한 영역에 대해 도울 수 있다. 만약 우리가 기본적으로 우리의 세계관 안에서 그것들을 재해석한다면 인간의 삶을 만드는 것에 대한 그들의 관찰은 어떤 때에는 우리에게 정보를 줄 수 있는 쪽으로 가고, 어떤 때는 그렇게 가지 않는다. 모든 면에 있어서 첫 번째 주요 과제의 우선순위는 항상 첫 번째가 되어야 하고, 두 번째 주요 과제는 그 다음 그리고 세 번째 주요 과제는 세 번째가 되어야 한다.

5) 주요 과제의 정렬을 위한 함축

우리의 주요 과제에 순서를 매기는 과정은 세 가지 영역의 함축적 의미와 적용이 있어서 주안점을 이룬다. 이는 심리학적 조사, 심리학화된 사람들을 복음화하는 교회의 능력, 전통적 신학의 적절한 활용 등이다.

첫째로, 주요 과제들에 대하 우선순위를 재정립해야 할 필요성이 심리적, 관계적, 상담 과정에 대해 연구하는 것을 잘못되었다고 말하는 것을 의미하는 것은 아니다. 분명히 그 반대이다. 하나님의 진리에 복종하는 심리학적 연구는 교회의 첫 번째 주요 과제에 대해 기쁘게 외부로 손을 펼치는 한 부분이 된다. 우리가 성경의 충분함을 믿을 때 우리는 모든 문제에 대해 증거를 찾는 교과서적 탐구가 아니라 광대한 실천신학적 과업에 접하게 된다. 우리가 성경적 세계관을 솔직하게 적용한다면, 우리는 그리스도의 마음에 합하며 결실이 풍부한 연구를 하게 될 것이다.

조나단 에드워즈(Jonathan Edwards)의 『신앙과 정서』(*Treatise Concerning Religious Affections*)는 성경적 가정에 의해 구성된 경험주의적 연구의 한 모델이다. 그의 논문은 중립을 가장한 긍정주의자의 과학이 아니다. 또한 그것은 연구와 해석이 필요한 바로 그 현상에 대하여 눈감아 버린 협소한 성경주의가 아니다. 그것은 기독교 언어들로 얇게 광택을 낸 세속적 사고를 빌려온 것이 아니다. 오히려 그것은 체계적이고 성경적인 이해를 발달시키기 위한 신학적 작품이다. 그러나 에드워즈는 비록 한 측면이기는 하지만 인간 삶의 매우 중요한 한 측면을 면밀하게 관찰하였다. 오늘날 우리가 접하는 중요한 상담 문제들의 다양함에 관하여서 누가 그와 같은 일을 하겠는가? 백 명의 에드워즈들이 백 가지의 동일하게 노련한 책들을 쓸 수도 있다. 그러나 아직도 상담에 관한 체계적인 실천신학은 끝나지 않았다.

하나님의 계시의 바로 그 일반론과 우주론 안에서 성경은 체계적 연구를 하게 한다. 성경의 저자들은 모든 사실들을 포함하고 있는 백과사전이 아니라 모든 비전을 가능하게 하고 능력을 주는 안경들을 제공하려고 한다. 예를 들면 갈라디아서 5장 19-21절에서 죄악된 삶의 형태의 본성은 명백하다고 말한다. 그러면서 바울은 '좋아하는 것' 과 관련하여 무진장한 연구 안건을 제공하는 15가지의 대표적인 사례를 주고 있다. 물론 바울은 방법적으로나 이론적으로 중립적인 경향을 유지하려고 하지는 않는다. '육신의 일들'은 죄성이 가득하고 그것들은 다양한 '육신의 정욕'을 유발시킨다. 정욕과 행함은 도덕적으로 평가되어야 한다. 그래서 우리는 그런 행동들이 기본적으로 문화적응, 심리학적 외상, 미해결된 욕구들, DSM-IV에서 제시하고 있는 증상들, 또는 신체 질병 과정 등으로 인한 결과물이 아니라는 것을 우선적으로 알게 된다. 갈라디아서 5장의 '인간 내적인 갈등' '물질남용' '이상심리' 그리고 '성적 장애' 등 각각의 주제들은 육체에 대한 성경적 이해를 이끌어 내는 다양한 연구를 하게 한다.

갈라디아서 5장의 대표적인 목록에 나타나지 않은 '서서히 좀 먹는 장애들'로 명명된 것은 무엇에 관한 문제인가? 어찌 두려움과 염려는 그 목록에 없는가? 자기 자신과 다른 사람들에 대한 속임수의 셀 수 없이 많은 얼굴과 목소리는 어떠한가? 자아 정당화와 자아 연민의 많은 모양은 어떠한가? 사람을 기쁘게 하는 심리학적이고 인간 내적인 복잡성은 무엇인가? "그리고 유사하다"는 것은 무엇을 의미하는가? 성경적 관점을 배양하는 데 있어서는 수행해야 할 과업이 있다. 성경적 관점은 광범위한 범위의 지식을 배양한다.

우리의 교리는 우리의 연구를 조절해야만 하고 우리의 연구는 우리의 교리를 풍요롭게 해야만 한다. 심리학적인 연구는 성경의 충분함과 우리의 첫 번째 주요 과제를 얻는 일에 직접적으로 연결되어 있다. 우리는 세상의 표준에서 벗어난 심리학에 우리 자신을 복종시키기 위해서가 아니라 우리 자신의 체계적인 성경적 이해의 관점으로 세계를 보기 위해서 심리학을 잘 연구한다. 만약 우리가 사람들을 돕기 위한 목적으로 사람을 이해하기를 원한다면 우리는 실천신학적 틀 안에서 그 과업을 수행하여야 한다.

둘째로 심리학화된 사람에 대한 강력한 복음화는 주요 과제에 대한 우선순위를 명확히 하는 또 다른 직접적인 의미를 부여한다. 만약 우리가 그들에게 요구한다면 그들은 결코 그들 자신의 필요를 보지 못할 것이다. 만약 우리가 진실로 부유함을 갖고 그들의 부족함에 대한 상응하는 비판을 한다면 우리는 그들이 원하게 될 어떤 것을 가지고 있게 될 것이다.

나는 현대의 심리학적 문화가 지니고 있는 여러 측면들이 교회가 가지고 있는 진귀한 보물을 드러내기 위한 적절한 시기를 만들고 있다고 확신한다. 이러한 쿤(Kuhn) 이후의 후기 현대주의적 풍토 안에서 사회과학을 위한 긍정적인 과학적 방법론은 매우 약화되었다. 중립적 진리로서의 심리학의 토대는 무너졌다. 위대한 단일 이론의 확고한 모델을 형성하는 시대는 흐릿해졌다. 기본 이론들과 절충주의는 오늘날의 명령이다. 용감한 얼굴의 심리학자들이 강력하게 시도했음에도 불구하고, 이러한 경향들은 인식론적 회의론과 절망을 기록할 뿐이다. 이 모든 것들은 교회가 관심사를 갖고 우리 자신의 상담 모델을 세우는 데 기회를 주고 있다.

우리는 상담에 있어서 조직화된 실천신학적 과정 안에서의 작업을 통하여 위대한 연합 이론을 형성할 수 있다. 정신건강 전문가 안에 속한 임상가들이 설득력 있는 진리나 효과를 주장함으로써가 아닌 전문영역에 관한 자격증을 통해 통제함으로써 끊임없이 자기 스스로를 합리화하고 있을 때 교회는 위협, 소송, 법률상의 제약 등등에 대해 제약 없이 제공할 것이다. 우리는 자격증이나 신임장 등에 대해서 그렇게 많이 고심할 필요가 없다. 정부에서는 우리가 믿고 행하기 위해 필요한 것을 교회가 믿고 행하기 위해서 교회에 자격증을 주지는 않으며 우리를 멈추게 할 수도 없다. 상담은 기본적으로 연합 이론을 따르는 직업이 아니다. 대신에 그것은 생활 양식이다. 그것은 성격이고, 지혜이며, 우리의 입에서 나오는 모든 말이고, 우리의 소명을 따라 가는 가치이다. 그것은 무시와 변덕스러움에 대한, 고통받고 죽어가는 것에 대한, 구속할 수 있는 것에 대한, 우리 자신에 대한 삶의 메시지를 만드는 것이다.

그리스도인들이 자신의 주요 과제에 대한 우선순위를 명확히 할 때 놀라운 일이 일어나게 될 것이다. 우리는 특별히 지혜로워지게 되고, 우리 자신의 자원으로 우리 자신을 도울 수 있게 된다. 우리는 사람들이 가장 관심 있지만 혼란되어 있는 바로 그 영역 안에서 진리, 사랑, 권능과 같은 세상에 제공할 긍정적인 어떤 것을 가지고 있다. 우리의 비판은 편협하고 비타협적인 태도 이상의 그 어떤 것이다. 우리의 메시지는 종교적인 사람들을 위해서 종교적 사람들로부터 파생된 미신적 숭배물 이상의 그 어떤 것이다. 우리의 메시지는 모든 인간을 위해서 실제의 생활을 통해 경험되고, 동기화되고, 평가되는 것으로서의 삶에 대한 것이다.

셋째로 우리의 노력은 세상이 아직까지 본 적이 없는 어떤 것 안에서 결론이 있을 것이다. 우리는 신학자들, 철학자들, 그리고 기독교 신앙의 역사적 자원으로 우리를 변화시킨 목회자들의 성과에 대해 감사하게 될 것이다. 실례를 제공하는 저서로 토마스 오덴(Thomas C. Oden)의 고전적 목회돌봄에 대한 저작들, 로버트 로버츠(Robert Roberts)의 『마음으로 듣는 말』(Taking the Word to Heart), 팀 켈러(Tim Keller)의 『성경적 상담의 청교도적 이해』(Puritan Resources for Biblical Counseling), 폴 그리피스(Paul Griffiths)의 『형이상학과 성격』(Metaphysics and Personality)와 데니스 오크홈(Dennis Okholm)의 『화를 낼 것인가 말 것인가』(To Vent or Not to Vent)[15] 등이 있다. 오래 전에 출발한 실천신학자들의 저작물에 대한 지적인 부흥은 다양한 현대 심리학에 대한 복음적 신앙의 건강한 개선책을 제공할 뿐만 아니라 인간 관계에 대한 본성이나 우리가 상담이라고 부르는 활동의 특성에 대한 긍정적인 기독교적 지혜를 새롭게 해 줄 것이다.

그러나 우리는 신학적 작업을 새롭게 할 소명을 잊어서는 안 된다. 그것은 인간 본성과 상담에 관련되어 오래 동안 잊혀져 왔던 것이나 분명치 않았던 것을 발견하는 것만으로는 충분하지 않다. 현재의 계몽을 위해 전통적 신학의 열매를 활용하는 것만으로는 충분치 않다. 그렇다, 어거스틴(Aullerius Augustine)의 고백론은 죄가 우리의 사랑을 병들게 하고 은혜가 병든 것을 다시 치유하는 신비스런 방법 안에서의 놀라운 통찰이다. 그렇다, 에드워즈의 논문 『신앙과 정서』는 성경의 권위 아래서 구성된 경험적 연구의 걸작이다. 그렇다, 그레고리(Gregory) 대제와 윌리엄 백스터(William Baxter)는 방대한 지혜를 모았다. 그러나 이 저자들이 역설하는 질문을 모두가 동의하는 것은 아니다. 그들 역시 매우 진지한 논쟁의 대상이 된다. 우리 세대는 새로운 영역을 열어야 하고, 열 것이다. 새로운 신학적 작업의 긍정적 형식화는 우리로 하여금 과거 기독교에 대한 분별력 있는 평가를 가능하게 할 것이다. 초기 실천신학 모두가 동등하게 창조된 것은 아니다. 모든 것이 동등하게 재조명되어야 할 가치가 있는 것도 아니다. 우리는 최상의 것을 활용해야 하고 가장 나쁜 것을 버려야 한다. 그것은 판단을 위해서 새로운 표준들을 요구한다. 우리의 과업은 항상 새롭다. "과거 위에 세워지지 않은 신학은 역사에 대한 우리의 빚을 무시하며 현재는 역사에 의해 조건화된다는 사실을 간과한다. 과거를 의지하는 신학은 현재의 요구를 회피한다."[16]

우리의 선조들 중 어느 누구도 인간 본성을 세련되게 개선하고자 시도하는 정신건강 시설의 문화 속에서 그리스도에 대한 충성을 깨뜨리지 않았다.

영혼을 위한 교회의 돌봄은 이전에 견고하고 구조화되었으며 설득력 있는 경쟁을 직면해 본 적이 없다. 그것은 우리가 새로운 지혜를 기대하고 추구하기 위한 목적으로 하나님의 주권 아래서 일어났다.

로버츠는 우리가 그리스도를 믿는 믿음 안에서부터 내적으로 일어나는 급진적 기독교 상담 모델을 기대하는 것을 제안 하는 것에 주저하였다.

> 최소한 의문을 품고 있는 심리학자가 어거스틴, 키에르케고르(Kierkegaard), 요한이 아니라면 기독교심리학은 일반심리학과의 대화를 추구하게 되지 않을 수도 있다. 그러나 나는 평범한 그리스도인으로서 사색가인 우리가 중요한 일반 심리학자들과의 대화 속에서 우리의 심리학이 수행하기 위한 것에 대해서 더 많은 조언을 받는 두 가지 이유가 있다고 생각한다.[17]

아마도 로버츠는 우리의 가정과 부적절성, 지적이고 실제적인 능력의 부족함에 대해 두려워할 수 있다. 나는 우리의 심리학이 우리를 둘러싸고 있는 심리학과 문화적 경험과의 상호작용을 통해 드러나게 될 것이라는 것을 인정한다. 그러나 그런 대화는 조언이나 정책, 또는 필요성의 문제가 되지는 않아야만 한다. 대부분의 경우 세속성과의 대화는 유익이 없었다. 사고와 실제의 세속적 형식에 대한 요약과 협정은 상담 모델들 안에서 중요한 결과를 가져왔다. 대화는 제 삼의 공헌을 만들 수도 있지만 우리 첫 번째 소명은 성경과의 대화이며 우리가 살아 온 삶과의 대화이다. 우리 함께 우리 자신의 기초에서부터 작업을 하자.

고독하고 비상한 천재는 우리 가운데 생기지 않을 것이라고 하는 로버츠의 견해는 아마도 옳을 것이다. 아마도 돌봄과 상담은 근본적으로 지혜와 상호작용을 요하는 과업이기 때문에 우리의 주님께서는 더 좋은 것을 일으키시는 것을 기뻐하실 것이다. 협조적인 어거스틴, 백 명의 어거스틴들, 수많은 어거스틴들이 우리가 대면하는 일을 위하여 있다. 아마도 많은 그리스도인들이 새천년의 개시를 위해 "체계적, 성경적 상담"을 구축하는 데 있어서 광대하고 지적이며 실제적인 일로 인해 방해를 받을 것이다. 결국 성경은 특출한 사람 뿐만 아니라 평범한 사람들을 위해서도 우월한 지혜를 제공하고 있다(시 119:98-100; 고전 1-2장). 우리의 문제는 달란트의 문제가 아니라 협력하는 비전과 의지의 문제에 있다.

만약에 우리의 상담 모델이 성경에서 생긴다면, 오랫동안 형태를 유지해 온 기독교 전통과 풍습에 매우 가깝게 밀착될 것이다. "새 것이 오래 숨겨진 것 안에 있고, 오랜 것이 새로 발견된 것 안에 있다"라는 말은 새 언약에 대한 옛 언약의 관계와 관련되어 언급되어져 왔다. 신학적 과정도 이와 비슷하다. 21세기를 위한 체계적인 목회신학은 역사적 전통과 밀접하게 연관될 것이다. 아마 새로운 빛과 힘이 열려질 것이다. 우리의 개념은 인간 심리의 깊숙한 곳을 탐색할 것이며 개인의 다양성과 문화적 차이를 그리게 될 것이다. 우리의 방법들은 고통을 겪는 자들에게 평안을 주고 안주하는 자들에게 도전을 주어서 그리스도의 형상으로 만드는 좋은 수단이 될 것이다. 우리의 제도적 구조들은 말씀 사역의 바퀴 위에 기반을 두게 될 것이며, 목회적 권위와 상호 간에 용기를 돋우어 주는 것으로 연합하게 될 것이다.

체계적인 성경적 상담은 신학적으로, 임상적으로, 그리고 제도적으로 새로운 영역으로 나누어질 것이다. 일례로 그리스도인의 삶에 대한 우리의 이해는 우리가 종교적으로 채색된 경험적 분파나 교리 또는 도덕률과 활동 등과 같은 구태의연한 종교적 골방으로부터 탈피하여 진보적 성화(sanctification)를 이루어가며 우리의 일상생활과 사회적 경험 속에서 인간성의 혁신을 이루어갈 때 급진적으로 변형되어질 것이다. 우리는 에베소서 4장과 히브리서 3장 12-14절, 4장 12-16절, 10장 19-25절이 그들 자신의 삶 속으로 들어올 때 교회와 목회 또는 경건성이 갖는 급격하게 새로운 형태를 겨우 인정하게 될 수도 있다.

6) 우리의 주요 과제가 취급될 때

우리의 주요 과제가 취급될 때 어떤 일이 일어나겠는가? 세 번째 주요 과제에서 첫 번째 주요 과제로 올라가는 사람들은 희미하거나 명백하게 심리화된 자신들을 발견한다. 그리고 그들은 성육신된 그리스도를 통하여 실수투성이의 합리성과 임상에 대해 전율하게 된다. 일반심리학의 의미심장함에 압도당하는 사람들은 그들이 기대했던 것보다 더 배우게 된다. 우리는 인간 영혼 안에 나타나는 하나님 중심의 현상에 대해 마비되면서 잘못된 방향으로 개종되는 경향이 있다. 우리는 행동, 기분, 관계, 동기, 인식 등에 있어서 하나님과 관계없이 합리화되기 시작한다. 기독교 신앙의 영역은 협소해지기 시작하고 그것의 중요성은 단지 '영적인' 영역으로 제한된다. 더구나 볼 수는 없지만 우리는 성격 이론이나 자조 또는 약물, 가장 최근 조사 연구들의 권위, 정신건강 전문가의 세련된 사회적 가설, 그리고 사고와 임상에 스며든 자격증과 신임장의 필요성 등으로부터 개념적 범주를 허락한다. 이러한 모든 것들은 믿음을 무기력하게 하는 데 일조하고 있다. 성경은 보조적이며 최악의 경우에 겨우 증거를 제시하는 자원에 불과한 것으로 취급된다. 기독교 신앙과 성경적 인용은 하나님의 마음에 대해 본질적으로 특성이 다른 합리화된 생각으로 인해 억압된다. 우리의 첫 번째 주요 과제가 우선이 될 때 비로소 우리는 우리 문화와 우리가 상담하는 사람들과 우리 자신들을 변화시키는 방법으로 생각하고 행동한다.

대안적 모델들을 재해석하는 두 번째 주요 과제 속에 있는 사람들은 그리스도의 몸을 위해서 다른 문제를 창조한다. 풍요로움이 상실된 기독교는 메마르고 발전이 없다. 우리가 비판주의의 중심 속에 있을 때 우리는 구속의 대리자이기보다는 논객이 된다. 가끔 논객들은 진리에 대한 필요성을 주장함을 통해 그들의 사랑 없는 거친 행동을 자연스레 용납한다. 그러나 그들은 무엇을 실현하기보다는 더 많은 것을 상실한다. 사랑이 상실될 때 진리 역시 상실된다. 두 번째 주요 과제가 가장 우선순위에 자리 잡고 있을 때 성경적 진리는 넓은 안목과 조화, 깊이, 적용 능력, 그리고 구원과 성장적 동력을 상실한다. 오늘날 시대적 요청이라 할 수 있는 긍정적인 신학적 작업이 모호해지게 된다. 또한 진리와 분별에 대한 풍자가 현실들을 대체한다. 형식적으로 기독교적 내용에 아무리 유사하더라도 시기적절하지 않으며 은혜를 끼칠 수 없는 건설적이지 않은 말들은 부패하게 된다(엡 4: 29). 자비와 친절 그리고 공감과 관용의 상실은 동시에 성경적 계시의 구속적 특성을 벗어나게 된다. 협소화된 진리는 아마도 작은 도시를 방어할 수는 있겠지만 세계를 정복하기에는 충분하지 않다.[18] 단지 첫 번째 주요 과제를 우선순위에 둘 때만이 비로소 그리스도인들은 강건하고 빛나며, 우리의 마음과 언어 속에서 감수성이 있는 대안을 제시하며, 우리가 비판하는 사람들과 우리가 상담해 주는 사람들과 더 나아가 우리가 스스로에게 어떤 선한 것을 제공해 줄 수 있다.

교회는 우선순위가 뒤바뀐 것을 조정함과 동시에 현재 VITEX와 COMPIN 사이의 논쟁 가운데 발생하고 있는 열매 없는 태도를 뛰어 넘어야만 한다. 세 번째 주요 과제는 첫 번째와 두 번째의 주요 과제를 추구하기 위한 소명에 종속되어야만 한다. 두 번째 주요 과제가 첫 번째 주요 과제에 의존된 후에야 비로소 세 번째 주요 과제의 의미가 제대로 설명될 수 있을 것이다. 우리가 주요 과제에 대한 우선순위를 분명히 할 때 두 번째 주요 과제와 세 번째 주요 과제의 기능 모두가 변화를 겪게 될 것이고, 상담목회와 복음화를 위한 유쾌하고도 지식적이며 임상적인 확신을 생산해낼 수 있을 것이다. 우리의 구별된 진리를 통해 우리 스스로를 이해하고 우리 자신을 상담하며 세상으로 손을 내밀 수 있는 우리의 능력은 위험에 처해 있다.

4. 동기부여 이론

사람들에게 잘못된 것은 무엇이고, 그 잘못된 것을 어떻게 바로 잡을 수 있을까? 인간 본성에 관한 모든 관점의 중심에는 동기부여의 이론이 있고, 모든 동기부여 이론의 논리적 결론은 이미 제시되어 있는 해답이다. "우리가 하고 있는 것을 우리는 왜 하고 있는가"에 대한 질문에 대한 다양한 대답은 다양한 사상을 가진 다양한 학파의 개요를 제공해 준다. 그렇다면 핵심이 되는 문제에 대한 각각의 정의는 각각의 이론이 제안하고 있는 영혼돌봄에 대한 풋대를 제공하고 있다. 모든 사람들은 우리에게 무엇인가가 잘못되어 있다는 것에 대하여 동의한다. 가장 중요한 문제는 항상 "이유가 무엇인가?"와 "그 잘못된 것에 대하여 우리가 어떻게 할 수 있는가?"이다.

만약 당신의 뇌의 화학적 성질이 불안정하다면, 당신은 화학적으로 다시 처리할 필요가 있다. 만약 당신이 필요한 것의 우선순위를 나열한 것에서 어떤 특별한 점에 고정되어 있다면 당신은 그 단계에서 필요한 것들을 충족시켜야만 한다. 당신의 욕구가 받아들일 수 없는 방향으로 당신을 이끌어 간다면 당신은 방향을 재설정해야만 하며 조건을 재조정해야 할 필요가 있다.

당신의 자의식이 너무나 생동감 있게 깨어있는 동안 당신의 영혼(spirit)이 죽어있다면 당신은 하나님의 영(Spirit)이 당신의 영(spirit)을 자유롭게 할 수 있도록 당신의 정신(soul)을 통제할 필요가 있다. 만약 당신이 상처를 받았다면 당신은 치료를 받을 필요가 있다. 당신이 의미 없는 것들을 의지하고 의미 없는 것들을 위해 행하고 있는 가운데에서도 당신이 의미를 찾고 있다면 당신은 의미 있는 것을 받아들일 용기가 필요하다.

만일 오늘이 당신의 별자리에서 운수 없는 날이라면 당신은 오늘 집에 머무를 필요가 있다. 만일 당신이 자신에 대하여 나쁜 감정을 가지고 있다면 좀더 자신감을 가질 근거들이 필요하다. 만일 당신이 전생의 나쁜 업보(karma)로 인해 비참한 상태로 태어났다면 다음 생애에서는 좀더 좋은 상태가 될 수 있기를 소망하면서 좋은 업보를 쌓을 필요가 있다.

만일 당신이 자기 패배적인 말을 스스로 하고 있다면, 동기부여적인 언어와 스토아 철학의 처방전이 필요할 것이다. 만일 당신이 정신질환을 지니고 있다면 당신은 치유에 적합한 약을 찾아야 할 필요가 있다. 만일 당신이 게으르다면 당신은 좀더 자기 자신을 훈육할 필요가 있다. 당신의 문제가 성정체감에 대한 문제라면 그러한 문제들로 인해 생활에 불편을 주는 기이한 성격을 확인할 필요가 있다. 만약 당신이 사회로부터 억압을 받아왔다면 당신의 권리를 위해 일어설 필요가 있다.

만일 당신이 받아들일 수 없는 충동을 인식하고 그 충동에서 벗어나려고 하고 있다면 당신은 멈추어 서서 거울에 당신을 비추어 볼 필요가 있다. 분노의 악마가 당신의 영혼에서 튀어 나온다면 당신은 그 악마를 쫓아낼 필요가 있다. 당신이 기대에 어긋난 대상관계로 인해 유발된 정신적 공허를 가지고 있다면, 당신이 살아온 지난날을 이해하고 당신이 열망하는 것을 재정립할 필요가 있다. 당신이 열등감에 대한 보상심리를 가지고 있다면 당신 자신을 현실 그대로 받아들이는 것을 배워야 하고 그에 합당한 일을 한다.

생각을 다루는 대부분의 사람들은 사람들에게 잘못된 것이 있다는 것을 알고 있다. 그러나 그 잘못된 것이 무엇이란 말인가? 치료적 위치에 있는 모든 사람들은 그 잘못된 것을 치유할 수 있는 어떤 일을 하고 싶어한다. 그러나 진정으로 생명답게 만드는 생명을 줄 수 있는 것은 무엇이란 말인가?

영혼의 병에 대한 제각기 다른 관점들은 당연히 그 영혼에 대한 각각의 논리적인 치료책을 제공할 것이다. 질병에 대한 잘못된 관점은 항상 옳지 않은 치료법을 가져올 것이다. 적합한 관점은 올바른 치료책을 가져오게 되어 있다.

 그렇다면 문제가 무엇인가? 그리스도인들이 성경으로부터 얻을 수 있는 3개의 단어로 이루어진 설명은 '죄와 불행(sin and misery)'이다. 그렇다면 치료책은 무엇인가? 성경이 우리의 삶 속에 심어주는 두 개의 단어로 이루어진 해결책은 "예수 그리스도"이다. 7개의 단어로 이루어진 우리의 반응은 "그리스도의 은혜가 회개와 믿음과 순종을 가능하게 해 준다"이다. 하나님은 어리석고 비참한 것으로부터 지혜와 은총으로 이끌어주는 일을 하고 계신다. 이렇게 신학적으로 간결한 대답이 어떻게 온갖 종류의 상담자들이 매일 제기하는 문제에 적합할 수 있을까? 기본적으로 기독교적인 진단의 범주들이 개개인 간의 갈등, 기분 나쁜 감정, 잘못 인도된 삶, 왜곡된 인식, 무질서한 욕구, 어쩔 수 없는 탈선적 행동, 다른 사람의 손아귀에서 겪는 고통, 신체적 고통, 악마의 유혹, 사회문화적 거짓말들을 어떻게 정밀하게 표현할 수 있을까? 위의 25개의 단어는 "죄와 불행"이라는 말로 단순화시킬 수 있다. 더 나아가 다른 범주로 넘어갈 필요 없이 상담 관련 주제 혹은 소주제로 정밀하게 다룰 수 있다. 이와 마찬가지로 지혜로운 축복의 은혜인 하나님의 해결책이 우리의 삶 속에서 역사하는 동안, 그 해결책은 각자의 삶에 맞게 정교화된다. 이는 각자의 삶에 딱 맞아 떨어지면서도 다른 사람과 미묘하게 차이가 날 수 있을 것이고, 또한 그래야만 할 것이다.

 상담 이론이 궁극적으로 열망하는 목표는 우리를 괴롭히고 있는 것으로부터의 구원, 즉 진단된 문제에 대한 치료이다. 성경의 포괄적인 관점에서 구원은 인간의 내적이고 외적인 측면 모두에 관계되어야 하고, 그래서 그 구원이란 개인적이고 공동체적인 것 두 개 모두에 관계되어야 한다. 우리의 영혼을 새롭게 하는 것(우리의 인지적, 정서적, 의지적인 모든 과정을 풍요롭게 만드는)과 우리의 삶의 방식을 새롭게 하는 것(개인의 행동을 변화시키는 것), 그리고 우리의 몸을 새롭게 하는 것(죽음에서의 부활) 등 이들 모두는 동시적으로 이루어진다. 이러한 포괄적인 갱신은 성경적 언어로 표현하면 '지혜와 은총'이라 할 수 있다. 이것이 하나님의 상담 목표이다.

1) 예수의 심리학

성경의 저자들은 매번 그러한 지혜를 묘사하고 있으며 창조해내고자 하였다. 우리는 예수의 심리학에 대하여 엄청나게 많은 것을 보았고 가르침을 받았다. 이것이 바로 통찰의 핵심적 지점이다. 우리는 예수 그리스도께서 어떻게 생각하는지, 어떻게 느끼는지 어떻게 선택하는지 어떻게 행동하는지 어떻게 말씀하는지를 안다. 우리는 예수께서 인간들을 어떻게 상호관련시키는지를 알 뿐만 아니라 예수께서 어떻게 개인을 공동체에 연결시키는지도 알고 있다. 우리는 예수께서 고통을 어떻게 해석하고 그 고통에 어떻게 반응하고 있는지를 알고 있으며 예수께서 커다란 역사의 흐름 안에 개인의 삶을 어떻게 위치시키는지를 알고 있다. 그분의 영적인 삶이 어떤 용어를 통해 흘러 나왔는가? 예수께서는 어떻게 해석하셨는가? 예수께서는 무엇을 원하셨는가? 예수께서는 자신을 어떻게 이해하셨는가? 우리가 예수의 심리학을 생각할 때 우리는 인간의 영혼이 어떻게 작동되도록 의도되었는지를 알게 되고 그래서 우리는 결함과 왜곡에 대한 진단을 어떻게 해야 할 것인가에 대한 기준을 세울 수가 있게 된다.

우리는 사복음서에서 뿐만 아니라 시편과 잠언 그리고 예언서에서 예수의 심리학을 볼 수 있다. 이들 성경의 각 권들은 예수께서 인간 심리내적으로 그리고 인간상호적으로 어떻게 사역하였는지에 대해 잘 표현해 주고 있다. 우리가 예수께서 사역하고 생각하는 방법을 관찰할 때 인간 존재의 중심에 드러나는 핵심은 과연 무엇일까? 모든 감정, 인식, 행동, 관계, 고통을 통해 무엇이 엮어질까? 우리의 영혼은 악과 선, 죄와 의, 타락과 구원, 거짓과 진실, 비참과 축복, 어리석음과 지혜, 귀먹음과 듣는 것, 무감각과 각성, 죽음과 삶의 드라마에 관여되어 있다. 우리가 이러한 드라마에 출연하는 것처럼 하나님은 매순간 모든 선택에 있어서 즉 인식의 모든 순간, 감정과 의지의 작용에 출연하신다. 하나님은 삶의 모든 세부적인 사항에 출연하신다. 심리적, 행동적, 사회적, 신체적 존재로서의 우리는 역사의 무대에 출연하고 이러한 삶을 심판하는 날은 다가오고 있다.

또한 우리는 영혼에 있는 질병에 대한 정신병리학을 배운다. 성경적 관점에서 볼 때 죄와 연관된 정신병리학의 주된 특성 가운데 하나는 우리 영혼의 드라마가 도덕적, 신학적 역사적 용어들의 각성을 억압한다는 것이다.[19] 이것은 놀랄만한 심리학이다. 삶에 있어서 문제를 가진 사람들이나 건강한 방법으로 기능하는 것처럼 보이는 사람들이나 그리고 어떤 현상들을 이해하고자 하는 정신적 모델들 모두 똑같이 병들어 있다. 그들은 모두 진실을 억압하고 있는 것이다.

예수의 심리학은 다면적이다. 시편 기자는 본질적으로 죄인이면서 동시에 고통을 가진 사람이었다. 잠언기자는 현명하면서 동시에 여전히 남아 있는 어리석음을 예리하게 인지하고 있는 사람이었다. 예언자는 그 시대를 살면서도 동시에 커다란 역사의 흐름 안에서 사는 사람이었다. 이러한 각각의 경우에 개인적 정체성과 공동체적 정체성은 서로 서로 연결되어 있다. 그렇다면 우리를 괴롭히는 것에 대한 치료방법은 과연 무엇인가? 여호와의 끊임없는 사랑이 죄와 고통 모두에서 구원해 주는 유일한 소망이다. 우리 모두는 이것을 알고 있다. 이러한 것들은 성경에서 가장 잘 드러나 있으면서 동시에 성경의 깊이를 구성한다. 이러한 것들은 인간 영혼을 파괴하고 재건한다. 그것들은 우리에게 너무나 익숙하고 종교적이어서 오히려 우리가 그것들을 인식하지 못하고 있다. 우리는 개념화되어 있는 응용심리학에 그것들이 함축되어 있다는 것을 거의 들어본 적이 없다.

이것은 우리의 상담 모델에 어떤 의미를 주고 있는 것일까? 예수 그리스도께서는 그의 경험과 감정의 소리로서, 그리고 인지적 과정과 행동의 틀로서 시편, 잠언, 예언서 등을 활용하고 있다. 이들 성경은 인간 삶이 어떠한지를 면밀히게 묘사하고 있다. 예수 그리스도께서는 시편 기자, 잠언 기자 그리고 예언자가 하는 것과 같은 방식으로 온전히 정식하게 그리고 완전한 한 인간으로 생각하고 느끼고 반응하였다. 이러한 저작물들은 이전에 살았던 완전히 의식적이고 예지력이 있던 인간의 의식과 행동의 범주들을 기록하고 있다. 그 저작들은 우리의 삶을 철저하게 영적으로 통찰하시는 분의 눈을 통하여 그 범주들을 기록하고 있다. 우리는 성경 속에서 지혜로운 심리학을 볼 수 있다. 그 심리학은 근본적으로 하나님 중심적이어서 우리는 그것을 심리학으로 혹은 진정한 심리학으로 보기가 어렵다. 그것은 심리학이 아니라 신학처럼 보인다. 그러나 성경에서 심리학의 핵심은 보편적으로 신학적으로 묘사되어 있다.

우리는 성경 속에서 일반적으로 어리석은 인간 심리의 면면들을 많이 볼 수 있다. 이러한 것은 관계와 감정, 그리고 인지의 역기능과 건강한 기능 등과 같이 우리에게 매우 익숙한 것들이다. 그리고 대부분의 그릇된 심리학이 즐기는 레고 조각들과 묘사적 사례연구의 기록들도 쉽게 찾아볼 수 있다. 그러나 우리가 그것 모두를 성경적 관점으로 볼 때 그것은 모두 놀라울 정도로 다르게 보인다. 예수 그리스도께서는 다른 사람들을 상담할 때 그 삶을 경험하셨다. 삶 자체의 문제는 구체적으로 죄와 비참함, 은혜로운 구원과 회개, 신앙과 순종에 관한 적절한 지혜라고 볼 수 있다. 삶에 대한 '종교적' 영역은 없다. 그렇게 구획을 긋는 것은 실체의 면전에서 날아가 버리는 죄에 대한 흔해 빠진 책략이다.

왜 이러한 요점을 집요하게 물고 늘어지는가? 나는 이 문제를 감정적 차원에서가 아닌 좀더 강하게 그리고 좀더 근본적으로 물고 늘어질 수 있기를 바란다. 영혼과 관계성을 바라보는 하나님의 관점에 대하여 우리에게 성경이 말해 주는 것은 너무나 이상해서 심리학과 상담에 대한 전체적인 우리의 생각을 위 아래로, 앞뒤로 좌우로 뒤바꾸어 놓을 지경이다. 하나님은 근본적으로 '다른' 설명과 의제들을 주신다. '기독교' 모델들을 포함하여 현대의 상담 모델들은 삶이란 진정 무엇인가를 반영하고 공감하는 것에 대하여 극도로 빈약하다. 이들 현대의 상담 모델들은 가장 강하다고 주장하는 그곳에 가장 큰 약점을 지니고 있다. 우리는 분명하게 나쁜 심리학에 푹 잠겨 있고 인간 존재의 총체적 오해 속에 빠져 있다.

성격 이론에 대한 정의를 규명함으로써 상담자와 내담자 모두가 사람들 내면에서 그리고 사람들 사이에서 일어나고 있는 일을 정확하게 이해하도록 도와주어야 한다. 상담 모델의 정의를 규명함으로써 우리가 실체에 대하여 방향을 다시 잡도록, 그리고 현상들을 어떻게 바로 잡아야 하는지 알 수 있도록 도와줄 것을 요구한다. 그러나 우리는 근본적으로 실체를 파악하지 못하는 모델들을 무엇 때문에 끊임없이 만들고 있는가? 그것은 근본적으로 정의를 잘못 내리고 있는 것은 아닌가? 그것은 인간의 심리적, 관계적, 신체적 존재 안에서 가장 핵심적으로 역사하시는 자를 억압하고 있지는 않는가? 그것은 인간 존재의 질을 향상시키는 과거, 현재, 미래라는 역사적 상황들을 억압하고 있지는 않는가? 그것은 하나님을 지워 버림으로 인해 하나님이 다루는 마음의 역동을 다르게 정의하고 있지는 않는가? 그것은 근본적으로 예수 그리스도께서 해답이라는 기본적인 해결을 다르게 정의하고 있지는 않는가? 그것은 인간이 기본적으로 매우 상호관계적인 욕망을 가진 존재라는 것을 다르게 정의하고 있지는 않는가? 예수 그리스도 자신이 몸소 인간으로 들어오셨던 인간 존재의 범주 내에서 활동하지 않는 모델이나 하나님 자신이 바라보는 대로 활동하지 않는 모델들은 근본적으로 그것을 받아들이는 사람들에게 방향감을 상실하게 하고 잘못 인도할 것이다. 개별의 상담 모델은 해석적 틀이 되는 실체에 관한 지도를 제시해 준다. 성경이 그리고 있는 실체의 지도는 예수 그리스도의 인식과 삶의 양식으로 행해지는 모든 타당한 상담의 목표를 정해 놓고 있다. 우리는 표준적인 주관성과 상호적 주관성에 대하여 목격하고 듣게 된다.

2) 언약에 근거한 사고방식

예수의 심리학은 우리의 동기 이론에 대하여 무한한 의미를 지니고 있다. 무엇보다도 인간의 의도와 욕망에 대한 역동성은 심리적 용어(혹은 심리사회적 용어, 혹은 심리사회신체적 용어)로 단순히 정의 내릴 수 없다. 동기부여의 역동성은 단순히 인간 내면이나 혹은 인간 상호적인 관계 사이에서 작용하는 것이 아니다. 인간의 마음은 하나님과 관계가 있다. 그래서 성경이 확실하게 우리의 영혼에서 작용하고 우리의 삶을 지배하는 것을 묘사할 때, 성경은 그것들을 욕구, 본능, 동기, 갈망 등의 고정된 심리학이나 생리학적으로 언급하지 않는다. 성경은 우리의 욕망을 하나님과 대면하여 싸우는 것으로 말하고 있다. 우리는 육체의 갈망에 의해 지배를 받거나 그렇지 않으면 하나님의 바람에 맞추어 회개하고, 믿고, 순종하는 것에 의해 지배를 받는다. 우리의 욕망은 한쪽으로 치우쳐 있거나 다른 쪽으로 치우쳐 있는 데 그 한쪽은 진실한 하나님 편이고 다른 한쪽은 우리가 집단적으로 그리고 개인적으로 만들어내는 우상의 주인 편이다. 우리의 지배적인 욕망은 관계적으로 그리고 도덕적으로 특성화된다.

이와 유사하게, 성경이 우리의 영혼 안에서 분명하게 작용해서 우리의 삶을 조성하는 내면의 대화와 믿음과 가설들을 묘사할 때, 그것들을 난순한 독백, 개요, 의식적 혹은 무의식적 내용, 기억, 태도, 상상, 혹은 세계관과 같은 인지적 기능으로서 중립적인 현상으로 묘사하지 않는다. 그러한 것들은 하나님 앞(coram Deo)에서 일어나는 것일 뿐만 아니라, 하나님과 직접적으로 관련이 있다. 우리의 정신적 삶은 하나님 편으로 혹은 하나님께 대항하여 작동한다. 즉 거짓말들과 불신앙은 진실과 믿음에 대항하여 싸운다. 성경에서는 하나님이 존재하지 않는 것처럼 스스로 말하는 사람들, 그러한 결과로 하나님에 의해 영속되는 것이 없고 실제적 도덕적 평가는 없다고 말하는 사람들에 대해 확실하게 도덕적 용어로 묘사하고 있다. 그들은 어리석고 사악하고 거만스러운 사람으로 묘사된다. 하나님의 조명 하에 영적으로 말하는 사람들 또한 확실하게 도덕적 용어로 묘사된다. 그들은 현명하고, 의롭고, 하나님의 심령을 가진 사람으로 묘사된다. 우리의 지배적인 신앙은 관계적이고 도덕적으로 특성화된다.

같은 방식으로 성경은 우리의 영혼 내면에서 우리를 강력하게 결정짓는 자기평가적 능력을 묘사할 때 그 능력들을 자아 존중감, 자아상, 자아 개념, 자기애, 자신감, 열등감 혹은 자아 정체성과 같은 심리내적 본질로 묘사하지 않는다. 우리의 평가적 자아 인식 능력은 하나님 앞에 서 있는 실체로서의 자신을 저항하는 것이다. 우리는 자의식 혹은 자만적인 '자신의 안목으로' 우리의 자아 의지를 표현하거나 다른 사람에 대한 두려움과 같은 "다른 사람의 안목으로 다른 사람의 의견에 대한 우리의 복종을 표현한다. 하지만 우리는 하나님의 평가적 기준(하나님의 눈으로, 하나님 앞에서, 하나님에 대한 경외)에 의해서 우리 자신을 알게 된다. 자아 평가는 본질적으로 자율적이고 영혼 안에서 일어나는 기능이 아니다. 그것은 죄가 하나님에 대한 인식을 억누르기 위해 작용할 때의 방법으로 행하는 것일 뿐이다. 우리의 지배적인 의식은 관계적으로 그리고 도덕적으로 특성화된다.

요약하자면, 인간의 마음-우리는 우리가 하는 것을 행하는 원인에 대한 대답-은 하나님에 대한 능동형 동사로서 이해되어야만 한다. 만약 당신이 내면에서 감정적 반응이나 행동 선택 혹은 행동 습관, 인지적 내용, 고난에 대한 반응패턴 등이 올라온다면, 당신은 그러한 것들에서 능동형 동사들을 듣고 보아야만 한다. 하나님을 사랑하든지 다른 것을 사랑하라. 하나님을 경외하든지, 아니면 다른 것을 경외하라. 하나님을 원하든지 아니면 다른 것을 원하라. 하나님을 필요로 하든지 아니면 다른 것을 원하라. 하나님 안에서 소망을 갖든지 아니면 다른 것에서 소망을 가져라. 하나님 안에서 안식을 찾든지 아니면 다른 것에서 찾아라. 하나님께 순종하든지 아니면 다른 것에게 순종하라. 하나님을 신뢰하든지 아니면 다른 것을 신뢰하라. 하나님을 구하던지 아니면 다른 것을 구하라. 하나님을 섬기든지 아니면 다른 것을 섬겨라. 성경의 동기 이론은 모든 페이지에서 울려 나온다. 그러나 그 울림은 그것을 바라보는 사람이 편견을 가지고 있거나 죄로 물든 지적 논리와 혼합되어 있다면 동기 이론으로 보이지 않는다. 우리는 심리와 행동을 언약에 입각해서 생각하고 보는 법을 어떻게 배울 수 있는가?

이러한 비유를 생각해 보자. 성경적 심리학은 초월적 심리학과 비슷하다. 심리사회학 이론들은 심리적인 기능들을 사회적 현상 속에 심어놓고 있다. 성경의 동기 이론은 스테로이드(스테린, 담즙 산성호르몬 등 지방 용해성 화합물의 총칭)에 기반한 심리사회 이론이다. 인간의 마음에 대한 언약-관계적 분석은 함축된 심리 이론과 인간상호 간의 심리사회 이론들이 온전히 용해되어 보이지 않는 영향력 있고 강력한 측면들을 첨가하게 된다. "인간 존재는 근본적으로 죄로 병들어 있다."라고 교회가 말할 수 있고 말해야만 한다고 주장할 수 있거나 기꺼이 주장하고자 하는 사람은 현대 사회에서 거의 없다. 이것이 바로 인간의 행동을 설명해 주는 것이다. 어떤 세속 이론도 이렇게 말할 수 없다. 왜냐하면 세속 이론 어떤 것도 이러한 것을 볼 수 없고, 어떤 세속 이론도 그렇게 보기를 원하지 않기 때문이다. 영혼을 돌본다는 것은 이러한 불안정을 말해 주어야 한다는 것을 의미한다. 그렇지 않다면 그것은 암에 대한 고통완화제를 처방하는 것과 다를 바 없다. 그렇게 말하지 않는 것은 완전히 시커멓고 보이지 않은 타락이 곪아가고 파멸이 임박하였음에도 인식하지 못하고 그것이 가까이 오는 동안 어둠 속에서 휘파람을 부르고 있는 것과 같다.

그리스도는 죄로 병든 것을 치료하신다. 죄가 많은 곳에 은혜는 더욱 넘친다. 치료에 대한 미세하지만 매우 중요한 것은 주님이 그 자신의 심리학을 우리에게 보여주시고 이러한 것들이 우리의 영혼에서 어떻게 작용하는가를 드러내주신다는 것이다. 우리가 하나님에게 대면하여 우리의 적극적 마음이 어떻게 연합하는가를 직접적으로 깨달을 때, 예수 그리스노의 은혜는 인간의 필요성에 곧바로 다가온다. 예수 그리스도의 복음은 삶의 종교적 영역에만 귀속되는 것을 거부하신다. 그것은 심리학적으로 정직하고 분명한 통찰력이 확실하게 필요하다는 것을 말해 준다. 모든 다른 심리학은 인격 이론(personality theory)으로 형성되었든지 아니면 단순하게 개인적 특성으로 살아남았든지 간에 신화 혹은 거짓되고 왜곡된 명상과 거래를 하고 있다.

성경은 심리학적, 생리학적, 또는 심리사회학적 토대가 아닌 언약적 영역 안에 있는 동기부여적 역동성의 핵심에 위치하고 있다. 우리 안에서 하나님이 보시는 것은 과거의 심리학이 단정하였던 대부분의 핵심적인 심리학의 구조와 내용을 비웃는다. 또한 하나님의 시각은 최근의 심리학이 지니고 있는 사회심리를 비웃는다. 그것은 행동주의 심리학자나 치료주의자 또는 사회생리학자들에 의해 주장된 공허한 유기체의 부수적인 심리학을 비웃는다. 행동, 감정, 망각과 기억, 태도와 인지적 과정의 복잡성은 특별히 마음에서 유래하는 것이다. 이것은 단순히 모호하게 그리고 종교적으로 조율된 일반화가 아니다. 살아계신 하나님과 관계있는 것은 사람들의 구체적인 삶에서 수행된다. 다른 말로 하면 우리의 핵심적인 심리적 문제는 죄인 것이다. 죄는 우리의 배후에 서서 그리고 그곳에서 일반적으로 작용하는 것이 아니라 지금 여기에서 구체적으로 작용한다.

3) 죄를 정의하는 데 있어서의 오해

죄는 문제이다. 하지만 사람들은 죄에 대한 정의를 내리는 데 있어서 몇 가지 일반적인 오해를 하고 있기 때문에 상담 모델을 발전시키는 데 있어서 예수의 핵심적 관점을 이용하는 것이 어렵다는 것을 발견하게 된다.[20]
첫째로 사람들은 죄에 대해서 인식할 수 있고 다르게 행동할 수 있는 올바른 선택을 하지 않는 의지적 행동이라는 복수적(plural) 개념으로 생각하는 경향이 있다. 이러한 대중적 이해의 관점에서 죄는 그릇된 행동과 다른 것을 할 수 있는 능력이 있다는 것을 의식적으로 깨닫는 것에 관한 문제로서 언급된다. 이러한 죄에 대한 관점은 많은 그리스도인들에게 영향을 미쳤고 거의 모든 비그리스도인들에게도 영향을 미쳤다. 그것은 가장 오래되고 가장 복잡한 유산 중의 하나인 펠라기우스주의(Pelagianism)의 영향 하에서 교회에 존재하고 있는 오래된 전통이다. 죄에 대하여 성경이 정의를 내리고 있는 것은 악이 의지적 자각에 접근하는 것에 있는 것과 같은 고의적인 죄를 포함한다. 그러나 죄는 우리가 단순하게 존재하는 것 그리고 우리가 그릇된 방법으로 생각하고 원하고 기억하고 반응하는 것들을 포함한다.

죄는 죄인이 일하는 방법, 죄인이 사물들을 인식하고, 원하고 해석하는 방법이기 때문에 대부분의 죄는 죄인들에게 잘 드러나 보이지 않는다. 일단 우리가 죄가 진정으로 무엇인가를 알게 되면-우리가 하나님을 경외하지 않는다는 것과 갖가지의 정욕과 행락에 사로잡혀 있는 것이 죄(시 36:1; 딛 3:3)라는 것을 깨닫게 될 때 미친 마음(전 9:3)과 마음속의 악한 의도(창 6:5)가 죄라는 것을 알게 됨-죄는 모든 상담이 매 순간 다루는 직접적이고 구체적인 문제라는 것을 깨닫게 된다. 그리고 그것은 일반적인 문제이며 우리와는 멀리 떨어져 있는 문제가 아니라는 것을 알게 된다. 인간의 마음 중에서 가장 중요하게 잘못한 것은 우리가 십계명의 첫 번째 계명을 어겼다는 것이다. 우리의 이러한 미친 짓이 은혜에 의해 점검되지 않는 한 우리는 하나님을 제외한 다른 어떤 것을 사랑하게 될 수밖에 없다는 것이다.

사람들은 죄를 매우 무의식적인 문제이며 우리의 마음속에 있는 깊고 흥미 있으며 마귀의 일로 적용시키려고 하지 않는 경향이 있다. 그러나 하나님은 죄를 묘사할 때 무의식적인 측면을 고조시킨다. 우리가 추구하는 욕망, 우리가 고수하는 신념, 우리가 제2의 천성으로 순종하는 습관들인 죄는 본질적으로 기만적이다. 우리가 속임을 당하고 있다는 것을 알게 된다면 우리는 속지 않게 될 것이다. 우리가 하나님의 신리와 영을 통하여 각성되지 않는 한 우리는 속임을 당한다. 죄는 어두워진 마음이며, 술취함이며, 동물과 같은 본능과 충동이며, 방탕이며, 노예근성이며, 무지이며, 무감각이다. 사람들이 죄를 무의식으로 정의내리는 것은 인간의 책임을 제거하는 것이라고 종종 생각한다. 우리가 정한 마음이 없고 선택하지 않는다고 해서 죄가 있다고 어떻게 말할 수 있겠는가? 그러나 성경은 반대의 경우를 택한다. 많은 죄가 갖고 있는 무의식과 전의식(semiconscious)은 우리가 죄 안에 미끄러져 들어가 있다는 것을 간단하게 증명해 준다. 죄인들은 본능적으로, 천성적으로 그리고 실제적으로 죄성 있게 생각하고 소원하고 행동한다. 모든 심리적 과정들은 죄로 꼬여있다. 진단적으로 볼 때 이러한 것이 가장 흥미롭고 중요한 측면이다.

 죄를 행동적이고 전적으로 의지적인 것으로 보는 경향은 상담에 있어서 수많은 의미를 수반하게 된다. 사람들이 죄를 단지 의지적 행동으로 이해하게 되면 그들은 인간의 영혼에 잠재되어 있는 이해할 수 없는 혼돈, 정신이상, 혼란, 강박, 충동성, 노예 근성과 모호성 등을 포함할 수 있는 다른 범주들을 고안해야만 한다. 인간적 상황의 혼돈과 싸우고 있는 사람은 감정적 혹은 심리적 문제, 마귀, 정신질환, 중독, 내적 방황, 채워지지 않은 욕구, 갈망, 순응 반응, 혹은 **DSM-IV**가 나타내는 증상들의 고통을 받아야 한다. 그렇다면 고의적으로 악한 행동을 하고 있는 몇몇의 사람들은 죄인으로서 잘 묘사될 수 있을 것이다. 그 밖의 사람들은 약간의 죄만 짓게 되는 것이다. "물론, 우리는 모두 죄인이긴 하다." 그러나 이것은 의미 없는 코멘트에 불과하다. 의미 있는 행동은 전형적으로 인간의 깊은 내면에서 일어난다. 즉 그것은 일반적이고도 정의하기 어려운 포괄적인 죄 아래서 혹은 죄와 연합하여 작용한다.

 어떤 문제가 때때로 발생하고 아마도 의식적인 통제 아래서도 일어난다면 그것은 죄이다. 그러나 만약 문제가 상당히 많이 발생하고 무의식적 충동에 의한 것이라면, 그렇다면 그것은 아마도 다른 어떤 것일 것이다. 그것은 단지 죄와는 거리가 있다. 어떤 집사가 술에 취하여 그의 비서와 잠자리를 같이 했다면 그는 죄를 지은 것이다. 그러나 술취함과 포르노 습관에 압도된 것이라면 그는 알코올 중독과 성 중독의 고통을 받고 있는 것이다. 평범한 어머니가 그녀의 아이들을 염려하여 아이들이 잘 행하도록 억압을 가했다면 그녀는 염려하고 강압적으로 행하였던 것을 회개하고 하나님을 신뢰하도록 배워야 한다. 그러나 쇠약한 상태로 걷고 있는 사람이 모든 것에 대하여 배가 난파하는 것과 같은 걱정을 느껴서 모든 사람을 통제하려고 한다면 그 사람은 신경증이나 상호의존증 혹은 경계선 성격장애 혹은 조정반응(adjustment reaction)을 겪고 있는 것이다. 이러한 사고방식은 예수 그리스도께서 상담에 대하여 생각하는 방식으로 생각하고자 하는 교회의 능력 안에 건물 해체용 철구를 휘휘 돌려서 던져 넣는 것이다. 우리가 심리학적으로 눈치 빠른 안목을 가지고 있다면 우리는 죄가 인간의 문제에서 역사하는 방법을 분별하게 될 것이고 사람들이 생각하지 못하는 것 안에 문제가 있다는 것을 알게 될 것이다. 거짓된 심리학들은 진정한 심리학이 보아야 할 것을 혼탁하게 만든다.

현대 심리학은 심리에 관하여 왜곡하고 있다. 인간 존재에 대한 어떤 특징을 묘사함에 있어서 현대 심리학이 인지하는 것은 도전적이고 정보적이긴 하지만 그들의 이론적 이해는 항상 중요한 정보를 간과하고 있다. 이러한 것은 항상 더욱 정확하게 인식하고 강력하게 관심을 가져야 할 것들을 왜곡하고 있다. 보이는 것은 보는 방법의 인위적 구조이기 때문에 그것은 항상 중요한 정보를 위조하여 왜곡한다. 죄는 안목이 착시를 유지하는 한 눈을 멀게 한다.

일반심리학자들이 그들 스스로 생각하는 것은 그들은 사람들을 이해하고 도와주고 싶어한다. 그러나 그들은 핵심적이고 인과율적인 문제들을 죄가 아닌 다른 것으로 정의를 내리는 잘못을 범하고 있다. 살인사건 현장을 검사하고 있는 일련의 형사들을 상상해 보자. 범죄자는 수많은 단서들을 남겨 놓았다. 범죄가 일어나기 한 시간 전에 범죄자는 식당 안에서 큰소리로 위협을 했었다. 그는 범죄 현장에 명함을 떨어뜨렸다. 그 범죄자는 3초마다 사진을 찍는 감시 카메라 앞에 서 있었다. 그가 3일 전에 구입하여 현장에 버리고 간 총을 포함하여 모든 장소에 지문을 남겨놓았다. 그는 범행 이후에 희생자의 전화로 신용카드를 활용하여 여러 번 전화를 했다. 그는 피가 묻어 있는 옷을 입고 옷깃을 휘날리며 범행 현장으로부터 도망을 가고 있었다. 그는 극도로 혼란된 상태에서 수많은 질문 아래 상반된 변명과 회한으로 울부짖고 있다. 그러나 이러한 것들이 그 살인자와 일치하지 않는다고 하여 형사들이 다른 범인을 찾고 있다고 상상해 보자. 모든 증거는 진실을 가리려는 의도로 진행될 것이다. 세속 학문이 진실한 해석을 멀리하여 합리화할 수밖에 없을 때조차도 "죄"라고 소리 지르는 단서들을 주목하지 않을 수 없다.

더 큰 문제는 죄에 대해 왜곡된 수많은 관점을 다양하게 동반하고 있다는 것이다. 우리가 문제들을 "죄"라고 명명히려고 할 때, 우리는 두 가지 방법 중 하나에 반응하는 경향이 있다. 하나의 반응은 죄를 정죄하는 것이다. 우리는 다른 사람의 결점들에 대해서는 도덕적으로 정죄를 하며 우리 자신의 결점들에 대하여는 병적으로 억압된 것으로 본다. 우리가 죄에 대하여 징벌적 관점을 취하게 되고 다른 사람들도 똑같다고 가정한다면, "죄"라고 부르는 것은 필연적으로 자기 자신 혹은 다른 사람들을 정죄하게 되어 있다. 그러나 우리는 다른 사람들을 돕고자 하는 사람들은 그 사람들을 사랑해야 한다는 것과 도움을 필요로 하는 사람들은 사랑을 필요로 한다는 사실을 성경과 본성을 통해 잘 알고 있다. 그렇다면 은혜, 친절, 양선, 인내, 수용, 관대한 염려 그리고 공감적 이해와 같은 달콤한 필요성을 가져오는 것에 대해 우리는 죄와는 다른 범주를 생각해내야 한다. 이러한 반응의 검증되지 않은 극단적으로 이상한 논리는 우리가 문제를 죄가 아닌 심리적 문제나 정신질환 혹은 중독 등의 다른 어떤 것으로 정의를 내릴 경우에만 우리 자신과 다른 사람에 대하여 마치 그리스도처럼 될 수 있다는 것을 가정해야 한다는 것이다.

죄를 문제로 이해하는 사람은 아마도 처벌적이 될 수밖에 없을 것이다. 그러나 죄를 분석하고 감시하는 예수 그리스도께서 은혜와 친절을 가져온 분이라는 사실이 얼마나 흥미로운 일인가? 사실 죄가 문제라는 것을 인식하는 것은 자기 자신에게 은혜를 경험하는 유일한 길이고 예수 그리스도께서 사랑한 것 같이 사랑하는 유일한 길이다. 우리가 우리 자신을 정확하게 알게 된다면 우리는 자유롭게 인내하면서 값없이 주어지는 특별한 은혜의 수혜자가 된다. 대제사장은 자기 자신과 하나님의 은혜를 알기에 무지와 불법을 우호적으로 다룰 수 있었다(히 5:2; 히 4:12-5:3). 우리도 이와 같은 것을 알고 행할 수 있도록 배우기를 바란다.

두 번째 반응은 죄를 변명하는 것이다. 우리는 완곡하게 표현하고 그럴듯한 말을 하고 재명명하고 회피하고 합리화하고 비난한다. 우리는 우리 자신에 대하여는 변호를 하고 다른 사람에 대하여는 변명을 한다. 이러한 전략은 현대 심리학을 통하여 행해지고 있다. 그들이 인간 영혼에 대한 결정론적 지식을 반영하려고 하는 그들의 경향은 그들의 매력일지 모르지만 영혼의 근본적인 문제를 회피하고 있다. 그러나 우리가 은혜를 알게 되면, 솔직하게 거울을 바라보는 데 있어서 변명하지 않고 조건 없이 다른 사람들로 하여금 거울을 볼 수 있도록 도와주게 된다. 참으로 우리가 환희로 소리치면서 우리의 마음이 재형성될 수 있도록 우리는 거울 속을 들여다보아야 한다.
　성경은 이들 모든 것들에 대하여 분명하다. 이것이 건전한 심리학의 관심에 있어서 현대의 나쁜 심리학에 치료적으로 적용하는 신학개론 과정이다. 이들은 우리가 하고 있는 것을 우리가 왜 하는가에 대한 것과 우리가 그것에 대하여 무엇을 해야 하는가에 대한 성경적 이론의 ABC들이다. 이들 개념들은 세속적 모델 어느 곳에서도 나타나지 않으며, 기독교상담 모델 역시 심각하게 다룬 것이 거의 없다. 대신에 우리는 진정한 유일신의 상황에서 벗어난 인간 존재의 비현실적 관념의 모조품을 찾을 뿐이다.
　나는 심리학은 변화와 상담의 기독교적 모델인 인성을 현명하게 구성하는 데 있어서 중요한 외적인 공헌을 해야 한다고 믿는 사람들의 공동체인 VITEX 공동체에게 일련의 질문을 제기하고자 한다. 지난 40년 동안 제시되었던 기독교상담의 모델들은 성경 이론을 왜 가르치지 못하는가? 왜 몇몇 세속적 이론들이 삶 자체의 세세한 부분을 관여하는 동기 이론에 관련된 기독교상담 이론을 필연적으로 조정하고 있는가? 특별히 욕구 이론(need theory)이 하나님의 눈과 예수의 심리적 경험과 조화되지 않을 때, 표준 욕구로서의 사랑과 자존감을 정의하는 욕구 이론이 그렇게 영향력이 있는 것일까? 왜 가장 전형적이고 가장 분명하고, 가장 생동감 있고, 외적인 심리학의 공헌이 세속적 동기 이론이어야 했는가? 즉 인간의 삶이 그 본질적 특성의 진정한 상황에서 벗어난 삶을 왜곡하고 인간 삶의 본질적 특성의 심리학적 경험을 유출시켜 버리는 세속적 동기 이론이 그러한 평가를 받아야 하는가? 왜 통합주의자의 이론들이 우리가 상담하는 사람들의 영혼 안에 있는 가장 중요하고 가장 직접적인 문제들로서의 죄의 구체적이고 편재하는 본질을 진지하게 다루지 못했을까?
　VITEX는 죄에 대해서 그럴듯한 말만 하는 데 시간을 보내고 죄를 일반화시켜 다루었고 멀리 떨어진 배경에 배치시켜 놓았다. 그러나 어떻게 구체적으로 그리고 지금-여기에서(here & now) 죄가 우리가 상담하는 사람들을 힘들게 하는 역기능과 정신불안에 기저하고 있는가를 정확하게 보여주는 어려운 작업이지만 이에 대한 분명한 생각은 어디에 있단 말인가? 왜 현대 기독교상담 모델은 본질적이고, 명확하고, 논리적이고 즉각적으로 타낭한 것으로서의 죄를 짊어지고 지혜를 주는 구세주의 복음을 묘사하는 데 있어서 그렇게 어려운 시간을 보내고 있단 말인가? 왜 기독교상담자는 고통(사회화, 상처, 충족되지 않은 욕구, 생화학과 유전학)을 결정론적이고 인과적으로 생각함으로 능동적인 마음의 성경적 관점을 그렇게 자주 짓밟아 버리는가? 왜 기독교상담 모델은 고통에 있어서의 하나님의 직접적이고 주권적인 목적을 인식하지 못하거나 언급하지 못하거나 혹은 분명하게 하지 못했는가? 왜 기독교상담자들은 이론의 발전과 치료 모두를 위해서 다른 요소들은 좀더 심오하고 좀더 중요하고 좀더 흥미 있는 것으로 생각하면서 죄는 애매하게 취급하는가? 왜 상담자들, 즉 죄를 죄라고 부르는 상담자들은 그러한 자비와 은혜를 가진 것은 둘 다 그리스도에게서 나오는 것이라고 확신하지 못하는가?

보수적인 교회의 어떤 집단들은 펠라기우스주의 혹은 펠라기우스주의의 요소가 가미된 이념을 종종 접하게 되는데, 이 펠라기우스주의는 도덕주의와 세상풍조를 형벌적 엄격함으로 몰아가는 경향이 있다. 다른 집단들에 있어서 펠라기우스주의는 인간 심리의 깊숙이 있는 것에 대한 또 다른 설명과의 싸움을 조장해 왔다. 그러나 영혼돌봄에 대한 포괄적인 성경과 신앙적이고 조직적인 실천적 이론은 그러한 모든 결점을 죄로 고통당하고 있는 영혼들에게 놀라운 은혜를 가져옴으로써 정정해 주고 있다.

5. 상담자 교육, 상담 자격증, 감독 상담자

어떻게 하는 것이 조직화하는 데 도움이 될까?

우리가 우리의 인식론적인 우선순위를 명확히 할 때 우리가 하는 진단과 돌봄에 대한 이해는 근본적으로 변화를 겪는다. 동일하게 재조정된 주요 과제에 대한 우선순위들은 또한 제도적 구조에 대한 근본적인 의미를 가져온다. 이제까지 나는 인식론적이고 개념적인 것에 집중했었다. 몇몇 독자들은 사회 구조에 대한 관심이 뒤로 미루어지고 있다는 것을 인지하게 될 것이다. 예를 들면, VITEX 입장을 묘사함에 있어서 나는 세속 학문의 이론과 지식의 활력 있는 외적 공헌 뿐만 아니라 정신건강 전문가들의 참여에 대해서도 드러내었다. 인식론으로부터 시작하여 전문가의 임상적 사회학에 연결되는 이러한 내용은 스스로 충분한 것으로 여기기보다는 분석될 필요가 있다. 제도적 구조는 인식론과 똑같은 것은 아니다.

상담 및 심리치료 전문가에 대한 복음주의적 초기 합리론은 삼분설적 인간론을 활용하였다. 만약 인간이 본질적으로 몸, 영, 혼으로 구분될 수 있다면 우리는 몸을 치료할 의사, 영을 치료 할 목회자, 혼을 치료할 심리학자가 필요하다. 이것은 신학적으로나 논리적으로 매우 의심스럽긴 하지만 몇몇 그리스도인들은 여전히 이러한 논쟁을 지속시키고 있다. 전문적 임상을 위한 일련의 합리성은 이론적인 인식론을 이용하는 경향이 더욱 자주 있어 왔다. 세속 학문으로부터 우리가 배울 수 있는 것이 있다면, 영혼을 돌보는 데 있어서 정신건강 전문가들은 지도력을 제공해 줄 수 있을 것이다. 그러한 인식론은 신학적으로나 논리적으로 모두 동일하게 의심스럽지만 종종 어떠한 검증조차 없이 그대로 받아들여져 왔다.

우리는 다음의 질문 두 항목을 깊이 생각하고 논의할 필요가 있다. 질문들 중 첫 번째 항목은 다음과 같이 묻는다. 만약 우리가 양의 목자를 기쁘게 해 주려면 상담의 사회 구조는 무엇이어야 하는가? 영혼을 돌보기 위해서 어떻게 조직되어야 하는가? 어떤 제도적 구조가 갖추어져야 하고 직접 대면하고 사역할 감독하는 구조는 어떻게 제도적으로 갖추어져야 하는가? 대중 상담은 어떻게 전달되어야 하는가? 영혼을 보살핌에 있어서 지도력 혹은 전문성은 어떤 자격과 특성이 정의내릴 수 있을까? 우리 상담의 신앙과 임상, 개념과 방법들 모두가 풍성해지고 우리가 더욱 성숙되고 하나님을 견고하게 신뢰할 수 있도록 어떻게 규정할 수 있을까?

질문의 두 번째 항목들은 다음과 같다. 현재 우리의 제도적 규정은 얼마나 실행가능하며 타당성이 있는가? 영혼을 보살핌에 있어서의 지명되거나 혹은 예정된 전문가들이 국가 자격증은 있지만 교회적 관점에 대한 유기적 관련은 부족한 정신건강 전문가일 때, 그리스도의 교회를 위한 의미는 무엇인가? 영혼을 돌보는 데 필요한 중요한 제도적 구조의 결핍이 현재 그리스도의 교회를 위해 어떤 의미를 주고 있는가?

이러한 실문들은 구조적인 것이다. 이 질문들은 목회적 관심의 사회학적인 문제, 성경적 교회론의 문제, 전문가의 기능과 사회적 제도의 사회학적 문제들에 관한 것이다. 우리의 인식론적 기본인 성경은 생각과 실천을 전달하고 있을 뿐만 아니라 사회 구조에 대해서도 전달하고 있다. 성령은 우리로 하여금 영혼을 돌보기 위한 일반적 사회제도를 개발시키는 것을 의도하고 있을까? 대답은 예스이다. 성경이 정의를 내리고 있는 교회는 지도력의 전문적인 역할과 일반적인 소명으로서의 지도력의 역할과 상호의존을 절묘하게 혼합하고 있고 전문적인 역할과 일반적인 소명을 절묘하게 혼합하고 있다. 이러한 것은 우리를 고통스럽게 하는 것을 고치기 위해 이상적이고 바람직한 제도이다.

지난 40년 동안 사역에 대한 새로운 역할이 기독교 단체로부터 부상하였다. 즉 전문적인 상담 및 심리치료 단체가 그것이다. 1950년대에는 기독교 정규 사역자에 대한 중요한 6개의 범주가 있었다. 즉 목회자, 선교사, 예배인도자, 학교 교사, 선교단체 등 선교단체(para-church)의 복음과 제자양육을 가르치는 사역자, 그리고 치료를 담당하는 사람들이 그 범주에 속한다. 기독교상담자들은 개념적인 기본 틀과 사회 구조로 인해 몰몬교도들과 같은 사람들이라기보다는 자가당착에 빠진 사람들처럼 보였다. 그러나 지난 30년 동안 국가공인 자격증을 가진 상담사들의 직업은 사람들을 돕고 싶어 하는 그리스도인들에게 실용적이고 인기 있는 것이 되었다. 기독교상담자들은 재빠르게 기독교 정규 작업자로서의 일곱 번째 범주에 속하게 되었다. 교회와 자율적인 직업의 관계는 모호한 관계로 남아있다. 그것은 항상 모호한 관계로 남아 있을 것이다. 그러한 불편함은 결코 해소될 수 없는 구조적 갈등으로부터 파생된다.

그런데 나는 목회자, 선교사 그리고 그 나머지의 다른 다양한 종류의 기독교 종사자들을 위한 장이 없다고 주장하지는 않는다. 나는 교회나 선교단체 혹은 전문적인 사역 개발을 위한 사역에 제도적 혁신을 위한 장이 없다고 주장하지는 않는다. 영혼을 돌보는 데 있어서 특별한 재능, 특별한 훈련과 경험을 가진 사람들을 위한 장이 없다고 말하지는 않을 것이다. 내가 말하는 것은 영혼을 돌보는 데 있어서 국가공인 자격증을 가진 전문화가 바람직한 방향이 아니라는 것이다. 교회에서 자율적으로 작동하고 있는 영혼 구제를 위한 직업은 예외라는 것이다.

일반심리학과 기독교 신앙을 통합하기 위한 분명한 지적 논리는 거의가 인식론적이었다. 즉 세속과학은 인간 본능과 변화에 관한 기독교 사상에 확

제1장 교차로에서의 질문: 영혼돌봄과 현대 상담 및 심리치료

실한 공헌을 하였다. 그러나 상담 전문가들을 받아들이는 것의 사회적 효과는 최소한 심리학적 사상을 받아들이는 지적 효과만큼 중요하다. 그리고 VITEX 공동체는 논의를 위한 질문을 제기하는 노력을 역사적으로 무시해 왔다. 예를 들면, 아담스는 반복적으로 교회론적이고 전문적인 토대 위에서 복음주의적 상담 공동체를 도전하였지만 그는 또한 인식론적 토대에 있어서 지속적으로 심리학자들의 반박을 받았다. 심리학자들이 아담스는 인식론적으로 심리학에 대한 반대 입장에 서서 모든 사람에게 임하는 은혜와 일반계시를 부정하고 있다고 아담스를 의례적으로 반박할 때, 그들은 아담스가 인식론에 대해서가 아닌 직업 사회학에 대하여 자주 이용되었다는 사실을 회피하였다.

사실 아담스의 공식적인 인식론은 세속 학문의 사상과 탐색과 관련하여 변형주의자나 통합주의자의 위치에 의해 전형적으로 변형되어졌다. 그는 조직적인 목회 이론을 구축하기 위한 세속 학문이 필요하다는 발상을 부정하지만 세속 학문이 기독교 세계관의 상황에 적응하게 되었을 때 그들의 잠정적 유용성은 확실히 하였다. 인식론적으로 아담스는 성경적 독단론자가 아니라 세속 학문을 완전하게 기독교화하는 사람이다.[21] 그러나 아담스는 영혼을 직접적으로 돌보는 자들에게 국가 자격증과 세속적으로 훈련된 정신건강 전문성을 부여하려는 심리학에 대해서는 날카롭게 대항한다.[22]

복음주의적 상담집단은 VITEX와 COMPIN 입장 사이의 인식론적 상황에 굳게 갇혀 있었을 뿐이다. 근저에 자리잡고 있는 실체는 좀더 복잡하고, 그리고 좀더 사회적이다. 나는 종종 "일반은총"이 전문성이 의미하고 있는 것에 대한 논의를 회피하는 VITEX에 의해 상징적 사원으로서 역할을 해 왔다는 것을 제시한다. 나는 역시 교회에 대한 수사학이 종종 영혼을 돌보는 것에 대한 교회의 능동적인 상태에 대한 논의를 회피하는 COMPIN에 의해 상징적 자원으로서 역할을 해 왔다는 것을 제시한다. 우리는 현재 당연히 있어야 할 것(what ought to be)과 현재의 상태(what is) 모두를 바라보아야 하고 말해야 한다. 그래서 모두에게 적합한 해결책이 나와야 한다.

1) 있어야 할 것(what ought to be)

영혼을 돌보는 일에 있어서 교회로부터 임명받은 전문가가 주정부의 규정을 준수해야 할 정신건강 전문가일 때 교회는 혼동에 빠진다. 영혼을 돌보는 것은 단어의 가장 넓고 깊은 의미에서 결정적으로 목회기능이다. 하나님의 말씀이 설교하고 가르치고 예배와 성찬을 집례하는 등의 공적인 사역에 유익하고 필요하고 충분한 것과 같기에 상담사역은 교회 안에 깊은 문제가 될 수 있다. 하지만 일반심리학에 있어서 훈련을 받고 자격증을 받는 것은 개인적인 사역을 위해서 필요하다. 성경에서 대중에게 전달하는 바로 그 진리는 개인에게도 전달된다. 심리학에서 박사 학위가 필요한 만큼 설교자는 공적인 설교에 있어서 박사 학위가 필요하지 않다. 심리학 프로그램을 졸업하는 것은 인간 상황과 관련하여 교회를 가르치는 권리와 명예를 가지는 것이 되어서는 안 된다. 임상 전문가로서 상담 및 심리치료 전문가들은 영혼을 돌보는 일을 위해 개업할 권리와 명예를 가질 수 없다. 그들은 그릇된 지식적 배경을 가지고 있으며 그릇된 자격증, 그릇된 재정적 구조와 전문적인 구조를 가지고 있다.

　성경에 의하면 고통 받는 자들을 돌봐주고 죄인들을 변화시키는 것과 같이 영혼을 돌보는 것은 교회의 총체적 사역의 요소이지만 현대 교회는 그 임무를 수행함에 있어서 매우 빈약할 수도 있다. 반(半)기독교적(semi-Christian) 상담 전문직이 교회의 재판권으로부터 벗어나서 국가의 사법권에 복종하여 자율적으로 활동하는 합법적인 장은 없다.[23] 성경이 계시하고 있는 주님의 눈과 의지는 영혼돌봄에 대한 요구에 빛을 발한다. 상담이 인간 상황을 이해하고 해결하는 것에 관한 것이며 인간들의 실제적인 문제들을 다루는 것이라면, 그리고 상담이 예수 그리스도의 이름을 언급하는 것이라면, 그것은 신학과 영혼을 돌보는 것 안에서 활동을 해야 된다. 그것은 교회의 권위와 정통성을 드러내야 하고 또한 교회의 권위와 정통성의 영향권 아래에 있어야 한다.[24]

　상담 및 심리치료자들은 교회가 아닌 국가에 의해 "임직 수여"를 받는다. 교회의 기준으로 보면 그들은 평신도이지 전문가들이 아니다. 그들은 사람들의 삶에 중요한 책임을 갖고 있는 교회로부터 지도나 감독을 받지 않고

제1장 교차로에서의 질문: 영혼돌봄과 현대 상담 및 심리치료

자율적인 위험한 방법으로 정말 중요하고 의미 있는 작업을 시도한다. 아무리 개인 개업의들의 신념과 의도가 진정한 것일지라도 또한 개개인들의 사고방식이 성경적 사고와 아무리 밀접할지라도, 문제는 구조적인 곳에 있다. 거대하게 영향력이 있는 직업은 영혼을 돌보는 일과 관련된 가장 개인적이고 직접적이고 중요한 것에 대한 제목들을 주장함으로써 영향력을 끼친다. 즉 그 직업은 정체성 혼란, 정신착란 동기, 기능적 믿음의 왜곡, 깨어진 관계, 고난에 대한 반응, 강박적 죄 등과 같은 것의 제목을 제시해 준다. 사실상, 그리스도의 양의 영혼에 대한 기능적 권위는 반세속적이고 책임이 없는 준 목회자들에게 주어진다. 이것은 문제를 유발한다.

기독교상담은 교리적으로 통제에서 벗어나 있다. 비록 성경은 분명히 이 두 가지 모두를 주고 있지만 그것은 합법적인 발상과 합법적인 구조가 부족하다. 심리학의 통합은 모든 사람이 "자기 소견에 옳은 대로 행함(삿 17:6)"에 있어서 분명한 무기를 제공해 준다. 누구라도 신중한 믿음의 고백 없이 세상적으로 대학원 학위로 책을 저술함으로써 기독교상담계의 지도자로 설 수 있다.

우리는 상담적 돌봄을 수행하기 위한 사회 구조와 전문성에 대한 질문에 직면해 보아야 한다. 교리적 기준은 사설 상담 이론의 내용을 안내하고 제한하도록 공식화가 되어야 한다. 예를 들면, 상담자의 동기 이론은 진실 혹은 거짓의 방향으로 전체적인 해석적 노력을 배열시킬 것이다. 기독교상담자들은 현재 모든 동기 이론을 묵상하고 있지만 그러나 성경과는 갈등하고 있다. 영혼을 돌보는 것에 관하여 교회에 여러 가지 잘못된 것을 들여오는 것으로부터 복음주의적 상담 및 심리치료자와 목회상담자를 보호할 수 있는 것은 선한 믿음과 개인의 좋은 평판 말고는 아무 것도 없다. 슬프게도 현재 방어가 빈약하다는 것을 보여주고 있다. 상담에 대한 교회의 인식은 조성되고 있는 중이지만, 기초 교육과 교회 밖의 전문적 정체성을 가진 섬기고자 하는 선한 의도의 그리스도인들에 의해 대체로 잘못 조성되고 있다.

상담 및 심리치료의 전문화는 결함이 많은 제도적 구조에 뿌리를 두고 있다. 몇몇 지도자들은 그들이 궁극적으로 주정부 자격증 위원회에 기독교 분과를 설립하여 기독교상담자들에 의해 자격을 주고 인정할 수 있을 것이라는 소망을 표현하였다. 그러나 그것은 단지 문제를 한 발짝 뒤에서 접근하는 것에 지나지 않는다. 전문가가 다른 사람을 가르치고 상담해야 한다고 주장하는 사람들은 아직도 교회와 그들의 신앙과 실천에 관한 정통에 대하여 설명하지 못하고 있는 것이다. 기독교 단체 자체 안에서 본질적으로 결점이 많은 사회 구조를 복제하는 것은 해결방법이 아니다.

2) 현 상태(what is)

우리는 현재 있어야 할 것과 성경이 요구하고 있는 구조와 일치하는 데 실패한 정신건강 전문직에 대해 살펴보았다. 그러나 영혼을 돌보는 일에 관한 교회의 현 상태는 어떠한가? COMPIN을 신봉하는 사람들이 "교회, 교회, 교회"라고 외치는 것은 충분하지 않다. 그러한 외침은 좋지만 그것은 성경적 타당성을 가지고 있지 않다. 그러나 교회는 좋은 것을 전달하기 위한 제도적 구조를 가지고 있지 않다. 기능적 자율성과 혼돈이 잘못될 수 있다는 가능성은 정신건강 전문직의 문제만은 아니다. 교회 자체 내에서 영혼돌봄은 신학적이고 실천적인 문제에 대해 거의 똑같은 혼돈과 실패의 가능성을 가지고 작용한다.

문제의 구체적인 예를 들어보기로 하겠다. 나는 미국 장로교회(PCA)의 일원이다. 우리의 회중의 지도자 중의 한 사람인 A는 목사 안수를 받고자 한다. 미국 장로교에서 안수받기 위해서 그리스도인들을 목회적으로 이끄는 데 충분한가를 검증하기 위해서 A는 많은 중요한 분야에서 시험을 볼 것이다. 그의 개인적인 인품은 기독교적 성숙과 그리스도에 대한 충성을 위한 요구 조항을 만족시켜 주어야 한다. 그는 성경 지식과 고유의 신학(하나님에 대한 연구), 구원론(구원에 관한 연구), 주석(성경이 말하는 것이 무엇이지를 이해하는 능력), 교회사, 교회행정, 그리고 설교에 관한 시험에 통과해야만 한다.

그러나 영혼을 돌보는 것과 상담에 관해서는 어떤가? A는 그가 무엇을 믿는가와 어떻게 개인들에게 사역을 할 것인가에 대하여는 점검을 받지 않을 것이다. 그는 가족의 붕괴 혹은 교회 구성원들이 흥청망청거리는 것에 대한 사례 연구도 제시하지 않을 것이다. A가 조직적으로 훈련을 받았던 영혼돌봄에 대한 지혜의 전승은 없다. 그가 설교하고 복음전파를 하는 동안 상담에 관하여 성경적으로 그가 생각하도록 도와 줄 수 있는 교리적, 교육적 자격증 혹은 감독적인 제도적 체계는 없다. 상담에 관한 그의 관점은 소신과 양심의 문제일 뿐이다. 그가 단지 성화에 관한 전문적인 신학적 질문에 대한 올바른 대답을 공언할 수 있는 한 상담에 대하여 그가 원하는 것을 할 수 있다고 그는 믿을 수 있다.

그렇다면 A가 로저(Roger)라는 이름의 문제를 가지고 있는 교회 구성원을 상담해야만 할 일이 생겼다고 상상해 보자. 로저는 감정적으로 충동적이고 변덕스럽다. 즉 그는 분노를 폭발하기도 하며 우울증에 빠지기도 하고 대체로 평안이 없고 열정적인 기질이 있다. 그의 이러한 기질 때문에 다른 사람과 가깝게 지내지 못하고 그가 살아온 날은 얼룩져 있다. 미국 장로교회에 속한 한 사람의 목사로서 A는 로저에 대하여 각양각색의 접근법 중의 하나를 취할 수 있을 것이다. 아마도 그는 로저를 "미니스 미어 새생명 정신병원(Minirth-Meier New Life Clinic)"에 보낼 수도 있을 것이다. 그곳에서 로저는 치료과정을 밟을 수도 있고 '사랑은 선택'이라는 원리를 배울 수도 있을 것이다. 아마도 A는 1980년대 후기의 크랩의 인사이드 아웃(Inside out) 모델에 따라 로저를 상담할 수도 있고 그에 따라 그의 심오한 관계를 주님께 접목시키기 위해서 일차적으로 돌보는 자로서 그의 고통과 실망을 탐구하도록 그를 가르칠 것이다. 혹은 그의 감정 상태를 항우울제(Prozac)가 치료할 수 있도록 일반 정신의학자에게 로저를 보낼 수도 있을 것이다.

A는 사단의 분노임을 확인하고 로저에게서 그 악마를 쫓아낼 시도를 할 수도 있을 것이다. 그는 로저를 살아계신 구세주와의 관계를 갖도록 인도하기보다는 로저 안에 냉정한 이성주의를 심어주어서 인지적이고 행동적으로 재형성하기 위해서 일반심리학자에게 보낼 수도 있다. A는 기본적인 기독교 교리 혹은 특별한 교리의 집중된 처방전 혹은 네비게이트 연구 과정을 가르쳐 줄 수도 있을 것이다. A는 상담을 전적으로 신뢰할 필요는 없지만 말씀을 전파하는 곳에서 앉아 있는 것, 예배에 협조하는 것 그리고 좀더 지속적으로 헌신하는 사역에 참여하는 것은 로저를 힘들게 하는 것으로부터 치유를 얻기에 충분할 것이라고 수상할 것이다. 혹은 A는 그가 성경적 상담을 가장 잘 이해한 바대로 성경적 상담의 형식과 실천을 통하여 로저를 상담하고자 할 것이다. 아마도 다른 여러 가지 접근법의 요소들을 결합하여서

상담하고자 할 것이다. 어떤 경우에 A는 로저가 받아들이게 될 것을 선택하게 될 것이다. 그리고 어떤 사람도 그러한 선택에 대하여 A에게 가르치거나 질문하거나 감독하거나 훈계하지 않을 것이다.

3) 다섯 가지 필요한 것

이러한 문제를 어떻게 고칠 수 있을까? 필요한 것들 다섯 가지를 확인하고자 한다. 첫 번째로 교회는 영혼돌봄에 직면하고자 하는 지혜가 필요하다. 우리가 어떻게 해야 할지 모르는 것 혹은 어떻게 생각하는지 모르는 것을 실행하거나 규정할 수 없다. VITEX 입장에서 가능성의 대부분은 그것의 지적인 특성에서 나오는 것이 아니라 교회가 변화의 과정을 이해하고 실현하는 데 있어서 부족하였던 실천적 현장에서 오는 것이다. 우리는 지혜를 개념적으로 규명하여야 하고, 그것을 제도적으로 구체화하여야 한다. 그리고 방법론적으로 기능화시켜야 한다. 제도적으로 다음과 같은 것들을 생각해 보자. 사람들이 문제가 생겼을 때 누가 그들을 돕겠는가? 그러한 도움은 어디에 있게 될 것인가? 그 도움은 얼마 동안이나 지속될 것인가? 도움의 어떤 형태가 제공될 것인가? 모든 사역은 돈이 든다. 경제적으로 어떻게 도움을 받을 것인가? 나는 성숙한 성경적 상담이 예수 그리스도의 대중적 실천과 교회의 구조를 특성화시키는 것처럼 COMPIN의 입장은 점점 더 가능성 있는 것처럼 보인다고 믿는다.

두 번째로 우리는 영혼돌봄에 대한 신조적 기준이 필요하다. 그렇지 못하다면 최소한 폭넓게 인지되는 실천적인 이론에 관한 저작이 필요하다. 실천신학의 체계는 우리가 설명할 수 있고, 우리가 교육적으로 지향하고, 우리가 점검을 받고 우리의 신앙과 실천에 관하여 도전 받을 수 있는 것이어야 하다. 현재 신앙과 실천에 관한 우리의 이해는(사역의 본질과 인간 본성, 그리고 점진적 성화를 일반화시키는 역사적 형태로부터 확장되고 적용된 것을 제외하고는) 상담의 관점을 포함시키지는 않는다. 신앙과 실천에 관한 우리의 이해는 성격이론, 상담방법론, 영혼돌봄을 위한 변화와 구원 체계의 역동성을 포함할 만큼 확장되어야 한다.

세 번째로 우리는 사람들과 변화를 이해하기 위한 성경의 독특한 모델에

제1장 교차로에서의 질문: 영혼돌봄과 현대 상담 및 심리치료

종속된 교육적 제도가 필요하다. 수많은 세월 동안 대학원에서는 점진적 성화 혹은 영혼을 돌보는 것을 위해 실제로 참여하는 해당 항목별, 심령을 감찰하는 삶의 재형성의 특별성에 관한 실제적인 것을 실제적으로는 전혀 가르치고 있지 않았다. 지난 20년 동안 제도권은 상담 프로그램과 부서를 창설하기 위하여 승인을 하였지만 견실한 성경적 사고의 입장에서 볼 때는 결과적으로는 매우 결점이 많았다. 기독교 대학은 전형적으로 심리학 부서를 두었다. 그러나 대학원이건 혹은 대학이건 간에 전형적으로 세속학교에서 가르치는 것들과는 상당히 다른 개념들을 가르치는 곳은 없다. 대부분의 교육제도들은 세속 이론의 분야별 이론과 방법을 가르치거나 정신건강 분야의 대학원에 진학하기 위한 학생들을 준비치기거나 혹은 국가 자격을 통하여 자격을 부여받을 수 있는 학생이 되게 만들었다. 영혼을 돌보는 것에 대한 성경의 관점과 조화를 이루는 방법으로 사람들을 어떻게 이해하고 상담할 것인가를 학생들에게 가르치는 곳은 거의 없다.

네 번째로 우리는 영혼돌봄에 있어서의 숙련가 대한 기준을 결정할 필요가 있다. 그래서 이것이 사역을 하기 위한 후보자들이 적합한가를 교회가 자격을 검증하는 절차의 일부가 되어야 한다. 자격증 안수와 인가는 일반적으로 2개의 단계에서 일어난다. 하나의 단계는 안수인데 목회 지도력을 자격화 한다. 목회자들에게 있어서 개인, 부부, 가족들을 상담하는 데 있어서의 기술은 교리에 대한 충정과 대중들에게 말하는 기술만큼이나 중요하다. 두 번째 단계는 지역 교회들의 구성원들이 목회자와 장로들의 권위 아래서 많은 사람들에게 사역하는 기능을 하도록 자격을 부여하는 것이다. 이러한 곳이야 말로 그것이 공식적이던 비공식적이는 가장 기능적인 상담이 일어날 수 있는 곳이다. 대부분의 상담 및 심리치료자들은 교회적으로 볼 때 그들의 세상적 자격이 어떻든 간에 전문인이 아니라 평신도이다. 그들이 과연 교회의 전문적 감독에게 자신들의 이론, 방법, 그리고 구조에 있어서 기꺼이 복종할 수 있을까? 그리고 그들이 사람과 변화에 대한 분명한 기독교 모델에 동의할 수 있을까?[25]

다섯 번째로 우리는 영혼돌봄에 대하여 범교회적으로 기초가 된 임상 감독 구조기 필요하다. 일반 정신건강 전문가들은 일반적으로 성직, 경제적 혹은 비밀 유지의 문제 등과 같은 도덕적 범죄에 대한 지속적인 교육과 사

례감독(case supervision), 그리고 임상훈련 등을 제공한다. 교회는 저작물, 세미나, 박사 프로그램의 형태로 지속적인 교육을 제공하였고 때때로 도덕적 혹은 교리적 범죄에 대한 훈련을 제공하기도 하였다. 그러나 영혼돌봄의 문제는 어려움이 생겼을 때 아주 포기해 버리는 경향이 있다. 즉 선택적인 신념과 실천을 가진 선택적 활동일 뿐이다. 사례감독과 사례 토론(case discussion)은 지역 교회 안에서 분명하게 필요한 것들이다. 범교회적 감독은 지역 교회나 혹은 더 상급의 교회연합적 차원 모두에서 영혼을 돌보는 것에 대한 믿음과 실천까지 확대되어야 한다. 어떤 이론과 사상이 내담자에게 적용되었는가에 대한 것은 중요한 문제이다. 상담 및 심리치료자들은 많은 이론적 방법들 중에서, 예를 들면, 행동적, 인지적, 정신역동적, 실존주의적, 신체화 등의 이론적 방법들에서 특정한 이론을 고집하지 않고 자유롭게 채택하거나 다양한 모델을 기능적으로 활용하게 할 수 있다. 교회는 그러한 이론적 다양성을 신뢰하는 것이 아니라 교회의 교리를 성경에 계시된 하나님의 시각에 적합하도록 새롭게 하는 목표를 가지고 있다.

현재 교회 구조, 기능, 기준과 능력들은 내가 제안한 것과는 많은 거리가 있다. 아마도 교회가 영혼돌봄에 대하여 이해해야 한다고 제안하는 것은 웃기는 것처럼 보일 수 있다. 상담은 문화 속에 내재한 하나님과 진리의 변절자이다. 상담은 교회 내에서 교회로부터 도망치는 것이기 때문이다. 그러나 그러한 교리와 실천과 사회 구조의 지혜 없이는 하나님의 백성으로서의 우리는 문제를 초래할 뿐이다. 앞장에서 우리는 영혼돌봄에 있어서 세속의 동기 이론이 우세하다는 것을 눈여겨보았다. 세속 이론의 사고들은 인간 본성에 대한 적합한 체계적 신학 학급에서 점검을 받게 된다면 5분 이상 견디지 못할 것이다. 그러나 마찬가지로 영혼돌봄에 대한 교회의 형식, 이론적 발전과정 그리고 사역의 정의에 관한 현재 상태는 오랜 기간 고통을 겪고 있는 사람을 깊이 있게 다루는 방법에 있어서 일반상담 학급에서 5분 이상 지속되지 못할 것이다. 성경에서 우리는 세상이 죽이고자 하는 사회적 모델을 가지고 있다. 그것은 한결같이 전문적인 능력을 공동체와 그와 대등한 자료와 연결시킨다. 그러나 현존 교회 안에서 돌보아야 할 영혼과 공동체에 대한 분명한 전문가들은 종종 무서우리만큼 성경의 이해와 능력에 대하여 무지하다.

교회 중심을 정당하게 권유하는 사람들은 교회가 실제적으로 영혼을 돌보는 것을 진행하고 합법화하기에 구조적으로 너무 취약하기 때문에 딜레마에 직면하게 된다. 상담 및 심리치료자들 가운데 세속적으로 지적이고 구조적인 결점이 목회자들과 다른 기독교 사역자들에게 종교성에 대한 지식과 구조적 결점으로 비쳐진다면 어떻게 될까? 그리스도인들이 교회에서 영혼을 돌보도록 실천하고 구하는 것에 대한 부르심에 복종하는 것은 좋은 일이다. 그러나 교회는 그에 따른 어떤 것이 필요하다.

우리가 심리학에서 배울 수 있는 것은 무엇인가? VITEX의 지적인 선도 역할은 상담을 수행하기 위한 사회 구조에 있어서의 심각한 결점을 가리고 있다. 영혼돌봄을 위해 직접 대면하는 방향으로 가기 위해 정신건강 전문가로 전환하는 것은 근본적으로 심지어는 비참하게도 잘못된 방향 전환인 것이다. 동시에 교회 중심적 상담사역을 향한 COMPIN의 헌신은 –나 역시 교회 중심적 사역에 헌신한다– 중요한 제도적 실현으로부터 매우 멀어져 있다.

지금 우리가 해야 할 것은 무엇인가? 예수 그리스도께서는 우리로 하여금 올바른 방향으로 향하도록 우리를 불렀지만 우리는 목적지에서 멀리 떠나 있는 것처럼 보인다. 예수 그리스도께서는 우리가 그의 지혜 안에서 함께 성장하도록 우리를 완성시키는 데 헌신하셨다. 에베소서 4장은 우리의 처리방식과 우리의 목표 둘 다를 제시해 준다. 나는 이 논문이 공동체적인 지혜와 사랑 그리고 하나님의 백성으로서의 능력 모두를 완전하게 하는 방향 안에서 "사랑 안에서 진리를 말하는(엡 4:15)"것으로서의 작은 사례가 될 수 있기를 바란다. 우리는 자율적인 전문직을 더욱 낳아가기보다는 그것에서 빠져 나오도록 각자가 노력해야 한다. 또한 좋은 의도의 공허한 전문직보다는 중요한 실체로서 교회에 충성하도록 각자가 노력해야 한다.

6. 결론

나는 COMPIN이라고 명명한 관점을 단호하게 주장하는 바이나. 나는 VITEX의 인식론적 우위성이 우리로 하여금 사람을 이해하고 도와줄 수 있는 자격을 갖추게 해 준다고 생각하지 않는다. 우리는 돌봄을 위해 우리에게 맡겨진 '인간 문서(human documents)'와의 상호작용을 가능하게 해 줄 수 있는 우리 자신의 건전하고 포괄적인 이론, 즉 우리 자신의 구조를 필요로 한다. 우리는 하나님이 읽고 편집하는 것과는 완전히 다른 방법으로 이들 자료들을 읽고, 편집하는 세속적 모델과 서로 교류할 만한 우리 자신의 구조를 필요로 한다. 우리의 구조는 제도적으로 구체화되어야 한다. 우리는 영혼돌봄에 대한 새롭고 실천적인 이론을 필요로 한다. 이것은 구속자의 언약에 신실하게 부합할 수 있도록 하는 명제적 안목에 있어서 지속적인 협력적 작업이다. 그것은 하나님과 사람들에 관하여 그리고 은혜가 내부적으로 그리고 외부적으로 임재하는 것에 관한 정통적 신학과 부합된다. 그것은 일반상담 및 심리치료모델과는 개념적으로 그리고 조직적으로 현저하게 다르다. 그것은 성경을 믿는 교회가 가지고 있었던 인간 본성에 대한 역사적 오류와 치료방안에 대한 오류들을 인식하지만, 결코 그러한 인식으로 인하여 성경 자료에서 이탈하도록 이론화하지는 않는다.

나는 삶의 '영적' 영역에서 사제제도(sacerdotalism)나 교조주의 혹은 어떤 다른 쉬운 방법을 재확인 하는 것과 같은 경건주의, 도덕주의 혹은 신비주의로 돌아가자고 제안하는 것이 아니다. 창문도 없고 좁아터진 오두막에 거주하도록 당신을 초대하려는 것이 아니라, 넓고 삶의 모든 것을 드러내는 그림이 그려져 있는 창문을 가진 큰 집, 즉 모든 하나님의 백성들이 번성할 수 있는 집을 묘사하고자 했던 것이다. 나는 정신건강 전문가 자격증을 소유하고 있으며 그것에 대한 교육을 받은 그리스도인들에 대한 편견을 가지고 있지는 않다. 그러나 그들 역시 그들의 특권에 있어서 고유권한의 편견이 없어야 한다는 것을 깨달아야만 한다. 그리고 그들은 그들의 교육과 자격증이 영혼돌봄을 위한 준비가 아니라 다른 돌봄 즉 다른 지혜를 위한 준비이기에 그들은 정당한 의심을 극복해야만 한다.[26] 영혼돌봄이 필요할 때 이것은 교회의 자격증과 교육을 받은 그리스도인들만을 위한 것이기 때문에 기독교 정신건강 전문가들에게는 "당신은 하나님의 마음에 합당하도록 생각하고 실천하고 있는가?"라는 질문을 필요로 한다. 지역교회와 교회연합체 모두에 있어서 단지 성경적으로 지혜로운 사람만이 다른 사람을 상담할 자격이 있다.

제1장 교차로에서의 질문: 영혼돌봄과 현대 상담 및 심리치료

  상담은 지식적인 면에 있어서나 조직적인 면에 있어서 예배, 설교, 가르침, 제자훈련, 어린이 교육, 교제, 전도, 구제사업, 선교, 및 목회방침 등과 같은 교회사역의 다른 형태와 부합되어야만 한다. 상담은 그리스도에 대한 모든 사역과 마찬가지로 동일한 세계관과 행동지침 내에서 활동이 이루어져야 한다. 내가 소망하기는 여기서 제안하는 것이 비록 일반적일지라도 '성경적'이고 '기독교적'이라는 이 두 형용어구가 큰 유익을 주기를 바란다. 나의 제안은 오늘날 우리의 혼란스러움과 질문들을 위해 하나님의 말씀으로부터 모방된 창조이다. 나는 불같이 타오르는 현재의 질문들에 대해 신실한 대답을 그려내고자 하였다. 그것들은 교회가 갈림길에 서 있는 것과 관련된 질문들이다. 우리는 어느 한 방향으로나 양 방향 모두로, 혹은 모든 길로 갈 수는 없다. 이러한 모든 것은 우리를 해롭게 한다. 우리는 분파주의 혹은 타협주의로 빠지게 되는 나쁜 방향으로 향하게 될 수 있다. 그러나 나는 앞을 향해 나아가는 선한 길로 안내하기를 소망한다. 나는 "우리가 다 하나님의 아들을 믿는 것과 아는 일에 하나가 되어 온전한 사람을 이루어 그리스도의 장성한 분량이 충만한 데까지 이를 때까지(엡 4:12-13)", 그리스도의 몸을 구축하는 것 이외에는 우리의 시대를 위하여 아무것도 묘사하지 않았기를 소망한다.

  본장은 위대한 대변혁의 시기에 분출된 혼란의 한가운데서 우리가 짊어져야 할 것을 찾아내서 지켜가는 것이 어렵다는 사실에 대한 논평으로 시작하였다. 이제 나는 바울이 데살로니가전서를 마칠 때 분명한 확신을 가졌던 것에 주목하면서 마무리하고자 한다. 언젠가 그리스도를 사랑하는 우리 모두는 결국 궁극적인 지혜에 순종하게 될 것이다. "평강의 하나님이 친히 너희로 온전히 거룩하게 하시고 또 너희 온 영과 혼과 몸이 우리 주 예수 그리스도 강림하실 때에 흠 없게 보전되기를 원하노라 너희를 부르시는 이는 미쁘시니 그가 또한 이루시리라"(살전 5:23-24).

■주(Notes)

1) William Duane, 지속적으로 밝혀지고 있는 사건으로서의 프랑스 혁명에 대해 1798년에 서술한 미국 역사가 Richard N. Rosenfeld. *American Aurora* (New York: St. Martin's, 1997), 11.
2) 나는 살아계신 하나님께서 체계적으로 그의 섭리를 명료하게 표명할 수 있는 우리의 능력이 약해지는 시대를 통해서 그의 택하신 백성을 양육시키거나 변화시키는 것을 포기하신다는 것을 의미하는 것은 아니다. 매우 경건한 사람들의 지혜의 근본은 세속적이며 기독교상담 서적에 쓰여진 어떤 것 보다 뛰어나다. 상담훈련을 받지 않은 평범한 사람일지라도 때때로 다른 사람들을 통찰력 있게 평가할 것이고 그들에게 부드럽게 대화할 것이고 적시에 성경적 지혜를 비출 것이다. 그들은 베스트셀러 상담 서적을 읽고 논의할 것이다. "나는 *xyz*를 좋아한다. 그러나 *abc*는 나에게 좋게 보이지 않는다." 그들의 분별력은 -분석적이지 않고 본능적인데- 자주 깊은 뜻을 갖는다. 하나님은 그 스스로 존재 하신다. 그러나 진리에 대한 분명한 이해가 손상된 곳에서 우리는 우리가 혼란과 상처 속에서 값을 지불한 비정상적이고 이상한 이론들로 인해 상처를 입게 된다. 잘 체계화된 성경적 상담 모델은 지혜의 근본 뿌리를 초월하는 것이 아니라 오히려 그런 지혜를 표현하고 격려하며 방어할 것이다.
3) 자유주의적 심리학의 목회신학과 보수주의적 구원론의 목회신학을 구별하는 방법에 대하여는 다음 문헌 참고: E. Brooks Holifield, *A History of Pastoral Care in America: From Salvation to Self-Realization* (Nashville: Abingdon 1983). 일반 정신건강 분야가 주요 목회돌봄과 분리되는 방법을 묘사에 대해서는 다음 문헌 참고: Andrew Abbott, *The System of Professions: an Essay on the Division of Expert Labor* (Chicago: University of Chicago Press, 1988).
4) 혁명에 대한 다양한 관점에 대해서는 다음 문헌 참고: Jay E. Adams의 *Lectures on Counseling* (Grand Rapids: Zondervan, 1975, 1976, 1977); Donald Capps의 "The Bible's Role in Pastoral Care and Counseling: Four Basic Principles," *Journal of Psychology and Christianity* 3, no.4 (1984): 5-15; George M.. Marsden의 *Reframing Fundermentalism: Fuller Seminary and the New Evangelicalism* (Grand Rapids: Eerdmans, 1987). 앞서 두 문단에서 제기한 문제의 광범위한 내용은 나의 논문 "Competent to Counsel? The History of a Conservative Protestant Anti-Psychiatry Movement" (Ph.D. diss., University of Pennsylvania, 1996)에서 발췌하였다.
5) Eric L. Johnson, "A Place for the Bible in Psychological Science," *Journal of Psychology and Theology* 20 (1992): 346-55. Johnson은 태도와 논쟁에 의해서 단

절된 대화를 통찰력 있게 말한다. 물론 우리가 만약 사적인 대화보다 더 넓은 장에서 이야기하게 된다면 우리는 일반화해야만 한다. 나는 이 글을 일반화한다. 그러나 나는 건설적인 방법 안에서 그렇게 하기를 원한다.

6) 성경주의와 유사성경주의자들 사이의 차이에 대한 좋은 요약은 John Frame, "In Defence of Something Close to Biblicism: Reflections on Sola Scriptura and History in Theological Method," *Westminster Theological Journal* 59 (1997): 272-80에 있다.

7) 가장 기초적인 수준에서 성경 자체는 사역이 항상 성경구절을 이끌어 내는 것은 아니라는 것을 우리에게 가르친다. 우리는 바울이 그의 청중이 흥미의 소동을 일으켰던 시기적절한 때에 인용하고 적용했던 구체적인 성경구절로 사도행전 13:14-41을 읽는다. 행 14:8-18에서 우리는 그가 사랑에 넘치는 행동을 하고 그의 청중들과 활발하게 동일시하고, 그리고 매일 인간경험에 대해 토론하고, 특별한 인용 없이 성경적 진리 안에서 동참하는 것을 본다. 행 17:16-34에서 우리는 바울이 그를 중지시킨 어떤 관찰자들에 대해서 이야기하는 것으로 시작했던 것을 읽는다. 그는 그의 청중들의 시들과 그 시대의 "심리학자들"이라 할 수 있는 철학자들을 인용함으로써 예수 그리스도를 증거하고 그의 청중들을 불러 마음을 변화시키고 삶의 조화를 이루게 될 그날에 대해 생생하게 의식을 일깨웠다. 바울은 어떻게 차이를 알았을까? 지혜 사례를 통해서였다. 그는 성경의 단순한 메시지를 적용 하는 그의 다양한 경험을 통해서 사람들을 알게 되었다.

8) Stanton L. Jones와 Richard Butmam, *Modern Psychotherapies: A Comprehensive Christian Appraisal* (Downers Grove, IL.: InterVarsity Press, 1991)의 도입부분들과 David Powlison, (ed.), *Counsel the Word: A Selection of Reasdings from the Journal of Biblical Counseling* (Glenside, PN.: CCEF, 1997)에서 불충분함과 충분함이 관점에서 강조점의 차이를 밝힘.

9) 나 역시 이 숫자에 속해 있다. 나는 학부에서 심리학을 전공하면시 임상심리대학원을 진학하기 위해 4년 동안 정신병원에서 일하였다. 그러나 나는 기독교로의 회심 후 신학대학원으로 방향을 바꾸었다.

10) *Journal of Biblical Counseling*에 실려 있는 논문들과 참고목록은 중요한 핵심을 제공한다. 저작물의 토론에 유감스런 측면의 하나는 복음주의적 심리학자들이 지난 25년 동안의 발전은 간과한 채 Jay Adams, *Competent to Counsel* (Grand Rapids: Baker, 1970)과 *The Christian Counselor's Manual* (Grand Rapids: Baker, 1973) 만을 지속적으로 인용한다는 것이다. David Powlison, "Crucial Issues in Contemporary Biblical Counseling," *Journal of Pastoral Practice* 9, no. 3 (1988): 53-78, 그리고 *Counsel the Word* 최근 발달의 두 입문서라 할 수 있다.

11) 비록 미세한 사회적 분할이 통합적 심리학자들(VITEX의 경향)과 성경적 상담자(COMPIN의 경향)들 사이에 존재하지만 나의 정의는 어느 정도의 즉각적인 뒤틀림과 뉘앙스를 더해졌기 때문에 칼날처럼 분류된 것과는 약간 거리가 있다. 일례로 Wheaton College의 Stan Jones와 Richard Butman, "Modern Psychotherapies"는 VITEX의 고전적인 논문이다. 그러나 Robert C. Roberts, *Taking the Word to Heart: Self and Other in an age of Therapies* (Grand Rapids: Eerdmans, 1993)는 COMPIN 의 밀리미터가 된다. "심리학에 사로잡힌 기독교인들을 완화시키기"에서 Roberts 는 "기독교심리학은 일반심리학과의 대화에서 설득되면 안 된다"고 하였다(14). 대중적이며, 복음주의적 심리학자들의 저서들 가운데 Gary Collins와 James Dobson의 온화한 절충은 VITEX를 예로 들었다. 그러나 Larry Crabb의 1980년대 중간 이후 인식론은 명백하게 COMPIN의 입장이었다. 명백하게 정확한 경계들은 그들이 비록 토론의 초점을 도울 수 있다고 해도 모든 난해한 질문들을 결코 해결할 수 없다. 일례로 형용사 "살아있는(vital)"과 "이해하는(comprehensive)"의 형용사들은 애매모호할 뿐만 아니라 그들의 적합성은 논쟁거리이다. 구체적인 의미는 파헤쳐져야 할 필요가 있다.

12) Stan Jones와 Richard Butman은 현대 심리학을 많은 기독교심리학의 피상적인 비평으로 틀을 만들었다(29ff., 415).

13) 실제로 Jay E. Adams는 *Competent to Counsel*에서 심리학을 비판함으로써가 아니라 상담에 있어서 성경적 교회의 부적절함을 비판하는 것으로 시작하고 있다. 그는 성경을 반추해 보기 위해서든지 인간의 욕구를 채우기 위한 방법으로서 "성경을 읽어라, 기도해라, 귀신을 쫓아내라"는 등의 권고를 하지는 않았다. 그의 저서 *Insight and Creativity in Christian Counseling* (Grand Rapids: Zondervan, 1982)에서는 요리책과 같은 방식으로 빠져드는 성경적 상담자들의 경향성을 광범위하게 비판하고 있다. 나는 David Powlison의 *Power Encounters: Reclaminig Spiritual Warfare* (Grand Rapids: Baker, 1995)에서 성경적 상담이라는 이름으로 미신적 행위와 애니미즘에 대한 반대로서의 귀신축출 운동에 대해 비판한다.

14) 내가 활용에 대해서 이야기한 모든 것, 즉 우리를 둘러싼 것과 함께 일하고 배우는 모든 것들은 더 이상 우리 안에 있는 것의 진리가 아니다. 우리는 단지 우리의 위험에 대해서 우리 자신의 규범적인 경험을 만든다. 경험은 자율적이거나 스스로 해석하고 해석되지 않는다. 그리스도에 관한 마음의 진리(주요 과제 1)는 우리를 비평하고(주요 과제 2) 우리를 새롭게 하며, 하나님의 패턴과 이야기(주요 과제 1) 안에서 모든 삶의 학습과 경험(주요 과제 1)을 재해석한

다.
15) Paul J. Griffiths, "Metaphysics and Personality," *Limning the psyche: Explorations in Christian Psychology*, Roberts, & Mark R. Talbot (eds.) (Grand Rapids: Eerdmans, 1997), 41-57; Timothy J. Keller, "Puritan Resources for Biblical Counseling," Journal of Pastoral Practice 9, no. 3(1988): 11-44; Thomas C. Oden, Pastoral Counsel, Classical Pastoral Care (Grand Rapids: Baker, 1987); Robert C. Roberts, *Taking the Word to Heart*; Dennis Okholm's "To Vent or Not to Vent?"
16) John Murray, *Collected Writings* (Edinburgh: Banner of Truth, 1982), 9.
17) Roberts, *Taking the Word to Heart*, 14.
18) 신앙을 변호하는 데 방법과 문제에 대한 토론을 위해서는 다음 문헌 참고: John Frame, Scripture and the Apologetic Task, *Journal of Biblical Counseling* 13, no. 2 (1995): 9-12.
19) 시편 10편, 14편 그리고 36편은 죄로 가득 찬 영혼의 사고 과정이 어떻게 분석 되는가를 보여주는 약간의 예들일 뿐이다. 하나님과 우리의 역사적 구체성에 대한 억압과 책임은 독특한 주제들이다. 단지 성경적 심리학만이 이것이 얼마나 심각한가를 드러낼 뿐이다. 즉 타락한 심리학은 억압을 명확하게 할 뿐이다.
20) 죄의 논리성이 죄에 대한 관점에 있어서 이러한 오해를 낳는다. 왜냐하면 죄는 파악하기 어렵기 때문에 대답하기도 어렵기 때문이다. 만약 내가 본장에 또 다른 부분을 추가하고자 한다면 상황적 다변성과 저주받았지만 구원받을 수 있는 세상에서의 죄와 관련된 상호연관성에 대하여 논의하고 싶다. 성경은 죄를 짓는 것, 다양한 신체적 문제들, 사회문화적 상황, 마귀, 고통, 비참, 유혹 등에 대한 우리의 반응에서 하나님의 주권과 즉각적인 목적이 역할을 하는 방식에 관하여 분명하게 보여준다. 고통과 고통에 관한 하나님의 목적(심리학이 무시하고 있는 주제)에 관련한 기독교 서적들이 많이 있다. 나는 이들 출서들은 독자에게 맡길 것이다.
21) Adams, *Christian Conselor's Manual*, 71-93와 Jay E. Adams, *Lectures on Counseling* (Grand Rapids: Zondervan, 1973), 31. David Powlison, "Competent to Counsel? The History of a Conservative Protestant Anti-Pshchiatry Movement" (Ph.D. diss., University of Pennsylvania, 1996)의 7장에 있는 Adams의 심리학에 관한 관점의 확장된 논의를 보자. 문화에 대한 Adams의 변형주의자적 태도는 의약품에 대한 그의 태도에서 대체로 분명하게 드러난다. 그는 사회학에 대해서는 관심을 덜 가지고 있어서 더욱 회의적이지만 결코 어디에서나 배울 수 있다는 것을 부인하지는 않는다. *The Christian Counselor's Manual* (80)에서 그는

심지어 swami(힌두교의 학자 및 성자에 대한 존칭)를 열정적으로 인용하기까지 했다.
22) Jay E. Adams, *More than Redemption: A Theology of Christian Counseling* (Phillipsburg, J. J.: Presbyterian & Reformed, 1979), ix-15; Jay E. Adams, "Counseling and the Sovereignty of God," *Journal of Biblical Counseling*, 11. no. 2 (1993): 4-9.
23) 기독교인들이 상담하고 있는 사람들에게 진단적이고, 규범적으로 거짓된 발상과 어쩔 수 없이 소통하는 것이 아니라면 기독교인들이 일반 정신건강 체계 안에서 연구하는 것은 반드시 잘못되었다고 말할 수는 없다. 하나님의 일반은총 안에서 때때로 기독교인들은 표면상으로 세상적인 배경 안에서 많은 자유가 주어진다. 그러나 그러한 배경 안에 있는 기독교인들은 그들이 죄와 그리스도를 언급하지 못한다면 그들은 단지 문제만을 설명하고 정확하게 그 문제들을 진단할 수 없다는 것을 깨달아야만 한다. 그러한 배경 하에서 기독교인은 여전히 사람을 알고 그들을 사랑하고 외적인 자비를 주는 데 있어서 자유롭지만 그들의 상담의 내용에 있어서는 상대적으로 표면적이고 도덕적이라는 제한점이 있다. 불행하게도 내가 관찰한 바에 따르면 정신건강 배경에서 악의 없이 그러한 것들을 이용하는 기독교인들은 전형적으로 그들이 깨닫고 있는 것 이상으로 사회적이고 문화에 깊이 종속되어 있다. 그들이 방사선 지대에서 일하고 있다는 것을 인식하지 못해 완벽하지 않은 진단을 합병하고 그들이 그렇게 하고 있다는 것을 알지 못한 채 그릇된 진단과 설명 치료를 병합하게 된다.
24) 나는 선교단체(parachurch)와 전문화된 사역을 위한 제한된 장이 없다는 것을 의미하는 것이 아니다. 선교단체 사역은 구체적인 지역교회가 할 수 있는 것을 뛰어넘는 유용하고 부가적인 역할을 할 수 있다. 그러나 선교단체 사역에 관여하고 있는 사람들은 그러한 사역들이 거의 합법적이지 않다는 것과, 공동체가 성숙한 기능을 담당해서 그들을 관여시키지 않을 때까지만 그 공동체를 위해서 진정으로 의식적으로 역할을 해야 한다는 것을 명심하여야 한다. 자율적인 상담 및 심리치료 전문직은 이들 공동체의 이익을 도와주기보다는 경쟁을 한다.
25) 기독교 정신의학자들의 전형적인 전문적 자아상에 있어서 그들은 지혜, 능력 그리고 합법성의 피라미드에서 가장 상위에 있다는 것이다. 그렇다면 목회자들은 중급에 있고, 평신도들은 가장 밑바닥에 있는 것이다. 성경적 이미지에 있어서 진정한 목회자는 피라미드의 가장 위쪽에 있고 모든 종류의 기능을 가진 평신도들은 목회자의 감독 하에 있게 된다. 이러한 성경적 이미지는 우리의 공동 임무에 대하여 정의를 내려야 하다. 상담 및 심리치료적 전문성은 그러한

임무와 싸우게 되고, 우리의 임무에 있어서 각자가 점점 진보한다는 것은 불완전하고 불필요하고 비생산적인 것으로서의 전문적 사회 구조를 점점 더 거부하고 버리게 될 것이라는 것을 의미한다.

26) Roberts's *Taking the Word to Heart*는 이러한 점에 있어서 흥미를 불러일으킨다.

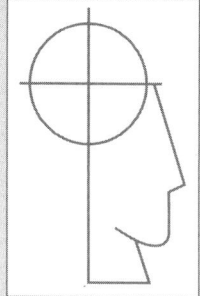

Care for the Soul:
  Exploring the Intersection of Psychology & Theology

제2장

신학과 심리학의 통합에 대한 변증서

스탠톤 존스(Stanton L. Jones)

  본장은 기독교 신앙과 심리학의 통합에 대한 변호인데 이것은 일반심리학적 사상을 20세기 교회생활로 통합하거나 적용하는 것이 명백하게 긍정적인 부분만 있는 것은 아니기 때문에 그 입장은 양면적이다. 어떤 사람들은 20세기의 균형에 대해서 일반심리학이 교회 사역과 복음의 진보에 긍정적인 영향보다는 부정적 영향이 컸다고 주장할 수도 있다. 그럼에도 불구하고 이 논쟁에 대한 나의 견해가 적절히 이해되기만 한다면 통합의 변호 외에는 다른 어떠한 추가적인 문제를 제기하지 않을 것이다. 그러므로 이 글은 통합에 대한 변증적인 변호, 즉 '변증서'라고 할 수 있을 것이다.

  심리학에 의한 잠식에 반대하여 교회적 방법에 관심이 있는 통합 비평가 및 교회 전통적 목회상담 수호자들은 다음의 그림이나 도전을 자주 보여 줄 것이다. 한 남자 그리스도인이 자신의 간음 행위를 고백하러 목회상담자에게 왔다. 그는 죄책감과 이에 따른 우울증, 염려, 무언가에 정신을 빼앗긴 상태였다. 목회상담자는 어느 시점에서 도움을 줄 수 있는가? 목회상담자가 선통적인 개입 방법인 공감적이면서도 겸손한 경청과 다르게 해야 할 어떤 이유가 있을까? 예를 들면, 죄에 대한 직면이라든가 절망감에 대한 위로, 함께 해 주는 것, 고백과 용서의 확신, 자아 통제, 정절 등의 적절한 가치에 따라 그 사람의 인생을 재조정하는 것 등이다. 이와 같은 경우에 일반 심리학과 전통 목회상담은 왜 다른가? 나는 친구인 데이비드 파우리슨(David Powlison)과 함께 목회상담자는 풍성하면서도 성경적인 것에 기초를 둔 전통을 무시해서는 안 된다고 주장하는 바이다.[1]

그러나 반대의 내용을 생각해 보자. 18개월 된 아들을 둔 부모가 아이의 행동에 어떤 일정한 패턴이 있음을 발견한다. 그 아이는 애정을 거부하고 언어 발달이 이루어지지 않으며 몸을 흔들면서 반복적인 자아 자극(self-stimulation)과 같은 기괴하면서도 전형적인 행위를 보인다. 이 부모는 대학에서 심리학개론을 들었기 때문에 오 이바 로바스(O. Ivar Lovaas)가 개발한 아동 자폐증과 이상행동에 대한 행동치료 프로그램을 알고 있었다.[2]

로바스의 치료 프로그램은 표면적으로 극단적인 스키너(Skinner) 행동주의 이론의 물질주의적이고 결정론적인 세계관에 근거하고 있다.[3] 그러나 이 방법은 의심할 여지없이 다른 어떤 방법보다도 더 효과적이다. 만약 자폐증에 대한 진단이 정확했고 그 아들이 치료를 받지 않는다면 90% 이상은 평생 동안 기관 신세를 져야 한다. 그러나 이 치료를 받으면 이 어린이는 10대까지는 보통의 아이들과 별로 구별되지 않을 확률이 50%가 되고, 평생 동안 기관 신세를 져야 하는 확률은 20% 미만으로 떨어질 것이다. 그리스도인이라고 해서 어떻게 자비라든가 이성이나 청지기 정신과 같은 명목으로 그런 치료방법을 의도적으로 무시할 수 있겠는가? 로바스의 치료를 알고 있는 목회상담자라면 어떻게 그런 사실을 부모에게 숨기고 그들에게 치료를 받지 말라고 상담해 줄 수 있겠는가? 나는 당신이 그렇게 할 수 없다고 생각한다. 만약 당신이 그렇게 한다면, 당신은 잔인한 사람이거나 아주 어리석은 사람이거나, 혹은 둘 다 일 것이다.

어떤 사람들은 첫 번째 시나리오에 근거해 일반심리학이 일체 관여하지 않는 정책에 동의하는 입장을 취한다. 그러나 두 번째 시나리오에 근거해서는 일반심리학을 적용해서는 안 된다는 절대적 입장은 의미를 상실하게 된다고 생각한다. 왜냐하면 그 어떤 절대적인 진리도 단 한 가지의 반대되는 사건 때문에 '절대적'이라는 근거를 상실하기 때문이다. 동성애적 조건의 변화가 불가능하다고 함으로써 게이를 천명하는 선언이 단순히 한 사건이 그렇지 않음을 보여줌으로써(실제로 그런 경우는 많다) 설득력이 없어지는 것처럼,[4] 두 번째 이야기는 그리스도인들이 일반심리학에 대해서 도덕적으로 피해야 할 의무가 있는 것은 아님을 분명히 보여주는 것일지도 모른다. 어떤 이들은 심리학에서 그것에 대해 분명한 효과가 드러난 것이 거의 없고, 자폐증 같은 현상도 드문 경우라고 하면서 이러한 논의를 얼버무리려고 할 수도 있다. 그러나 그 사람들은 초점을 빗나가는 것이며 일반심리학의 적용이 옳다는 환경이 존재하는 한 그리스도인들이 도덕적으로 일반심리학을 피해야 한다는 생각은 약화될 수밖에 없다.

그렇기에 우리는 전략적인 질문을 안게 된다. 하나님께 최대한 영광을 돌리고 그분의 몸인 교회에 신앙심을 최대한 높일 수 있도록 일반심리학 분야를 어떻게 적절하게 사용할 수 있을 것인가? 내가 전략적 질문이라고 부른 이유는 이것은 지혜가 필요하고 절대적인 금기나, 쉬운 답변이 아닌 질문이기 때문이다.

전략적 문제는 심사숙고해야 한다. 많은 교회들은 치유적 사명이 자신들의 사명인 것처럼 주로 심리학적 개념으로 환원함으로써 오히려 더 무지해졌다는 사실에 대해 많은 심리학 비평가들과 의견을 같이한다. 그들은 그리스도의 중심되심을 잃어버렸다. 인생의 의미에 대한 불가해성(transcendent), 인간의 죄성의 깊이와 은혜와 자비에 대한 필요성, 주님의 순종에 대한 요구, 우리의 사고와 마음과 행동의 변혁에 대한 하나님의 주장에 대한 감각을 잃어버렸다. 이는 모두 중대한 상실이기는 하나 전체적으로 일반심리학을 완전히 유기하는 것에 대해서 정당화되지는 않는다. 오히려 이것들은 주의 깊고 신중하고 시험적으로 개입하여 전략적으로 반응하도록 해야 한다. 왜 그들은 심리학을 완전히 포기해야 한다고 말하지는 않는 것일까? 왜냐하면 우리 하나님은 진리의 하나님이기 때문이다.

본장에서는 이런 전략적인 결론이 나오도록 영향을 줄 주요한 신학적인 선택 요인 몇 가지에 대해서 개략적으로 살펴볼 것이다. 나는 주장의 자세보다는 가정의 자세로서 이런 선택 요인들이 핵심적이거나 하나님의 구원론적 교리의 문제가 아님을 말하고자 한다. 이것은 그리스도인들이 교리적으로는 동의하지 않을 수도 있다는 것에 초점을 두려는 것이다. 그렇다고 이러한 전략적 문제에 대해 나와 의견을 달리 하는 사람들을 영웅 취급하는 것도 사절한다.

나는 여기에서 다음과 같은 세 가지 근본적인 주장에 대해서 논쟁적인 입장이 아닌 가정의 자세를 취할 것이다.

첫째, 훈련으로서의 심리학은 하나님의 사람들에게 제공될 만한 가치가 있다.

둘째, 현재, 거의 전적으로 일반심리학적 인간 이해로만 사람을 도우려고 시도하는 것은 실망스러운 시도이다.

셋째, 이 어려운 논란 속에서 우리는 명백히 의미 있는 이원설을 제외하고는 단순히 '예수냐 프로이드냐' 하는 단순 이분법을 피해야만 한다. 명백한 이원론의 예는 예수 그리스도의 구원이 그 어떤 것으로 대치될 수 없다는 사실이다. 또 다른 이원론은 고려해 볼만하지만 의미상의 이해가 요구되기도 한다. 그리스도를 좇음이 아니라 바울이 주의하라고 했던 사람의 유전과 세상의 초등학문을 좇는 철학과 헛된 속임수(골 2:8)의 부분은 이원론을 천명하고 있지만 이것을 단순히 휘튼 대학에서 철학 과목을 들어서는 안 된다고 이해하거나 꼭 그렇게 하라는 의미로 말하는 것은 아니다.

그렇다면 일반심리학에 대해 전략적으로 반응해야 하는 신학적 주제는 도대체 무엇인가?

1. 계시

질문 1: 성경은 우리가 사람을 돕는 데 있어서 필요한 것에 대해서 철저하게 설명을 해 주고 있는가? 그리고 그 문제에 대해서 우리를 도와 줄 심리학의 가치에 대해 우리가 알도록 해 주고 있는가?

1) 일반계시 대 특별계시

로마서 1장은 일반계시와 특별계시에 대해서 분별하는 핵심적인 말씀이다. 바울은 본문에서 하나님이 구원받았건 구원받지 않았건 간에 모든 인간에게 진리의 한 부분으로서 이해할 수 있는 충분한 지식을 주신 분이라고 표현하고 있다. 이 말씀은 인간이 세상과 자신에 대해서 분명히 무언가를 알 수 있는 자연적인 능력이 있다는 가정과 잠언이나 다른 문맥과 일맥상통한다. 그런데 이 구절에서 바울의 말은 일반계시가 그 자체로서 명백하고 가치 있지만, 하나님의 구원에 대한 지식의 근거가 될 만큼 충분히 명백하고 광범위하지는 않다고 가정하는 것처럼 보여진다는 것이 핵심이다. 로마서 1장에 의하면 일반계시에 의한 지식은 심판하기에는 충분하지만 구원하기에는 충분하지 않다. 즉 우리는 우리 스스로 구원하시는 하나님의 지식을 깨달을 수 없다.

비구원적(nonsalvific) 지식이 진정한 믿음에 비해 사소하거나 모순되는 것인가? 기독교적인 정통 신앙은 그 정도까지 논박한 적은 없다. 일반교육을 추구하는 사람은 누구든지 '비구원적 지식이 신앙과 조화할 수 없다 (antagonistic)'는 주장과는 불일치하게 살고 있다. 일반 지식에 도움이 되는 과정으로서의 일반심리학은 구원에 대한 주장을 함으로써, 그 결과 심리학 자체의 신용도가 떨어지는가? 대부분의 일반심리학자들은 이런 주장을 하지 않으며 일반심리학을 교회의 섬김의 도구로서 사용하기를 원하는 기독교심리학자들도 이런 시도는 하지 않는다. 일반계시라는 지식은 엄청난 가치를 지닐 수 있다. 그러나 얼마나 가치를 두어야 하는지는 우리가 결정해야 하고 이들은 결코 구원에 이르는 지식이 아니며 하나님과 우리와의 관계를 침범할 수 없는 것임을 알아야만 한다.

2) 특별계시의 범위

특별계시의 범위는 두려움을 자아내지만 직접적으로 대면해야 할 문제이기도 하다. 나는 파우리슨의 통찰력 있는 글 속에 나와 있는 성경적 상담과 갈등하는 전형적인 통합주의자의 한 사람으로서 살아왔음을 깨닫게 되었다.[5] 특별히 파우리슨은 내가 리처드 버트만(Richard Butman)과 공동 집필한 『현대의 심리치료』(Modern Psychotherapies)라는 책에서 "계시의 범위에 대해서 가장 명확하게 진술한 내용 중의 하나"라고 인용함으로써 그 내용을 핵심적으로 강조하였다. 그 인용문은 다음과 같다.

그러므로 성경은 상담 및 심리치료 분야를 기독교적으로 접근하려고 할 때 핵심적인 기반이 되며 긴밀한 연결성을 갖게 된다. 그런데 성경이 인간의 상태에 대한 지식의 시작점일 뿐만 아니라 인생의 가장 중요하고도 궁극적인 답변을 모두 제공함에도 불구하고 상담훈련을 위한 충분한 안내는 할 수 없다. 성경은 영감을 주고 소중하지만 제한적 범위의 계시이며, 그 주된 관심은 하나님의 백성을 향한 구원 계획에 대한 종교적 현시 및 믿음에 대한 위대한 교리를 부여하는 것이다. 성경은 인간 존재가 알아야 하는 모든 것에 대해서 천명하고 있지는 않다.[6]

이 인용문의 초점을 적절하게 이해하기 위해서는 '상담 훈련'이라는 의미가 무엇인지 아는 것이 중요하다. 이 책을 통해서 우리는 성경이 목회상담의 근원이 되기에 불충분하다고 생각하는 것이 아니라 그리스도인이 정신건강 분야에 분명하게 연관되어야 한다는 목표로 하였다. 이 책은 심리학자나 상담 및 심리치료가가 되려고 하는 그리스도인들에게 정보를 주려는 것이 아니라 사려 깊은 목회상담자에게 정보를 주려고 하였다.

특별계시의 범위에 대해서 쓸 때 다음과 같은 간단한 질문에 포함된 고통스런 문제를 언급하고자 한다. 수많은 인간의 장애에 대한 해결책을 성경에서 얼마나 명백하고 완벽하게(exhaustive) 안내하고 있는가? 인간의 질병에 대한 특별계시 범위를 어떻게 이해할 수 있는가? 유추해보면 인슐린을 제조하여 당뇨병을 억제하고 생명을 연장시키는 지식이 좋은 것이기는 하지만 이 지식은 특별계시를 통해 직접적으로 드러난 게 아니고 또한 구원에 필수적인 것도 아니다. 하나님은 인슐린이 나오기 전에도 셀 수 없는 당뇨환자들이 나이 들어 죽도록 허락하셨다. 나는 이 사람들의 상태가 오늘날처럼 연장된 생명을 보장받지는 못하고, 서구에서처럼 지금은 참을 필요가 없는 고통을 인내해야 했음에도 불구하고 하나님의 주권은 그들의 궁극적인 상태를 정의롭고 자비롭게 세우실 것임을 믿는다. 이런 의미에서 베드로후서 1장 3-4절은 중요한 메시지라고 생각한다.

그의 신기한 능력으로 생명과 경건에 속한 모든 것을 우리에게 주셨으니 이는 자기의 영광과 덕으로써 우리를 부르신 자를 앎으로 말미암음이라 이로써 그 보배롭고 지극히 큰 약속을 우리에게 주사 이 약속으로 말미암아 너희로 정욕

제2장 신학과 심리학의 통합에 대한 변증서

을 인하여 세상에서 썩어질 것을 피하여 신의 성품에 참예하는 자가 되게 하려 하셨으니...

이 구절은 오늘날의 기준으로 볼 때 과거에 어쩔 수 없이 일찍 죽음을 맞이한 그리스도인들이 생명과 경건에 꼭 필요한 그 어떤 것도 놓치지 않았음을 믿게 해 준다. 하지만 역설적으로 나는 오늘날 우리 생명이 그만큼 연장될 수 있다는 것도 선한 것이라고 믿는다.

여기서 핵심은 성경말씀이 우리에게 우리 주 구세주에 대한 구원적 지식 및 주님 안에서 열매 맺고 선한 삶을 사는 데 필요한 모든 것을 알려 준다는 것이다. 그러나 하나님이 우리에게 말씀으로 권면하는 구원받은 삶을 도와주고 보조하는 것에 현대 의학이 선하게 쓰이는 것처럼 심리학도 마찬가지다. 사람들은 마틴 루터(Martin Luther)나 찰스 스펄전(Charles Spurgeon)이 그랬던 것처럼 습관성 우울증에 시달리면서도 하나님께 영광을 돌릴 수 있고 풍성하고 선한 삶을 살 수도 있다. 그럼에도 불구하고 우울증을 근절할 수 있다면 더 좋을 것이다. 복잡하고도 심리학적 조건을 약화시키는 모든 문제에 해결책을 제시하는 것이 성경의 명백한 목표는 아니다. 일반심리학도 확실한 치료법을 제시하지는 못하지만 심리학은 부패된 인간 지혜의 적용을 통해서 이러한 상황에 빛을 비추려는 시도를 한다는 것을 보여주는 것이다.

오늘날 우리가 하는 수많은 논쟁은 이 한 가지 핵심적인 질문에 달려있다. 성경의 중심적인 내용 전체는 모든 상담 과정에 대한 체계적인 시각을 개발하는 데 필요한 모든 것을 담고 있는가? 성경은 실제로 사람들이 당대 문제에 대답하기 위해 기록된 것이며, 특별히 사도들의 목회서신들은 현실 사람들의 실제 필요에 부응하기 위해 쓰여졌다. 대학원 학생들에게 입증해야 하거나 적어도 무엇인가 알려주어야 하는 특별한 기술 개발법에 대해서 조언을 해야 할 때, 나는 일반적인 사례에 대해 제안을 해주기는 하지만 그 제안이 모든 사례에 적용될 수 있다고는 생각하지 않는다. 아내 브레나(Brenna)와 공동 집필한 기독교 가정 내에서의 성교육에 대한 책[7]에서 나는 수많은 참고도서를 제외시켰고 특별한 경우의 많은 부분을 취급하지도 않았다. 그렇다고 우리가 조언한 것에 대한 일반적인 신뢰도가 떨어지거나 잘못되지는 않는다. 성경에서 우리는 완전하신 하나님에 의해 영감 있는 안내를 받았고 성경이 가르치는 부분에서 그 어떤 오류도 없다. 그렇기 때문에 성경이 어떤 문제에 대해서 뭐라고 가르치고 있는지가 문제이다.

게다가 성경이 원래 특정한 사람들을 목표로 하고 있다 하더라도 그 안내는 현재의 우리에게도 계속적으로 연관성이 있는 것이다. 나는 동성애적인 행동에 대한 고대의 금기 현상이 연속적으로 도덕성과 관련이 있음에 대해서 논박[8]하다가 계속적인 연관성에 대한 주장을 하면서 개인적으로 전문가의 길에 접어들었다. 그러나 동성애 행위에 대한 금기는 동성애 경향성의 원인에 대한 것과 금욕을 유지하고 거룩을 추구하라는 일반적인 안내를 해 주는 것 이상으로 어떻게 방법을 제시해야 할지에 대해서 그다지 정보가 없다. 이런 진술을 함으로써 성경을 손상시키거나 평범하게 만들고자 하는 것은 아니다. 가정하는 것은 우리가 우리 자신의 죄성을 인식하고 거룩함을 추구하기 위해 우리가 알아야 한다고 판단되는 핵심적이고 충분한 지식을 우리의 사랑하시고 선하신 하나님께서 분명히 제시하고 계신다는 사실이다. 하지만 이에 대해서 도움이 될 만한 지식과 압박감을 주는 문제들이 심리학 분야와 신중하게 연계함으로써 얻을 수 있는 데도 이 정도에서 그만두는 것은 덕스럽지 않다.

우리는 오늘날 부지런한 성경 공부와 신학적 사색을 통해서 통일된 기독교상담 모델을 개발할 수 있는 가능성에 대해서도 다루어야 한다. 이 문제에 대해서 나의 입장은 주로 회의적인 시각의 본보기로 인용되어 왔다. 나는 회의적이지만 나의 시각이 제대로 이해받기를 원한다. 나는 괄목할 만한 기독교 모델들이 개발될 수 없다거나 매우 다양하면서도 구체적인 목회상담 사례에서 성경 한 가지를 통해서만 주목할 만한 개입의 개요가 제시될 거라는 식으로 완전히 회의적이지는 않다. 간음은 도덕적 불응, 죄에 대한 직면, 회개, 사죄, 결혼 생활에 대한 건설적인 개선으로 다루어져야 한다. 즉 우리는 우리가 필요한 것에 대해서 현대 심리학이 필요한 것이 아니다. 실제로 현대 심리학은 이런 문제에 대해서 알고 있지도 않다.

우리는 기독교 모델들을 찾을 수 있을 것이다. 그러나 그것은 단 한 가지만의 모델은 아닐 것이다. 그리스도인으로서 우리는 핵심 교리 및 도덕적 가르침에 대해서 피상적인 개요 이상의 통일된 하나의 관점에 도달하는 데

제2장 신학과 심리학의 통합에 대한 변증서

지금까지 실패하였다. 하지만, 시간이 지나면서 다양한 기독교적 혹은 성경적 상담 모델들이 변화하고 진화해서 상담에 관련된 수많은 문제들에 대해 다양한 기독교 관점이 있을 수 있음을 암시하고 있다.

상담에서 논란이 되는 핵심 교리(죄에 대한 회개의 필요성 같은)나 일반적인 도덕적 타락에 대한 이해나 예수 그리스도의 몸에 대한 일반적인 주제(예를 들면, 우리의 인생의 가정과 교회에 근본적인 명령의 문제) 등에 근접할 때는 일치점을 찾으려고 하는 경향을 갖게 된다. 하지만 핵심적인 교리와 공통된 부분이 작거나 관련된 내용이 적은 문제에 대해서는 우리가 스스로 그 문제에 대한 효과적인 해결 방법을 연구하는 것이 하나님을 기쁘시게 하는 것이라고 생각한다.

나의 초점이 보다 분명하도록 간단한 예를 들어 보겠다. 성경은 많은 곳에서 염려의 문제를 다루고 있다. 염려와 애써 본 그리스도인이 본문에 대한 체계적인 공부를 하지 않고 성경에서 교훈하고 있는 대로 살지 않는다면 멍청한 짓일 것이다. 그러나 나는 이러한 성경구절들이 모든 다양한 염려를 언급하는 데 필요한 지식의 집대성이라고 주장하는 것에는 반대한다. 강박충동증과 외상 후 스트레스 장애와 같은 극단적이고도 사람을 심약하게 하는 증세에 대해서 성경적 계시는 우리가 그 문제에 관심을 집중하여 최선의 사고를 끄집어내고 그 안에서 틀을 형성하여 생리학 뿐 아니라 심리학적인 이론 및 연구를 이용할 수 있도록 해 준다.

인간에 대한 이해를 기독교적인 독특함을 형성하는 범주 안에서 인정해야 하는 한 가지 이유가 더 있다. 성경은 인간이 이성적이고 관계적이며 의미 있는 사역을 위해 창조되었으며, 타락된 본성이 있고, 상실감이 있으며, 정서적이고, 성적이고, 신체를 입고 있으며, 책임감이 있고, 비난받을만하고 영적이라고 가르치고 있으며, 인간은 다른 전인적인 특징도 가지고 있다고 믿는다. 이처럼 다양한 인간성에 대한 차원들을 어떻게 조직화하고 우선순위를 매기는지에 따라 인간 존재에 대한 이해와 자신 안에 있는 혼란을 정리하는 방식들도 매우 다르게 형성될 것이다.

신학자로서 어떤 주제에 대한 이해를 성경적 구현으로 동의하기 위해서 늘 노력하지 않으면 불충한 종이 될 것이며 실수에 대한 권고를 받아들이는 것이 마땅하다. 그러나 나는 노출하지 않아도 되는 부분에서 노출을 요구하는 과도한 신중함을 경계한다. 기독교심리학을 시도함에 있어서 체계적인 신학연구 이상으로 어려움이 예상된다. 심지어 그 이상일 수도 있다. 우리는 다른 상황과 주제를 말하고 있는 다른 저자에 의해 다른 시대에 다른 장르로 표현되는 성경적인 진리와 본질적으로 분리된 요소를 이해하려고 노력하는 중이다. 이렇게 함으로써 우리는 어쩔 수 없이 성경 자체를 넘어서게 되며 성경에 지혜가 있건 없건 간에 그것을 구체화하기 위해서는 우리들의 생각을 추가해야 한다.

기독교심리학을 한다는 것은 시도해 볼 만한 작업이지만 우리는 항상 조심스럽고 신중하며 시험적이어야 하고 하나님으로부터 받은 근본적인 말씀, 즉 성경에 귀납적으로 돌아가도록 해야만 한다. 이 점에서 나는 많은 비평가들과 의견을 같이 한다. 통합을 위한 많은 시도들은 심리학의 최신 유행 사조에 대해서는 아무 생각 없이 반영하는 경향이 있지만 영원한 하나님의 말씀에 의해서는 거의 변하지는 않는다. 이것은 수정되어야 할 문제이지 그렇다고 무효화 할 문제는 아니다.

2. 문화 인류학

질문 2: 인간은 타락된 본성을 가지고 있는 데 인간의 지혜와 노력에 근거한 개입이 현재 인간 상태에 대해서 건설적인 부분을 추가할 수 있는가?

1) 인간 본성에 대한 단일적 특징

우리가 몸과 영혼에 대한 이원론적인 구분이나 몸, 혼, 영혼의 삼원론적인 구분, 또는 인간 본성에 대한 다양한 요소에 대한 묘사를 받아들인다고 해도 우리의 핵심적인 본질은 이러한 구성 요소들의 통일에 근거를 둔다. 이에 대해서 나는 맥도날드(H. D. McDonald)[9]와 그 외의 학자들 의견에 동의하는 바이다. 고린도전서에는 생생하게 중요한 진리, 즉 종말에는 우리 몸이 새롭게 될 것이라고 말하고 있다. 인간 육체의 부활에 대한 교리는 우리가 본질적으로 통일된 본성이라는 것을 보여주는 강력한 증거이다.

제2장 신학과 심리학의 통합에 대한 변증서

　이러한 통일성에 대한 강조는 목회상담에서 다루는 영적 문제, 정서적이고 정신적인 문제를 다루는 심리학, 신체 문제를 다루는 의약 같은 인간 제반 문제와 구분하여 개입하려는 시도를 궁극적으로 약화시킨다. 성 중독은 영적, 도덕적, 정서적, 행동적, 생리학적인 장애이기 때문에 통일된 방식으로 다루어져야만 한다. 나는 모든 인간의 문제는 영적이며 도덕적 문제라고 하는 통합적 기독교상담 및 심리치료 운동의 많은 비평가들의 의견에 동의한다.[10] 나는 내가 하는 모든 실수가 도덕적이고 영적인 실패라는 사실을 믿는다. 이 비평가들이 나와 다른 주장을 하는 부분은 이런 문제들이 오로지 영적이며 도덕적인 문제 때문만은 아니라고 인식하는 것을 잊을 때이다.
　그러나 근본적으로 인간 존재에 대해서 통일성을 인식한다고 해서 완전히 통일된 개입 방법을 요구하는 것은 아니다. 상담을 받는 사람의 삶에 미치는 통합된 영향력은 다양한 전문가들이 한 사람을 돕거나 또는 문제 요인들이 연속적으로 다루어진다 해도 이루어질 수 있다. 지나치게 단순한 방식으로 이 통일성을 이해할 필요는 없다. 이러한 인식은 복잡한 현실 속에서도 자유롭게 개입할 수 있도록 해 주는 데 이것은 내담자가 어떤 고정된 형식(예를 들면, 나에 대해서 직면해서는 안 되고 사랑하고 지원하기만 해야 한다는 틀 같은 경우)을 가지지 않고도 문제를 내놓을 수 있게 해 준다.
　종종, 어떤 문제에 대한 한 가지 측면에 대한 개입이 상담자가 그 문제를 올바르게 다루어야 한다는 확신 없이도 그 문제의 다른 측면을 다룰 수 있는 가능성을 열어 준다. 임상훈련에서 내가 본 마지막 내담자 중 한 사람은 자신이 처한 과도한 일에 대한 스트레스를 상담자가 공감적으로 반응해 주자 다른 자극 없이도 남편과 아버지로서 자신의 실패를 생각해 보기 시작했다. 하지만 그에게는 이 문제에 대해 미처 생각하고 있지 않던 측면, 즉 도덕적, 관계적, 행동적, 영적 측면에서의 몇 가지 태도에 대해서 직면함으로써 통일된 본질을 인식하도록 인도해 주는 다른 사람들이 있었다.
　상담자가 인간의 본성이 통합적이라는 것을 인식하고 있기만 해도 내담자가 이야기 하는 것이 어느 정도 통합된 것인지 최선의 방법으로 설명해 보도록 질문할 수 있게 해 준다. 내담자들의 생각에 대한 모든 양상을 진술할 수는 없다. 그러나 우리의 개입이 그들의 문제에 대한 다른 측면에 대해서도 계속 바라볼 수 있게 해 준다는 사실을 확신해야만 한다. 심리학적인 개입은 내담자가 자신의 문제에 대한 영적이고 도덕적인 측면을 보지 못하게 해선 안 되고 성경적인 상담개입은 내담자가 자신의 문제에 대해서 심리학적이고 정서적인 측면을 보지 못하게 해선 안 된다.

2) 죄론

죄론(Hamartiology)[11]은 우리가 죄를 어떻게 인식하는가에 따른 중요한 문제이다. 이것은 여기서 풀어서 설명하는 수준보다 훨씬 복잡한 문제들이다. 죄는 행동이면서도 상태이다. 죄는 도덕적 상태에 대한 진단이면서 나의 인생에서 적극적인 대행자이며 의도적인 힘이다. 죄는 작게는 명백한 도덕적 규칙에 대한 의도적 파괴로부터 넓게는 우리 주 그리스도에 의해 우리 모두가 처한 상황까지 포함한다.

모든 기독교상담 또는 목회상담 및 기독교상담 및 심리치료는 죄를 심각하게 다루어야 한다. 그런데 죄를 심각하게 다룬다는 의미는 무엇인가?

펜트하우스는 교회 관련 잡지가 아니다. 게다가 1996년 12월에 발행된 무질서한 남성용 포르노 잡지는 뉴욕의 롱 아일랜드 교구 내에서 있었던 성직자 동성애와 이성 복장을 입는 성도착자 관련 폭로 기사를 다루었다. 펜트하우스는 많은 목사(성직자)들이 라틴 아메리카를 정기적으로 순회하면서 젊은 남자들에게 뉴욕에서 좋은 일자리를 선처하겠다고 약속해 데려와서는 성 노리개로 만들고 심지어는 지역 교회 내에 집단 동성애 난교 파티를 벌이기까지 했다고 주장했다. 펜트하우스는 한 신부가 젊은 남성 파트너와 동성애를 나누고 있는 사진까지 실었다.

펜트하우스 기사에 대해서 고소당한 신부는 공식 석상에서 모든 불법적인 행위에 대해 근거 없는 주장이라고 반박했으며 터무니없이 구역질나는 주장이라고 부인했다.[12] 그는 또한 독특하면서도 흥미로운 심리적인 죄 목록을 회개했다. 자신이 다른 사람에게 이용당한 점, 자신을 속인 점, 파트너에게 빠져서 자신의 젊은 동성애 파트너가 얼마나 무례한지 보지 못한 점, 연령대가 다른(age-disparate) 관계는 이루어질 수 없다는 사실을 깨닫지 못했던 점, 성관계 장면이 사진에 찍히도록 자신이 경솔했던 점, 교회에 폐를 끼친 점 등을 회개했다. 그런데 희한하게도 그는 성적 범죄에 대해서는 회개하지 않았다. 내가 이 신부의 답변을 읽었을 때, 어떤 것에 빠져 버리는 경험 패턴, 이용당한 점, 부주의한 점 등이 이 사람을 학대하는 죄의 큰 덩어리 중의 한 부분임에 대해서 충격을 받았다. 그 신부가 한 답변의 문제는 그 자신이 명시한 문제들이 아니라 그 문제들이 하나님에 대한 배반, 육체에 대한 우상 숭배, 불순종, 호색에 관련된 핵심적인 것과는 아무런 관련도 없다는 사실이었다.

상담 및 심리치료자들이 명시하는 인간 역기능의 핵심은 죄에 종 된 상태를 의미하는 부분에 포함되는 경우가 많다. 그들의 이런 심리학적인 이해가 하나님의 의와 사랑 앞에서 인간의 상태에 대한 깊은 성찰로 통합되지 않는다면 인간의 진정한 상태를 충분히 진단하는 데 실패할 수밖에 없다. 이것은 이원론에 대한 나의 핵심으로 다시 돌아가게 한다. 이것은 죄냐 낮은 자존감이냐, 죄냐 자아도취냐, 죄냐 이상 행동 반응이냐의 문제가 아니다. 오히려 죄는 표현되고 그러한 가능성을 더 많이 열어주고 있다.

나의 생애에서 갈등을 회피하려는 나 자신을 보게 된다. 나의 인생을 통해서 적절하게 배우지 못하고, 어머니와의 관계에서 복잡한 역동 속에 처하고, 기술 부족 및 다른 많은 문제를 보게 된다. 그런데 이 모든 문제를 죄로 인식하고 있다. 이 모든 문제의 주변이나 그 뒤에는 하나님에게 대항하려는 마음, 부정직함을 끌어안으려는 반항심, 이외에도 더 많은 전통적인 죄들이 숨어 있다. 흑 아니면 백이 아니다. 죄의 의미 및 본질에 대해 자각하는 방식은 통합의 가능성을 바라보는 시각을 근본적으로 형성한다. 우리는 우리가 죄를 어떻게 이해하고 있는지 명백히 알고 있어야 하며, 하나님께 반대하는 도덕적인 실패와 거역으로서의 죄에 대하여 기독교적 전통의 핵심을 가장 깊은 수준까지 반영해 주는 인간 상태의 복잡성을 잘 반영하는 방법으로 행동해야만 한다.

3) 선과 악의 점진성

복음적인 의미에서 우리는 죄의 상대적 심각성에 대해서 차별을 두는 것을 거부한다. 정욕은 간음만큼 나쁜 것이라고 하며 탐심은 도둑질과 같다고 말한다. 우리의 타락에 대해 정확한 진단을 내릴 때 한 가지 죄는 다른 죄와 똑같이 나쁜 것이다. 내가 도둑이라는 사실을 증명하기 위해 도둑질을 할 필요는 없다. 즉 다양한 탐욕이 모두 포함되는 것이다. 아무리 작은 죄라도 죄는 결국 우리가 하나님으로부터 구원을 받았다는 주장을 파괴하기에 충분한 것이다.

그러나 복음이 우리의 유일한 목표는 아니다. 모든 죄가 똑같다고 완고하게 주장한다면 우리는 기독교회의 유산이나 적어도 개혁교회의 입장과는 다른 것이다. 웨스트민스터 신앙고백서는 교회에서의 현시성 및 죄지은 사람의 성숙도, 피해당한 사람의 민감성 정도, 상처가 주어진 정도, 상처 받은 사람의 수, 그리고 다른 수많은 요인들에 근거를 두고 죄에 대해 다른 차별을 두었다.[13] 이런 관점에서 간음은 정욕보다 훨씬 나쁘며 장로들이 범한 간음이 새로운 그리스도인이 범한 간음보다 더 악한 것이다.

믿지 않는 사람들에게 예수 그리스도의 구원 지식을 제공하는 것은 우리가 할 수 있는 유일한 선한 행동이 아니라 우리가 할 수 있는 가장 높은 수준의 선이다. 어떤 사람들이 어느 순간에 예수 그리스도의 구원의 지식으로 나아오기를 거부한다면 이들의 삶에서 폭력, 근본적 학대, 증오 및 괴로움의 영향을 축소시키는 것이 과연 선한 일인가? 나는 이 사실을 논의하려고 한다. 사역을 열심히 한 결과로서 의학적인 발전이 일어나는 것이 선한 것인지, 아니면 아이를 희생제사로 드리거나 과부 태우기, 식인 습성, 및 여자 할례와 같은 악에 대해서 도전하는 게 좋은지 질문하는 것은 유사한 것이다. 우리가 본질적인 학대를 줄이거나 아이를 방치하는 어머니의 의학적인 우울증을 완화시키는 것은 그 사람을 주님께 돌아오게 하지는 못한다 하더라도 이 사람의 인생에서 죄의 악한 영향력을 줄이고 있는 것이다.

4) 의지의 속박

사실상 전통적인 신학적 설득력을 가진 사람들은 비그리스도인이 자신의 의지가 죽고 죄에 속박당해 있기 때문에 변화가 일어날 수 없다고 단언한다. 비 그리스도인들이 맑은 정신으로 일어나고 매일 우울증에서 벗어나 살아간다는 경험적 현실은 제쳐두고라도 이 주장은 신학적으로 가치 있어 보인다.

의지의 속박에 대한 개혁 교리의 현실적인 적용은 무엇인가? 핵심적으로 의지의 속박은 완전한 선을 선택하는 데 자유롭지 못하고 그래서 우리 자신의 구원을 이룰 수 없다는 것을 의미한다. 우리는 죄가 아닌 것을 선택할 수 없다. 그러나 의지의 속박이 거듭나지 않은 사람이 전적으로 변화될 수 있는 가능성에 대해서 논리적으로 부인해야 한다는 것을 의미하는 것은 아니다. 우리는 거듭나지 않은 자들의 마음이 전적으로 변화하도록 도울 수 있으며, 그 순간이 진정으로 선한 것이라고 주장하는 바이다.

반면에 기독교 정신건강 전문가들은 지속적으로 이 땅에서의 일시적인 변화에 대항하여 실제적이면서도 인생에서 가장 의미 있는 질문을 할 수 있도록 해야만 한다. 내가 영적인 깨우침이 전혀 없는 사람들과 상담을 할 때 그들이 얼마나 타락한 존재인지, 그리고 인생의 궁극적 질문에 대한 설명이 얼마나 필요한지 단지 그것을 상기하는 것만으로도 긍정적인 변화가 있다는 강력한 메시지를 주고, 변화에 대한 축하의 의미가 균형을 유지하도록 함으로써 내담자와 함께 상담을 마친다. 사실 내담자가 즉각적이고 고통스러운 문제를 해결함으로 강해질 때 나는 더 높은 질문을 찾게 하려는 큰 책임감을 갖기도 하고 눌리기도 한다. 이 메시지가 효과적인지 아닌지에 대해서는 논란의 여지가 있을 수 있으나 상담 및 심리치료자가 내담자로 하여금 하나님으로부터 멀리 도망가 편안한 자아도취에 빠지는 결과를 줄 수는 없는 것이다.

3. 구원론

질문3: 통합주의자들이 사용하는 심리학이라는 도구가 인간의 삶과 세상에 대한 하나님의 구속 사역에 기여할 수 있는 것인가?

구원과 관련된 교리인 구원론에 대해서 토론할 때 우리는 하나님의 백성과 세상 속에서 하나님의 구속 사역에 대해서 고통스런 질문에 직면하게 된다. 나는 모든 창조물에 대한 하나님의 구속 사역이라는 광의의 용어로 폭넓게 생각하고 있다. 여기에 두 가지 핵심적 질문이 있다. 시려 깊은 기독교 통합주의자들에 의해 적절히 수정된 일반심리학 방법을 통해 그리스도인들을 돕는 것은 적합한가? 이 같은 방식으로 비그리스도인을 돕는 것은 적합한 일인가?

나는 두 가지 확신을 기본으로 출발하려 하는데 첫째는 예수 그리스도께서 바로 우리의 구원자라는 사실로서, 구원은 다른 누구도 아닌 그분 안에서만, 그분을 통해서만 이루어진다는 것이다. 둘째, 심리학 체계 내에서 이해되는 '구속'이라는 개념에 필적할 만한 것이 기독교 복음의 주장과 다르다는 것이다. 인본주의 심리학과 급진적인 행동주의 심리학은 모든 삶의 모습에 대해 설명해 주는 포괄적인 형이상학 시스템으로서의 역할을 한다. 궁극적인 문제에 대해 최종 답변을 줄 수 있다는 허위 주장을 만나게 될 때마다 맞서야 한다. 각각의 거대한 인격과 상담 및 심리치료 체계는 세계관의 복잡성, 인격 이론, 실용적 지혜, 기민한 관찰, 경험적 결과 등이 혼합된 것과 같다. 종교적이고 다른 형이상학적인 주장이 위의 체계들 중 어느 한 부분에서 발견될 때 마다 그 체계 내에서 다른 주장이 가능한 유용성과 진실성을 없애지 못하는 것처럼 무신론 과학자들의 광적으로 반종교적인 주장이 자신들이 과학적이라고 하는 다른 모든 주장과 확신을 거짓으로 만들지는 못한다.

종교적이고 형이상학적 주장은 우리가 조심하도록 경고하는 그 이상이 되어서는 안 된다. 그러나 조심한다는 것은 비판적이라는 의미이다. 그들 자신을 포함하여 사람에 대한 관점을 굉장히 세속적인 방식으로 받아들이는 정신건강 전문가는 그들을 복음의 중심에 있도록 지속적인 경고를 해 주는 깊은 지속적인 신앙 생활로부터 신선함과 지속성을 받아들이지 못한다.

여기서 나는 치유, 특히 정서 치유에 대해서 두 가지 기본적인 질문을 제시하고자 한다. 첫째, 치유가 하나님의 첫 번째 관심사인가? 나는 그리스도인들 사이에서 점차 커지고 있는 경향성에 대해 깊이 관여하고 있다. 미국 교회는 모든 것에 대해 치료적인 것과 연관지으려한다. 그리스도인들은 "이게 진실인가요?" 혹은 "하나님께 영광 돌릴 수 있을까요?"라는 질문보다는 "이렇게 하면 기분이 좋아질까요?"라고 계속해서 질문한다. 이런 경향을 비난하는 사람들은 그리스도의 구원 지식에 대한 필요성과 관련된 치료의 중요성과 하나님의 계시된 뜻에 희생적인 순종을 훼손하게 된다.

나는 이러한 관점에 뜻을 같이 하지만 치유가 하나님의 첫 번째 관심사인지 질문할 때 그 문제를 정확히 맞추고 있다고는 확신하기 어렵다. 그에 대해서는 대답이 아니라고 할 수 있을 것이지만, 우리 하나님께서 사람 안에 한 가지 관심사에 국한된 분이라고 할 수 있겠는가? 만일 구원이 이 삶 이후에 영원한 생명을 보장받는 것뿐이라면 그러한 관점은 타당하겠지만 구원은 그 이상이다. 구원은 모든 눈물을 씻기며, 모든 상처를 싸매고, 모든 결점을 고치며, 참 평화를 세우는 것과 관련이 있다. 갈등이 없다는 것이 아니라 완벽한 복지가 존재하는 것이다. 만일 하나님께서 영원의 관점에서 이러한 모든 것에 관심을 갖고 계신다면 왜 그분께서 그것들에 대해서 지금 여기에서 관심이 없으시겠는가? 그리고 우리의 영원한 생명이 지금 여기에서 시작된다면 왜 그분의 구속사역이 치유와 회복의 단계로서 지금 시작하지 않겠는가? 하나님의 구속사역은 범위에 있어서 우주적이며, 바울의 육체의 가시가 의미하는 것처럼, 모든 죄와 불완전함이 이생에서 완전히 없어지지는 않는다 하더라도, 그분은 창조물에게서 모든 죄의 흔적을 씻어 버리시기를 원하신다. 그래서 나는 치유란 하나님의 관심사 중의 하나라고 결론 내리고 싶다.

이러한 결론은 또 두 번째 질문을 하게 한다. 인간의 개입으로 야기된 일시적인 치유는 사람들이 그리스도께로 돌아올 때 하나님이 고통을 허락하시는 것을 방해할 것인가? 이 점에서 심리학은 그 실용주의를 비판받아 마땅하다. 왜냐하면 그가 가난함이나 박해 속에서 영광을 받으셨던 것처럼 하나님께서는 고통 속에서도 영광을 받으실 수 있기 때문이다. 그러나 고통에 대한 정적(淨笛)주의는 그리스도인의 첫 번째 응답으로 이해된 적이 한 번도 없었다. 이것은 기독교가 고통을 환상적이며 궁극적으로 중요하지 않다고 보는 불교와 대립되는 한 부분이다. 심지어 바울도 주님께 자신의 육체의 가시를 제거해 달라고 애원하고 또 했는데 하나님께서 직접적으로 그에게 응답하시자 그 때서야 탄원을 멈추었다. 이 지상에서 이루어진 그리스도의 치유사역에 대해서 교훈을 유추할 때 조심해야 한다. 만일 여전히 고통이 그분께서 사람들을 자신에게 이끄는 주된 방법이었다면 그분은 직접적인 변혁과는 상관없이 치유를 베푸셨음이 명백해진다. 사람이 고통의 한가운데서 자신의 고통을 완화하지 못한 채 그리스도께 돌아갈 수 있다고 생각할 만한 다른 이유가 있는가? 고통은 사람들을 하나님께로 인도하는 유일

한 도구만은 아니다.[14]

　훈련으로서의 심리학이나 직업으로서의 상담 및 심리치료는 영혼을 치료하기 위해 적절한 입장인가?[15] 나는 '영혼돌봄'이라는 말을 문자 그대로 받아들이는 입장에 대해서는 부인할 것이다. 상담 및 심리치료는 영혼돌봄 속으로 들어갈 수는 있으나 과정 중에 있는 상담 및 심리치료는 중단되고 만다. 그럼에도 심리학의 임상훈련이나 상담 및 심리치료라는 전문성의 신뢰도를 훼손하지는 않는다. 왜냐하면 심리학과 상담 및 심리치료의 적절한 목표는 너무 조심스러워서 '영혼돌봄'이라는 당당한 제목에는 적합하지 않기 때문이다.

　그렇다면 심리학 개입의 적절한 목표는 무엇인가? 이것에는 남녀의 병리적인 두려움을 극복하는 것, 기능적 결함으로 인한 반응을 없애는 것, 통제할 수 없는 결혼의 폭력 구조를 감소시키는 것, 그리고 그 외의 인간 문제에 초점을 두는 것을 포함한다. 그런 문제들을 다루는 데 있어 우리는 영혼돌봄에 기여해야만 하고, 그 과정에서 우리는 궁극적으로 영혼의 치유를 방해하는 쓰레기들을 치워내야 한다. 영혼이 치료되기를 원하는 사람들이 나에게 올 때 그들에게 상담 및 심리치료의 작업 목표가 전형적으로 잘못된 개념임을 알려주었다. 나는 그들의 하나님과, 교회와 목회자와의 개인적인 관계를 교정해 주었다. 그러나 동료 그리스도인으로서는 그들에게 자신의 삶에서 하나님의 작업을 막는 장애물을 극복하도록 돕고, 영혼의 궁극적인 치료를 위해 투쟁함으로 이들을 격려할 수 있도록 돕는 자부심에 대해서도 나누었다.

　그러나 믿음과는 상관이 없고 영혼돌봄에는 관심이 없는 사람들에 대해서는 어떻게 도울 수 있을까? 아담스는 "사람은 예수 그리스도의 복음과 분리되어서는 어떤 것도 기본적인 면에서 도움 받을 수 없다"라고 말한다.[16] 이와 유사한 다른 말에 근거해서도 나는 아담스가 비그리스도인들과는 결코 작업하지 않았을 것이라고 오랫동안 생각했다. 그는 근본적으로 모순되게 보였으며 따라서 이 점에 있어서 만일 비그리스도인들에게 중요한 작업이 결코 시도된 적이 없었다면 그의 작업 중에서 심오한 많은 부분이 혼란스럽게 보였다. 그러나 이 말에 뒤이어 몇 페이지만 내려가 보면 그는 복음에 접할 기회가 없는 사람들을 돕기 위해 아주 뛰어나고 훌륭한 이유를 제공하고 있다. 그는 비록 성경에 묘사된 덕과 칭찬할 만한 행동에 부합된다 하더라도, 덕스럽고 개선된 행동이 하나님을 기쁘시게 하거나 구원에 조금도 도움이 되지 않는다는 웨스트민스터 고백의 주장을 견지하고 있다. 그럼에도 불구하고 그는 주장하기를 사람들이 자신의 행동을 좀더 좋게 변화하도록 도움 받을 때 그들은 하나님께 감사를 보내는데 그 이유는 인간의 삶에서 선이 승리한 것으로 생각했기 때문이다.[17]

즉, 구원을 이루기에는 부족한 인간 조건의 개선은 여전히 하나님의 영광으로 인한 것이다. 우리가 비틀거리는 결혼을 함께 붙잡고 그 곳에서 깊이 뿌리박힌 쓴 뿌리를 해결하려 할 때, 알코올 중독자가 음주를 억제하고 폭력을 삼갈 때, 공황장애 환자가 생산적인 업무에 복귀할 수 있을 때, 이런 상황에서 그리고 그 이상의 상황에서 하나님께서는 영광을 받으시고 그의 선한 역사는 진행된다. 결과적으로 우리는 하나님의 성령은 과정 속에서 일하신다는 것에 의혹을 품을 수도 있을 것이다.

그리스도 안에서 구원의 좋은 소식을 직접 나누지 않고도 선을 행하는 것이 충분한가? 데이비드 파우리슨은 두 명의 상담 및 심리치료자의 말을 인용하여 "상담 및 심리치료에서는 내재적인 복음이 함축되어 있다… 상담 및 심리치료자는 '주 예수를 믿으시오. 그러면 구원을 얻을 것이오'라고 외현적으로 말해서는 안 된다… 복음의 메시지는 상담 및 심리치료자의 내적인 가치 체계와 상담 및 심리치료자가 자신의 내담자를 다룰 때 은혜로 전달이 된다"고 주장한다.[18] 파우리슨의 말처럼, 나도 더 이상 반대할 수 없다. 이것을 확증하기 위해서는 모든 선한 것은 복음이며, 그것은 단순히 사건이 아니라는 사실을 논박해야 한다. 나는 예수 그리스도께서 그런 식으로 하지 않으셨다는 것보다 더 확실한 논박을 할 수 없다. 이는 결국 일반계시의 문제 - 선을 행하는 것이 좋으나, 선을 행하는 것이 구원을 이룰 수는 없다는 것으로 되돌아가는 것이다. 여전히 상담 및 심리치료자는 궁극적으로 영혼을 돌봄으로써 내담자를 인도하게 되면, 제도적인 압박, 가치의 부여, 분별과 지혜, 전이와 분별과 같은 어려운 문제와 씨름해야 한다.

우리가 사람들을 돕는 것은 신을 행하는 것이지만, 그 때에라도 그들이 예수 그리스도의 구원으로 연결이 되는 것은 아니다. 그러나 만일 우리가 돌보고 있는 영혼을 진실로 치료한다면 우리는 그들이 자신의 삶에서 모든 선-그리고 가장 높은 선-을 경험하게 되기를 바랄 것이다. 그러므로 우리는 그들을 위대한 의사에게 향하도록, 그리고 은혜 안에 성장하는 장소인 교회로 향하도록 직접, 간접으로 이끌어야 할 것이다.

4. 교회론

질문 4: 그리스도인들이 임명을 받은 교회 사역 외에 인류 복지에 긍정적으로 기여할 수 있는 부분에 대해서 사역하는 것은 적합한가?

휘튼 대학의 최근 연구결과의 글은 죄악(depravity)과 은혜에 대해 강력하면서도 많은 생각을 해보게 하는 글이었다. 좌절, 분노, 반항, 범죄의 삶을 벗어나려고 노력하지만 혈통적으로 문제가 있는 한 여자의 삶에 있어서 자해(self-mutilation)하는 정신질환적 순간은 주요한 성격의 전환점이었다. 그러한 연구결과에 대한 토론에서 교수와 학생들은 하나님이 당신의 구속 사역의 마지막 순간에는 그것이 어떠한 것이든지 사용하실 수 있다는 것에 대해 토론했다. 나는 하나님께서 사역했던 내담자들의 삶 속에서와 자신의 삶에서 구속적으로 사용하셨던 두려웠던 일들에 관해 생각해 보았다. 이러한 토론으로 인해 사실 괴로웠지만 나는 그 불편함을 몇 시간이 지난 후에야 느낄 수 있었다. 나는 하나님께서 당신의 은혜를 전달하는 통로로 어떠한 수단도 사용하실 수 있다는 것을 깨달았다. 하지만 그 은혜 때문에 우리가 내담자에게 어떤 길이든지 선택할 수 있고 또 은혜 얻기를 구할 수도 있다는 것에 대해서 경솔하게 말해도 된다는 의미는 아니다. 하나님께서 가장 악한 순간에 은혜를 주실 수도 있다는 사실은 우리의 내담자가 점진적으로 악행을 향해 가는 데 무관심해도 상관이 없다고 의미는 아니다. 은혜는 일상적이지 않은 특별한 상황에서 베풀어지기 때문에 우리를 놀라게 한다. 그러나 우리가 가는 곳이 어딘가에 상관없이 은혜를 경험하게 될 거라고 생각하면서 우리는 우리의 삶을 아무렇게나 살아서는 안 된다.

교회는 하나님의 치유의 장소이자 구속 사역의 전부인 곳이다. 하나님은 교회를 사랑하신다. 하나님은 그의 구속사역을 하시기 위해 어떠한 수단도 사용하실 수 있을 것이다. 그러기에 우리는 하나님께서 교회의 사역을 통하

제2장 신학과 심리학의 통합에 대한 변증서

여 특별하고 독특한 방법으로 일하실 것을 기대해야 한다. 이것은 우리가 교회에서 하나님의 구속 사역을 수행하기 위해 애써야 한다는 것을 의미한다.

그런 까닭에 나는 교회에서 영적인 양식을 공급하는 데 관여하는 목회자들과 사역자들의 효율성을 강화하기를 바라는 바람에 대해 공감하고 지지한다. 또한 목회자들은 기독교심리학자, 상담자, 정신의학자, 정신분석가, 사회복지사와 그 밖의 다른 이들의 면밀한 통합사역에서 무언가를 배울 수 있을 것이다. 그렇다면 누가 교회의 목양 사역을 안내하고 지시해야 할 것인가? 첫 번째 자원은 성경과 교회 역사의 가르침에서 나온 깊이 있는 배움, 학식이어야 한다. 더 나아가 나는 오늘날 토마스 오덴(Thomas C. Oden)[19]에 의해 주도되는 것과 같은 교회의 위대한 상담자들이 목회상담 전통으로의 전환을 적극 지지하는 바이다. 반면 일부 보수적인 기독교 비평가들은 휘튼 대학의 심리학부에서 학자들이 하는 일에 대해서 진압하려고 할 것이다. -그리고 정말로 이 대학의 모든 통합 연구들에 있어서- 나는 그리스도의 몸 전체를 위해 효과적이고 성경적인 상담자들에게 더 권한을 부여하기 위한 어떠한 노력도 진압되기를 원치 않는다.

나는 한때 믿을 만한 그리스도인 친구와 전문 심리학자가 사탄의 역사와 죄의 사슬에서 깨뜨리는 일을 하는 닐 앤더슨(Neil Anderson)의 사역(Freedom in Christ Ministry)에 대해 그가 느끼는 반응에 관해 대화를 나눈 적이 있었다.[20] 그의 반응은 간단했다. "저는 그의 사역이 효과적일 수 있도록 기도하고 그의 사역을 지지합니다. 그러나 그의 사역이 모든 사람에게 효과적이지는 않습니다. 그리고 저의 내담자 상당수가 주된 문제가 해결되지도 못한 채 그를 떠났습니다. 그의 사역 때문에 실패하고 용기를 잃고 의심하고 깊이 괴로워하는 상당수의 사람들을 제가 도울 수 있는 것에 대해 참 기쁩니다. 저는 그들의 믿음과 그리스도에 대한 헌신을 강화하는 방식으로 그들을 돕고 싶습니다." 그의 대답은 심리학이 교회와 경쟁하거나 교회를 소용없게 만드는 것이 아니라 교회에 유용하게 보조 역할을 할 수 있을지 보여주는 하나의 모델이 되었다.

교회론은 교회에 대한 교리에 관해 언급하고 있다. -교회의 적절한 권위 체계, 사역 배치, 교회 정치 등에 관해- 아담스는 임명받지 않은 상담자에 대해서 부정적이고 엄격한 교회론을 채택하고 있다. 나는 그와 가졌던 유일한 모임 중에 임상심리학 과목을 제외하는 것에 관해 말했던 것이 그의 기본 원칙이라고 가정한다.

만인 제사장에 관한 교리는 수세기 동안 많은 해악을 낳았다. 나는 그에 대해 지나치게 확대 해석하는 것에 대해서는 조심스럽다. 그러나 만약 우리가 성경을 통하여, 또 타락한 인간 이성을 통하여 사람의 상태에 관한 지식을 얻었더라면, 그리고 성령의 역사를 통해 도움 받을 수 있는 사람의 개입에 의해 인간이 진심어린 도움을 받을 수 있었다면 아마도 −단지 자신의 봉사를 정당화하거나 매출 실적(marketing gloss)을 내기 위해서가 아니라 신실하고 의미 깊은 방식으로− 그리스도의 이름으로 하는 그들의 사역이 정당하게 여길 수 있다는 의미에서, 그리스도인을 위한 정신건강 분야에서의 역할이 있었을 것이다.

나는 심리학이 교회에서 사용할 수 있는 그리스도인의 정신건강과 성장을 위해 사용되는 일반적인 방법으로는 다루기 어려운 문제들을 해결하는 데 있어서 교회와 직접적으로 동역하여 적절한 역할을 하기를 권하는 바이다. 또한 기독교 정신건강 전문가들이 교회 밖의 사람들과, 또한 성경적인 계시에 따라 올바른 방법으로 온정적인 돌봄을 하고 있다고 여겨지는 사람들과 협력하고 마음속에 궁극적인 치료를 가지고 있는 개인들에 의해 점유당한 사람과도 협력하여 결국에는 그 목적을 향해 나아가도록 도와주기를 바란다. 이러한 역할들을 다 수행하기 위해서 우리 통합주의자들은 순수성과 변화를 위해 하나님에게 진정으로 순종하고자 하나님의 말씀과 일치되는 방식으로 우리가 하는 모든 일들을 하고자 노력함에 있어서 신중해 질 필요가 있다. 통합주의자들이 쓴 글과 연설, 연습에 있어서 많은 흠이 있지만 나는 그것이 심리학에 대한 왜곡되고 저열한, 당연히 있을 수 있는 일부의 비평일 것이라 생각하고 있다.

5. 결론

이러한 중요 문제에 대해 받아들일 수 있는 부분이 있다. 우리가 심리학적인 방법 대 영적인 방법이나 성경 대 안락의자와 같은 이분법을 피해야 하는 것은 절대적으로 필요하다. 통합주의 비평가들은 통합주의자들이 자신들의 첫사랑에 충실하여 통합을 위한 노력을 하도록 요청할 때 큰 공헌을 하게 될 것이다. 우리 하나님은 우리의 순결한 충성, 첫 번째 충성(first loyalty)을 명령하시며 또 그것을 받을 만한 가치가 있으신 분이시고 교회는 그리스도인의 정신건강을 위해 일하는 사역자들의 사역을 통해 약해지는 것이 아니라 강건해질 것이다.[21]

■주(Notes)

1) 일반심리학은 이러한 반응의 경우에 제대로 된 이해 및 개입을 하지 못하는 것은 아닌지 회피한다. 하지만 이런 경우는 개입이 적을 수밖에 없다.
2) O. Ivar Lovaas, "Behavioral Treatment and Normal Educational and Intellectual Functioning in Young Autistic Children," *Journal of Consulting & Clinical Psychology* 55(1987): 3-9.
3) Stanton Jones & Richard Butman, *Modern Psychotherapies: A Comprehensive Christian Appraisal* (Downers Grove, IL.: InterVarsity Press, 1991).
4) Stanton L. Jones, & Mark A. Yarhouse, *Homosexuality: The Use of Scientific Research in the Church's Moral Debate* (Downers Grove, IL.: InterVarsity Press, 2000).
5) David A. Powlison, "Competent to Counsel? The History of a Conservative Protestant Anti-Psychiatry Movement" (Ph.D, University of Pennsylvania, 1996). 이 논문은 인문사회과학 프로그램이었다.
6) Jones, & Butnam, *Modern Psychotherapies*, 27.
7) See the five-book series God's Design for Sex (Colorado Springs, CO.: NavPress, 1993, 1995).
8) Stanton L. Jones, "The Loving Opposition: Speaking the Truth in a Climate of Hate," *Christianity Today* (July19, 1993): 18-25, Jones, & Yarhouse, *Homosexuality*.
9) Hugh Dermot McDonald, *The Christian View of Men* (Westchester, IL.: Crossway, 1982).
10) 아동 시기의 자폐증세는 분명히 임의적인 출생 결함에 의한 것이다. 주변 사람들과 당사자에게 영적으로 도전을 줄 수 있다고 할지라도 이런 문제들 자체는 총체적으로 인간의 타락에 의해서 생겨난 결과이다.
11) 죄의 본질에 대한 체계적이고 신학적인 교리가 바로 Hamartiology이다.
12) The statement was released by the Episcopal Diocese of Long Island via the Internet.
13) Question 150, 151.
14) 나는 개인과 교회의 영적 성숙에 있어 고통의 역할에 대한 문제를 이해할 수 없는 복잡성으로 가고 싶지는 않다. 그러나 두개의 받아들일 수 없는 극단 사이에서 중간 다리로 가게 되면 생명력이 있어 보인다. 반면에 고통은 하나님께서 그의 자녀들을 자신에게 이끌기 위해 획일적으로 사용하시는 도구인데 이 때 고통을 감소하기 위한 실제적인 개입에 있어 인간은 전적으로 수동적이라

는 주장은 받아들일 수 없다. 이러한 견해는 역사적으로 기독교적이기보다는 불교적인 특성이 더 강하다. 이와 반대로 고통은 하나님의 백성을 하나님께 좀 더 가까이 이끌기 위한 것으로서 결코 쓸모가 없다는 주장도 받아들일 수 없다.

15) 이 책에 있는 내용의 기원이 되었던 컨퍼런스의 주된 초점은 care of souls에 나와 있다. 영혼치유에 관한 주장은 영혼돌봄이라는 입장보다는 약간 대범한 입장에 있는 것처럼 보여진다.
16) Jay E. Adams, *Competent to Counsel* (Grand Rapids: Baker, 1970), 68.
17) Adams, *Competent to Counsel*, 69-73.
18) David Powlison, "Competent to Counsel?" 321.
19) Thomas C. Oden, *The Care of Souls in the Classic Tradition* (Philadelphia: Fortress, 1984); Oden, *Classic Pastoral Care* (Grand Rapids: Baker, 1995).
20) Neil Anderson, *The Bondage Breaker* (Eugene, OR.: Harvest, 1990).
21) Gary Collins, *The Biblical Basis of Christian Counseling for People Helpers* (Colorado Springs, CO.: NavPress, 1993). 그리고 Jones, & Butnam. *Modern Psychotherapies* 참조.

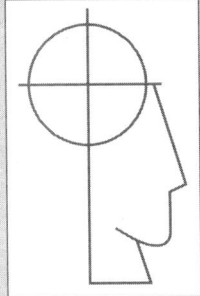

Care for the Soul:
    Exploring the Intersection of Psychology & Theology

제3장

발달심리학을 뛰어넘는 신앙적 순례

브리트 웹 미첼(Brett Webb-Mitchell)

주님께서 주시는 힘을 얻고, 마음이 이미 시온의 순례 길에 오른 사람들은 복이 있습니다(시 84:5, 표준새번역).

토론이 진행됨에 따라, 인간 발달 심리학에 관한 현대적 이론들이 교회의 예배의식에 영향을 미칠 것이라는 암묵적 일치가 교회 안에 형성되었다. 그러나 그 이론들은 유럽의 르네상스와 계몽주의의 산물이고, 교회생활에서 모든 예배의 문제들에 영향을 끼친다. 발달 이론들에 따라서 우리는 예배에서 누가 어떤 역할들을 수행할 수 있는지 또는 수행할 수 없는지 결정한다. 그리고 그 이론들에 의해 어떤 사람들이 교회생활에 참여할 수 있는지 또는 참여할 수 없는지에 대하여 결정한다. 발달 이론들은 교회교육의 내용과 방법에 대한 전제적 형식과 이해에 영향을 미친다.

1. 교회에 존재하는 인간 발달심리학의 증거

발달 이론들이 교회 안에서 우리의 삶을 좌우한다는 하나의 실례로서, 지금은 신학생이 된 제니퍼(Jenifer)를 생각해 보자. 그녀는 세례를 받은 정통파 장로교에서 대부분의 세월 동안 예배를 드려오고 있다. 그녀는 처음 몇 년간 예배가 진행되는 동안 유아실에서 시간을 보냈는데, 그 이유는 성인들이 하나님과 같은 추상적 개념(또는 대상)을 충분히 이해할 수 없을 것이라고 생각했기 때문이다. 유치원 시절에 그녀는 주일학교에 갔고, 장년예배에서 처음 20분 머무르다가, 후반부 40분 동안은 아동예배를 드리는 교회에서 시간을 보냈다. 그리고 그 곳에서 그녀는 가지고 온 책들에 색칠을 하며 있도록 남겨졌다. 초등학교 3학년에 이르러서야 비로소, 제니퍼는 예배시간 전체(60분으로 한 시간)를 사용하도록 허락되었다. 초등학교 3학년 때 다음과 같은 획기적인 중요한 일이 그녀에게 일어났다. 그녀는 개인용 성경을 받았고, 그 성경책은 예배 도중에 특별한 의식이 진행되는 동안 선물로 주어졌다.

제니퍼가 5학년이 되었을 때, 중요한 일이 결정되었는데 예배가 드려지는 동안 목사님을 돕는 조수가 된 것이다. 그 나이의 다른 아동들은 예배 전후로 교회의 촛불을 켜거나 끄는 일이 고작이었다. 그러나 모든 아동들에게 목사님을 돕는 조수로서의 영광이 주어지는 것은 아니었다. 제니퍼는 그것에 대해 다음과 같이 기록하고 있다.

> 나와 나이가 같은 친구 토니(Tony)는 학교에서 문제가 생겨 1년이 지날 때까지 신부님의 조수가 되지 못했다. 토니는 우리들 모두가 졸업을 하고 뒷자리에 앉게 된 1년 후에야 그 역할을 하게 되었다. 6학년이 되었을 때, 나는 주일학교에 다니면서 확신반으로 올라갔다. 교회의 일원이 될 단계에 최종적으로 도달했기 때문이다. 나는 이 단계를 잘 마치고 수료증을 받게 되었다.[1]

제니퍼는 2-3년 동안 교회의 교육 프로그램에 잘 적응하였다. 그녀는 청소년 집단 대상의 프로그램을 하기 위한 주일 저녁 모임에 참여할 만큼 나이가 충분히 들었을 때 성공적으로 청소년 단계에 진입했다. 그녀는 청소년 주일예배를 인도했고, 청소년 대표로서 교회의 행정적 모임에 참여했다. 그녀는 대학생 시절에야 교회의 교육 프로그램으로부터 자유로워지게 되었고, 바로 그 시기는 정체성이 확립되어가는 시기였다.

> 대학시절은 교회 밖에서 발전하는 시기였다. 나는 교회 밖으로 내몰렸고, 교회의 도움 없이 성인초기를 맞이하게 되었다. 나는 성장기 동안 교회가 가르쳐

제3장 발달심리학을 뛰어넘는 신앙적 순례

준 영향력을 잘 사용하여 무사히 통과할 것으로 생각하였다. 내가 성인으로서 교회에서 도망치려고 했던 시기에 배웠던 기술들을 다른 사람들도 누구나 사용했을 것이다.[2]

교회에서 제니퍼의 삶은 발달심리학의 내용에 따라 설명되어졌다. 동일한 내용이 다른 미국의 기관들 뿐만 아니라, 현대의 미국 교육제도에서도 사용된다. 이런 경우, 제니퍼는 발달 단계에 따른 분류에서 성공적인 경우에 속한다. 반면에, 그녀의 친구인 토니는 성공적이지 못한 경우이다. 그는 공립학교에서 1년 동안을 지체했기 때문에, 교회에서 맡는 일에도 1년이 늦어졌다.

제니퍼는 왜 유치원 시절에 성인예배보다는 아동을 위한 예배 처소에서 시간을 보내야했는가? 우리는 연합 감리교 교과과정에 나오는 3-4세 아동 교육지침에서 다음의 내용을 찾을 수 있다. "모든 아동들은 각자의 이름, 정체성, 배경과 경험을 가진 존재들이다. 모든 아동들은 인생의 의미, 하나님의 형상, 그리고 사람들이 이웃뿐만 아니라 하나님과 어떤 관계를 유지할 것인지 탐색할 기회를 필요로 한다." 이런 설명 하단에는 "당신이 위의 내용을 읽을 때, 당신이 가르치는 반의 아이 하나하나를 생각하고, 당신이 하나님의 방법으로 어떻게 아동들의 성장을 도울 수 있는지 생각하라"고 쓰여있다. 그리고 각 제목들의 아래에는 다양한 발달 영역의 목록들이 있다. "육체적 발달"의 제목 아래에는 "집중력 지속 시간의 짧음"이 있고, "정신적 발달"의 제목 아래에는 "색깔, 크기와 형태 개념의 발달(Piaget)"이라고 기록되어 있다. 그리고 "사회석 발달"의 제목 아래에는 "다른 아동들과 노는 것을 즐김(Erikson)"이라는 내용이 있고, "종교적 발달"의 제목 하단에는 "교회에서 소속감을 발달시킬 수 있음(Fowler)"이라고 기록되어 있다.[3]

위의 자료가 함축적으로 발달 이론들에 토대를 두고 있지만, 일부 장로교회들에서 사용되는 케네스 갈랜드(Kenneth Garland)의 주장을 생각해 보자. 갈랜드는 피아제가 강조했던 것에 초점을 맞추어 교회 내의 젊은이를 다음과 같이 묘사한다. 즉, "10대의 청소년들은 모든 새로운 정보와 자료들이 검증될 것이라는 점에 대하여 피아제가 '창조된 실재'라고 언급했던 개념을 정신적으로 만들어 내고 있다. 그들은 그리스도인의 관점에서 이 '창조된 실재'를 발달시킬 수 있도록 도움을 필요로 한다." 나중에는 에릭슨 (Erikson)의 개념을 사용하여, 갈랜드는 청소년들이 심리사회적 발달 과업에서 직면하는 기초적인 "자아 정체감 형성"의 주제에 대해 기록하고 있다. 다시 말하자면, "에릭슨이 자아 정체감 형성을 언급할 때, 10대 청소년의 주요 과제는 자신에 대한 모든 인식과 감정을 내포하는 자아 정체감의 형성이다. 이런 자아 정체성을 확립하지 못하면 에릭슨이 언급한 대로 자아 정체성과 자아 혼란에 빠지게 된다. 그리고 그것은 십대 청소년이 자아 개념과 책임감이 결여되어 있고, 공동체 의식이 부족하다는 것을 의미한다."[4]

이런 발달 개념들이 많은 교회들에서 사용되는 교과과정에 적용될 때, 발달 이론은 아동들과 청소년들이 어떻게 행동해야 하는지에 대한 규범이 될 뿐만 아니라, 한 어린이와 젊은이가 어떤 존재인가에 대한 인식의 개념을 제공해 준다.

만일 발달심리학이 교회의 많은 활동들 속에서 누가 참여할 수 있는지 여부를 결정한다면 또한 교회의 실제생활에서 누가 참여할 수 있고, 누가 참여할 수 없는지의 여부도 결정하게 된다. 예를 들면, 기독교 정통파 대교회에 소속된 어머니인 샌드라(Sandra)는 12세의 아들 스티븐(Steven)과 함께 예배에 참석하기를 원했다. 그런데 그는 지적으로 IQ가 40에 불과했다. 그는 뇌성마비에 언어장애가 있었고, 휠체어에 앉아 하루 가운데 많은 시간을 보내도록 제한되어 있었다. 샌드라는 우리에게 아들이 휠체어에서 해야 할 행동의 목표를 보여주기 위해 아들의 개인적 교육계획서를 가져왔다.

> 샌드라가 기독교교육 담당자와 나 그리고 젊은 목사에게 스티븐이 예배를 드리는 동안 무엇을 해야만 하는지를 물었을 때, 우리는 동시에 대답을 했다. 나의 제안은 우리가 의자들을 움직여서 스티븐이 예배를 드리는 동안 무슨 일이 일어나는지를 더 잘 관찰할 수 있는 자리를 만들어주어 보자는 것이었다. 반면에, 기독교교육 담당자의 제안은 유치원이 스티븐에게는 환영받는 장소가 될 것이라는 것이었다. 우리의 대답이 일치하지 않는 것을 듣고서, 샌드라는 혼란을 느끼고 우리가 더 이상 그 문제에 대해 토론을 하지 말도록 요구했다. 우리는 예배에 대한 우리의 생각에만 의존한 채, 우리가 무엇을 해야 할지에 대한 2가지 비전을 가지고 있었다. 기독교교육 담당자에게 있어서, 예배는 어떤 사

제3장 발달심리학을 뛰어넘는 신앙적 순례

람이 예배에서 무엇인가를 얻도록 인도하는 어떤 것이었다. 한편, 나에게 있어서 예배는 스티븐이 예배에 우리와 함께 참석할 수 있다는 것이었다. 중요한 것은 그가 무엇을 할 수 있고 없고의 문제가 아니라, 그가 누구인가를 아는 정체성이었다. 스티븐은 우리가 하나님의 자녀이기 때문에 하나님을 예배한다는 점을 상기시켜 준다. 그것은 바로 존재론에 관련된 문제이다.[5]

앞에서 소개한 각각의 사례는 발달 이론들이 교회에 영향을 미칠 뿐만 아니라 교회의 예배의식을 결정하는 데까지 이른다는 점을 보여준다. 그리고 우리가 우리의 이웃과 하나님을 인지하는 방법을 정교하게 보여준다. 첫 번째 이야기에서 우리는 발달 이론에 따라 교회의 예배를 누가 참여할 수 있고, 누가 참여할 수 없는지 그 대상에 대하여 살펴볼 수 있다. 두 번째 이야기에서 우리는 발달 이론이 다른 사람에 대한 우리의 이해를 좌우한다는 점을 본다. 그리고 나이와 발달 단계에 따라 어떤 사람이 무엇을 앞으로 할 수 있고(내용의 문제), 언제 할 수 있는지(시기의 문제)에 대한 관점에서 무엇이 정상이고 무엇이 비정상인지에 대한 예상을 제공해 준다는 점도 보게 된다. 세 번째 이야기에서는 발달 이론에 따라 누가 예배를 인도할 수 있느냐는 점과 누가 예배에 참여할 수 있느냐는 점도 알 수 있다.

인간에 대한 발달 이론들은 이론적으로 중립적이지 않고, 또한 그리스도의 몸인 교회의 생활에서도 진보적이지 않다. 이러한 발달 이론에 따르면 인간들은 하나님의 형상을 따라 창조된 하나님의 자녀들이 아니다. 반면에, 우리는 많은 다양한 발달의 이론들을 모두 합성해 놓은 것이다. 우리는 정신분석적, 인지적, 심리사회적, 도덕적 또는 신앙적 발달의 존재이고, 어떤 발달 이론이 적용되느냐에 따라 해석도 달라진다. 각각의 이론은 우리들 각자의 자신(self), 사람과 환경에 대한 우리의 관계성, 그리고 우리의 발달이 지향하는 특별한 목적에 관한 어떤 가설들과 긴밀하게 연관되어 있다. 이런 가설들은 교회의 예배의식에 상반될 수도 있다.

여기서 나는 한 가지 질문이 생기게 된다. 만일 우리가 그리스도인들을 성장해 가면서 분열된 사아의 문제와 갈등하는 소외된 개인들이라기보다는 차라리 그리스도의 순례자들이라고 생각한다면, 교회의 교육적 사명은 무엇이어야 하느냐는 질문이다.

이 질문에 대한 대답으로 나는 첫째, 발달심리학의 이론들을 객관적 사실로서가 아니라, 영국과 프랑스 계몽운동의 철학적 이상을 구현하는 하나의 이야기로 비판하면서 시작하고자 한다. 그 계몽운동들은 많은 경우에, 기독교의 복음과 모순된다. 둘째, 나는 이런 발달 이론들이 공동체보다는 개인주의를 강조하고, 권위에 대한 복종보다는 항거를 강조하고, 인간의 덕이나 의무와 책임감보다는 정신적 예민함을 강조하는 문제를 어떻게 설명하는지 살펴보고자 한다. 그것들은 인간의 육체와 정신의 관계를 이원화하여 한 인간이 그리스도 안에서 육체와 정신 그리고 영혼을 소유한 존재라고 이해하기보다는, 정신의 개념을 좁게 해석하고 강조한다. 또한 그 이론들은 기독교보다는 어떤 자연종교로 진전시키고, 특별한 삶을 뛰어넘는 특별한 상황과는 대조적으로 어떤 우주론자의 관심과 주장을 강조한다. 셋째, 나는 그리스도의 순례자들이 된다는 것이 무엇인가에 대하여 생각해 볼 것이다. 교회의 예배의식과 인생을 순례의 길로 이해하는 주장이 발달심리학에 대한 하나의 대안을 어떻게 제공하는가? 그리스도인들은 자신들을 생각할 때, 순례자의 길을 가고 있다고 이해한다. 다시 말하자면, 시온을 향한 순례의 여행에서 그리스도와 동행하는 그리스도의 몸으로서 자신들을 이해한다는 것이다.

2. 발달심리학에서 계몽주의 운동의 영향

발달심리학을 비판함에 있어서 나는 다음과 같은 추정을 가지고 시작하는데, 그것은 발달심리학이 인간 존재를 설명하는 축적된 이론 체계라는 것이다. 그 체계는 현대세계의 보편적, 세속적 합리성을 믿고, 사회과학자들이 언급하는 것처럼 그들의 목적이 진보인 사람들에게 잘 작동한다. 그 이론 체계는 일부 그리스도인들에게는 효과적으로 작용하지 않는다.

발달심리학이 하나의 축적된 이론 체계요, 많은 이야기들 가운데 하나라는 개념은 줄리안 레파폴트(Julian Rappaport)로부터 나온다. 그리고 그는 카프카(Kafka)와 같이 어떤 한 작가가 사회과학자(예: 심리학자)가 할 수 있는 것만큼 소외에 대하여 많은 것을 말할 수 있다고 정확하게 짚어낸다. 이

제3장 발달심리학을 뛰어넘는 신앙적 순례

야기꾼으로서 화자와 심리학자는 모두 인생을 바라보는 유일한 방법이 아닌 다른 방법을 제공해 준다. 레파폴트는 "세익스피어의 문학이 시그문드 프로이드(Sigmund Freud)나 스키너(Skinner)보다 인간에 대해 덜 말해 주는가? 이해의 방법들에 대한 선택은 과학, 종교, 예술이나 일부 다른 체계에 대한 믿음의 비약에 달려있다. 그리고 논리의 비약이 일단 이루어지면, 그것은 나름대로의 논리를 갖게 된다. 오늘날 대부분의 심리학자들은 과학을 믿는다"라고 기록한다.[6] 그러나 발달심리학은 인간 존재와 인간 발달을 이해하는 많은 체계들 가운데 하나의 축적된 이론 체계일 뿐이다.

일반적으로 이야기꾼이 말하는 이야기들과 들려지는 특별한 이야기의 목적은 무엇인가? 첫째, 베리 로페츠(Barry Lopez)가 언급한 것처럼 어떤 한 공동체의 이야기들은 우리를 결합시키려고만 하는 것은 아니라는 점이다. 더 중요한 점이라면, 교회와 같은 한 공동체의 이야기들은 사람들로 하여금 우리가 보통 공유하는 선을 알게 해 준다는 것이다. 다른 말로 표현하자면, 한 공동체의 기초적 이야기는 일치감과 목표의식을 공유하게 해 준다. 아라스데일 맥킨타이어(Alasdair MacIntyre)는 우리의 자아에 대한 참된 이해는 '출생에서 죽음으로 연결되는 이야기의 통일성' 속에 머무른다고 주장한다.[7] 부가적으로, 출생과 죽음 사이에서 삶에 대한 우리의 이해는 우리가 소속되어 있는 공동체의 이야기들에 의하여 전달된다. 우리의 말과 행동들은 그 공동체의 역사를 반영한다.

둘째, 우리가 꿈꾸고, 기억하고, 예상하고, 희망하고, 절망하고, 믿고, 의심하고, 계획하고, 비판하고, 배우고, 미워하고, 사랑하는 이야기들은 우리들 스스로 만들어낸 것은 아니다. 맥킨타이어는 그 이야기들 속에서 우리가 배우이면서 동시에 공동 연출자라고 주장한다. 우리는 우리 자신의 이야기들을 만들어내지는 않는다. 차라리, 우리는 어떤 이야기 속에서 주도적 역할을 하고, 다른 이야기들 속에서는 종속적 역할을 하기도 하는 것이다.[8]

발달심리학의 내용에서, 사람들은 프로이드, 피아제, 에릭슨, 콜버그(Kohlberg), 파울러와 레브 비고츠키(Lev Vygotsky)와 같은 학자들을 좋아한다. 그리고 그 사람들이 책을 통하여 접하는 플라톤(Plato), 콩트(Comte), 데카르트(Descartes), 칸트(Kant)와 같은 철학자들은 모두 이야기꾼들이다. 이 화자(話者)들은 인간의 행동을 묘사하고, 철학적 사회운동인 계몽주

(운동)에 근거를 두고 있는 강력한 이야기들을 고안해냈다. 니일 포스트맨(Neil Postman)은 다음과 같이 주장한다.

이것은 어떤 저자(작가)가 일련의 인간행동들에 유일한 해석을 내리고, 그 저자가 다양한 형태의 사례들에 대한 자신의 해석을 찬성하고, 자신의 해석이 증명되거나 반박될 수 없다는 점을 암시하기 때문에 이것은 언어의 힘, 심오한 설명, 연관성 있는 사례들, 그리고 신빙성 있는 주제들로부터 호소력을 끌어낸다. 또한 이 모든 것은 동일함을 증명할 수 있는 도덕적 목표를 가지고 있다. '참'과 '거짓'이라는 단어가 수학이나 과학에서 사용된다는 점에서 볼 때, 여기에서는 적용되지 않는다. 왜냐하면 이런 해석들과 관련하여 보편적으로 또는 결정적으로 참이나 거짓인 것은 아무 것도 없기 때문이다. 또 그 해석들을 긍정하거나 부정할 비판적 근거도 없다. 그것들이 끼어들 이론들도 없다. 그것들은 시간과 장소와 연구자의 문화적 편견에 따라 마치 한 편의 소설과 같이 제한을 받는다.[9]

그리고 이런 이야기꾼들이 들려주는 이야기는 무엇인가? 그 이야기의 내용이 세 번째 관심사이다. 이런 경우, 계몽주의의 철학적 이상을 구현하는 것이 발달심리학의 이야기이다. 일부 현대 사회과학자들은 이야기꾼들이 표현하고자 하는 것은 하나의 이야기 이상이라는 것과, 참으로 그 이야기꾼들이 표현하고자 하는 것은 객관적 사실들에 근거하고 경험적 증거로 확인되는 반박할 수 없는 지식이라는 점을 우리들로 하여금 믿도록 강요한다. 그러나 그 이야기꾼들이 표현하고자 하는 것은 계몽주의의 이상(ideal)에 근거를 두고 있다.

우리의 현대적 세계관은 18세기 영국과 프랑스 계몽주의 운동의 규범에 따라 언급된다. 각 개인들은 전통적인 철학이나 신학의 도움 없이 존재하며, 지식의 의미가 어떤 특정한 역사의 목적론적 견해에 더 이상 정박해 있을 수 없는 세계이다.[10] 지그문트 바우만(Zygmunt Bauman)은 우리가 생각하는 '현대적'이라는 것은 계몽운동에 의해 충전을 받으며, 그 계몽운동은 우리들로 하여금 단지 다른 사람에 대한 관용 때문에 제한을 받고, 최소강령주의자(minimalist)의 도덕성을 가지고, 자아 반성을 방해하는 순수한 개

인주의의 시대를 가져왔다고 주장한다.[11]

나는 발달심리학의 이론들 속에서 구현되는 계몽주의 운동의 다섯 가지 특징들(개인주의, 권위에 대한 항거, 마음의 중심성, 자연종교 그리고 보편주의)에 초점을 맞출 것이다.

1) 개인주의

계몽주의 이전에 르네상스 인문주의는 우리들에게 개인의 중요성을 인식시켜 주었다. 한 인간은 더 이상 한 촌락이나 그 촌락의 과거부터 내려오는 전통에 연관되지 않게 되었다. 각 개인은 자기 자신 그리고 특별한 사회적 정체성으로부터 전수받은 생각보다 더 나은 공동체로부터 분리되었다.[12] 이제 우리는 유일무이한 개인들이고, 자신들에 대하여 생각할 수 있으며 과거에 얽매이지 않고, 우리를 종속했던 환경을 자유롭게 선택할 수 있는 존재가 되었다. 우리의 삶은 더 이상 모범적인 어떤 사람을 그대로 따라 살 필요가 없게 되었다. 우리는 선택하면 그대로 할 수 있는 자유를 가졌다. 인간들은 스스로 홀로 서기를 할 만큼 용감해졌다.

이런 새로운 인간관에 따라, 나(I)는 내가 살고 있는 우주의 중심이며, 각 개인은 하나님의 목적을 위하여 존재하거나 다른 사람들을 위하여 존재하지 않게 되었다. 맥킨타이어는 이러한 개인적 위치의 위세를 잘 묘사해 준다. 그는 새로운 관점에서 개인주의의 한 가지 사회적 특징을 다음과 같이 설명한다. "나는 생물학적으로 나의 아버지의 자식일 수 있다. 그러나 내가 아버지의 행동에 대한 책임을 외재적으로나 내재적으로 떠맡지 않기로 결정한다면, 아버지의 행위에 대한 책임을 질 수 없다."[13] 우리는 매 순간 실존적으로 지금 여기에서의 삶을 향유할 수 있고, 우리는 과거와 미래에 연관된 문제들을 해결할 수 있을 것이다. 이제 더 이상 어떤 공동체에 의하여 개인이 제한을 받지는 않게 된다. 공간으로서의 하늘은 인간이 성취를 이루는 데 한계가 있다.

발달심리학의 중요한 주제는 기본적으로 개인의 상황과 긴밀하게 연관되어 있는 자기(self)에 관한 것이다.[14] 피아제에서 파울러에 이르기까지 각각의 학자는 자신이 살고 있는 상황을 꿰뚫어 보는 개인이다. 파울러는 이런 종류의 개인주의를 "개인적-반영적 신앙(Individual-Reflective Faith)"의 단계로 묘사하는데, 그 단계에서 젊은이는 개인이라는 존재와 집단에 의해 규정되는 존재 사이에서 발생하는 갈등을 해결해야만 한다.[15] 이런 개인은 기본적으로 배우이고, 외부의 압력에 대해 균형과 평형을 유지하려는 목적으로 세상에서 연기를 하는 고독한 존재이다.

피아제에게 있어서, 개인은 동화와 조절이라는 도식적 적응과정을 통하여 평형상태를 유지한다. 이러한 적응의 구조를 통하여 우리는 발달하거나 성장할 수 있다. '발달하다' 라는 단어조차도 현대생물학에서 나온 단어로서, 인간은 시간이 흘러감에 따라 성장하거나 진화하는 식물과 같은 존재이다.[16] 피아제에 의하면 개인 속에서 일어나는 그런 성장은 다양한 요인들이 독립적으로 작용한 결과이다. 다시 말하자면, '발달 = 육체적 성숙+환경적 경험+사회적 경험+평형상태' 가 결합된 것이다.[17] 이러한 네 가지 요인들이 나에게 작용하고 있으며, 내가 그것을 좋아하든지 싫어하든지 간에 '나(I)' 라는 개인을 성장하게 만든다. 결국 이것은 하나의 사회적 진화 모델이다. 즉, 적응을 하지 못하면 도태되는 적자생존인 것이다.

2) 권위에 대한 항거

맥킨타이어가 이해하는 바에 따르면 이런 현대적 개인주의의 구조 속에서 우리는 참된 인간이 되기 위해 다른 사람에 대한 도덕적 책임으로부터 자유로워야 한다는 요구 아래 살아간다. 다시 말하자면 "나는 합법적으로 어떤 국가의 시민이 될 수 있다. 그러나 만일 내가 내재적으로나 외재적으로 국가의 책임을 떠맡기로 선택하지 않는다면, 국가가 시행해 오고 있는 것에 대해 책임질 수는 없다."[18] 그리하여 나는 현재 백인 남성이기 때문에, 19세기의 노예제도는 나에게 해당되지 않으며, 나는 노예를 소유하고 있지도 않다. 나는 내가 속한 국가로부터 유산을 상속받은 것도 없기 때문에, 현재 내가 살고 있는 국가에 도전을 할 수도 있는 것이다. 결국 이것은 개인적 선택이나 선호도의 문제이다.

권위에 대한 이런 도전은 주로 감정적 호소에 의존되어 있다. 맥킨타이어는 감정주의의 개념을 모든 도덕적 판단이 선호한다는 표현 이상도 아니고,

그 이하도 아닌 신념으로 규정한다. 여기서 "표현이란 그것들이 특성상 도덕적이거나 평가적인 한, 태도나 감정의 표현"이라는 뜻이다. 도덕적 판단은 다른 사람들과 내가 느끼는 방법이나 내가 좋아하는 것에 근거를 두고 있다. 어떤 것이 선하거나 악하다는 것 또는 올바르다거나 잘못되었다는 것은 나(I)라는 개인이 느끼는 감정에 전적으로 의존하는 것이다.[19] 감정주의는 우리가 좋아하지 않는 권위에 반대하는 우리의 능력, 그리고 우리가 싫어하는 어떤 행동을 하는 사람의 권위를 부정하는 능력을 의미한다. 예를 들면, 발달심리학에 근거하는 대부분의 이론들은 그 이론들이 청소년들이라고 부르는 사람들을 다음과 같이 분류한다. 즉, 청소년들은 어떤 단계에서는 발달의 정상적 부분으로서 부모나 보호자의 권위에 항거하는 사람들이다. 메리 파이퍼(Mary Pipher)는 다음과 같이 기록하고 있다.

> 청소년기는 10대 자녀들과 부모들 사이에 갈등관계가 조성되는 시기이다. 부모가 위험한 방법으로 독립을 시도하는 딸을 막으려고 시도할 때, 갈등은 발생한다. 10대 청소년들은 가족을 포기하고, 10대 또래 문화를 수용하며 자율적인 개인이 되라고 하는 대단한 사회적 압박을 받는다.
> 이 나이의 소녀들은 종종 더 이상 부모의 보호를 원하지 않는다. 그들은 부모가 접근할 때 얼굴을 찡그리거나 놀란 표정을 한다. 그것의 의미는 "나는 내 자신의 독립적 인간이 될 공간이 필요해요"라는 말을 표현하는 하나의 방법이다.[20]

3) 마음의 중심성

국가의 권위든 가정의 권위든 권위에 도전하는 능력을 가지고 있는 개인은 태생적으로 합리적인 이성의 능력을 가지고 있는 것이다. 프랑스에서 계몽주의 운동은 이성의 시대로서 찬사를 받았다. 계몽운동에 앞장섰던 대부분의 철학자들은 인간의 이성에 대한 대단한 믿음이 있었고, 인간의 이성은 사회과학을 포함하여 새로운 과학에 의하여 항상 정확하게 입증되었다.

이성과 합리성을 고양시킬 책임이 있는 역할은 마음이 담당한다. 데카르트는 우리의 생명을 유지시켜 주는 육체와 정신의 이원론적 이해를 주장하였다. 그는 '자아(ego)'란 내가 어떤 존재인지를 아는 마음이고, 내가 특별한 존재라는 것을 알게 하며 육체와의 관계 속에서만 존재하는 마음이라고 가정한다. 육체 속에 있는 우리의 마음은 배를 움직이는 항해사처럼 우리를 위해 봉사한다. 데일 마틴(Dale Martin)은 육체와 정신은 어떤 통일체 속에서 결합되는데, 그렇지 않으면 정신은 고통을 체험할 수 없을 것이라고 주장한다. 그러나 굶주림, 갈등 그리고 고통의 모든 감각은 육체와 정신의 결합으로부터 생겨나는 생각의 양태에 불과하다. 그러므로 한편으로는 영혼이나 정신, 초자연적인 것, 영적인 것, 또는 심리학적인 것들이 존재한다. 오늘날까지 자연과학과 사회과학 분야에서는 육체와 정신의 완전한 분리 즉, 육체를 기계적 관점에서 보고 정신을 의지적 관점에서 보는 견해가 존재해 오고 있다.[21]

일반적으로 피아제의 과학적 관심의 초점은 인간지능의 질적인 발달이나 인지구조를 이론적이고 실험적으로 조사해 보는 것이다. 지능이나 인지발달에 관한 피아제의 연구는 다른 아동심리학자들의 연구와는 구별된다. 더욱이, 인간의 정신적 구조의 발달이나 개체 발생적 변화를 이해하는 것은 그 자체로써 가치 있는 것이다.[22] 인간의 지능은 항상 변화되고 있다. 그러나 평형상태의 구조 속에서 단순한 감각운동기로부터의 생각 자체를 지향하는 아동초기의 모든 실재는 모델로서 자아와 함께 이루어진다.[23] 피아제에게 있어서 우리의 삶 전체는 그 구조와 인지발달 과정에 의존하고 있다. 인지적 과정은 조직과 적용이라는 기능적 구조의 과정이다. 패트리샤 밀러(Patricia Miller)는 이런 '조직과 적용'이 발달을 통하여 반드시 같은 방식으로 작용한다고 주장한다. "그러나 그들의 관계성은 변한다. 예를 들면, 동화와 조절은 평형상태를 통하여 더 차별화되고 더 균형적이 된다."[24] 이런 일은 정신에 의해 모두 수행된다.

4) 자연종교

다양한 철학적 논쟁을 통하여 이제 개인은 수학적 공식이나 컴퓨터 프로그램 그리고 하나님의 존재를 증명할 수 있게 되었다.[25] 하나님의 존재에 대한 질문들은 신앙에 대한 성경적 설명에 의존하기보다는 차라리 이성을 통하여 대답될 수 있었다. 우리와 하나님의 관계성에서 펠라기우스적 경향이 등장하였다. 그 이유는 C. S. 루이스의 언급대로 이제 인간들이 종교재판소의 창시자가 되고, 하나님께서는 인간의 심판을 기다리는 피고석에 앉아 계시기 때문이다. 하나님은 창조의 주님이라기보다는 차라리 이해되고 통제되는 하나의 철학적 증명이 되고 말았다.

계몽운동의 철학자들에 의하여 기독교는 불합리한 교리나 소위 신화와 미신이라고 불려지는 것들에 적나라하게 노출되었다. 하나님은 신비적이고 초자연적인 법이 아니라, 자연법과 합리적인 법을 통하여 그리고 자연을 통하여 알려지게 되었다. 이신론이 등장하여, 과거에 하나님은 세상이나 시간을 창조하신 분으로 믿어졌지만, 현재에는 누구나 흔쾌히 알고 싶어 하거나 필요로 하는 분이 아니다.

발달심리학에서 아브라함과 사라의 하나님 그리고 예수와 바울의 하나님은 대상관계 이론에 따라 심리학적 현상이나 상상의 산물로 자주 축소된다. 아나 마리아 리주토(Ana-Maria Rizzuto)는 프로이드가 창세기에 나오는 '하나님께서 인간을 자신의 형상에 따라 창조하셨다'는 유명한 본문을 '인간이 인간 자신의 형상에 따라 하나님을 창조했다'로 뒤바꾼 것을 매력적으로 묘사하고 있다고 주장한다.[26] 피아제에게 있어서, 하나님은 부모에 대한 아동의 이해가 투사된 것이다. "아동은 신적인 독특한 특질 특히, 전지성과 전능성을 자신의 부모와 일반적으로 성인의 것으로 추정하기 시작한다. 그리고 그 아동이 인간 능력의 한계를 발견할 때, 그 아동은 종교교육을 통하여 배운 하나님이 전지전능하시다고 생각을 바꾸게 된다."[27]

에릭 에릭슨은 하나님께 초점을 맞추지 않고, 종교에 대하여 다음과 같이 논하였다.

> 부모의 믿음은 갓 출생한 아이에게서 나타나는 신뢰를 든든하게 떠받쳐주는데, 이 믿음은 전 역사를 통해서 기성종교 가운데서 제도적인 안전장치를 추구해 왔다. -때에 따라 이 믿음의 최고의 적을 발견하기도 했다- 돌봄 가운데서 생겨나는 신뢰는 사실 수어진 종교의 실재성의 표준이 된다고 볼 수 있다. 일반적으로 모든 종교는 주기적으로 어린아이같이 공급지 혹은 영적인 건강뿐 아니라 세상적인 부유함을 나누어주는 공급자들에게 모든 것을 의딕해 왔다.

왜소한 자세와 변변치 않은 태도로 대변되는 인간의 빈약함의 몇몇 증명들, 즉 기도 가운데서의 시인과 그릇된 행동과, 잘못된 생각과 악한 의도들 같은 변변 않은 것들, 신적인 인도에 의지한 내적 통합에 대한 열렬한 간청, 그리고 마지막으로 개인적인 신뢰가 보편적 신뢰가 되어야 하며, 개인적인 불신이 보편적으로 공식적인 악이 되어야 하는 식견이 그것이다. 반면 개인의 회복은 대중의 관습적인 관례의 한 부분이 되어야 하며 공동체 가운데서 신뢰할 만한 가치가 있다는 것에 대한 하나의 표시가 되어야 한다는 것이다.[28]

막스(Marx)가 종교를 인민의 아편이라고 낙인찍은 반면에, 발달심리학은 기독교를 포함하여 종교를 사람들이 지지하는 자유롭고 자발적인 사회운동으로 축소시켰다. 프로이드가 창세기 1장 27절을 왜곡시켜 표현했을 때, 우리는 우리 자신의 형상을 따라 하나님을 만들어낸다. 기독교는 힌두교와 이슬람교와 같이 세계종교에 상대적으로 동등하게 하나 더 있는 종교 체계가 되고, 신화적 자료에 근거한 신앙의 관점에서 인간이 된다는 것이 무엇을 의미하는지 설명해 주는 위대한 체계의 일부분이 된다. 왜냐하면 종교는 인간들보다 위대한 힘을 가진 존재에 대한 자연스러운 필요성에서 창조되기 때문이다.

5) 보편주의

보편주의는 우리 모두가 해야 할 것과 하지 말아야 할 것을 알려주는 신이나 여신이 있는 종교들을 창조하는 것이 인간들의 본성이라고 주장한다.

보편주의는 세상에 대한 분명한 특징들에 대한 하나의 인식이지 세상 그 자체에 대한 인식은 아니다. 스탠리 아로노위츠(Stanley Aronowitz)와 헨리 기루스(Henri Giroux)는 쟝 프랜코이스 로타드(Jean-Francois Lyotard)의 연구 저작을 인용하면서, 현대성은 하나에 대한 수용이고, 거대성에 대한 수용이며, 형이상학적인 철학과 이성과 논리의 보편적인 원칙들을 모든 인간의 관심사들에 대한 기초로써 끌어안는 보편적인 이야기에 대한 수용이라는 데에 주목하였다.[29] 바우만(Bauman)은 이 보편적인 원칙을 정욕의 노예에서 이성적 존재의 재량권으로, 미신과 무지에서 진리로, 표류하는 플랑크

제3장 발달심리학을 뛰어넘는 신앙적 순례

톤의 시련을 스스로 처음부터 끝까지 모니터하여 디자인한 역사로 대치할 만한 질서로 기술하였다.[30]

모든 인간의 존재가 움직이게 하는 이성과 논리의 보편적인 원칙이 있다고 가정해 볼 때, 아로노위츠와 기루스는 이 원칙이 우리 교육의 이론과 실재에 영향을 줄 수 있다는 것을 지적한다(예를 들어 발달심리학 같은 것이 있다).[31] 예를 들어 발달심리는 보편적인 분위기를 가지고 있다. 왜냐하면 현대 사회는 발달심리를 보편적이라고 분명히 말하고 있기 때문이다. 분명히 모든 사람들이 이러한 보편성을 가지고 행하고 실천하고 있기 때문이다.

문화라고 불리워지는 어떤 것 속에 내재하는 보편주의에 대해 생각해 보자. 그리고 그것은 인간 발달에 대한 레브 비고츠키의 상황적 이론을 이해할 수 있는 열쇠가 된다. 문화는 같은 상황에서 누구에게나 보편적으로 이해된다. 비고츠키가 발전시킨 개념이란 한 명의 아동과 그를 둘러싸고 있는 사회적 상황 속에 거하는 사람들은 하나의 활동 속에 어느 정도 연관성을 갖고 있다는 것이다. 다시 말하자면, "사회적, 문화적, 역사적 상황은 어떤 특별한 아동과 그의 경험을 규정하고 형성한다. 동시에 아동도 상황에 대하여 영향을 끼친다."[32] 바로 이것이 한 아동이나 성인에게만 초점을 맞추고, 어떤 상황 속에서보다는 어떤 개인 속에서 행동의 변화 요인들을 찾으려는 많은 다른 인간 발달의 이론들과 다른 점이다. 비고츠키는 우리의 관심을 아동과 문화의 상호작용으로 향하게 한다.

그러나 여기에도 문제점은 있다. 즉, 다른 발달심리학은 아동과 발달 단계들의 보편적 범위를 세분화시키지만, 비고츠키는 문화와 상황을 하나의 같은 것으로 취급한다. 예를 들면, 비고츠키의 지지인 우리 브론펜브레너(Urie Bronfenbrenner)는 우리의 환경을 여러 구조들 가운데 하나의 체계로서 묘사하는 생태심리학을 주장한다. 그 체계는 인간들 사이의 직접적인 상호작용으로부터 포괄적인 문화적 신념 체계까지 속하며, 그 체계는 마이크로시스템(microsystem), 메사시스템(mesasystem) 그리고 엑소시스템(exosystem)을 포괄한다.[33] 비고츠키와 브론펜브레너는 문화를 "공유된 신념, 가치, 지식, 관계성, 관습과 상징 체계들로 규정한다. 또한 문화는 건물과 고속도로 같은 물리적 구조물들과 연장이나 컴퓨터, TV 같은 물건들도 포함한다."[34] 문화에 대한 이런 정의는 하나의 보편적 표현이다. 사람들은 이런 일반화되고 보편적인 묘사를 할 수 있고, 그것을 어떤 상황에 적용시켜 문화라고 부를 수 있다. 이런 점에서 교회는 하나의 문화이다. 다시 말하자면, 교회의 회중은 문화이고, 불교의 사찰도 문화이다. 북캐롤라이나(North Carolina) 주의 칼보로(Carrboro)에 소재하는 농산물 시장도 하나의 문화이다. 이렇게 우리는 다양한 문화 속에서 살아가고 있는 것이다.

이것은 발달심리학의 이야기이고 계몽운동 이야기의 구현이기도 하다. 발달심리학자들은 보편적 현대주의자의 목표들을 공유하는데, 그 목표들은 비판적으로 생각하는 개인의 능력, 자신의 권위적 모습을 유지하려는 개인의 능력과 감정에 의존하여 권위적인 것들에 반대하거나 찬성하는 시기를 선택할 수 있는 개인의 능력을 강조한다.

여기에 그리스도인들이 잘 생각해 볼 비판적 문제가 있다. 기껏해야 발달심리학은 교회의 예배의식을 인간 발달의 다양한 단계의 성취 속에서 인간을 섬기는 역할로 변질시킨다. 최악의 경우, 교회는 구시대의 유물에 불과하다. 우리는 이 세상에서 우리의 발달 단계에 따라 소개된다. 분명히, 교육의 이론과 실제는 현대주의의 언어와 강하게 연결되어 있기 때문에, 초점은 비판적으로 생각하고, 사회적으로 책임 있게 행동하는 개인에게 맞추어진다. 그리고 그것은 계몽운동의 세상을 이성과 자유의 공간으로 만들거나, 스키너의 표현을 빌린다면, 하나님과 교회의 문화가 보조적 연기자의 역할을 하는 자유와 존엄성의 세계로 만들어준다.

그러나 만일 교회가 구시대의 유물이나, 보조적 연기자 또는 단지 하나의 문화가 아니라면 어찌될 것인가? 발달심리학이 하나의 이야기에 불과하다는 계속된 주장과 레파폴트의 주장을 심각하게 받아들이면서 이제 나는 하나의 다른 이야기를 제안한다. 이 이야기는 복음에 관한 이야기이며, 그 속에는 순례의 여행과 같은 교회에 관한 이야기와 예배의식이 다루어진다.

3. 인생 순례여행의 가능성

왜 인생의 순례여행을 언급하는가? 인생의 순례여행은 순례자로서 그리스도인들의 이야기 속에서 뿐만 아니라, 구약과 신약성경에 뿌리를 두고 있

제3장 발달심리학을 뛰어넘는 신앙적 순례

다. 구약성경의 출애굽기에는 이스라엘 백성들이 노예 신분에서 해방되고 순례의 여행을 하면서 40일 동안 광야를 방황하면서 "젖과 꿀이 흐르는 땅"을 찾아가는 이야기가 나온다. 시편 기자는 "주께 힘을 얻고 그 마음에 시온의 대로가 있는 자는 복이 있나이다"(시 84:5)라고 기록되어 있다.

신약성경 누가복음 2장 41절에는 이스라엘의 아동들이 유월절 기간에 하나님께 예배를 드리기 위해 순례자가 되어 예루살렘으로 순례의 여행을 떠나는 이야기가 나온다. 베드로전서의 저자는 인생의 순례자로서 선택된 백성들의 삶에 관심을 갖고 다음과 같이 훈계한다. "사랑하는 자들아 나그네와 행인 같은 너희를 권하노니 영혼을 거슬러 싸우는 육체의 정욕을 제어하라"(벧전 2:11).[35]

초대교회 시절 사람들은 순례의 여행을 떠났는데, 그 이유는 성육신의 가능성과 예수 그리스도의 육체적 현존을 증거하고자 하는 희망 때문이었다. 그리고 오늘날에도 여전히 사람들은 그런 이유 때문에 순례의 여행을 떠난다. 빅토르(Victor)와 에디스 턴너(Edith Turner)는 중세시대 그리스도인의 순례여행의 5가지 특징들을 다음과 같이 요약하고 있다. 첫째, 모든 순례의 여행은 초자연적인 기적들이 최소한 1회는 발생했고, 기적이 지속적으로 일어나고 있으며, 다시 기적이 일어날 것 같은 장소들로 이루어졌다. 예를 들면, 포도주가 붉은 피로 변했던 이탈리아의 오비토(Ovieto), 동정녀 마리아에 의해 치유가 일어났던 룰데스(Lourdes), 그리고 지방의 수호신(또는 수호성인)이 출현했었던 근처의 교회나 동굴이었다. 사람들은 대성당이나 성인들의 유물이 보관되어 있는 성당에 가는 것이 하나님과 직통하는 것이라고 이해하였다.[36]

> 흥미로운 것은 그 순례자가 과거의 기적이 다시 일어날 것이라는 가정을 하지 않았다는 점이다. 순례자는 어떤 육체적 치료가 일어날 것을 예상하지는 않았다. 그러나 만일 기적이 일어난다면, 그것은 하나님의 은혜로 돌렸다. 그리고 순례자가 기적에 대한 희망을 가질 수 있도록 하는 성자들의 멋진 장식품이 있었다.[37]

둘째, 순례여행의 목적은 그리스도인 삶의 경험에서 많은 부분을 차지하는 죄를 저질렀던 장소로부터 멀리 떠나는 것이었다. 존 번연(John Bunyan)의 『천로역정』(Pilgrim's Progress)에 나오는 순례자인 그리스도인은 파괴의 도성을 떠나 천국의 도성으로 인도하는 문을 향한다. 그 이유는 파괴의 도성이 사람들을 불과 유황으로 불타는 지옥으로 내려 보내는 장소이기 때문이다.[38] 초서(Chaucer)는 영국의 각 지역으로부터 순례의 여행을 떠났던 중세시대 순례자들의 이야기가 그 순례자들이 병들었을 때, 도움을 주는 성스럽고 축복스러운 순교자를 보기 위한 것이라고 기록한다.[39]

순례자들은 자신들이 죄를 짓고 살았던 장소를 떠나 기적이 일어날 것이라고 희망하는 다른 장소로 향하기 때문에, 그들은 순례의 여행이 즐거움 속으로 도피하는 것은 아니라고 이해하였다. 바로 이 점이 중세 순례여행의 세 번째 특징으로 이어진다. 셋째, 순례여행은 일종의 고해성사를 실천하는 방식 속에서 위험을 무릅쓰는 것이었다. 강도를 당하거나 예측할 수 없는 곤경에 빠질 위험성 때문에 순례자는 자신이 살던 집과 연관된 죄의 병폐로부터 해방될 수 있었다. 순례여행은 전능하신 하나님께서 순례자의 용기나 성격을 시험해 보는 것이었다. 결과적으로, 순례자는 일상생활에서 과거에 알았거나 익숙했었던 것보다 새롭고 심오한 수준의 존재로 변화되기 시작하였다. 그래서 순례여행을 마치면, 그 사람은 이전의 모습과 같지는 않을 것으로 예상되었다. 결국, 순례의 여행은 하나의 사건 예를 들면, 차선이 아닌 최선의 경험이다.

넷째, 순례자는 결코 혼자가 아니었다. 순례여행지에 대한 지식이 이미 그 곳을 다녀온 사람들에 의하여 공유되었다. 순례의 기간 동안 순례자는 휴식시간이나 순례여행 도중에 사람들을 만났다. 『켄터베리 이야기』(Canterbury Tales)에 나오는 초서의 순례자들은 함께 순례의 여행을 떠나는 그리스도인들의 무리를 말한다.

다섯째, 순례자들은 도착할 시점에 무슨 일이 일어날지 알 수 없을지라도 어떤 장소를 떠나 다른 목적지로 떠났다. 그 순례의 여행에는 하나의 목표가 있었다. 예를 들면, 모세에게 그것은 가나안이었고, 번연에게 그것은 '신의 도성'이었다. 초서에게 있어서 그것은 도마가 순교당한 장소에서 예배를 드릴 수 있는 켄터베리 성당이었다. 순례의 여행은 전체 공동체의 여행이거나 그 공동체를 찾는 개인 순례자의 여행이었다. 순례의 여행은 결정적으로 순례자들이 변화될 수 있는 하나님과의 관계성을 추구하는 것이었다.

인간 발달심리학은 한 인간이 시간의 흐름 속에서 어떻게 변하는지 도식을 보여주며, 단계별 연속성 속에서 단절된 자아나 개인 이상의 존재가 되는 하나의 보편적 구조(paradigm)를 제공한다. 그리스도인의 인생여정은 발달심리학의 이론과는 다르다. 왜냐하면 그리스도인의 인생여정은 하나님의 복음이라는 특별한 이야기로 구성되고 인도되는 특별한 공동체에서 발생하기 때문이다. 그리스도인의 인생여정 속에서 그분은 우리 삶의 존재 이유가 되시기에 그들은 자신보다는 그리스도를 더 닮으려고 노력한다. 그리스도의 공동체 안에서 그리고 그의 공동체로서 순례의 여행을 계속하기 위하여, 우리는 우리 자신보다 더 위대한 권위이신 그리스도 안에 계시는 하나님께 복종하도록 부름을 받을 것이다. 순례의 여행을 통하여 우리는 그리스도 안에서 그리스도의 몸과 마음 그리고 영혼이 된다는 것이 무엇을 의미하는지 이해하게 된다. 우리를 창조하신 하나님은 우리의 시작과 끝이시다. 우리의 순례여행에서 겪는 모든 경험은 우리가 누구인가에 대한 이해를 촉진한다. 그리고 우리의 모든 경험은 하나님에 관하여 그리고 우리의 삶에 관하여 우리가 알고 있는 것과 우리에게 알려지는 것에 끝이 없다는 것을 계시해 준다.

그리스도인의 순례여행의 다섯 가지 특징들은 그리스도인들로서 우리의 일상생활을 구성한다. 기독교 순례여행이 발달심리학의 이론과 어떻게 다른지를 우리가 더 심도있게 이해하도록 돕기 위하여, 나는 성경과 도로시 데이(Dorothy Day)와 어거스틴(Augustine), 존 번연의 저서 『천로역정』, 그리고 웬델 베리(Wendell Berry)의 수필을 사용함으로써 그 특징들을 다루어 보려고 한다.

1) 공동체와 그 이야기

발달심리학이 개인주의를 신봉하는 반면, 순례여행은 공동체의 예배의식을 신봉한다. 순례자가 공동체로부터 떠나든 공동체와 함께 여행을 하든, 또는 도중에 사람들을 만나서 새로운 공동체를 만들든지 발견하든지 모든 순례의 여행은 하나의 공동체를 포함한다. 순례의 여행에 참여하지 않는 사람들은 순례여행의 이야기를 공유함으로 공동체를 알게 된다. 그들은 순례자들과 같이 경험을 공유한다는 것을 발견한다. 그리스도인으로서 우리는 우리가 누구인지 안다. 왜냐하면 우리가 태어나고 세례를 받은 기독교 신앙의 공동체가 먼저 우리들에게 말해 주기 때문이다. 그리고 성만찬을 통하여 우리는 그리스도라는 한 몸의 여러 지체들임을 기억하게 된다(롬 12:5).

그리스도의 몸 안에서 나는 더 이상 내가 아니고, 바울의 표현을 빌린다면 나는 그리스도 안에 있는 존재라는 것을 계속적으로 기억하게 된다. 왜냐하면 옛 자아는 죽고, 나는 그리스도와 함께 일어나, 그리스도 안에 있는 존재가 되었다. 그 곳에는 더 이상 나의 자아는 없다. 내가 그리스도 안에 있기 때문에, 나는 다른 사람들과의 관계성 속에서 그리고 그 관계성의 일부분이 될 수밖에 없다. 그 관계성과 수반되는 역할의 그물망은 내 주변의 삶에 다양한 영향을 미친다. 리처드 로드리구츠(Richard Rodriguez)의 표현에 따르면 그리스도의 몸 안에서 나는 청교도들과 관계가 있고, 18세기 미국 식민지의 로마 그리스도인들과 관계가 있다. 또는 19세기의 도망가는 노예나 노예의 주인 그리고 여성 참정권자들과도 관계가 있다. 나는 전혀 만나 본 경험이 없는 사람들과 관계가 있으며, '다수의 증인'으로서만 그 존재를 알고 있는 사람들과도 관계가 있다. 그렇지만 우리는 우리보다 앞서 살았던 사람들과의 관계성 속에서 가장 최근의 수혜자요 가장 최근의 연결고리인 것이다.[40]

이런 공동체 의식은 나의 삶에서 나를 기독교 신앙의 살아있는 공동체로 인도해 주었던 세례식의 서약에서 가장 잘 나타난다. 세례를 받을 때, 나는 예수께서 나를 먼저 아시고, 예수를 통하여 나는 내 자신을 정말 알게 된다고 고백한다. 미국 장로교회의 세례의식서에 따르면 다음과 같다. "당신은 언약의 자녀이고, 세례를 통하여 성령의 인치심을 받으며, 영원히 그리스도께 속한 자가 됩니다... 당신은 세례를 통하여 거룩한 교회의 일원으로 받아들여졌습니다. 하나님께서는 당신을 하나님 가족의 일원으로 삼으셨으며, 그리스도의 제사장되심 속에서 우리와 함께 하십니다."[41] 이제 한 사람의 생명은 원래 자기 자신보다 위대한 하나의 생명 즉, 하나님의 가족으로서 그리스도의 생명을 가진 존재로 이해된다. 그리고 그것은 우리의 제한된 이

제3장 발달심리학을 뛰어넘는 신앙적 순례

해를 넘어서는 것이다.

칼빈은 우리가 세례에 대한 설명을 듣고 세례를 이해하기보다는 차라리 성장하여 세례의 참 의미를 이해하게 된다고 다음과 같이 기록한다. "만일 사람들이 세례의 참 의미를 배울 수 있는 나이까지 성장한다면, 그들은 거듭남에 대한 대단한 열정으로 불타오를 것이다."[42] 부활에 대한 증거의 예식인 장례식에서 사용될 수 있는 기도 가운데 하나로서, 우리는 다음과 같은 내용을 표현한다. "당신의 종을 위하여 하나님께 기도하옵나니, 그의 세례는 이제 임종 속에서 완성되었나이다."[43]

성만찬은 우리에게 세례에서 공개적으로 선포된 것을 회상시켜 준다. 데이의 이야기를 생각해 보자. 그 이야기 속에서 개인주의는 공동체에 압도당한다. 『오랜 고독』(The Long Loneliness)이라는 책에서 데이는 개인주의의 고독에 대한 대답으로 공동체를 제시해 준다. "그것은 오랫동안 지속되는 고독에 대한 사회적 대답이다... 함께 생활하고, 함께 일하고, 함께 나누고 하나님과 이웃을 사랑하며 공동체 속에서 가깝게 지내는 것을 통하여 우리는 하나님께 대한 우리의 사랑을 보여 줄 수 있다."[44]

기독교 공동체 안에서, 가장 중요한 것은 우리가 홀로 외로운 존재가 아니라는 것을 발견하는 것이다. 기독교 공동체에서 가장 중요한 것은 공동체 안에서 발견되는 사랑이다. 데이의 표현에 따르면 그것은 불과 같이 타오르는 사랑에 대한 우리의 믿음이다. "우리가 서로 사랑하지 않는다면 우리는 하나님을 사랑할 수 없고, 사랑하기 위하여 우리는 서로를 알아야만 한다. 우리는 빵(일용할 양식)을 나눔 속에서 하나님을 알고, 빵을 나눔 속에서 서로를 알며, 우리는 더 이상 외롭지 않게 되는 것이다. 천국은 하나의 향연이고 우리의 삶도 하나의 향연이다. 빵 한 조각을 나누는 것조차도 그 곳에는 교제가 있는 것이다."[45]

데이의 삶에 대한 웅변적인 이야기(그녀는 그것을 자신의 고백이라고 부름)는 아주 중요하다. 왜냐하면 데이는 현대적 개인주의의 삶을 영위하기 위하여 진지하게 노력했기 때문이다. 그녀는 공산주의 사회를 추구하고 20세기 초, 미국 여권운동을 주장했던 일종의 반역자였다. 그녀는 철저하게 현대적 여성이었다. 그녀는 조산으로 사생아를 낳았으며, 홀로 부모가 되었다. 그 후 그녀는 피터 마우린(Peter Maurin)을 만났다. 그의 헌신된 예배 생활은 그녀의 감수성에 자극을 주었고, 그리스도의 사랑이 넘치는 공동체에 대한 비전을 심어주었다. 그것은 "사랑함으로 선물을 교환"하고, 사람들이 단순하고 실제적이며 현실적인 방법들로 서로에 대한 사랑을 보여 줄 수 있는 공동체였다. 데이는 "만일 그 사랑이 원래부터 그 곳에 없고, 필요만이 존재했다면, 그런 필요한 선물 때문에 사랑이 생겨났을 것"이라고 기록한다.[46]

결국, 바울은 그리스도의 몸 안에서 개인이 성숙한다는 관점 속에서, 개인이 아닌 모두에게 성숙을 가능하게 하시는 하나님을 분명히 하고 있다. 성경에 따르면 "나는 심었고 아볼로는 물을 주었으되 오직 하나님은 자라나게 하셨나니, 그런즉 심는 이나 물주는 이는 아무 것도 아니로되 오직 자라나게 하시는 하나님뿐이니라"(고전 3:6-7). 우리는 우리 자신의 삶도 다른 사람의 삶도 소유하고 있지 않다. 우리의 삶은 오직 하나님의 소유 안에 있다. 왜냐하면 "우리는 하나님의 동역자들이요 너희는 하나님의 밭이요 하나님의 집"이기 때문이다(고전 3:9). 이런 관점은 성숙의 문제에 있어서 하나님의 세계 속에서 살아가는 우리의 위치를 이해할 수 있는 기독교 공동체의 노력에 대한 좋은 표현이다.

2) 권위에 대한 순종

발달심리학이 청소년기를 권위에 항거하는 인생의 시기로 설정하지만, 순례여행은 우리에게 권위에 대한 순종의 중요성을 가르쳐 준다. 순례를 목적으로 하는 여행의 시작부터 무엇인가를 얻기 위해서, 순례자는 인생의 좁은 길을 걸어 온 사람들이 가지고 있는 순례여행의 권위적 지식에 순종할 필요가 있다. 순례자가 이미 그 순례의 여정을 걸어온 사람들의 권위에 도전하거나 항거를 할 때 문제는 더 발생한다. 순례의 여행에 대한 지식을 잊어버리거나 무시하는 순례자는 엄청난 문제들에 직면하게 된다. 따라서 순례자들은 권위에 도전하기보다는 권위에 대한 순종을 배울 필요가 있다.

베드로와 예수 그리스도의 대화는 하나의 좋은 사례이다. "요한의 아들 시몬아, 네가 이 사람들보다 나를 더 사랑하느냐 하시니 가로되 주여 그러하외다 내가 주를 사랑하는 줄 주께서 아시나이다 가라사대 내 어린 양을

제3장 발달심리학을 뛰어넘는 신앙적 순례

먹이라"(요 21:15). 이런 대화는 2회에 걸쳐 반복되었다. 왜 예수께서는 베드로에게 반복적으로 질문하셨을까? "내가 진실로 진실로 네게 이르노니 젊어서는 네가 스스로 띠를 띠고 원하는 곳으로 다녔거니와 늙어서는 네 팔을 벌리리니 남이 네게 띠를 띠우고 원치 아니하는 곳으로 데려가리라. 이 말씀을 하시고 베드로가 어떠한 죽음으로 하나님께 영광을 돌릴 것을 가리키심이러라 이 말씀을 하시고 베드로에게 이르시되 나를 따르라"(요 21:18-19).

베드로가 예수께서 돌아가시기 전, 3번이나 부인했던 것을 예수께서 말씀하셨던 것처럼, 여기서도 예수께서는 베드로가 더 이상 스승의 가르침에 도전하거나 무시하지 말라고 분명히 말씀하고 계신 것이다. 베드로는 죽음의 순간, 심지어 십자가에 매달려 죽는 순간조차 예수 그리스도의 가르침을 따르도록 책임감이 부여되었다. 예수께서는 베드로의 성품을 변화시키고 계셨으며, 믿음의 절개를 지키는 그런 미덕을 요구하고 계셨다. 베드로는 예수 그리스도를 따른다는 것, 그의 말씀에 행동으로 순종하는 것, 그리고 "주님의 양을 먹인다"는 것이 꼭 자신의 기분을 좋게 하는 것은 아니라는 점을 배워야 했다.

칼빈은 하나님께서 자비로우시고 거룩하시기 때문에, 우리를 구원하시려고 순종을 요구하신다고 기록하고 있다. 하나님의 은총의 관점에서 보면 우리는 우리의 삶 속에서 하나님의 뜻에 순종하려는 노력이 얼마나 부족한지 깨닫게 된다. 우리가 하나님을 예배하고, 하나님만이 선하시다고 고백하며 진리에 순종할 때, 우리는 기꺼이 하나님의 요구에 순종하게 된다. 칼빈은 어거스틴의 말을 인용하면서, "하나님께 드려지는 순종은 매때로 모든 미덕의 근본이고 보호자 역할을 하며, 때로는 그 미덕의 원천이 되기도 한다."라고 기록하고 있다.[47]

그리스도인의 순례여행에서 이야기와 이야기꾼의 권위에 대한 순종의 중요성은 번연의 『천로역정』에 나와 있다. 그리스도인은 자신이 어디서부터 와서 어디로 가는지를 잊어 버릴 때, 길을 잃어버린다. 그러나 그 이야기와 이야기에 대한 기억이 그의 삶에서 권위를 갖지 못한다는 점은 분명해 보인다. 도움이 그리스도인에게 어떻게 절망의 구렁텅이에 빠지게 되었느냐고 질문할 때, 그리스도인은 두려움이 자신을 엄습해서 다음 길로 노망을 갔고 그 구렁텅이에 빠지게 되었다"고 대답한다. '도움'은 그리스도인이 올바른 길에 들어서도록 도움을 준다. 또 '도움'은 그리스도인에게 견고한 토대를 제공하고, 정도를 계속 걸어가도록 돕는다.[48]

3) 그리스도 안에서 통합적(mindbodyspirit) 존재

현대적 사상의 흐름에 따르면 '정신'은 인간 존재의 중심이다. 데카르트는 "나는 생각한다. 그러므로 존재한다"고 주장한다. 한편으로 윌리엄 포티트(William Poteat)는 데카르트의 육체와 정신에 대한 이원론을 반대하는데, 그는 "개념적으로 정신적 생각을 육체적 생각과 구분한다." 그는 "육체와 정신의 깊은 연관성"이라는 개념을 만들어 육체와 정신을 함께 연결시킨다. 포티트는 이성, 논리, 육체와 정신 같은 개념들을 혼합시켜 사용하려고 시도한다. 그의 주장에 따르면 우리가 사용하는 언어는 먼저 우리 육체의 근육이 움직이고, 그 다음에 의미가 수사학적으로 수반되는 것이라고 한다.[49]

인생이라는 순례의 여행에는 우리의 정신을 초월하는 그 이상의 것이 작용한다. 포티트의 표현을 부분적으로 빌린다면, 순례의 여행은 육체와 정신이 긴밀하게 작용하는 하나의 여행이다. 그리스도인의 순례여행은 정신 발달이나 지적 발달 이상의 것을 포함한다. 그 여행은 발달 단계별 연관성이 필요하다고 인정할지라도, 에릭슨의 심리사회적 발달 이상의 것을 내포한다. 그것은 또한 하나님의 정의와 돌봄이 필요하다고 할지라도, 콜버그나 길리건의 정의나 돌봄의 개념에 따른 도덕적 판단 이상의 것을 포함한다. 그리고 그것은 하나님의 은총에 의해 선물로 주어지는 믿음이 필요하다고 할지라도, 파울러의 신앙 발달 이상을 내포하는 것이다.

그리스도인의 순례여행은 특별한 공동체 속에서 일어나는 한 인간의 육체와 정신과 영혼의 통전적 행위이다. 여기서 말하는 공동체는 특별한 시기와 장소의 공동체이지만, 그것을 뛰어 넘어 모든 성자들과의 교제를 포함하는 공동체이다. 이것이 기독교 순례여행의 기적이 존재하는 장소이다. 다시 말하자면, 그리스도인의 순례여행은 한 개인의 육체와 정신과 영혼의 행위가 아니라, 차라리 성령의 은총이 충만한 힘에 의하여 일어나는 자아의 변화이다. 그것은 우리가 세례를 받을 때 일어나며, 우리의 육체와 정신과 영혼이 각각이 아니라, 그리스도 안에서 통전적 존재로 살아가는 것이다. 다시 말하자면, 순례의 여행은 그리스도 안에서 그리스도의 몸으로서 살아가는 우리의 전 생애를 포함한다. 그것은 우리의 변화된 의지, 욕망과 습관이 일치되는 것이고, 우리가 인생의 여행을 하는 데 필요한 것이기도 한다.

어거스틴은 이 순례의 여행에서 자신이 홀로 외로운 존재는 아니라고 이해하였다. 하나님께서 자신과 동행하심을 다음과 같이 고백하였다. "오 진리시여, 당신은 어디서나 저의 편에서 동행하시며, 제가 추구해야 할 것과 회피해야 할 것을 가르치셨습니다. 제가 이 세상에서 목격할 수 있었던 것들과 당신께서 저에게 요구하시는 모든 것들을 당신 앞에 내려 놓았나이다."50) 어거스틴은 자신이 진리의 창조자가 아니라, 하나님만이 진리시라는 것을 깨달았다.

어거스틴의 회심은 분명히 자신의 합리적 능력이나 육체와 정신을 통제하는 의지적 행동 이상의 것이었다. 그의 삶은 자신의 능력 이상의 어떤 다른 강력한 힘에 의해 이끌려졌다. 어거스틴이 "집어 들고 읽으라"(take and read)는 말씀을 들었을 때, 그는 하염없는 눈물을 흘렸고, 자신의 손가락으로 로마서 13:13-14를 가리켰다. 어거스틴은 자신이 하나님께 회개했다는 것을 인식하며 고백한다. "저는 더 이상 여인에게 욕정을 품거나 이 세상에 어떤 희망도 두지 않고 믿음 위에 굳건히 섰나이다. 그리고 당신께서는 여러 해 전에 꿈 속에서 저의 어머니(모니카)를 보여주었나이다."51) 이제 어거스틴은 더 이상 자신의 인생이나 삶의 목적에 따라 살지 않고, 선하신 한 분 하나님의 뜻에 따라 사는 삶을 영위하였다.

4) 그리스도 안에 계신 하나님

발달심리학은 우리로 하여금 계몽운동 기간에 철학자들에 의해 만들어진 이신론 하나님을 하나의 "고차원적 원천"으로 신봉하라고 촉구하지만, 그리스도인들은 자신들을 창조주 하나님의 형상으로 지음받은 피조물이라고 이해한다.52) 인생순례의 여정에서 여행의 목적은 여행의 방법과 여행 자체를 규정한다. 만일 우리가 그 여행의 장소와 목적에 대한 깨달음이 없다면, 여행을 할 이유도 없을 것이다. 비록 목적이 여행 그 자체일지라도, 그 여행은 재고되어야 한다. 여행의 목적은 여행을 해야 하는 존재 이유가 된다.

발달심리학자들에게 발달의 마지막 단계는 나머지 단계들을 규정한다. 다시 말하자면 모든 이전의 단계들은 마지막 단계의 정점을 향하고 있다. 예를 들면, 피아제에게 있어서 성취의 가장 고차원적 단계는 형식적 조작기이다. 이 단계에서 아동은 "구체적 조작의 단계로부터 관념적 단계로 이동할 수 있다. 그리고 그 표현은 인식, 경험, 또는 심지어 믿음을 지지하는 표현이 아니라, 단어나 수학적 기호들과 같은 수준의 언어에 머무른다."[53] 에릭슨의 마지막 단계는 자아 통합 대 절망감이다. 여기서 자아 통합은 "지도력의 책임감을 수용할 뿐만 아니라, 추종심을 가지고 참여하는 하나의 감정적 통합이다."[54]

파울러의 신앙 발달에서 마지막 단계는 보편적 신앙이다. 이 단계에서 우리는 "자아 정체성을 확립하고, 자아 의식에 중요성을 부여하는 가치의 중심 위에 우리의 마음을 집중하게 된다. 우리는 원인, 사람, 기관, 소유물과 같은 것들에 애착을 갖게 되는데, 이유는 그것들이 우리를 가치 있게 든든히 세워줄 것으로 느끼기 때문이다."[55]

발달의 최종 단계에서도 발달심리학자들이 주장하는 우리의 자아는 여전히 유한하게 죽을 운명이고 고독하다. 신학자들에게 있어서 의문점이란 사람들이 과거의 자아보다는 더 나은 자아상을 가진 인간으로 성숙하기를 우리가 소망하느냐 또는 그리스도의 추종자로서 우리가 그리스도를 닮아가고, 그리스도의 지체로서 우리가 평범한 사람들과 다르다는 점을 사람들이 이해하느냐는 것이다. 바울은 우리가 자신에 대하여는 죽은 존재라는 것을 기록하고 있는데, 그 이유는 "우리가 알거니와 우리 옛 사람이 예수와 함께 십자가에 못박힌 것은 죄의 몸이 멸하여 다시는 우리가 죄에게 종 노릇하지 아니하려 함이니, 만일 우리가 그리스도와 함께 죽었으면 또한 그와 함께 살 줄을 믿기"(롬 6:6, 8) 때문이다. 우리는 그리스도와 함께 그리고 그리스도 안에서 죽음에서 들리워지며 그리스도만이 우리의 육체와 정신 그리고 영혼이 되신다. "왜냐하면 몸은 하나인데 많은 지체가 있고 몸의 지체가 많으나 한 몸임과 같이 그리스도 그러하니라 우리가 유대인이나 헬라인이나 종이나 자유자나 다 한 성령으로 세례를 받아 한 몸이 되었고 또 다 한 성령을 마시게 하셨느니라"(고전 12:12-13)고 성경에 기록되어 있다.

제3장 발달심리학을 뛰어넘는 신앙적 순례

그리스도의 몸의 지체로서 우리는 번연의 작품에 나오는 그리스도인처럼 지옥의 도성으로부터 천국의 도성으로 향하게 된다. 그 문 위로는 "태양처럼 빛나고 거리는 황금으로 포장되어 있으며, 그 곳에는 머리에 면류관을 쓰고, 손에는 승리를 상징하는 종려의 잎이 있고, 더욱이 하나님을 찬양할 금으로 만든 하프(악기)로 치장한 많은 사람들이 걷는 도성이 있었다."[56] '그리스도인'과 '소망'은 그들 여행의 혹독함을 이겨내고 천국의 도성으로 인도되지만, '무지'는 손과 발이 묶여 끌려가게 되었다.

그 여행을 통하여 그리스도인에게 중요한 핵심은 그의 눈이 계속적으로 천국의 도성을 바라보는 것이고, 그런 목표는 자신이 지옥의 도성으로부터 왔다는 지식과의 긴장관계 속에서 유지되었다. 그리스도인이 의심을 할 때마다 그는 혼돈이나 다른 무질서를 향하여 길을 따라가는 자신을 발견하게 되었다. 가장 중요한 것은 그리스도인 앞에 놓여진 비전이었다. 그분은 바로 하나님이셨다.

분명히 가장 중요한 것은 하나님께서 그 여행의 목적을 결정하신다는 점이다. 피아제, 에릭슨, 파울러와 같은 발달심리학자들에게 있어서, 신은 지속적으로 변화하는 자아의 이상이다. 그리고 그 자아는 세월이 흐름에 따라 이 세상에서 더 세련되고 다른 것들에 의해 조절된다. 그 자아는 다른 것들을 합리화시키는 능력을 가지고 있다. 각 단계들의 정점에 있는 자아의 위대함이란 그 자아가 다른 것들을 묵인한다는 점이다.

이것은 그리스도의 몸의 지체들의 목적과 대조적이다. 그리스도의 몸의 지체들로서 우리는 우리의 연약한 삶이 천국을 향하는 깊은 인식과 억제할 수 없는 그리움을 경험한다. 구원의 이야기 속에서 죽음은 우리의 끝이 아니라, 부활을 의미한다.

5) 특별한 하나님의 특별한 백성

발달심리학자들은 자신들이 보편적(또는 우주적)인 것처럼 자신의 이론들을 제시한다. 예를 들어 문화의 보편적 개념에 대한 비고츠키의 주장을 생각해 보자. 상황론자들은 넓은 의미에서 문화 자체를 하나의 문화로 부르는 어떤 것을 묘사할 수 있는 문화의 보편적 정의에 찬성한다. 그러나 문화에 대한 그런 정의 규정은 문제가 있다. 문화의 개념은 상황 그 자체이다. 문화의 개념은 문화적으로 의존되어 있고, 문화가 무엇이냐의 개념에 대한 보편적 일치점도 없다.

현대 인류학의 관점에서 보면, 문화는 새로운 것이 아니다. 라틴어에서 문화의 의미는 농작물이나 동물들을 기르는 행위라고 케서린 탄너(Kathryn Tanner)는 지적한다. 괴테(Goethe)가 살았던 시절에, 문화는 독일어 'Bildung'(교양, 교육이라는 의미)과 같은 동의어였다. 문화인이란 교육을 받은 사람이고, 독일 중류층의 구성원 가운데 하나라는 것을 의미했다. 문화는 독일에서 사회구성원에 적용되었다. 그것은 사회적으로 최고의 업적을 성취해 낸 사람을 묘사하는 데 사용되었다. 프랑스에서 문화는 어떤 한 사람을 묘사하는 방법이었을 뿐만 아니라, 문명이라는 말과 동의어였다. 프랑스에서 그것은 프랑스 사회의 다양한 계층 간 삶의 방식 속에서 불확실한 차이점들이 사회적 질서와 통일성의 추구 속에서 궁극적으로 극복될 수 있는 것을 묘사하는 것이었다. 영국에서는 고차원의 문화와 저차원의 문화가 존재했다. 고차원의 문화는 "산업화와 민주주의의 기계적 효과로부터 국가를 구원해 낼 수 있는 사회개혁과 국가 회복의 원리였다."[57]

인간 발달의 용어에서, 문화는 실제적으로 무엇을 의미하는가? 문화는 끊임없이 변화하는가? 그리고 시간이 흐름에 따라 진화하고 그 문화 속에서 살아가는 사람들 사이에서 변화를 유도해내는가? 아니면 문화는 평형 상태를 추구하고 변화하지 않고 현재의 상태(status quo)를 유지함으로써 조화를 추구하는가? 사람들이 문화를 만드는가? 아니면 문화가 사람들을 만드는가? 과연 문화에 대한 보편적 구분이 가능한가?

바우만은 보편주의의 현대적 주장은 감소해 오고 있으며, 현대화는 이제 지구화라는 주장을 더 부드럽게 만들고 있다고 주장한다. 지구화는 "세계 도처에 흩어져 사는 누구나 맥도널드의 햄버거를 먹을 수 있고, 최근 제작된 TV의 다큐드라마를 시청한다."는 것을 의미한다. 이전에 이성의 보편적 원리는 철학자에 의해 언급되었지만, 글로벌 시대에는 혼돈과 우연성이 그 자리를 차지하고 있다.[58]

이웃, 농장, 책상 그리고 교회와 같은 상황 속에서 살며 저술활동을 하고 있는 웬델 베리(Wendell Berry)는 지구화를 평가절하한다. 베리에게 있어서, 공동체는 특별한 때와 특별한 물리적 환경 속에 있는 하나의 특별한 장소이다. "일상생활과 일상적 토대에 의존하여, 공동체는 존재하며 그 공동체의 성공여부는 장소와 주변 환경의 성공과 분리될 수 없다. 예를 들면, 토양, 삼림, 목초지, 식물과 동물, 물, 빛 그리고 공기"와 같은 것들이다.[59] 베리에 따르면 그리스도 안에서 하나님과 연관되어 있고 하나님을 의존하는 그리스도인들은 교회에서 만나는 다른 사람들과의 대인관계에 의하여 영향을 받는다. 각각의 공동체는 서로 다르다. 이유인즉, 한 사람은 아일랜드에 있고, 다른 사람은 켄터키 주의 폴트 윌리엄(Port William)에 있기 때문이다. 그러므로 각 교회는 단순히 다른 문화를 갖는다는 것 이상의 많은 것을 내포한다. 베리는 교회가 일반화된 기독교에 굴복한다고 비판하는데, 그 이유는 교회가 우리의 전통적 유산을 제대로 평가하지 못하기 때문이다. 그는 교회의 건축을 하나의 사례로 제시하면서 "최근 현대 교회들은 교회 건축의 전통적 유산을 잘 활용하지 않고 마치 로봇에 의하여 건축되는 것처럼 보인다. 교회들이 전통적 유산을 잘 활용하여 건축을 하는 것은 예배 행위가 될 수도 있다는 것을 인식하지 못하는 것 같다"고 주장한다.[60]

베리의 통찰은 발달심리학을 우리가 비판할 때, 도움을 준다. 왜냐하면 공동체 속에서 우리는 건강이나 온전함의 개념을 알 수 있기 때문이다. 베리는 다음과 같이 기록하고 있다.

> 사실상 "건강"이라는 단어는 "치유하다", "온전한", "거룩한"과 같은 인도-유럽어의 어근에서 온다. 건강하다는 것은 문자적으로 온전하다는 의미이다. 치유한다는 것은 온전하게 만든다는 뜻이다. 나는 불완전한 치료자들이 사람을 거룩하게 만드는 능력이 있다고 믿어져서는 안 된다고 생각한다. 그러나 나는 그런 치료자들이 모든 피조물들 속에 있는 거룩성을 적절하게 인식하고 존중해야 한다고 확신한다. 또한 우리의 치료(행위)에는 우리의 내면에 하나님의 성령과 호흡이 보존되어 있다고 확신한다.[61]

건강이나 온전함의 반대는 무엇인가? 그것은 질병이다. 그것은 우리로 하여금 자신의 건강 상태뿐만 아니라, 신체의 독립된 부분들을 의식하게 만든다. 그 독립된 부분들은 마치 우리가 기계인 것처럼 인지적, 심리사회적, 정신분석적, 도덕적, 그리고 신앙적 부분들이라고 불리워진다.

요약하자면, 목표는 발달이 무엇인지를 우리가 이해함에 있어서, 무엇이 중요하느냐는 점이다. 그 목표는 인간의 성장과정 뿐만 아니라, 성숙의 상황도 묘사하는 것이다. 발달심리학자들에게 있어서 목표는 자아를 쇄신하고 재개발하는 것이다. 그리고 그 자아는 세월이 흘러감에 따라 더욱 세련되고, 이 세상에 존재하는 모든 종류의 다른 것들에 적응하게 된다. 각 개인들은 다른 사람들의 삶이 내포하고 있는 부정적 특성들을 합리화해 버릴 수 있기 때문에 모든 종류의 다른 것들에 적응할 수 있다. 발달심리학의 목표는 그리스도의 몸의 지체들이 갖는 목표와는 현저하게 다르다. 우리 그리스도인들의 목표는 교회의 머리가 되시는 그리스도의 수준까지 성장해 가는 것이다. 우리의 목표는 자아의 완성이 아니라, 신앙적 부활이다.

4. 결론

치누아 아케브(Chinua Achebe)의 걸작 소설인 『모든 것은 무너진다』(Things Fall Apart)에 등장하는 오콘코(Okonkwo, 부족의 이름은 Igbo)와 그의 복잡하고도 기이한 인생은 산산이 조각나서 그 이야기의 끝부분에 이르면 주인공(Okonkwo)은 자살로 생을 마감한다. 아프리카의 그 지역에 살았고 오코코의 죽음에 중요한 역할을 했던 영국의 지방행정관은 주인공이 처음에는 대사(messenger)를 죽이고 나중에는 스스로 목을 메달아 죽는 사람이라고 간주한다. 그것이 이 책의 흥미를 더해 준다. 그러나 나중에 지방행정관이 주인공의 죽음에 대해 많은 것들을 생각할 때, 이 걸작소설의 이야기에는 하나의 고통스러운 이야기가 펼쳐진다. 그 지방행정관은 "작가가 주인공에 대해 충분한 분량을 기록할 수 있었을 것이다. 아마도 충분한 분량은 아니지만, 어쨌든 합리적인 정도의 분량을 쓸 수 있었다. 그리고 포함시킬 그 밖의 내용들이 아주 많았지만, 작가가 세부적 내용들을 생략했음에 틀림없다"고 기록한다. 아케브는 "많은 생각을 한 후에 그 책의 제목(니제르 강 하류에 사는 원시 부족의 평화조약)을 이미 결정했었다"고 설명한다.[62]

제3장 발달심리학을 뛰어넘는 신앙적 순례

　발달심리학은 그 지방행정관이 주인공의 삶의 이야기에서 다루는 내용을 종종 다룬다. 즉, 아주 복잡하고 변화무쌍한 인간의 삶을 하나의 고정된 단계, 범주 또는 묘사적 수준으로 왜곡시키고 축소시키며 단순화시킨다. 인간과 인간의 발달을 묘사할 때, 발달심리학은 고착된 구조의 발달 단계나 발달 수준을 초월하고 예상할 수 없게 변화하며 성장하는 역동적 삶의 이야기들을 종종 제대로 다루지 못한다. 한 인간의 삶은 인지적 삶, 심리사회적 삶, 도덕적 삶 그리고 신앙적 삶으로 명확하게 분리될 수 없다.[63]

　우리는 인간을 그리스도의 몸이라는 관점에서 생각해야만 한다. 왜냐하면 우리가 육체, 정신 그리고 영혼을 생각하기 전에, 만일 우리가 그리스도의 몸의 분신이라고 생각한다면, 우리는 "하나님께서 성장하게 하심으로" (골 2:19) 성장하기 때문에, 우리 자신들이나 이웃들을 이전과 다르게 이해하고 인식하게 될 수 있다. 이런 연유로 순례의 여행을 그리스도의 몸의 행동으로 설명하고 적용하는 것은 대단한 호기심을 유발하게 한다. 인생의 순례여행은 하나의 운동의 의미를 내포한다. 다시 말하자면, 시작부터 끝까지 하나님의 통치의 목적을 향한 여행이라는 것이다.

　이런 순례여행에서 어떤 종류의 발달이 일어나는가? 에베소서에서 우리는 그리스도의 몸으로서, 우리가 그리스도의 수준까지 성장한다는 내용을 다음과 같이 찾아볼 수 있다. "오직 사랑 안에서 참된 것을 하여 범사에 그에게까지 자랄지라 그는 머리니 곧 그리스도라 그에게서 온몸이 각 마디를 통하여 도움을 입음으로 연락하고 상합하여 각 지체의 분량대로 역사하여 그 몸을 자라게 하며 사랑 안에서 스스로 세우느니라."

　우리는 육체를 가지고 태어나며 세례를 받는다. 그리고 우리가 하나님의 은총을 제대로 인식하고 감사함으로써 성숙하게 될 때에, 그리스도의 신실한 제자들로서 삶에 대한 우리의 이해와 통찰은 성숙하고 심화되며 넓어지게 된다. 인간의 노력이 아니라, 우리를 구원하시기 위해 우리에게 주시는 하나님의 선물인 은총에 의하여, 그 은총 속에서 그리고 그 은총을 통하여 우리는 그리스도의 장성한 분량에 이르기까지 성숙해 간다. 에베소서의 저자는 우리 모두가 "하나님의 아들을 믿는 것과 아는 일에 하나가 되어 온전한 사람을 이루어 그리스도의 장성한 분량이 충만한 데까지 이르리니"(엡 4:13)라고 분명히 기록한다.

그리스도의 몸인 교회 안에는 시간적으로 그리고 신앙적으로 나이가 든 장년층과 나이가 어린 유소년층이 있다. 인생의 순례여행에 참여하는 나이가 어린 아동들이 그 여행에 대하여 이해를 하거나 많은 것을 아는가? 또한 나이가 든 사람들이 그 여행에 대하여 더 많은 것을 알고 싶어 한다고 말할 수 있는가? 대답은 우리가 살고 있는 기독교 공동체와 다루는 주제들이 그리스도의 몸과 밀접한 기독교 공동체에 달려있다. 제롬 브루너(Jerome Bruner)는 나이의 적절성에 대한 문제를 해결하고 교회나 교구에서 기독교적 삶을 가르치기 위한 통찰을 다음과 같이 제시한다.

> "어떤 주제가 정직하게 가르쳐진다면 어떤 연령에 있는 아동에게도 가르쳐질 수 있다." 일반적 명제는 어떤 지식의 영역이 가변적 수준의 추상성이나 복잡성에서 만들 수 있는 더 심오한 진리에 근거한다. 즉, 지식의 영역들은 발견되는 것이 아니라, 만들어진다는 의미이다. 그 지식의 영역들은 단순하거나 복잡하게 그리고 추상적이거나 구체적으로 만들어진다.[64]

브루너는 하나의 상황에서 어떤 주제를 아동이 이해할 수 있게 만들고, 그 주제는 표현되거나 가르쳐지는 방법에 의존적이라고 주장하였는데, 그것은 일리가 있는 말이다. 그리스도인들에게 있어서, 인생의 순례여행에 우리와 동행하시는 예수 그리스도라는 분은 정직하고 신실한 방법으로 어떤 아동이나 성인에게도 가르칠 수 있다. 만일 우리가 바울에 대해 진지하게 생각한다면, 그리스도 안에서 어린아이와 같은 육체수준의 사람들도 있다는 것을 깨닫게 된다. 그런 수준의 사람들은 단단한 음식을 소화할 수 있는 것이 아니라, 우유와 같은 부드러운 것이 필요하다(고전 3:1-2). 그리고 우리 자신들을 그리스도인이라고 인식하는 인생의 순례여행에서보다 더 복잡하고 추상적인 단단한 음식을 먹을 준비가 되어 있는 사람들이 있다. 그러나 그 대상은 성장이나 하나님에 대한 지식을 가능하게 만드는 교회의 상황에 놓여있는 인간들에게만 국한되는 것은 아니다. 우리의 상황 속에서 그리스도인들은 그리스도의 몸 안에서 우리가 가르치고 성장한다는 것을 인식한다. 인생의 순례여행에서 신앙의 초보자들은 하나님 백성들의 이야기와 전통들에 관하여 장로들에게서 배울 수 있다. 그리고 가르침을 통하여 장로들

제3장 발달심리학을 뛰어넘는 신앙적 순례

은 기억되고, 그들도 성경의 이야기들과 전통들을 기억하게 된다. 여기에는 가르치는 우리 뿐만 아니라, 우리 속에서 가르치시는 성령도 역시 포함된다. 칼빈은 다음과 같이 기록하고 있다.

> 완전하신 하나님께서는 하나님의 백성들이 교회의 교육을 통하여 인간답게 성장하시기를 얼마나 원하시는지 우리는 알 수 있다… 또한 온유하시고 가르치시는 성령과 더불어, 하나님의 백성들이 가르치는 직분에 임명된 교사들에 의하여 통제를 받아야 하는 법도 아래 놓여있음도 우리는 알 수 있다. 이사야는 오래 전, 다음과 같이 언급함으로써 그리스도의 왕국을 묘사하였다. "네 위에 있는 나의 신과 네 입에 둔 나의 말이 이제부터 영영토록 네 입에서와 네 후손의 입에서와 네 후손의 후손의 입에서 떠나지 아니하리라 하시니라"(사 59:21).[65]

하나님을 아는 지식을 통한 배움과 성장은 그리스도인 사이의 교제라는 상황에서 발생한다. 인생의 순례여행을 가능하게 만드는 하나님의 기적과 우리의 육체, 정신 그리고 영혼이 지니고 있는 인간의 욕구는 하나님의 나라를 준비하는 성도의 교제에 필요한 요소들이다. 그것에 대해 길버트 메일란더(Gilbert Meilander)는 "인생이란 하나의 여행과 같은 것이다. 그런데 그 여행은 친구들이 하나님 안에서 서로서로 사랑하는 그 공동체(천국)를 향하여 가는 순례의 여행이다. 그 여정에서 교제는 학교의 역할을 한다. 그리고 그 학교는 사랑의 의미와 사랑의 법규 안에서 우리를 가르친다"고 설득력 있게 언급하고 있다.[66]

■주(Notes)

1) Jenifer Copeland, "Generic Development," final paper for Human Development in the Church at Duke Divinity School, Durham, N.C, (May 6, 1997).
2) Jenifer Copeland, "Generic Development,"
3) M. Franklin Dotts, *Invitation: Bible Studies for Ages 3-4, Teacher Manual: Living as God's People* (Nashville: United Methodist Publishing House, 1993), 8.
4) Kenneth Garland, "The Christian Education of Youth," *Foundations for Ministry*, Michael Anthony (ed.) (Wheaton: Victor, 1992), 162.
5) Brett Webb-Mitchell, *Unexpected Guests at God's Banquet* (New York: Crossroad, 1994), 8.
6) Julian Rappaport, *Community Psychology* (New York: Holt, Rinehart & Winston, 1977), 28.
7) Alasdair MacIntyre, *After Virtue: A Study in Moral Theory*, 2nd ed. (Notre Dame, IN.: University of Notre Dame Press, 1984), 205.
8) Alasdair MacIntyre, *After Virtue: A Study in Moral Theory*, 211-3.
9) Neil Postman, *Conscientious Objections* (New York: Vintage, 1992), 13.
10) Jean-Francois Lyotard, & Frediric Jameson, in Stanley Aronowitz, & Henri Giroux, *Postmodern Education* (Minneapolis: University of Minnesota Press, 1991), 60.
11) Zygmunt Bauman, *Postmodern Ethics* (Cambridge: Blackwell, 1993), 2-3.
12) MacIntyre, *After Virtue*, 220.
13) MacIntyre, *After Virtue*, 220.
14) I understand that for Vygostky and Luria culture is of equal importance withthe growth of the child.
15) James Fowler, *Stages of Faith* (San Francisco: Harper & Row, 1980), 182.
16) Mary Boys, *Educating in Faith* (San Francisco: Harper & Row, 1989), 174.
17) Patricia Miller, *Theories of Developmental Psychology*, 3rd ed. (New York: W. H. freeman, 1993), 75.
18) MacIntyre, *After Virtue*, 220.
19) MacIntyre, *After Virtue*, 12.
20) Mary Pipher, *Reviving Ophelia: Saving the Selves of Adolescent Girls* (New York: Ballantine, 1994), 65.
21) Dale Martin, *The Corinthian Body* (unpublished manuscript, Duke University, Durham, N.C.), 6.

22) John Flavell, *The Developmental Psychology of Jean Piaget* (New York: D. Van Nostrand, 1963), 15-6.
23) Jean Piaget, & David Elkind, *Six Psychological Studies* (New York: Random House, 1968), 7-29.
24) Miller, *Theories of Developmental Psychology*, 81.
25) For an entertaining novel that explores this assumption, read John Updike's *Roger's Version* (New York: Knopf, 1986).
26) Ana-Maria Rizzuto, *The Birth of the Living God* (Chicago: University of Chicago Press, 1979), 13.
27) Jean Piaget, *The Child's Conception of the World* (Totowa, NJ.: Littlefield, Adams, 1979), 268.
28) Erik Erikson, *Childhood and Society*, 2nd ed. (New York: W. W. Norton, 1963), 250-51.
29) Aronowitz, & Giroux, *Postmodern Education*, 60.
30) Zygmunt Bauman, *Life in Fragments* (Cambridge: Blackwell, 1995), 24.
31) Aronowitz, & Giroux, *Postmodern Education*, 57-69.
32) Miller, *Theories of Developmental Psychology*, 375.
33) Urie Bronfengrenner, *The Ecology of Human Development* (Cambridge, MA.: Harvard University Press, 1979).
34) Miller, *Theories of Developmental Psychology*, 377.
35) F. L. Cross, & E. A. Livingstone, *The Oxford dictionary of the Christian Church* (New York: Oxford University Press, 1978), 1091.
36) Victor Turner, & Edith Turner, *Image and Pilgrimage in Christian Culture* (New York: Columbia University Press, 1978).
37) In Frank McCourt's autobiography, *Angela's Ashes* (New York: Scribner, 1996), 14.
38) John Bunyan, *The Pilgrim's Progress* (New York: Penguin, 1987), 12.
39) Geoffrey Chaucer, *Canterbury Tales* (New York: Bantam, 1982), 3.
40) Richard Rodriguez, "On Borders and Belonging: A Conversation with Richard Rodriguez," *The Reader* (March-April, 1995), 78.
41) *Book of Common Worship* (Louisville: Westminster John Knox, 1993), 414.
42) John Calvin, *Institutes of Christian Religion*, John McNeil (ed) (Philadelphia: Westminster Press, 1960), 4-21.
43) *Book of Common Worship*, 921.

44) Dorothy Day, *The Long Loneliness* (New York: Harper & Row, 1981), 224-43.
45) Day, *The Long Loneliness*, 285.
46) Day, *The Long Loneliness*, 225.
47) Calvin, *Institutes*, 2-8.
48) Bunyan, *Pilgrim's Progress*, 11.
49) William Poteat, *A Philosophical Daybook* (Columbia: University of Missouri Press, 1990), 2-3.
50) Augustine, *Confessions* (New York: Penguin, 1979), 248.
51) Augustine, *Confessions*, 178-9.
52) 발달심리학자 Sharon Parks는 하나님에 대하여 다음과 같이 언급하기까지 한다. "하나님"은 기독교인들에게 있어서는 삶의 중심으로 작용하시는 반면, 모든 사람들에게 있어서 "하나님"은 필연적으로 "궁극적 가치"는 아니다. *The Critical Years* (New York: Harper & Row, 1986), 17.
53) Piaget, *Six Psychological Studies*, 62-63.
54) Erikson, *Childhood and Society*, 269.
55) James Fowler, *Becoming Adult, Becoming Christian* (New York: Harper & Row, 1984), 69.
56) Bunyan, *Pilgrim's Progress*, 101.
57) Kathryn Tanner, *Theories of Culture* (Minneapoils: Fortress, 1977), 3-24. 문화는 우리가 말하고 있는 내용을 아는 것처럼, 기독교인들에 의해서도 폭넓게 사용되고 있다. 우리는 H. Richard Niebuhr의 *Christ and Culture* (New York: Harper & Row, 1951)와 Lesslie Newbigin의 *Foolishness to the Greeks* (Grand Rapids: Eerdmans, 1986), 3쪽에 나오는 문화의 개념을 찾아볼 수 있다.
58) Bauman, *Postmodern Ethics*, 24.
59) Wendell Berry, *What Are People For?* (San Francisco: North Point, 1987), 192.
60) Wendell Berry, *Sex, Economy, Freedom and Community* (New York: Pantheon, 1993), 112.
61) Wendell Berry, *Another Turn of the Crank* (Washington, D.C.: Counterpoint, 1995), 86-7.
62) Chinua Achebe, *Things Fall Apart* (New York: Doubleday, 1994), 209.
63) 이런 구분은 정신의학자 로버트 콜스(Robert Coles)의 훌륭한 업적이 가지고 있는 비판적 문제들 가운데 하나이다. 한 인간의 "신앙적 삶"이 그 사람의 "도덕적 삶"과 "정치적 삶"에 영향을 미치고, 결정적으로 작용할 것이라는 점은 분명하다. 그리고 그것은 신앙적, 도덕적 그리고 정치적 삶이 어떻게 규정되느

냐에 달려있다.
64) Jerome Bruner, *The Culture of Education* (Cambridge: MA.: Harvard University Press, 1996), 119.
65) Calvin, Institutes, 1-5.
66) Gilbert Meilander, *Friendship: A Study in Theological Ethics* (Notre Dame, IN.: University of Notre dame Press, 1981), 66, in Paul Waddell, *Friendship and the Moral Life* (Notre Dame, IN.: University of Notre Dame Press, 1989), 101.

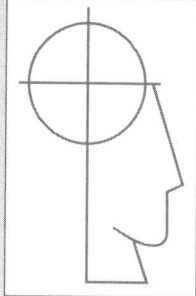

Care for the Soul:
  Exploring the Intersection of Psychology & Theology

제4장

자아 개념: '영혼'의 방어 측면에서

제프리 보이드(Jeffrey H. Boyd)

'하나님의 도성' 제14장에서 어거스틴(Augustine)은 그 도시가 사랑하는 것을 기초로 두 도시를 구분하고 있다. 하나님의 도성은 무엇보다도 하나님을 사랑한다. 이 세상의 도시는 무엇보다도 도시 그 자체를 사랑한다. 하나님의 도성은 모든 삶의 문제들에 있어서 먼저 하나님의 인도하심을 구하고 하나님과 대화하기 위한 예배와 기도, 고백의 필요에 의해 준비되어 있다. 반면에 세상의 도시는 세상 자체가 바라는 것과 욕망을 최고 우선으로 하기 때문에 무엇이든지 도시 자체가 기쁘게 되는 것을 선호한다. 어거스틴의 시대에서 세상의 도시는 이방의 로마였고 하나님의 도성은 교회였다. 본장에서 나는 세상의 도시를 미국의 세속문화로, 특별히 일반 정신건강 운동으로 간주할 것이다. 그 이유는 기독교상담과 일반상담 및 심리치료 사이에는 커다란 차이가 있으며, 그들은 서로 다른 도성에 속해 있기 때문이다. 내가 관심을 가지고 있는 것은 기독교상담이 아니고 신학과 연관된 일반상담 및 심리치료이다. 그리고 이 관계는 당신이 기대하는 것과는 차이가 있을 것이다.

이 책의 다른 장들은 상담 및 심리치료를 다루고 있는 반면에 본장은 그렇지 않다. 나의 첫 번째 관심은 상담 및 심리치료를 아직까지 한 번도 받아

보지 않았던 침묵하고 있는 대다수의 미국인들의 자아 개념과 자아상에 있다. 일반 사람들은 그들 자신을 누구로 생각 하는가? 그들은 자신들의 삶을 어떻게 이해하고 있는가? 나는 일반 사람들은 대체로 세속적 기준에 따라 그들 자신을 이해하고 있다고 주장한다. 나는 하나님의 도성과 세상의 도시에 동시에 살고 있으며, 두 가지 전문 직책을 가지고 있다. 나는 임명받은 성직자로 신학적 인류학에 관한 세 권의 책과 신학에 관한 12개의 연구 기사를 썼다.[1] 이와 같이 나는 하나님 도성의 시민으로서의 나를 발견하게 된다. 만약 내가 본장에서 독자들에게 인생의 가장 우선시 되는 것들에 관하여 조사한다면 그들은 즉각적으로 "온 맘과 전심, 힘을 다하여 주님을 사랑하고, 나의 이웃을 나 자신처럼 사랑하는 것"이라고 말할 것이다.

나는 또한 정신과 의사이다. 나는 예일 대학교 의학부에서 훈련 받았고 국립건강 연구소의 교수로 있었으며, 뉴잉글랜드 의학 잡지를 발행했다. 그리고 최근에는 정신병리학의 회장으로, 워터베리 병원의 윤리를 담당하는 회장의 위치에 있다. 내가 정신과 의사일 때는 나 자신이 세속적 도성의 시민으로서 살고 있는 것을 발견하게 된다. 나의 일상은 복음전도를 위한 신학교의 상담 분야와는 전혀 다른 환경에 속해 있다. 당신들은 나를 용기 있는 사람이라고 말하거나 또는 나를 그렇게 황폐하고 냉담한 환경 속에서 일하는 것을 선택했다고 바보라고 할 수도 있다.

내가 일반상담 및 심리치료자들이 모인 청중 앞에서 그들에게 삶의 가장 우선시 되는 것이 무엇이냐고 물어본다면 그들은 어떻게 대답할 것인가? 첫 번째, 그들 중 대다수가 삶의 궁극적 우선사항에 대해 생각해 본 적이 없기 때문에 당황하게 될 것이다. 그러나 잠시 주저한 후에 많은 일반상담 및 심리치료자들은 다음과 같이 전통적인 답변을 하게 될 것이다. "한 개인으로서의 잠재력을 발휘해서 자신의 깊은 소망을 듣고 추구하며, 자아를 강화하고 최대한 발전해서 자율적으로 결정할 수 있는 완전히 개인화된 나 자신이 되는 것이다." 어거스틴 자신도 이 세상의 도성의 목표에 대해서 이보다 더 정확하게 진술 할 수는 없었을 것이다.

일반 정신건강 운동은 자아를 삶의 가장 큰 가치로, 중심에 놓는다. 하인즈 코헛(Heinz Kohut), 칼 로저스(Carl Rogers), 아브라함 매슬로우(Abraham Maslow)와 롤로 메이(Rollo May)는 노골적으로 모든 치료의 초

제4장 자아 개념: 영혼의 방어 측면에서

점과 핵심가치로 자아를 강조한다. 이 자아라는 단어는 무엇인가? 나는 본장에서 자아를 전인 또는 주관적인 내적 사람을 지칭하는 데 사용할 것이다. 그 의미는 나 자신이나 너 자신이라는 단어 안에 내포되어 있다. 코헛은 자아의 분열과 파괴에 대해 그리고 상담 및 심리치료를 받는 내담자가 자아를 통일하고 결합을 추구하는 것을 돕는 방법과 모색의 필요성에 대해 매우 적절하게 기술했다.[2] 이 자아라는 단어에 함축되어 있는 것은 자아 존중과 자아 개념이다. 자아라는 세속의 단어는 성경적 단어의 영혼(soul)과 가장 정확하게 부합된다. 실제로 성경의 번역자들은 자주 이 두 단어를 상호교환해서 동의어로 사용하고 있다.

영혼과 자아는 둘 다 내용이 풍성한 단어들이다. 그리고 때로는 전인과 육체, 모든 것들을 포함하고 있기 때문에 두 단어를 내적 또는 주관적 사람을 지칭하는 것으로 정의할 수 있다. 그리고 영혼과 자아는 의식적, 무의식적 정신을 포함하고 있다. 두 단어는 죽음 후에 곧바로 재생해서 몸이 부활할 때까지 중간층에서 예수 그리스도와 함께 있는 인간의 상태를 의미하며, 또한 두 단어는 성경의 마음이나 영과 거의 같은 의미로 사용되고 있다. 영혼이라는 단어는 신학적 용어라는 의미에서 자아와 구별되며, 따라서 결코 영혼이 세상에서의 최고 가치로 생각하는 잘못을 범해서는 안 된다.

세속의 세계에서 나의 상담 및 심리치료 연구는 자아를 다른 무엇보다도 최고로 여기고 우상으로까지 올려놓는 세속 도성시민들의 생각과 정면으로 대치된다. 어거스틴에 의하면 이것은 분명히 결정적인 문제이다. 세속적 도성은 자아를 무엇보다도 중요시하는 사람들이며; 천상의 도시는 하나님을 자아보다 더 중요하게 생각하는 사람들이다. 이것은 왜 순종이라는 단어를 신학에서 중요시하며, 그리고 일반심리학에서는 왜 중요하게 생각하지 않는 지에 대한 이유가 된다. 왜냐하면 순종은 자기 자신을 더 높은 권위에 굴복시키는 것을 의미하기 때문이다. 순종은 겸손을 의미한다. 일반 정신건강 운동에서 가르치는 순종은 단지 자기 자신의 요구와 열망에 귀 기울이는 것에 불과하다.

어떤 독자들 특히 상담 및 심리치료자들은 나의 주장이 너무 단순하다고 반대할 것이다(그리고 어거스틴에게도). 왜냐하면 세속적 도성의 모든 사람들이 스스로 본인들은 자아 중심적이지 않다고 생각하기 때문이다. 이 세상의 많은 시민들은 애타적이고 관대하고 어떤 그리스도인들보다 윤리적이다. 더 나아가 알코올 중독의 남자친구에게 빠져 있는 여성은 그녀 자신이 아니라 그녀의 애인을 우상으로 취급하고 있는 것이다. 이에 대한 반대 의견을 본장에서는 표명하지 않았지만 다른 장에서는 설명했다.[3]

두 도성은 자아 부인과 자아 희생에 대한 그들의 관점에서 서로 구분될 수 있다. 하나님의 도성은 우리가 자신들이 아니라 하나님을 섬기고 있음을 명확히 하기 위하여 때때로 자아 희생이 필요함을 강조한다. 십자가에 못박힌 주님이 그 예가 될 수 있다. 그러나 일반상담 및 심리치료의 도성에서는 자아 희생에 대한 매우 다른 관점을 가지고 있다. 자아 희생을 위험한 것으로 간주하며, 그 이유는 세상에서 가장 중요한 자아를 파괴하거나 소홀히 할 수 있기 때문이다. 역설적으로 말하면 자기 자신에 대해 좋은 감정을 갖고 있다면 어느 정도의 자아 부인과 제한된 애타주의에 대해서도 찬성한다. 즉, 일반상담 및 심리치료자들은 자아 희생이 자아 존중을 증가하는 범위 내에서는 찬성한다. 그러나 만약 자아 희생이 당신에게 해가 되거나 죽음으로 위협 받는다면 이를 반대한다. 그 이유는 자아는 우상이고 그 우상의 파괴는 절대 합리적인 것이 되지 못하기 때문이다.

역설적으로 일반 정신건강 운동은 자애주의 문화에 공헌하였다.[4] 나는 정신의학에서 자기애적 성격장애가 상담 및 심리치료를 필요로 하는 질병으로 분류되는 것을 "모순"이라고 생각한다. 자애주의에 대한 치료 문화는 후기 현대주의의 해체주의가 성장하기 위한 영양이 풍부한 토양이다.

나는 하나님을 중심으로 하는 하나님의 도성과 자아 중심의 세속적 도성을 그들이 가장 사랑하는 것에 대한 관점에서 확실하게 구분하기를 원한다. 본장에서 나는 일반 정신건강 운동을 공화국의 경비, 즉 세속적 도시 정예부대와 동등한 것으로 간주한다. 우리는 미국인의 94%가 하나님을 믿지만 미국의 상담 및 심리치료자와 심리학자의 43%만이 하나님을 믿는다는 것을 기억해야 한다.[5]

신학자들이 상담 분야에서 심리학자들을 동료로 간주한다. 이것은 심각한 실수다. 알버트 엘리스(Albert Ellis)라는 심리학자는 다음과 같이 기록한다.

열렬하고 정통적이며 독단적인 종교(또는 사이비 신앙이라고도 함)는 확실히 감정적 소요와 연결되어 있다. 열렬한 종교적 인간은 융통성이 없거나 닫혀있고, 참을성이 없으며 변화하지 않는다. 사이비 신앙은 그러한 면에서 비이성적 사고나 감정적 소요와 동등한 것이다... 감정적 문제를 품위 있게 해결하는 것은 비종교적이 되는 것이다... 따라서 비종교적이 될 수록 감정적으로는 더 건강하게 될 것이다.[6]

1. 두 도성의 관계

어거스틴은 하나님의 도성과 세속적 도성 모두 하나님의 심판 날까지 서로 완전하게 승리할 수 없다고 말했다. 그러나 놀랍게도 우리 시대에 세속적 도성은 미국 대중문화에 거점을 마련하는 데에 성공했다. 예를 들어 신학과 심리학의 교차에 대해 논했던 휘튼 회의에서 우리는 미국이 치료문화를 가지고 있다고 반복해서 들었다. 만약 신학자들이 의제를 선택하고 어떤 어휘를 사용할 것인가에 대해 결정했다면 우리는 기독교 문화와 죄악의 문화에 대해 듣게 되었을 것이다. 그러나 신학자들은 더 이상 미국의 조종석에 앉아 있지 않다. 내가 휘튼 회의에서 발표하였던 논문에서 나는 여러 통계를 인용해서 미국의 세속문화의 추세는 미국 대중이 신학적인 자아 개념이 아니라 일반 정신건강의 자아 개념을 선호한다는 것이라고 설명했다. 그러나 여기에서는 그러한 통계치를 인용할 필요가 없다.

내가 휘튼 회의에서 이 논문을 발표했을 때 나는 청중의 반응에 대해 놀랐다. 나보다 더 그들이 확신하였던 것은 기독교 교회가 일반 미국인들의 자아 개념에 대한 전쟁에서 완전히 실패했다는 것이다. 신학자 로드니 클랩(Rodney Clapp)은 나에게 복음주의 신학자들이 설교자들에게 신학적 언어를 피하고 일반심리학적 언어를 설교에 사용하라고 충고했다는 말을 했다. 그 이유는 일반 사람들에게 심리학적 언어는 현실적으로 일상의 삶을 설명하는 데 쉽게 경험될 수 있는 반면에 신학적 언어는 추상적이고 이해하기 어렵기 때문에 쉽게 경험할 수 없다는 것이었다.

나는 내가 참석한 휘튼 회의 모든 곳에서 정신건강에 대한 어휘들이 신학적인 어휘이기보다는 신학 강연의 골격임을 알 수 있었다. 그러나 우리가 이러한 어휘를 사용한다면 그들과 함께 참여했던 정신건강 전투에서 패배하게 될 것이다. 데이비드 파우리슨(David Pawlison)은 "성경이 리드해야 한다"고 나에게 말했다.

1966년에 필립 리프(Philip Rieff)는 『치료법의 승리: 프로이드 이후의 믿음의 사용』(The Triumph of the Therapeutic: Uses of Faith After Freud)라는 책을 썼다. 그의 논제는 기독교가 사회를 조직하는 체계로서 죽어가고 있으며, 프로이드의 심리분석에 의해 대체되어 가고 있다는 것이다. 프로이드의 심리분석은 개인주의를 제공하고 있으며, 또한 개인들은 어떤 공통의 목적으로 조직화하려는 시도를 전혀 하지 않고 있다. "종교적 인간은 구원 받기 위해 태어나고, 심리학적 인간은 만족하기 위해 태어난다"라고 리프는 말한다.[7] 심리학적 토양은 후기 현대주의의 성장을 발전시켰다.

2. 문제를 조정하는 방법

선한 친구들이 일반 미국인의 자아 개념에 관한 전쟁에서 실패했다. 그러나 우리는 어거스틴이 심판이 끝날 때까지 두 도성 모두 다 완전히 이길 수 없다고 한 말에서 어떤 안도감을 가질 수 있었다. 그러나 당신은 신학의 대가와 전문가들이 이 전쟁에서 실패하게 된 원인을 알게 되면 놀랄 수밖에 없을 것이다. 나는 그들을 비난하기 위해 이 논쟁을 하고 싶지는 않다. 오히려 우리가 이전의 전쟁에서 왜 패배하였는가를 깨닫고 다음 전쟁에서 우리가 이길 수 있는 열쇠를 찾기 위한 것이다. 우리의 사고가 변화해야만 같은 공격을 받는 것을 피할 수 있다.

미국의 모든 장군들은 왜 미국이 베트남에서 패배했는지에 대해 연구하였다. 그 연구는 모든 군사 전략가들을 위한 지적훈련의 기반이 되었다. 어떻게 일어났는가? 왜 제3세계 국가의 전쟁기술도 거의 없는 몇몇 시골 농부들에 의해 막강한 화력과 기술적 우위의 미국 군대가 함락될 수 있었는가? 베트남에서의 패배를 공부하면서 그러한 실수들을 보강한 결과, 미국의 장군들은 페르시아의 걸프전쟁에서 이겼다.

제4장 자아 개념: 영혼의 방어 측면에서

　마찬가지로 하나님의 군대의 장군들은 왜 우리가 일반 정신건강 운동가들에게 패배했는지에 대해 연구할 필요가 있다. 단지 "일반심리학자들의 메시지가 인간의 부패함에 호소하였기 때문에 대부분의 미국인들의 마음과 정신을 얻을 수 있었다"라고 이유를 설명하는 것만으로는 불충분하다. 인간의 부패함은 타락이후 항상 주변에 있어왔지만 그러나 하나님의 도성이 이렇게 세속적 도성에 의해 무색하게 된 적은 거의 없다. 우리의 적이 하나님보다 더 능력이 있기 때문에 전쟁에서 패배한 것은 아니다. 또한 하나님이 우리를 포기하셨기 때문에 패배한 것도 아니다. 우리는 성경의 가장 중심의 하나인 영혼에 대한 교리를 포기하였기 때문에 패배하였다.

　만약 어거스틴이 아직 살아있다면 현대의 신학에 대해 첫 번째로 "영혼에 대한 교리가 어디 있습니까?"라고 물었을 것이다. 그는 영혼에 대한 교리의 부재로 강건한 신학을 유지하는 것이 불가능하다고 말했을 것이다. 만약 당신이 어거스틴에게 성경은 오직 "전인"에 대한 히브리적 개념만 말하고 있다고 한다면 그는 머리를 긁어대며 "당신이 죽을 때 무슨 일이 일어나는가? 더 이상 전인이 아닌가?"라고 질문하면서 이에 관해 정확하게 생각하고 있는지 궁금해 할 것이다.

　1926년 요하네스 페더슨(Johannes Pedersen)의 『이스라엘』(Israel)이라는 책을 시작으로 성경연구에서 반-영혼 캠페인이 일어났다.[8] 페더슨은 구약의 "영혼(nephesh)"은 전인이며, 따라서 육체는 영혼의 일부분이라고 기록했다. 많은 보수주의, 자유주의 성경학자들과 지도자들이 영혼에 대항한 그의 지적 캠페인에 동참했다.[9] 그의 책 『인간의 본질과 운명』(Nature and Destiny of Man)에서 라인홀드 니버(Reinhold Niebuhr)는 세상에 존재하는 모든 문제들 때문에 우리는 영혼을 비난하고 제거해야 한다고 주장하였다.[10]

　성경과 신학자들 사이에서 영혼-육체의 이원론은 플라톤과 헬레니즘적 사고이고 전혀 성경에서 발견되지 않았다는 대다수의 의견일치가 있었다.[11] 성경은 전권을 통해서 그들이 소위 말하는 "전인에 대한 히브리적 개념"을 주장하고 있다. 지 버쿠어(G. C. Berkouwer)는 성경은 언제나 심신상관설(육체와 정신을 연관되어 있다고 보는)의 관점으로, 종교적 중요성을 영혼에 두지 않는다고 기록했다.[12] 워너 재거(Werner Jaeger)는 영혼-육체의 이원론은 이상한 개념으로 어거스틴과 같은 엉뚱한 교부에 의해 잘못 해석된 것이라고 기록하고 있다.[13] 루돌프 불트만(Rudolf Bultmann)은 바울이 육체(sōma)라는 단어를 전인, 또는 자아로 표현함으로써 육체가 모든 것이라는 의미를 전하였다고 기록했다.[14] 이러한 바울의 인류학적 해석은 결과적으로 바울신학의 하나의 주제가 되었다.[15]

20세기의 중반쯤 보수와 자유주의 성향의 신학교의 모든 성경신학 교수들이 두 가지 개념을 가르치기 시작했다. "당신의 영혼은 당신의 전체이다" 그리고 "당신이 영혼을 가지고 있는 것이 아니라 당신이 영혼이다." 다시 말하면 당신이 영혼의 측면에서 또는 육체의 측면에서 어떤 사람에게 접근하던지 당신은 언제나 전인의 개념, 즉 분할할 수 없음을 발견하게 되는 것이다. 신학자들은 소위 구분될 수 없는 사람이 두 부분으로 나누어지는 죽음에 대해 망각하고 있었다. 시체와 시체가 아닌 것, 다른 말로 해서 그들은 육체적 부활 이전에 무덤에서 즉시 다시 살아나는 것에 대한 기독교의 소망을 부정하는 전인의 교리를 이해하는 데 실패했던 것이다.

1958년 오스카 쿨만(Oscar Cullmann)은 그의 유명한 책 『영혼의 불멸인가 죽은 자의 부활인가?』(Immortality of the Soul or Resurrection of the Dead?)을 간행하였다. 쿨만은 영혼의 불멸성에 대해 신약에서 전혀 언급된 적이 없다고 주장하였다.[16] 오히려 성경은 전인의 히브리 개념을 가정하고 있으며, 그리고 전인의 죽음의 실재를 강조한다. 기독교의 소망은 무덤으로부터 전인의 부활이고 그래서 우리는 언제나 육체로 있다. 그러나 쿨만의 책에 모순이 있다. 그는 신약이 100퍼센트의 죽음과 100퍼센트의 부활을 기대하고 있음을 암시하고 있다. 그리고 현재의 우리가 누구인가 또는 부활된 상태에서 우리가 누가 될 것인가에 관해 교량 역할을 하는 불멸의 영혼에 대한 증거를 제시하지 않았다.[17] 그러나 쿨만은 각주에서 육체를 입지 않는 중간의 개념을 인정하고 있다.[18]

이것은 바로 반-영혼의 큰 흐름이 성경번역에 자연스럽게 영향을 미쳤음을 나타내는 것이었다. 티모디 필립스(Timothy Phillips)는 이 책의 편집자로 나에게 편지를 썼다. "성경적이고 신학적 범주의 사람들이 최근의 시대 사조에 의해 마치 다른 사람처럼 되었다." 번역가들은 히브리 단어로

제4장 자아 개념: 영혼의 방어 측면에서

*nephesh*와 헬라어 *psyche*로 사용된 대부분의 동사들이 전혀 영혼을 의미하는 것이 아니라고 주장했다.[19] 그들은 의미론적 융통성의 개념과 함께 그러한 단어들의 영어 의미를 확장해서 강조했다. 학자들은 어떻게 그러한 단어들이 "영혼"을 의미하는 것이 아니고 "목구멍"이나 "생명"을 의미하는 지에 대한 논문들을 썼다.[20] 번역가들은 영혼의 단어를 개인적 대명사로 바꾸어 "내 영혼이 악한 자를 혐오한다"를 "나는 악한 자를 혐오한다"라고 번역하였다. 뛰어난 신약학자이자 나의 스승인 크리스터 스텐달(Krister Stendahl)은 "영혼이라는 단어는 역사 전체에 걸쳐 성경에서 가장 중요한 부분이었으나 20세기에 갑자기 그 단어가 성경전체에서 사라졌다"고 말했다.[21] 한 유명한 NIV번역가는 나에게 말하기를 "우리는 가능한 *nephesh*와 *psyche*를 영어로 번역할 때 영혼(soul)을 제외한 다른 단어를 사용하는 것이 더 정확하다."고 했다.[22] 성경번역의 반 영혼의 성향을 설명하기 위해서 나는 네 가지 구절에 대해 KJV와 NIV를 비교해 보겠다.

"저가 사모하는 영혼(soul)을 만족하게 하시며 주린 영혼(soul)에게 좋은 것으로 채워주심이로다"(시 107:9, KJV). "주님께서는 목마른 사람에게 물을 실컷 마시게 하시고 배고픈 사람에게 좋은 음식을 마음껏 먹게 해 주셨다"(NIV). 비록 히브리 본문의 NIV에 *Nepeš*(영혼)가 있어도 NIV에서는 이를 번역하지 않았다.

"주의 인자하심으로 나의 원수들을 끊으시고 내 영혼(soul)을 괴롭게 하는 자를 다 멸하소서"(시 143:12, KJV). "내 원수들을 없애 주옵소서. 나를 억압하는 자들을 멸하여 주옵소서"(NIV). 본문에서의 *nepeš*(영혼)는 어떻게 되었는가? 영리한 영어 번역가들이 이 히브리 단어를 피해 갔다.

"내가 내 영혼(soul)을 두고 하나님을 불러 증거하시게 하노니"(고후 1:23, KJV). "나는 하나님을 나의 증인으로 모시겠습니다"(NIV)라고 번역자는 *Psychē*를 영어 단어로 번역하지 않고 생략하였다.

"우리는 뒤로 물러가 침륜에 빠질 자가 아니요 오직 영혼(soul)을 구원함에 이르는 믿음을 가진 자니라"(히 10:39, KJV). 그러나 NIV 버전에서는 "우리는 믿고 구원받은 사람들이다"라고 번역자가 헬라어 원본에 존재하는 딘이 *psychē*를 선택하지 않은 것이다.

내가 본장에 기술한 내용을 휘튼 회의에 제시하였을 때 NIV의 번역자 한 사람이 나에게 와서 말했다. "사실 우리가 성경에서 '영혼(soul)'을 뺀 것은 사실이다. 예를 들어 우리는 *nepeš*를 영어 단어 '사람(person)'으로 자주 번역했다. 그러나 우리가 계획적으로 번역을 그렇게 해야겠다는 의도적인 정책은 없었고 아무도 눈치 채지 못한 사이에 이러한 일이 발생했다." 이것이 바로 필립스 박사가 말했던 그 시대의 사조를 의미하는 것이다.

나는 그에게 만약 당신이 영혼이 오늘날 신학에 존재한다고 생각한다면 교수이자 성경문학 단체의 회장인 린더 케크(Leander Keck)이 왜 "나는 보이드 박사가 성경연구에 영혼을 다시 되돌아오게 해야 한다는 생각에 동의한다"라고 말했는지 설명하라고 했다.[23] 영혼을 시베리아로 보냈을 때 모든 성경학자들이 동의하지 않았다는 것에 대하여 아무도 생각하지 않는다. 그러나 오늘날 신학의 주요상황은 오직 구세대의 학자들만이 영혼이 40년 전 추방되었다는 것을 기억하고 있는 것이다. 1997년 휘튼 신학회의는 40년 만에 처음으로 영혼에 대한 기독교적 개념에 대해 논의하였다. 그것은 영혼을 황량한 곳에서 다시 불러오는 반가운 일이었다.

만약 우리가 일반 정신건강 운동에서 신학을 이해하기를 진정으로 원한다면 영혼이라는 단어를 다시 사용해야 한다. 일반상담 및 심리치료자들이 사용하고 있는 것을 설명하기 위한 다른 신학적 용어가 있는가? 그들은 일반심리학자들이 영(spirit)을 다루지 않고 있다고 주장한다. 그들은 성경에서 마음(heart)이라고 부르는 것을 다루고 있다. 그러나 그 단어는 오늘날 미국의 세속문화가 가지고 있는 것과는 다른 의미를 가지고 있다. 만약 우리가 상담 및 심리치료자들을 심장학자라고 부른다면 그들은 이해하지 못할 것이다. 당신은 그들이 정신(*nous*)을 다룬다고 주장할 수 있다. 그것은 사실이다. 그러나 그 단어는 성경에서 거의 사용되지 않고 있으며, 미국의 대중문화에서도 거의 인지되지 않고 있는 것이다. 모든 미국인들이 아는 한 가지 들어맞는 단어가 있다. 그것은 전통적인 단어로 평범한 사람의 자아 개념을 일컫는 소위 영혼(soul)이다.

우리는 이 단어를 다시 정리할 필요가 있다. 이 단어 없이는 -평범한 사람들이 이해하고 있는- 일반 미국인은 왜 본질적으로 자아가 신학적인지 절대로 이해할 수 없을 것이다. 나는 우리가 영혼이라는 깃발을 다시 세우고 용기를 내어야 한다고 제안한다. 남북전쟁 동안 전투 현장에서 자주 커

제4장 자아 개념: 영혼의 방어 측면에서

다란 혼란이 있었다. 군인들이 많이 죽었다. 총탄과 검이 여기 저기 흩어져 있었으며, 혼돈 그 자체였다. 그 혼란 중의 전투현장에서는 깃발이 유일하게 조직의 기반이었다. 그것은 혼란스러운 군인들에게 인내심을 갖게 하고 또 군인들이 있어야 하는 장소를 허락하는 신호였다. 깃발을 기준이라고 불리었다. 깃발이 없이는 군대는 혼란으로 압도당할 것이다. 그러므로 그 기준을 들고 있는 군인이 전투에서 쓰러질 때 가장 급한 임무는 당신의 소총을 버리고 그 기준을 들어 올리는 것이다. 그것은 바로 하나님의 영광이 깃발에 달려 있기 때문이다.

우리는 깃발을 필요로 한다. 지금 우리는 깃발이 부족하고 우리의 군대는 매우 혼돈스럽기 때문에 어떤 사람은 이 길로 또 다른 사람은 저 길로 가고 있다. 기독교상담의 가장 급한 임무는 아담스와 성경적 상담자들에게 대항하는 전투라고 할 수 있다. 이러한 잘못된 개념은 얼마나 우리의 군대가 조직력이 부족하다는 보여주는 것이다. 왜 기독교 군사가 기독교 군인들을 공격해야 하는가? 적은 우리에게 대항하고 있다. 그들은 잔인하고 무자비하다. 우리가 오히려 그 적과 싸워야 하지 않는가? 영혼을 우리의 깃발로 하자. 이렇게 하면 하나님의 군대가 아주 능률적으로 싸우기 시작하게 될 것이다.

3. 성경은 무엇을 말하는가?

성경문학 단체의 원로 지도자 중의 한 사람이 1997년 3월 나를 비평하였다. 나의 영혼-육체의 이원론이 순진한 것이라고 비평하면서 이는 성경의 잘못된 부분에서 유래한 것이라고 주장했다. 바울의 편지의 육체(*sōma*)는 언제나 정신(*psychē*)의 외면적 형태를 언급한 것이고 나중에 시체가 되는 육체적 몸을 언급하는 것이 아니라고 주장하였다. 예를 들어 바울은 죽은 후에 "영적 몸(spiritual body)"을 가지는 것에 대해 말하였다(고전 15:42-44, NIV). 이 친구는 내가 바울을 연구하는 학자, 그 예로 루돌프 불트만(Rudolf Bultmann)과 휠러 로빈슨(H. Wheeler Robinson)의 연구를 읽어보지 않았다고 잘못 생각하고 나를 비평하였다.[24] 바울을 연구한 학자늘은 바울이 육체(sōma)를 언제나 전인과 연관해서 지적하고 전인이 몸과 영혼으로 구분된다고 절대 말한 적 없다고 했다.

바울은 그가 죽은 후에 시신을 뒤에 남겨두고 떠난다고 믿었는가? 아니면 바울은 그가 떠난 후에 시신과 함께 육체(sōma)를 취한다고 믿었는가? 나는 그 주제에 관한 바울의 의견은 나이가 들면서 변화했다고 주장한다. 고린도전서에서 우리는 그가 죽기 전에 재림할 것을 기대했고 또한 그는 사로잡힐 것을 기대했던 것을 알 수 있다(살전 4:15-17). 그러므로 그가 시신을 뒤에 남기고 떠나는 일은 절대 없을 것이다. 그러나 바울은 나중의 편지에서 종말(escanton) 전에 죽기를 기대했다. 그리고 바울은 자신의 시체가 그가 떠난 후에 남게 될 것에 대해 말하였다. 고린도후서 5장 8절에서 바울은 "우리가 담대하여 원하는 바는 차라리 몸(sōma)을 떠나 주와 함께 거하는 그것이라"라고 했다. 또한 빌립보서 1장 23절에서는 그는 "떠나서 그리스도와 함께 있기를"라고 소망하였다. 그 문맥은 그가 육체(flesh)를 떠나게 됨을 분명하게 언급하고 있는 것이다(vv. 22-24).[25] 이러한 내용을 통해 나는 바울이 시체의 존재를 믿는다고 결론을 내린다. 즉 그는 영혼-육체의 이원론자라는 것을 의미하는 것이다. 그는 죽은 후에 부활 이전의 전인의 존재를 믿지 않았다. 그는 이원론자였다. 왜냐하면 그는 육신적 몸(sōma)의 운명에 대해 현실주의자였기 때문이다. 바울은 몸을 두 가지로 구분했다. 고린도후서 5장 8절의 육신적 몸(sōma)은 고린도전서 15장 42-44절의 영적 몸(sōma)과 동일한 것이 아니다.

내가 본장에 관련된 화제를 휘튼 회의에서 제시하였을 때 무디 성경학교(Moody Bible Institute)의 한 성경학자는 일어서서 이전의 성경학자들이 나에게 도전했던 것과 비슷한 방식으로 도전해 왔다. 그는 내가 히브리 단어 bāsār와 헬라어 sōma에 대한 수많은 심신상관학 문헌들을 무시하고 있다고 말하였다. 두 단어는 모두 "몸(body)"을 의미한다. 그러나 전인이 bāsār 또는 sōma라는 결과를 도출한 많은 문헌들이 있다. 예를 들어 이 성경학자는 구약에 나타난 지옥에 죽은 영혼의 육체적 면이 있다고 했다. 신약에는 아브라함의 품에 누워있는 나사로의 영혼에 육체적 면이 있다(눅 16:19-31). 그리고 불 속에 타고 있는 부자에게도 육체적 면이 있다. 그는 자신의 혀에 물 한 모금이라도 주기를 원하고 있다. 그에게는 혀가 있고 이것은 육체적

제4장 자아 개념: 영혼의 방어 측면에서

인 것이다. 그러므로 이 도전자에 따르면 인간은 언제나 전인이고 심지어 죽은 후에도 그렇기 때문에 나의 논쟁은 전혀 성경적 기반을 가지고 있지 않다는 것이다.

나는 육체가 중간 체계를 묘사할 때 은유적으로 사용되었다는 것을 부인하지 않는다. 실제로 나 자신이 육체가 없는 삶을 상상할 때 곤혹스러웠으며, 그리고 내가 육체적으로 원하는 것을 생각 할수록 더 이해할 수 없었다. 만일 내가 벌거벗고 있고 또한 나에게 지상의 집(고후 5:1-3)과 같은 것이 없다면 내가 그리스도와 함께 한다는 생각에 평안함을 느꼈을 것이다.

부자와 나사로의 이야기를 생각해 보자(눅 16:19-21). 부자의 5형제들이 아직 살아있을 때 두 사람은 죽는 즉시 천국과 지옥에 갔다. 이것은 일반적 부활이 아직 오기 전이다. 만약 5형제들이 무덤을 판다면 그들은 아버지의 시체를 찾을 수 있을 것이다(눅 16:22). 그리고 그 시체는 지옥에서 불타는 영혼과는 별개의 것이기 때문에 육체와 영혼의 이원주의가 성립되는 것이다. 죽은 후에 영혼에 육체적 면이 있다는 말로는 아무것도 증명하지 못한다.

교부들이 이 문제에 도움이 된다. 터툴리안(Tertullian)은 자신의 책에서 영혼에 관해 나사로와 부자의 이야기를 인용하고 있다.[26] 그는 불 속의 부자에게 아브라함의 품에 누워있는 나사로가 볼 수 있는 혀를 가지고 있다고 했다. 이 책은 눈에 보이는 육체적 면이 영혼에 있으며, 즉 "영혼은 육체를 가지고 있다"고 결론내리고 있다. 그는 두 몸이 있다고 말한다. 육체적 몸은 이생에서는 영혼의 몸과 동일한 것이다. 그러나 죽음에 이르면 이것이 분리된다. 영혼은 공기와 빛으로 된 몸을 가지고 있기 때문에 반투명의 형태로 물리적 시신을 떠났지만 사람 몸의 형체이다. 그것은 헐리우드 영화에서 나오는 것과 같이 죽을 때 영혼이 떠나면서 발생하는 것이다. 영혼은 빛을 발하고, 보이며, 공기와 같은 자체의 몸을 가지고 있다. 그러나 터툴리안은 자신이 육체-몸의 이원론자임을 선언한다. 죽은 시신은 즉시 남겨져 증거를 제공한다. 중간계의 상태 동안 두 몸이 존재한다. 육체의 몸과 영혼의 몸이라는 것은 이원론을 의미하는 것이다. 성경신학자들은 이원론이라는 단어의 의미를 마치 그 용어가 언제가 한 부분을 무시하는 것처럼 왜곡히였다. 그 용어는 미국의 기독교 사전에 의하면 단순히 "이분법"이나 "눌"을 의미한다.

　성경의 기자가 인간이 세상을 떠날 때 육신을 뒤로 남겨둔다는 것을 예상하지 못했다고 주장하는 성경신학자들이 있을까? 왜 성경에 수없이 시신과 뼈에 대해 언급하고 있는가? 나는 구약과 신약의 저자가 사람들이 죽은 몸을 두고 떠난다는 것을 알고 있었다고 주장한다. 베드로와 바울이 세상에서 거주하다가 떠나는 것에 대해 얘기하였고 그것은 그들의 육신이었다(벧후 1:13-15; 고후 5:1-3). 이것은 그들을 이원론자로 만든다. 왜냐하면 세상의 장막과 그 장막을 떠나는 "나"로 두 부분이 존재하기 때문이다.

　성경학자가 이원론이라는 단어를 비성경학적인 다른 것으로 다시 정의하고 성경이 이원론이 아니라고 주장하는 것은 학자답지 못한 태도이다. 그것은 순환하는 논리이다. 만약 당신이 영혼-육체의 이원론에 대해 고대 신학자들을 이용하려 한다면 그들이 사용했던 이원론의 동일한 정의 -두 부분이 존재한다-를 수용해야 한다. 어거스틴의 저작 중 일부는 몸을 훼손하는 부분에서 플라톤(Plato)과 플로디우스(Plotinus)의 이론을 따르고 있다. 그러나 만약 우리가 어거스틴의 영혼-육체의 이원론에 대한 문장의 핵심적 의미를 탐색한다면 육체는 죽음의 순간부터 썩고 분해되기 때문에 실제로 영혼보다 열등하다는 것을 이해하게 될 것이다. 20세기의 신학자들이 이원론에 대한 단어의 정의에 주의했다면 이원론에 대한 이와 같은 논쟁은 없었을 것이다. 그리고 영혼이라는 단어가 성경으로부터 떨어져 나가는 일이 없었을 것이다(철학적 신학의 기호를 가지고 있는 독자는 아마도 더욱 영혼-육체의 이원론과 일원론에 대한 광범위한 논의를 보기를 원할지도 모른다. 그렇다면 나의 논문 "자아 개념과 성경적 신학" 참고).[27]

　대부분의 신학자들은 전인에 대한 기독교적 교리가 일반상담 및 심리치료 개념과 얼마나 유사한지 또는 차이가 있는지에 대해 깊이 생각하지 않았다. 또한 그들은 전인이라는 자신들의 몸의 개념이 나이키 광고에서의 몸에 대한 전인의 생각과 어떻게 다른 지에 대해서도 궁금해 하지 않았을 것이다. 이러한 가장 명백한 질문들에 대한 신학자들의 사고의 실패는 우리로 하여금 그들이 아무 생각도 없이 세속적 아이디어를 성경에 주입하지 않았나 하는 의구심을 가지게 한다. 여기에 내가 알기를 원하는 것이 있다. 나이키 회사가 노골적으로 성경신학자들에게 뒤에서 많은 돈을 주면서 자아 개

제4장 자아 개념: 영혼의 방어 측면에서

념을 이 세상에서의 제한된 삶으로 조장한다면 나이키의 광고 캠페인의 전주곡과 같은 그러한 역할을 하겠는가? 나는 우리의 잘못된 사고를 일깨우기 위해서 이런 터무니없는 질문을 하는 것이다.

그러나 성경신학자들이 질문하지 않고 있는 더 중요한 문제가 있다. 마치 일반 사람들에게 일반 정신건강 운동이 승인되는 것처럼 오해하는 인간 본성에 대한 세속적 관점과 아주 유사한 전인에 대한 히브리적 개념이 있는가 하는 것이다.

어떤 신학자들은 나에게 우리가 영혼에 대해 초점을 맞추면 하나님께서 변방으로 밀려나가는 것이라고 주장하였다. "하나님과 인간의 관계가 초점이다"라고 그들은 말한다. 나도 하나님과 인간의 관계가 중심이라는 것을 인정한다. 그러나 오늘날 신학에서 신학적 변방으로 밀려나간 것은 바로 인간이다. 나는 신학이 하나님과 인간의 관계의 구조 안에서 인간에 대한 세속적인 자아 개념을 부여한다면 적절하게 작용할 수 없다고 주장한다.

당신의 주의를 끌고 싶은 투쟁은 아직까지 한 번도 상담 및 심리치료를 받지 않은 대다수의 미국인들이 갖고 있는 자아 개념에 대한 것이다. 그 문제는 한마디로 신학이 아니라 미국문화가 우리에게 이야기한 방식으로 정의하는 것이다. 우리의 시대는 지구 역사상 처음으로 인간 본성에 대해 완전히 세속적이 된 시대이다. 신학자들은 다르게 말할 수 있는 단어를 잃어버렸다.

이러한 조류의 방향을 바꿀 수 있는 단 하나의 단어가 있다. 만약 우리가 영혼을 성경신학의 중심으로 말하기 시작한다면 갑작스럽게 미국인들은 그들 자신에 대해 깊게 생각하게 될 것이다. 미국인들이 세속적 자아 개념을 가지고 있는 한 그들은 오로지 자기의 직업과 건강, 저축, 즐거운 삶을 유지하는 것에만 집중하게 될 것이다. 그러나 우리가 영혼에 대해서 말하기 시작한다면 그들은 갑자기 심판대 앞에 서게 될 다가올 죽음 이후를 생각하게 될 것이다. 만약 당신이 영혼으로서 자신을 생각한다면 다음과 같이 질문할 것이다. "왜 예수께서 나를 천국으로 인도하시는가?" 훌륭한 질문이다. 이것이 바로 신학의 핵심적 질문으로 종교개혁을 의미하는 것이다.

설교자들은 저술보다는 단지 믿음의 정당성에 대해 자신들의 얼굴이 파레질 때까지 얘기할 수 있다. 그러나 미국인들은 그것에 대해 거의 이해할 수 없다. 왜냐하면 그들은 세속적인 자아 개념을 가지고 있기 때문에 그들 스스로의 눈에 보이는 의를 걱정하고 하나님의 눈에 비치는 의로움에 대해서는 개의치 않고 있다. 일반심리학자들은 그들의 내담자들에게 "그것에 대해 어떻게 생각하십니까?"라고 수천 번 묻는다. 그러나 설교자들은 "그것에 대해 하나님께서는 어떻게 생각하시겠습니까?"라고는 절대로 질문하지 않는다. 그들은 하나님께서 내담자들을 어떻게 평가하시는지에 대해서가 아니라 하나님께서 내담자의 삶에 대한 자신들의 평가에 초점을 맞추고 있다고 생각한다. 그러나 미국인들이 영혼으로서 자기 스스로를 생각하게 된다면 그들은 의로움에 대해 하나님의 면전에서 씨름하게 될 것이다. 믿음과 대조되는 저작들에 대해 또 다른 설교를 하기를 원하는 설교가라면 다음과 같은 제목의 설교를 고려할 것이다 "누가 심판자인가? 당신인가 하나님이신가?"

4. 신학적 진공지대

스탠톤 존스(Stanton L. Jones)는 휘튼 대학의 교무처장으로 신학자들이 영혼에 대한 신학적 이론을 충분히 개발하지 않았다고 말했다. 그것은 큰 재앙이다. 그는 휘튼 신학회의 패널 회의에서 일반 사람들이 자신의 삶-영혼에 대해 좀더 깊은 이해를 하기를 원할 때 목회자들이 그들을 기독교의 평신도와 일반심리학자에게 떠맡긴다고 말하였다. 존스는 "우리는 더욱 많은 신학자와 성경신학자들의 연결을 필요로 하고 있으며, 이는 부정적 연결이 아니다. 또한 우리는 상담 및 심리치료자들에게 '당신들의 일이 피상적이고 질이 떨어진다'라고 말하기를 원하지 않는다. 단지 우리는 성경신학자들이 건설적인 방식으로 심리학과 연결되는 것을 요구하는 것이다"라고 말했다.

나는 최근에 뉴잉글랜드 복음주의 신학단체의 회원들을 대상으로 인간 본성의 개념에 대하여 조사하였다. 그들 중 대부분이 오늘날 성경신학에는 인간 본성에 대한 정확한 개념이 없다고 말했다. 나 자신에 대한 이해는 신학자들이 신학적 인류학에 관한 연구에 맡기는 것이라는 믿음을 갖게 한다.

프랜츠 델리취(Franz Delitzsch)는 이를 성경적 심리학이라고 부른다.[28] 그것은 마치 신학자들이 "우리는 상담의 주제에서 떠날 것이다"라고 말하는 것과 같다. 최근에 당신은 신학적 인류학에 대한 책을 서점에서 찾으려고 한 적이 있는가? 아무것도 출판 된 것이 없다. 일반 정신건강 운동은 한 해에 천 개의 책을 출판하여 인간 본성의 세속적 관점을 홍보하고 있다. 반면에 신학자들은 신학적 인류학에 대한 것을 10년에 한 개보다 더 적은 수로 출판한다.

제임스 바(James Barr)는 뛰어난 구약학자로서 "일반적으로 성경학자들이 그들의 연구가 심리학적 방향으로 가는 것을 선택하지 않았다. 그리고 이러한 실패는 언젠가 혹독한 대가를 치르게 될 것이다"라고 말한다.[29]

이 번 회의에서 프린스턴 출신의 신학자 엘렌 체리(Ellen T. Charry)는 나에게 "기독교에서 사라진 것은 영혼이라는 단어가 아니라 사람에 대해 이해할 수 있는 신학적 토대"라고 말하였다.

5. 결론

하나님의 도성은 세속적 도성에 비해 심판 날까지 우세하지 못할 것이다. 우리는 게으름을 선택하고 전쟁은 하나님의 손에 있다고 말할 수 있다. 그러나 나는 -일반 미국인들이 책임감을 가지고 있듯이- 우리의 실수에서 배워야 할 책임이 있다고 생각한다. 북 베트남이 미국과의 전쟁에서 훈련받지 못한 농부들을 전사로 이용했지만 승리한 것과 같이 전혀 신학적 지식을 가지고 있지 않은 일반심리학자와 상담 및 심리치료자들이 신학에 승리한 것은 놀라운 사실이다. 오늘날 신학은 미국 사람들과는 관련이 없는 것으로 간주하고 있다. 그러나 일반심리학은 모든 캠퍼스에서 필요로 하는 주제가 되어 있다. 대부분의 미국 고교에는 심리상담자가 있다. 그리고 정신분석 용어들이 매스 미디어를 채우고 있다.

군사 전략가들은 베트남 사람들이 미국인의 약점을 이용하고 미국의 강점을 축소화하는 매우 중요한 전략이 있었다는 것을 발견하였다. 예를 들어 전쟁동안 미국 장군들은 부상당한 미국 군을 대중들이 보았을 때의 TV 뉴스 효과를 무시하였다. 그래서 그들은 걸프 전쟁 때에는 이에 대해 매우 신중하게 주의를 기울였다.

하나님의 도성은 일반 정신건강 운동과의 전쟁에서 패배하였다. 그 이유는 세속의 적과 대항하여 싸우는 것 대신에 우리의 장군들은 기독교의 평신도 자아 개념을 공격하였다. 자신의 군대가 적이 아니다! 오늘날 만약 당신이 평범한 그리스도인에게 "좋은 소식은 영혼-육체의 이원론이 없다는 것이다. 당신은 전인이다"라고 말한다면 그들은 즉각적으로 그들이 죽을 때 전체적으로 괴멸되는지에 대해 물어볼 것이다. 우리는 앨리스의 이상한 나라에 살고 있다. 거기에서는 상담 및 심리치료자들이 영혼을 다루지만 하나님은 없고 신학자들이 하나님을 설교하지만 영혼은 없는 곳이다.

이러한 난관과 함께 우리의 신학적 인류학은 혼란에 처해 있다. 신학자들과 기독교 평신도들은 더 이상 인간의 본성에 대하여 말하지 않는다. 많은 성경의 학자들은 나에게 평신도에게 영혼에 대하여 말하지 말 것을 충고하였다. 그들은 그것에 대하여 이해하지 못한다고 충고한다. 오늘날의 복음주의 신학의 약점에는 인류학이라는 많은 표시가 포함되어 있다. 그러므로 신학자들과 목회자들은 우리의 강한 분야인 소위 하나님께 대하여 말하는 것에 대하여 많이 생각하게 된다. 그것은 호치민과 베트콩이 미국 군사의 약점을 이용할 수 있었던 것처럼 일반심리학자들이 신학자들의 약한 면을 이용하고 있는 것이다. 복음주의 기독교에 대항하여 전쟁에서 이기기 위한 일반 정신건강 운동은 하나님과 신학에 대하여 아무것도 말할 것이 없다고 주장하면서 우리의 기세를 무너뜨렸다.

일반상담 및 심리치료자들은 고통 받는 사람들을 완전히 세속적 범위 안에서만 돕기를 원한다. 그들은 신학자들이 약하다는 카드를 내놓고 앞서가고 있다. 기독교가 영혼에 대한 교리를 가지고 있었던 전 세기에서는 우리가 신학적 인류학에서 승리의 카드를 가지고 있었다. 그 당시에는 인간을 완전히 세속적 관점으로 다루기를 원하는 사람은 누구든지 이길 수 있었다. 그러나 지금은 그렇지 않다.

소위 전인에 대한 히브리 개념은 성경적 교리로 발전하였고 의심받고 있는 영혼을 대체하려고 했으며, 그들은 일을 하지 않았다. 전인의 교리가 실패하는 수많은 이유가 있다. 그러나 나는 여기서 3가지만 말하겠다. 첫째,

전인에 대한 교리는 아마도 인간 본성에 대한 현재의 세속적 관점과 같이 들린다. 둘째, 죽음과 부활 사이의 육체이탈의 중간 상태에서만 발생한다는 것을 설명하지 못하고 있다. 그러므로 그것은 평범한 사람들이 열정적으로 관심을 갖고 있는 "죽음의 순간에 무엇이 일어나는가?"라는 질문에 대답하는 데 실패했다.

셋째, 만약 우리가 성경적 신학자들이 소위 말하는 전인에 대한 성경적 개념을 전력을 다해 홍보하려고 한다면 일반 정신건강 운동과 세속적 미국 문화로부터 출현한 전인에 대한 관점과 대조할 수 있는 학문적 책과 기사를 찾기를 기대할 것이다. 그러나 이러한 책과 기사는 존재하지 않는다.

만약 우리가 평균 7학년 정도의 독해 수준을 가지고 있는 일반 미국사람들이 세속의 자아 개념 대신 신학적 자아 개념을 갖게 할 수 있는 어떤 한 개의 단어를 배우기를 원한다면 무엇으로 선택할 것인가?

한 달에 한 번 정도 나는 교회에서, 또는 TV와 라디오 쇼에서 영혼에 대해 말해 줄 것을 요청 받는다. 평범한 사람들은 굉장한 놀라움으로 반응한다. 이들은 자신들의 마음에 두 가지 모순되는 자아 개념을 가지고 있었다는 것을 깨닫고 아주 놀라워한다. 자기 자신에게만 대답하는 스스로가 아니라 하나님께 대답할 수 있는 영혼으로서 그들 스스로를 생각해야 한다는 말을 듣는 것은 매우 고무적인 일이다. 이것은 아주 기초 수준에서의 통합의 작업이다. 평범한 그리스도의 지체 안에서 통합이라는 단어는 "누구를 가장 사랑하는가? 당신인가? 하나님인가?"라고 묻는 것을 의미한다.

■주(Notes)

1) Jeffrey H. Boyd, *Christian Living with Chronic Illness* (Grand Rapids: Baker); "Biblical Psychology: A Creative Way to Apply the Whole Bible to Understanding Human Psychology," *Trinity Journal* 21 (2000): 3-16; "The 'Soul of the Psalms Compared to the 'Self' of Kohut," *Journal of Psychology and Christianity* 19 (2000): 219-31; "What DNA Tells Us About the Human Soul," *Calvin Theological Journal* 33 (April 1998): 142-59; "A History of the Concept of the Soul During the Twentieth Century," *Journal of Psychology and Theology* 26 (spring 1998): 110-22. "Two Orientations of the Self," *Journal of Psychology and Theology* 26 (spring 1998): 66-82; "One's Self-Concept and Biblical Theology," *Journal of the Evangelical Theological Society* 40 (June 1997): 207-27; *Reclaiming the Soul: The Search for Meaning in a Self-Centered Culture* (Cleveland, OH: Pilgrim, 1996); "An Insider's Efforts to Blow Up Psychiatry," *Trinity Journal* 17 (fall 1996): 223-39; "Book Review: Kenneth J. Collins, Soul Care: Deliverance and Renewal Through the Christian Life," *Calvin Theological Journal* 31 (1996): 272-5; "Book Review: Keith Ward, Defending the Soul," *Calvin Theological Journal* 31 (1996): 213-6; "Apocalypse from Nuclear War Compared with the Expected Apocalypse of October 22, 1844," *Henceforth* 23 (spring 1996): 9-33; "The Biblical Soul as Seen Through Episcopal Eyes," *Plumbline* (winter 1996): 24-27; "The Soul as Seen Through Evangelical Eyes, Part 1:Mental Health Professionals and the Soul," *Journal of Psychology and Theology* 23 (fall 1995): 151-60; "The Soul as Seen Through Evangelical Eyes, Part 2: On Use of the Term Soul," *Journal of Psychology and Theology* 23 (fall 1995): 161-70; "Losing Soul: How and Why Theologians Created the Mental Health Movement," *Calvin Theological Journal* 30 (1995): 472-92; *Affirming the Soul: Remarkable Conversations Between Mental Health Professionals and an Ordained Minister* (Cheshire, CN.: Soul Research Institute, 1994); *Soul Psychology: How to Understand Your Soul in Light of the Mental Health Movement* (Cheshire, CN.: Soul Research Institute, 1994).

2) Heinz Kohut, *How Does Analysis Cure?* (Chicago: University of Chicago Press, 1984); *The Restoration of the Self* (Madison, CN.: International Universities Press, 1990); *Self Psychology and the Humanities*, Charles B. Strozier (ed.) (New York: W. W. Norton, 1985); Ernest S. Wolf, *Treating the Self: Elements of Clinical Self Psychology* (New York: Guilford, 1988).

3) Boyd, "Two Orientations."
4) Christopher Lasch, *The Culture of Narcissism: American Life in an Age of Diminishing Expectations* (New York: Norton, 1979).
5) American Psychiatric Association Task Force Report 10: *Psychiatrists' Viewpoints on Religion and Their Services to Religious Institutions and the Ministry* (Washington, D.C.: American Psychiatric Association, 1975); Claude Ragan, H. Newton Malony, & Benjamin Bert-Hallahmi, "Psychiatric and Religion: Professional Factors and Personal Belief," *Review of Religious Research* 21 (spring 1980): 208-17, 212쪽의 표2는 심리학자들의 17%가 관념학(ideology)에서 "정통"이고 다른 26%는 다소 정통임을 보여준다. 그 페이지의 밑 부분에서 그 본문은 이 2%가 합쳐지면 43%가 되는데 이들이 신을 믿는다고 기록한다. 그 기사는 또한 일반적으로 학자들보다 심리학자들이 훨씬 비종교적이라는 것을 보여준다.
6) Albert Ellis, "Psychotherapy and Atheistic Values: A Response to A. Bergin's 'Psychotherapy and Religious Values,'" *Journal of Consulting and Clinical Psychology* 48 (1980): 635-39.
7) Philip Rieff, *The Triumph of the Therapeutic: Use of Faith After Freud* (1966; reprint, Chicago: University of Chicago Press, 1987), 25.
8) Johannes Pedersen, *Israel: Its Life and Culture* (London: Oxford University Press, 1926).
9) 영혼을 부인하는 신학적 연구와 그 논리적 흐름의 설명에 대한 더 광범위한 역사연구를 위해서는 다음 문헌 참고: Boyd, "History of the Concept of the Soul."
10) Reinhold Niebuhr, *The Nature and Destiny of Man* (New York: Charles Scribner's, 1949), 1:5-13.
11) Oscar Cullmann, "Immortality or Resurrection?" *Christianity Today*, (July 21, 1958): 6; O. W. Heick, "If a Man Die, Shall He Live Again?" *Lutheran Quarterly* 17 (1965): 99-110, P. G. Lindhardt, "Eternal Life," *Chicago Studies* 48 (1965): 198-210; H. V. White, "Immortality and Resurrection in Recent Theology," *Encounter* 22 (1961): 52-58; R. W. Brockway, "Immortality of the Soul: An Evangelical Heresy," *Religious Humanism* 13 (1979): 14-8; M. Bailey, "Biblical Man and Some Formulae of Christian Teaching," *Irish Theological Quartely* 27 (1960): 173-200; J. K. Brandyberry, "Important Forgotten History: The Roots of Opposition to Resurrection Truth among Today's Evangelical Leaders," *Resurrection* 94-5 (1991). 6-7; Theological Commission, "Some Current Questions in Esxhatology," *Irish Theological Quarterly* 58 (1992): 209-43; B. L. Bateson,

"The Resurrection of the Dead: 1 Corinthians 15:25," *Resurrection* 93 (1990): 5-6, 8; R. O. Zorn, " 2 Corinthians 5:1-10: Individual Eschatology or Corporate Solidarity, Which?" *Reformed Theological Review* 48 (1989): 93-104; R. S. Weathers, " Dualism or Holism?" A Look at Biblical Anthropology, Ethies and Human Health," *Journal of the American Scientific Affiliations* 35 (1983): 80-3.

12) G. C. Berkouwer, *Man: The Image of God* (Grand Rapids: Eerdmans, 1962), 201-3.

13) Werner Jaeger, "The Greek Ideas of Immortality," *Harvard Theological Review* 52 (1959): 135.

14) Rudolf Bultmann, *Theological of the New Testament* (London: SCM Press, 1965), 1:191-209.

15) A.C. Purdy, "Paul the Apostle," *Interpreter's Dictionary of the Bible*, Charles A. Buttrick (ed.) et al. (Nashville: Abingdon, 1981), 3:681-704; E. Earle Ellis, "Soma in First Corinthians," Interpretation 44 (1990): 132-44; J. A. T. Robinson, *The Body: A Study in Pauline Theology* (Chicago: Regnery, 1952).

16) Oscar Cullmann, *Immortality of the Soul or Resurrection of the Dead?* (New York: MacMillan 1958).

17) Harry A. Wolfson, "Immortality and Resurrection in the Philosophy of the Church Fathers," *Immortality and Resurrection*, Krister Stendahl (ed.) (New York: MacMillan, 1965), 54.

18) Cullmann은 그의 책 *Immortality and Resurrection*에서 "이 점에 대한 신약의 숙고함의 부족은 우리에게 그와 같은 '잠정적 상태'를 단순히 억압하는 권리로 주지 않는다. 나는 왜 신학자들이 (Barth를 포함하여) 신약이 단지 이 '잠정적 상태'가 (1) 존재하고, (2) 이미 그리스도와의 연합에 영향을 끼친다고 가르칠 때 신약의 위치에 대해서 그렇게 두려워하는지 이해하지 못한다"고 진술했다. *Immortality and Resurrection*, Krister Stendahl (ed.) (New York, MacMillan, 1965), 40 n.34. 그러나 만약 Cullmann이 잠정적 상태를 승인한다면 왜 그는 죽음을 그렇게 중요한 재해로 여겼는가? Socrates의 죽음은 만약 잠정적 상태가 있다면, 예수의 죽음과는 대조적으로 그렇게 드라마틱하지는 않게 된다.

19) Heber F. Peacock, "Translating the Word for 'Soul' in the Old Testament," *Bible Translator* 27 (1976): 216-9.

20) Hans Walter Wolff, Anthropology of the Old Testament (Philadelphia: Fortree, 1974), 10-25

21) Boyd, *Affirming the Soul.*

22) Boyd, *Soul Psychology*, 5.

23) Boyd, *Reclaiming the Soul*, 72.
24) H. Wheeler Robinson, *The Christian Doctrine of Man*, 3rd ed. (Edinburgh: T&T Clark, 1958); and Bultmann, Theology of the New Testament.
25) C. J. De Vogel, "Reflection on Philippians 1:23-24," *Novum Testament* 19 (1977): 262-74.
26) Tertullian, *De Anima*, J. H. Waszink (tr.) (Amsterdam: J. M. Meulenhoff, 1947).
27) Boyd, "One's Self Concept and Biblical Theology."
28) Franz Delizsh, *A System of Biblical Psychology*, trs. Robert E. Wallis (Edinburgh: T & T Clark, 1867).
29) 1994년, James Barr와의 사적인 인터뷰.

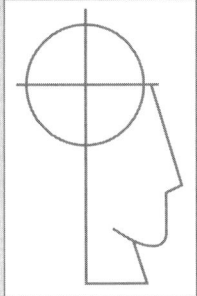

***Care for the Soul**:*
    Exploring the Intersection of Psychology & Theology

제5장

심리학을 지나 신학으로

앨런 체리(Ellen T. Charry)

　신학적 관점에 볼 때, 신학과 심리학의 통합을 이야기하는 것은 모호하고 왜곡될 수 있다. 예를 들어 신학과 심리학이 인간의 특성이라는 같은 주제를 다룬다고 해도, 다른 관점이라기보다는 반대의 관점에 서 있기 때문이다. 기독교는 인간이 하나님의 피조물이라는 것 이외의 다른 이해를 가지고 있지 않을 정도로, 이런 주제들에 대해서 독특한 관점을 가지고 있다. 그러기에 통합이라고 했을 때에는 일반심리학과 종종 신학화된 인류학으로 지칭되는 신학적 심리학 사이의 관계를 언급한다고 말하는 것이 정확하다.

　본장의 문제 제기는 두 가지이다. 하나는 기독교계 내에서도 일부에서는 일반심리학이 영혼돌봄을 주도하고 있기 때문에, 신학적 심리학이 그 목소리를 잃어버렸다는 점을 드러내는 것이다. 다른 한편으로는 기독교의 가르침이 일반심리학에서 취할 수 있는 중요한 통찰을 수용하지 못했기 때문에, 그 결과 목회자들이 목회 현장에서 도움을 받기 위해 교리에 등을 돌리고 일반심리학으로 돌아서게 되었다는 것이다.

　목회로부터 현대 심리학을 제거하는 것은 불가능하기도 하고 지혜롭지도 못한 것이다. 사실상, 목회지는 지금보다도 더욱 정신선상과 관련된 주제에 주의를 기울여야 한다. 그러나 이것이 목회의 기초를 신학이 아닌 일반심리학에서 찾아야 한다고 제안하는 것은 아니다. 목회를 구성하는 신학적 기초를 놓는 가운데, 신학의 범주 안에 일단의 일반심리학의 가르침을 적용한다거나, 기독교심리학을 독특하게 발전시키는 것은 가능할 수 있다. 이러한 적용과 수용이 하나님의 계시에 뿌리를 두고 있는 기독교의 근본적 가르침과 현대 심리학을 둘 다 포용하고, 진정한 신학적 방법론 안에서 영혼을 돌보는 교회의 소명을 다시 북돋을 수 있을 것이다.

본장에서는 우선 현대 심리학이 그 형태를 갖추면서부터 발전시켜온 현대의 자아(self)에 대한 이해를 살펴볼 것이다. 그리고 이 이해 위에서 현대 심리학의 과업을 설명하고, 기독교계를 위해서 이런 조명이 가지고 있는 중요성을 간략하게 언급할 것이다. 둘째, 어거스틴에 의해서 발전되어온 기독교심리학을 논의하면서, 신학적 심리학과 일반심리학 사이에 존재하는 접촉점과 갈등을 설명할 것이다. 결론적으로, 심리학을 넘어서서 신학이라는 방식을 제안하며 영혼돌봄의 재건을 제시할 것이다.

1. 일반적인 자아(self)에 대한 이해와 현대 심리학

지난 세기를 돌이켜 볼 때, 20세기는 심리학의 세기라고 명명할 수 있다. 서구의 급속한 산업화 이후에, 심리학과 자본주의는 인간의 본성과 인간의 열망을 이해하는 장을 펼쳐주었다. 20세기 중반에, 프로이드 이후의 심리학은 건강한 심리적 발달에 중점을 두었고 대학을 중심으로 뿌리를 내렸다. 이후 대중적인 형태를 가지고 학교, 가정, 일터 그리고 교회에 확산되었다. 오늘날 사람들은 결혼을 해야 되는지, 어떤 분야에 전념해야 하는지, 심지어 어떤 교회가 자신들의 성향에 가장 적절한지를 결정하기 위해서 심리적 도구들을 활용하고 있다. 네 살짜리 아이들과 신학교 지원생들이, 엘리트를 위한 보육원에 들어가기 전에 그리고 목사 후보생으로 받아들여지기 전에 일련의 심리 검사를 통과해야 한다. 상담 및 심리치료는 자주 부부관계, 가족 문제를 해결하고 전문 경영 능력을 수련하기 위한 최선의 방책이 되고 있다. 판사는 반사회적 행동을 보이는 사람들에게 상담을 지시한다. 자신의 삶의 어느 영역이든 문제가 있는 사람들은 원가족으로부터 기인된 심리적

제5장 심리학을 지나 신학으로

문제를 안고 있는 것으로 대부분 가정하고 있다. 크고 거의 텅 빈 체육관 한 가운데 앉아있는 몇몇 사람들을 그린 풍자만화를 본적이 있다. 그 카툰 밑에는 "순기능 가정 자녀들의 전국연합 모임"이라고 적혀있다.

이제 미국 문화와 산업 분야에도 심리학적 개념이 수입되었다. 광고업계는 상품의 장점을 살리는 측면보다는 욕구를 불러일으키는 방향으로 가고 있다. 사회적 문제 역시 심리학적으로 해석되고 있다. 예를 들어 미국 흑인 사회의 가난은 인종차별에 기인한 낮은 자존감, 또는 경제적 의존성에 원인을 두는 수동적 태도로 보는 관점이 팽배해 있다. 이런 분석 역시 본질적으로 심리학적 관점으로 문제를 보는 것이다.

계몽주의 철학과 대중화된 프로이드 심리학의 산물인 일반적인 자아(self) 개념은 자율성을 중요하게 여긴다. 이의 모토는 "당신 스스로의 자아가 당신을 자유케 하리라"가 될 것이다. 독립적으로 생각하는 능력과 "자기 자신"이 되라는 시대적 사명에서 인간 존재 의미를 찾는다. 인간의 정체성은 자기 삶의 이야기와 자신 스스로의 능력으로부터 조성되어지는 것이다. 이런 사조가 인간이 하나님께로 와서 하나님께로 돌아가고, 하나님 안에서만 온전히 충족될 수 있는 심령의 갈급함을 발견하고 그러기에 하나님께 영광을 돌린다는 기독교의 관점과 갈등이 생기게 되는 것이다.

현대의 자아 개념은 이신론과 무신론을 동시에 가져오게 했다. 이는 데카르트(Rene Descart)의 『성찰』(*Meditation*, 1641)과 함께 17세기에 시작된 철학과 문헌을 통해 점차 등장하게 된다. 존 로크(John Lock)의 『인간오성론』 (*Essay Concerning Human Understanding*, 1689), 다니엘 드포(Daniel Defoe)의 『로빈슨 크루소』(*Robinson Crusoe*, 1719), 데이비드 흄(David Hume)의 『인간오성에 관한 탐구』(*Enquiry Concerning Human Understanding*, 1748), 장 자크 루소(Jean-Jacques Rousseau)의 『학문과 예술론』(*Discours on the Science and the Arts*, 1750)과 『인간 불평등 기원론』 (*Discourse on the Origins of Inequality*, 1755)에 의해서 발전하게 되었다. 더 나아가 루소(Rousseau)의 『에밀』(*Emile*, 1762), 괴테(Goethe)의 『젊은 베르테르의 슬픔』(*Sorrows of Young Werther*, 1774), 그리고 구스타프 플로버트(Gustave Flaubert)의 『보바리 부인』(*Madame Bovary*, 1875)과 같은 낭만주의에 의해서 강화되었다. 개인주의는 존 스튜어트 밀(John Stuart Mill)의

『자유론』(On Liberty, 1859), 프리드릭 니체(Friedrich Nietzsche)의 저술들, 제임스 조이스(James Joyce)의 『젊은 예술가의 초상』(Portrait of the Artist as a Young Man, 1916), 그리고 버지니아 울프(Virginia Woolf)의 작품 등에 의해서 촉진되었다.

프로이드는 심리성적인 것(psychosexual)에 대한 이해를 기초로 인간의 발달 과정을 전개하였다. 이후, 대부분 나치 치하에서 피신을 한 전력이 있었던 후기 프로이드 학파의 심리학자들은, 특별히 억압과 사회적 통념에서 벗어나려는 현대의 사조를 강조한 철학과 문학의 무신론적 관점에 깊이 영향을 받았다. 개인주의는 아동과 청소년 발달 이론에 핵심 주제가 되었다. 롤로 메이(Rollo May), 카렌 호니(Karen Horney), 에릭 프롬(Erich Fromm), 설리반(H. S. Sullivan), 하인즈 코헛(Heinz Kohut), 마가렛 말러(Margaret Mahler), 특별히 칼 로저스(Carl Rogers), 아브라함 매슬로우(Abraham Maslow)와 에릭 에릭슨(Erik Erikson)을 포함하는 후기 프로이드 학파는 현대의 자아(self)와 심리화된 목회와 일부 기독교 교리 사이에 연결고리를 제공하였다.[1]

현대 일반심리학과 기독교심리학 둘 모두를 이해하기 위한 한 단서는 영혼을 삼분설적 입장에서 보았던 플라톤(Plato), 아리스토텔레스(Aristotle)와 스토아학파(Stoics)와 같은 고대 심리학의 전통을 잇는 것으로 그들을 보는 것이다. 고대 학자들이 말하는 삼분설에서는 각각의 측면이 인간의 삶을 주도하는 특별한 책임을 가지고 있었다. 『국가』(The Republic)라는 문헌에서, 플라톤은 영혼이 세 가지 측면 또는 능력을 가지고 있다고 말한다. 충동 또는 욕구(충동적 측면), 인지 또는 마음(최고의 능력이라고 할 수 있는 이성의 능력), 영, 또는 에너지(욕구를 조정하고 이성에 따른 행동을 하게 하는 명상적 능력), 자아에 대한 프로이드의 삼중적 구조-이드(id), 자아(ego), 그리고 초자아(superego)- 이런 고대의 관점과 유사한 것으로 보인다.

『영혼에 관하여』(De Anima)에서 아리스토텔레스는 플라톤의 인간 이해에 대한 틀과는 약간 다른 입장을 보인다. 행동을 초래하는 감정 또는 욕구의 원천으로 호흡작용, 영양공급, 감각을 통한 인식력 등을 발견한 것이다. 플라톤을 이어 스토아학파는 욕구로부터 생겨나는 지각 또는 인식의 오류와, 이성과 의지의 올바른 사용에 의해서 극복되는 정신의 혼란을 설명하였다.

고대 심리학은 기독교와 현대 심리학 모두에게 기초를 제공하고 있다.

우리가 이제 기독교심리학을 추적해 보고자 한다. 현대 일반심리학이 고대의 삼중적 이해에 기초한 심리학으로부터 발전했다는 것은 이미 언급한 바가 있다. 인간의 기능은 감정(정서의 표현), 인지(세상과 자기 자신에 대한 결론을 추론하는 이성화의 과정), 그리고 행동이 서로 상호작용하는 것으로 이해하였다. 감정과 행동은 불안전하고 쉽게 균형을 잃어서 역기능을 가져온다. 역기능에 대한 이해는 범죄와 같은 부적합한 행동의 경우도, 더 이상 죄로 생각되기보다는 병으로 여기게 만들었다. 일반심리학은 인간 기능에 대한 현대의 분석에 있어서 하나님과 죄를 제거하였고, 역기능은 타락이나 하나님께로 돌아서야 하는 문제라기보다는, 현재 또는 과거에 있었던 무의식의 사건에 뿌리를 두고 있는 것으로 보고 있다.

상담을 받고자 하는 사람은 항상 세 가지 기본적인 측면에서 하나 내지 그 이상의 부분에 문제가 생긴 것이다. 전제는 세 영역 모두가 상호연결 되어야 하고 하나가 변하게 되면 다른 두 영역에도 영향을 준다는 것이다. 오늘날 대중화된 상담 및 심리치료적 접근은 이런 관점에서 개인의 문제를 접근한다. 행동주의는 왜곡된 행동에 직접적으로 접근한다. 인지치료는 이성화 과정을 다루고 이것이 개인의 삶 속에서 작용할 수 있도록 돕는다. 통찰에 근거한 상담 및 심리치료는 감정과 그것의 뿌리를 드러내고 탐색하도록 계획된다. 선택 이론은 적어도 이상적으로는 개인의 기능 중 어느 영역이 가장 변화에 적절한지, 그리고 어떻게 접근하는 것이 개인의 기질에 가장 적합한지를 보고 접근한다. 많은 치료사들이 둘 내지 세 가지 기술에 익숙해 있고, 도움을 구하는 개인을 돕는 과정에서 적합한 시점에 그들을 활용한다.

이런 이론들의 제 각각의 치료기법의 이면에는, 보편적으로 세 가지 치료적 관점을 갖고 있다. 첫째, 문제의 원인을 설명하는 원천적 이야기를 가지고 있다. 둘째, 변화를 위한 강력한 동기가 요구된다. 그리고 셋째, 무엇이 온전한 인간상이냐 하는 것에 대한 개념을 가지고 있고, 그 목표를 향해 내담자가 발전하도록 돕는 데 치료의 중점을 두고 있다.

세 가지 관점 중에 원천석 이야기에 대한 이해가 치료사들마다 조금씩 다르기는 하지만 기본적인 입장은 같다. 아픔을 겪는 사람은 개인의 의식적 인식 영역을 벗어나 있는 형태로 과거에 형성된 생각, 행동, 또는 감정의 패턴을 경험하고 있다. 통찰중심의 치료에서는 문제가 되는 패턴은 갈등에 처한 정서와 정서적 스트레스에서 생겨난 심리적 방어기제의 결과로 발전된 것이다. 행동치료는 조건화의 개념으로 문제를 본다. 특정한 행동과 집요한 부적응성은 보상 또는 강화된 것이다. 인지치료에서는 자신과 다른 이들에 대한 왜곡된 가정이 그 사람으로 하여금 자아 달성적 환경을 조성하게 하고, 그 가운데서 잘못된 가정이 맞다는 것을 확신하게 된다. 이런 세 분야의 접근들 모두 의식적 인식 또는 이해의 밖에 있는 무의식의 영역에 있는 사건의 실체를 가정하고 있다. 그러나 흥미로운 것은 그런 무의식의 영역이 철저히 인간 존재 안에 위치하고 있는 점이다.

보편적인 발달은 청년기가 되면 원가정으로부터 독립을 해야 한다. 종종 가족 구조와 어린 시절의 관계패턴에 의해서 발생되는 과거의 사건들은 무의식 안에 숨겨져 있고 역기능을 가져오게 한다. 그러므로 어머니, 최근에는 아버지 역시 사람들의 아동시절의 심리적 문제에 연루된 것으로 본다. 치료의 목적 중의 하나는 문제를 낳게 한 그런 패턴의 내적 힘을 제거하는 것이다.

최근에는 약물치료가 어떤 성격장애와 정신질환을 다루는 데 효과적이라는 것이 증명되면서, 어머니를 비난하는 현상이-정신분열을 가져오게 한 어머니라는 이해 위에서- 줄어들게 되었다. 치료사들은 이제 선천적 성격질환과 생화학적인 불균형이 부적응적 행동을 초래할 수 있다고 인식하게 되었다. 이것은 아리스토텔레스의 생물학적인 입장으로 회귀하는 것이다.

사상사(思想史)의 관점에서 볼 때, 민주주의 출발이 되었던 교회나 왕권으로부터 자유하고자 하는 정치적 운동은 처음에는 문화로 그리고 종국에는 가정으로 확산된다. 장 자크 루소와 후기 존 스튜어트 밀(John Stuart Mill)은 각 개인의 발전에 영향을 주는 전통적인 사회의 역기능적 영향력에 대해서 지적하였다. 최근에는 마르크스주의와 사회주의 사상의 영향력 아래, 압제에 대한 이론을 개진하면서 일반적으로 사회가 개인의 역기능성에 책임이 있다는 식으로 사회적 문제들을 해석하였다. 일반심리학은 심리적 역기능의 중심에 부적응성 또는 병리적 가족관계를 두고 있다. 역기능을 설명하기 위해서 자아 이 외의 요인들을 찾고자 하는 지속적인 노력은 개인의 책임을 최소화했고, 죄에 대한 기독교의 교리와 이에 따른 거듭남과 하나님과의 화목에 대한 가르침을 약화시켰다. 결과적으로 상담 및 심리치료는 그 내용에 있어서 윤리적 기준을 갖고 있지 않다. 그보다는 상담 및 심리치료는 자아 성장과, 환자 또는 내담자에 의해 설정되는 목표들을 성취하는 데 중점을 두고 있다.

지난 삼백여년 간의 강력한 서구의 영향력 후에, 현대적 자아 이론은 이제 적지 않은 곳에서 비판을 받고 있다. 아마도 이런 비판의 가장 알려진 음성은 로버트 벨라(Robert Bellah)의 『마음의 습관』(Habits of Heart)이라는 책이다.[2] 사회과학자들, 철학자들, 저널리스트, 교육자들과 사회 평론가들이 이런 관점에서 중요한 문헌들을 내 놓았다.[3] 여러 각도에서, 이들 모두는 현대의 자아 개념을 비판하고, 사회적 공동체성이 없어지고 고삐 풀린 자유와 개인주의로 가는 것을 우려하고 있다. 민주공화국의 성격과 자아 절제라는 전통적인 미덕과 공공 활동에 참여하는 사회적 미덕을 잃어버렸다. 이런 반대편 입장에 서 있는 사람들의 사회주의 운동과 복음주의 그리스도인의 정치 참여가 이런 염려에 대한 실제적 응답으로 나타나고 있다. 그러나 이런 문제들에 대한 신학적 관점의 입장표명은 거의 없는 실정이다.

2. 자유주의 교회의 심리화

자유주의 교회는 목회상담 분야와 임상목회 교육이 제공되면서, 곧 신학교육 역시 심리학화 되었다. 이 주제의 역사적 흐름에 대한 탁월한 연구를 한 브룩스 올리필드(Brooks Holifield)는 후기 프로이드 심리학자들의 영향 아래 "구원으로부터 자아실현으로" 변천하면서 교회가 치료기관화 되었다고 지적한다. 오늘날 교회들은 다양한 종류의 상담 서비스를 제공해서 사람들의 삶에 치료적 역할을 하는 데 중점을 두고 있다. 이런 교회들은 중세 교회 시대에 성례전적 시스템이 영원한 생명으로 가는 길을 포장하였던 것과 같은 방식으로, 일반화된 심리학적 생명 지원 시스템으로 역할하고 있다.

그리스도인들은 근래에 여권주의적 색깔이 강해지고 있는 일반심리학으로부터 많은 것을 배우고 있다. 성격 유형에 대한 이해가 보편화 되면서, 사람들 가운데의 기질적 차이를 인식하게 되었고 그런 차이점에 대한 이해가 상호 간의 비판을 줄게 하였다. 심각한 정신질환은 전체 인구의 약 5%가 관련되어 있다. 귀신들림과 정신질환에 대한 분별이 교회로 하여금 지금까지 하나님의 노하심으로 인한 고난을 받는 것으로 판단되었던 사람들에 대해서 좀더 긍휼의 마음으로 사역할 수 있게 하였다. 심리학적 연구에 대한 인식이 주는 영향에서 주목할 사실은 원인의 측면에서 죄 이외의 병을 염두에 두게 되었다는 사실이다.

여권주의자들은 일단 사람들이 교만으로 인해서가 아니라 자기를 돌보지 않는 것, 자아 증오, 또는 병리적인 이타주의 그리고 신경증적 의존성향으로 인해 죄에 빠진다는 심리학적 관점을 제시한다. 이런 특징들이 성격장애로 드러나게 된다고 주장하고, 상담 및 심리치료와 약물치료로 접근하고 있다. 어떤 사례에 있어서는 그런 특징들이 기독교의 전통적 가르침에 의해서 강화될 수 있다고 한다.[4] 전통적 가르침은 자아 중심성(또는 자기애)으로 인해 왜곡되고 고통을 초래하는 사람들에게 주의를 기울여 왔다. 그러나 어떤 연약한 영혼들은 자기를 찾는 방향으로 성장해야 할 필요성이 있다. 이런 접근은 설교, 목회돌봄, 예배와 같은 목회만이 아니고 구원론과도 중요한 관련성을 가지고 있다.

그러나 심리학으로부터 온 내용이 모두 분명하게 긍정적인 것은 아니다. 일반심리학이 유용한 면이 있는 것처럼, 주소 불명의 기독교심리학이 확대되고 구원과 그리스도인의 삶에 대한 가르침에 왜곡된 영향력을 끼치고 있다. 일반심리학이 지적 세계를 평정한 반면에, 하나님 앞에 존재하는 인간에 대한 이해에 기초한 기독교심리학은 치료적 가치가 부족한 것으로 치부되고 있다. 그리고 하나님의 심판에 대한 강조가 점차적으로 반치료적인 것으로 평가되고, 무조건적인 지지와 격려가 치료적이라고 여기고 있기 때문에, 행동의 문제들이 고백과 회개와 사죄가 요구되는 영적 문제라는 생각은 약화되고 있다.

구원에 대한 심리학적 이해는 신학을 세우기보다는 매몰시킬 수 있다는 가능성이 필립 리프(Philip Rieff)의 『치료법의 승리』(The Triumph of the Therapeutic)라는 책을 통해 처음 제기되었다.[5] 그는 질서정연한 사회로부터 탈출을 시도한 1960년대의 반문화적 사회적 사조를 추적하였다. 이런

제5장 심리학을 지나 신학으로

사조는 루소의 사상에 기초한 해석에서 굳어진 것이었다. 심리학은 신학을 곡해하지 않고는 조화가 될 수 없다는 리프의 경고는 주의를 끌지 못했다.

자율, 개인성, 그리고 해방을 섞어 놓은 그러나 하나님의 심판과 자아의 도덕적 개혁은 전혀 개입되지 않은 대중적 생각은, 그리스도와의 연합으로 의인이 되는 변화를 경험한다는 기독교적 자아에 대한 바울의 이해와 갈등이 되는 것이다. 만약 목회에서 이런 무신론적이고 대중적인 경향을 취한다고 한다면, 신학적 기초를 놓치게 되는 것이고 적절한 영혼돌봄에 참여할 수 없게 되는 것이다. 결국 신학적 방향성을 수용할 수 없는 입장에 서게 된다. 교회의 목회적 사명이 영혼돌봄이라는 점을 회복하는 것은 기독교의 기초 위에 신학과 심리학의 교차점을 찾는 것이다.

이제 영적지도(spiritual direction)와는 구별되는 것으로 보는 목회상담은 현대 심리학을 교회 현장에 도입하면서 형성되기 시작했다. 보통 목회상담은 개인의 삶에 있어서 위기와 상처의 순간과 곤경에 처한 개인의 부탁에 의해서 이루어지게 된다. 다양한 형태의 슬픔과 좌절 그리고 위기가 함께하기 때문에, 목회상담자는 하나님의 심판과 변화에 대한 지도보다는 하나님의 위로와 능력에 중점을 두게 된다.

자유주의 교회 내의 일반심리학은 세 가지 영역에서 신학의 왜곡을 가져오게 하였다. 첫째, 계몽주의 영향 아래 기독교 일부에서는 목회에서 이성주의를 수용하도록 했다. 결국 이성주의는 목회기능을 충분히 드러내지 못하게 막는 것이다. 둘째, 기독교의 학풍이 인간 기질에 대한 편협한 입장을 주장하게 되었다. 셋째, 무신론적 성향이 우세하게 되었기 때문에, 하나님과 함께 하는 생명의 구원과 이생 이후의 심판이 비이성적인 것이 되었고 그 틈바구니 사이로 자아실현이 구원으로 쉽게 변질되었다.

일반심리학은 심리학과 기독교심리학 모두 자아에 대한 지식과 행동에 관심을 기울이고 있다고 지적한다. 두 영역 모두 치료와 지지를 목적으로 한다. 그러나 기독교와 일반심리학이 여러 근본적인 측면에서 갈등관계가 있다는 것은 부인할 수 없는 사실이다.

요약하면, 현대의 문헌과 철학은 속죄함 또는 구원이라는 신학적 자리에 온전함이라는 심리학적 주제를 대치하도록 종용하고 있다. 목회상담자들은 목회 현장에서 일반심리학을 활용하고자 할 때 신학적으로 빈틈이 있어서는 안 된다. 교회의 사명은 영적지도로서 그리스도의 몸과 확고하고 능력 있는 신학적 내용을 제공하는 것이다. 브룩스 홀리필드는 "종교적 전통을 정의하거나 압도하려는 심리학적 접근을 허용하려는 유혹은 종종 상당히 매혹적이다. 예수 그리스도께서 '괜찮은 심리학자'라고 하거나 치료적 수용과 기독교의 사랑이 같다고 말하는 것은 심리학과 종교적 전통 모두 하찮게 만드는 것이다."[6]

3. 기독교의 자아(self)

비록 교회 교부들이 고대 헬라심리학에 영향을 받기는 했지만, 그들은 신적 인도 아래 있는 영혼을 표현하는 자아를 설명하고 이해하기 위해 그들 스스로의 구조를 발전시켰다. 이성과 감정이 하나님을 향해 방향을 맞추게 될 때, 행동은 올바르게 인도된다. 이런 기능이 잘 못 인도될 때, 행동은 부적당한 결과를 낳는다. 기독교 치료(영혼돌봄)의 사명은 한 개인이 감정과 행동을 통제하는 능력을 회복하기 위해서 욕망에 대한 올바르고 경건한 지식을 갖도록 돕는 것이다. 어거스틴(Augustine)은 감정과 행동은 이성의 명령에 쉽게 따르지 않는다는 것을 깨달았다. 그는 개인 안에 있는 어떤 이성적 능력이 아닌 오직 하나님의 은혜가 변화를 위해 필요한 도움을 줄 수 있다는 것을 확신했다. 그러나 그의 은혜에 대한 강조에도 불구하고, 어거스틴은 자아 분석이 자아 이해를 위한 열쇠가 된다는 내적 성찰에 중점을 두는 관점을 서구 사회에 남김으로써, 현대 심리학의 발전에 공헌을 하였다. 그러나 수도원적 전통은 환자로 하여금 감정과 행동을 훈련하기 위해서 하나님께 초점을 맞추도록 돕는 영적지도에 의존하고 있다.

이것이 어거스틴이 존재의 물질적 영역의 중요성을 인식하는 데 못했다는 의미는 아니다. 사실상, 그는 자신의 과식을 한탄했던 가엾은 수도자이었다. 「고백록」(*Confessions*)과 「삼위일체론」(*De Trinitate*)이라는 책에서, 그는 행복이 하나님을 알고 즐거워하는 것에서부터 오게 될 때 좀더 확실해지는 인간 존재의 영적 영역을 언급하고 있다. 그러나 그는 물질적 세계가 영적 생활을 위해 적합한 무대가 된다는 사실을 충분히 설명하지 않고 있

제5장 심리학을 지나 신학으로

다. 이런 점이 어거스틴이 기독교의 편에 서면서 버려야만 하는 것이라 주장한 마니교의 이원론을 기독교가 충분히 극복하고 있는지 없는지에 대한 지속적인 의심을 갖게 하였다.

아무튼, 일반심리학은 물질적 영역은 일부 발견했지만, 인간의 행복과 온전함의 목적과 자원으로서의 하나님 안에 있는 행복을 인식하지 못한 결과로, 하나님께 나아감으로써 받게 되는 행복, 자존감, 개인적 안녕에 대한 어거스틴의 통찰을 찾아보기 어렵다. 그러므로 일반심리학은 신학적 심리학이 믿고 있는 자아의 능력을 인정하지 않기 때문에 교통이 어려운 것이다. 신학적 심리학에서 하나님께로 돌아선 자아는 변덕스러운 인생의 문제들을 적어도 잘 견딜 수 있게 하는 기초이고, 그런 문제들에 직면할 수 있는 치료적 기초를 제공하는 것이 신학적 심리학이다. 일반심리학은 다른 일자리나 배우자와 풍토 또는 새로운 행동 습관의 발달과 환자의 개인적 효율을 증진하는 감각은 제시할 수 있지만, 일반적으로 심리학은 자아의 영적인 기초에 대해서는 무관심해 왔다.

비록 일단의 치료사들이 몇몇 환자들이 영적 자원을 치료 과정 가운데 요청하면서 이를 인식하기 시작하였으나, 여전히 근본적으로 세속적 자아를 위해 도움이 될 수 있는 하나의 추가적 자원으로 이것을 보고 있다. 심리학의 세속적 기초는 심리학적 온전함의 토대가 되는 하나님께 대한 지식과 기독교의 실제를 추구하는 데 걸림돌이 되고 있다. 그러므로 목회돌봄의 도구로써 활용될 때, 일반심리학은 목회돌봄에서 핵심적으로 요구되는 신학적 토대가 부족하게 된다.

일반심리학과 기독교심리학 사이의 차이를 설명하는 한 가지 방법은 일반심리학이 자아를 중심으로 하고 있다냔, 기독교심리학은 영혼에 주의를 기울이고 있는 점을 제시하는 것이다. 영혼돌봄은 영적 부조화에 초점을 두고 있다. 영혼돌봄은 고대 교회시대의 자아 불만족과 절망에 대한 표현이었고 상처 받은 부분이 회복된다는 소망을 제공한 참회의 예식에서 파생된 것이다. 영적 인도에 대한 교회의 전통은 영혼의 갱신에 목적을 두고 있다. 중세기 동안, 죄의 고백, 회개, 공중예배, 성례전의 참여와 봉사하는 것이 영혼의 갱신을 목적으로 가지고 있었다(비록 당시에 속죄 예식이 왜곡되었지만). 기독교는 그리스도의 십자가에서 드러난 하나님의 자비에 소망을 붙잡고 하나님의 사랑에 거할 수 있다는 가능성을 제시했다. 그러나 단지 참회 또는 단지 믿음만이 어거스틴적 심리학에서 추구된 자아의 변화에 영향을 끼치기에는 충분치 않았다. 왜냐하면 이후에는 영혼의 갱신보다는 주로 죄책의 해결에 중점을 두었기 때문이다.

4. 어거스틴의 심리학을 재조명하기

기독교심리학과 일반심리학은 하나님의 계시에 대한 입장 차이가 분명하다. 기독교심리학은 우리가 하나님의 형상으로 지음 받았지만, 그 근본적 형태에서부터 일그러졌고 길을 잃었고 혼란에 빠졌다는 것을 강조한다. 우리의 진정한 정체성은 우리를 위하시는 하나님에 의해 그리스도 안에서 재정립되는 것이고, 그 결과 우리 본래의 자아에로 돌아갈 수 있게 된다. 이것이 영혼치유이다. 일반심리학은 자아 그 자체에 기초를 두고 있다. 자아는 독립적이다. 다시 말해 일반심리학의 자아는 그 자체를 이해하는 데 있어서나, 진정한 행동과 감정과 행동의 온전함을 이루는 길을 찾는 데 있어서 하나님을 필요로 하지 않는다. 또한 세속적 자아는 우리 주변의 주도적 문화 내에서 강한 주도권을 점유하고 있기 때문에 기독교의 틀을 굳이 필요로 하지 않는다.

어거스틴은 하나님 안에서 그 출발과 의미를 발견하는 기독교적인 영혼의 이해를 구체화하여서 서구 사회에 남겨 주었다. 어거스틴은 유전병으로 비유하면서 원죄에 대한 분명한 관점을 가지고 있었다. 우리가 우리 스스로의 힘으로 어떤 선을 행할 수 있다는 가능성을 부정하였다. 반면에 그의 신학적 심리학은 이런 관점들보다 좀더 복잡하다. 그 자신이 죄인의 삶을 체험한 핵심 증인으로서, 어거스틴은 하나님의 지혜와 선하심에 거역하면서 갈등을 겪는 세례 받은 그리스도인들의 심리적 역동 관계를 진술하였다. 그의 『고백론』과 『삼위일체론』에서 그리스도인의 삶에 대해서 묘사하고 있다. 어거스틴은 하나님과 온전한 자아를 추구하는 것에 있어서 더디고 무능한 그리스도인들의 모습을 드러내고 있다. 그가 분명하게 제시하는 것은 인간이 올바른 정체성과 존귀함에 이르기 위해서는 오로지 하나님의 형상의

제5장 심리학을 지나 신학으로

본래 모습을 더듬어 찾아야 하는 것이고, 이것은 하나님의 삼위되심을 닮는 것과 같다.

사실상 어거스틴은 기독교심리학을 설명한 최초의 사람이었다. 즉 인간 심리의 구조가 하나님의 삼위되심의 성격과 유사하다고 이해하였고, 하나님의 삼위되심의 기초 위에 자아를 이해해야 된다는 사실을 설명하였다. 사람이 하나님 −아버지, 아들, 그리고 성령−과 그 삼위의 구조와 유사한 모습으로서의 자기 자신을 이해하지 못한다면, 기껏해야 부분적 자기 지식과 인생에 대한 피상적인 만족만을 갖게 되는 것이다. 어거스틴은 "우리의 심령이 당신 안에 거하기까지 안식을 얻을 수 없습니다"라고 『고백론』의 첫 머리에서 쓰고 있다.[7]

『고백론』에서 어거스틴은 아동들에 대한 관찰과 그 자신의 어린 시절에 대한 회상에 기초해서 인간 본성에 대한 그의 숙고를 시작하고 있다. 아동이 본성적으로 선하다는 낭만주의적 관점을 가지고 있었던 루소와 같지 않게, 어거스틴은 아동들이 성을 잘 내고, 칭얼거리고 자아 중심적인 것으로 보았다.[8] 그는 자아 중심성이 어린 시절에 제한된 것이 아니고, 성인 때는 단지 다른 형태로 변화한다는 증거로 과식, 성중독 그리고 명예를 추구하는 바로 자기 자신 안에 있는 갈등을 보았다.

전통적인 관점에서 보면 죄는 교만이다. 자아 만족, 자아 확장, 그리고 다른 이들을 통제하려는 강한 충동이다. 어거스틴은 죄가 하나님에게서 자아 만족으로 방향을 바꾼 결과, 청년기 때는 이유 없는 폭력과 재산 훼손(그 자신이 또래 청년들과 함께 배나무를 훔치면서 경험했던 충동)의 충동과 육체적 욕구에 대한 지나친 욕심으로 보았다. 그는 인간 본성 내에 하나님께 대한 저항이 너무 강하기 때문에, 성육신, 십자가, 부활과 승천과 같은 극적인 사건에 의해서만 강제적으로 극복될 수 있다는 것을 강조한다. 이런 것들이 그분 안에 우리를 다시 품으시려고 부르시는 하나님의 심오한 선하심과 관대하심을 보여주는 것이다.

어거스틴은 하나님 안에 우리 스스로를 다시 두려는 것이 느리고 힘든 과정이라는 것을 깨달았다 그는 이것을 삼위일체에 대한 연구의 중간 부분에서 설명한다. 기독교의 치료는 모든 사람들이 피할 수 없는 자아 왜곡으로부터의 해방이다. 그것은 사람의 올바른 존귀함과 고귀함의 근원이 오직 하나님이시고, 누구도 어떤 것도 대신할 수 없다는 것을 깨닫기 시작하는 것이다. 존귀함과 고귀함은 하나님을 올바로 이해하고 하나님의 삼위일체가 투사된 자기 자신을 보게 될 때 발견하는 것이다. 어거스틴이 말하는 자유는 잘못된 또는 왜곡된 욕구에서 기인하는 부조화된 행동들로부터 자유하는 것이다. 어거스틴에게 있어서 회심은 하나님께 돌아서고 그분과 함께하며 이루어지는 영혼의 재건이다.

역기능적 행동은 어거스틴이 인식한 형태와 언급하지 않았던 형태에서 모두 나타날 수 있다. 하나님 안에서 자신의 존귀함을 적절하게 이해하는 못하기 때문에 나타나는 자아 증오와 과도한 의존성은 최근에 일명 자아주의로 변하고 있다. 이것은 영혼의 일반적인 왜곡 형태이고 기독교심리학에서 제시하고 있었던 점이다.[9] 자신을 증오하는 사람과 다른 사람들의 인정과 관심에 지나치게 의존하는 사람 모두가 하나님 안에서 그들의 존귀함을 누리는 데 실패한 것이고, 그들 스스로와 다른 사람들을 학대하고 훼손할 수 있다. 교만한 사람과 비굴한 사람 모두 그들의 선함과 고귀함의 진정한 근원이신 하나님을 거부하는 것이다. 그들은 자기애적 욕구와 신경증적 불안을 부채질하는 즉각적 만족에 고착된 것이다.

어거스틴과 그를 따랐던 서구의 전통은 단지 하나의 성격 유형을 모델로 활용하였다. 서구는 자기애적 죄를 문제시하였고 그 치료책으로 겸손을 권하였다. 그리스도인의 삶에 대한 가르침은 자아 증오라고까지 할 정도의 겸손이 자칫 잘못하다가 하나님의 형상의 기원을 가지고 있는 자아의 존귀한 모습과는 모순된다는 사실을 이해하는 데 실패했다. 기독교심리학의 여권주의적 교정과 일반심리학과 동일화하려는 다양한 수정은 이제 신학적 범주로 해석되어야 하고 목회를 통해 적절하게 적용되어야 한다. 그리고 비록 약물치료가 연약하게 또는 지나치게 강한 성향을 가진 사람들을 안정시킬 수 있지만, 신학적 틀이 일반심리학의 자아가 제공할 수 있는 것보다 더 확고한 기초를 제공할 수 있기 때문에 필요한 것이다. 우리가 하나님의 형상으로 지어졌다는 신학적 입장을 확고하게 견지한 어거스틴은 고결한 영혼, 다시 말해 하나님께서 본래 창조한 그 영혼을 위한 탐색의 기준으로 삼위일체를 택했고 영혼은 삼위일체의 속성 안에서 존귀함을 발견하게 된다.

어거스틴 이전에, 플라톤 역시 인간의 고귀함을 이해하고 촉진하고자 노

제5장 심리학을 지나 신학으로

력했었다. 그는 펠로폰네소스(Peloponnesian) 전쟁에서 아테네 함대가 스파르타에게 패배한 원인을 아덴의 도덕적 그리고 영적 쇠퇴에 돌렸다. 그는 도덕적으로 잘못된 아테네의 지도력에 대한 책임을 부분적으로 호메로스(Homeric)의 신들에게 돌렸고, 그의 스승이었던 소크라테스(Socrates)에 의해 형성된 정의, 용기, 자아 절제, 우정에 대한 열정을 아테네 시민들에게 불러일으켜서 그들 내에 도덕적 우월성을 독려하고자 했다. 플라톤과 아리스토텔레스는 인간의 덕은 이성적 통찰과 실제적 체험을 통해 성취될 수 있다고 가르쳤다. 도시의 지도자들의 도덕적 탁월함이 질서 있는 도시의 기초가 된다는 것을 역설하면서, 그들을 성숙시키는 철학의 가르침과 지혜로운 지도자에 의해 통치되면서 조심스럽게 조직화된 공화국의 법질서를 구축해 가는 이성적 방법을 추구하였다.

로마 문명의 쇠락을 지켜보면서, 어거스틴은 지혜로운 지도력은 우리가 플라톤만큼 이성적이지 못하기 때문에 쉽게 성취될 수 없다는 것을 알았다. 바울의 가르침을 따랐던 어거스틴은 우리가 자아 만족에 대한 유혹에 의해서, 행해야만 하는 올바르고 이성적 일들로부터 너무 쉽게 벗어나는 것을 알았고 그 대표적 예로 자신을 언급했다. 어거스틴은 선을 아는 것은 한 측면이지만, 행하는 것은 전적으로 또 다른 측면이라는 결론을 내리면서 기독교적 플라톤주의조차도 버렸다. 아마도 로마서 7장에 있는 연약함에 대한 바울의 탄식을 생각하면서, 어거스틴은 인간 존재가 죄의 권세에 영향을 받을 수밖에 없다는 가르침을 분명히 제시했다. 그는 에덴동산에서 시작된 죄는 약한 의지에 의해서 촉진되고 오도된 자아 성취에 대한 욕구로 발전한다.

물론 어거스틴은 플라톤이 접할 수 없었던 인간심리의 연구를 위한 자원을 가지고 있었다. 이스라엘의 하나님은 예수 그리스도를 통해서 알려졌고, 그분은 인간이 결국 다시 돌아가게 될 흙으로부터 우리를 지으셨다. 우리는 이러한 관계에 의해서만이 아니고, 삼위의 형상으로 지음받음으로써 형성되었다. 어거스틴은 고귀함과 탁월함의 근원인 하나님의 형상 안에서 우리의 올바른 정체성을 찾는 영적 고투가 우리 인격의 핵심적 주제라고 말한다. 그러나 우리가 이 고투에서 승리하는 것은 불가능하기 때문에, 온전히 하나님의 은혜에 의존해야 한다.

어거스틴이 욕구 또는 정욕은 잘못된 것으로 이해했다고 해석되어 왔다. 이것은 바른 해석이 되지 못한다. 어거스틴의 관점은 욕구가 쉽게 왜곡된다는 것을 말하는 것이다. 그는 우리가 거짓된 행복을 가져다주는 최악의 자아와, 진정한 행복을 가져다주지만 자기 자신의 빛을 쫓으려는 헛된 시도 아래 잠자고 있는 최선의 자아 사이에 붙잡혀 있다고 보았다. 선과 행복을 위한 고투는 어떤 단기간의 쾌락을 통해서가 아니고 하나님을 즐거워하는 삶을 통해 결국은 해결되는 것이다. 우리는 하나님께 확고하게 붙잡혀야 하고 그분의 은혜만이 그런 삶을 가능하게 하는 것이다.

어거스틴의 관점은 하나님의 자비를 이해하는 것이 평안과 안전을 위해 우리가 필요로 하는 지지와 격려를 제공한다는 루터의 견해와는 다른 것이다. 어거스틴의 심리학은 두 가지 종류의 행복을 말하고 있다. 사람이 단지 물질적인 행복에 만족하는 한 물질적 평화는 덧없는 것이기 때문에 진정한 평화를 결코 줄 수 없다. 재정적 안정, 직업, 관계 모두 불확실한 것이다. 영혼이 직업과 관계와 재정의 근본이 되시는 하나님 안에서 안식을 누릴 때, 하나님의 좋으심에 동참하게 되고, 그로 인해 인간의 참된 정체성이 회복되며 영적 평화를 희미하게나마 경험하는 것이 가능해진다. 존귀와 명예를 지키며 매일의 삶의 스트레스를 극복하는 핵심 비결은 하나님의 구원을 받고 삼위일체의 모형을 드러내는 거룩한 삶에 진정으로 참여하는 것이다. 그리고 이것은 성령을 통해 그리스도의 죽으심과 다시 사심을 믿고 세례를 받음으로써 이루어진다. 이러한 사실들이 일반심리학이 제시할 수 없는 매일의 삶을 위한 확실한 기초를 제공한다.

어거스틴에 의해서 틀이 형성된 기독교심리학은 현대에 신학적 심리학이 세워지기 위한 신학적 정체성을 제공한다. 어거스틴은 현대 심리학이 방어기제, 신경증적 행동, 부적응적 성격 특질로서 말한 것들에 대해서 분명한 관점을 제시한다. 그는 이런 것들이 인간의 개인적 삶의 문제가 아니고, 하나님께 대한 반항에서 유래된 것으로 보았다. 그는 기질적 차이는 선천적인 것으로 인식했다. 그의 모친은 술에 의해서 유혹을 받았고 자신은 명성에 의해서 유혹을 받았다. 우리는 어떤 개인적 문제들을 가지고 있지만, 그런 문제들 이면에 영적인 측면이 있다는 것을 어거스틴은 강조한다. 오늘날의 교회가 필요로 하지만 어거스틴이 구체적으로 제시하지 않고 있는 것은, 그

제5장 심리학을 지나 신학으로

의 윤리적 심리학과, 개인 안에서 삼위적 성격을 심화하고 강화하는 그의 교회론(청교도적 관점에 따르면 기독론적 성격) 사이의 연결점이다.

개인의 신학적 정체성을 위한 목회 현장의 도구들이 다른 기독교 교리들과 실제들, 특별히 교회와 성도의 교제, 성례에 대한 가르침과 고백과 기름부음 같은 목회에 의해서 제공된다. 최근의 교회론은 성직자와 함께 그리스도의 몸으로서 평신도를 강조하고 있다. 신실한 그리스도인들은 신학적 정체성이 세워져 가고 있고 그들의 사역은 점차 더욱 귀하게 된다. 근래의 예식에 대한 갱신 운동은 성령께서 세례의 주체가 되실 뿐만 아니라 거룩한 삶에 수세자들을 접목시키고 있다. 더 나아가 자기 스스로 세운 정체성 이상으로 그리스도인들을 끌어올려 주었다. 그리스도의 한 지체로 성찬예식에 참여하는 것은 개인이 교회의 머리되신 그리스도와 하나가 되는 길이 된다.

물로 씻음과 같지 않게 기름 부음은 가끔 시행할 수 있는 예식이다. 중세교회가 이를 단지 임종시에만 활용했던 것에 비해서, 오늘날은 치유를 위한 한 형태로 사용하고 있다. 고해성사는 종교개혁 당시 기독교 내에서 사라졌고 지금은 로마가톨릭 내에서도 사라져 가는 것인데, 건강한 방법으로 재정립될 때 영혼돌봄을 위한 강력한 도구를 제공할 수 있다. 특별히 기름 부음과 함께 적절한 예식 형태로 활용된다면 유용할 수 있다. 마지막으로 성도의 교제는 성도들로 하여금 그들처럼 거룩한 삶을 사느라고 갈등을 겪는 사람들을 위한 폭 넓은 지원 체제가 되어서 함께 한 이웃들에게 다가가게 한다.

이런 교리들과 실제들은 하나님의 존재와 능력으로부터 정체성을 취하는 영혼을 풍성하게 하고 강하게 할 수 있다. 하나님의 지혜, 선하심, 존엄하심 안에서 영혼의 정체성은 창조되고, 그리스도를 통한 그분의 사역 안에서 정결하게 된다. 건강한 기독교의 자아에 대한 이해는 강하고 연약한 마음 모두에게 도움을 줄 수 있다. 어떤 성격의 사람이든 그 삶의 변화는 오직 하나님만이 제공할 수 있는 신학적 자존감을 필요로 한다. 기독교는 존귀 또는 안정을 위해 개인 간의 관계에 의존하고 있지 않기 때문에, 기독교의 자아는 사람과 사람 사이의 관계를 촉진하는 든든한 토대가 된다. 하나님께서는 교묘한 이기심을 통제하고 자기를 증오하고 다른 사람에 대한 신경증적인 의존성을 막아내는 심리적 보호막을 제공한다. 우리가 건강한 신학적 정체성이 부족하게 될 때, 세속문화가 말하는 피상적인 자존감과 그 위에 세워지는 관계와 삶은 너무 쉽게 욕구로 인해 왜곡되고, 간교한 방식들로 욕구의 대상을 속이고 학대하게 하는 것이다. 신학적 정체성에 대한 바른 정립은 모든 관계와 욕구를 하나님을 영화롭게 하는 자리에 위치하게 한다.

5. 영혼돌봄의 재정립

조화가 이루어진 기독교심리학은 교만한 성격을 가진 사람이든 위축된 성격을 가진 사람이든 더 나아가 다른 사람들에게도 필요하다고 설명하였다. 교만한 성격과 위축된 성격은 서로 상반된 모습이지만, 여러 면에서 이런 성격을 가진 사람들의 보편적인 실패는 그들의 연약함에 대해서 분별할 수 있게 하는 강하고 건강한 신학적 정체성이 부족한 것에서 기인한 것이다. 우리가 지금 필요로 하는 신학적 정체성은 다양한 성격 유형을 포함하기에 충분하도록 포괄적이어야 한다.

영적지도와 일반상담 및 심리치료와 약물 투여는 함께할 수 있다. 만약 죄와 회개를 개인의 기능과 관계에 영향을 끼치는 성격적 문제와 정신질환을 구별하기 시작하면 기독교적 삶을 특징짓는 죄의 회개, 기독교적 자아의 회복, 그리고 하나님과의 관계의 연합에 도달하지 못할 수 있다. 기독교적 관점에서 볼 때, 약물과 일반상담 및 심리치료는 어떤 사례에는 필요한 것이다. 비록 교회의 전문적 영역은 아니라 할지라도, 정신적 문제를 가진 탈선한 성적 행동, 다양한 성격장애, 기질적 변화는 주의 깊은 목회돌봄에 있어서 본질적인 것이다. 중세교회는 이런 지식을 갖지 못했었다. 그러나 오늘날 성격에 대한 최근의 통찰은 일률적인 인간관에서 벗어날 필요가 있음을 보여준다.

동시에, 성격은 비록 기질적 측면도 있고 가정에 뿌리를 둔 측면이 있는 질투, 오만, 분노, 복수, 권력욕, 자기 권한의 확대, 악의 그리고 장황함 같은 것으로, 또 한편으로는 소심함, 수동성, 자아 증오 같은 것으로 변질된다. 이런 점들 모두가 신학적 개입과 교정을 필요로 한다. 기질적 차이들은

제5장 심리학을 지나 신학으로

우리의 성격에 영향을 줄 뿐 아니라, 우리가 도덕적 사건을 어떻게 다루는가에도 영향을 준다. 다시 말해 우리가 다른 사람들과 자신의 육신을 어떻게 대우하는지, 우리가 돈을 어떻게 다루는지(오늘날의 문화가 가장 영향을 끼치는) 등에 영향을 주는 것이다. 이런 것들은 또한 교회의 영향권 밖으로 둘 수 있는 것들이 아니다. 고귀한 기초로서 신학적 정체성을 갖는 것은 죄인에게 책임을 부여하고, 부당한 곤혹함에 대항하는 심리적 완충물을 제공하는 것이다. 이런 조화를 필요로 한다.

기독교적 관점이란 우리가 우리 스스로를 하나님의 반사된 빛 안에서 알게 되고 우리의 행동을 진정한 신학적 정체성의 빛 안에서 보게 되는 것이다. 비록 성경적 언어로 옷을 입긴 했어도 일반심리학은 진정한 풍성함을 줄 수 없을 것이다. 일부 교회가 일반심리학과 여권주의의 영향으로 인해 자아적 관점에서 죄를 보려는 문제를 안고 있다. 하지만 근시안적 기독교의 가르침과 왜곡된 훈련으로 희생된 사람들이 여전히 교회의 적절한 안내와 심판을 말씀하시는 하나님의 도우심을 필요로 한다. 이것은 평신도와 함께 기독교 사역자들에 대한 재교육과, 인간성품과 행동의 복합성을 이해하는 새로운 용어를 제공할 필요가 있다. 그들은 신학적 안내를 제공하는 신학적 훈련이 필요하고, 또한 다시 기독교를 진정으로 중심에 두도록 격려할 필요가 있다.

주요 정신장애, 선천적 장애, 병든 성품 또는 성격장애, 신체질환 또는 장애, 가정폭력, 인종차별 또는 다른 형태의 사회적, 경제적 폭력, 이유 없는 폭력 등에 의해서 희생된 사람들은 그들의 고통으로부터 파생되는 부차적인 영적 손상으로 고통을 당할 수 있다. 교회가 고통을 잘 이해하지 못하고 사회악에 대항하는 데 실패하게 되면, 그런 아픔을 주는 것에 공모하게 되는 것이다. 교회는 그런 사람들을 격려하는 것 이상의 것을 해야만 한다. 그런 고통에 의해서 초래된 손상은 다른 사람에게 손상을 주고 자기를 파괴하는 생각과 행동의 패턴을 낳게 한다. 건강한 사람들을 훈련시키는 것은 상대적으로 쉬운 것이지만, 교회는 또한 죄 가운데 있는 사람, 특히 특별한 고통으로 인해서 역기능적 방어기제 또는 왜곡된 행동이 삶의 습관이 된 사람을 고치고 그래서 치유되도록 부름을 받았다. 영적지도는 거친 심령의 전통적 모델인 죄지은 사람들, 상황과 성격 역동이 좀더 복잡하고 조각난 사람들 모두에게 필요하다.

우리는 일반심리학의 부족함을 설명하기 위한 출발점으로 어거스틴에 주의를 기울였다. 그는 신학적 자아를 말하고 있다. 다시 말해 인간이 영적으로 풍성하기 위해서 인간 영혼은 지배권 아래 있는 영혼이어야 하다고 설명한다. 자율성을 가장하는 자아는 자기 속임이다. 역설적으로 인간 자유는 의존성에 대한 인식과 하나님의 도우심을 필요로 하는 존재라는 고백이 요구된다. 자신이 올바르게 스스로를 관리할 수 있다고 확신하고 신의 도우심이나 안내를 거부하는 사람들은 그들이 좀더 자아 확신이나 겸손이 필요한지 안한지에 상관없이, 단지 기독교 관점에서 볼 때 잘못된 것이다. 아마도 자유 시장 환경에서도, 그들이 그들 스스로를 넘어서는 존재, 다시 말해 그들을 하나님과 다른 사람에게도 연결시키는 존재에 의해서 안내를 받지 않고 있기 때문에, 어거스틴은 그런 사람들이 위험하다고 볼 것이다. 자기 이익을 좇는 사람들의 성향은 점검할 것이 없다.

기독교심리학은 현대가 필요로 하는 연결점을 회복시키고 있고, 하나님 안에서의 자유, 즐거움, 그리고 행복을 적절하게 세우고 있다. 영적 건강에 대한 기독교의 가르침은 사람의 욕구를 현실화하거나 건전하게 관계를 맺어갈 수 있게 하는 기술을 넘어서는 능력을 가지고 있다. 기독교적인 영적 건강은 사람이 발명한 기술이 아닌 심오한 신학적 근원에 기초를 두고 있고 이로부터 사람들은 발전하는 것이다. 하나님은 인간 분투의 밑에는 바닥을, 위에는 지붕을 세우셨다. 일반심리학과 현대 사상은 신학적 속박에 대해서 거부하기 때문에 하나님이 만드신 이런 집에 대해 호의적이지 않다. 일반심리학의 표현에 따르면 하나님과 관련이 없어도 스스로를 적절히 분석하는 것이 가능하다는 것이다.

6. 심리학을 지나 신학으로

기독교심리학과 전통적 사역을 재정립하고 기초화하며, 현대 심리학과 여권주의의 통찰들을 이용해서 풍성하게 해보려는 논의의 결과, 신실한 이들의 영적 필요를 채워줄 수 있는 교리적 자원도 없이 목회자들이 방치되었

제5장 심리학을 지나 신학으로

고, 신학이 자아에 대한 신학적 기초가 된다는 것을 정립하는 데 미진하였다는 것을 발견하였다. 그러므로 현장 목회자들은 영적, 목회돌봄에 활용될 수 있는 기독교의 전통의 교리적 자원들에 충분한 주의를 기울이지 않고 종종 분별없이 일반심리학적 방법을 도입하였다. 우리가 사는 이 시대를 위해 목회적이고 신학적 심리학을 재정립하는 것은 바로 교회의 신학자들이 할 일이다. 신학적 심리학의 부재는 신학과 목회의 실제 사이에 너무 크고 넓은 간격을 남겨 놓았다. 우리 신학자들은 교회의 기대를 충족시키지 못했다.

재건축된 신학적 심리학과 목회 실제는 성경적이고 신학적인 유산에 근원을 두고 있어야만 한다. 어거스틴은 하나님의 삼위일체성을 가지고 기독교 자아의 기초를 놓았다. 기독교의 자아는 하나님의 성육신된 말씀에 의해서 창조 때에 세워진 은혜의 언약과, 죄를 용서하시고 죄인을 친구삼아 주신 그리스도의 십자가에 기초를 두고 있고, 그로 인해 사람은 하나님의 존귀함을 닮게 된다. 이런 축복들 모두가 믿는 자들에 주어졌다는 사실이다. 그리스도 안에서의 하나님의 역사에 근거를 두고 있는 자아는 진정으로 기독교적 자아이다.

사람이 심리학에 대한 어거스틴의 삼위일체적 설명을 인정하든 안하든 간에, 어거스틴은 하나님에 대한 교리와 영혼치유 사이의 연결점을 분명하게 하고 있다. 그리스도의 위격과 그리스도와 성령의 역사에 대한 교리를 발전시켰던 다른 이들은 분명하게 이런 연결점을 보여주지 못하고 있다. 그러기에 많은 목회자들은 돕는 사역을 위해 교리보다는 다른 자원에 보다 관심을 기울인 것이다. 그러나 그대로 머물러 있어서는 안 된다. 기독교 교리들은 기독교의 자아를 위한 기초를 제공할 수 있지만 조심해야 한다. 자칫 세상 가치의 조작에 쉽게 넘어가는 임의로 구성된 자아를 선택하든가, 자아는 본성적으로 온전하고 완전하기에 성숙하기 위해서는 단지 적절한 성장 조건이 필요한 것이라는 루소의 관점을 선택하게 된다. 후자의 관점은 환경을 조작하는 쉼 없는 시도를 하게 했고 그러면 허약한 사람이 성장한다고 생각하였다. 이런 이유들 때문에 신학적 심리학은 좀더 경직된 형태를 갖고 멀어지게 되고, 심리학이 이제 인간 존재의 형성을 언급하는 데까지 이르게 되었다.

일반심리학은 자아와 그 기능의 복합성을 드러내주는 유익을 주었다. 유전적 요소, 가족 역동, 사회경제적 환경, 교육 배경, 그리고 사건들이 마치 눈송이 같이 각 개인의 성격을 형성하는 복잡한 패턴을 만들어낸다. 그러나 현대의 추세는 신학자로 하여금 자아 내에 깊고 진정한 신학적 통찰을 목회자들에게 제공하게 하였다. 제자도를 위해 그리스도인을 강화하고, 변화시키며 힘을 줄 수 있는 유익한 신학적 토대를 제공하는 것은 신학의 책임이다. 아마도 이것은 일반심리학에서 목회신학을 나누는 것으로 결론이 날지 모른다. 신학자들은 사역자들을 방치했었고 이것을 부끄러워해야만 한다. 아마도 너무 늦어서 이런 손상을 고치는 것을 시작할 수 없을 정도는 아닐 것이다.

■주(Notes)

1) Brooks Holifield, *A History of Pastoral Care in America: From Salvation to Self-Realization* (Nashville: Abingdon, 1983).
2) Robert N. Bellah, *Habits of the Heart: Individualism and Commitment in American Life* (Berkeley: University of California Press, 1985).
3) Allan Bloom, *Closing of the American Mind* (New York: Simon & Schuster, 1987); Jean Bethke Elshtain, *Democracy on Trial* (New York: Basic Books, 1995); Os Guinness, *The American Hour: A Time of Reckoning and the Once and Future Role of Faith* (New York: MacMillan, 1993); Alasdair MacIntyre, *After Virtue: A Study in Moral Theory*, 2nd ed. (Notre Dame, IN.: University of Notre Dame Press, 1984); Charles Taylor, *Sources of the Self: The Making of the Modern Identity* (Cambridge, MA.: Harvard University Press, 1989).
4) Judith Plaskow, *Sex, Sin and Grace: Women's Experience and the Theologies of Reinhold Niebuhr and Paul Tillich* (New York: University). *Woman spirit Rising: A Feminist Reader in Religion*, Carol P. Christ, & Judith Plaskow (ed.) (New York: Harper & Row, 1979).
5) Philip Rieff, *The Triumph of the Therapeutic: Uses of Faith After Freud* (New York: Harper & Row, 1966).
6) Holifield, *History of Pastoral Care*, 355.
7) Augustine, *Confessions* 1.1.1.
8) Ibid., 1.6.9-1.12.19.
9) Paul C. Vitz, *Psychology as Religion: The Cult of Self-Worship*, 2nd ed. (Grand Rapids: Eerdmans, 1997).

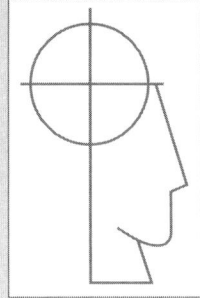

Care for the Soul:
Exploring the Intersection of Psychology & Theology

제6장

바울 상담 및 심리치료의 개관

로버트 로버츠(Robert C. Roberts)

심리학자들 가운데 그리스도인들은 간혹 기독교 사상과 전통을 심리학과 통합하려는 것에 대하여 언급하고 있다.[1] 여기서 논란이 되는 심리학이란 20세기의 전문적인 학문으로서, 그 내용은 대학의 심리학과에서 가르치고 실습되는 것이며, 미국심리학회(APA)의 논문집에서 다루어지는 내용들이기도 하다. 그리고 각 병원 내지 의원의 정신과에서 상담 및 심리치료를 위해 활용되는 내용들을 의미한다. 이런 측면에서 볼 때, 심리학은 교회 밖의 분야이며 세속적인 것이라고 할 수 있다. 바로 이것이 그리스도인들 가운데 통합을 말하는 학자들의 통합 이유이다. 즉, 심리학은 교회와 기독교 전통 밖의 일이므로 그것을 교회로 끌어 들여와야 할 필요가 있다는 것이다. 그리고 때로는 심리학이 우리의 목표에 이르게 하는 협력적인 활동에 필요하며, 기독교 사상과 실천의 적용을 위하여 충분한 가치가 있다는 것이다.

1. 통합과 기독교심리학

기독교의 논점에서 가장 좋은 통합의 개념은 일반심리학의 개념과 관습에 대하여 조심스럽게 적응하는 것이다. 논의가 되는 주요한 기독교의 관점은 사람들을 변화시켜 더 나은 삶을 살 수 있도록 하는 것이다. 따라서 세속적 요소들을 주의 깊게 적용하는 것은 이러한 변화들이 기독교 기준에서 인성 발달을 무너뜨리는 것이 아니라, 최대한 적응시키는 것을 보장하기 위해 고안된 것이다. 가장 나쁜 통합의 개념은 기독교적인 개념과 관습을 비기독교적인 상담과 그러한 목적에 적응시킨 결과로써 발생하는 상담이다. 이는 인성 발달의 목적과 기준에 실제로 기독교 전통에 이질적인 것을 초래하게 된다. 이러한 경우, 통합은 개성화, 자존감, 행복감, 조화 그리고 삶의 만족감으로 우리 자신에 대한 이해를 왜곡시키고, 기독교 신앙을 약화시키며, 하나님의 나라를 대체시키려는 시도로서 신앙 생활에 유해한 전염과 같은 것이다. 이러한 전염의 실체는 심리학의 실천에서 기독교적 용어들을 사용하는 것으로 덮어 버리려고 한다.

　기독교심리학자들은 종종 통합에 대해 언급을 하면서 통합을 잘 실천하는 듯하다. 빈번하게 시도되는 것은 아니지만, 기독교심리학이라고 부르는 학문 분야를 만들려는 시도가 있다. 기독교심리학은 이미 수세기 전에 기독교 전통으로 확립된 개념과 관습들로 시작하며, 20세기 심리학들로부터 최소한의 영향과 관련성을 맺으며 심리학적 개념과 실천을 발달시킨다.

　통합이 좋은 것이라고 생각하든 그렇지 않든, 그리스도인라면 기독교심리학이 긍정적인 것이라고 생각해야 한다. 만약에 우리가 책임감 있게 통합을 실천한다면, 우리는 기독교에 이미 내재되어 있는 심리학적 자원들을 가능한 한 명확히 해야 한다. 그러한 개념들과 실천들은 우리가 일반심리학으로부터 무엇을 받아들이고 어떻게 받아들여야 하는 지에 대한 기준들을 제공해 줄 것이다. 여기서 '기독교심리학'이라고 부르는 학문 분야는 전통적인 심리학 자료들에 대한 개념적이고 임상적인 탐구를 기독교적으로 하는 것이다. 그것을 심리학이라고 부르는 것이 적당한데, 그 이유는 자연과 심리적 건강으로 이해되는 일련의 개념들이 내포되기 때문이다. 그리고 건강하거나 건강하지 않은 특성, 행위, 욕망, 그리고 정서들과 동일시된다. 이처럼 어느 정도 설명된 개념들의 집합이 바로 본질적으로 심리학이란 무엇인가의 의미를 말해 주는 것이다. 이러한 측면에서 볼 때, 심리학은 교회가 시작되면서부터 실행되었다고 할 수 있다. 물론 어떤 이는 심리학이란 단어를

제6장 바울 상담 및 심리치료의 개관

통계적이며 실증적인 특성을 가진 20세기의 학문 분야에만 한정시키고자 할 수도 있다. 하지만 역사적으로 볼 때, 이러한 심리학에 관한 정의는 너무 협소한 것이다.

비록 누군가 통합이라는 것은 본질적으로 잘못된 작업이며, 통합을 잘한다는 것이 있을 수 없다고 생각할지라도, 우리는 여전히 기독교심리학이 긍정적인 것이라고 생각해야 할 것이다. 그리스도인들은 과거에 심리학 없이 잘 지내올 수 없는데 그것은 현재에 와서도 마찬가지일 수밖에 없다. 더 나아가 오늘날 우리 사회는 심리학적 지식과 그로부터 얻을 수 있는 많은 도움에 갈급해 하고 있다. 심리학에 대해서 상당한 유산을 가지고 있는 그리스도인들은 그것을 베풀지 않고 도와주지 않은 채, 실천해야 할 과제로만 또는 가설들로만 남겨둔다면 이는 무책임한 것이며, 기독교 영성에도 위배되는 것이다. 하지만 우리가 우리의 문화에 기독교심리학적 지혜를 제공하기 이전에, 우리는 스스로 그것을 획득할 수 있어야 한다. 우리는 기독교 전통에 함유된 심리학적 도움을 받을 수 있어야 하며, 그 통찰력을 표현하는 데 있어서 분명히 하고, 그 개입을 규정짓는 데 있어서도 명확히 해야 할 필요가 있다.

모든 그리스도인들이 기독교심리학에 찬성해야 한다는 나의 주장에 이견을 제기한 20세기의 중요한 신학자 2명이 있다. 그들은 루돌프 불트만(Rudolf Bultmann)과 칼 바르트(Karl Barth)이다. 불트만의 저서 『바울의 인간론』(Reading of Paul's Anthropology)에 따르면 그리스도의 선포에 대한 응답으로 오는 인간의 행복은 전혀 심리학적 변화가 아니라고 강조했다. 예를 들면, 성격이나 인격의 변화, 행동이나 정서의 구조 변화 혹은 감정적 대응 방식의 변화가 아니라는 것이다. 오히려, 신앙은 심리학의 모든 것을 능가하는 변화라고 보았다. 그렇다면 불트만이 근본적으로 사도 바울을 잘못 이해했다는 것이 분명해질 것이다. 불트만의 입장은 사도 바울보다는 실존주의자인 그의 스승 마틴 하이데거(Martin Heidegger)에 더 의존했다.

또 다른 이견은 바르트에서 오는데, 그 자신이 그러한 의견을 확립한 것인지는 확실하지 않다. 이 바르트주의자들의 반론은 그리스도의 두 본질, 즉 "분리와 분할 없이, 혼란과 변화 없이"를 칼케돈 신조에 대해 유사하게 적용하였다. 여기서 문제는 "혼란과 변화 없이"에 대한 부분이다. 그리스도 안에서 신성함이나 인간적인 특성이 다른 것으로 바뀌지 않는 것처럼 심리학은 그 자체의 심리학으로 남을 것이다. 그러므로 기독교심리학은 하나의 혼란스러운 일이라는 것이다. 그것은 신성한 삶인 동시에 인간적인 삶인데 이는 그리스도가 신인 양성, 즉 신이시면서 동시에 인간이신 것과 같은 개념이다. 이러한 이유로 기독교심리학을 반대하는 바르트주의자들은 심리학을 신학과 별도로 활용하는 것에 동의한다.

바르트주의자의 제안은 두 가지 중대한 사실을 간과하고 있는데, 첫째, 다른 모든 세대들과 마찬가지로 20세기의 심리학은 실제로 신학 혹은 신학에 준하는 학문이다. 어떤 측면에서 그것은 인류와 하나님에 대해 기독교 사상과 정면적으로 상치되는 면이 있다. 우리는 20세기의 심리학을 바르트주의자들이 제안하는 것처럼 자율의 일종이라고 주장한 것에 동의할 수 없다. 왜냐하면 어떤 심리학은 자율적인 경향에 따라 그 독립적 상태에서 어떠한 방식으로든 기독교 특성과 목표들을 훼손시킬 것이기 때문에 자율을 인정할 수 없는 것이다.[2]

둘째, 바르트주의자들의 제안은 인간 존재(이를테면 사도 바울의 사상에서 예증이 되었던 것처럼)에 대한 신학이 심리학이라는 사실을 간과하고 있다. 바르트주의자들의 반론은 신학과 심리학 사이의 현대 학문적 분류, 논문 수준의 차이(신학과 심리학의 언어적 차이)와 관계없이 그리스도의 두 본질에 부합한다는 추측에 편승한다. 바르트주의자들이 해명해야 할 주요한 질문은 신학이 그리스도의 신성으로 충분하고, 심리학은 그리스도의 인성으로 충분하다는 가정에 대한 이유, 신학과 심리학의 관계에 있어서 분리나 분열이 없고, 혼동이나 변화 없이 우리가 기독론적인 원리를 적용할 수 있는 이유를 답해야 할 것이다. 이러한 논쟁에 답하기 전에는 이 두 학문의 본질은 상당히 동떨어진 것처럼 보일 것이다.[3]

그러한 논쟁에 앞서 실존과 관계된 두 가지 이론은 매우 다른 종류의 것이다. 내가 취하고 있는 통합의 입장에 대해서 말하면, 나는 비기독교심리학들, 즉 프로이드와 같이 악의적이며, 반기독교적인 것들조차도 상호교류하는 것은 우리에게 많은 이득을 줄 수 있다고 생각한다. 실로, 통합을 통해 우리는 단순히 기독교 전통을 참고하면서 배울 수 없는 것들을 배울 수 있을 것이다. 하지만, 통합이 비록 매력적이고 잠재적으로 효과적인 작업이지만, 기독교심리학은 기독교심리학자들에게 더 기본적인 과업이며, 그것이 충분히 이루어지지 못했다는 것은 유감스러운 일이다. 통합의 과정에서 우리가 발견하게 되는 대부분의 부적당함은 기독교심리학적 깊이를 이해하지 못한 것에서 비롯되는 것이다.

본서에서 나는 바울서신들에 나타난 개념들의 일부를 통해서 상담의 이해를 돕도록 할 것이다. 특히 성장과정에 있어서 그리스도인들의 집단적이고 또 개인적인 역기능 과정에 초점을 맞추고자 한다. 나는 바울의 상담 및 심리치료가 어떻게 그리스도인들의 입장에서 자아 변화 행위(self-transforming action)를 촉진시킬 수 있는지에 대하여 탐구할 것이다. 하지만 그 부분에 이르기 위해서는 몇 가지 다른 관련된 개념들을 연구하는 것이 필요할 것이다. 그리스도께서 자신의 성육신, 죽음과 부활을 통해 우리에게 무엇을 해주셨는지에 대한 바울의 이해로서 인간의 기능 장애에 대한 바울의 이해 등이 선행되어야 할 것이다.

2. 두 가지 인격에 대한 바울의 견해

바울의 관점에서, 선한 삶을 추구한다는 것은 예수 그리스도의 성육신, 죽음, 그리고 부활로 이미 내재된 그리스도인들의 좋은 인격들을 어떻게 이끌어내고 실현시키느냐의 문제이다(행동과 정서를 통해 나타나는 특성들). "우리는 그의 만드신 바라 그리스도 예수 안에서 선한 일을 위하여 지으심을 받은 자니 이 일은 하나님이 전에 예비하사 우리로 그 가운데서 행하게 하려 하심이니라"(엡 2:10). 그리스도인들은 행동과 태도에 있어서 그 인격을 명백하게 드러내든 그렇지 않든 간에 그 안에 존재하는 이 인격은 *kainōs anthrōpos*(새 사람, 엡 2:15; 4:24), *neos anthrōpos*(새로운 자아, 골 3:10)로 표현되거나 *esō anthrōpos*(속 사람, 롬 7:22; 엡 3:16)라고 부른다.[4]

그리스도인들의 새로운 인격은 다음의 미덕들에 의해 나타난다. 소망(롬 5:5; 15:13), 사랑(롬 5:5; 고전 13; 갈 5:22; 엡 4:2, 15; 골 3:14), 희락(롬 5:11; 15:13; 갈 5:22), 평화(갈 5:22; 엡 4:3; 골 3:12), 인내(고전 13:4; 골 1:11; 3:12), 자비(고전 13:4; 갈 5:22; 엡 4:32; 골 3:12), 충성(갈 5:22),

온유(갈 5:23; 엡 4:2; 골 3:12), 절제(갈 5:23), 그리고 겸손(엡 4:2; 골 3:12) 등이다. 새 사람은 참됨(엡 4:15), 긍휼(엡 4:32; 골 3:12), 용서(엡 4:32; 골 3:13), 인내(골 3:13), 그리고 감사(골 3:15, 16)가 내면에 형성된 사람이다. 이것들은 하나님께서 나사렛 예수 그리스도의 성육신, 죽음과 부활을 통하여 신자 안에 내주하시는 새 사람의 몇 가지 특징들이다. 새 사람은 유대-기독교 기준에 의한 번영이며, 그와 밀접하게 관련된 사람의 번영을 촉진시키고 번영하는 인격이다.

새 사람은 역기능적 인격과는 대조되는데, 바울이 표현하고 있는 역기능적 인간의 특성은 *sarx*(육신, 롬 7:5, 18; 8:9; 13:14; 갈 5:16-17, 19, 24), *sōma tēs hamaritias*(옛 사람, 롬 6:6), *sōma tēs sarkos*(육적, 몸, 골 2:11), *palaios anthrōpos*(옛 사람, 롬 6:6, 엡 4:22, 골 3:9), 혹은 단순히 *sōma*(육신, 롬 8:13) 등으로 나타내고 있다. 바울은 진술하기를 이 몸된 육신은 예수의 십자가에 못박혔으며(롬 6:6), 그리스도와 함께 세례를 받고 장사되었다(롬 6:4)고 주장했다.

또한 옛 사람은 염려, 욕망, 행동 그리고 생각과 감정의 모형인 탐욕(롬 1:29; 엡 5:3,5; 골 3:5), 악의(롬 1:29; 골 3:8), 시기(롬 1:29; 갈 5:21, 26), 살인(롬 1:29), 분쟁(롬 1:29; 고전 12:20; 갈 5:20), 사기(롬 1:29), 험담(롬 1:29; 고후 12:20), 비방(롬 1:30; 고후 12:20), 적대, 오만, 거만, 자만, 교만(롬 1:30)의 차원으로 특징된다. 옛 사람은 악함, 부모에게 불순종함(롬 1:30), 어리석음, 불신앙, 무정함, 무자비(롬 1:31)를 만들어 내는 사람이다. 그러한 악습은 시기(고후 12:20; 갈 5:20), 분노(고후 12:20; 갈 5:20; 엡 4:31; 골 3:8), 이기심(고후 12:20); 갈 5:20; 빌 2:3), 자만(고후 12:20), 음란(고후 12:21; 갈 5:19; 엡 5:3, 5), 성적 부도덕(고후 12:21; 갈 5:19; 엡 5:3, 5; 골 3:5), 호색(고후 12:21; 갈 5:19; 우상숭배(갈 5:20; 엡 5:5 골 3:5), 술수, 적대, 분쟁, 분냄(갈 5:20), 당 짓는 것(갈 5:19), 술 취함, 방탕(갈 5:21), 자만(갈 5:26; 빌 2:3), 서로 격동(갈 5:26), 악독(엡 4:31), 노함(엡 4:31; 골 3:8), 떠드는 것(엡 4:31), 훼방(엡 4:31; 골 3:8), 누추함, 어리석음과 희롱의 말(엡 5:4), 정욕(골 3:5), 사욕(골 3:5), 추잡한 말(골 3:8), 그리고 서로 거짓말하는 것(골 3:9)이다.

바울이 자신의 방법으로 상담을 행했던 신자들에게 전하는 메시지는 이

제6장 바울 상담 및 심리치료의 개관

러한 행동과 감정들(즉, *palaios anthrōpos*, 옛 사람) 속에 나타나는 인격은 이미 죽었고, 십자가에서 예수의 죽음과 함께 묻혔다는 것이다. 그러나 바울의 옛 사람에 관한 글에서 볼 수 있듯이 옛 사람은 죽었지만 사라지지는 않았다는 것을 명백히 알 수 있다. 신자들은 새 사람을 가지고는 있지만 종종 그들은 그것을 감정적으로나 실천으로 명백히 드러내는 데 실패한다. 신자들의 삶의 모범은 옛 사람을 버리고 새 사람의 우월성과 주권을 쟁취하기 위한 전투와 같은 것이다. 바울이 전투라고 묘사한 부분에서 그는 아직 상담 과정에 있는 사람들에게 새 사람이 옛 사람을 지배하고 압도할 수 있을 만큼 적극적이기를 강하게 주장했다. 또한 바울서신은 간접적으로 상담자로서 자신이 이러한 과정에 성령의 협력자로서 참여하는 사람이라고 말한다. 그는 자신의 글을 읽는 사람들로 하여금 하나님께서 그리스도를 통해서 나타내 보여주신 모습을 따라 올바른 정의와 거룩함을 통해 주의 손으로 지어진 피조물이라는 사실을 명확히하는 것을 도울 것이라고 하였다.

여기서는 자아 변화 행위에 대한 바울의 개념을 다루고자 한다. 그 다음에 현대 바울과 같은 상담자는 자신의 내담자를 그러한 자아 변화 행위의 방식으로 어떻게 도울 수 있는지에 대한 것들을 논의할 것이다.

3. 바울의 자아 변화 행위의 개념

바울 상담 및 심리치료의 핵심적인 개념은 하나님께서 그리스도 안에서 창조하신 새로운 인격을 실현시키는 것과 옛 인격, 즉 옛 사람을 버리는 것에 내담자를 참여시키는 것과 관련하여 사도들이 표현하고, 사용한 12개 이상의 동사들로 구성되었다. 이런 동사들은 바울 상담 및 심리치료를 연구하는 기독교심리학자들에게 흥미로운 관심사가 될 것이다. 왜냐하면 그것들은 인간의 관점에서 만들어진 상담 변화를 실현시키기 때문이다. 여기서 바울의 진술들을 개념적으로 모아 정리해 보았다.

1) 포기하다 혹은 드리다, 지배하다, 거하다(Yield or present, let rule, let dwell).

"우리가 알거니와 우리 옛 사람이 예수와 함께 십자가에 못박힌 것은 죄의 몸이 멸하여 다시는 우리가 죄에게 종 노릇하지 아니하려 함이니라. 그러므로 우리가 그의 죽으심과 합하여 세례를 받음으로 그와 함께 장사되었나니 이는 아버지의 영광으로 말미암아 그리스도를 죽은 자 가운데서 살리심과 같이 우리로 또한 새 생명 가운데서 행하게 하려 함이니라"(롬 6:6, 4). 그러나 분명히 예수 그리스도를 믿는 믿음과의 연합, 그리고 그의 몸과 합한 세례를 통해 우리가 그리스도와 일체성을 갖게 된다고 할지라도 우리가 새 생명 가운데서 사는 것을 보장하지 않는 것은 분명하다. 이를 위해 바울은 계속 언급하기를 "또한 너희 지체를 불의의 병기로 죄에게 드리지 말고 오직 너희 자신을 죽은 자 가운데서 다시 산 자 같이 하나님께 드리며 너희 지체를 의의 병기로 하나님께 드려라"(롬 6:13)고 했다. 바울은 그리스도인은 위의 구절에서 언급한 두 가지 종류의 드림에 있어 자유롭게 선택할 수 있다고 하였다. 어떤 것을 선택하게 되든 그것의 종이 되는 것은 틀림없다.

여기서 *paristēmi*(파리스테미)는 자신을 누군가의 뜻에 맡긴다는 의미인 듯 하다. 반면 "...로부터 억제하다"는 의미와 대조적인 개념이다. 이것이 맞는다면, 만일 그리스도인들이 죄 가운데 거할 때, 우리는 그가 자기 자신을 조절할 수 없는 일종의 연습을 하고 있다고 생각할 수 있다. 그리고 자신을 하나님께 헌신하기를 거절하고 있으며, 죄에 대해 죽어지기를 거부하는 것으로 일종의 그릇된 자아 절제라고 생각해야 한다. 그리스도인들이 죄를 (분노, 시기, 사기, 호색, 탐욕 등) 범할 때, 우리는 그가 어떤 잘못된 절제, 즉 하나님을 따르는 것을 부정하고 죄악으로 인해 본능적으로 자신의 의지대로 행하는 것이라고 생각해야 될지도 모른다. 그렇기 때문에 타락이라는 일반적인 방식은 하나님에 대한 저항을 극소화시키는 것이다. 죄악은 본능적인 것이고, 의는 본능적인 것이 아니다. 또한 죄는 우리가 강물의 흐름대로 헤엄치는 것처럼 자연스럽게 일어나는 것이며, 의는 강물을 거슬러 상류로 헤엄쳐 올라가는 것처럼 부자연스러운 것이다. 그러나 바울의 견해에서

제6장 바울 상담 및 심리치료의 개관

보면 그리스도 안에 있는 사람의 본능적인 행위는 그리스도께 자신의 지체를 드리는 것이고, 그와 함께 동행하고, 그 본성을 따르는 것이며, 새롭게 창조된 존재로서 선행을 전제로 하는 것이다. 타락 거부하는 일반적인 방식의 재구성은 우리가 죄에 대해 그리스도와 함께 죽었다는 기독교 선언을 더욱 신실하게 만든다. 이러한 반전(reversal)은 그리스도인들에게 충격으로 다가 올지 모른다. 하지만 상담자가 어떻게든 이러한 방식으로 내담자의 사고를 촉진시킨다면, 그 결과는 죄로부터의 해방과 심리적 회복으로 이어질 것이다.

*paristēmi*로 암시된 주인에 대한 관계는 새로운 자아가 순종, 예배, 감사 등의 관계로 이루어져 있다는 것을 의미한다.[5] 새롭고 건강한 삶을 살기 위한 노력은 그리스도 안에 존재하는 자신을 헌신함으로써 재구성된다. 이런 재구성을 이루는 것은 신자가 예수 그리스도와 살아있는 관계 속에서 기도 훈련과 예배 그리고 성찬을 받는 것과 관계 될 것이다. 내면에서 생겨난 많은 깨달음들은 성령을 받아들임으로써 나타나는 것이다. *paristēmi*는 미약한 행위인데, 엄밀히 말해서 그것은 행위라기보다는 흐름이며, 몸이 하라는 대로 따르는 것이다. 그것은 선천적 기질을 따르는 이완작업이기도 하다. 그러나 그 안에는 명백하게 두 가지 경향성이 있는 데, 하나는 원하는 것이며 또 다른 하나는 원치 않는 것이다. 일반적으로 원치 않는 경향성은 원하는 경향성보다도 기질적으로 더 강하기 때문에 그 경향성이 이루어지기가 쉽다. 그렇지만 그 상태는 무차별적으로 오는 것은 아니다. 바울 상담 및 심리치료의 주된 임무는 이러한 상황을 바꾸는 것이다. 그렇게 함으로써 그리스도인의 자아의식은 본성적인 것을 의로운 것에 복종하게 된다.

바울 상담 및 심리치료는 내담자를 신령한 기질과 새 사람의 현상들을 민감하게 함으로써 내담자가 새로운 자아의 경향성과 조화롭게 교제할 수 있도록 돕는다. 바울이 로마서, 고린도전서, 에베소서, 빌립보서, 골로새서, 데살로니가서, 디모데후서 그리고 빌레몬서 등의 서신에서 독자의 신앙을 칭찬하며 시작한 것을 생각해 보아야 한다. 대조적으로 바울 상담 및 심리치료는 내담자가 나쁜 행동과 감정들을 현재의 성격적 특징으로서가 아니라, 본질적으로 죽었어야 하는 특성이 존속하는 것으로 보게끔 돕는다. 이 민감한 부분은 바울 상담 및 심리치료의 근본 구조와 상관이 있다. 내담자는 자기 자신을 볼 수 있어야 한다(달리 말하면, 자기 자신을 스스로 진단하는 것). 새 사람과 옛 사람의 견지에서 이것은 간혹 바울이 말하는 '지식'이라고 할 수 있다(골 1:9, 10; 3:10; 빌 1:9; 엡 1:17-18).

나는 헬라어 *paristēmi*라는 단어가 내담자로 하여금 그의 내면을 확실한 경향으로 이끌기에는 미약한 동사라고 생각한다. 내담자는 단순히 어떤 긍정적인 일을 하는 것보다 확실한 방향성을 가지고 살아야 한다. 그렇기 때문에 내담자에게는 *brabeuetō*(지배하라)와 *enoikeitō*(거하라)는 것이 더욱 강조되며, 이러한 명령들은 제3자의 입장이다. "그리스도의 평강이 너희 마음을 주장하게 하라"(골 3:15)는 구절과 "그리스도의 말씀이 너희 속에 풍성히 거하게 하라"(골 3:16)는 구절을 염두에 두어야 한다. 그러나 오늘날 현대인들은 이 말씀대로 자신의 삶을 살아야 한다고 생각하기보다는 이러한 말씀은 단지 그 당시 골로새교회 신자들을 위한 바울의 기도와 간구라고만 생각할지도 모른다. 12절과 17절의 문맥과 여기에 사용된 용어들은 2인칭 복수로서 그 당시 그 사람들에게 뿐만 아니라, 오늘날 현대인들에게도 동일하게 적용되는 간곡한 권유의 말씀이다.

그리스도께서 성육신, 죽음, 그리고 부활을 통해서 확립하신 새 질서의 의미, 동기, 그리고 행위의 특징으로 볼 수 있는 그리스도의 평화는 자신과 공동체를 다스리고 명령할 수 있도록 되어 있다. 이러한 평화는 이미 확립되었으며, 그것은 어떤 측면에서 이미 그리스도인과 공동체의 특징으로 되어 있다. 새 사람이 된다는 것은 그리스도와 우리가 하나가 되는 것이기 때문에 이러한 가치들은 우리 안에 자연스럽게 나타나게 된다. 그것들은 자신과 공동체에 상당히 가치 있는 일이다. 하지만 애석하게도 그리스도의 평화의 실제적인 법칙은 종종 완화되고 차츰 없어지기 때문에 우리는 법칙을 두고 행해야 할 필요가 있다. 그것을 스스로 하도록 하는 것이 필요하다.

어떻게 그리스도의 평화가 우리를 다스리도록 할 것인가? 그리스도의 평화가 이미 우리 안에 거한다는 것을 상기시킴으로써 우리가 그리스도 안에 있다는 사실을 알게 해야 한다. 그 다음 우리는 그리스도의 평화를 인정하는 것에 익숙해져야 하고, 그분의 사역에 민감해져야 하며, 그것에 의지하는 것을 배워야 한다. 그리스도의 평화가 우리를 다스리게 하는 것은 아마도 썰매를 타는 것과 비슷할 것이다. 썰매의 에너지와 방향은 언덕 위에 썰매의 위치에 의해서 결정될 것이다. 그러나 타는 사람은 왼쪽, 오른쪽으로 몸을 약간씩 기우려서 썰매의 진행 방향에 중요한 역할을 하게 된다. 이러한 비유는 바울 상담 및 심리치료의 목적을 위한 활동 구축에 도움이 되기 때문에 그것은 본질적으로 회복의 효과가 있는 것이다. 그러나 어떻게 사람들이 하나님의 평화에 의지할 수 있는가? 나는 본서의 다음 부분에서 이에 대한 몇 가지 사항을 제안해 볼 것이다.

바울은 "주의 말씀이 너의 안에 풍요롭게 거하게 하고, 시와 찬송과 영혼의 노래와 하나님에 대한 감사로 너 자신을 가르치고 훈계하라"(골 3:16)라고 말했다. 그리스도 안에서 새로운 삶은 예수 그리스도의 행하신 사역과 그 결과로 인한 우리의 본성과 노력들에 대한 소개를 통해 조정된다. 이러한 설교는 우리의 마음에 전달되어 축복이 되고 우리의 행동과 상호작용을 구성할 정도로 명백하며 충분히 표현될 때, 우리 속에 풍성히 거하게 된다. 그리스도의 재창조 작업에 의해 확립된 새로운 자아처럼, 하나님의 말씀(*logos*)은 접근이 가능하다. 그리스도의 평화는 이 세상에 널리 퍼져 있으며, 우리는 성화를 위해 그리스도의 평화에 맡길 수 있을 것이다. 우리의 행동은 말씀을 창조하는 것이 아니라 그 풍성함을 추구하는 것이며, 그리스도의 평화 위에 우리의 영혼이 양육 받고 성장하는 것이다. 효과적인 바울 상담 및 심리치료는 특별한 필요들과 그들과 함께 하는 집단과 개인의 관심 속에 이 말씀을 나타낼 수 있어야 할 것이다.

2) 걷다(Walk).

문자적으로 *peripateō*(페리파테오)는 '긷다'는 의미이지만, 이 단어는 포괄적인 의미로써 RSV 성경에서 '행동하다', '삶을 살다', '연습하다', '행하다', 그리고 '자신을 움직이다' 등 여러 가지 의미로 번역하고 있다. "그러므로 우리가 그의 죽으심과 합하여 세례를 받음으로 그와 함께 장사되었나니 이는 아버지의 영광으로 말미암아 그리스도를 죽은 자 가운데서 살리심과 같이 우리로 또한 새 생명 가운데서 행하게(*peripatēsōmen*) 하려 함이니라"(롬 6:4). "우리는 그의 만드신 바라 그리스도 예수 안에서 선한 일을 위하여 지으심을 받은 자니 이 일은 하나님이 전에 예비하사 우리로 그 가운데서 행하게(*peripatēsōmen*) 하려 하심이니라"(엡 2:10). "내가 이르노니 너희는 성령을 좇아 행하라(*pneumati peripateite*). 그리하면 육체의 욕심을 이루지 아니하리라"(갈 5:16). "너희가 전에는 어두움이더니 이제는 주 안에서 빛이라 빛의 자녀들처럼 행하라"(엡 5:8). "그러므로 너희가 그리스도 예수를 주로 받았으니 그 안에서 행하되(*en autō peripateite*)"(골 2:6).

자아 변화 행위에 관한 사도 바울의 용어들은 대부분 행동에 관한 것이다. 그것은 옛 사람에서 벗어나 새 사람으로 사는 방법을 제안하며, 새 사람으로서의 새로운 행동을 나타내도록 하는 것이다. 이것은 문제해결에 있어서 최상의 접근방법은 아닐지라도 상담적으로 매우 단순해 보이지만, , 어려움을 겪고 있는 사람들이 이것을 행하고자 도전한다면 분명히 과거의 문제에 휩싸였던 인생이 밝아지는 때가 있을 것이다. 변화된 행동이 때때로 인식의 변화를 가져오고, 사고의 구조를 변화시키며, 욕심과 감정의 변화를 초래한다는 것은 상식이다. 삶과 성격에 있어서 중대한 변화는 이러한 방식에 기인한 것이다. 바울 상담 및 심리치료는 직접적인 행동치료와는 차이가 있다. 왜냐하면 신자들은 '이미 예비하신 하나님'과 그리스도의 사역으로 인해 이러한 행동들이 재창조된 자로서 그리스도의 사역으로 인도되고, 용기를 가지며 새로운 삶을 사는 것은 신자들이 책임져야 할 것이기 때문이다. 이 새로운 행동은 고립된 것이 아니며 내담자의 개인적인 행복을 위해 추구하는 것이 아니다. 오히려 새로운 행동은 하나님의 의지로 창조된 산물인 동시에 더 큰 공동체의 행복 속에 있는 완전한 인격의 일부분이다. 더 나아가 역기능적인 사람들은 완전히 기능적인 사람이 되고 그리스도의 평화 안에서 살게됨을 통해 이미 존재하는 새로운 인격으로 접근하는 것으로써의 행동을 이해하는 것이라고 말할 수 있다.

3) 옷을 벗어 버리고, 입으라(Put on, take off, put away).

"너희는 유혹의 욕심을 따라 썩어져 가는 구습을 좇는 옛 사람을 벗어 버리고(*apothesthai*) 오직 심령으로 하나님을 따라 의와 진리의 거룩함으로 지으심을 받은 새 사람을 입으라(*endysasthai*)"(엡 4:22-24). *edysasthai*와

제6장 바울 상담 및 심리치료의 개관

*apothesthai*는 외형적으로 무엇인가를 입고 벗음을 강하게 시사하는 의미의 용어이다. 옛 사람(*anthrōpos*)이란 새 사람(*anthrōpos*)의 탄생과 함께 처분되어야 할 옷과 같은 것이다. 옛 신발들, 옛 바지, 옛 상의, 옛 모자 등은 벗어버리고 새로운 것들을 입어야 한다. 이것은 분명히 한 개인의 실제에 관한 문제이다. 바울 상담 및 심리치료에서는 이러한 행동이 어떻게 발생하게 되는지에 대한 답이 있다.

에베소서 4:22-24과 유사하게 골로새서에서, 바울은 벗어 버려야 할 악한 것들에 대해서 언급하고 있다. 이런 표현은 그의 서신들 여러 곳에서 언급되고 있는데 대개 인간 심리에서 역기능적인 성향들이다. 그런가 하면 반드시 입어야 할 것들이 묘사되고 있는데 이는 명백하게 그리스도인들이 갖추어야 할 미덕들이다. "그러므로 너희는 하나님의 택하신 거룩하고 사랑하신 자처럼 긍휼과 자비와 겸손과 온유와 오래 참음을 옷 입고 누가 뉘게 혐의가 있거든 서로 용납하여 피차 용서하되 주께서 너희를 용서하신 것과 같이 너희도 그리하고 이 모든 것 위에 사랑을 더하라 이는 온전하게 매는 띠니라"(골 3:12-14).

하나님께서 이미 새 사람(*anthrōpos*)으로 창조하셨다는 바울의 말과 함께, 옷에 대한 은유는 바울 상담 및 심리치료의 실제에서 하나의 이상을 갈망하는 것이 아닌, 이미 완전하게 존재하는 개념을 이용해야 함을 시사하고 있다. 이러한 측면에서 바울 상담 및 심리치료의 기능은 내담자의 삶을 통제하고 그들이 어떠한 사람이 되도록 만드는 실존주의나 스토아학파의 전략보다는 더 가치 있고 조직적인 과정이라고 말할 수 있다. 차이점은 새 사람(*anthrōpos*)은 인간 정신의 자연적이거나 특유한 특징이 아니라, 예수 그리스도의 삶, 죽음, 그리고 부활을 통해 하나님께서 특별히 창조하신 결과라는 것이다.

4) 죽이라(Kill).

자아 변화 행위의 또 다른 의미는 죽음(*nekroō, thanatoō*)이다. 신자가 그리스도와 함께 죽었다는(*apothnēskein*) 바울의 구원론과 연결된 것이다. "우리가 알거니와 우리 옛 사람이 예수와 함께 십자가에 못박힌 것은 죄의 몸이 멸하여 다시는 우리가 죄에게 종 노릇하지 아니하려 함이니"(롬 6:6). "내가 그리스도와 함께 십자가에 못박혔으니 그런즉 이제 내가 산 것이 아니요"(갈 2:20). "너희가 세례로 그리스도와 함께 장사한 바 되고 또 죽은 자들 가운데 그를 일으키신 하나님의 역사를 믿음으로 말미암아 그 안에서 함께 일으키심 받으리라"(골 2:12). "이는 너희가 죽었고 너희 생명이 그리스도와 함께 하나님 안에 감취었음이라"(골 3:3).

여기서의 논리는 인간의 악한 특성을 가진 옛 사람은 십자가의 못 박힘과 동시에 예수 그리스도의 무덤에 함께 장사지내게 되었으므로 실제적으로 죽었다는 것이다. 그러나 옛 사람의 행위는 누그러들지만 그것이 남긴 악취와 변덕스런 마음은 옛 사람의 유산으로 여전히 남아있다. 죽어진 몸의 영혼이 여전히 신자들에게 붙어 따라다니게 된다. 우리는 가끔 '사망의 몸'에서 살 때도 있다(롬 7:24). 따라서 그리스도인들의 삶은 아직 남아있는 사망의 몸에서 나오는 행태들에 대항하여 지속적인 자아의 죽임을 위해 노력하는 특성으로 묘사할 수 있다. "너희가 육신대로 살면 죽을 것이로되 영으로써 몸의 행실을 죽이면(*thanatoute*) 살리니"(롬 8:13). "그러므로 땅에 있는 지체를 죽이라(*nekrōsate*) 곧 음란과 부정과 사욕과 악한 정욕과 탐심이니 탐심은 우상숭배니라"(골 3:5). 바울의 상담 및 치료적 활동의 근거는 용어를 바꾸자면 '죽음'과 밀접한 관련이 있다고 할 수 있다. 그런데 면밀히 분석해 보면 대개 신자들은 자신의 악한 특성을 죽이고 무덤에 장사지내려고 하지 않고 무덤으로 돌아가려는 성향이 있는 것 같다. 그래서 결국 또 자신의 악한 죄성을 드러내 버리고 마는 것이다.

5) 심사숙고하라, 마음에 두라, 감사하라, 기뻐하라(Consider, set the mind on, give thanks, rejoice).

끝으로 바울은 또한 정신건강을 위해 예수 그리스도 안에서 새로운 상황들을 개척하는 정신적 행동을 권면하고 있다. 옛 자아의 죽음과 관련하여 바울은 "이와 같이 너희도 너희 자신을 죄에 대하여는 죽은 자요 그리스도 예수 안에서 하나님을 대하여는 산 자로 여길지어다"(롬 6:11)라고 말했다. 이것은 그리스도 안에서 새롭게 된 자아 속에 선한 것을 창조하시고, 우리

제6장 바울 상담 및 심리치료의 개관

를 위해 이루어 놓으시며, 우리를 만드신 것을 견지해 볼 때, 자아 해석을 연습함으로써 오래된 자아로부터 떠나게 할 수 있다는 것이다.

적극적으로 우리 자신이 그리스도 안에서 죄에 대하여는 죽고 하나님에 대해 살았다고 여김으로써, 우리는 예수 그리스도 안에서 되살아날 수 있다. 바울은 '생각'을 의미하는 단어 *phroneō*(프로네오)와 *phronēma*(프로네마)를 유사한 목적으로 사용하고 있다. 즉 "육신을 좇는 자는 육신의 일을, 영을 좇는 자는 영의 일을 생각하니 육신의 생각은 사망이요 영의 생각은 생명과 평안이니라"(롬 8:5-6). 육적인 생각과 영적인 생각은 옛 사람과 새 사람의 개념보다 더 많은 것을 포함하고 있다. "육신을 좇는 자는 육신의 일을, 영을 좇는 자는 영의 일을 생각(*phronousin*)하나니 육신의 생각(*phronēma*)은 사망이요 영의 생각은 생명과 평안이니라"(롬 8:5-6). 육신에 대한 것들과 영에 대한 것들은 옛 사람과 새 사람보다 더 많은 것들을 포함하지만, 이것은 명백히 육신과 영에 대한 것들이다. 바울은 거룩한 것에 대해 생각할 것과 그것에 대한 관심을 촉구하고 있다. 거룩한 것이란 "그리스도 안에 무슨 권면이나 사랑에 무슨 위로나 성령의 무슨 교제나 긍휼이나 자비가 있거든 마음을 같이 하여 같은 사랑을 가지고 뜻을 합하며 한 마음을 품는 것"(빌 2:1-2)이다. 이러한 관심과 반영은 바울 상담 및 심리치료에 있어서 매우 중요한 행위이며, 전도하는 것, 새 사람을 입는 것, 그리고 옛 사람을 죽이지게 하는 것 등과 같은 상담 활동들에 구체적으로 유도하는 실마리가 될 수 있다.

바울이 "감사하라", "기뻐하라"고 표현한 *logizesthai*(로지제스타이)와 *phronein*(프로네인)은 상담행위와 밀접한 관련이 있다. "종말로 나의 형제들아 주 안에서 기뻐하라"(빌 3:1). "주 안에서 항상 기뻐하라 내가 다시 말하노니 기뻐하라"(빌 4:4; 살전 5:16; 고전 13:6). "항상 기뻐하라"(살전 5:16). "불의를 기뻐하지 아니하며 진리와 함께 기뻐하고"(고전 13:6). 바울은 또한 우리가 "범사에 우리 주 예수 그리스도의 이름으로 항상 아버지 하나님께 감사하며"(엡 5:20), "또 무엇을 하든지 말에나 일에나 다 주 예수의 이름으로 하고 그를 힘입어 하나님 아버지께 감사하라"(골 3:17), "범사에 감사하라 이는 그리스도 예수 안에서 너희를 향하신 하나님의 뜻이니라"(살전 5:18)는 말씀처럼 살아야 한다고 강조했다.

*Phronein*과 이러한 감정들 사이의 관계는 진실한 감사(축복 받는 느낌을 포함하여)와 기쁨이란 무슨 일이든지 감사하며 기뻐하는 것을 마음에 새기는 것이다. 하지만 이러한 감정들은 개인이 행복한 상태에서 나타나는 일종의 관심과 반응을 수반한다. 그것들은 마음의 눈을 밝혀 신자들의 기업의 영광과 하나님께서 우리에게 베푸신 능력의 영광을 보는 지각의 형태이다(엡 1:18-19).

오로지 새 사람만이 주님 안에서 기쁨을 누리고 하나님께서 예수 그리스도를 통해 베푸신 풍요로움에 대하여 감사할 수 있다. 그렇기 때문에 신자들은 성령을 통해서 실제로 기뻐하며 감사함으로써 축복으로 나가게 된다. 신자들은 이 특별하지 않은 것 같은 방법으로 사실상 의로 향하는 새 사람을 입고 그 부분들에 적응하게 되는 것이다.

4. 바울 상담 및 심리치료는 어떻게 이루어지는가?

우리는 바울이 언급한 인간의 두 가지 특성, 즉 더럽고 악한 옛 사람과 예수 그리스도의 성육신과 죽음 그리고 부활을 통해 창조된 새 사람에 대해 살펴보았다. 우리는 각각의 특성이 가지고 있는 감정과 행위에 대해서도 알아보면서 각 인격의 밑그림을 그려보았다. 그리고 우리는 개인 혹은 공동체가 옛 사람을 버리고 새 사람의 특성을 명확히 드러낼 수 있는 행위들을 암시하는 몇 가지 용어들을 검토해 보았다. 아마도 이 세 가지 사항이 바울 상담 및 심리치료의 주된 요소일 것이다. 이것들은 우리가 흔히 내담자를 평가하고, 복음을 명료하게 하며, 교육하는 세 가지 기능과 일치한다. 하지만 이것은 시간 순으로 따르는 상담의 단계로 이해해서는 안 될 것이다. 즉, 그것들은 상호연결된 측면으로써 전개되고, 또 상담 과정에서 필요한대로 결합되는 것들이다.[6]

1) 내담자를 진단하는 것

바울 상담 및 심리치료를 발전시키는 데 있어서 우리의 목표는 바울의 분

제6장 바울 상담 및 심리치료의 개관

류 체계에 기초하여 인간의 심리학적 역기능, 긍정-부정적인 기능들에 대한 구별을 기본으로 이해하는 것이다(여기서 말하는 기능은 전체론적인 관점에서 이해되어야 하고 '행위'라는 작은 의미로 이해해서는 안 된다는 것을 주목해야 한다. 새 사람과 옛 사람의 특성들은 단순히 행동적인 것 뿐만 아니라 더 근본적으로 열정적이고 감정적인 것을 포함하며 이 둘은 상관관계가 있다. 이웃과 하나님과의 관계를 형성하는 방식들과도 관련이 있다.). 바울 상담 및 심리치료는 모든 상담자가 이러한 관념적 구조를 실제적인 환경에 적용하면서 이것들과 관련된 기술을 터득하는 것을 드러내게 해 준다. 그리고 논리적으로 표현되고, 조직적으로 추론되는 심리학을 통해 공식적으로, 바울 상담 및 심리치료는 내담자의 인성 평가의 구조를 명백히 하고 확대시켜나가고 있으며, 상담현장에서 내담자의 문제에 개념적이고 실제적으로 연결되어 있는 것 같다. 상담자는 내담자가 이러한 관련성을 살펴보고 느낄 수 있도록 도와주어, 상담의 기반을 견고하게 해 준다.

상담실을 찾는 그리스도인들은 삶의 여러 가지 문제로 인해 방문하는 것이라 생각된다. 아마도 내담자는 근심, 걱정, 염려, 불안 등으로 괴로워하거나 여러 가지 스트레스를 받고 가족이나 동료 간에 잘 어울리지 못하는 사람일 수도 있다. 이들은 자녀들에 대한 통제를 잃고, 알코올 중독, 음란물 중독, 성 중독, 쇼핑 중독 등에 노출되어 있는 사람일 수도 있다. 또는 친구를 사귀는 데 어려움이 따르고 학교생활에 어려움을 겪을 수도 있다. 대중 앞에서 말하는 것에 대한 공포를 가지고 있고, 과거의 어떤 사건에 따른 죄책감에 시달릴 수도 있다. 아마 분노가 표출될 때는 누구도 그를 통제할 수 없고 발작 증세까지 나타나며, 그런 것들이 발생할 때 가족들은 육체적으로 감정적으로 고통을 당하게 될 것이다. 또는 인격 속에 부정적인 생각이 사고의 구조가 되었을 수도 있다(Jana Pressley). 앞에 묘사한 이러한 모든 경우는 바울이 말하는 옛 사람의 성격과 밀접하게 관련되어 있다. 우리는 옛 사람의 모든 성향, 행위, 혹은 감정적 특성들이 바울의 목록에 포함되어 있지 않을 수도 있다는 가능성을 받아들여야 할 것이다. 그 목록들은 후대에 또는 다른 문화에서 현명한 그리스도인들이 이후의 문화적인 상황에 나타나는 옛 사람에 대한 실마리를 얻을 수 있는 대표적인 예들이 될 수도 있다. 내가 이해하기로 그것은 바울 상담 및 심리치료의 중요한 부분으로서 상담자는 그 성향들을 인식한 후, 내담자로 하여금 그의 옛 사람에 대하여 인식할 수 있도록 묘사하고 도와주고자 구성하는 것이다.

바울 상담 및 심리치료에 있어서 상담자는 내담자를 치유하고 도와주기 위해서 바울이 말한 옛 사람의 정서적이고 행동적인 양상, 그리고 그 옛 사람에 영향을 미치는 주된 원인을 이해하고 싶어한다. 그럼으로써 좀더 수월하게 내담자를 상담하고 싶어 한다. 바울이 언급한 여러 특징들은 예를 들면, 악은 시기나 분노의 결과일 수 있고 살인이나 중상의 동기일 수도 있으며, 그러한 것들의 구성요소라고 할 수도 있다. 시기와 분노 등은 다른 성향보다 옛 사람에게서 기본적인 특징이다. 바울 상담 및 심리치료는 앞서 제시하고 작성했던 특징들과의 인과관계에서 상담자가 내담자로 하여금 회복되도록 도와주고 싶은 감정과 행위의 방식들의 내적 연관성을 이해하고 싶을 것이다. 바울 상담 및 심리치료에서 주요한 임무는 옛 사람의 논리와 내적 역학을 탐구하고 이해하는 것이다. 이는 옛 사람을 벗어서 죽게 만드는 상담 과정의 기초를 제공할 것이다. 일곱 가지의 치명적인 죄들에 대한 과거의 논의들에서 이 상담 과정에 응용 가능한 도움을 얻을 수 있을 것이다. 이러한 견해는 일곱 가지 치명적이고 파괴적이며 심각한 죄 가운데 두 가지는 기존의 기독교심리학과 일치한다. 바울이 강조하고 있는 옛 사람의 또 다른 특징은 탐욕이다. 그는 무절제한 집착과 소유에 대하여는 예수 그리스도의 우려를 반영했다. 탐욕은 시기, 속임, 비방, 다툼, 그리고 바울이 말하지는 않았지만 이혼, 자녀를 통제할 수 없음, 우울, 분노, 친구를 사귈 수 없음, 자아 증오 등 언급하지 않은 다른 상황들과 같이 여러 잠재력을 분석하고 병적으로 자신을 황폐하게 만든 것을 탐구하는 것이다. 바울 상담 및 심리치료의 주된 임무는 옛 사람의 내면에서 발생하는 문제를 분석하고, 옛 사람을 벗어 버리며, 그것을 죽이는 것이 중요한 상담 과정이다. 이 분석의 과정은 과거 일곱 가지 치명적인 죄에 관한 논의에 도움을 줄 수 있다.

바울 상담 및 심리치료에서 아주 중요한 것은 옛 사람의 내적 역학에 대한 체계적인 분석으로 이는 상담자가 내담자의 상태를 민감하게 분석하는데 필요한 것이다. 탐욕은 옛 사람의 모습을 가진 사람들 안에서 모두 똑같은 작용을 하는 것은 아니다. 예를 들어 어떤 사람에게는 탐욕이 시기, 질투로부터 발생되기도 하는 반면, 어떤 사람에게는 시기, 질투가 탐욕에서부터

제6장 바울 상담 및 심리치료의 개관

시작되기도 한다. 악은 사람마다 각각 다른 원인에서 비롯될 수 있다. 무자비함은 이기심이나 오만함 혹은 둘 다, 또는 음란함에서부터 시작될 수도 있다. 신자들을 진단하고 평가하는 이런 상담의 차원은 육체에 관해 상담자의 바울적인 지혜를 개인상담에 응용한 것이라고 할 수 있을 것이다. 진단이나 평가는 상담자에게 반드시 필요한 것이며, 상당한 기술을 요하는 것이다.

상담자는 반드시 내담자의 옛 사람의 모습을 대화를 통해 찾아 내고자 할 것이다. 상담자는 내담자가 자신의 문제에 대하여 말하는 것을 듣고, 내담자의 현재 문제에 대한 바울의 해석과 설명을 통해서 점차 문제를 분석하게 될 것이다. 상담자는 내담자의 이야기가 어쩌면 그릇된 옛 사람으로 인해 왜곡될 수 있다는 것을 숙고하고 있을 것이다(엡 4:22). 상담자는 내담자의 행위적, 감정적, 그리고 인지적 방식들에 대한 정보를 다른 자원으로부터 구할 수 있다. 즉 상담 중에 내담자가 나타내는 반응을 관찰한다든지, 내담자의 승낙을 통해 그의 가족이나 교회 동료들에게 정보를 얻는다든지, 기도 중에 성령으로부터 통찰력을 얻을 수도 있다(Stephanie Gillis).

바울의 견해에 따르면 상담자가 내담자를 명백히 도와주려고 노력하는 특성은 하나님과의 관계, 이웃과의 관계 등에 초점을 맞추어야 한다는 것이다. 그리스도인의 소망은 하나님의 나라를 위한 소망이고, 기쁨은 그리스도 안에서 발견되는 기쁨이며, 감사는 하나님에 대한 감사이어야 한다. 하지만 인내 또한 하나님에 대한 신뢰에 바탕을 둔 것이므로 이는 하나님의 자비와 평화를 닮아가는 것이다. 반대로 하나님과의 관계에서 실패한 옛 사람의 특성은 하나님에 대한 불순종, 불신, 혹은 하나님을 무시하는 것, 우상숭배 그리고 하나님보다 자신을 높이려는 것 등이다.

하나님을 인식하는 것에 있어 이처럼 깊이 왜곡된 옛 사람의 특성을 가지고 있다는 것은 새 사람이 되는 데 있어서 중대한 장애가 된다. 그래서 바울 상담 및 심리치료에서는 상담을 필요로 하는 내담자의 하나님에 대한 인식이 왜곡되어 있는지를 분석하려고 할 것이고, 특히 내담자가 왜곡된 하나님의 상을 가지고 있다고 의심이 될 경우에는 더욱 그것을 깊이 알아보려고 할 것이다(Brian Richardson, Nori Menendez, Jody McCain). 상담자는 내담자에게 하나님을 묘사해 보라고 할 수도 있고, 내담자 자신을 하나님이 보는 관점에서 가상 상황을 묘사해 보라고 요청할 수도 있다. 상담자는 신자들(여기에서는 하나님을 믿는 내담자)에게 하나님께 편지를 써보고, 또 하나님께서 자신에게 보낼만한 편지를 써보라고 요구한 후, 그 편지들에 대해서 함께 토의해 볼 수도 있다. 내담자의 자아를 탐구하는 데 있어 그들과 하나님과의 관계에 대해 그림을 그린다든지, 노래를 부르는 것이 효과적일 수도 있다(Jody McCain). 복음을 명확하게 한다는 것의 상담적 측면은, 내담자에게서 발견된 왜곡된 하나님 상을 상담자가 고쳐주려는 노력이 포함된다.

바울 상담 및 심리치료가 개념적으로 점차 견고해짐에 따라서 우리는 '바울의 자아 역동목록(Pauline Self-Dynamics Inventory, PSDI)'이라고 부를 수 있는 검사도구의 개발을 생각해 볼 수 있다. PSDI는 내담자 안의 새 사람과 옛 사람을 가늠해 볼 수 있는 것이다. 그 두 자아 사이의 상호작용과 자기 자신과 다른 사람 간의 관계, 사회 환경, 마약 중독 혹은 알코올 중독 등과 같은 다른 요소들 사이의 관계들을 어떻게 맺고 있는지에 대한 정보를 제공해 줄 것이다(Javier Sierra, Sean Youngstedt).

상담자는 내담자에게 옛 사람에 대한 바울의 범주들 안에서 사고할 수 있게 가르쳐야 한다. 그래서 내담자가 심리적 이상이나 병리의 원인을 더 잘 이해하고, 옛 사람을 벗어 버리며 쉽게 새 사람을 입도록 하는 것을 더 잘할 수 있게 돕는 것이다. 하지만 이 가르침은 내담자가 상담자의 세밀한 지도에 따라 시행되어야 한다. 즉 옛 사람에 대한 통찰을 명확히 할 수 있는 접근은 간접적인 차원에서 이루어져야만 한다. 특히 근본적으로 내담자 본인이 자신의 잘못된 특성에 대해서 인지하지 못한 시점에서는 더욱 그러하다. 내담자의 부정적인 특성에 대하여 지나치게 직접적으로 말함으로써 내담자를 상담으로부터 멀리하고(alienate) 상담을 조기 종결하게 만들어 버릴 수도 있다. 상담자는 훌륭한 기술과 예민한 감수성을 통해 내담자를 부드럽게 다루어야 한다. 그리고 더욱 특징적으로 자아 평가(self-assessment)로 인도할 수 있다(Michael Smalley, Sean Youngstedt, Kevin Novotny).

일단 내담자가 옛 사람의 특성들을 인식하는 데 상당히 편하게 느끼기 시작하면, 내담자에게 죄악된 옛 사람이 이끌었던 특정한 관계들이나 사건들을 떠올려보게 하고 그것의 불쾌한 결과들을 밝혀달라고 질문할 수 있어야

제6장 바울 상담 및 심리치료의 개관

한다. 그러면 처음에는 말하기에 너무 뻔한 것들을 설명하게 된다. 그리고 나서 내담자에게 어떻게 처음으로 그런 옛 사람의 행동과 생각들과 감정을 느끼게 되었으며, 그 결과들이 어떠했는지를 설명하도록 유도해야 한다(Linda Lake). 내담자가 옛 사람을 개인적인 문제의 원인으로 이해할 수 있게 돕는 다른 고안들도 유용할 수 있다. 내담자는 특정한 가정적 상황에서 옛 사람의 역할을 연기하고, 상담자가 똑같은 상황에서 내담자의 새 사람을 연기하게 하는 방법도 있다. 그들은 그렇게 한 뒤, 자신들의 충동, 생각, 그리고 감정을 두 가지 상황에서 해석하고 논의할 수 있다. 또 상담자와 내담자는 서로 역할을 바꾸고 그 결과에 대해 논의할 수 있다(John Laskowski).

내담자를 진단할 때, 바울 상담 및 심리치료에서는 죄에 대해 지극히 현실적이거나, 지나치게 개인적으로 보거나, 또는 지나치게 책임을 강조하는 상황에 빠뜨리지 않도록 주의해야 한다. 개인적인 감정과 행위에 대해 명확히 하고 그의 죄악된 행위에 대해 모두 전적으로 개인의 책임으로 돌리는 것은 반(反) 바울 방법이다. 바울 상담 및 심리치료에서 죄는 짐이나 혹은 질병, 인간생활에 널리 퍼진 환경과도 같다(롬 7장). 죄는 유전적이어서 모든 사람에게 확장된다(롬 5:12). 심지어 성경에서 피조물은 썩을 수밖에 없으며, 그 썩어짐의 종이 되었다고 표현되어 있다(롬 8:21).

옛 사람과 새 사람은 단지 개별적 실체가 아니다. 즉, 너의 새 사람이고 옛 사람이며 나의 새 사람과 옛 사람이다. 옛 사람은 단지 개인에 속한 것이 아니라 인간 전체에 해당하는 것이다. 마찬가지로 새 사람 역시 신자들에게만 속하는 것이 아니라 모든 인간에 해당하는 것이다. 결과적으로 한 개인을 진단할 때, 개인의 행위나 특성에만 제한되지 않도록 하는 바울의 견해와 일치한다. 또 역기능을 설명할 때, 사회환경, 가족, 대인간계와 같은 더 큰 개념에서 찾을 수 있다. 만약 우리가 염려와 불안, 분노, 우울 등의 원인을 옛 사람의 탐욕에서 찾는다면, 그 근본 원인을 그가 속한 사회의 탐욕스런 분위기나 그 가족의 영적 문제 그리고 전 인류의 그러한 유형에서 그 근원을 찾을 수도 있을 것이다(Carol Joesfson, Aaron Bell, Stephani Gillis). 바울 상담 및 심리치료는 신자로 하여금 사회 전체적인 옛 사람의 모습을 이해하는 것을 도울 것이다. 그러나 옛 사람의 탐욕, 생각, 행동, 감정에 대한 깊은 이해와 연구 없이는 불가능하다.

바울 상담 및 심리치료에 있어서 대부분의 진단은 새 사람의 개념에 의해 시행될 것이다. 바울은 옛 사람과 새 사람, 이 두 자아의 특성들을 서로 근접시켜서 대조를 통해 두드러지게 드러난 면을 목록화하여 그 차이를 보여 준다. 그러므로 우리는 그 사람이 사랑과 인내, 이웃의 짐을 지는 행동, 하나님 안에서의 기쁨, 어떤 환경에서도 감사를 드리는 마음과 이웃의 죄를 용서해 주려는 열정을 위해 재창조 되었다는 사실을 유념하여 왜 개인이 불완전하게 행동하는지를 이해하려고 할 것이다.[7]

바울 상담 및 심리치료에서 우울증, 불안증, 그리고 정신분열증 등 정서장애나 행동장애와 같은 뚜렷한 심리적 장애의 원인을 이해할 때, 생리학적 관점을 포함하여 현대의 다양한 연구들을 적절하게 활용하려고 한다(Carol Josefson). 이것은 바울서신들로부터 상담학을 도출해내려는 우리의 근본적인 계획의 절충안이며, 통합의 노력이라고 보아야 한다. 어쩌면 바울 상담 및 심리치료는 약물치료와 결합하기를 원할지도 모른다. 물론 바울 상담 및 심리치료는 심리적 또는 유전적 장애의 원인을 결과적으로 모든 창조물이 시달리는 죄에 있을 것이라고도 생각할 것이다.

어떤 장애들은 기술의 부족 탓으로 돌릴 수 있다. 예를 들면, 무례함의 몇 가지 측면은 죄에 대한 것만큼이나 기술 부족의 문제로 보이기도 한다. 어떤 사람이 너무 둔감하거나 효과적인 분노 억제력에 필요한 자제력의 기술을 배우지 못해서 대인관계의 피해를 초래하게 되는 것과 같이, 죄악에 대한 무지의 문제가 나타날 수 있다(Jennifer Messer). 진단을 할 때, 바울 상담 및 심리치료는 육신의 핵심적인 특성과 영적인 결함 사이의 구별점을 숙고하고 있어야 할 것이다. 이러한 경우에 있어서, 상담방법에 대한 가르침은 부족한 기술들을 훈련시키는 것을 포함할 것이다. 내담자가 무례하거나 무절제한 분노를 나타내는 것은 단순히 상담기술의 부족 때문에 생기는 경우는 거의 없으며, 옛 사람의 핵심적 특성과 심하게 뒤얽혀 있는 것이다.

이러한 바울 상담 및 심리치료를 기초로 하여 나는 옛 사람과 새 사람을 진단, 평가하고 상담하기 위해서 그에 관한 생각을 정리하였다. 그것은 바울 상담 및 심리치료에 있어서 특징적인 것이며, 중요한 것이기 때문이다. 심리적 장애는 예수 그리스도께서 창조하신 새 사람을 입는 것에 실패하는 것과 같은 개념이다. 주요한 설명 방법은 신자의 환경이라기보다는 특성을 말한다. 그러나 만약 우리가 심리적 장애가 모든 정서적 고통을 포함한다면, 환경들이 그러한 장애의 핵심적인 원인이 된다는 것이 명백한 것처럼 보인다.

자녀가 죽으면 그 아이의 아버지와 어머니는 제대로 된 삶을 영위하기란 아주 어려울 것이다. 55세의 남성은 직장에서 거대한 구조 조정으로 정리해고되어 일자리를 잃은 후, 다른 직업을 구할 동기도 자신감도 상실했다. 그의 부인은 분노를 나타내며 우울해 하면서 상담실을 찾아왔다. 또 자신의 남편이 바람을 피우고 그 사실이 교회 지도자들에게 목격되고도 회개하지 않아서 몹시 화나고 침울한 상태로 상담을 받기 위해 오는 여성도 있다. 어떤 젊은 여성은 자신의 아버지가 자신을 성폭행하려고 할 때 아마도 자살하고 싶은 충동을 느꼈을 것이다(Jody McCain). 이와 같은 경우에 새 사람과 옛 사람에 관한 진단과 평가는 상담의 핵심이 아닌 듯하다(비록 전혀 관계가 없는 것은 아닐지라도). 이러한 역기능은 아마도 본래 평화를 위해 창조된 피조물과 이미 뒤틀린 세상과의 충돌로 설명될 수 있다. 바울은 그의 서신 중 일부에서 하나님의 위로와 희망 그리고 다른 사람들에 의해 고통 받는 사람들에 대한 하나님의 사랑을 전하고 있다(골 1:2-7; 롬 8:18-39). 어떤 경우는 이러한 구절들이 바울 상담 및 심리치료와 가장 밀접한 관련이 있어 보인다.

2) 복음을 명확히 하는 것

바울 상담 및 심리치료의 중심은 내담자에게 그들이 예수 그리스도 안에서 재창조 되었으며 이미 하나님 앞에서 건강하고, 바른 인격을 가지고 있다는 것을 가르치는 것이다. 나는 상담자에게 새 사람의 특성을 이해하는 것만큼이나 사람들 속에서 일어나는 옛 사람의 작용들을 이해하는 것이 중요하다고 생각한다. 내담자에게 그들이 이미 주 예수 안에서 새로워졌다고 말하기를 되풀이하는 것만으로는 불충분하다. 상담의 중요한 부분은 새 사람의 특성에 관해 서로 대화하고 실제적으로 그러한 감정들이 어떻게 발생하는지에 대해서 이해하기를 연습하는 것이 필요하다. 즉 이웃에 대하여 오래 참음, 하나님과 이웃에 대한 사랑, 하나님과 이웃에 대한 감사들이 어떻게 기쁨과 평화와 깨달음으로 이끌어지는지를 알아야 한다. 상담자가 내담자를 이런 깊은 이해로 유도하는 동안, 사람들은 그들의 삶의 경험 속에서 이러한 체험을 통해 이해하는 것이 매우 중요하다.

상담자는 내담자에게 옛 사람이 끈질기게 나타나는 전형적인 몇 가지 상황을 간파한 후에, 예수 안에서 새 사람이 되는 모습을 상상해 보도록 하는 것이 중요하다. 즉, 삶의 괴로운 상황에 처했을 때, 예수께서 행동하셨을 것처럼 자신이 행동하는 것을 상상해 보라고 권할 수 있다. 이와 비슷한 연습은 마더 테레사(Mother Theresa), 빌리 그레함(Billy Graham), 디트리히 본회퍼(Dietrich Bonhoeffer), 아시지의 프랜시스(Saint Francis of Assisi)와 같은 훌륭한 인물들과 관련된 글을 읽게 하거나, 내담자 가운데 새 사람의 모습으로 변모된 사람들과의 모임을 갖는 것이다. 사람들은 글을 통해 자신들이 그들과 같은 방식으로 행동하는 것을 상상하게 된다.[8] 옛 사람의 특성이 자신에게서 사라져 버렸고 그 옛 사람은 그리스도와 함께 죽었다는 것을 언제나 명심하면서 그들(위에 언급한 사람들)과 비슷한 방식으로 행동하고 사고하고 느끼는 것을 상상할 수 있다. 예수의 마음을 갖게 되고 변화된 그리스도인들을 통해서 우리는 좋은 특성들을 발견하게 될 것이다.

내담자는 자신의 상태에 대하여 진솔하게 글로 묘사하면, 예수 그리스도 안에 이미 존재하는 자신의 모습을 떠올리면서 자신이 걸어야 할 삶, 덧입고자 하는 모습을 묘사하게 될 것이다. 그 다음에 상담자와 내담자는 그 표현된 내용에 대해서 서로 논의하고, 상담자는 내담자를 현실적으로 그 묘사대로 살아갈 수 있도록 이끌어 준다. 그리고 그러한 삶이야말로 예수 안에서 진실되고 새로운 삶임을 알게 된다. 이것의 변형된 방법으로는 내담자와 가까운 그리스도인들, 이를테면 친구, 가족 구성원, 믿음의 지체들에게 그리스도 안에서 자신의 잠재력에 관한 소망의 글을 써달라고 부탁하고 그것을 상담자와 나누는 것도 좋은 방법이다(Kimberly Gains).

한 사람의 심리를 그 사람의 새 사람에 맞추는 것은 그 사람의 행위, 사고, 그리고 감정들에 이미 내재되어 있는 자신을 깨닫는 방식들을 촉진시킨다. 자신 안의 성령의 열매를 확인하고 감사해 하는 것은 고무적인 일이다. 그것은 자신을 의에 내어 주는 자아 변화 행위를 촉진시킨다. 놀랍게도 이미 새 사람이 된 사람들 속에서 상담자는 새 사람과 옛 사람 사이의 불일치

제6장 바울 상담 및 심리치료의 개관

를 보는 횟수가 증가하게 된다. 한 사람이 새 사람에 대해서 꿈꾸고 바란다는 것은 이미 그가 행위로나 생각 그리고 감정적으로 새 사람을 향해 접어 들게 하는 기능을 한다.

상담자는 내담자에게 그들이 그리스도 안에서 이미 새 사람을 소유하고 있다는 것을 안심시키면서, 상담자는 그들이 많은 시간 나타내는 자신과 새 사람 사이의 모순을 더욱 생생히 볼 수 있게 해 주어야 한다. 문제는 내담자가 죄책감에 휩싸이고 낙담하게 된다는 것이다. 의도된 결과와 정반대가 되는 것이다(Kristee Jackson). 바울은 이러한 모순을 정확히 짚고(롬 7:13-25), 옛 사람으로부터 엄청난 부담을 느끼지만, 그는 죄책감을 느끼거나 실망하지 않는다. 대신에, 그는 진정한 자아가 육적인 기질의 것이 아니라 예수 안에서 재창조되었다는 사실을 외칠 것을 강력히 주장하였다. 그러므로 바울은 자신의 죄스런 행동에 대해 말하기를 "이제는 이것을 행하는 자가 내가 아니요 내 속에 거하는 죄니라"(롬 7:17)라고 진술했다. 바울 상담 및 심리치료에서 복음을 명백히 하는 것의 핵심적인 부분은 내담자가 이러한 방식으로 역기능적 특성들에 대해서 생각하게 함으로써 자극을 주는 것이다. 이렇게 생각할 때 우리는 지금까지의 삶에서 과연 옛 사람을 완전히 벗을 수 있었는지에 대한 비관론적 생각을 가지게 된다. 바울이 말한 바와 같이 "그러므로 내가 한 법을 깨달았노니 곧 선을 행하기 원하는 나에게 악이 함께 있는 것이로다"(롬 7:21). 만약 새 사람이 낙담하기 시작하고 죄에 대해 무감각해졌을 때 바울의 경험들은 상담학적으로 적용될 것이다. 만약 내담자가 이 과정 중에 실망하면서 지나치게 죄의식을 갖거나 부담을 느끼게 된다면, 그들에게 바울의 경험을 떠올리게 하는 것이 도움이 될 수 있다. 즉 상담자는 "이것은 모든 인간의 삶에서 발생하는 깃일 뿐입니다"라고 말해 주고, "당신은 지극히 평범합니다"라고 말하는 것이다(Christy Adams, Timothy Shields). 또한 상담자는 내담자가 새 사람의 특성인 사랑과 인내와 열정 등을 떠올리는 동안 그가 옛 사람과 싸우고 있음을 알 수 있다(Kristee Jackson).

옛 사람을 벗어 버리는 것에는 위험성이 내재되어 있다. 그 위험성이란 자아 만족이며, 부정직함의 역기능으로부터 발생되는 자아 만족과 인격분열로서 이는 바울 상담 및 심리치료 방법이 아니다. 우리가 옛 사람의 모습을 벗을 수 있고 벗어야만 한다는 것은 바울이 강조한 복음의 일부분이다. 즉 우리가 예수 안에 있는 한, 우리의 옛 모습은 자신의 진정한 모습이 아니다. 바울은 그의 옛 사람의 모습에서 분리되었을 때, 그의 죄악된 자아나 그 존재가 여전히 자신의 내면에 있음을 전혀 인식하지 못한 것은 아니다. 반대로 죄악된 자아, 마음의 근심이 죄의 요소가 된다는 것을 분명히 인식하고 있었다. 그러나 그는 자신의 전체 혹은 일부가 자유로워지고, 회복되고 있음을 느낄 수 있었다. 상담자가 내담자와 상담하려는 것은 이런 측면에서 오히려 더 복잡한 방법일 수도 있다.

각 개인은 예수 그리스도 안에서 각기 다른 새로운 자아를 갖게 된다. 넓은 의미에서 모든 새 사람의 모습들이 닮아 가는 것이다. 예를 들면, 모두 사랑스럽고, 인내가 있으며, 겸손하다는 것인데 이러한 특성을 갖는 방법은 많이 있다. 그것은 모두 새 사람의 특징이다(롬 12:4-8; 고전 12:4-31). 내담자는 매우 이상적인 새 사람보다는 현실적인 새 사람을 상상할 수 있도록, 그리고 또한 새 사람은 예수 그리스도 안에 숨겨져 있고 상상될 수 있는 그 어떠한 것보다 더 영광스럽기 때문에 새 사람에 대한 개념도 항상 비슷할 뿐이라는 것을 깨달을 수 있도록 인도해야 한다. 일단 내담자는 새 사람을 상상하는 것에 어색할 것이며 그것에 대한 온갖 잘못된 개념들을 갖겠지만 상담자는 예수 그리스도의 지혜로 온유하게 바로 잡아주어야 한다.

몇몇 현대 상담자는 그리스도인들에게 주 안에서 새 사람을 입었으므로 이제는 더 이상 부정적 경험을 하지 않을 것이며, 실망하지도, 슬퍼하지도, 화내지도 않을 것이며 그저 좋은 감정만을 가지고 살 것이라고 생각하게 만든다. 새 사람을 입음으로써 기쁨과 소망에 가득 찬 삶을 사는 것은 맞지만, 새 사람이라고 할지라도 슬픔과 좌절을 여전히 맛보는 것도 사실이다. 요컨대, 바울의 새 사람은 "내 가슴 속에는 큰 슬픔과 고통이 있다"(롬 9:2)고 예수를 구세주로 받아들이지 못하는 많은 사람들에게 바울은 그의 새 사람의 신성한 슬픔에 대해 말한다(고후 7:9). 주님께서도 격렬한 슬픔을 겪으셨다(눅 19:41; 계 11:35; 마 26:37-38). 내담자의 고통스런 감정들이 꼭 그의 옛 사람의 잔재들이 아니라고 일깨워주는 것도 종종 상담에 도움이 된다(Jo Ann Thomas).

상담자의 특성과 태도는 복음을 설명하는 데 있어서 매우 중요한 요소가 된다. 목회자로서 바울은 다정다감한 성격이었지만, 동시에 그는 신앙을 고수하는 데 있어서는 매우 고집스러웠고 타협하지 않았다. 상담자는 신자들의 문제를 주의 깊게 경청함으로써 주께서 이미 우리가 죄지은 순간에도 사랑하심을 말해주신다는 사실을 분명히 알게 한다. 또 상담자는 내담자에게 죄의 심각성에 대해서 조심스럽게 알려주면서 하나님께서는 작은 죄라고 할지라도 타협하지 않으신다는 사실을 깨닫게 해 주어야 한다. 만약 상담자가 새 사람을 위해 하나님의 모습을 보여준다면 그 상담의 힘은 확실히 확대되며, 만약 그렇지 않다면 상담의 효과는 낮아질 것이다. 또 만약에 상담자가 그리스도 안에서 새 사람의 특성들을 설명하고 나타내 보여 줄 수 있다면, 내담자는 더욱 진전된 비언어적인 인도를 받을 것이며 고무될 것이다(Javier Sierra, Carol Josefson, Stephanie Gillis, Nori Menedez, Kevin Novotny, Leslie Bissell, Nancy Duarte-Gomez, David Thornsen).

바울이 옛 사람과 새 사람에 관해서 언급할 때, 그는 우리가 흔히 상식이라고 부르는 시각을 잃지 않았다. 옛 사람과 새 사람은 완전히 다른 사람이 아니다. 바울은 옛 사람이기도 하며 예수 그리스도 안에서 재창조된 새 사람이기도 하다. 우리가 아직 죄인 되었을 때에 그리스도께서 우리를 위하여 죽으심으로(롬 5:8) 새 사람을 입은 것이며, 그것은 "믿음 안에서 하나님의 아들"(갈 3:26)이 된 사람들이다. 그 사람은 예수 안에 있는 자에게 더 이상 정죄함이 없는 것이다(롬 8:1). 바울 상담 및 심리치료는 내담자가 예수 안에서 사랑받는 자임을 잊지 않을 것이며, 상담기간 중 내담자와의 대화를 결코 무시하지 않을 것이다. 상담자는 "이것이 복음입니다. 즉 하나님이 당신을 너무 사랑하셔서 당신을 위하여 그의 아들을 주셨습니다"(Jody McCain)라고 선언해 주어야 할 것이다. 바울은 복음에 대하여 "하나님께서 우리에게 베푸신 사랑의 중심은 구원을 통해서 그가 예수 안의 새 사람을 주신 것이다"라고 하였다.

3) 상담의 교육 및 치료의 기능

앞에서 언급한 두 가지 바울 상담 및 심리치료의 관심은 명확하다. 상담자는 내담자의 행동 상황에 대해서 그들을 진단, 평가하고 난 후, 내담자에게서 발생하는 옛 사람의 행동 원인과 동기가 되는 역학을 이해할 수 있게 도와준다. 또 동시에 상담자는 내담자에게 복음을 명백하게 선언하고, 그리스도와 함께 십자가에 못박힌 자아는 진정한 자아가 아니며, 이제 문제를 극복해 나갈 새 사람의 모습을 이미 지니고 있다는 것을 깨닫게 해 주어야 한다. 내담자와 상담하는 동안 상담자는 내담자로 하여금 그의 내면에 예수 그리스도 안에서 다시 태어난 새 사람의 모습을 인정할 수 있도록 도와주어야 한다. 상담자는 내담자에게 자신을 의에 적응시키고자 함으로써 나타나는 상담의 효과들과 옛 사람을 벗어버리고 성령 안에서 새 사람을 입음으로써 나타나는 상담효과들을 설명해 줄 수 있어야 한다.

본장에서 나는 단지 객관적인 경험의 반영을 바탕으로 더 많은 구체적인 사항들이 필요하다는 것을 묘사할 뿐이다. 비록 교회가 옛 사람과 새 사람이라는 상담 방법에 대해 항상 관심을 가지고 있지는 않을지라도 교회에는 새 사람으로 변화시킬 수 있는 무한한 요소와 자원을 가지고 있다. 우리는 새로운 친교와 죄를 고백하고 기도와 묵상, 그리고 성경말씀을 비롯하여 다른 교훈적인 서적을 읽는 것, 주의 만찬에 참여하는 것과 신자 간에 서로 고통을 나누며, 선한 일을 행함으로써 옛 사람을 벗을 수 있다.

바울은 새 사람을 입는 데 있어서 교회의 집단적인 삶을 전제로 한 것은 주목할 만한 일이다. 비록 나는 상담자와 신자, 두 사람의 관계에 대해서만 주로 이야기 해왔지만 그것은 상담에 있어 보조적인 것이다. 이러한 관계는 상담행위의 근본적이거나 중심적인 것이 아니라 단지 보조적인 것일 뿐이다. 상담자는 고통받는 사람들과 관계를 형성하면서 이런 과정에서 내담자 대부분이 회복을 경험하게 될 것이다. 또 상담의 효과가 있을 큰 교회에 내담자를 보내어 신자들과 교제를 나누면서 문제를 해결하도록 도울 수도 있다. 이제 간단히 과거 전통적인 그리스도인들을 대상으로 하는 몇 가지 상담들을 숙고해 보고, 어떻게 바울 상담 및 심리치료를 유용하게 활용할 것이며 어떻게 촉진시킬 것인가에 대해서 알아보고자 한다.

(1) 기도

기도의 주된 기능은 하나님과의 긴밀한 친교와 온전한 관계의 추구, 하나님의 존재와 선하심 그리고 그분의 소유됨을 인정하는 것이다. 바울 상담

제6장 바울 상담 및 심리치료의 개관

및 심리치료는 신자들이 예수 그리스도의 존재와 그분과의 관계를 강하게 의식하는 것에 특히 관심을 둘 것이다. 신자들은 자신이 주님께 속해 있다는 것을 느껴야 하고 주님께서 이미 그들 안에 계심을 깨달아야 한다. 예수 그리스도는 우리에게 주어진 새 사람의 모범이다. 상담자는 상담 중에 내담자와 함께 기도하고 내담자에게 매일 일정한 횟수로 기도를 하게끔 하고, 혹은 옛 사람의 행위가 특히 부각될 때마다 기도를 통해서 극복하도록 권면할 것이다. 상남자는 일상 속에서 다음과 같은 특별한 기도를 하도록 할 것이다.

> 예수님, 자비로우신 주님! 주님께서는 저를 위해 십자가 위에서 죽으셨고, 주님께서는 죽음으로 저의 파멸적인 옛 사람(여기에 자신이 현재 겪고 있는 괴로운 옛 사람의 특성들을 밝힘)과 함께 죽었나이다. 주여! 주님은 하나님 우편에서 완전한 정의와 거룩함과 신실함 그리고 축복을 가지시고 부활하셔서 저는 다시 새 사람이 되었습니다(여기에 자신의 옛 사람과 대비되는 변화된 새 사람의 모습을 밝힘). 주여! 저에게 성령의 능력을 더하셔서, 제가 옛 사람을 완전히 벗어버리고 새 사람을 입을 수 있도록 도와주시옵소서. 주여! 제가 행하고 생각하고 느끼는 모든 것에서 주님이 분명히 나타나게 하옵소서. 예수 그리스도의 이름으로 기도드립니다. 아멘!

상담자는 또한 내담자에게 시편 139편 18절이나 시편 51편 12절과 같은 성경구절들에 기초하여 기도를 해 보라고 권면할 수 있다. 구절들은 개인에 따라 달라질 수도 있다. 예를 들어 만약에 상담자와 내담자가 함께 내담자의 좌절감에 특히 도움이 필요하다고 판단되면, 상담자는 내남자에게 그 상황에 알맞은 빌립보서 2장 1-11절을 기초로 기도할 것을 권면할 수 있다. 상담이 진전됨에 따라, 상담자는 내담자에게 기도에 사용될 수 있는 다른 성경구절들을 찾아보라고 권면할 수 있다. 찬송가나 복음성가들도 사용될 수 있다(Laura Edwards, Aaron Bell, Jennifer Messer, Becky Crisafulli). 바울 상담 및 심리치료는 치유와 회복이 단지 인간의 인위적인 조작이나 도구들에 의해서 이루어질 뿐만 아니라, 하나님의 성령의 능력에 의해서 가능하다고 확신한다. 먼저, 기도는 하나님의 안내와 도움을 받으며, 자신의 마음을 열고 치유받을 수 있는 통로로서 이것은 하나님께서 주시는 방법이다 (Kimberly Gaines). 인위적인 방법보다는 주의 성령께서 역사하심으로 치유가 나타날 수 있는 것이다.

기독교 역사를 통해서 보면 하나님과의 관계는 두텁지만, 행동이나 태도는 예수 그리스도를 닮지 못한 사람들로 가득 차 있다. 아일랜드 사람들을 학살한 올리버 크롬웰(Oliver Cromwell)과 그의 살인자 아이리쉬(Irish)를 생각해 볼 수 있다. 그리스도인으로서 인종차별주의자나 가정 파괴범들을 생각해 볼 수 있다. 그들이 신자였기 때문에 기도했을 것인데 기도를 허위로 하는 것은 얼마든지 가능하다. 그러므로 사람들이 그리스도와의 친교를 바탕으로 한 기도를 새 사람의 특성으로 보아야 하는데 이는 매우 중요한 개념이다. 그런 행위를 통한 관계 회복은 그의 친구들과 가족들을 옳은 길로 인도하게 할 수 있는 힘을 길러주는 중요한 기반이 된다. 또 옛 사람을 벗고 새 사람을 입는 원동력이 되고 스스로를 새롭게 하는 힘이 된다.

(2) 고통

바울은 우리가 겪는 고통은 우리로 하여금 하나님의 목적으로 부합되도록 변화시키는 하나님의 의도라고 확신한다. "우리가 환난 중에도 즐거워하나니 이는 환난은 인내를, 인내는 연단을, 연단은 소망을 이루는 줄 앎이로다 소망이 부끄럽게 아니함은 우리에게 주신 성령으로 말미암아 하나님의 사랑이 우리 마음에 부은 바 됨이니..."(롬 5:3-5). 상담을 받으러 오는 내담자들의 문제는 종종 그들의 파멸적인 특성이 아니라 다른 사람들에 의한 시달림에서 그 원인을 찾기가 쉽다. 이러한 경우, 내담자는 하나님의 사랑을 깨닫고 그 고통에서 속박된 것을 풀어주는 것이 필요하다. 바울의 체제에서 시달림으로부터 해방시켜주는 것은 부분적으로 그리스도인들에게 시달림의 중요성을 배우는 것도 포함할 수 있다. 이 배움은 고통을 없애는 것이 아니라 그것을 재구성해서 수용될 수 있도록 한다. 내담자는 고통을 순전히 실패로 보는 것이 아니라, 성장을 위한 계기로 볼 수 있다.[9] 실로, 고통은 내담자가 인내와 소망의 특성을 얻도록 새 사람을 입는 데 도움이 될 수 있다.

상담자는 내담자의 삶 가운데 고통이 어떻게 도움이 되는지를 볼 수 있게 해 주어야 한다. 예를 들어 한 사람이 장애를 갖게 되었을 때 사람들은 그로 하여금 장애에 대한 깊은 통찰을 갖게 되며, 다른 사람들이 자신의 말에 귀를 기울이게 된다. 또는 그가 가진 제한점이 있지만, 그가 가진 능력들에 대해서는 오히려 새로운 감사를 하게 하여 그를 이전보다 더 위대하게 만든다. 만약에 그의 장애가 다른 사람에 의해 발생한 것이라면, 그는 다른 사람들의 손에 고통 당하셨던 예수 그리스도와 특별한 동일시를 느낄 수 있다. 상담자는 각각의 고통받는 이들에 대한 자신의 접근을 적극적으로 해석하여, 신자가 자신의 고통을 하나님과 이웃에 대한 사랑의 증가로 이해할 수 있게 하고, 새 사람의 모든 미덕들을 반영할 수 있게 장려하게 해야 한다(Linda Lake, Elizabeth Hayen).

내담자는 고통을 순수한 비극으로만 보는 것이 아니라, 성장을 위한 하나의 계기로 볼 수도 있다. 실로 상담에서 내담자가 겪는 고통은 인내와 희망이라는 특성으로, 새로운 자아로, 내담자를 만드는 것이다.

(3) 친교

바울 상담 및 심리치료에서는 신자들이 기독교 친교공동체의 일원이 되고 그 공동체 내에서 새로운 자아를 드러내기를 권면하고 있다. 그 공동체는 주께 헌신하고 그리스도의 사랑으로 구성원 간에 하나가 되어 성경공부, 기도, 상호격려 등을 위한 작은 친교공동체이어야 한다(엡 4:1). 신자들은 이러한 공동체에서 삶을 나누고 서로 영향을 주고받으며, 신자들 간에 그리스도의 사랑을 나누고, 서로 간에 친밀한 교제를 갖게 되기 때문에 옛 사람을 벗어버리고 새 사람을 입는데 대단히 중요한 장이라고 할 수 있다(엡 4:1-16). 그 집단에서 좀더 성숙한 구성원들은 새로운 자아의 모델을 수립할 수도 있을 것이다. 또한 신자들이 다른 그리스도인들과 서로 가르치고 배우는 관계를 형성할 수 있도록 상담자는 권면하게 된다. 내담자가 원한다면 상담자는 공동체 내에서 성숙한 신자들과의 교제를 통해 새 사람의 모본을 발견하거나, 그들과의 대화를 통해 자신의 옛 사람과 새 사람의 삶을 비교하고 구별하게 도와주며, 치유와 회복의 과정에 대한 정보와 느낌의 토의 등을 위해서 정기적인 만남을 갖고 이런 내용을 서로 나눌 수 있을 것이다.

바울 상담에서는 내담자가 친교 집단의 구성원이 되기를 권면하고 있으며, 상담의 일부는 집단 내에서 어떤 일이 발생하고 있는지, 그리고 그 집단 상황 속에서 내담자를 충분히 이해하고 그를 돕기 위한 것으로 구성되어 있다. 또 집단에서 어떻게 정서적인 영향을 받는지, 그리고 집단 내에서 자신의 주장을 양보하려는 노력을 기울이고, 어떻게 효과적으로 대처해 나가는지 등에 대한 상담자의 분석과 지원이 있게 된다. 또한 상담자는 내담자로 하여금 어떻게 그리스도의 제자가 되도록 하며, 다른 신자들과의 멘토 관계와 잘 수립할 수 있도록 격려하게 된다. 경우에 따라서 상담자는 내담자의 멘토와 내담자의 진보에 대한 정보와 관련된 다양한 이야기 나누게 되는데 이런 모든 것은 내담자를 어떻게 도와야 하는가에 초점이 맞추어져 있다(Christy Adams, Stephen Tate).

또한 내담자는 자신과 유사한 유형의 역기능이나 장애를 가진 사람들과 친교를 가질 수도 있다. 예를 들어 한 공동체는 지속적으로 가정폭력을 일삼아온 남성들로 구성될 수 있다. 그런 남성들은 전형적으로 아내들을 위협하게 되는데, 그렇기 때문에 온유함을 갖출 필요가 있다. 이러한 성향을 가진 남성은 자신의 아내를 무시하고, 자신에게 절대적으로 굴복시키려는 경향이 있다. 아내를 잡아 내리고, 아내에게 창피함을 느끼게 하고, 폭언을 하고, 그녀를 미치게끔 만들기도 하며, 시비를 건다. 이런 남성은 아내에게 온유한 마음을 가져야만 한다. 또한 대개 이런 남성들은 전형적으로 자신의 남성적 특권을 남용하는 사람들이다. 이런 남성은 모든 생각을 동원해서 성경에 언급된 남성의 권위에 대한 개념을 왜곡시키고, 아내를 종처럼 여기며 자신은 왕처럼 생각하고 행하는 사람이다. 그런 사람들은 겸손의 옷을 입어야만 하고 아내를 자신보다 낫다고 생각할 줄 알아야 한다. 마치 예수 그리스도께서 자기를 비워 종의 형체를 가지고 다른 사람의 종이 되었던 것처럼 말이다(빌 2:7).

통상 두 명의 바울 상담자(주로 남성과 여성으로 구성)들은 이러한 사람들을 상담할 때, 부부관계에 있어서 바울의 생각을 가르쳐 주게 된다. 상담자는 그들에게 새 사람이 되도록 여러 가지의 전략을 사용한다. 다른 사람들에 대해 새로운 방식으로 생각하고 대하는 방법을 배우고 아내에 대해서도 생각하고 행동하는 방법을 새롭게 배우게 된다. 그들은 아내를 포함하여 다른 사람들을 부드럽고 온유하게 대하며, 예수 그리스도 안에서 온유함과

제6장 바울 상담 및 심리치료의 개관

겸손함을 배우게 되고 우정과 친교를 형성하게 될 것이다(Ozella Warren, Sean Youngstedt).

(4) 고백

죄에 대한 고백은 죄를 회상하여, 자신의 죄악된 행동, 생각, 감정 등에 대한 책임감의 갖게 하는 것이다. 또한 죄를 뉘우치고 침회하게 되면 죄를 구별할 수 있게 되며, 회개의 태도 아래 그러한 죄들을 거부하게 된다. 누구나 죄를 뉘우치고, 회개하게 되면, 그 사람은 자신의 죄를 추악하고 가치 없는 이질적인 것으로 인식하게 된다. 그러므로 그것은 일종의 죄로부터 분리되는 것이며, 그러한 행동을 버리는 것이고, 죄지은 자신을 벗어 버리는 것이다. 고백은 다른 심리상담에서 행하는 도덕적으로 중립적인 자아 탐구와는 다르다. 기분이 좋아지기 위해 자신의 부담을 덜어내는 행위도 아니다. 고백은 죄를 범한 행위에 대하여 책임을 짐으로써 자신의 죄짐을 더는 것이다. 즉 이는 자비로우시고, 은혜로우신 하나님의 임재하심 아래서 죄를 범한 행동에 대해서 두려움을 느끼는 것이며, 자신의 일부를 내려놓는 것이다.[10]

마크 맥민(Mark McMinn)은 꽤 오랜 기간 동안 자신이 인지적 상담을 적용하여 상담을 해 준, 한 우울한 내담자에 대한 사례를 소개하고 있다. 상담이 종료된 후, 그 내담자는 자신의 딸을 성추행한 것이 죄악이었다는 사실을 알게 되었다. 마크는 분석하기를 적어도 이러한 죄악된 행동의 기억에 내담자의 우울증의 근원이 어느 정도 있다고 보았다. 만일 내담자가 자신의 죄를 고백할 수만 있었다면 그는 더 많은 도움을 받았을 것이라는 가능성에 대해 생각했다. 마크는 상담자에게 있어 더 깊은 곳에 숨겨진 사실들을 알기 위해 때로는 침묵할 줄 아는 것이 얼마나 중요한지를 지적하였다.

(5) 독서와 묵상

상담자는 내담자가 옛 사람과 새 사람 각각의 특성들(시기-겸손, 탐욕-아량, 분노-용서, 사기-진실, 이기심-공감 등)에 대한 개념을 명확하게 설명할 수 있도록 해야 하며, 묵상적인 독서를 과제로 권힐 수 있나. 이러한 독서는 내담자를 심리적으로 성숙하게 하고, 그로 하여금 어떤 특징들이 벗어져야 하고 어떤 특징들이 입혀져야 하는 지를 이끌어낸다. 독서는 또한 작은 친교공동체의 측면에서도 이루어질 수 있다. 내담자는 성서일과(lectio divina)라는 것을 이용할 수 있는데, 그것은 성경구절을 상담에 도움이 되도록 읽는 전통적인 방식이다(Brian Richardson). 디오게네스 알렌(Diogenes Allen)은 이러한 연습이 신자들로 하여금 과도한 분노를 극복하도록 하는 데 도움이 된다고 하였다. "간단히 말해서, 성서일과는 네 가지 맞물린 방법으로 구성되는데, 즉 성경구절을 크게 소리 내어 읽는 것, 읽은 것에 대해 깊이 생각하고 묵상하는 것, 묵상 중에 마음속에 떠오르는 생각에 대해서 기도하는 것, 기도한 것에 대해 예수 그리스도 안에서 조용히 침묵하며 기대하는 것 등이다."[11]

또 다른 훈련으로, 상담자는 내담자에게 바울서신 중에서 몇몇 장들을 일주일 동안 매일 읽어야 할 분량을 할당하는 것이다. 일주일 동안 매일 성경을 읽고 특별히 자신의 새로운 모습 혹은 옛 모습에 대해 성령께서 조명해 주시는 것들을 적어 본다(Laura Edwards). 바울의 견해에 따르면 기억에 대한 치유나 상담의 효과를 향상시키는 데 있어서 기억은 중요하다고 인식하고 있는 것 같다(예: 고전 4:16-17; 엡 2:11-12; 살전 1:2-3; 딤후 2:8). 분노에 시달리는 내담자들은 자신의 가족들이 자극을 받았음에도 화를 내지 않았던 순간들을 기억해 볼 수 있다. 그들이 분노를 삭이는 데 성공했던 세 가지 순간들을 기억하도록 요구되며, 그들이 격노하여 마침내 통제력을 잃었던 지난 순간과 그것으로 인해서 나쁜 결과가 발생된 것들을 기억하는 것이 요구된다(Stephen Failey).

(6) 예배

공적인 예배에서 우리는 성만찬을 시행하고, 성경말씀을 읽고, 하나님의 말씀을 해석한 것을 듣고 기도하고 찬송을 부른다. 공적 예배는 성령께서 역사하시도록 환경을 만들어야 한다. 그리스도께서 새 사람을 창조하는 행위를 완벽히 하셨고, 새로운 인성이 입혀지기를 기다리고 있다는 생각이 두드러지게 한다. 대부분의 교회에서 실행하는 예배는 바울 상담 및 심리치료와 같은 심리적 행위들을 포함하고 있다. 즉, 한 사람의 마음을 성령께 고정시키고 하나님께 감사와 찬양을 드리고 경배하는 것이다. 이러한 행위들은

제6장 바울 상담 및 심리치료의 개관

어떤 것을 촉진하고 있는가 하면, 자기 자신을 의로움에 굴복시키게 되고, 또 다른 경우는 예수 그리스도 안에서 하나님의 불변하시는 은혜에 마음이 누그러지는 것을 표현할 수 있는 선택을 할 수 있다.

예배의 전형적인 행위들이 어떤 신자들에게는 상담효과를 얻지 못하게 되는데 이유는 예배를 신령과 진정으로 드리지 않았거나, 예배의 중요성을 희미하게 인식한 채 참여했기 때문이다. 이때 바울 상담 및 심리치료가 이런 사람들을 보완해 주는 역할을 한다. 상담은 예배 경험과 자아 변화의 과정에 있어서 더 효과적이 될 수 있도록 만들어준다. 내담자는 그들이 예배 시간 외에 행할 수 있는 자아 변화 행위들에 대한 상담자의 지도로 인해 더욱 효율적인 예배 효과를 얻을 수 있는 경험을 하게 될 것이다.

(7) 선한 일

우리가 옛 사람을 벗고, 새 사람을 입는 방식들 중에서 가장 중요한 것은 그리스도 안에서 창조된 인성의 특징인 선한 일을 행하는 것이다(엡 2:10). 따라서 우울한 내담자가 넓게는 이기심과 탐욕에 시달리고 있다고 판단하는 바울 상담 및 심리치료는 자선, 거주, 주택 단지에서 토요일마다 봉사하는 것으로 처방을 내릴 수 있다. 그곳에서 그 사람은 글자 그대로 그의 팔과 다리와 어깨와 마음이 하나님을 위해 태어난 것임을 깨닫게 될 것이다(롬 2:2). 이것은 그 안에 있던 더러운 모습들 "세속적인 것... 탐욕, 우상숭배" (골 3:5) 등을 없애는 것이다.

상담자는 내담자와 함께 새 사람의 행동을 심리역할극으로 연기하면서 문제를 구체적으로 해결해 가는 것을 도울 수 있다. 내담자가 일상생활에서 자신의 자녀와 상호작용하는 전형적인 상황에서 자녀의 억할을 연기할 수 있다. 상담자는 그 상황 속에서 하나님의 모습은 어떤 모습인지 지적해 줄 수 있고, 내담자에게 그리스도 안에서 새로운 피조물을 나타낼 수 있는 행위적 반응과 방식을 지도할 수 있다. 그 다음 상담에서 내담자는 그에 따른 성공 혹은 실패를 보고하고, 발전을 위한 조언을 구하고, 상황에 따라서는 이러한 행위들을 알맞게 조정하기 위해 다시금 역할연기를 할 수 있다 (Christy Adams, Stephen Tate). 바울 상담 및 심리치료에서 특별히 중요한 행위는 용서를 구하고, 용서를 하는 것이다. 상담사는 내담자를 기독교적 용서의 본질과 의미를 알도록 하기 위해서 가르치고, 내담자가 그것을 추구하고 용서하는 과정을 지도해 주는 역할을 할 것이다(Stephanie Gillis).

　우리는 종종 전인적으로 새 사람이 되지 않고 일부만 변화된 모습을 발견하는 경우도 있다. 이런 경우 아내를 별로 좋아하지 않는 남편이 그녀에게 특별한 것을 해 준다면 아내는 그가 자기에게 존경을 표한다고 느끼기보다는 오히려 초조함을 느낄 수도 있다. 비록 그러한 시각들이 불규칙한 리듬처럼 발생한다고 해도, 상담자는 그 안에서 새 사람의 모습을 발견할 수 있을 것이다. 상담자는 그러한 건전한 열망들에 내담자가 민감해질 수 있도록 그리고 그것들을 반드시 이용할 수 있도록 훈련하는 것에 노력을 기울여야 할 것이다. "그녀에게 부드러움을 느끼고 애정을 느끼는 당신 자신을 발견했을 때, 할 수 있는 최선의 것을 해주어라! 즉 부드럽게 다가가라! 어떻게 부드럽게 다가갈 것인가? 그녀에게 입맞춤을 해 주어라! 그녀에게 기분 좋은 말을 해 주어라! 그녀에게 무엇인가 좋은 일을 해 주어라! 이런 행동들을 함으로써 당신은 가족들을 올바른 길로 이끌 수 있고, 예수 그리스도 안에서 선한 일을 행하고 있는 창조된 새 사람의 모습이 옛 사람보다 점점 우월해짐을 알게 될 것이다."

5. 네 가지 반론

　그동안 내가 다양한 청중들에게 바울 상담 및 심리치료의 개념에 대해서 설명했을 때, 다음과 같은 네 가지 반론들이 반복적으로 제기된 바 있다.

1) 바울 상담 및 심리치료는 적용이 제한적이다.

　바울 상담 및 심리치료가 제한된 적용점을 갖는 이유는 사람들의 유기적이고 근본적인 문제를 해결하지 못하기 때문이다. 그것이 옳을 수도 있지만, 바울 상담 및 심리치료는 유기적인 장애에 대해서 현대 의료지식을 현명하게 사용한다. 바울 상담 및 심리치료는 심리상담사와 정신과 의사의 조언을 구할 수 있고 또한 필요한 부분에 있어서는 물리적인 중재와 결합할

제6장 바울 상담 및 심리치료의 개관

수도 있다. 이러한 측면에서 볼 때, 바울 상담 및 심리치료는 현대의 심리상담과 달라 보이지는 않는다.

또 다른 반론은 이 상담은 하나님을 의지하고, 예수 그리스도께 기도하는 일이 금기시된 세속적인 상황에서는 행할 수 없다는 것이다. 하지만 내가 볼 때, 칼 융(Carl G. Jung)의 분석심리학이나 합리적 정서행동치료가 불가능한 곳도 많이 있는 것으로 알고 있다. 만약에 바울 상담 및 심리치료가 일반상담방법들이 용납되지 않는 곳에서 행할 수 있다면, 교회 혹은 기독교 상담 기관 등에서 행해져야 할 것이다.

어떤 사람들은 바울 상담 및 심리치료가 내담자에게 특정한 신앙을 전제로 하는 것이기 때문에 다른 상담보다 더 제한적이라고 생각하는 것 같다. 모든 심리상담은 특정 신앙으로부터 논쟁의 여지가 있는 것이다. 많은 경우 내담자가 적어도 논란이 되는 신앙 체계에 부분적으로나마 수용을 하거나, 적어도 상담의 초기단계에서 그것에 대한 불신을 버리지 않는 이상 상담은 진행될 수 없을 것이다.

융의 분석심리학에서는 꿈이 심리학적으로 매우 중요한 의미가 있다는 것이다. 내담자가 꿈은 아무 것도 아니며, 의미 없는 신경계의 불안정한 부수현상이라고 생각하는 사람은 융의 분석심리학자의 해석들을 수용하지 않을 것이다. 따라서 융 상담의 장점들을 활용하지 못할 것이다. 같은 방식으로, 인지상담은 내담자에게 사고, 감정, 그리고 행동의 방식에서 무엇이 합리적이고 비합리적인지에 대한 확실한 믿음들을 수용하라고 요구할 것이다. 만약에 내담자가 합리성에 대한 다른 기준을 고집한다면, 상담자는 그 내담자와 상담을 못할 것이다.

그러므로 내담자가 예수 그리스도에 대한 믿음과 그 안에서 창조된 새 사람을 받아들일 필요가 있고 그러한 믿음을 요구한다는 면에 있어서 바울 상담 및 심리치료가 독특한 것은 사실이지만, 바울 상담 및 심리치료는 비종교적인 상담과 크게 다르지 않다. 기독교 교리나 여러 구조에 대한 좋지 않은 선입견 또는 편견을 가지고 그것에 동의하는 신자들을 상담하는 경우도 있을 수 있다. 그들에게 기독교상담은 쉽지 않을 것이다. 또한 기독교상담 이외의 심리상담 가운데는 내담자에게 상당한 논쟁의 여지가 있는 특정 신앙을 조건으로 상담하는 방식도 있다. 이럴 경우에 그리스도인들은 상담을 받기 어려울 지도 모른다. 그러므로 기독교상담자들도 다른 종류의 상담을 받고자 상담실을 찾은 내담자에게 미리 기독교 신앙을 전제로 하거나 강요해서는 안 된다. 그와 마찬가지로 모든 유형의 상담자는 내담자에게 사전의 양해 없이 특정 신앙을 강조할 수는 없을 것이다. "제가 하는 상담은 특정 신앙을 전제로 하기 때문에, 내담자께서 그 신앙을 받아들이지 않는다면 이 상담은 내담자에게 많은 도움을 주지는 못할 것 같습니다"라고 말하는 것은 정당하고, 기독교상담자도 그렇게 말해야 한다.

그러면 바울 상담 및 심리치료가 그리스도인들에게만 행해져야 한다는 의미인 것인가? 반드시 그렇지만은 않다. 그렇게 가정하는 것은 상담이 오로지 프로이드 학파의 학자들에게만 행해져야 한다는 말과 같은 것이다. 이런 식으로 상담 이론들이 내담자에게 적용되어서는 안 된다. 내담자들이 받아들이는 것은 사실상 이것과 다르다. 종종 내담자는 도움을 구하고자 상담자에게 와서는 정신세계에 대해서, 그리고 우주 본질에 대한 신앙 등에 대하여 모호한 개념만을 듣고 돌아가는 경우도 있다. 내담자는 상담 과정에 있을 때에만 상담자의 사고방식을 따르도록 유도된다. 상담자가 전제로 하는 신앙에 대한 강한 신념은 내담자에게 불필요하다. 적어도 처음에는 내담자가 상담자의 그런 신앙에 대하여 의심을 갖게 되지만, 상담의 진전을 위해서 그것을 수용하는 정도로 충분할 수 있다. 만약 그러한 과정이 성공적이라면, 상담의 전제들에 대한 내담자의 신념은 깊어질 수도 있다.

유사한 방식으로, 나는 바울 상담 및 심리치료가 기독교 신앙을 갖지 않은 내담자나, 신앙에 대한 확신이 없는 사람들, 또는 예수 그리스도 안에서 새 사람의 모습을 인정할 필요가 없다고 말하는 사람들과 같이 상담할 수 있을지에 대해서는 궁금하다. 그러나 만약 이러한 사람들이 상담의 목적을 이해하고 신앙을 받아들이기만 한다면 상담은 효과적으로 수행될 수 있을 것이다. 또한 그들이 이런 방식으로 생각하는 도중에 진실을 발견하거나, 그러한 사고방식들이 이해되고 실생활에 적용된다면, 그들의 확신은 더욱 확고해질 것이고, 결국 그리스도인이 될 것이다. 명백히 이러한 접근방법이 모든 내담자에게 적용되는 것은 물론 아니다. 그것은 기독교 신앙을 갖는 것에 개방적이며 그리스도인으로서의 삶을 사는 것에 대한 개방적 사고를 가진 사람에게 적용될 것이다. 하지만 내담자의 신앙이나 신앙에 대한 의지

제6장 바울 상담 및 심리치료의 개관

를 미리 제안해 둔다는 측면에서 바울 상담 및 심리치료는 프로이드의 정신분석학, 융의 분석심리학, 알버트 엘리스의 합리적 정서행동치료 등과 크게 달라 보이지 않는다.

나의 제자들 가운데 몇몇은 기독교 신앙에 대하여 지나치게 혐오감을 느껴 그 가정조차도 거부하는 사람들을 위해 간접적인 방법으로 바울 상담 및 심리치료의 가능성을 강하게 주장한 바 있다. 아마도 개인적으로 상담자는 내담자의 문제가 죄악된 옛 사람이 문제의 원인이라고 생각하고, 상담의 목표를 그리스도 안에서 새 사람의 모습을 입도록 도와주는 것으로 생각할 수 있다. 아마도 상담자는 신앙적인 용어를 사용하는 대신에 합리적인 사고와 행동, 혹은 내담자의 자아 수용이나 어릴적 상처로부터 벗어나려는 무의식적 투쟁과 같은 용어를 사용하여 설명할 것이다. 혹은 특별한 용어는 전혀 사용하지 않고 내담자가 자신의 속마음을 털어 놓도록 한 다음 공감하면서 듣기만 할 것이다.

만약에 상담자가 예수 그리스도 안에서 새 사람을 입는 과정을 수월히 진행한다면, 내담자는 상담자의 인성에 대해서 무엇인가 이상한 생각을 가지면서 매력을 느낄 것이다. 상담자와의 관계에서 내담자는 자신이 인식할 수 없는 상담의 효과를 얻어 회복을 발견하게 될 것이다. 상담자는 말없이 내담자를 온화함, 인내, 자아 통제, 겸손, 그리고 자비와 같은 미덕들로 이끌 수 있다. 만약 내담자가 상담자의 상담 자원들을 숨기고 있다는 것을 알고 있지만, 상담을 잘 수행하였다면, 언젠가 복음에 대해 구체적으로 듣고 성령의 회복의 권능에 대해 듣고 싶어하는 시간이 올 것이다.

그리스도 안에서 새 사람의 특성은 예수 그리스도의 사역과 가르침 속에 나타나 있는 것처럼 하나님과의 관계를 이루는 요소들이다. 그러므로 온화하고, 인내 있고, 지제력이 있고, 겸손하고 자비롭지만, 그리스도 안에서 하나님을 알지 못하는 사람은 기독교적인 가치나 미덕이 아닌 그와 유사한 미덕들을 가진 것이다. 기독교 신앙의 기준에서 볼 때, 비신자들에게 나타나는 이러한 긍정적인 특성들을 가진 사람은 그와 반대되는 부정적인 특성들을 가진 사람보다는 확실히 나은 역할을 하는 것이 사실이다. 그러나 바울 상담 및 심리치료는 이러한 미덕들이 건강한 사람들의 특성에 대한 내체물이라는 것을 알아야 한다.[12]

2) 바울 상담 및 심리치료는 바울에 대한 잘못된 해석이다.

내가 자주 듣는 두 번째 반론은 바울 상담 및 심리치료가 성경은 전혀 그러한 책이 아닌데, 성경을 마치 심리학 책으로 취급하려는 것이 아닌가라는 말이다. 물론 성경은 결코 그러한 것이 아니다. 바울서신들을 모두 체계적인 심리학처럼 이해하는 것은 나쁜 해석이다. 어떤 사람들은 성경이, 적어도 바울서신은 신학에 관한 것일 뿐, 심리학에 관한 것이 아니라는 사실을 명확히 말함으로써 반대를 확고히 한다.

바울은 하나님에 대하여 많은 것을 말한 것이 사실이다. 바울서신은 체계적인 신학 그 이상도 그 이하도 아니다. 그것들은 하나님과 인간에 대한 것이지만, 현대 신학이나 현대 심리학 속에 나타난 체계적인 이론을 가지고 있지는 않다. 반면에 바울의 하나님에 관한 글이나 인간에 대한 글은 체계적이다. 그것들은 복잡하지만 일관된 시각으로 해석할 수 있다.

그렇지만 바울서신들로부터 인간의 심리에 대한 많은 부분이 언급되고 포함하고 있는 것은 사실이다. 인간생활의 표본을 제공하는 기능을 하고 있으며, 인간성에 관한 부패, 건강하지 못한 심리에 관한 이유, 관계에서 비롯된 상처를 회복하기 위해서 해야 할 것과 하지 말아야 할 것 등에 관한 많은 심리적 내용을 잘 포함하고 있다. 그리고 하나님의 활동과 특성은 어떠한지를 잘 보여주고 있다. 이러한 내용들은 상호연계 되어 있어서 바울의 견해는 신학이며 동시에 심리학, 상담학도 되는 것이다. 각 경우에 있어서, 바울서신은 체계적인 입장을 형성한 누군가에 의해서 채워져야 하는 여지를 남겨두고 있다. 우리는 이것이 실제로 가능한지 그렇지 않은지를 알아보고, 또 설명이 가능한지를 배우게 될 것이다. 그리고 본장은 상당 부분 바울 상담 및 심리치료를 명확히 하지 않은 상태에서 예비적인 방식으로 그것을 연구하는 것이라고 할 수 있다.

3) 바울 상담 및 심리치료는 편협하다.

세 번째 반론은 현대 심리학과의 관련성을 최소화하여 심리상담을 구성함으로써 반동적이고 지나치게 보수적이며, 자아 고집적이라는 것이다. 그러한 심리학을 구성하려는 핵심은 무엇인가? 내가 본서의 앞부분에서 진술한 바와 같이, 만일 우리가 기독교심리학의 기획을 그러한 통합으로부터 분리한다면, 현대 심리학을 최소한으로 참고하여 바울 상담 및 심리치료를 구성하는 노력은 반동적이거나 지나치게 보수적이며, 자아 고집적인 것은 아니다. 그것은 그리스도인을 위해 현대 심리학을 적용하는 것과 다른 문제이다. 우리가 전통의 외적인 것들로부터 유입 없이 어디까지 나아갈 수 있는지에 대한 노력이다. 만일 우리가 그러한 심리학을 구성하려고 하지 않는다면 우리 전통적인 심리학의 한계를 인정할 수밖에 없었을 것이다.

만일 우리가 구성할 수 있는 가장 최상의 심리학이 통합된 것이라고 할지라도 순수한 기독교심리학은 어떤 모습이어야 하는가의 잣대를 여전히 갖게 된다. 이상적인 경우는, 바울 상담 및 심리치료가 통합되어 일반심리학으로부터 얻어진 하나의 심리학이 되는 것이다. 그렇지만 만약 우리가 일반심리학에 기독교적 내용을 추가한다면, 혹은 우리가 기독교의 원칙에서 벗어난 세속적 방식들과 거리를 유지한다면, 우리의 통합은 새 사람에 관한 생각이나 그것을 입는 행위 같은 기독교 신앙의 특성을 생략하게 될 수도 있을 것이다. 우리가 상담을 세속적 방식으로부터 출발할 때, 기독교 신앙, 윤리적, 영적 전통 같은 것들을 일반상담 및 심리치료가 담당하도록 내보내는 위험이 있다. 왜냐하면 이것이 현대 심리학의 순수한 방식들이기 때문이다. 그리고 기독교 밖에 있는 사람들에게 그들의 삶을 이해하고 그들의 삶을 올바르게 인도해 주는 기독교 고유의 심리학을 보여 줄 기회를 놓치게 될 것이다.

4) 바울 상담 및 심리치료는 정체 모를 존재이다.

네 번째 반론은 전문적이고 원칙적인 영역을 확고히 하려는 기독교심리학자들에게서 나오는 것인데, 그들은 기독교상담자가 행하는 것이야말로 진정한 심리학이라고 확신한다. 바울 상담 및 심리치료는 단지 목회상담을 더 그럴듯한 이름으로 나타낸 것이 아닌가?

나의 첫 번째 답변은 원칙적인 영역들이 이미 일반심리학자들에 의해 흐려졌다는 것이다. 『마음으로 듣는 말』(Taking the Word to Heart)에서 나는 내담자 중심의 상담(Carl R. Rogers), 합리적 정서행동치료(Albert Ellis), 자아 주장훈련, 맥락관계 상담(Ivan Boszormenyi-Nagy에 의해 개발된 가족상담의 한 형태), 심층심리학(Carl G. Jung), 그리고 하인즈 코헛(Heinz Kohut)의 심리분석과 같은 방식들은 그들이 종종 주장하는 바와 같이 영적으로 중립적인 상담훈련이 아니라고 주장한다. 형식적으로 그것들은 기독교와 유사한 직무들이지만, 실제적으로는 기독교와 아주 다른 차이가 있다.

이러한 전통 속에 있는 상담자는 내담자를 특정한 자아 이해, 삶의 의미를 깨닫게 하며 내담자들이 만족할 수 있는 다양한 미덕들의 이해를 주입시키려는 다양한 사상들의 가르침이라고 할 수 있다. 만약에 이런 반론이 옳다면, 일반상담 및 심리치료의 많은 것들은 이미 목회상담과 유사한 것들이 많이 있다. 하지만 이러한 심리학들은 교회가 시작된 이래, 목회자들이 행해 왔던 상담과도 많은 차이가 있다. 상담자들은 상담 비용을 지불받고, 그들은 집중적으로 진단적이고, 더 이론적으로 더욱 학식이 많다. 그들은 훌륭한 중재 전략들을 가지고 있으며, 더 잘 구성된 도구들을 가지고 있다. 심리상담은 목회상담보다 더 체계적이고 형식적이다. 이러한 느슨한 기준에 의하면 내가 본장에서 설명한 바울 상담 및 심리치료는 목회상담이라기보다는 보편적 기독교상담의 한 형식에 가깝다고 볼 수 있다.

네 번째 반론의 또 다른 형태는 심리학적 측면과 영적 측면 간의 차이점을 언급하면서, 바울 상담 및 심리치료는 불가능한 혼합물이라고 주장한다. 바울은 영성과 그에 수반하는 문제들에 대해 언급했지만, 상담은 인간의 심리학적 본질과 문제들에 대한 것이다.

이에 대한 반론은 내가 첫 부분에서 언급한 루돌프 불트만(Rudolf Bultmann)의 바울에 대한 해석을 떠오르게 한다. 하지만 영적 변화가 심리학적 변화와 구별된다면 영적 변화를 감지하기가 힘들다. 즉, 무엇이 심리학적 변화이고 무엇이 영적 변화인지를 구별하는 것은 쉽지가 않다는 말이다. 심리학적 변화는 사고, 행동, 그리고 감정의 변화를 포함한다. 그렇지만 그것은 어느 특정한 사고, 행동, 혹은 감정에 대한 변화가 아닌, 특성의 변화를 말한다. 그것은 인간의 사고, 행동, 감정의 종류나 방식, 즉 성격의 변화와 같은 것이다.

자신의 아내를 어떻게 협박할 것인가에 대해서 생각하는 것을 그만두려는 남편들을 생각해 보면, 남편은 아내가 자신에게 매우 순종적일 때, 협박하는 행동과 분노를 멈추게 된다. 남편은 아내의 필요에 따라 생각하기 시작하고, 그녀를 품위 있는 사람으로 대하고, 그녀가 가족의 삶의 이익을 위해 독립적으로 행동할 때 기쁨을 갖기 시작한다. 이것은 심리학적 변화로서 일반적으로 상담자가 내담자들에게서 이끌어내려는 종류의 변화라고 할 수 있다. 그러나 이것은 바울이 그의 서신들에서 성령과 그리스도의 사역에 대한 내용에서 격려되는 변화이기도 하다. 영적 변화라는 것이 심리학적 변화와 아주 다른 영적인 부분에서만 발생하는 것이 아니다. 그것도 역시, 사고와 행동 그리고 감정적인 특성의 변화를 말한다.

그리스도인은 특히 성령께서 임하실 때, 영적 사건에 대해서 이야기하고, 성령은 예수 그리스도의 구원을 선언할 때 발생한다고 믿는다. 그리고 영적 변화는 신자의 삶에서 복음전도와 성령의 행위에 의해 이끌어지는 심리학적 변화이다. 하나님에 의해, 하나님의 방법에 의해 형성된 사고와 행동, 그리고 감정의 변화는 심리학적 변화이다. 영성은 바울 상담 및 심리치료가 발전시키려고 목표로 삼는 일종의 심리학적 변화의 방식이라고 할 수 있다.

6. 결론

훌륭한 상담의 심리학적 근거는 바울서신에서 찾을 수 있다. 이 심리학의 핵심적인 개념들은 다음과 같다. 첫째, 그리스도인은 두 가지 자아를 가졌다는 것인데, 진정한 자신의 모습은 그리스도 안에서 창조된 새 사람이며, 또 옛 사람은 자신을 골치 아프게 만드는 존재라는 것이다. 둘째, 새 사람은 개인적으로 뿐만 아니라, 공동체의 유익을 끼치고 건강과 행복이 그 특성이며, 옛 사람은 역기능적이고 파괴적이다. 셋째, 교회 공동체에 포함된 한 개인에게 있어 새 사람의 모습을 평가하고, 실천하고, 촉진시키는 행동들과 옛 사람을 억누르고 포기하게 만드는 수많은 행동들이 있다는 것이다.

이 심리학의 개요는 나와 나의 제자들이 바울 상담 및 심리치료를 실천하기 위해 연구한 많은 제안들이 포함되어 있다. 그 방법은 실천적이며, 이론적으로 발선된다. 그 발전의 핵심적 개념은 그것을 뚜렷이 하려고 했던 많은 상담자들의 적용이 포함되어 있다. 이에 흥미를 느끼는 이론가들과 실천가들 사이의 논의는 상호 간의 질의 향상과 수정을 촉진시킬 것이다.

■주(Notes)

1) 본장은 기독교심리학 연구를 위해 수립된 Pew Charitable Trusts에서 지원받아 1992년부터 1995년까지 수행된 연구에 기초한 것이다.
2) 나의 문헌 참고: *Taking the Word to Heart: Self and Other in an Age of Therapies* (Grand Rapids: Eerdmans, 1993), chaps. 2-7.
3) Rudolf Bultmann, *The Old, & New Man*, Keith R. Crim (tr.) (Richmond, VA.: John Knox Press, 1967), 필자의 저서 참고: *Rudolf Bultmann's Theology: A Critical Interpretation* (Grand Rapids: Eerdmans, 1976). Bultmann계열의 도서로는 Deborah van Deusen Hunsinger, *Theology and Pastoral Counseling: A New Interdisciplinary Approach* (Grand Rapids: Eerdmans, 1995).
4) 고후 5:17, 이 구절에서 바울은 *kainē ktisis* ("new creation")라는 용어를 사용했다. 또 엡 2:15에서 바울은 "한 새사람을 지어 화평케..."라고 기록하고 있다. 여기서 바울은 유대인과 이방인, 이 둘로 자기의 안에서 '한 새사람'을 지어 화평하게 하시고..."라는 표현을 했으며 '한 새사람'이라는 말을 *ksinos anthrōpos*로 표기했다.
5) 물론 죄와 사악함은 인간이 가질 수 있는 관계적인 문제이지 사람은 아니다. 그래서 두 가지의 자아에 관한 비유는 충분한 것이 아니다. 노예는 새 자아를 위한 것이 아닌 옛 자아를 위한 비유라고 할 수 있을 것이다. 롬 7:20에 죄의 개인화를 참고할 것.
6) 1977년 휘튼 대학 대학원에서 있었던 임상심리학 가을 세미나에서 나는 논의를 이끌어 내고 실제적 제안을 얻어내기 위해서 본장의 초고를 학생들에게 미리 읽기를 요구한 바 있다. 여기서 상당히 훌륭하고 많은 제안들이 제시되었다. 그러한 생각들을 본장의 일부에 포함시켰다.
7) Cornelius Plantinga Jr., *Not the Way It's Supposed to Be: A Breviary of Sin* (Grand Rapids: Eerdmans, 1996). Plantinga는 죄의 개념을 설명하기 위해서 죄의 반대되는 개념으로 평화(shalom)의 개념에 집중적으로 설명했다.
8) 우리가 이같은 상상을 훈련한다는 것은 성령을 우리 자신의 마음속에 모시는 훈련과 같은 것이다.
9) Walter Sundberg, "The Therapy of Adversity and Penitence," *Limning the Psyche: Explorations in Christian Psychology*, Robert, & Mark R. Talbot (eds.) (Grand Rapids: Eerdmans, 1997).
10) "Logic and Lyric of Contrition" *Theology Today* 50 (1993): 193-207.
11) Diogenes Allen, "Ascetic Theology and Psychology" *Limning the Psyche:*

Explorations in Christian Psychology, Robert C. Roberts, & Mark R. Talbot (eds.) (Grand Rapids: Eerdmans, 1997), 312.

12) 특히 본 문단과 앞의 두 문단의 견해는 Steve Ater, Stephen Tate, Ozella Warren and Elizsbeth Hayen 등으로부터 자극을 받은 생각을 나열했으므로 이들의 견해를 높이 평가한다.

제7장

화를 낼 것인가 말 것인가?: 분노에 관하여 현대 심리학은 금욕신학으로부터 무엇을 배울 수 있는가?

데니스 오크홈(Dennis L. Okholm)

> 분노는 본성상 마음을 느슨하게 하면 시들해지고 사라지지만, 만일 그것이 공개적으로 드러나면, 더욱더 불타오르게 되는 그런 것이다(Cassian, Conference 16.27; 잠 29:11).

얼마 전에 아내가 야채 가게에서 산 야채를 계산하기 위해 줄을 지어 기다리고 있을 때, 아내 앞에 있던 어느 노인이 옆 계산대에 있는 여자 종업원에게 어떤 여자가 자기의 야채를 훔치는 것으로 생각하여 고함을 쳤다. "이봐! 뚱땡이, 이리 와서 이것 좀 봐." 그 말에 내 아내는 기절할 뻔했다. 그 남자의 말에 너무나 놀란 아내는 자기가 그 상황을 정확하게 판단했다고 확신할 수가 없다. 그래서 아내는 물었다(그 말을 비꼬는 말투로 이해했기 때문에). "당신은 그녀와 농담하고 있는 거죠? 아니면 당신은 다른 사람과도 그런 식으로 얘기하나요?" 그 남자는 아내에게 이것은 자기의 일과는 아무런 상관이 없으니 끼어들지 말라고 말했다. 아내는 그런 식으로 누군가에게 말을 한다는 것은 옳지 못하다고 되받아쳤다. 그의 반응은 그의 나이와는 맞지 않았다. 그는 당신이 초등학교 운동장에서 들을 수 있는 모욕적인 말들을 지껄인 것이다. "내가 당신의 남편이라면 매일 아침 일어나는 당신의 얼굴을 봐야 했었을 텐데, 안 된 것이 천만 다행이다"(그는 감정적으로도 미성숙할 뿐 아니라 심미적 판단도 빈약한 것이 분명했다). 내 아내는 이런 모욕을 냉정하게 응수함으로써 받아쳤다. "죄송합니다." 그리고 "그것 참

슬프네요."[1]

아내는 이 남자의 분노에 반응하여 화를 냈어야 했었는가? 그리스도인의 생활에서 분노할 곳이 있는가? 주저할 바 없이 같은 시대를 살고 있는 그리스도인들은 "물론이죠."라고 말한다. 그러나 1,500년 전에 살았던 몇몇 기독교 가정의 사람들의 말을 들어 본다면 어떤 일이 벌어질까? 그들은 자신들이 추천하는 그리스도인이 살아가는 방법과 건강을 유지하는 방법에 목표를 두었을까? 그들이 과학적이지 않았기 때문에, 우리는 그들을 순진하고 잘 알지 못하다고 생각하는 것은 아닌가? 신학과 심리학, 양쪽 모두를 알고 있지 못한 전현대인들에게 귀를 기울인다면 무슨 일이 벌어질 것인가?

얼마 전에 정기 간행물 "크리스찬 투데이"(*Christian Today*)에 기독교상담의 현 상황에 대해서 평가하는 기사가 실렸다.[2] 그 기사에는 기독교심리학의 현대적 흐름 중 일부를 상세히 묘사하고 있는 도형이 소개되었다. 대부분 우리는 그 나무 도표 위에 적힌 이름을 잘 알고 있다. 그 줄기에는 내러모어(Narramore), 투르니어(Tournier)와 메닝거(Menninger)의 이름이 적혀 있었다. 분명히 그 저자는 땅위에 있는 나무도형 여러 곳에 누구를 포함시켜야 할지 선택을 했으나, 그의 선택은 당연히 논쟁의 여지가 있다. 그러나 그 뿌리는 기독교심리학이었다. 여기에는 로저스(Rogers), 융(Jung), 프로이드(Freud), 매슬로우(Maslow), 스키너(Skinner)와 사티어(Satir)를 포함한 개척자들이 있었다. 만일 그 도형이 정확하다면, 그것은 유감이다. 왜냐하면 비록 소비자들을 끌어 들이기 위해서 그 과일을 기독교로 위장하더라도, 그 뿌리가 그 과일을 먹을 수 있는지를 결정하기 때문이다. 아마 현대 기독교심리학은 로저스, 프로이드와 스키너로부터 접목되었다. 그러나 그 뿌리는 다른 곳에서 발견되어야 한다.

베네딕트 그뢰첼(Benedict Groeschel), 토마스 오덴(Thomas C. Oden) 그리고 솔로몬 쉼멜(Solomon Schimmel)과 같은 몇몇 외로운 동시대의 목소리를 제외하고는 고대 그리고 중세 초기의 기독교 원전들은 대체로 교회에 의해서 그리고 현대의 기독교심리학자들에 의해서조차 실천신학의 영역에서 무시되어 왔다.[3] 고대와 중세의 자료들을 참고할 때에도, 고대 가르침을 왜곡시키는 현대의 구조를 통해서 가끔씩 걸러진다.[4] 4세기에서 7세기에 걸

제7장 화를 낼 것인가 말 것인가?: 분노에 관하여 현대 심리학은 금욕신학으로부터 무엇을 배울 수 있는가?

쳐서 금욕신학자와 수도사들, 특히 에바그리우스 폰티쿠스(Evagrius Ponticus), 존 캐씨안(John Cassian)과 그레고리 대제(Gregory the Great)는 그 방향에 있어서 그리스도인뿐만 아니라 현대 심리학과도 관련된 심리학을 교회에 도입했다는 것이 나의 주장이다. 금욕 신학자들, 수도사들, 그리고 아퀴나스(Aquinas)주의자들[5]의 주장은 동시대의 심리학의 경험 관찰에 의해 자주 잉태되었다. 나는 분노와 연관 지어 이것을 실증해 보일 것이다.

1. 죄악

분노는 악마가 우리를 유혹한다고 하는 에바그리우스의 여덟 가지 정념의 목록에 올라와 있다. 캐씨안에게 이들 여덟 가지 정념은 죄의 결과로 전 인류적인 경향인, 여덟 가지 허물이 되었다.[6] 캐씨안은 동방 신학자 에바그리우스와 서방의 베네딕트 수도사 사이에 자리하고 있다. 로마교황이 된 첫 베네딕트 수도사인 그레고리는 "일곱 가지 죄악"을 열거하면서, 캐씨안의 목록을 수정하였다. 그는 모든 죄의 뿌리로서 그 범주 안에 자만심을 넣었고, 시기를 추가시키고 나서, 그는 게으름 속에 영적 무기력과 슬픔을 함께 넣었다. 이렇게 해서 오늘날 일곱 가지 죄악의 목록이 만들어지게 된 것이다.[7]

이 모든 죄악들을 치명적이라고 부르는 것이 꼭 올바른 것은 아니다. 아퀴나스의 『신학대전』(Summa)[8]에서 그레고리의 일곱 가지 죄악은 최고의, 주요한 혹은 중대한 죄가 아니고, 그것은 반드시 항상 일어나는 도덕적인 죄라고 분명히 하였다. 일곱 가지 죄악의 하나하나가 죄의 근원이기 때문에 중대한 죄이다. 예를 들어 그레고리는 분노가 싸움, 격앙, 모욕, 아우성, 분개와 비난을 포함하여 죄의 무리를 퍼뜨린다고 가르쳤다.[9] 치명적인 죄든 가벼운 죄든 그것은 하나님의 사랑과 은총에 맞서는 것이다. 분노와 미움 모두는 솟아나는 악과 연관된 것이지만, 분노는 정의의 미덕에 따라 솟아나는 악과 관련된 것이라고 아퀴나스는 말한다. 분노가 미움으로 변하는 것은 과도하게 그리고 스스로를 위해 솟아나는 악과 연관되어 있나. 너무나 미움으로 변한 분노는 오래 지속된다. 사실상 그것은 어느 한 사람이 거꾸로 미움의 대상을 생각하고 사람에게 상처를 준다고 생각하는 것에 의해서, 성향과 습관으로부터 야기된다.[10] 끈질긴 인종주의가 영적으로도 육체적으로도 치명적인 죄와 관련된 분노의 좋은 실례이다.

여덟 가지 정념이 서로 연결되어 있다고 사상가들은 말한다.[11] 예를 들어 캐씨안은 둘을 한 쌍으로 그 악을 분류하였다. 그 치명적인 사고는 우리를 대항하여 짝을 짓는다.[12] 가끔 분노는 부러움의 친구가 되고, 좌절된 탐욕과 욕구에 의해 가끔씩 발생한다. 일상생활에서 이런 악과 죄의 연관성을 에바그리우스와 같은 금욕 신학자들이 특히 지적하고 있다. 그런데 그를 어떤 해석자가 "행동으로 표현되고 영혼 내에서 활동하는 영혼의 격정의 해부학자"[13]라고 불렀다. 에바그리우스는 우리로 하여금 정확하게 우리의 사고의 본성을 분석하고 묘사하고 관찰할 것을 요구한다. 이런 지식은 우리가 그 사고와 함께 행하든 아니면 반대로 행하든 우리에게 유리하게 작동할 것이다. 『프락티코스』(*Praktikos*)에 나오는 몇 구절들은 우리 동시대 사람들이 최근에 와서야 재발견하고 심리분석 문학으로 기록한 통찰들을 포함하고 있다.[14]

그레고리는 에바그리우스의 각주를 따르고 있고, 그가 우울과 탐욕과의 연관을 분석했을 때, 우리 중 한 사람과 같은 의견을 제시하고 있다. "정서 장애자가 내적인 기쁨의 만족을 잃어버렸을 때, 외부로부터 위로의 자원을 찾으려 한다. 그리고 외적인 재물을 소유하려고 더 갈망하면 할수록 뒷걸음쳐서 기쁨을 가질 수 없다."[15] 이런 사고에서 관찰된 연관성은 우리가 분노의 특징을 알아내려 할 때 더 분명해 진다.

분노는 주요한 사고나 치명적인 죄에 있어서 아주 중요하다. 에바그리우스는 "가장 격렬한 격정이 분노"라고 말한다. 그리고 그는 분노가 다른 치명적인 죄 이상의 것이라고 언급하고 있다.[16] 다른 어떤 감정보다도 분노를 품고 있는 환자를 도와주려고 더 많은 시간을 쏟고 있는 상담자로서 쉼멜의 주장이 옳다면,[17] 금욕주의자들은 그 밖의 어떤 것보다 평정을 찾는 데 분노를 더 유해한 것으로 생각하였고 수도승의 주된 유혹을 분노라고 보았다는 것에 우리가 놀라서는 안 된다.[18] 결론적으로 분노를 다룬다는 것이 중요하다는 것이다.

2. 분노의 해체

에바그리우스는 상처를 준 사람이나 상처를 주었다고 생각된 사람에게서 끓어오르고 있고 일어나고 있는 분노를 노여움으로 규정한다.[19] 이런 '끓어오름'이 특히 그 피해자가 기도 중에 마음에 상처를 준 사람이 떠오를 때면, 그 영혼을 끊임없이 화나게 한다.

금욕신학자들은 다양한 분노의 유형들을 나눈다. 그들은 때때로 다른 용어를 사용해 가면서, 서로 다르게 분류하지만, 항상 분명한 특징들을 보여주고 있다. 일부 분노가 말과 행동으로 표출되고 또 속으로 분노하는 반면에, 일부 분노는 빨리 일어났다가 빨리 사라지고 일부는 며칠 동안 지속되기도 한다.[20] 금욕신학자들은 일부 겉으로 표출된 분노가 부당하게 무생물이나 동물에게 겨냥된다는 것을 인식하게 되었다. 이런 것들이 말할 수 없다는 점에서 쉽게 분노의 대상이 될 수 있다. 이 두 가지 경우에서 화내는 사람은 은유적으로 분노의 대상을 이성적인 생물체로 생각한다는 것이다. 끝으로 이들 초기의 심리학자들은 분노가 내부적으로 자신을 겨냥할 수 있다는 것도 알게 되었다.[21]

분노가 여덟 가지 정념이나 일곱 가지 죄악들 사이를 연결하는 요소가 된다는 것이다. 그것들은 잘못된 욕망의 특징들을 일반적으로 지니고 있을 뿐만 아니라, 서로에게 인과관계의 일종으로 맺어 있다는 것이다.

여덟 가지 정념의 목록을 보면, 목록에서 맨 앞에 놓여있는 탐욕으로부터 분노가 자주 일어난다는 것을 보여주고 있다. 세상적인 집착과 물질의 소유에 대한 욕망이 간혹 분노의 뿌리가 된다. 소유하거나 통제하려는 우리의 욕망이 좌절되면(그리고 그런 욕망이 부러움과 허영 또는 자만심에 의해 종종 덧붙여진다), 우리는 화를 내게 된다.[22] 이것보다 더 많은 예들이 있지만, 우리 문화에서 우리는 그 연관성을 쉽게 찾아볼 수 있다. 영화 '파고'(*Fargo*)를 보면 한 남자의 생생한 실례를 볼 수 있다. 그의 인생이 탐욕으로 쌓여서 자신이 고용한 사람들과 자기 아내가 심지어 지저분한 일을 하도록 고용한 살인청부업자에게 까지도 분노를 폭발시킨다. 탐욕으로 야기된 분노가 결국은 장인에 대한 노골적인 살인과 아내와 다수의 사람들의 죽음으로까지 이어진다. "덜 수고한(less deserving)" 직장 동료가 명성을 얻거나, 우리 자신이 그렇게도 바라던 승진을 직장 동료가 할 때, 느끼는 분노나 화가 치미는 것을 생각해 보자. 이런 연관성은 금욕주의자들로 하여금 분노에 대한 하나의 치료책으로서 물질적인 소유물을 경멸하도록 이끌어 주었다.

분노는 당연히 거절(혹은 우울)과 게으름(나태) 같은 것으로 쉽게 옮길 수 있다.23) 일단, 자기 자신의 탐욕스런 목표가 좌절되기 때문에 자신의 삶이 혼란에 빠진다면, 분노는 종종 혼란과 우울로 변하거나 혹은 시도하는 것마저도 포기하려고 한다. 때때로 분노 뒤에 우울증이 뒤따라 온다고 현대 심리학은 말하고 있다.24)

어린 소년일 때 나는 테니스를 배우려는 노력이 약했다는 것을 되돌아 본다. 우리 아버지는 테니스장으로 나를 데리고 가서 가르쳐 주시려고 했다. 비록 나는 윔블던 대회에서 승리하리라는 환상은 없었지만, 게임에 꽤 숙련된 내 친구들만큼은 되고 싶었다. 그러나 참을성 있게 기초훈련을 쌓는 것 없이, 그 기술을 "소유하려고" 하면 할수록, 그 공은 담장을 넘어 가거나 아니면 그물에 걸려 떨어지곤 했다. 그럴 때면 나는 화를 냈다. 내가 할 수 있는 유일한 일은 존 맥켄로(John McEnroe)가 한 것처럼 기괴한 행동을 하는 것이었다. 라켓을 바닥으로 집어 던지고 코트를 돌아다니면서 그리고 나의 제한된 어휘가 허용하는 한도 내에서 말을 내뱉는 것이었다. 마침내 나는 좌절하였고 끝에 포기하고 말았다. 분노가 승리하는 하루였고 일종의 게으름(나태)이 시작된 것이다.

3. 화를 내도 괜찮은 것인가?

현대인들은 캐씨안이 자기 동료 수도승들에게 말한 분노에 대한 첫 번째 치료책은 화를 내지 않기로 결심하는 것이라는 것을 알게 되면 놀랄지도 모르겠다. "법을 지키려고 애쓰고 있는 그리스도인들은 분노의 감정을 철저하게 뿌리 뽑아야 한다." 에베소서 4장 31절 말씀은 "우리에게 꼭 필요하거나 유익한 것으로" 화내지 말 것을 명령한다. 그리고 인내의 미덕을 받아들이라는 것은 "선의로 화를 내지 않는 것이 아니라, 전혀 화내지 말 것"25)을 말

제7장 화를 낼 것인가 말 것인가?: 분노에 관하여 현대 심리학은 금욕신학으로부터 무엇을 배울 수 있는가?

한다.

합법적으로 화를 내는 것이 가능하단 말인가? 캐씨안의 대화 상대자는 말한다. "하나님께서는 악을 행하는 사람들에게 분개하시기 때문에 악을 행하는 형제에게 화를 내도 틀린 것이 아니다"(시 6:1, 106:40). 캐씨안과 그레고리는 우리가 우리의 행동을 합리화시키는 데 성경을 너무나 쉽게 잘못 사용하고 있다고 지적한다(캐씨안은 탐욕에 대한 그의 논문에서 특별히 합리화에 대한 자신의 거절을 잘 표현하고 있다. 서방 그리스도인들이 자신의 탐욕을 미덕으로 합리화시켰던 그 방법을 그는 묵인하지 않았다).[26)] 사실, 캐씨안은 그의 대화 상대자의 말 속에서 인간적인 격정의 오점을 하나님께로 돌리려 하면서, "충격적인 성경해석 방법"을 사용하여 "영혼의 가장 유해한 질병"을 너그럽게 봐주려는 시도를 알아챘다. 이런 신학적 논쟁에서, 캐씨안은 하나님을 주무시기도 하며, 서 계시기도 하며, 인간의 육신의 일부를 소유하고 계시며, 인간적인 격정을 경험하시기도 하는 분으로서 성경이 은유적으로 표현하고 있다고 상기시켜 준다. 우리가 이해하고 있는 하나님의 분노는 "이 세상에서 행해지고 있는 모든 불공평한 일들에 대한 보복이며 심판이라는 것이다." 따라서 우리는 하나님의 심판을 두려워해야 하며, 그분의 의지와 반대하는 어떤 것도 행하는 것을 무서워해야 한다.[27)]

또한 캐씨안은 "분을 내어도 죄를 짓지 말며 해가 지도록 분을 품지 말고"라는 에베소서 4장 26절 말씀에 주의를 기울이고 있다. 그 구절의 문맥 때문에 일부 사람들은 우리가 불신자들이나 비판자들에게만 인내할 책임이 있고, 그리고 그들도 역시 똑같이 인내해야 되지만, 오히려 더 잘 알아야 할 형제들에게는 인내할 책임이 없다는 것으로 믿고 싶어 한다(일부 사람들은 마 5:22의 말씀을 왜곡시켜 같은 것으로 분류하려고 한다).[28)] 이것이 바로 캐씨안이 허락하지 않는 또 다른 합리화이다.

그렇다면 캐씨안에 따르면 분노할 여지가 없다는 말인가? 에베소서 4장 26절 말씀에 우리는 건전한 방식으로 화를 낼 수 있고, 캐씨안도 우리 자신 스스로에게 또한 우리 속에서 일어나고 있는 나쁜 생각들에게 분을 낼 수 있는 것으로 해석하고 있다. 중세의 주석에 비추어서 그는 그 구절을 이렇게 설명하고 있다. "너의 잘못과 기질에 화를 내, 네가 그것들을 묵인하지 않도록 한나면, 성의의 태양이신 예수 그리스도께서 너의 분노 때문에 너의 어두워진 마음속에 강림하실 것이고, 그가 떠나실 때 너는 너의 마음속에서 악에 대한 자리를 내어줄 것이다."[29] 그가 이 주석적인 방법을 쉽게 믿는 경향이 있지만, 그는 일관되어 있다. 캐씨안은 "분노가 우리에게 주어지기 때문에 우리는 사탄과 맞서 싸워야 하고, 모든 즐거움에 대항하여 분투해야 한다"고 주장하는 에바그리우스의 지혜를 따르고 있다. 사실, 에바그리우스는 우리가 유혹 당할 때, 즉시 기도할 것이 아니라 우리를 괴롭히고 있는 것에 대해 화내는 말을 먼저 하라고 권고하고 있다.[30]

에바그리우스의 지혜를 물려받았고 캐씨안의 작품들[31]에서 육성되었던 그레고리는 캐씨안의 에베소서 4장 26절의 해석을 공유하지 않았을 것이다. 다른 사람들이 죄를 지었기 때문에 그들에게 화를 내는 것이 아니라, 우리 자신에게 화를 내야만 한다고 말하는 사람들에 의해서 시편 4편 4절이 잘못 해석되었다고 주장하는 그의 말 속에는 이런 것이 분명해진다. "왜냐면 만일 우리가 우리 자신을 사랑하는 것처럼 우리의 이웃을 사랑할 것을 명령받는다면, 우리는 우리 자신의 악행에 화를 내는 것처럼 그들의 죄짓는 것에 화를 내야 한다." 자신의 지적을 입증하기 위해서 그레고리는 자기 책임 하에 있던 사람들의 악행에 미온적인 반응으로 인해 더 이상 활동을 하지 못했던 엘리 제사장을 인용하고 있다. 엘리는 그들에게 화를 냈어야 했고, 만일 그가 "경솔해서 일어나는 분노"와 "열심이 주는 품성에서 나오는 분노"와 "이성의 통제 아래 유지되는 분노"를 구별했더라면, 그는 그대로 존재했었을런지도 모른다.[32] 분노에 대한 아퀴나스의 모든 혹평은 그레고리의 것을 추종하고 있다. 그것은 부당하게 취급되는 것에 대한 슬픔과 정당한 복수의 대한 기대로부터 잉태된 것이다.[33]

그러나 초기 금욕주의자들이 했던 것보다 훨씬 더 분노의 긍정적인 역할을 아퀴나스가 권고하더라도, 그는 분노의 위험성에 대한 평가를 되풀이 하고 있다. "모든 격정 중에서 분노가 이성적 판단에 대한 가장 분명한 장애다." 그레고리를 인용하면서 아퀴나스는 그 형식적인 요소에 관해서는 식욕운동으로서 분노는 만족스럽다고 인식하고 있다. 그러나 그 물질적인 요소에 관해서는 그 흥분이 즉각적인 행동을 하도록 하는 그 열기를 높이기 때문에, 분노의 뜨거움이 이성의 완벽한 판단을 앞지른다.[34] 에바그리우스는 정의의 이름으로 외부로 향하는 분노의 정당성을 간주하지 않았다. 다른 것들과의 싸움을 끝내기 위해서 유혹과 사탄과 싸우도록 우리에게 주어진 분노조차도 쉽게 세속적인 욕망으로 인해 방향이 뒤바뀐다. 이렇게 해서 "마음에 눈이 멀고 지식으로부터 멀리 동떨어진 채로, 우리의 영혼은 미덕의 반역자가 된다."[35] 아무것도 분노를 정의하지 못한다고 생각한 캐씨안은 그것을 통명스럽게 설명한다. "금 접시든 납 접시든 혹은 당신이 좋아하는 무슨 물질이든 당신의 눈꺼풀을 덮고 있다는 것에는 아무런 차이가 없다. 물질의 가치가 우리의 눈을 멀게 하는 데에는 아무런 차이가 없다."[36]

4. 왜 분노가 건강한 기도 생활을 못하게 하는가?

만일 우리가 분노의 결과에 대한 금욕주의자들의 관심을 이해할 수 있다면, 캐씨안과 같은 어떤 사람이 분노를 배척시킨 주요한 이유에 우리는 도달할 것이다. 더 깊이 이해하기 위해서는 우리는 먼저 수도승의 목표를 고려할 필요가 있다.

금욕신학자들은 영혼의 건강을 '부동심(apatheia)'이라고 불렀다.[37] 비록 초기 수도사들이 스토아 철학자들과 신플라톤주의(Neo-Plantonic) 철학자들에 영향을 받았지만, 그들은 이 스토아 개념을 채택하기보다는 오히려 그 개념에 적응하였다.[38] 부동심이란 단순히 인간의 감정을 제거한다거나 격정을 근절시키는 것이 아니다.[39] 에바그리우스와 캐씨안과 같은 금욕주의자들은 스토아 철학자들로부터, 알렉산드리아 클레멘트(Clement of Alexandria), 그리고 안토니(Anthony)와 같은 이집트 자원들로부터 차용하였고, 그 개념 위에 그들 자신만의 것을 남기였다.[40] 금욕주의자들에게 부동심이란, 우리가 이것을 미덕이라고 부르는 훈련을 통해 개발된 습관적인 상태(금욕) 즉, 격정의 충만한 조화로부터 오는 평화와 기쁨의 지속적인 상태를 말한다. 다양한 훈련을 통해 사람은 자신의 정서적인 능력을 충만하게 소유하게 된 것을 알게 되며, 그래서 혼란스러운 욕망이 억제되고 올바르게 질서가 잡힘을 통해 캐씨안이 '평정(repose)'이라고 부른 것처럼 깊고 고요한 상태를 경험할 수 있게 된다.[41] 에바그리우스에 따르면 자신의 삶에서 부동심이 현존하고 있다는 표식 중의 하나는 격정으로 무질서하게 만들고 흥분시키는 경향이 있는 상황이나 사건들을 기억하고 있으면서도, 동시에 고요하고 평화롭게 유지할 수 있는 자신의 능력이라는 것이다.[42]

이러한 감정적으로 조화된 삶은 항상 사탄의 공격에 개방된 채로 남아 있게 되고, 그래서 정서적인 건강, 즉 부동심은 힘써 유지되어야 만 한다. 물론, 이런 것이 기대가 된다. 좋은 건강은 주어지는 것이 결코 아니라는 것, 그리고 사람은 관심을 가지고 건강을 유지해야 한다는 것이다. 이것은 부동심이 소유될 수도 있고 정도에 따라 잃어버릴 수도 있다는 것을 의미한다. 더군다나 부동심은 각자 개인의 독특한 체질의 한계의 지배를 받는다. 우리가 분노와 생리현상 사이의 관계를 고려할 때, 이것이 간과 되서는 안 된다.[43]

에바그리우스는 부동심의 소산이 아가페라고 가르치고 있다. 자신의 격정의 조화를 유지한다는 것은 사람으로 하여금 다른 사람들과 하나님을 충만히 사랑하도록 만든다. 왜냐하면 부동심을 갖게 되면 분노, 골내는 것, 욕구, 원한, 부러움, 그리고 자기를 주는 사랑(self-giving love)에 걸리는 모든 장애들을 제거할 수 있다. 사랑이 없는 부동심 혼자만으로는 거의 가치가 없다. 에바그리우스는 우리에게 진실한 기도는 단지 불순한 생각의 부재가 아니라는 것을 상기시켜 준다. "가장 순수한 생각을 제외하고는 사람이 어떤 것도 가질 수 없다는 것이 가능하다. 그리고 그것을 숙고하는 것을 흩트려 놓아서, 그는 하나님으로부터 멀리 떨어진 채 남아 있게 된다."[44] 그레고리는 매우 명확하다. 금식을 이야기 하면서, 그는 실제적인 용어를 사용하면서 부동심을 얻는다는 것은 아가페로부터 분리될 수 없다는 것을 설명하고 있다.

> 다른 미덕 때문에 칭찬할 가치가 없다면, 이점에 대해 우리는 얼마나 적은 금욕의 미덕이 고려되고 있다는 것을 생각해야 한다... 금식을 신성시 한다는 것은 그것에-자신이 삼가 한 것을 가난한 자들에게 주는 것과 같은 것-부가된 선한 것을 들어서 육체의 금욕을 보여주는 것이다... 만일 그가 자신이 잠시 동안 자신의 식욕을 거부한 것을 가난한 자들에게 주지 않는다면, 사람의 금식은 하나님께 대한 것이 아니라 자기 자신에 대한 것이다. 그리고 그는 그것을 나중에 자기 배를 위해 따로 떼어 두는 것이다.[45]

제7장 화를 낼 것인가 말 것인가?: 분노에 관하여 현대 심리학은 금욕신학으로부터 무엇을 배울 수 있는가?

부동심으로 이끌어지는 것은 절제나 규율이다. 에바그리우스는 그것을 간결하게 설명하고 있다.

> 아가페는 부동심의 소산이다. 부동심은 금욕의 꽃이다. 금욕은 율법을 지키는 것에 있다. 이 율법을 지킨다는 것은 진정한 믿음의 소산인 하나님을 경외하는 것이다. 믿음은 내적인 선이며 그것은 하나님을 아직 믿지 않는 사람들에게 조차도 발견되는 것이다.[46]

우리는 정의감으로부터 벗어나 때때로 행동한다는 사실에도 불구하고, "분노는 거기서 정의와 연결된다... 그리고 우리 내부의 건강한 평정에 상처를 준다"는 그레고리의 경고의 취지를 이제 우리는 이해하기 시작한다.[47] "영혼을 어둡게 하는" 분노는 성적인 즐거움이 주는 생생한 이미지만큼이나 마음을 더럽힌다. 그래서 기도하는 동안 마음을 빼앗기게 되고, 순수한 기도는 하나님께 올려지지 못한다. 그리고 무감각의 사탄이 기도하고 있는 사람에게 임하게 된다.[48] 그리고 기도는 감명을 주지 않는다. 부정을 적절히 제거하려는 이성의 능력은 그레고리와 아퀴나스가 우리가 화를 내도된다고 허락한 경우에도 방해가 된다. 아퀴나스가 주목한 것처럼, 복수할 때 분노는 이성에 귀를 기울이지 않는다. 우리의 분노가 정당할 때조차, "분노는 이성적인 행동을 요구하지만, 분노는 이성에 방해가 된다는 것을 보여준다"[49]는 것은 역설이다. 분노의 효과를 약화시키는 것과 관련된 이 두 가지를 조사해 보자.

첫째, 우리가 받은 상처에 대해 화를 낸다는 것은 기도를 훼방하고 하나님께로 가까이 다가가지 못하게 한다. 에바그리우스는 자신의 기도장(Chapters on Prayer)에서 이것을 반복하고 있다.[50] 만일 이것이 사실이라면, 그렇다면 우리가 고난을 당하거나 혹은 우리 때문에 다른 사람이 고난을 당하고 있으면서, 각처에서(딤전 2:8; 바울의 분노에 대한 언급을 주목하라) 그리고 쉬지 말고 기도하라(살전 5:17)는 하나님의 명령에 어떻게 순종할 것인가에 캐씨안은 궁금해 하고 있다.[51] 그런 경우에 우리는 확실히 마태복음 5장 23 24절에 순종할 수 없다. 분노는 위험스러운 것이며 잘못된 것이라고 캐씨안은 믿고 있다. 비록 그 어떤 경우에도 우리가 기도 할 수 없다

하더라도, 어떻게 우리가 스스로에게 혹은 다른 사람에게 인내할 수 있을까에 대해서 그는 의문을 품고 있다. 비록 우리의 형제나 자매가 무언가를 품고 있을 지라도, 우리에게는 아무리 하찮게 보이지만, 하나님께서는 우리의 기도의 선물을 자신에게 하도록 허락하지 않으셨다. 다른 사람들이 우리에게 어떤 옳은 일이나 그릇된 일을 한다고 우리가 생각하고 있다. 결국, "만일 너의 형제가 불평에 대해 진정한 근거가 있는지"[52] 예수 그리스도께서는 말씀하지 않으셨다. 캐씨안에 있어서 넘어설 수 없는 선은 우리가 분노할 때 단지 기도해서는 안 된다는 것이다.[53]

나는 경험을 통해 이것을 알게 되었다. 아마도 시편 기자의 영적 성숙은 자신의 기도 생활이 분노에 의해 영향받지 않았다는 것이다. 그러나 우리가 성령이 거하시는 성전이라는 것을 의식하는 동안에, 저주시를 기도한다는 것은 영적인 미숙 상태에 있는 우리에게는 거의 불가능하다. 일단 내가 남쪽 다코타(South Dakota)에 있는 블루 클라우드 대성당(Blue Cloud Abbey) 안에 있는 성가대에 있을 때, 연이어 저주시가 떠오른다. 그의 적군의 아이들의 머리가 바위에 내동댕이쳐지는 시편 기자의 바람을 단음조로 암송했던 아주 이상한 경험을 했다. 더욱더 이상한 것은 내가 그 시를 암송하면서 나는 내 뒤에서 그리고 내 오른 쪽과 왼쪽에서 그들의 소리를 들었기 때문이다. 우리가 암송을 마치고 나서, 턱수염이 긴 수도승인, 진(Gene) 형제가 나에게 다가 왔다. "성가대에서 이런 시편을 기도하는 것이 당신을 괴롭히지는 않습니까?" 라고 그가 물었다. 나는 그렇다고 대답했다. "나도 그렇습니다. 그래서 나는 불공평하게 취급받고 있고 그렇게 느끼고 있는 오늘날 세상의 모든 사람들을 기억하며 그들을 위해 기도합니다"라고 그는 대답했다. 진은 기도를 계속하기 위해서 시편에 표현된 분노와 자신을 떼어 놓아야만 했다.

둘째, 분노는 인식 혹은 판단에 영향을 주며 우리로 하여금 좋은 조언을 하지 못하도록 막는다. 인식이란 베네딕트 규율, 특히 수도원 생활을 하는 것에 있어서 수도승 삶의 중요한 단면이다. 캐씨안은 분노가 가져오는 망각에 대해서 의심의 여지를 주지 않는다. "우리는 올바른 판단과 인식을 할 수도 없고, 정직한 시야에서 오는 또는 성숙한 권고에서 오는 통찰력도 가질 수 없고, 우리는 인생의 참가자도 혹은 정당성을 보유할 수도 없으며 또

제7장 화를 낼 것인가 말 것인가?: 분노에 관하여 현대 심리학은 금욕신학으로부터 무엇을 배울 수 있는가?

는 영적이고 진실한 빛에 대한 능력도 소유할 수 없다."[54] 캐씨안의 견해가 극단적이라고 하는 문화 속에서, 비록 우리가 가장 현명하고 가장 신중하고 식견이 있다고 여겨질 지라도, 우리는 선한 판단으로부터 고립되어 있다고 그는 주장한다.

분노에 대한 신학적인 관심을 연결시켜 가면서, 덜 귀에 거슬리는 그레고리조차도 분노로 인하여 인식에 중요한 손상을 입었음에 주의를 기울이고 있다. "우리는 다른 어떤 문제보다도 우리가 온화함 속에서 마음의 격렬한 움직임을 억제시키는 만큼 우리의 창조자를 닮아가도록 시도하고 있다는 것을 알아야 한다. 마음의 평화가 분노로 인해 몰아치고 찢기고 갈라지기 때문에, 말하자면, 혼란에 빠지기 때문에 그래서 그 자체에 조화를 이룰 수 없고, 내적으로 하나님을 닮아지려는 힘을 잃게 된다."[55] 분노는 지혜를 제거하고 우리를 무엇을 해야 할 일을 모르게 만든다. 그리고 비록 우리가 무슨 일을 하며 선한 판단을 내릴 수 있을지라도, 마음은 여전히 혼란스러워서 행동을 실천에 옮길 수 없다고 그레고리는 주장한다.[56]

그래서 사랑의 미덕으로 잉태된 분노일지라도, 분노는 평정의 상태에서 (캐씨안이 선호하는 문구를 사용하여, "마음의 순수" 상태에서) 이루어지는 초월적인 대상을 볼 수 있는 눈을 어둡게 한다고 그레고리는 주장한다. 왜냐하면 마음이 불안하고 요동치기 때문이다. 그러나 캐씨안과는 달리 그레고리는 마치 눈병 걸린 눈에 바르는 안약처럼 일시적으로 눈이 시각을 회복하기에 앞서 시각을 흐리게 하는 것처럼, 정의와 결합된 단순한 분노는 사람에게 더 많은 초월적인 것을 볼 수 있게 한다고 주장한다.[57] 그레고리가 나중에 인정한 것처럼, 문제는 정의에 대한 갈망 때문에 "격렬한 분노"를 혼란스럽게 하는 것은 아주 쉽다는 것이다. 그래서 사람은 즉시 잘못을 처벌함으로써 범죄를 교정하는 일에 죄짓는 것으로 끝날 수 있다. 교정하는 것 대신에 사람을 압박한다. 잘못을 수정하는 데 이성이 고용주가 되는 것이 아니라 분노가 고용인이 되어야 한다. 그렇다면 왜 일부 사람들은 자신의 분노를 과장되게 표현하는가? 여기서 그레고리는 분별력에 대한 분노의 효과에 관한 금욕주의자들의 관심에 대한 근본적인 동기로 되돌아간다. 끝으로, 사람은 한 가지 일에 초점이 맞춰졌기 때문이 아니라, 많은 일들(일시적으로, 분노의 대상을 포함하여)에 초점이 맞춰졌기 때문에 명확하게 볼 수 없는 것이다. 창조주 한 분 만을 사랑하는 것으로 만족하는 것 대신에, 우리는 많은 것들을 바라고, 우리는 일시적인 관심을 포함하여 셀 수 없이 많은 생각들로 분산되어 있다.[58]

5. 화내지도 말고 억압하지도 말라.

캐씨안은 금욕신학자들의 관심을 간결하게 요약해 주고 있다. "비록 그것이 겉으로 드러난 분노를 지니고 있는 채 방관하고 있는 사람에게 상처를 주지 않을지라도, 마음속에서 키워진 분노는 성령의 빛나는 광채를 배제시킨다."[59] 그들이 정의를 위해서 분노를 참아내든 아니든 간에, 금욕주의자들은 화를 내거나 그것을 억압하지 말 것을 권고한다. 먼저 화를 내지 말고 그런 다음에 분노를 적당한 방법으로 다루라고 권고하는 우리와 같은 현대인들에게 이런 통찰력을 잃어버려서는 안 된다. 왜냐하면 화를 내지도 말고 분노를 억압하지도 말라는 것이 물리적으로 정서적으로 그리고 영적으로 건강할 수 있는 방법인 것을 의료 연구자들과 심리학자들이 "찾아냈기" 때문이다.

캐롤 타브리스(Carol Tavris)는 다윈(Darwin, 인간의 분노는 동물적인 분노의 또 다른 면이라고 가르침)의 유산과 프로이드(프로이드의 추종자들은 정화〈catharsis〉를 요구하는 수압 모델을 사용)의 유산을 조사하고 있다. 이들 학자들은 우리는 분노를 통제할 수도 있고 통제해야 한다는 믿음을 떠나서, 우리는 그것을 통제할 수 없고 이제는 우리가 그것을 통제해서도 안 된다는 믿음을 이끌어 냈다.[60] 타브리스(Tavris)는 판단과 선택이 인간의 분노에 대한 검증이라는 초기 기독교심리학자와 의견을 같이 하는 것 같다. 그러나 일부 임상심리학자들과 정신의학자들 사이에서 조차도, 현대 대중적인 생각은 분노는 표출되어야 한다는 것이다.[61]

하지만 비록 일부 연구자들이 이들 이론을 지지하여 지금도 주장하고 있지만, 1956년에 페쉬바크(Feshbach)의 연구로 시작되었고, 1961년에 발표된 호캔슨(Hokanson)에 의해서 매우 중요한 연구로 공격-좌절-정화 이론이 입증되었다. 1966년에 말릭(Mallick)과 맥 앤드리스(MacAndless)의해

제7장 화를 낼 것인가 말 것인가?: 분노에 관하여 현대 심리학은 금욕신학으로부터 무엇을 배울 수 있는가?

발표된 결정적인 연구는 좌절이 증대된 공격 감정으로 이어질 때, 뒤이은 공격적인 행동이 그 공격성을 줄이지 못하고, 정화작용도 없고, 그리고 특히 보복적인 언어로 공격할 경우에는, 실제로 공격성을 증가시킨다는 것을 입증하였다. 놀랍게도 말릭과 맥 앤드리스는 문화적 환경을 벗어나서도, 조절에 대한 공격적 행동에는 중대한 성별의 차이가 없다는 것을 또한 입증하였다.[62]

이들 연구가 이제서야 증명해 낸 것을 초기 기독교심리학자 에바그리우스가 이미 밝혀냈다는 것을 알게 된다면 일부 사람들은 놀랄 것이다. "분노와 미움은 화를 증가시킨다. 그러나 분노가 현존해 있을 때에도 자선과 온순함이 그분노를 누그러뜨린다."[63] 우리는 차후에 에바그리우스가 추천해 주는 분노를 다루는 대체물을 다루게 될 것이지만, 금욕신학자들은 화내는 것을 찬성하지 않았다는 것을 알아 두는 것이 중요하다(비록 수도원을 위해서 이불솜 산업이 수지맞는 오두막 산업을 일으켰을지도 모르지만). 사실 그레고리는 화를 폭발시키는 것이 미덕이라는 우리의 현대적인 경향을 재빨리 간파하였다. 그가 말하기를, "분노란 늘 다스려진 마음을 찝쩍대는 것이다. 말할 때 마치 분노는 이유를 들어서 말한다. 당신에게 일어난 일들을 참을 수 있는 것은 아니다. 오히려 그것을 참는다는 것이 범죄다. 왜냐하면 만일 당신이 큰 분노로 인해 화를 참을 수 없게 된다면, 그 화는 나중에 과도하게 당신에게 축적되기 때문이다."[64] 사실 고속도로 위에서 우리의 인내력은 가장 나쁘게는 악행으로, 기껏해야 순진한 반응(속는 것을 두려워하고, 우리 마음대로 하는)으로 변했던 것이다.

금욕신학자들은 억제하는 것도 봐주지 않았다. 그레고리는 손과 혀를 사용하여 격분을 표현하는 화난 사람에 대해서가 아니라 "내적으로 더 강하게 불사르는" 분노에 대해서 기술한 것이다.[65] 생생한 언어로 캐씨안은 자신들의 분노를 공개적으로 보여 주지도 못하고 보여 줄 수도 없는 사람들을 묘사해 주고 있다. "그들은 자신들을 손상시킬 정도까지 분노의 독을 쏟아내며, 또 은밀하게 그것을 자신의 마음속에 품고 있으면서, 마음속으로 자신의 골난 성질을 쫓아내지 않으며 세월이 흐를수록 그것을 삭이고 있고, 어느 정도 잠시 동안 누그러뜨리며 자신들 속에 고요히 그것을 키우고 있다." 화가 완전히 폭발되면, 일부 사람들은 자신들이 회낸 것에 매우 만족해 한다. 그래서 복수의 최적의 기회를 희망하며 자신들의 감정을 유지시켜가면서, 그들은 적당한 때까지 화를 표출시킨다.[66]

그들이 결국에 가서는 복수의 분노를 폭발시키든 아니든, 자신의 분노를 억압하고 있는 사람들은 그 사이에 캐씨안과 그레고리가 위장된 인내와 악의가 찬 침묵이라고 불렀던 것과의 관계가 파괴될 수 있다.[67] 바로 이런 것이 재빨리 분노를 표출시키는 것보다 분노의 대상과의 관계에 더 큰 손상을 줄지도 모른다. 그레고리는 "엄격한 침묵"이 십까지 세는 것과 같은 내적인 훈련의 일부가 될 수 있다고 인정하였다. 하지만 "몹시 화난 마음은 정반대의 감정을 버리고" 분노가 미움으로 전환되는 것을 그는 가끔씩 목격했다. 화를 내는 사람은 "고요 속에 더 큰 저항과 갇힌 분노의 불꽃이 그 마음을 더 심하게 괴롭히고 있음"을 알고 있다. 이것은 분노가 자신의 마음으로부터 제거되는 것을 방해하며 동시에 다른 쪽에서 분노를 키우고 있는 것이다. 캐씨안은 분노를 억압하고 있는 사람들은 자신들이 인내하고 있다고 가끔씩 상상하고 있다고 말한다. 그들은 누가 갈등을 일으켰든지 간에 하나님께서는 그 갈등의 해결에 관심이 있으시므로, 그들은 분노를 겉으로 표출시키려는 것을 억압하는 것을 하나님의 명령을 준행하는 것으로 잘못 이해하고 있다.[68]

이런 종류의 억압은 위장된 인내(유대의 거짓 키스의 예의를 따라)를 가진다는 것은 분노의 대상을 거짓으로 속이는 것이고 기도받으실 하나님을 모독하는 것이다. 예를 들어 분노가 자신을 포식하도록 내어주면서, 분노 때문에 하게 된 2일 간의 금식을 통해 신성모독을 할 때, 사람은 하나님을 모독하는 것이고, 그래서 실제로 사람의 제사와 기도는 귀신들에게 드려지는 것이다(신 32:17). 사람들은 이런 식으로 분노를 억압할지 모른다. 왜냐하면 그들은 다른 쪽의 뺨(마 5:39)을 돌려 대라는 예수 그리스도의 명령을 남용하거나 잘못 이해하고 있기 때문이다. 그들은 그 구절의 의도를, 즉 우리는 보복과 다툼을 회피해야 할 뿐만 아니라 화내는 사람을 단순히 피하기보다는 오히려 그의 분노를 완화시켜야 한다는 것을 놓치고 있는 것 같다.[69] 확실히 대부분의 결혼한 사람들은 "아무 말 없이 또는 꾸짖는 행동과 몸짓으로" 배우자를 대할 때, 자신을 미덕의 전형이라고 생각한다고 하는 캐씨안의 설명을 인정한다.[70] 화를 겉으로 표현하려는 것을 억제시키는 것이 오

제7장 화를 낼 것인가 말 것인가?: 분노에 관하여 현대 심리학은 금욕신학으로부터 무엇을 배울 수 있는가?

히려 문제를 악화시킨다는 것을 그들이 인지할 때, 그레고리와 캐씨안의 말이 옳다는 것이다.

인내의 미덕이 부족하지만 분노를 억제하는 사람에 대한 설명이 마치 순결을 대하는 성욕의 절제라는 캐씨안의 설명과 같다. 분노를 다루는 것이 순수한 억제 그 이상인 것처럼, 후자가 섹스로부터 오는 순수한 절제 그 이상보다 훨씬 더 관련되어 있다. 그러나 욕망을 다루는 것과 분노를 다루는 것의 차이점은 순결의 부재 속에서 조차 성욕의 절제는 권고할 만한 반면에, 축적된 분노의 억제는 이득이 안 된다는 것이다. 현대인들은 억압된 성적 표현이 우리를 해롭게도 하지만, 억압되고 축적된 분노가 더욱 우리를 해롭게 한다고 잘못 생각한다. 비록 사람을 직접 겨냥하지 않은 억압된 분노를 가지고 있음에도 불구하고, 우리는 인내의 미덕을 가지고 있지 않다는 것을 캐씨안은 지적하고 있다. "지속적인 평온의 상태나 혹은 잘못으로부터 벗어난 자유의 상태를 허락하지 않은 채, 우리는 지속적인 격정의 감정으로 인해 말 없고 하찮은 일에 소모될 것이다."[71] 확실히 이것은 억제된 분노 그 자체가 때때로 다른 방식으로 드러나고 있다는 현대의 관찰 속에서 드러나고 있다.

만일 금욕심리학자들이 우리가 화를 내지도 못하게 하거나, 또 화를 다루기 위해서 그것을 억압하지도 말라고 하면, 무엇이 남아 있겠는가? 만일 분노가 기도에 해롭고 통찰력을 유지하기에도 해롭다면, 그리고 그 둘 다 우리의 건강에 필요하다면, 어떻게 우리는 분노를 다루며 혹은 금욕정신으로 어떻게 다루며, 어떻게 그것을 우리 자신에서서 제거할 것인가?

6. 분노 치유: 공동체에서 평화와 겸손을 고양시키기

분노에 대한 제1의 해독제는 인내의 미덕, 즉 분노의 해악에 대한 반대인 미덕을 고양시키는 것이다(치명적인 죄나 주요한 허물 각자 그에 상응하는 미덕을 지니고 있음). 캐씨안과 베네딕트 규율이 분명히 한 것처럼, 겸손은 인내와 별도로 종종 언급된다. 그리고 그 눌은 건강한 영적 생활을 강조하는 근본적인 성질의 것이다. 분노할 때, 분노를 발사시키기 위해서 인내는 가슴으로 넓힐 것을 말한다.

그레고리는 분노에 대신하여 또 다른 것으로 말 없는 반응, 즉 비생산적인 것이 아닌 내적인 규율의 일종인 억제를 언급한다. 다른 사람에 의해서 약간 침해받은 사람은 전적인 침묵으로 자신을 지키기 위해서는 "자신의 가슴의 깊이"와 자신의 입술을 움직이지 않도록 해야 한다고 가르칠 때, 캐씨안은 같은 것을 언급하고 있는 것 같다. 캐씨안은 시편 39편 1-2절과 시편 77편 4절에 호소하고 있다. "그리고 그는 자기의 현재 상태에 대한 어떤 주의도 기울이지 말아야 한다. 또 자신의 격렬한 분노가 가져오는 것에 대해서도 화를 내서도 안 되고, 그 순간에 자신의 격앙된 마음을 표현해서도 안 된다. 하지만 과거의 사랑의 은총에 머물러야 하거나 혹은 자신의 마음속에 평화의 회복과 새로움을 기대하고 그리고 격노의 순간에 조차도 마치 지금 다시 되돌아 온 것처럼, 그것을 명상해야 한다."[72]

그런데 이런 침묵은 더 이상 압박받지 않을 때까지 마음을 졸이도록 하는 일종의 건강치 못한 억압도 아니고, 또한 다른 쪽을 공격하는 일종의 침묵도 아니다. 영적이고 감정적인 평정을 불안정하도록 위협하는 혼란을 안정시키기 위해서 이런 침묵은 훈련된 기억과 강한 희망을 요구한다. 그러나 이것은 인내의 배양을 말한 캐씨안이 어떤 사람인지를 알게 한다.

우정에 대한 주제 토론 끝에, 캐씨안은 어떻게 분노가 훈련되어야 하는지를 지적하고 있다. 그는 인내, 긴 고통과 용기가 성취하는 것을 은유적으로 설명하고 있다. 중세의 해석학을 빌어, 로마서 12장 19절(특히 "그러나 하나님의 진노하심에 맡기라"는 구절)을 인용하여 우리의 인내력이 마음을 "넓혀 준다", 그래서 "더러운 분노의 연기"를 받아들이고, 흩뜨리고, 제거시켜 버릴 수 있는 "안전한 분별의 휴식을 가지게 된다"고 그는 주장하고 있다. 잠언 12장 16절의 권고를 따라, 캐씨안은 영원히 분노를 제거하기 위해 당장 분노를 덮어 없애라고 권고하고 있다.

> 분노는 본질상 마음을 느슨하게 할 때, 시들해지고 사라져 버리지만, 그러나 만일 그것은 공개적으로 드러내놓으면, 그것은 더욱더 불타게 되는 그런 것이다. 그렇다면 그 열기는 확대되어야 하고 널리 공개되어야 한다. 만일 그것이 겁이라는 비좁은 해협에 묶이지 않고, 또 분노의 끓어 오르는 파도로 충만하다

제7장 화를 낼 것인가 말 것인가?: 분노에 관하여 현대 심리학은 금욕신학으로부터 무엇을 배울 수 있는가?

면, 우리의 좁은 마음속에 하나님의 "매우 광대한" 명령이라고 선지자가 부르는 것을 받아들일 수 없게 된다.[73]

억압된 분노는 비좁고 압력이 증가된 파이프를 통과하는 물과 같지만, 넓은 마음속에서 발산된 분노는 압력과 흐름이 감소된 확대된 파이프를 통과하는 물과 같다. 예를 들면, 하나님께서 참으시고 용서해주심을 기억하는 것 또는 미래에 있을 화해를 상상함에 의해서 우리의 마음이 넓어졌을 때, 폭발하려고 하는 분노가 흩어지는 것이라고 캐씨안은 주장하고 있는 것이다.

다시 말하면, 의도적으로 집중된 정신적인 훈련을 동반한 일시적인 분노의 억압은 또 다른 사람을 향한 우리의 분노를 누그러뜨릴지 모른다. 이것이 바로, 예를 들면, 확실히 일부 심리적 처방은 격정의 순간에, 즉 열기가 확대될 때 자아가 공감적 반응을 연습해야 한다는 권고를 오늘날 수반하는 것이다. 몇몇 심리학계에서 이런 기술이 '인식적 재평가'로서 혹은 사건을 재해석하는 '재구성'으로서 언급된다. 예를 들어 "그가 무모한 운전자이기 때문에 혹은 그가 지방 라디오 방송국 대회에서 여섯 번째로 전화건 사람이라서 카폰으로 통화 중이기 때문에, 그가 의도적으로 나를 교통 체증 때 가로막은 것은 아니다. 아마도 단지 그가 교통 뉴스를 전해 들었고 이제는 서둘러 상황에 주의를 기울이고 있는 것이다"라고 나는 말할지 모른다. 화내는 것을 늦추고 전형적인 화풀이 말("저런 멍청이!")을 회피하는 것으로, 내가 얼마나 많이 고속도로에서 "멍청이"가 되었으며 다른 사람의 분노의 대상 혹은 용서의 대상이 되었는지 깨달으면서, 나는 내 마음을 확대시키고 더 넓힐 수 있다. 사실, 말릭과 맥 앤드리스의 연구는 다음과 같이 결론내리고 있다. "좌절자의 행동에 대한 합리적인 해석이 그를 향한 행동 공격과 언어 공격 사이를 감소시키는 데 굉장히 효과적이다."[74] 신중함과 분별함이 다시 한 번 요구된다.

점검 선(checkout line)에 있는 화난 사람의 의도를 이해하려는 내 아내의 시도는 그 사건을 재해석하려는 노력이었다. 만일 거지를 대하는 그의 태도에 실명을 해 줄 이 남자의 삶에 나쁜 상황들이 있었더라면, 아마도 아내는 자신에게 묻기 위해 좀더 오래 멈춰 설 수 있었을 것이다. 하지만 최소한 그 상황을 재해석하려는 아내의 잠시 동안의 생각과 시도는 아내의 뒤이은 언어폭력을 줄이는 효과가 있었다. 그 외에도 아내는 나보다는 더 많은 인내의 축복을 받고 있다.

이런 인내라는 것은 우리가 "30후에 라든지 우리의 돈을 되돌려 주는" 것까지 발전될 수 있는 그런 것은 아니다. 수도원의 전통에서 모든 미덕의 배양처럼, 인내를 배양시킨다는 것은 마음이 같은 사람들 틈에 끼어서 오랜 시간에 걸친 훈련을 요한다. 8죄악 모두에는 각각 거기에 맞는 치료책이 있다. 나태할 때에는 독방에 들어가 영적인 독서와 기도를 해야 한다고 금욕주의자들은 가르쳤다. 욕망이 일어날 경우에는 욕망의 대상으로부터 벗어나야 했다. 그러나 캐씨안에 따르면 분노의 경우에는, 홀로 있는 것과 시편을 노래함으로 그분노의 감정을 개선할 것을 묵상하며, 화풀이 대상이 된 사람들 떠나서는 안 된다는 것이다. 비록 홀로 있음으로 쓰디쓴 생각을 누그러뜨린다고 생각할지 모르지만, 사실 우리는 치유하고 겸손을 보여주고 혹은 "시기적절한 유감의 표현"[75]을 할 수 있는 예수의 명령(마 5:22-24)에 복종할 기회를 잃어버리게 된다.

수도승이 위험을 무릅쓰고 광야로 가기 전에, 그는 세노비움(*ceonobium*, 수도원 공동체)에서 훈련받아야 한다고 캐씨안은 주장했다.

> 오직 모든 허물로부터 완벽하고 순수한 사람만이 광야를 찾아야 한다. 그리고 그런 사람들이 형제단 회의에서 그들의 모든 허물들이 철저히 조사받았을 때만, 그들은 겁먹어서 도주하는 목적이 아니라, 온전한 사람들에 의해 거룩한 명상과 홀로 있음으로 얻을 수 있는 천국의 것들을 통찰해 보려는 소망을 목적으로 광야로 가야만 했다.[76]

단지 홀로 떨어져 있다는 것은 고치지 못할 허물을 키워주는 것이다. 우리가 혼자 떨어져 있을 때, 우리는 자신에게 인내할 것과 겸손할 것과 사랑할 것을 호소한다. 그러나 다른 사람들과 접촉하고 우리의 훈련되지 않은 본성을 보여 줄 기회가 오면, 우리는 그 본성으로 빨리 되돌아간다. 인내, 겸손 그리고 사랑과 같은 것들은 공동체 내에서 훈련으로 개발될 수 있을 뿐이다. 공동체에 대한 관심과 존경을 벗어나 훈련받지 못한 사람들이 보여

제7장 화를 낼 것인가 말 것인가?: 분노에 관하여 현대 심리학은 금욕신학으로부터 무엇을 배울 수 있는가?

주는 인내의 그림자와 겉치레는 나태함과 부주의를 통해서 상실된다고 캐씨안은 내다보았다.[77]

화난 사람들이 홀로 있음으로 해서 놓칠 수 있는 인내와 겸손을 고양시키는 데 가장 중요한 요소 중의 하나는 연장자들의 충고와 마음이 통한 사람들의 "일반적인 동의"이다. 두 친구든 성경으로 무장된 친구들에게조차 좋게 들리는 것은 성경의 잘못된 판단과 남용의 경우처럼 공동체에게도 그렇게 들릴 것이다. 확실히 특별계시가 기독교심리학의 자원이자 기준에 틀림없지만, 우리는 성경을 이해하고 적용하기 위해서 우리의 전통과 연장자들로부터 오는 충고와 권고를 또한 필요로 한다.

다른 사람들의 충고는 순종을 강조하는 경우처럼 수도원 영성에서 가장 중요한 요소이다. 캐씨안의 조언은 공동체의 충고보다 더 우리의 판단을 신뢰하지 말라는 것이다. 만일 우리가 그의 조언을 받아들인다면, 우리는 자아 기만을 피하고 우리의 사고를 혼란시키고 불분명하게 하는 사단의 시도를 막을 것이다(고후 11:14). 우리는 지도자로서 인정되어왔고 많은 경험을 한 사람들의 혜안에 우리의 생각들을 굴복시키고 "겸손하고 온화한 마음으로" 충고를 받아들여야 한다. 빌립보서 2장 1-3절의 말씀아래 우리가 행해야 할 것과 "진정한 분별은 우리 자신의 판단에 의해 얻어지기보다는 오히려 다른 사람들의 판단에서 얻어진다는 것"이라고 캐씨안은 제안하고 있다. 이 성경말씀은 가장 예리하고 학식이 있는 자들에게도 적용되어야 한다고 주장한다. 왜냐하면 "그가 아무리 학식이 있다고 할지라도, 다른 사람과 의논을 할 수 없다고 하는 공허 속에 빠진 자신을 설득해야만 하기 때문이다."[78] 다시 한 번 우리는 여덟 가지 정념 혹은 일곱 가지 죄악 사이에 상호 연관이 있음을 알 수 있다. 만일 마음이 같은 친구들의 공동체에서 인내와 겸손을 배양시키지 못한다면, 탐욕, 나태, 허영과 자만은 우리를 파멸시킬 것이다. 그리고 분노는 그와 같은 우정을 방해한다. 그것이 금욕주의자들이 미덕의 반역자라고 언급했던 이유이다.[79]

왜 캐씨안이 다른 사람들을 비난하기보다는 우리 자신의 분노에 대해 책임질 것을 명하는지 이제는 분명해 져야 한다. 다른 사람들의 분노에 대해 그들을 비난하는 사람들은 자발적으로든지 비자발적으로든지 자신을 홀로 떨어져 있게 하는 것이다. 우리의 분노 때문에 다른 사람들을 비난하는 것은 어려운 일이며 분노를 극복하는 데 도움을 얻고자 그들을 찾아내는 것도 어려운 일이다. 성마름 때문에 다른 사람들을 비난하는 것으로, 또한 어느 누구도 우리로부터 화를 불러낼 수 없게끔 떨어트려 둔다고 해서 우리가 개선될 수 있는 것은 아니다. 캐씨안은 현명하게 다음과 같이 말한다.

> 그렇다면 마음의 평화와 개선의 가장 중요한 부분은 다른 사람의 의지를 기대하는 것으로 되어서는 안 되며, 그 의지는 우리의 권위에 아마도 종속될 수는 없는 것이다. 그러나 그것은 오히려 우리 자신의 통제에 놓여 있다. 그래서 우리가 화나 있지 않다는 사실은 다른 사람의 완벽함으로부터 오는 것이 아니며, 그 밖의 누군가의 인내에 의해서가 아니라 우리 자신의 오랜 고통으로 획득된 우리 자신의 미덕으로부터 와야 한다.[80]

캐씨안은 다른 사람들의 분노와 허물 때문에 그들을 비난하고 미덕이 없는 사람들을 신체적인 우울증을 겪고 있으면서 허약한 위장과 허약한 건강 때문에 요리와 종업원을 비난하는 사람들을 이렇게 비유하고 있다. "그들 자신의 건강에 문제가 있다는 것을 알고 있지 못하기 때문에, 그들은 자신들의 배탈을 건강한 사람들 탓으로 돌린다."[81]

그렇다면 무엇이 우리의 분노에 대한 책임을 스스로 지도록 도와 줄 수 있단 말인가? 캐씨안과 그레고리는 다음과 같이 조언하고 있다.

7. 훈련, 준비와 교훈

우리는 분노와 관련된 죄를 막을 소극적 훈련과 같은 그러한 어떤 연습을 통해 우리의 분노를 다룰 수가 있다. 캐씨안은 물질적인 혹은 세속적인 소유를 멸시하라고 권고하고 있다. 그런 멸시는 우리로 하여금 종종 분노로 이어지는 탐욕을 지니지 못하도록 도움을 줄지 모른다.[82] 고속도로에서 "자신만의 공간"을 차지하고 있는 오토바이꾼들에 대한 분노를 다루는 방법은 처음부터 아예 "어떤 고속도로도 정말로 나를 위한 공간이 아니다."라는 것을 되새기는 것이라고 어느 이웃사람이 나에게 말을 했다. 고속도로에서 그

제7장 화를 낼 것인가 말 것인가?: 분노에 관하여 현대 심리학은 금욕신학으로부터 무엇을 배울 수 있는가?

의 탐욕스러운 태도를 제거함으로써, 폴은 도로에서 분노를 제거할 수가 있었다. 그레고리는 자만과 허영을 대항하는 데 필요한 겸손을 불러일으켜 주는 또 다른 소극적인 연습을 권고하고 있다. 이웃사람들의 견해보다 우리 자신의 견해를 더 선호하는 지혜롭고 경험이 풍부한 사람이 될 수 있다는 생각을 거부해야 한다. 마찬가지로, 위법한 것에 대해서 다른 사람들이 화낼 유혹을 받을 때, 우리 자신이 위법했던 것을 상기해야 한다.[83]

우리 아들이 미리 예상치 못하고 호수에서 안경을 잃어버렸을 때, 고등학교 다닐 때 두 번씩이나 진흙탕 속에서 안경을 잃어버렸던 기억을 하지 못하고 화를 냈던 것이다. 아들이 경험이 미숙한 운전자라서 주차 공간에 주차시키면서 다른 차에 흠집을 냈을 때, 차고 앞 도로에서 아버지의 임팔라 차에다가 어머니의 소형차를 후진시키다 박았던 때를 기억하지 못하고 화를 냈던 것이다.

에바그리우스는 일부 적극적인 연습을 권하고 있다. 그것은 악에 대한 정 반대의 행동으로 악을 대항하는 금욕주의자들의 일반적인 방법을 포함한다. "분노는 시편을 노래하고, 인내와 자선을 배풂으로 누그러진다"고 에바그리우스는 인지하였다. "선물은 분노의 불꽃을 멸한다"는 것을 가리키면서 나중에 자선의 처방을 그는 다시 한 번 되풀이하고 있다.[84] 즐거운 마음으로 선물을 줄 때나 찬양의 시편을 노래할 때 화를 내고 있다는 것은 사실 어렵다.

그레고리는 마음에 분노를 느슨하게 하는 방법을 추천해 주고 있다. 그것은 선제공격을 담고 있고 미리 준비하는 것이다. 부닥칠 모욕을 예상하고 동시에 마음속에 예수 그리스도를 간직하는 것이다. "초기에 미리 주의하며 임박한 악을 예견한, 말하자면 잠복해서 주목하고 있다가 그는 상대의 공격을 기다리는 것이다. 그리고 그가 전혀 모르는 사이에 잡힐 것이라고 기대하는 바로 그 사이에 승리의 강력한 힘으로 자신을 무장시킨다."[85]

분노의 공격을 예상하기 위해서는 자아 인식, 과거 경험에 대한 조명과 분노가 일어나지 못하도록 막는 일련의 행동을 계획할 필요가 있다. 간단히 말하자면, 이것이 심리학자 로이 노바코(Roy Novaco)가 추천하는 분노 관리의 첫 단계이다. 각자는 사람, 상황, 선동가 등 일련의 패턴을 알기 위해서 "자신의 분노에 대한 전문가"가 되어야 한다. 계기, 횟수, 강도, 지속기

간과 자기의 분노의 표현 양식을 추적하기 위해서 일지를 쓸 것을 제시한다.[86]

끝으로, 신학적 개념인, 종말론에 대한 것을 마음에 새겨야 한다. 캐씨안은 다음과 같이 권고한다. "분노를 치유하기 위해서는 모든 허물에 대해서 확고한 것, 즉, 이 세상을 떠나야 하는 것을 매일 깨달아야 한다. 왜냐하면 이 깨달음이 마음속에서 화가 머무르지 못하도록 할 뿐만 아니라, 온갖 종류의 욕망과 죄의 움직임을 억압하기 때문이다."[87] 현대 실천신학과 기독교 심리학에서는 없는 강조점인, 삶에 대한 우리의 생각을 널리 보급해야 하는 종말론적인 전망을 캐씨안은 종종 되새겨 준다. 그러나 고린도전서 15장 14절에서 바울이 쓴 것을 믿는다면, 우리가 세례 받은 것을 가치 있게 하는 기독교 설화에서 예수의 부활은 유일한 것이다.

하나님께서 우리의 삶을 심판하실 때, 우리의 성적 순결함도, 소유권 포기도, 금식과 철야기도도 우리의 분노와 미움에 대한 하나님의 심판을 완화시킬 수 없다고 캐씨안은 상기시켜 준다. 우리의 사역에 대한 하나님의 심판과 우리의 일이 헛되지 않다(고전 15:58)고 하는 부활의 약속에 비추어, 몇몇 것들은 하나님의 진노를 받지 않을 것이다.[88] 하나님께서는 모두가 구원받기를 원하시며, 분노는 하나님의 공의와 수반될 수 없기 때문에, 신학은 분노를 제어해야 한다고 캐씨안은 덧붙여 말한다. 캐롤 타브리스(Carol Tavris)가 세속적 상황에서 그것을 표현한 것처럼, "분노를 재고하는 궁극적인 목적은 개인을 위한 단기간의 경감이 아니라 장기적인 관계의 유익을 높이기 위해서다."[89] 자아 파괴적 분노처럼 그것은 우리에게도 해롭기 때문에, 다른 사람이 우리에게 품었던 분노를 치유하도록 노력해야 한다고 이런 시각에서 캐씨안은 주장한다.

8. 남용할 경우에는 어떻게 해야 하는가?

그것은 우리는 극단적인 경우, 특히 남용하는 사람들에 대해 어떻게 해야 하는가라는 성가신 문제를 남긴다. 아무리 악이 일어난다 하더라도 우리는 마음의 평정을 유지해야 한다는 것과, 혼란에 빠뜨리는 분노로부터 우리를

제7장 화를 낼 것인가 말 것인가?: 분노에 관하여 현대 심리학은 금욕신학으로부터 무엇을 배울 수 있는가?

지켜야 할 뿐만 아니라, 그들 자신의 잘못으로 인해 혼란에 빠진 사람들을 진정시키기 위해서 그들을 끌어내야 하고 우리가 친절히 대함으로 그들의 분노를 극복하도록 해야 한다는 캐씨안의 우정에 대한 견해를 알아냈다.[90] 이것은 가끔 효과가 있다. 지금도 치고 있지만, 고등학교 때 로키(Rocky)라는 남자 아이가 내 왼쪽 턱을 쳤다. 내가 보복하지 않았기 때문에 나중에 로키는 공개적으로 사과하였다.

그러나 어떤 경우에는, 특히 남용의 경우에는, 예를 들면, 혼인 남용의 경우에는, 분노는 온화함으로 극복되지 않는다. 캐씨안은 로마서 12장 21절의 말씀을 우리 삶 속으로 적용을 시도해 보고, 그리고 그 말씀은 재세례파 교도들에게 그리스도인의 특성 중에서 소망을 주어야만 한다고 언급한다. "자신의 결정을 더 많이 의지하고 매달리는 사람보다, 일반적으로 자신의 의지를 형제의 의지에 복종시키는 자는 더 강한 역할을 한다"는 캐씨안의 말이 맞다. 왜냐하면 후자는 하고 싶은 대로 하고 응석부리기 때문이다. 그리고 오히려 강한 자가 약한 자를 참아 줄 수 있고 그들을 건강하도록 회복시켜 줄 수 있다(갈 6:2).

그러나 만일 약자가 동조하지 않는다면 어찌할 것인가? 두 사람이 영적인 목적에서 한 마음이 아닐 때, 강자가 약자를 더 이상 인내하지 못할 때가 올 것이라고 캐씨안은 말한다.

> 완벽한 자의 인내로 조장되고, 매일같이 더 악화되어 가고 있는 약자의 비참한 상태는 여러 이유들 즉, 본인 스스로가 더 이상 참아서는 안 된다거나, 또는 이웃의 인내가 드러나고 언젠가 자신은 참을 수 없다는 의심으로, 또는 다른 사람의 아량에 의해 잉태되는 것이라기보다는 차라리 자신이 도망치기 위해 다른 것을 선택하는 것 때문에 생기게 하는 것이 확실하다.[91]

미덕을 추구하는 마음이 같은 사람들의 우정이 깨질 때 규칙이 적용되지 않는다는 것을 아마 캐씨안은 인정한 것 같다. 이것은 더 깊은 반성을 요구하며, 이점에 대해서는 아마도 성(gender)이 같은 수도원 공동체들이 최상의 지혜의 원천은 아닌 것 같다.

그럼에도 불구하고, 분노를 다루는 데 있어서 현대적인 일반심리학은 이런 고대 기독교심리학의 통찰을 넘어서서 진보하지 못했다는 것과, 몇몇 경우에 있어서는 현대 심리학자들은 그들의 이론들을 오히려 1,500년 전에 금욕신학자들이 도달했던 결론과는 정반대로 역전시켰다는 것과, 기독교심리학을 통합하려는 시도 속에서 자신의 유산과 자신의 뿌리를 가지고 유념하는 것 뿐만 아니라 시작하는 것이 좋다는 것을 일반적으로 나는 입증하고자 하였다.[92]

제7장 화를 낼 것인가 말 것인가?: 분노에 관하여 현대 심리학은 금욕신학으로부터 무엇을 배울 수 있는가?

■주(Notes)

1) 본장은 Pew Evangelical Schools Program의 후원 하에 이루어진 연구 프로젝트의 한 부분이다.
2) Hurting Helpers, *Christianity Today*, (September 16, 1996): 76-80.
3) Benedict J. Groeschel, *Spiritual Passages: The Psychology of Spritual Development* (New York: Crossroad, 1983); Thomas C. Oden, *The Care of Souls I the Classical Tradition* (Philadelphia: Fortress, 1984); Solomon Schimmel, *The Seven Deadly Sins: Jewish, Christian, and Classical Reflections on Human Nature* (New York: Free Press, 1992). Oden은 수세기에 걸쳐 진행된 기독교상담을 무시한 최근의 임상목회상담을 비평하였다. 그의 *Care of Souls*의 제1장을 보면 유대인 심리학자, Schimmel은 전통적이고 유대인 기독교심리학자와 윤리주의자로부터 배울 것을 동료에게 권고하면서, 심리학자를 향한 비슷한 반응을 보였다. "도덕의 가르침에 대한 현대 심리학의 경멸은 지적 오만의 본보기이다"(같은 책 1장의 *Seven Deadly Sins*, 5).
4) Alan Jones, *Soul Making: The Desert Way of Spirituality* (San Francisco: HarperCollins, 1985). Jones는 광야 전통을 풀어 놓고 오늘날 그에 대해 보복할 목적이었으나, 이상하게도 광야 수도승에 대한 언급은 거의 없다. 그 책은 전통에 근거를 두기보다 현대적이고 심리 분석적인 책이다. 인덱스에서 잠깐 이것을 언급했을 뿐이다. 결과적으로, Jones는 수도승의 영성을 왜곡하고 잘못 해석했다. 예를 들어 광야 수도승의 완벽성에 대한 Jones의 비평과 Cassian의 인용과 비교하여 참조. "수도승이 찾고자 한 완벽성은 세속적인 성공과는 완전히 다른 것이다." "그것은 선물로서 다가오는 것이지 업적이 결코 아니다. Cassian은 자신을 이끌던 광야 전통을 예표한다." "그러므로 당신은 소수에 속해있고 선출한 것을 생각해 보자, 그리고 수많은 냉담의 본보기를 따라 차갑게 되지 말라... 그러므로 당신은 불완전한 것을 추종하려는 목적으로 완전성을 소유했던 사람에게는 가벼운 죄가 없다는 것을 깨달아야 한다. 그리고 이런 완벽한 상태에서 당신은 다음 단계에 의해 그리고 다음과 같은 방법으로 획득할지 모른다" (*Conferences* 5.38, in The Nicene and Post-Nicene Fathers, 2nd series, Philip Schaff, & Henry Wace, (eds.) Edgar C. S. Gibson (tr.) <Grand Papids Mich.: Eerdmans, 1986>, vol.11). Jones가 옳다면, 물려받은 광야 전통을 요약했던 Cassian 그가 semi-Pelagian이라고 고발당했을 거라는 것을 이해하기가 어렵다. Jones의 책은 여전히 가치가 있다. 잘못된 해석과 어휘, 범주의 부주의한 사용에도 불구하고 그는 참으로 유익한 통찰을 히고 있다.

5) Aquinas가 금욕 신학자는 아니지만, 이 주제에 대해 그는 금욕 전통을 중요하게 다루고 있다.
6) 여덟 가지 죄 목록에 대해서는 다음 문헌 참고: John Cassian, *The Twelve Books of the Institutes of the Coenobium* 5.1, The Nicene and Post-Nicene Fathers, 2nd series, ed. Philip Schaff, & Henry Wace, (eds.) Edgar C. S. Gibson (tr.) (Grand Rapids: Eerdmans, 1986), vol.11. Cassian, *Conferences* 5.16에서 그 허물을 죄라고 부른다.
7) Gregory, *Morals on the Book of Job*, J. Bliss (tr.) (Oxford: John Henry Parker, 1850), vol.3, comments on 39:25; Schimmel, *Seven Deadly Sins*, 25.
8) Thomas Aquinas, *Summa Thelogica* 2a3ae, Q148, art. 2, (tr.) *Fathers of the English Dominican Province* (Westminster, MD.: Christian Classics, 1948).
9) Gregory, *Morals on Job* 39.25.
10) Aquinas, *Summa Thelogica* 1a2ae, Q46, art. 6.
11) "그러나 그것들은 각각 서로서로가 밀접하게 연관되어 있다. 그래서 그것은 다른 것으로부터 분출될 뿐이다"(Gregory, *Morals on Job* 39.25).
12) Cassian, *Conferences* 5.10.
13) John Eudes Bamberger, *Introduction to Evagrius Ponticus, Praktikos and Chapters on Prayer*, J. E. Bamberger (tr.) (Spencer, MA.: Cistercian Publications, 1970), 1, xxxii. 같은 맥락에서 Solomon Schimmel은 썼다.: "심리학계에서 우연히 마주칠 수 있는 도덕과 전통종교에 대한 비방은 죄, 악, 미덕, 과거의 도덕적인 어휘의 개념에 대한 피상적인 이해를 반영하고 있다. 치명적인 죄란 인간적인 필요와는 동떨어지고, 신에 의해 부과된 인간적인 행위에 대한 임의적이고 불합리한 억제가 아니다. 그와는 반대로, 대부분의 죄 또는 악과 특히 일곱 가지 대죄악은 우리가 누구이며, 우리는 무엇이 될 수 있으며, 그리고 가장 중요하게는 우리가 무엇이 되기를 열망하는지에 관심이 있는 것이다"(*Seven Deadly Sins*, 5).
14) 예를 들어 에바그리우스의 *Praktikos*, 43-50. Oden은 Gregory의 *Pastoral Care*, Henry Davis (tr.) (New York: Newman Press, 1950)에서 실례를 들었고 현대 심리학을 예상한다. Oden, *Care of Souls*, chap. 2.
15) Gregory, Morals on Job 39.25.
16) Evagrius, *Praktikos*, 11.
17) Schimmel, *Seven Deadly Sins*, 83.
18) 예를 들어 Cassian은 *Conferences* 16.7에서 다음과 같이 썼다. "다른 어떤 것도 사랑보다 우선되어서는 안 되는 것처럼, 다른 어떤 것도 분노와 격분보다 무시

되어서는 안 된다. 왜냐하면 우리의 분노나 격분보다 더 우리를 해롭게 하는 것은 없다는 것을 생각해야 한다. 그리고 사랑보다 더 유익한 것은 없다는 것도 생각해야 한다." 그는 잠 10:12 말씀을 제시한다.

19) Evagrius *Praktikos*, 11. 유사하게 아퀴나스는 분노를 받은 상처에 대하여 "단지 복수하려는 목적으로 다른 사람을 해하려는 욕망"으로서 규정한다. Aquinas, *Summa Thelogica* 1a2ae, Q47, art. 1; cf. Q46, art. 1.)

20) *Conferences* 11.4에서 Cassian은 thymos, orge와 menis 사이를 구별한다. Gregory는 발생과 없어짐의 속도에 따라 분노를 4가지로 분류한다. 빨리 일어나고 늦게 사라지는 분노가 가장 나쁘고 늦게 일어나고 빨리 사라지는 분노가 가장 좋다(Gregory Morals on Job 5.2). Aquinas는 분노를 3가지로 나눈다. 격분(akrocholoi), 괴로움(pikros, Cassian의 3번째 것과 유사한), 까다로움(chalepoi, Gregory가 가장 나쁘다고 한 것과 유사한). 흥미롭게도, Carol Tavris는 분노에 대한 Gregory와 유사한 목록을 기술하고 있다. *The Misunderstood Emotion*, rev. ed. (New York: Simon & Schuster, 1989), 12.

21) Aquinas Summa Thelogica 1a2ae, Q46, art. 7.

22) Gregory는 이런 연관성을 가장 분명하고 간결한 설명을 하고 있다. *Morals on Job* 39.25에서 그는 그 원인을 거꾸로 돌린다. 그래서 부러움이 분노로 변한다. 그러나 우리는 부러움과 탐욕이 매우 유사한 성질의 것이라는 것을 주목해야 한다. 소망과 탐욕과 분노의 연관성에 대해서는 Evagrius, *Praktikos*, 99. 그는 한 수도승을 인용하고 있다. "나는 즐거움을 제쳐놓는 데 이런 이유가 있다. 분노를 키우는 구실을 배제시키는 것이다. 왜냐하면 분노가 즐거움을 얻기 위해 싸우고 명상적인 지식을 제거시키는 격정이 마음을 흐리게 한다는 것을 알고 있기 때문이다." 이것을 Evagrius, *Chapters on Prayer*, 27과 비교해 보아라. "당신이 무장한다고 해도 분노는 어떤 강력한 소망에도 굴하지 않는다. 이런 것들이 분노에 연료를 공급하는 것이기 때문이다." 물질에 대한 생각이 분노로 이어지는 악력의 첫 단계라고 일곱 번씩이나 Cassian은 경고한다. *Conferences* 16.6, 9.

23) Gregory, *Morals on Job* 39.25.

24) Tavris, *Anger*, 108. "분노가 위험을 피하지 못하거나 장애물을 제거할 때, 그리고 당신이 환경에 대한 통제력을 회복하지 못할 때, 결국 당신은 무기력을 느끼기 시작할 것이다. 우울증에 대한 절망 이론(hopelessness theory of depression)에 따르면 우울증에 대한 주요 인식적 양상은 좋은 일이 일어나지 않는다는 것이며, 이 소망 없는 미래가 변하지 않을 것이라는 것이다. 우울증 환자는 부정적인 사건에는 내부적이고 고정적이고 세계적인 원인이 있다고

믿는다('그것'은 내 잘못이야, 그것은 늘 내 잘못일 거야, 그리고 그것은 내가 하는 일 모두에 영향을 미칠 거야). 비록 우울증일 경우에, 분노가 '내부적으로 향한다'라고 말하는 것은 옳은 일이 아니다. 더 정확하게 말하면, 그것은 소멸되어 왔다." Tavris는 분노와 우울증과의 여러 관계(그리고 무관계)를 기술하였다.

25) Cassian, *Institutes* 8.22; 8.5; 8:21.
26) 정당한 원인으로 분노를 정당화시키기 위해서 마 5:22 말씀에 "이유 없이"를 덧붙인 해석자를 비난하기 위해서 우리가 고도의 비평적인 도구를 생각하고 있다고 Cassian은 기술한다. 그 말씀은 X, B, Origen과 Vulgate에게 나타나지 않는다고 말한다(그 말씀이 있는 KJV과 단지 각주에 만 있는 NIV와 NRSV를 비교하여 보라). 통찰력 있게, Cassian은 "그러나 확실히 비합리적으로 방해받는 어떤 사람이 이유 없이 화낸다고 말할 수는 없다"고 주장한다(Ibid., 8.21).
27) Ibid., 8.2-4.
28) Cassian, *Conferences* 16.17.
29) Cassian, *Institutes* 8.9.
30) Evagrius, *Praktikos*, 23, 42. Cassian, *Institutes* 8.7 비교. 그는 여기에서 분노가 "우리 속에 주입되었을 때" 그런 경우와 "음탕한 마음"에 대해 "우리가 분개하고 격분해 있을 때"는 유용하다고 주장하면서 의도적으로 에바그리우스의 말을 되풀이하고 있다.
31) *Rule of Benedict* 73.5.
32) Gregory, *Morals on Job* 5.2.
33) Aquinas, *Summa Thelogica* 1a1ae, Q46-48.
34) Aquinas, *Summa Thelogica* 1a2ae, Q48, art. 3. Aquinas에 의하면 이성은 그 행동을 옮기는 데 확실한 감각적인 힘을 필요로 한다. 그래서 신체가 혼란스러울 때 정신은 장애를 받는다. 술취함이나 졸음과 같은 신체상의 어떤 장애는 이성의 판단을 방해한다. 위에서 말한 분노가 외부 사람에게 영향을 주는 식으로 신체적인 장애를 일으킨다. 그러므로 분노 약화에 대한 Aquinas의 판단은 유효하다. 분노에 대한 심리적인 효과 또한 초기 금욕신학자들에 의해서 인식되었다. 1,500년 후에 생리학이 분노연구를 위한 가장 중요한 연구 영역이 되었다는 것을 주목해 보면 흥미롭다. 예를 들어 Margaret A. Chesney, & Ray H. Rosenman, (eds.) *Anger and Hostility in Cardiovascular and Behavioral Disorders* (Washington, D.C.: Hemisphere, 1985); Aron Wolfe Siegman & Timothy W. Smith, (eds.) *Anger*, 119-27. 비록 그것이 과대평가 되었어도, 분노와 심장질환 사이와 관련되어 있다.

35) Evagrius, *Praktikos*, 24.
36) Cassian, *Institutes* 8.6. cf. ch. 21 and Cassian, *Conferences* 16.6, 16.
37) Gerald G. May, *Addiction and Grace* (San Francisco: Harper SanFrancisco, 1988), 192 n. 1: 부동심이란 "무관심"- "주의와 관심이 없는 둔하고 혼수상태"-이란 뜻에 가까운 무감각으로 혼란된 것이 아니다.
38) Bamberger, *Introduction to Evagrius's Praktikos*. Evagrius에게 있어서 "부동심"이란 스토아보다 더 성경적이라고 Bamberger는 주장한다. 그것은 주님을 경외하는 것과 같은 것이다(lxxxiiiff. and n. 233, cf. Cassian, *Institutes* 4.43).
39) 이것과 같은 몇몇 언어가 있다. 예를 들면, Evagrius, *Praktikos*, 87. 그러나 그 목적이 사랑의 격정이기 때문에, 우리가 얼마나 이 언어를 이해하고 있는지 조심해야 한다.
40) Bamberger, *Introduction to Praktikos*, pp.lxxiiff.
41) Cassian이 가장 좋아하는 용어 부동심은 "마음의 순수"이다(Conferences 1.4). 부동심은 마음이 산란하지 않은 기도의 상태이다.
42) Evagrius, *Praktikos*, 34, 64-67, 69. Tavris, *Anger*, cp. 3.
43) 수덕신학에서 부동심은 믿음으로 시작하고, "격정의 힘이 사라질 때까지" 그리고 자비로 끝날 때까지, 그 힘을 소멸시키는 금욕적인 삶에서 영적인 개발이 절반 정도된 것을 의미한다. 이것은 두 번째 단계인 관상으로 이끌어 준다. 그것은 자연을 관상하는 것으로 시작하고 무지를 제거하며 그 결과 신학으로 이어진다. Evagrius, *Praktikos*, 84. 금욕신학에서 규율은 하나님과 연합으로 끝나는 삼중 동의의 첫 단계(즉, 정화)와 관계가 있다.
44) Evagrius, *Praktikos*, 55.
45) Gregory, *Pastoral Care* 3.19, Henry Davis (tr.) (New York: Newman Press, 1950).
46) Evagrius, *Praktikos*, 81.
47) Gregory, *Morals on Job* 1.5. 41:11절에 대한 그의 주석과 비교하라. "이 연기는 사실 마음의 민감성을 누그러뜨린다. 왜냐하면 어둠의 구름으로 덮여 있으시 내적인 평온을 혼란시키기 때문이다. 그러나 평온한 마음을 제외하고는 하나님은 인식될 수 없다." 여기서 시 46:10 말씀이 우리에게 적용된다.
48) Evagrius, *Praktikos*, 23.
49) Aquinas, *Summa Thelogica* 1a2ae, Q46, art. 4; cf. art. 6.
50) Evagrius, *Chapters on Prayer*, 12-13, 21-22, 24, 26-27, 53, 64, 137. 예를 들어 "진실한 기도를 간구하는 자는 분노와 욕망을 지배하기 위해서 배울 뿐만 아니라 격정으로 물든 모든 생각으로부터 자유 해야 한다"(53).
51) Cassian, *Institutes* 8.6.

52) Cassian, *Conferences* 16.16.6, 16.
53) Cassian, *Institutes* 8.22.
54) Ibid., 8.1.
55) Gregory, *Morals on Job* 5.1.
56) 때때로 이성이 혀를 통제하는 것을 분노가 막을 때, 분노는 혀와 육체적인 표현을 마비시키기까지도 할 수 있다는 것을 Aquinas가 목격했을 때, 그는 유사한 말을 한다. Aquinas *Summa Thelogica* 1a2ae, Q48, art. 4.
57) Gregory, *Morals on Job* 5.2.
58) Ibid., 36.18-21.
59) Cassian, *Institutes* 8.12.
60) Tavris, *Anger*, chap. 2, 33.
61) Ibid., 38, 45.
62) Shahbaz Khan Mallick, & Boyd R. McCandless, "A Study of Catharsis of Aggression," *Journal of Personality and social Psychology* 4, no. 6(1966): 591-6. 그들은 이런 식으로 글을 시작한다. "이론적으로 혹은 실천적으로 인격 이론, 치료 혹은 사회심리학에 관심이 많은 사람들은 공격적 행동화 행위(aggressive acting-out behavior)가 공격과 적의를 감소시킨다고 믿고 있다. 대부분의 연극치료 이론은 여전히 이런 유압적인 생각(hydraulic notion)에 기초하고 있다. 좌절하고 분노에 찬 저의적인 아이는 공격적으로 행동한다. 그리고 이런 공격적인 행동은 그의 적의와 공격의 수준을 낮춰준다. 많은 부모와 교사들은 그들의 자녀로 하여금 증기를 발산시키도록 하는 것이 좋다는 견해를 받아들인다. 권투, 레슬링, 그리고 다른 학내 체육활동도 적의적인 공격에 카타르시스를 제공하도록 몇몇 사람에 의해 고려된다(Miller, Moyer, & Patrick, 1956). 유기체를 '무생물 세계의 휴면상태로' 지속적으로 되돌리려는 죽음 본능 혹은 Thanatos를 언급했다(Freud, 1959, 108). 사람에 대한 그 효과를 중립화시키면서, 파괴지배력으로 그리고 카타르시스라는 일반적인 용어로 추정되는 개념이자 권력에 대한 의지로서 외부로 향하게 하는 리비도는 죽음 본능과 상호작용한다. Tilmer Engebretson와 Catherine Stoney에 의해 보도된 연구 *International Journal of Behavior Medicine* (1996).
63) Evagrius, *Praktikos*, 20. Cassian, *Conferences* 16.27. "우리는 모든 분노의 움직임을 억제하고 자유재량의 통제 아래에서 그것을 가라앉혀야 한다. 그래서 격분에 의해, 솔로몬이 선고한 것 안으로 우리는 속히 들어가지 않을 것이다"(잠 29:11).
64) Gregory, *Morals on Job* 39.25.

제7장 화를 낼 것인가 말 것인가?: 분노에 관하여 현대 심리학은 금욕신학으로부터 무엇을 배울 수 있는가?

65) Ibid., 5. 1.
66) Cassian, *Institutes* 8.11-12.
67) Gregory, *Morals on Job* 5.1과 Cassian, *Conferences* 16.18, 20, 22, 27.
68) 그것이 우리의 지배 아래에 있을 때, 맹인을 아래로 미는 것과 그를 구해 주지 않는 것과는 차이가 없다고 Cassian은 말한다(*Conferences* 16.18).
69) 뺨을 맞은 사람의 내적인 평정은 자신의 외적인 온화함과 조화가 되어야 한다. 왜냐하면 그것이 양쪽 모두에게 있어 분노를 경감하는 유일한 희망이기 때문이라고 Cassian은 주장한다. "만일 다른 것이 그 과정에서 망가지면, 고요하고 조용하게 유지시키는 것으로 자신을 유익하게 하는데 정의의 결실을 맺지 못하게 되기 때문이다"(*Conferences* 16.22; cf. 28).
70) Cassian, *Conferences* 16.18.
71) Cassian, *Institutes* 8.18. 무생물 대상이 "말대꾸"할 수 없고 격정을 낼 수 없다는 사실에 약간 유익할 지도 모른다고 Cassian은 어느 정도 익살맞은 말을 한다.
72) Cassian, *Conferences* 16.16.
73) Ibid., 16.27.
74) Mallick, & McCandless, "Study of Catharsis," 591. cf. Tavris, *Anger*, 290.
75) Cassian, *Conferences* 16.15.
76) Cassian, *Institutes* 8.17.
77) 사람들이 회담 대화에서나 직업적인 지위에서 "홀로 떨어져 있는 채"로 있다고 알고 있던 공인들(public figures)의 실패에 대해 왜 사람들이 놀래는지 이것이 일부 설명이 될지 모르겠다.
78) Cassian, *Conferences* 16.10-12.
79) Ibid., 16. 6. 탐욕과 자만심과 같은 죄는 화를 내는 것으로 우정을 악화시킬 수 있고, 또한 우정이 미덕을 증대시킬 수 있는 유리한 점을 그런 죄가 제외시킬 수 있다. 편의에 근거를 둔 와해되는 우정과 미덕의 상호 헌신에 근거를 둔 와해될 수 없는 우정을 구별함으로써 Cassian은 우정에 대한 협의를 시작한다. 공동체 내에서 인내를 배양시킴으로 분노를 다루는 것은 와해될 수 없는 우정의 공동체에서 발생해야 한다. 만일 오늘날 기독교인들이 교인들의 도덕을 형성하는데 기독교 공동체에서 더 나은 역할을 이해했더라면, 현대의 필적하는 것은 교회가 될 것이다. 하나님의 사랑에 대하여 소망하는 마음이 같은 사람들의 공동체 내에 우리가 속해있지 않을 때, 나는 같은 규칙이 적용되는지 어떤지 Cassian에게 묻고 싶다. Cassian은 와해되는 관계에 대해 많은 것을 말하지 않으나, 그러나 만일 그가 "우정"에 대해 말할 기회가 있었더라면, 상담자와 내담자 사이의 현대치료 관계에 대해 그기 무엇을 생각하는지를 아는 것이 우

리에게는 더 도움이 되었을 것이다.
80) Cassian, *Institutes* 8.16.
81) Cassian, *Conferences* 16.3.
82) Ibid. 16.6.
83) Gregory, *Morals on Job* 5.2, 36.18-21.
84) Evagrius, *Praktikos*, 15, 26.
85) Gregory, *Morals on Job*, 5.2.
86) Tavris, *Anger*, 289.
87) Cassian, *Conferences*, 16.16.
88) Cassian, *Institutes*, 8.22.
89) Tavris, *Anger*, 319.
90) Cassian, *Conferences* 16.22-24.
91) Ibid. 16.26.
92) "Anger Theory and Management: A Historical Analysis," *American Journal of Psychology* 108, no. 3 (1995): 397-417 에서 Simon Kemp와 K. T. Strongman의 유사한 결론을 보라. "일상생활에서 분노의 편재에도 불구하고 그리고 지난 20년간 감정에 대한 경험 연구와 이론 증식에도 불구하고, 일반적으로 심리학은 흥미롭게도 분노에 대해 할 말이 많지 않다는 것이다"(405). "최근에 분노 조절에 대한 실천과 이론 사이에 커다란 불일치가 있어 왔다. 실천은 풍부하고 이론은 드문드문하다"(411). "어쩌면 분노와 조절에 대한 우리의 지식이 2000년 동안 거의 발전하지 못했다는 것은 아마도 그리 놀랄 일이 아니다"(414).

제8장

정신분석학과 관상신학의 통합: 영적지도의 역사로부터의 교훈

마이클 맨지스(Michael W. Mangis)

　　정신분석학적 전통에 있어서 기독교적인 사고는 신학과 심리학의 통합 역사에 중요한 장으로 가치가 있다. 신학과 정신분석학의 통합이 긴장으로 가득한 결혼관계와 같을지라도 깊이 있는 정신역동적인 인간심리 연구는 영혼의 깊은 이해를 위한 풍부한 문학과 많은 결실이 있는 통찰력을 주었다. 그러나 해 아래 새 것이 없다는 말은 진리이며 신학과 정신분석학을 통합하려는 사람들은 영혼돌봄의 역사를 연구하면 가치 있는 자료를 확보하게 될 것이다. 영혼돌봄은 비교적 참신한 전문적인 심리학보다는 훨씬 오래된 분야이다. 특별히 관상적 영성의 전통은 기독교의 믿음과 심리역동 이론의 통합을 위해 필요한 중요한 교훈을 준다. 과거 수세기에 걸쳐 형성된 관상전통은 신학과 정신분석학의 통합을 어렵게 했던 문제에 대안적인 해결책을 제공한다.

1. 정신분석학과 도덕적 권위의 탐색

　　근본주의자와 현대주의자들이 20세기 진반부에 시작한 토론 이후로 교회는 자주 정신분석학에 대하여 반대하는 입장을 유지해 왔다. 이러한 대립은 정신분석학의 방법이나 기본적인 이론에 많이 반대해서 발생한 것이 아니라 프로이드가 분명하게 현대주의 세계관에서 확립한 그의 가설을 자신이 반대해서 증가된 것이었다. 프로이드와 수십 년에 걸쳐 그를 따르는 이론가들에게 있어서 세상을 이해하는 데 현대주의의 객관성에 기초한 방법론은 탁월한 것이었다. 그들은 인간의 인식이 환상(illusions)에 애착을 가짐으로 왜곡되었다고 믿었다. 인지적 환상은 정열적이면서도 두려워하는 사람들의 내부 세계와 규칙과 위험이 있는 외부 세계 사이의 충돌을 다루는 한 방법으로 그들의 생의 초기 단계에서 형성된다. 사람들은 환상이 처음 형성되는 유아기와 유년기 동안 그 환상이 없었다면 그들이 많이 힘들었을 것임을 깨닫게 된다. 정신분석학에서 성숙의 목표는 그 환상들을 제거하는 것이고 내부와 외부 세계 모두를 분명하게 보는 것이다.

정신분석학이 교회와 겪었던 가장 큰 반목은 주로 환상을 깨는 과정이 자연적이고 관찰 가능한 세상의 바깥에 있는 실체에 대해 남아 있는 신화와 믿음들을 필연적으로 제거해야 하는 정신분석학의 가설을 추종했기 때문이다. 프로이드와 그의 추종자들에게 성숙은 종교적인 세계관과는 완전히 상반되는 것이다. 정신분석학의 사람들에게 종교는 성숙한 성인들에게는 필요가 없고 미성숙한 환상에 사로잡힌 사람들을 돕기 위한 문화의 산물로 여겨진다.

정신분석학의 현대주의적인 가설에도 불구하고 많은 사람들은 기독교 신앙의 이해를 위해 정신분석학적 접근이 가치가 있다고 보아왔다. 삶과 우리의 신앙의 목적에 대한 우리의 인식이 안전한 환상에 의해 왜곡되었다고 깨닫는 것은 환상에 의해 왜곡된 믿음은 그 자체가 환상이라는 종교무용론의 파괴적인 결론을 필요로 하지 않는다. 웨스트팔(Westphal)은 그리스도인들이 적어도 기독교 신앙에 대한 회의론적인 입장을 가진 성경해석학도 겸비하게 받아들여야 한다고 주장한다. 그의 주장에 의하면 그리스도인들의 첫 임무는 막스와 니체, 프로이드의 견해를 다룰 때 그들의 견해를 거부하거나 평가절하하지 않는 것이다. 그의 주장은 그들의 비판이 모두가 진실하고 의미가 있는지를 파악하는 데 시간이 많이 걸리겠지만 그 비판이 기독교인들에게 어떻게 적용되는 지를 찾아낼 필요가 있다는 것이다.[1] 프로이드는 종

제8장 정신분석학과 관상신학의 통합: 영적지도의 역사로부터의 교훈

교는 두려운 관념으로부터 사람들이 자신을 방어하기 위해 만들어낸 환상이라고 주장했는데 그 두려운 관념이란 그들의 믿음의 기초를 세울 수 있는 초자연적인 권위가 없다는 것이다. 웨스트팔이 제시한 것처럼 우리는 우리가 인정하고픈 것보다 더 많은 진리가 프로이드의 이론에 있다는 것을 인식해야만 한다. 특별히 개별 신자들의 마음에 있는 조직화된 기성 종교는 바로 프로이드가 말한 목적을 충족시킨다.

그러면 우리의 믿음은 무엇에 근거를 둘 수 있을까? 프로이드의 대체 세계관인, 과학의 세계관은 이제 동등하게 불신되고 있다. 현대주의 세계관에 충성을 다짐한 프로이드가 현대주의의 가설이 해체되도록 가장 강한 영향력들을 제공했다는 것은 커다란 아이러니이다. 프로이드는 인간은 어린시절의 경험에서 형성된 환상과 윤곽(schema)이라는 왜곡된 필터(여과장치)를 통해 그들의 세계를 본다고 주장했다. 프로이드는 동일한 강조점을 가지고 이미 인간은 이 사실을 깨닫고 그들이 사물의 실체와 객관성을 얻을 수 있도록 환상을 벗겨내는 작업을 시작해야 한다고 주장했다.

하지만 현대주의가 자기들이 사용했던 방법으로 스스로를 평가했을 때 객관성을 지향한 그들의 시도는 그들 자체의 객관성에 의문을 제기하게 했다. 심지어 마음을 연구하는 과학자인 현대의 정신분석학자도 가치-부여(value-laden)의 관점을 지향함으로 객관성을 왜곡하게 되었다. 예를 들어 현대의 정신분석이론가들은 자진해서 치료자는 참여자-관찰자(participant-observer)로서의 역할을 해야 한다고 주장한다. 치료의 가치-부여(value-laden)의 작업은 분석가와 내담자에 의해 함께 만들어진 관계 안에 치료자가 개입하는 것으로 나타닌다. 정신분석학의 방법들은 그들 자체의 방법에서 결점이 드러나곤 했다. 현대주의의 대표자인 프로이드는 후기 현대주의 상황을 특성화한 의심의 해석학(hermeneutic of suspicion)에 선구가 되도록 도왔다.[2]

프로이드의 정신분석학은 권위를 갖추고 진리의 초자연적인 근거가 되는 종교의 주장과 진리의 해석자로서의 종교적 우선권 모두를 제거하기 위해 노력해 왔다. 그러나 프로이드의 정신분석학은 진리에 대한 초자연적인 권위를 부여할 대체물을 제시하지 못했다. 정신분석학만을 사용하면서 치료자들은 내담자들로 하여금 근본주의(foundationalism)로부터 벗어나도록 도

와주었지만 피할 수 없는 상대주의의 목적지로부터 벗어나도록 내담자를 지켜내는 데는 영향력을 갖지 못했다. 한 때 본성의 한계 속에서 갇혀 살았던 인간은 객관적으로 진리를 측정할 수 없는 것으로 드러났다. 진리에 대한 객관적인 측정은 우리와 똑같은 한계에 갇혀 있지 않는 관찰자를 우리가 확보하지 못한다면 진리에 대한 객관적인 측정이 존재한다는 것을 증명할 방법이 없다. 이러한 갈등의 시점에 관상신학은 심리학과 신학의 통합을 제안할 수 있는 가장 적절한 위치에 있다.

2. 관상신학의 교훈

정신분석학의 분야는 기독교심리학자와 신학자를 위한 교훈들로 가득하다. 인간의 마음, 특히 기만(deceptions)의 연구에 있어 정신분석학은 자신과 하나님에 대한 이해를 올바르게 하도록 추구하는 사람들에게 놀라운 통찰력을 제공한다. 그러나 새로운 모든 것에 심취되어서 우리는 왜곡되지 않은 비전(vision)의 추구와 왜곡된 비전의 연구가 20세기 심리학의 발명품들이라고 여기도록 현혹된다. 정신분석학의 연구는 쉽게 결론을 낼 수 있는 가능성이 없다는 것과 -그 원인은 정신분석학이 객관성에 기초를 둔 것이 아니라 미끄러지듯 안정감이 없는 상대주의(relativism)에 기초를 두고 있기 때문이다- 객관성을 근거로 하는 현대 심리학에서 기초하지 않았다는 사실에 우리는 진심으로 감사한다. 정신분석학은 무의식의 기만을 탐구하는 체계적인 방법을 제공하지만 기독교는 영혼의 기만과 부패를 탐구하는 더 많은 포괄적인 방법을 제공하는 전통을 가지고 있다.

기독교 영성의 관상전통은 연구와 방법적인 면에서 정신분석학과 비교되어 왔다.[3] 새로운 통찰력과 새로운 원리를 찾아내려는 열정은 정신분석학이 기독교 영성 연구에 제공한 것이다. 정신분석학이 비근본주의자의 이론이기 때문에 반대의 극단에서 정신분석학을 거절하는 사람들은 근본주의가 기독교 신앙에 항상 열중하지는 않는다는 사실을 잊어버린다. 사막 또는 관상전통 내의 고대와 현대의 작가들은 인간의 마음은 기만적이며 이기적(self-serving 자아 높임)이라는 성경말씀을 늘 강조해 왔다.

제8장 정신분석학과 관상신학의 통합: 영적지도의 역사로부터의 교훈

마음은 그냥 내버려두면 궁극적으로 특히 그 자신의 환상을 떠난 진리와 객관적인 진리에 도달할 수 없다. 인간의 마음이 그 자체를 정확하게 감지할 때는 대체로 하나님과 조우함으로 완성된다. 정직한 자아 인식은 인간의 노력을 통해 얻을 수 있는 것이 아니다. 『무지의 구름』(The Cloud of Unknowing)의 작가는 제안한다. "거울의 도움이나 어떤 사람이 당신에게 말해 주는 것이 없이는 실제 당신의 얼굴에 더러운 오점이 있는 것을 보거나 알지 못하는 것처럼 영적으로도 하나님의 말씀을 읽거나 들음이 없이는 빈번한 죄로 인해 장님이 된 영혼이 그 양심의 더러운 오점을 본다는 것은 불가능하다."[4]

정신분석학적인 세계관은 인간의 마음은 불안정하다는 가설을 전제로 한다. 현대의 정신분석학의 이론가들은 특별히 인간의 추구는 의미 추구라는 것을 강조한다. 사람들은 만족을 소망하는데 이 만족은 관계라는 측면에서 그들의 인간 관계를 통해서 얻어진다. 다른 말로 하면 관계 가운데서 인정 받으려는 욕망이 사람들을 활동하게 한다. 현대 정신분석학의 이론에 의하면 치료는 의미 있는 애착관계를 추구하도록 사람을 돕는 과정이다. 궁극적으로 사람들의 만족감과 성취감은 그들의 욕구를 적절하게 채우지 못했던 인간 관계의 역사에 의해 좌절되었기 때문에 치료가 되려면 건강하지 않은 인간 관계의 사이클을 깨뜨려야 하고 동시에 더 건강한 방법으로 다른 사람과 관계를 맺는 방법을 찾아야 한다. 치료의 과정이 인간 관계를 맺는데 큰 만족과 융통성을 제공하면 그 치료 과정은 성공적이다. 상담자와 내담자는 성장을 기대하며 새로운 관계에 들어간다. 이 새로운 관계 형성의 모델을 통하여 내담자는 변화된 삶을 살 수 있다.

이러한 정신분석학의 치료 과정에 기독교인들이 반대할 만한 특별한 것이 있는 것은 아니다. 물론 정신분석의 치료 과정이 뚜렷하게 구분되는 어떤 방법만 존재한다고 단정하기는 쉽지 않다. 이에 반하여 상담자와 내담자가 함께 참여하는 치료의 과정은 예수의 삶과 인격을 닮기 위해 필요한 성경의 원리와 일치된 방향으로 진행될 필요는 없다. 하나님의 말씀은 사람들의 마음에 새겨져 있다. 기독교적인 관점을 가지고 상담 및 심리치료를 다루는 사람들은 정신건강에 이르는 길은 사람들 안에 하나님의 형상을 회복시키는 방향으로 나아가며 동시에 하나님의 형상의 회복과 일치되지 않는 시도와는 단절하는 방향으로 나아가야 한다는 원칙을 주장해 왔다.

본장의 목적은 이러한 논쟁들을 깊이 파헤치려는 것이 아니다. 정신분석가는 분명히 주관적인 참여자이면서 관찰자라고 믿는 현대적 정신분석학자의 인식은 상담 및 심리치료의 과정이 주관적인 과정이라는 사실을 인정하는 것이다. 심리학적 치료의 성격에 관한 규정에서 상담 및 심리치료는 서로 다른 이론들이 있는데 이러한 이론들을 압도하는 객관적이거나 권위를 가질 정도로 규정된 치료의 목적을 가지고 있지는 않다. 환자가 치료되는 과정은 치료사와 환자가 공동으로 만들어가는 관계의 역동성에 의해서 그 치료의 방향이 결정된다. 치료자와 환자 서로는 치료를 보는 관점에서 주관적이고 거짓된 왜곡을 충분히 가질 수 있다.

3. 주관성과 치료의 변화

치료가 진행될 때 상담자의 주관적인 개입은 심리학을 기독교적인 관점에서 이해하는 사람들에게는 매우 중요한 역할을 한다. 이런 경우에 상담자의 성격은 매우 중요하다. 내담자가 목표로 하는 사람은 상담자와 내담자의 상담 관계를 통해서 형성되는 공동 창조물인데 최종적인 작품은 부분적으로는 상담자의 역할에 의해서 만들어진다. 대부분의 경우 상담의 결과는 좋다. 상담활동을 통하여 내담자는 더 건강한 관계를 맺는 사람이 되며, 더욱 정직한 자기이해를 할 수 있게 되며, 타인에게는 더 큰 관용을 베풀 수 있게 되며, 또한 내담자 자신을 좁은 범주의 애착에서 벗어나 더 넓은 영역의 관심을 가진 사람이 되게 한다. 많은 경우에 내담자들은 그들이 기독교이든지 아니든지, 그들이 하나님과의 깊은 관계를 추구하든지 그렇지 않든지 간에 그들은 상담을 처음 시작했을 때보다 더욱 그리스도를 닮아가는 (Christlike) 사람으로 바뀌면서 상담 관계를 종결하게 된다.

이러한 의미에서 치료는 사람을 하나님께로 이끄는 하나님의 사역의 중요한 부분일 수 있다는 것은 언급할 필요조차도 없는 실재이다. 그러나 포스트모던의 의심의 해석학이 가르치는 것은 치료를 통하여 일반적으로 얻게 되는 유익은 특정한 문제의 해결의 만족보다는 하나님의 피조물인 인간

제8장 정신분석학과 관상신학의 통합: 영적지도의 역사로부터의 교훈

이 하나님께 더 가까이 나가도록 하는 친밀감의 회복이라는 것이다. 지금까지 우리는 치료자의 인격이 치료의 대상인 내담자에게 인격화되는 것으로 치료를 인식해 왔지만 앞으로의 치료는 그리스도를 닮도록 인도하거나 혹은 그리스도를 닮는 것에서 내담자를 벗어나게 하는 것으로 인식해야 한다.

영성생활에서 영적지도자의 역할을 강조하는 신앙전통에 있는 사람들은 그리스도의 인격을 제대로 닮은 영적지도자에게 영적지도를 받는 것이 매우 중요하다는 사실을 분명하게 깨닫게 되었다. 사막 대모 중의 한 사람인 엠마 신클레티카(Amma Syncletica)는 영적지도자의 역할을 감당하기 위한 철저한 준비의 필요성에 대하여 다음과 같이 말했다. "만일 피폐해진 집을 소유한 사람이 거기에서 손님을 받는다면 그는 허물어진 집으로 인해 그 손님에게 해를 준다. 이와 같이 내면의 집이 먼저 서 있지 않은 사람은 찾아오는 손님에게 해를 입히게 된다. 사람은 말을 통해 그들을 구원의 길로 인도할 수도 있고 악한 행위를 통해 상처를 줄 수도 있다."[5] 이와 유사하게 14세기 도미니칸 수도사인 요하네스 타울러(Johannes Tauler)는 영적지도 사역에 합당하지 않은 지도자들의 위험성을 다음과 같은 말로 강조한다. "신실하지 못한 영적지도자는 나쁜 사냥개와 같다. 그 사냥개는 주인에게 토끼를 물어오지 않고 토끼를 그 자신이 게걸스럽게 먹어버린다."[6]

정신분석학은 상담자의 건강하지 않고 회심하지 않은 자아가 내담자의 성장을 방해할 때 내담자가 그 위험으로부터 벗어나 안전하게 정박할 수 있는 장소를 제공하지 않는다. 그러한 안전하게 정박할 장소가 부족한 근본적인 원인은 정신분석학이나 심리학은 단독으로 자연 질서 내에서 절대적인 권위를 갖고 있지 못하기 때문이다. 정신분석학이나 심리학은 인간이 근본적으로 망가졌음을 인식하고 있지만 이러한 학문은 망가진 인간을 교정하기 위한 대략적인 모델만을 제공할 수 있을 뿐이다. 이러한 모델들이 상담자의 역할을 하는 치료자들인데 이들은 주관성이 강하고 흠이 많은 것으로 인식되고 있다.

명백하게도 심리학에 대한 다양한 기독교 비평들은 이러한 근본적인 결핍을 지적해 왔다. 이러한 주장은 기독교적 관점에서 심리학을 심도 있게 연구해 온 대부분의 연구가들에게 새로운 것은 아니다. 그러나 일반적으로 정신분석학이나 심리학이 도덕적 권위를 제공하는 안전한 장치가 없다는

주장은 그리스도인들이 노력해서 심리학을 배격해야 한다는 또 다른 논쟁을 불러일으킨다. 그러나 이러한 심리학을 배격하는 운동은 정당한 이유가 없는 소모적인 것이다. 또한 의미를 추구하는 의심의 해석학(대표적인 경우가 프로이드의 정신분석학)의 정당성을 인정하기 위해 우리는 굳이 어떤 절대적인 진리의 존재를 부인할 필요는 없다. 우리는 타락한 인간의 관점에 의해 제한받지 않고 인간을 상대주의의 잘못에 빠지지 않도록 안전하게 정박시킬 수 있는 감독자와 진리의 규정자를 필요로 한다.

도덕적인 상대주의로 미끄러지지 않도록 우리는 정신분석학 자체 내에서는 공급되지 않았던 정박할 안전한 장소가 필요하다. 다행히 개인의 내면을 정화하기 위한 방법의 추구는 프로이드가 그의 방법론을 소개하기 전에 이미 오랫동안 존재해 왔다. 이것은 관상전통에서 찾아볼 수 있는 영적지도로서 기독교 전통 내에서 정신분석학과 평행을 이루면서 문학작품과 임상적인 실천을 통해 수세기에 걸쳐 존재해 왔다.

4. 영적지도와 관상의 탐색

영적지도는 오래된 전통으로서 수도회를 유지해 온 예전 중심의 교회들(동방교회, 로마교회 그리고 영국교회) 안에서 주로 발견된다. 영적지도의 전통은 상담 및 심리치료 보다 여러 세기를 앞서서 실천되어 왔다. 수도회로 부름을 받았던 사람들은 그들의 추구 목표였던 하나님과의 연합을 위해서 영적지도와 영적부모의 돌봄이 필요했다. 몇몇 가지의 영적전통에서 영혼의 돌봄은 평신도를 인도하는 지도자들뿐만 아니라 평신도 자신들에게도 중요한 것으로 여겨졌다.

영적지도의 전통에는 많은 다양한 사상과 임상 실천들이 존재해 왔다. 다양한 관상의 전통은 정신분석의 세계관과 유사하기 때문에 우리의 토론의 목적을 위해서 가장 중요한 것이다. 넓은 의미에서 관상의 전통은 사막 대부와 대모들의 영적저술들과 영국교회, 동방교회, 성 도미니크수도회, 베네딕트수도회, 예수회, 카르멜회 등의 영성활동에서 형성된 전통들을 포함한다. 비록 극도로 다양한 전통들을 한 덩어리로 함께 뭉쳐서 판단할 수는 없

제8장 정신분석학과 관상신학의 통합: 영적지도의 역사로부터의 교훈

을지라도 그들을 같은 부류로 보는 것이 대조를 하는데 도움을 줄 것이다. 관상의 전통에서 영적지도를 말할 때 내가 언급 하는 것은 이 광범위한 유산에서 나온 것이다.

현재의 정신분석학자들처럼 이러한 전통에 속한 관상주의자들은 시각의 순수화를 발견했다. 그들은 인간 본성이 기본적으로 완전함과 관계적 연합을 향한 갈망에 의해 특징지어진다는 것을 믿었다. 깨어짐의 미덕이 우리 삶을 지배하고 관계 중심의 건강한 미덕을 지향하도록 하는 재교육이 필요하다고 그들은 믿었다. 그러나 관상의 전통에 있어 영적지도자는 상담 및 심리치료자들과 중요한 면에서 다르다. 정신분석과 영적지도 모두가 인간은 욕망에 의해 제한되어 있다는 것을 동의하지만 영적지도자는 그들의 욕망의 궁극적인 원천과 최종적인 목표는 하나님이라고 믿는다. 인간은 하나님과의 하나 됨을 위하여 창조되었기 때문에 어거스틴의 주장처럼 우리의 마음은 그리스도 예수를 통하여 하나님 안에서 안식할 때까지는 참 평안은 없다. 영적지도자와 피지도자 사이의 관계는 단 하나의 규정된 목적을 위해 존재 한다. 그것은 피지도자가 하나님께 더 가까이 갈 수 있도록 이끄는 것이다.

심지어 피지도자가 자아 인식(self-knowledge)을 확대시키는 과정은 피지도자를 하나님께로 인도하는 첫 번째 목적에 이어 두 번째 목적이 되어야 한다. 자아 인식은 하나님을 알아가는 과정의 한 단계인데 이러한 자아 인식을 하지 못하도록 방해하는 환상을 제거하기 위한 과정에서 반드시 필요하다. 콜롬바 스튜어트(Columba Stewart)는 사막 대부들의 명상록에서 이러한 강조점을 발견할 수 있나고 다음과 같이 말했다.

> 수도사로 하여금 하나님을 관상하도록 움직였던 것은 사물을 있는 그대로 보게 하는 진리에 대한 그들의 헌신 때문이었다. 에바그리우스(Evagrius)와 몇몇 영적지도자들의 저술에 의하면 관상의 고전적인 단계는 자아 훈련에서 시작하여 창조된 세계의 관상으로, 영적 세계의 관상으로, 하나님의 관상으로 나아가는 것이나. 진리에의 헌신은 처음에는 자아 인식을 위한 고행생활의 형태로 표현되고 실천되었다. 환상이나 투사, 혹은 경건한 소망의 마스크를 쓰지 않고 사물을 있는 그대로 보고 하나님을 보이는 그대로 보려면 우리는 먼저 자신에

관한 환상과 투사의 마스크를 제거해야 한다. 우리 자신이 쓰는 마스크와 우리가 하나님의 얼굴에서 보는 마스크는 궁극적으로 똑같은 우리의 작품이다.[7]

사막의 대부들과 대모들은 하나님의 진리로부터 우리의 소망과 환상들을 분리할 수 있도록 자아의 정직성을 강하게 가지고 우리 자신을 알 필요가 있다고 가르쳤다.

영적지도자를 위한 권면에서 십자가의 요한(John of the Cross)은 피지도자의 개인적 특성에 맞는 영적지도를 채택해야 한다는 것을 다음과 같이 강조한다.

> 이런 영적지도자들은 다음과 같은 것을 마음에 두고 기억해야 한다... 그들 자신은 하나님이 그들 각자에게 주는 영성을 따라 오직 믿음과 하나님의 법에 의해 영혼들을 완전함의 길로 인도하는 도구일 뿐이다. 그러므로 영적지도자들은 자신의 길과 자신에게 맞는 방법을 따라 영혼들을 안내하는 것으로 목표를 삼으면 안 되며, 하나님이 영성수련자들의 영혼을 직접 인도하신다는 것을 그들이 알 수 있도록 해야 한다. 만약 알지 못한다 해도 영적지도자들은 평안 가운데 영성수련자의 영혼을 머물게 해야 하고 혼돈시켜서는 안 된다.[8]

각 영혼은 스스로를 알아야만 한다. 그러므로 하나님이 인도하시는 뜻은 전적으로 각 영혼에 개별적이다. 또 다른 의미에서 그 반대도 진리이다. 노리치의 줄리앙(Julian of Norwich)은 하나님을 아는 지식이 인간이 인간 스스로를 알아가는 지식으로 이끌어 갈 것이라고 가르쳤다. "하나님은 우리 자신의 영혼보다 우리에게 더 가까이 계신다. 그래서 우리가 우리 영혼을 알며 사귀고 함께 장난하기를 원한다면 우리 영혼을 에워싸신 우리 주 하나님을 찾을 필요가 있을 것이다."[9]

하나님과의 관계를 포함하여 내담자의 모든 관계가 관계맺음의 형태를 재형성함으로 인해서 변화될 것이라는 전망을 가지고 상담 및 심리치료를 하게 된다. 다수의 기독교 정신건강 전문가들은 이 방법을 통합이라고 정의한다. 이 방법은 개인 삶의 모든 다른 부분들의 치료를 하나님과의 관계맺음을 통하여 개선시키는 것이다.

그러나 고전적인 전통에서 영적지도자는 오직 궁극적인 목표로서 내면적인 하나님과의 관계변화를 목표로 삼는다. 다른 관계변화들은 하나님과의 근본적인 관계변화의 결과로 주어지는 것이며 이외에 첨가할 것은 없다. 사실상 고전적인 영적지도의 관계적 입장에서 볼 때 상담 및 심리치료 기간 동안 행해지는 일반적인 사역은 이상하게 부적당해 보인다. 심지어 양쪽에서 관심을 가지는 주제들이 서로 다른 방향을 지향하고 있다. 상담 및 심리치료사는 보다 적게 왜곡되고 이기적이지 않은 방법으로 내담자가 다른 사람들과 관계 맺는 것을 원하는 반면에 영적저술을 분석해 보면 영적지도자는 피지도자가 더 깊고 진실한 기도를 할 수 있다는 증거를 보고 싶어 한다. 하나님과 교제의 중요한 수단으로서 기도는 사람들의 변화에 가장 큰 증거를 제공한다.

상담 및 심리치료와 영적지도는 중요한 면에서 다르다. 둘 다 영혼의 문제와 궁극적인 의미의 문제를 다루지만 오직 영적지도만이 이 둘 사이의 관계를 중요한 것으로 인식한다. 상담 및 심리치료는 몇몇 사람들이 언급했던 것처럼 자선활동이 아니다. 그러나 나는 상담 및 심리치료는 버려야 하고 영적지도가 그것을 대신해야 한다고 제안하지 않는다. 신학과 심리학의 통합을 연구해 온 많은 학자들은 상담 및 심리치료는 포기할 수도 없고 해서도 안된다는 이유들을 충분히 제공해 왔다. 믿음을 적대시할 수 있기 때문에 심리학을 버려야 한다는 주장은 전적으로 설득력이 없는 것이다.

심리학이 유익한 것이지만 기독교인의 내면은 구원을 필요로 하지 않는다는 신념은 공허한 것이다. 심리학이 단지 어떤 다른 학문 분야처럼 하나님의 자연계시의 한 영역을 연구하는 학문일 뿐이라는 일반적인 주장은 단순히 말하자면 솔직하지 않다. 상담 및 심리치료는 세계관의 다양한 주제에 관하여 연구한다. 정신분석의 경우에서 보는 것처럼 심리학이 인간의 의미 추구를 연구하기 위한 모형을 만들고자 했을 때 심리학은 신학과 철학의 실체들을 통찰하면서 연구한다. 세상에서 치료자들은 새로운 경험의 공동창조자로서 영향력 있는 역할을 하게 되며 이 역할에서 그들은 목회자와 영적지도지의 영역에 준하는 역할을 감당한다.

정신분석학사들과 관상적인 영적지도자들은 둘 다 그들 자신의 불순한 왜곡된 동기들을 제거함으로 의미를 너 깊이 경험히고자 자아 인식을 구한다. 그러나 이러한 왜곡들을 뿌리 뽑으려는 그들의 헌신에 관해서 관상주의자들은 방어적인 환상의 매여 있는 것을 부수는 것이 아니라 죄에 매여 있는 것을 부순다고 말한다. 이 때 깨어짐을 죄라고 이름부름으로서 관상주의자들은 의미추구에 영원성을 부여하게 되었는데 이러한 과정을 거치면서 토론은 실제적인 영적 영역의 문제로 되었다. 깨어짐(brokenness)이 병리학이라기보다는 죄라고 불릴 때 목표는 피지도자의 개인적인 관심분야를 다루는 것이 아니라 그의 구원 문제를 다루게 된다. 인식에 대한 개인적인 편견과 환상은 사람들의 행복한 관계를 더 많이 방해한다. 그것들은 하나님의 음성을 들을 수 있는 우리의 가능성을 제한한다.

현대 정신분석학과 고전적인 관상언어의 유사성은 종종 놀랄 정도이다. 14세기의 요하네스 타울러는 다음과 같이 주장했다. "사람들은 일반적으로 알지 못하는 숨겨진 애착에 매여 있다. 이 잘못되고 숨겨진 애착들은 그들이 하나님 존전 앞으로 나아가는 것을 방해할 수 있다. 이들은 진정으로 모범적인 삶을 살아갔고 경건의 실천에 뛰어났다. 그러나 그들이 집착해서 매달린 애착은 너무 깊게 묻혀있어서 그들은 그것을 지각할 수조차 없었다."[10] 그러나 자아 인식 자체가 치료의 목적이라는 현대적인 개념은 이러한 관상주의자들에게는 용납되지 않는 것이다.

예를 들어 16세기 카르멜 수도회(Carmelite order) 창시자인 아빌라의 테레사는 자아 인식을 하나님을 인식하기 위한 한 단계로 보았다. 그녀의 견해에 의하면 우리가 자신을 알고 우리의 가난함과 비참함을 계속해서 깨닫게 되고 받지 않은 것은 아무 것도 소유할 수 없다는 것을 인정할 때 우리 주님은 크게 기뻐하신다는 것을 알도록 노력해야 한다.[11] 하나님과 더 깊은 연합을 향한 갈망만이 사람들로 하여금 자기 정직을 추구하는 고통스러운 사역에 참여하도록 동기부여를 할 수 있다.

5. 고통에서 발견하는 의미

정신분석학과 사막의 관상전통은 두 영역 모두 더 깊이 있고 더 정확한 자아의 깨달음을 추구한다. 또한 두 영역 모두 그 추구가 고통스럽고 어려

제8장 정신분석학과 관상신학의 통합: 영적지도의 역사로부터의 교훈

운 과정이라고 믿고 있다. 이러한 전통에 있어 치료와 성장의 과정은 고통을 제거하는 데서가 아니라 고통으로부터 의미를 발견하는 데서 찾을 수 있다. 그러나 정신분석과 관상의 전통은 그 의미가 무엇인가를 규정하는 가설에서 서로 다르다. 정신분석학의 전통에서 환상을 제거해서 얻는 자기 깨달음은 그 자체가 치료의 목적으로 보여진다. 환상의 상실은 고통스럽고 애통하게 하지만 종국에 가서 정신분석의 치료 과정은 자신의 한계를 수용하는 결과를 만든다. 또 다른 한편으로 관상의 과정은 피지도자를 그 자신과 하나님을 초월하는 대상을 인식하도록 인도한다.

십자가의 요한은 기독교 순례자를 자아의 죄성과 부적절성 때문에 고통스럽게 애통해 하는 사람들로 묘사한다. 이 애통은 영적 성숙에 필수적인 것이나 관찰자에게 그것은 병적인 상태나 혹은 심한 경우 질병으로 보일 수도 있다. 요한은 욥의 고난과 환상에 대한 미성숙한 애착을 상실함으로 애통하는 사람의 고통의 관계를 평행선 구조를 그려서 설명한다. 욥의 세 친구들이 욥의 고통의 원인을 그 자신의 죄의 결과로 돌렸던 것처럼 영적인 애통 가운데 있는 사람의 친구들도 다음과 같이 주장한다.

> 그 애통 상태는 정신질환이나 혹은 우울증 혹은 담즙질적 성격 혹은 어떤 숨겨진 개인적인 악 때문에 생겨나며, 이러한 결과로서 하나님은 애통하는 자를 내버려두셨다. 혹자는 애통자가 이전처럼 하나님의 활동 안에서 기쁨과 위로를 더 이상 경험하지 못하므로 퇴행이 일어난다고 말할 것이다. 그런 이야기는 가장 큰 고통이 그나 그녀의 개인적인 비참함을 인식함으로 야기되기 때문에 불쌍한 영혼의 시련을 배가시킨다 큰 고통이 악과 죄로 채워져 있다는 것은 대낮처럼 분명하다. 심지어 더 분명하다고 볼 수 있는 이유는 하나님은 관상의 밤에서 이런 교화의 창조자이기 때문이다.[12]

요한은 이러한 고통을 제거할 것으로 보지 않고 영혼이 영적사막에서 의존에서 환상으로 옮겨가면서 겪게 되는 고통의 기간을 인내할 수 있는 정도까지 성숙되는 축복으로 믿었다. 18세기 러시아의 주교 틱혼 자돈스크(Tikhon of Zadonsk)는 고통스러운 일에 대한 관상이 우울증에 대한 완전한 치료제라고 기술하면서 다음과 같이 말했다. "당신의 마음에 떠오르는 죽음

의 생각, 그리스도 심판의 생각, 영벌과 영원의 기쁨에 생각은 우울증을 제거한다. 기도의 충만한 결과가 이 사실들을 반영해 준다."[13] 건강과 영적 성숙으로 가는 길은 진리로부터 벗어난 방향 안에 있는 것이 아니다. 우울증과 미해결된 애통함 사이를 연결하는 정신분석학적인 통찰력은 20세기에 발견한 새로운 것이 아니다. 실재를 직면할 때 언제나 치유가 일어난다.

6. 영적 안전장치

정신분석학적 세계관에 있어서 치료의 길은 자신에 대한 참된 인식을 통해서 이루어진다. 인간은 개인적으로 건강하지 못한 패턴을 반복하고 다른 사람들과 친밀하게 관계 맺는 역량을 제한하면서 관계를 맺으며 그러한 경험적 삶의 형태에 갇혀 있다. 치료적 경험은 이 비적응적인 삶의 사이클을 상담자-내담자 관계라는 상황 속으로 끌어들여야 발생한다. 그러나 단순히 과거의 경험을 반복하지 않기 위해서 상담자가 처방한 역할만을 하는 것은 거절해야 한다. 내담자의 옛 패턴의 기대는 채워지지 않고 내담자에게 새롭고 감정적인 면에서 올바른 경험이 주어진다. 장기간의 치료에서 옛 패턴을 고양시키고 변화시키는 삶의 사이클이 여러 번 반복되고 난 후에 결국 내담자는 새로운 시각으로 보기 시작한다. 내담자는 결코 완전하지는 않지만 뒤로 물러서서 객관적인 자세로 다른 이들을 볼 수 있는 능력을 갖게 된다.

또다시 반복해서 설명하건대 상담 및 심리치료의 영역에서 객관적인 것은 아무것도 없다. 우리는 삶에서 그러한 객관적인 경험들이 더 많이 필요하다. 심층적인 상담 및 심리치료가 자신의 환상을 더 깊이 있게 보게 한다면 그 치료 과정은 큰 희망을 일으키게 될 것이다. 내담자 자신은 상담자의 거울에서 부분적이기는 하지만 늘 비쳐지고 있다. 내담자는 상담자의 눈을 통해서 그(그녀)의 자신을 보게 된다. 정신분석학 이론은 상담자가 그들 자신만의 왜곡과 편향성을 가지고 있다는 것을 인식한다. 이 사실을 단순하게 정리해서 설명하자면 모든 내담자의 눈은 관찰자 자신의 세계관의 장치인 망과 필터를 통해 나온 세상을 보게 된다. 그러므로 내담자가 자신을 인식하는 법은 부분적으로는 상담자의 가치와 인식체계에 의해 제한을 받는다.

제8장 정신분석학과 관상신학의 통합: 영적지도의 역사로부터의 교훈

영적지도 전통에서도 지도자의 환상과 왜곡들은 발견될 뿐만 아니라 매우 심각한 문제로 고려된다. 이것이 영적지도의 전통을 현대의 상담 및 심리치료와 구별하는 매우 중요한 요소이다. 영적지도는 항상 종교적인 권위체제의 관계 속에서 이루어졌다. 역사적으로 볼 때 영적지도는 기본적으로 수도원이라는 현장에서 존재해 왔다. 영적지도자의 초기 문헌들은 대부분 수사와 수녀들에 의해 만들어진 것이다.

영적지도는 오늘날 상담 및 심리치료처럼 사람이 선택하는 전문적인 직업은 아니다. 영적지도자를 선택하는 것은 소명에 의한 것이었다. 기도와 봉사의 삶을 통하여 영적 성숙의 열매를 만들었던 사람들은 종교적인 삶을 시작하는 초보자들을 위한 영적 부모로서의 역할을 감당하게 되었다. 몇몇의 경우 좀더 헌신적이고 거룩한 삶을 살기 원했던 평신도들은 이러한 형제와 자매들의 영적지도를 찾았다. 다른 사람의 영혼을 돌보는 위탁을 받은 이 사람들은 그들 자신도 영적지도 아래 있는 것이 필요했고 또한 기대했다. 많은 관상가들, 특히 신비주의자들은, 신앙적인 진보를 이루는 사람에게 영적지도의 필요성이 증가되어 왔다고 말했다. 이러한 견해는 사람이 하나님과 하나 됨에 더욱 깊이 들어감으로 세속적인 현실에 덜 애착하게 되고 더욱 영적 전쟁에 힘쓴다는 것을 보여주었다. 다른 것들은 그들의 사명을 감당하기 위한 영적 구심점을 제공하기 위해 필요했다.

심리학에서는 이 전통과 평행이 될만한 것이 없다. 상담 및 심리치료는 사람이 실행할 수 있는 기교와 기술로 특성화 되는 전문사역이며 또한 사람이 배울 수 있는 가치체계와 가치들로 특성화되는 전문사역이다. 정신분석학이 상담자가 초기훈련에서 개인분석을 받아야 한다는 것을 강조한다고 하더라도 그런 분석이 틀림없이 계속되어야 한다는 것은 아니다. 게다가 진실로 성숙된 사람만이 상담 및 심리치료를 실행하는 데 종사하도록 허락받아야 한다는 기대는 할 수가 없다. 만일 상담 및 심리치료가 하나님과 연합하는 영혼의 영원한 상태와 같은 비중 있는 문제들을 다루게 되면 여기에 합당한 안전장치가 보장되어야 한다고 주장할 수도 있다. 그러나 상담 및 심리치료는 정말로 영혼의 상태와 직접 관련된 문제를 다루기 때문에 더 많은 안전장치들로 보장되어야만 한다.

7. 애통함의 구심성

정신분석학과 관상적인 영성 두 영역 모두는 우리 삶에서 경험하는 애통함의 근본적인 중요성에 근거를 두고 접근한다. 정신분석학은 인간의 추구는 우리의 과거가 추진하는 힘과 우리의 욕망이 강요하는 힘에 집중되어 있는 것으로 이해한다. 우리의 과거는 적절하거나 부적절하거나에 상관없이 우리의 관계적 필요를 채워온 관계들의 모체를 통해 우리를 나아가게 했다. 우리의 욕망들은 관계적인 실체를 통해 불만족 상태로 남아있는 것을 만족시키기 위해 추구할 때 우리를 강요한다. 몇몇 정신 분석가들은 거의 영적인 용어로 이 욕망을 묘사하고 있다.

정신분석학의 전통에서 성숙의 길은 주변으로 가는 것이 아니라 애통함을 통해서 이루어진다. 성숙한 어른은 슬퍼하지만 우리의 충족되지 못한 욕망들이 실제로 만족될 수 있는 환상에서 벗어나는 방법을 배웠던 지혜로운 사람이다. 위로와 만족의 환상은 우리가 원했지만 정말로 결코 얻을 수 없었던 진리에 대한 늘 속이 빈 대체물이다.

관상전통의 사람들은 우리의 충족되지 못한 욕망들을 인식할 필요가 있음을 강조한다. 사막신학은 몇몇 정신분석의 이론가들이 제시한 것처럼 신비적이고 완전한 어머니를 찾아야 한다는 것을 제시하지 않는다. 오히려 우리는 창조주와 함께 친밀한 동행을 위해 창조되었으나 우리는 하나님과 분리되어 태어났고 우리는 깨어졌으며 하나님을 위해서는 부적절한 대체물이 되었다. 사막의 전통에서 하나님과 연합하는 길은 안락과 공허한 만족의 환상을 버리는 것이다.

알란 존스(Alan Jones)는 정신분석학 전통과 사막영성 전통 모두는 사람들이 편안하지 못한 진리보다 편안한 영적 환상에 신뢰의 빛을 준다고 주장한다. 사람들은 자신의 욕구의 참된 목표에서 분리되는 것을 두려워하기 때문에 그들은 모호함을 없애주는 신앙을 형성한다. "이런 두 가지가 일치할 때 모든 것은 잘 된다. 그러나 진리가 믿음과 함께 변화되기 시작할 때 자아기만과 거짓말의 형태가 나오기 시작한다. 그리스도인들이 예수 그리스도와 진리 사이에서 선택을 해야 한다면 그들이 선택할 것을 물어보라"고 그

제8장 정신분석학과 관상신학의 통합: 영적지도의 역사로부터의 교훈

는 제시한다. 대부분의 신앙인은 예수가 진리이므로 거기에는 갈등이 있을 수 없다고 주장함으로 그 질문에 머리를 갸우뚱거린다. 그러나 진리는 예수가 누구인가 하는 질문에 대한 우리의 인식이 제한되어 있기 때문에 종종 불화가 생겨날 것이다.[14]

때때로 내가 안락함을 느끼는 하나님에 대한 왜곡된 환상을 계속 유지하려는 유혹을 나는 받는다. 그러면서 C. S. 루이스의 『나니아 연대기』(The Chronicles of Narnia)로부터 나온 이미지에서 유래하는 길들인 사자가 되기를 거절하는 하나님을 수용하는 것에 나는 불편해 한다. 같은 논조로 프랑스의 철학자 시몬 윌(Simone Weil)은 주장한다. "사람이 만일 진리를 향한 순수한 배려를 하면서 살아간다면 결코 하나님과 몸싸움을 할 수는 없다. 그리스도는 그 자신보다 진리를 선호하는 우리를 좋아하신다. 왜냐하면 그리스도이시기 전에 그는 진리이기 때문이다. 만일 사람이 그로부터 돌아서서 진리를 향해 나간다면 그 사람은 멀리 가기 전에 그의 팔에 안기게 된다."[15]

8. 주재 외국인

히브리서는 성도들의 삶을 낯선 땅에서 외국인으로서 살아가는 모습으로 묘사하고 있다.

> 이 사람들은 다 믿음을 따라 죽었으며 약속을 받지 못하였으되 그것들을 멀리서 보고 환영하며 또 땅에서 외국인과 나그네로라 증거하였으니 이같이 말하는 자들은 본향을 찾는 것을 나타냄이라 저희가 나온 바 본향을 생각하였더라면 돌아갈 기회가 있었으려니와 저희가 이제는 더 나은 본향을 사모하니 곧 하늘에 있는 것이라 그러므로 하나님이 저희 하나님이라 일컬음 받으심을 부끄러워 아니하시고 저희를 위하여 한 성을 예비하셨느니라(히 11:13-16).

이처럼 우리를 향한 하나님의 소망을 언뜻 보며 우리는 왜곡 되지 않은 삶의 그림을 본다. 자신들을 땅에서 외국인과 나그네로 인정하는 사람들은

그들이 아직은 가질 수 없는 갈망의 삶에 그들 자신을 드린다. 정신분석학의 전통에서 이러한 인정을 상실의 애통과 갈망의 포옹이라 부른다. 관상의 전통에서 그것은 또한 믿음이라고 불리는데, 그 갈망은 궁극적으로 우리가 완전하게는 상상할 수 없는 방법으로 만족되어질 것이다.

하나님의 자녀들의 삶에서 관상적인 비전은 본향의 아득한 지평을 사랑하면서 환상이 주는 일시적인 위로를 버리기를 요구한다. 가장 진실한 말로 표현하면 우리는 이 땅에서 잠시 묵는 손님이다. 사막의 대부들은 사막에서의 삶이 장애물을 제거하고 기도의 삶으로 가는 가장 참된 길이라고 문자 그대로 믿었다. 광야에서는 영원한 집의 환상을 볼 수 없었다. 거기에서 우리는 외국인으로 나타내어진다. 정신분석학에서 상담자의 눈을 통하여 환상을 제거하는 것은 전에는 가능하지 않았던 삶의 새로운 전망을 여는 것이다.

하나님과 함께 하는 우리의 여행이 영적환상을 제거하는 데로 인도할 때 우리는 실제로 하나님의 나라가 가까이 왔음을 보기 시작한다. 이 때 우리는 하나님의 눈을 통하여 보기 시작한다. 우리가 하나님의 눈을 통해 볼 때 오늘 우리가 살고 있는 장막이 우리가 영원히 살도록 운명지어진 바로 그 맨션인 것처럼 여기지 않을 것이다. 우리는 애통하는 백성이며 하나님과 연합하기 위해 창조되었고 그 연합의 성취를 갈망한다. 정신분석학의 전통에서 볼 때 우리는 근본주의자들의 환상에서 불려나왔고 타락한 인간이지만 우리가 진리를 붙잡을 때 우리 자신의 절망적인 욕심의 끌어당김에서 자유로울 수 있다. 그 전통은 우리의 의미추구가 궁극적으로 만족할 만한 결론을 얻지 못할 것임을 알게 될 때 상응하는 실망감으로부터 벗어날 수 있는 안정감을 제공하지 않는다.

포스트모던의 의심의 해석학은 환상을 제거하기 위하여 정신분석학적인 연구에 의해 주로 시작되었으며 정신분석학과 관상신학의 통합을 통해 방향은 재정립될 수 있다. 궁극적으로 하나님과 함께 만족을 찾는다는 약속 안에서 우리의 해석학은 겸손과 확신의 해석학이라고 불릴 수 있다. 그러한 해석학은 인간 주도로 진리의 객관적인 지식을 얻을 수 있다고 주장하는 근본주의자들의 유혹을 거절한다. 이러한 의미에서 그것은 의심의 해석학이 된다. 그러나 그러한 겸손은 어쩔 수 없이 우리가 상대주의라는 반대적인

제8장 정신분석학과 관상신학의 통합: 영적지도의 역사로부터의 교훈

극한으로 미끄러지는 가능성도 고려해야 한다. 허무주의의 상대주의적 해석학과는 다르게 사막의 관상가들의 믿음은 우리 자신의 죄 많은 환상에 대한 겸손한 인식이 진리를 찾는 가능성을 제거한다고 주장하지 않는다. 우리의 확신은 기초가 세워진 도시를 정확하게 볼 수 없다고 할지라도 확실하게 그 도시의 설계사와 건축가를 볼 수 있게 한다. 폭넓게 설계자와 건축가를 알고 사랑하기 위하여 우리의 비전은 좀더 충분히 진리에 뿌리를 내려야 할 것이다.

이스라엘의 백성들처럼 우리는 노예의 도시에서 불러내어져 광야로 나아간다. 기독교심리학자들은 상담 및 심리치료의 일이 영적지도와 같은 것이 아니며 상담 및 심리치료자는 개인적인 성지순례를 결코 타도해서는 안 된다는 것을 인식해야만 한다. 광야에서 하나님의 도시를 향하여 가는 여행에서 다른 사람들을 돕는 저들은 수세기를 통해 관상적 영적지도자의 소명을 깨달으면서 탁월하게 수행해 왔다. 우리가 저들의 교훈을 진지하게 받아들인다면 우리는 환상을 제거하고 고통으로부터 오는 의미를 찾는 힘든 과정을 통하여 다른 사람들을 인도하는 우리의 일은 같은 여행을 하는 우리의 진행 과정에 뒤엉켜질 것임을 인식해야 한다. 니사의 그레고리(Gregory of Nyssa)가 4세기에 가르쳤던 것처럼 영적지도자의 역할은 모세의 역할을 거울로 보는 것이다.

> 하나님을 열정적으로 바라고 찾는 모세는 그가 어떻게 하나님을 볼 수 있는지 가르침을 받게 된다. 그가 인도되는 곳마다 하나님을 따르는 것이 하나님을 바라보는 것이다. 그의 여정은 따르는 사람을 안내하는 것이다. 왜냐하면 그 길을 알지 못하는 사람은 모세의 안내를 따라가는 것 외에 어떤 다른 방법으로는 여행을 안전하게 마칠 수가 없기 때문이다. 인도하는 모세는 그의 안내로 따르는 사람에게 길을 보여준다. 따르는 사람은 그가 자신의 시야에 그의 지도자의 뒷면을 계속해서 볼 수 있다면 올바른 길에서 벗어나지는 않을 것이다.[16]

분명한 시야를 가지고 하나님의 뒷면을 계속해서 주목하지 못하는 안내사는 광야를 통과하는 다른 사람들을 결코 인도할 수 없다.

광야에서 우리는 밀리 하늘의 도성을 볼 것이다. 우리는 환상의 노예로

되돌아가고픈 유혹을 받을 것이지만 모세와 아브라함처럼 이 땅에서 나그네와 외국인으로 살아간다고 고백하는 사람들은 이전의 고향으로 되돌아가기 위해 정착하지 않을 것이다. 그러한 신앙인은 더 좋은 본향을 갈망하고 있다는 것을 인식한다. 의미와 진리를 추구하는 개인들을 인도하는 과정에 종사하는 사람들은 모세의 사역을 그들 사역의 모델로 만들면 가장 효과적이다. 여기에 대해서 14세기 독일 도미니칸 수도회의 존스 타울러는 다음과 같이 말한다.

> 세상의 사랑을 버린 저 사람들은 진실로 이집트로부터 떠나가고 있다. 그들은 자랑, 겉치레, 의심 또한 모든 다른 죄들을 버리고 바로 왕을 섬기는 것을 그만두었고, 세상으로부터 나온 저들은 지휘자로서 그들을 섬기는 모세를 발견하는 큰 욕구가 있다. 지휘자로서 모세는 온유함과 동정심으로 충만한 모습이다. 그들은 달콤하고 친절하고 인내심 많은 안내자가 필요하다. 이 안내자는 그들을 전진하게 만들고 안내의 비용이 많이 들지만 쉽게 그들을 좀더 편안하게 해 줄 수 있는 안내자가 되어야 한다.[17]

광야로 나아가는 것은 비용이 많이 든다. 그 여행에서 다른 사람들을 안내하는 사람들은 그들 자신과 그들이 인도하는 사람들을 위해 진지하게 비용을 지불해야만 한다. 우리가 신학과 심리학의 통합을 추구할 때 여러 시대를 거쳐 들려오는 영적지도자의 목소리들은 우리가 높은 수준의 책임과 희생적인 지도력을 갖도록 요구한다.

■주(Notes)

1) Merold Westphal, *Suspicion and Faith: The Religious uses of modern atheism* (Grand Rapids: Eerdmans, 1993), 16.
2) Paul Ricoeur, *Freud and Philosophy: An Essay on Interpretation*, Denis Savage (tr.) (New Haven, CN.: Yale University Press, 1970).
3) Benedict J. Groeschel, *Spiritual Passages: The Psychology of Spiritual Development* (New York: Crossroad, 1992); Alan Jones, Soul Making: The Desert Way of Spirituality (San Francisco: HarpperCollins, 1985).
4) *The Cloud of Unknowing*, Clifton Wolters (tr.) (New York: Penguin, 1978), 102.
5) *The Sayings of the Desert Fathers*, Benedicta Ward (tr.) (Kalamazoo: Cistercian Publications, 1975), 195.
6) Johannes Tauler, quoted in *Writings on Spiritual Direction by Great Christian Masters*, Jerome M. Neufekler, & Mary C. Coelho (eds.) (New York: Seabury, 1982), 112.
7) Columba Stewart, "The desert Fathers on Radical self-Honesty." *Vox Benedictina* 8 (1991): 11.
8) John of the Cross, *The Complete Works of Saint John of the Cross*, E Allison Peers, (ed.) Silverio De Santa Teresa (tr.) (Westminster, MD.: Newman, 1945), 3:184-5.
9) Julian of Norwich, *Revelation of Love*, John Skinner (tr.) (New York: Doubleday, 1996), 124.
10) Johannes Tauler, *Johannes Tauler: Sermons*, trans. Maria Shrady (New York: Paulist, 1985).
11) Teresa of Avila, *Interior Castle*, E. Allison Peers (tr.) (New York: Doubleday, 1961), 160.
12) John of the Cross, *Ascent of Mount Carmel, Writings on Spiritual Direction by Great Christian Masters*, Jerome M. Neufelder, & Mary C. Coelho (eds.) (New York: Seabury, 1982), 111.
13) Tikhon of Zadonsk, *Letters of St. Tikhon, in Writings on Spiritual Direction by Great Christian Masters*, Jerome M. Neufelder, & Mary C. Coelho (eds.) (New York: Seabury, 1982), 144.
14) Jones, *Soul Making*, 7.
15) Simone Weil, *Waiting for God*, Emma Craufurd (tr.) (New York: Putnams, 1951), 69.

16) Gregory of Nyssa, *The Life of Moses*, Abraham J. Malherbe, & Everett Ferguson (trs.) (New York: Paulist, 1978), 119.
17) Jonannes Tauler, *Sermons and Conferences*, in *Writings on Spiritual Direction by Great Christian Masters*, Jerome M. Neufelder, & Mary C. Coelho (eds.) (New York: Seabury, 1982), 28.

제9장

상담에서 내담자의 죄 탐색:
자아 기만의 사례연구에 대한 신학적 전망

필립 몬로(Philip G. Monroe)

토마스(Thomas)는 40세이며, 그의 가정에서 그만이 유일한 그리스도인이다. 그는 우울과 고독에 시달리다가 상담을 받기 위해 상담실을 찾아왔다. 그는 삶의 목적을 상실했으며, 하나님은 왜 자신의 기도에 응답하지 않는지에 대해 의구심을 제기했다. 결국 그는 더 이상 기도하지 않게 되었고, 단지 그의 삶에서 소망이란 가족들로부터 그저 자그마한 존경을 받는 것이고, 아내와 친밀감을 나누는 정도였다.

당신은 이 사례를 통해서 토마스를 어떻게 상담할 수 있겠는가? 확실한 것은 이 사례에 대해서 어떻게 상담적 지원을 할 것인가를 결정하기에 앞서, 또 다른 정보가 있는가를 찾고자 할 것이다. 이런 사례를 접하게 되었을 때, 여타의 훌륭한 상담자들처럼 증상의 정도와 근원, 문제의 역사를 판단할 것이며, 이전의 문제를 해결하려고 어떤 시도를 했는지에 대해서도 알아볼 것이다. 내담자를 진단하고 판단하는 것은 상담을 어떻게 해야 하는지에 대하여 결정하게 될 구성요소의 열쇠이다. 그러나 내담자로부터 무엇을 찾을 것인지에 대한 것은 어느 정도 상담자의 결정에 따를 것이다. 먼저는 어떤 조직적인 문제, 내적 성향, 생물학적, 심리학적 그리고 사회적 상호작용 등을 살펴보게 된다. 그것들의 상황 판단이 어떠하든간에 상담자는 대개 문제의 요인을 분석하려는 경향이 있다.[1] 상담자가 내담자의 상황 가운데 어떤 특정한 요인들을 문제의 실제적 원인으로 분석해내기가 어렵다는 사실에도 불구하고, 그렇게 하는 것은 문제를 설명할 수 있거나 상담의 초점을 어디에 맞추어야 하는가에 대한 방향성을 제공한다.

본장의 주제는 기독교의 핵심개념인 실제적(의도적이지 않은)이고 개인적인 죄가 심리적 문제의 원인이라고 설명할 수 있을 만한 핵심 요인들을 찾을 때, 죄를 간과하고 있다는 것에 대한 연구이다. 미국에서 발행되는 정기 간행물 "심리학과 기독교"(*Journal of Psychology and Christianity*)와 "심리학과 신학"(*Journal of Psychology and Theology*) 등 1,143편의 논문을 분석해보면, 구체적으로 죄를 주제로 한 논문(참조: 그림 1)은 단지 4%도 안 된다. 5%에도 못 미치는 43편의 논문에서만이 개인적인 죄의 영향에 관한 연구(참조: 그림 2)를 한 바 있다.[2] 지금까지 대부분의 연구에서는 죄의 본질과 기원을 여러 심리학 이론들을 통해서 개념화하였다. 물론, 이런 개념화는 죄를 이해하는 데 도움이 되지만 죄악은 추상적인 이론으로 존재하는 것은 아니다. 오히려 우리는 자신을 "죄에 대한 인식과 지식에 대한 연구"에 참여시켜 '죄악이 인간의 삶을 타락시키는 것'에 대한 비중을 두고 인지해야 한다.[3]

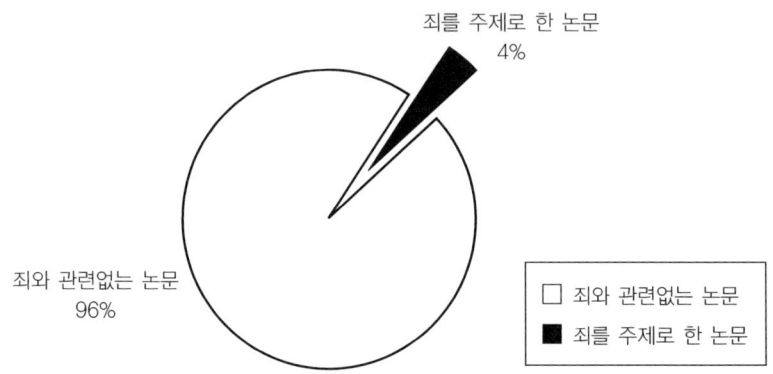

〈그림 1〉 출처: 필립 몬로, "죄", JPC/JPT

제9장 상담에서 내담자의 죄 탐색: 자아 기만의 사례연구에 대한 신학적 전망

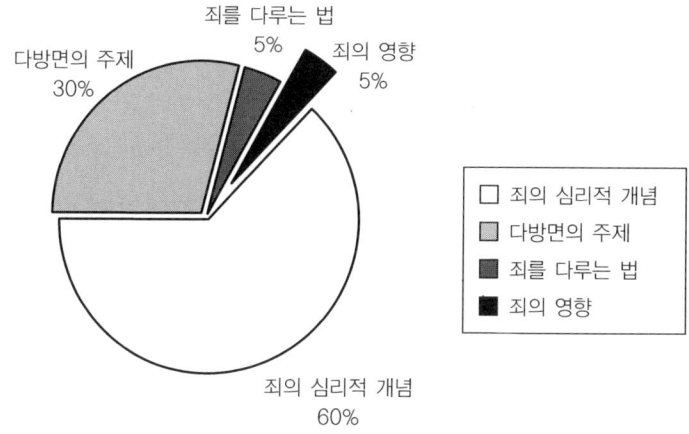

〈그림 2〉 출처: 필립 몬로, "죄"를 주제로 한 논문의 범주

본장의 목적은 '자아 기만'이라는 죄의 사례를 들어, 그것이 한 사람의 삶에 어떠한 영향을 미쳤는지에 대한 연구이다. 이는 왜 심리학계가 개인적 죄에 대한 연구와 토의를 외면했는지, 그 간과되었던 주제를 관찰하여 연구하는 것이라고 할 수 있다.[4] 앞에서 언급한 토마스는 순탄치 않은 인생을 살면서 엄청난 고통을 경험했다. 그의 고통의 일부분은 다른 사람들이 그에게 죄를 범한 결과이며, 다른 고통은 토마스의 오래된 죄의 습관 때문에 발생된 것이다. 전자를 부정하지 않고 후자에 집중하는 이유는 성령의 인도를 통한 자아 탐색이 인간에게 나타난 악의 영향을 인식하는 데 주된 방법이기 때문이다. 우리는 청교도들과 또 그와 유사한 성향을 가진 신학자들의 주석들로부터 인간의 본성을 이해하는 데 도움이 될 것이라는 생각에서 이를 다루고자 한다.

나는 개인의 삶에 나타나는 필연적인 어려움이 죄로 인하여 발생된 것이라고 하는 상관관계를 증명하는 것은 어렵다고 생각한다. 또한 죄 자체의 실제적인 원인을 설명하는 것도 쉬운 일이 아니라고 생각한다. 코넬리우스 프랜티저(Cornelius Plantiga)의 저서 가운데 죄에 대한 책은 훌륭한 도서로 수상 받은 바 있는 책인데 그 책에 의하면 죄의 동기와 죄에 대한 설명을 볼 때, 죄와 인생의 질은 연관성의 유무를 판단하기 어렵다는 것을 상기시킨

다. 우리가 죄를 이해하는 데 있어서 최선을 다하는 데도 불구하고 "왜 사람들은 아직까지 죄를 범하는지 모른다."[5] 모든 변인을 분석하고도 우리는 죄의 정체가 알다가도 모를 것이라는 결론을 내리게 된다.

1. 죄가 문제이긴 하지만 치료의 초점이 되어야만 하는가?

개인적 죄의 결과를 완전히 해결하는 것은 불가능하다. 그러나 죄가 모든 창조물에 엄청난 피해를 초래한다는 것은 확실하다. 그러므로 죄는 그저 단순한 결함이라고 개념화할 수는 없을 것이다. 오히려 이것은 "개인과 사회에 영향을 미치는 힘이다."[6] 죄는 하나님과 이웃과의 갈등을 야기시키며 공동체를 파괴한다. 비록 이것이 적대적 존재라는 것을 인식하더라도 우리는 불화에 너무 익숙해져 있어서 하루하루 죄의 영향을 파악하는 데 어려움을 느낀다. 오직 평화가 크게 깨지거나 가정의 불화가 심화될 때에만 죄는 두드려져 보인다. 우리는 하나님과의 거리감에 너무 익숙해져 있는 것 같다.

그렇다면 우리가 사용하는 새로운 용어로 인해 죄가 더욱 황폐하게 되고, 하나님의 관계를 약화시키며, 죄의 파괴력으로 인해 그 개념이 실효성을 잃게 되었는가? 결점과 역기능적인 단어들이 죄의 파괴력과 하나님의 거룩함으로부터 우리의 눈을 떼어 놓는가? 그러한 단어들이 우리를 자아 탐색과 회개의 삶에로 도전을 주고 있는가? 청교도들은 성경에 묘사된 은혜스러운 구원의 배경에 대해서 강력하게 자아 탐색을 추구하게 되었다. 죄와 구원에 대한 이해를 바탕으로 한 상담은 사순절과 같은 과정으로 자아 탐색을 장려하게 된다.

그러나 하나님과 다른 사람들과의 영적 교제의 상실은 고독을 초래하고 불안을 증진시키게 된다. 또 자신의 내면으로 향하려는 성향이 생기며, 인간적인 지혜에 귀를 기울이게 되고, 하나님보다도 다른 것들을 위한 정욕이 활발해진다.[7] 죄의 원인은 아동 학대와 간음과 같은 외적인 파괴뿐만 아니라 성격이 형성될 시기에는 상당한 영향을 미칠 수도 있다. "기질과 행동은 인격을 형성하고, 이는 다시 기질과 행동을 결정한다."[8] 이것보다 더 심각한 것은 우리는 비난받게 될 현실을 회피하기 위해서 '자아 의의 방호벽'을

제9장 상담에서 내담자의 죄 탐색: 자아 기만의 사례연구에 대한 신학적 전망

수립하려고 하는데 이는 더 심각한 문제를 야기시킬 수 있다.[9] 우리는 회개할 필요가 없다고 생각하거나 다른 사람보다는 회개할 것이 적다는 생각으로 이러한 행위를 저지른다.

모든 내담자의 개인적 죄는 그들의 (또한 다른 사람들의) 삶을 황폐시키거나 혼돈을 야기시키게 될 것이다.[10] 죄는 우리의 정서와 사고의 모든 관점에서 통찰해야 한다. 죄는 하나님께서 사랑으로 우리에게 제시해 주셨던 구원과 회복, 그리고 다른 사람을 회복시키기 위한 것들을 인간의 힘으로 할 수 있다는 생각에서 다른 구원을 찾도록 만들 정도로 악한 것이다.

상담현장에서 상담자는 내담자의 개인적 죄를 탐색할 것인지 그렇지 않을 것인지는 반드시 고려해야 할 필요가 있다. 이러한 논의를 하지 않는다면, 내담자가 가지고 있는 거짓 죄책감을 실제로서 받아들이게 만들거나 또는 진지함이 없이 가볍게 그리고 형식적인 회개를 하도록 격려하는 것은 문제를 심각하게 만들고 풍성한 삶을 살 수 있는 기회를 놓치게 만드는 원인이 되지 않을까 우려된다. 이러한 결과가 있을 가능성은 충분히 있으나, 상담에서 죄를 완전히 배제해서는 안 된다. 우리가 거짓 죄책감을 없애려고 하는 만큼 우리는 죄에 대해서 만족하는 거짓 결백에 대해서도 심각한 위험성이 있다는 것을 인식해야 한다.[11] 내러모어(Narramore)는 어떠한 명백한 죄도 언제나 거짓 죄책감 속에 존재한다고 말했다. 다윗의 간음과 살인의 범행에 대하여 나단 선지자가 직면하는 사례에서 내러모어는 죄와 그것의 결과를 모두 드러낼 필요가 있다고 요약하면서 그는 다음과 같이 진술했다.

> 그와 같이 주의하여 일관되고 충실하게 내담자의 죄를 고백하는 것은 불필요한 죄책감의 해결과 건설적인 슬픔, 그리고 내면의 총체적 감각 발달을 위한 필수조건이다. 죄책감을 회피하거나 죄를 부정하거나 또는 다른 사람의 징계 또는 거절을 회피하거나 자기 자신에게 고통을 주는 동안 인간은 적은 시간과 노력으로 건설적인 슬픔 또는 진실된 회개에 몰두하게 된다.[12]

한편, 자아 탐색을 회피하기 위해 가식적이거나 성급하게 하는 고백은 일반적으로 건전하지 못한 것이다. 왜냐하면 심층적인 통찰이 결핍된 그야말로 미흡한 회개가 될 수 있고, 그것은 하나님의 분노를 야기시킬 수도 있는 일이다.
 어떤 상담자들은 아마도 상담에서 내담자의 죄를 다루는 것의 유익을 인정하기도 하지만 '죄'라는 단어가 현대인들이 듣기에는 다소 거부감을 느낄 수 있는 말이다. 그러나 오늘날 중독상담에 있어서 거부감이 강한 '죄악된'이라는 용어와 "나는 괜찮지가 않아!"라는 인식을 사용함에도 불구하고 오늘날 더욱 활용되고 있다.[13]
 그러면 우리는 왜 상담을 하는가? 기독교상담은 인간의 마음과 영혼을 회복하는 것이 주된 목적이다. 만약 이것이 사실이라면 기독교상담은 죄를 거부하는 것이나 하나님의 은혜의 처방을 최소화하는 일이 있어서는 안 된다. 하나님의 은혜로 인해 죄를 인정하고, 참회하는 마음, 회개하는 삶과 의로운 행동을 실천하려는 욕구가 발생하게 된다. 어떤 상담은 내담자로 하여금 회개를 회피하거나 성경 이외의 다른 지적인 설명(예를 들어 내담자에게는 회개가 그의 최대 관심사가 아니기 때문에 자신의 죄를 슬퍼하는 마음을 포기하도록 조언하는 것 등)을 하게 되는데, 이것은 하나님과 내담자의 단절된 관계를 회복하고 내담자가 깊은 은혜를 체험할 수 있는 기회를 부정하게 되는 것이다.

2. 내담자의 죄의 영향 분석의 장애요소

 여기서 우리는 어려운 점에 봉착하게 된다. 첫째, 개인적 죄나 집단적 죄나 모든 죄의 원인은 수평적, 수직적 관계를 파괴시키며, 개인을 파괴(이를테면 비정상적인 욕구, 왜곡된 자아 개념 등과 같은 형태) 시키는 원인이 된다.[14] 둘째, 아직까지는 타락한 세상과 다른 사람의 죄의 영향 그리고 개인적 죄의 영향을 구분짓기는 어렵다. 셋째, 이러한 어려움들과 아울러 심리학계에서는 인간에게 영향을 미치는 변인들을 체계적이고, 통계적으로 조사하려고 노력한다. 이 세 가지 요소들이 상충될 때 어떤 일이 발생하는가? 공교롭게도 우리는 특히 "인간의 마음과 그것의 동기"에 대해서 우리 자신이 더 쉽게 조작할 수 있는 요인들을 끌어내는 데 치중하게 될지도 모른다.[15]

제9장 상담에서 내담자의 죄 탐색: 자아 기만의 사례연구에 대한 신학적 전망

나는 개인적 죄의 개념과 관련된 연구 문헌이 부족하다는 것과 죄의 개념을 설명할 수 있는 분야를 인식하면서도 왜 우리가 내담자의 개인적이며 활성적인 죄를 좀처럼 언급하지 않는지에 대해서 어느 정도 설명하는 것이 가능하다. 첫째, 우리는 분리시킬 수 있는 다양한 변인들에 초점을 맞추어 연구해 보면, 내담자의 행동은 자신이 범한 죄를 '비준하고', '첨가하는 자'로 보기보다는 외형적으로 타락된 세상과 내담자의 연속적인 비참한 선택으로 결정되었다고 생각하는 경향이 있다.[16] 일반적으로 심리학에서는 개인적 또는 집단적 죄를 연구하기보다는 인간의 심리적 질병에 대해서 실제적인 차원에서 설명하는 것에 더 흥미를 가지고 있다는 것이 밝혀졌다.[17] 결과적으로 자연적인 죄는 가변적인 배경 변인으로 다루어지는데, 이는 인류의 공통된 요소이지만 사람에 따라서 죄의 표현 양식은 천차만별이다. 만약 부정적인 환경의 영향으로 비슷한 고통을 받는 사람들의 집단을 모은다고 할 때, 죄를 범하는 양식에 반응하는 무수한 방법들을 보게 된다. 공교롭게도 우리는 인간의 죄성과 같은 고정된 변인에 비중을 두지 않고, 죄의 영향력마저 최소화하려는 경향이 있다.[18]

둘째, 이는 첫째 이유와 유사하게 기독교심리학자들이 기초적이며 혁신적인 연구를 위해 심리학이라는 커다란 영역에 의지한다는 사실을 발견하게 된다. 만약 이것이 사실이라면 죄는 심각하게 다루어지지 않을 것이 틀림없다. 예를 들어 『정신진단통계편람』(*Diagnostic and Statistical Manual of Mental Disorders*, DSM-Ⅳ)에서 현재 사용하는 전통적인 정신질환의 상태는 그 표면적인 증상에 따르는 것으로 두려움, 우상숭배, 교만, 욕망과 부정 등과 같은 영향력 있는 개인적 죄의 영향을 받아 발생하는 이상심리에 대해서는 방치하고 있다.[19] 성경에서는 인정하지 않은 거짓 전제인 성선설은 죄에 대한 연구를 소홀하게 만드는 것임을 알 수 있다. DSM-Ⅳ에만 의존하는 상담자들은 진정한 정신질환의 중요한 원인론적 요인을 간과할 수 있는 위험에 빠진다. 심리학적 치료를 단순히 증상 완화로만 보는 의료기관들의 압력으로 인해 더욱 상담자가 이런 위험에 빠질 확률이 증대될 수 있다. 그러한 압박은 내담자의 지속적인 영적 성숙을 소홀히 하는 원인이 될 것이다.

셋째, 상담자는 죄에 직면하는 것에 대한 악영향을 고려해야 한다. 이러한 우려는 우리가 죄를 제거하는 것을 단지 행동변화로 보려는 사람들이나 죄를 언급함으로써 내담자가 지나친 죄의식에 빠지지 않을까 하는 우려에서 비롯된다. "개인의 죄 문제는 거의 매일 상담하는 대부분의 문제의 근본적인 원인이다."라는 아담스의 말을 듣고 있노라면 어떤 이들은 이러한 관점에서 이루어지는 상담은 가혹하고 비공감적이라는 생각에 위축될 것이다. 왜냐하면 그들은 상담이 거칠고 공감할 수 없는 현재의 상태로부터 나타난다고 믿기 때문이다.[20] 아담스와 그의 추종자들에 대해 어떻게 생각하던지 간에 우리는 죄인된 인간에게 상담에서 현재 해 줄 수 있는 필요들이 무엇인지에 대한 질문을 회피하지 못할 것이다.

왜냐하면 내담자에게 최상의 방법으로 개입하거나, 항상 주의 깊고 신중하게 대할 수는 없기 때문이다. 범죄 행위와 같은 공공연한 죄에 깊이 빠져 있는 사람은 아마도 죄의 형태를 분석해야 하는 입장에서 그 방법을 더 의식하게 될 것이다. 한 저명한 심리학자에 의하면 사람들은 자신의 '부정행위'를 고백하려는 욕구를 타고났다고 주장한다. 마치 그들의 목표가 자신과 다른 사람을 사회적으로 수용할 수 있도록 하기 위하여 현실을 재구성하는 것처럼 고백하고자 한다는 것이다.[21]

넷째, 어떤 기독교상담자는 율법적인 기독교 공동체에 속해 있었으나 후에 그들은 은혜의 복음으로 인해 신앙이 갱신되었다. 아마도 그들은 경험의 자동적인 반응으로 육체의 정욕을 억압, 억제하기 위해 부르심을 받았다고 생각할 것이다. 그들은 아마 상담이 진행되는 동안 개인적 죄를 집중시키거나 낙인찍는 것과 관련이 있으며, 율법주의를 주입하고 자기 자신을 떼어내려고 자발적으로 어떤 심리상태를 야기시키는 것과 관계된 것이다. 그러나 성경은 율법과 은혜가 그리스도의 복음 안에서 모두 필요한 구성요소임을 명백하게 밝히고 있다. 복음의 내용에서 율법의 현 위치는 인간의 죄를 인간에게 알리고 드러내기 위함이다.[22] 율법주의와 값싼 은혜의 변화는 죄인을 위한 하나님의 은혜를 깨닫는 지식과 죄와 관련된 지식들을 모두 회피하게 할 것이다. 율법과 복음 사이의 적당한 관계의 이해로 무장한 그리스도인들은 자신의 죄와 로마서 3장 20절에 기록된 "하나님의 율법을 나타냄"이라는 유익으로 인해 노력하여 극복할 수 있다.[23] 어디서나, 누구나 율법을 잘 수립할 수도 있고 복음을 신사적으로 잘 전할 수도 있으나, 내재해 있는

제9장 상담에서 내담자의 죄 탐색: 자아 기만의 사례연구에 대한 신학적 전망

죄를 통렬하게 말하는 것은 상담보다 더 좋은 방법이 없다.

다섯째, 죄악은 현대 사회에서 다양한 정의를 상실했다. 다음과 같은 비유가 이 문제를 설명하는 데 다소 도움이 될 것 같다. 최근 몇 년간 미국 중서부 지역에 있는 커피 전문점들이 많이 생겼다. 아버지는 오랫동안 커피 애호가였으며, 매일 아침식사 때 맥스웰 커피를 즐겨 마셨다. 원두커피 그리고 여러 형태의 커피, 또 여러 커피 전문점들 스타벅스(Starbucks), 카리보우(Caribou), 가바리아(Gavalia) 등의 맛의 차이로 인해서 아버지는 혼란스럽기까지 하셨다. 그렇기 때문에 라떼(latte), 카푸치노(cappuccino) 또는 에스프레소(espresso) 등을 마실 때면, 이런 커피들을 어떻게 마셔야 할 것인지 그것을 위해서 가르쳐 주는 사람이 필요하게 되었다. 이제는 다양한 종류의 커피들 가운데서 좋은 것을 선택할 수 있는 풍부한 이해가 발달되었다. 이처럼 죄가 얼마나 다양해졌는지에 대한 이해가 필요하다는 것이다. 일회용 커피에 있어서는 아버지가 전문적이었을지 모르지만 다양한 종류의 커피들을 이해하는 데 있어서는 커피 전문점과 커피 전문가로부터 이해해야 했던 것과 마찬가지이다. 그리스도인와 비그리스도인에게 죄의 심각한 영향을 이해하도록 하기 위해서 성경을 심도있게 파악하는 것에 얼마나 투자했는가?

마지막으로, 개인적 기록은 아마 이 주제를 조사하기 위해 분명치 않은 것을 분명하게 하도록 도울 것이다. 개인적 죄의 주제에 대해서 기록한 것과 같이, 자신의 죄와 그것의 결과를 의미 있게 깨닫는 시간이 되었다. 이것은 이론적인 논의가 아니고 현실이다. 죄는 삶의 각 부분과 모든 부분에 영향을 미친다. 마음속에서 죄악에 대한 갈망과 행동들이 맞부딪혀 반항을 일으킨다는 사실을 알 수 있다. 아마 어떤 경우는 이 주제를 회피하거나, 같은 형태의 경험을 가지고 있을 것이다. 그리고 삶에서 죄의 실제를 완전히 처리하기에는 자신이 불완전함을 알게 된다. 최근에 발견된 문서 가운데 청교도 리처드 시브스(Richard Sibbes)의 말을 인용하면, 그는 "성경적 깊이와 목회의 민감성 사이를 종합하는 것은 좋은 예가 된다"고 강조했다.[24] 시브스는 이 어려운 면을 죄에 초점을 맞추어 적절하게 잘 묘사했다.

만약 외적으로 단순히 몇 가지 표면적인 책임만 다하는 것이라면 그리스도인

이 되는 것은 매우 쉬운 일일 것이다. 하지만 영혼을 돌보는 임무, 인간의 마음을 충분히 다루고, 많은 일들을 양심적으로 해결하고, 인간의 영혼을 하나님께로 인도하는 것은 결코 쉬운 일이 아니다. 왜냐하면 자기애적인 영혼은 그렇게 하는 것을 싫어하고 할 수 없기 때문이다.[25]

3. 죄를 스스로 인식하기: 자아 기만의 실례

상담이 성화 과정의 한 부분을 담당한다고 할 때, 상담현장에서 개인적 죄를 경시하는 풍조를 어떻게 바꿀 수 있을 것인가? 이 문제의 해답을 찾기 위해서 신앙의 역사적 기록과 신학자들의 과거, 현재의 문헌들을 통해서 발견할 수 있으리라고 본다. 특히 청교도들은 죄의 영향력과 은혜의 효과를 관찰할 수 있는 기회를 우리에게 제공해 준다.[26] 청교도 목회자들은 "자신을 만족시키기 위해 다른 사람에게 상처를 주는 경향에 대해 통찰력을 가지고 기록하고 있는데 철저한 심리상담사들보다 더 나은 것은 스스로 변화하는 것"이라고 했다.[27]

이러한 문헌을 참고하는 것은 다음과 같은 이유에서 우리에게 유익을 가져다 줄 것이다. 첫째, 우리 삶에서 죄의 영향력을 인식하게 한다. 둘째, 죄와 성화에 대한 정의를 넓혀 주어 이를 이해하는 데 도움이 된다. 셋째, 회개 없는 표면적인 변화의 위험을 알려 준다(렘 3:10). 넷째, 죄와 은혜의 개념을 왜곡하지 않고 받아들이도록 하며, 은혜와 죄의 개념이 조화를 이루는 데 도움을 제공한다. 마지막으로 심리학에서 신학의 역할을 재정립해 주는 데 도움이 된다.

하버드대학교 도서관에서 소장하고 책 가운데 가장 중요한 책으로 여겨지는 영국인 청교도 윌리엄 아메스(William Ames)는 그의 저서 『조직신학』(*Systematic Theology*)에서 "좋은 삶이란 우리가 하나님을 위해 사는 것이다!"라고 진술했다.

이러한 삶의 실천은 신학에 접목되지 못한 입법, 정치, 심리학, 윤리, 불편 없는 국내 경제 등에서는 하나님을 바르게 섬기는 삶을 언급하는 것을 찾아 볼

제9장 상담에서 내담자의 죄 탐색: 자아 기만의 사례연구에 대한 신학적 전망

수 없다. 하지만 신학에는 매우 완벽하게 인간의 삶의 근본적 원리를 비롯하여 모든 것을 엄격하게 가르치며, 제시하고 있는 결정체라고 할 수 있다. 그러므로 신학은 우리에게 가장 고귀한 학문이며, 이는 거룩한 것들을 다루고, 하나님의 부응에 응하며, 인간이 하나님의 뜻을 따르게 하는 안내일 뿐만 아니라, 하나님께서 보여 주신 최종 목표를 위한 종합 계획이라고 할 수 있다.[28]

청교도의 자아 탐색의 영성에서 죄악 가운데 자아 기만이 그리스도인들의 삶에 어떤 영향을 끼치는지 알아보려고 한다. 자아 기만은 모든 죄를 개념화하는 적절하게 꾸려진 형식이 아니다. 내가 자아 기만을 문제 삼고 이것을 선택한 이유는 이것은 어떠한 목적을 가지지 않았지만 우리가 목표로 하는 것에 상당한 영향을 미치기 때문이다."[29] 자아 기만은 무감각해진 양심에 의해 발생되어 우리가 창조주를 경외해야만 하는 피조물이라는 사실로부터 우리를 자유롭게 할 것이다(롬 1장). 죄악된 의식을 따르는 것은 인간의 자유이지만 그것을 따르다가는 결국 인간이 우상이 되어 버릴 것이다. 또한 자아 기만

매튜 폰스렛(Mathew Poncelet)은 1995년에 신 펜(Sean Penn) 감독에 의해 극적으로 표현된 영화 "데드 맨 워킹"(Dead Man Walking)에서 죽음의 거리에 있었던 강간범 및 살인범이다. 이 영화는 실화를 영화화한 작품이었다. 포스렛은 자신의 누이 헬렌 프리진(Helen Prejean)을 통해 무죄를 변호하면서, 자신은 진짜 살인자에 의해 러버(Lover) 시 한 골목에 주차된 차 속에서 사랑을 나누었던 젊은 남녀의 강간살인 사건의 누명을 쓴 것이라고 주장한다(단지, 현재 주장되고 있는 실제 살인자에게 납치 됐을 때). 프리진은 폰스렛의 정신적 충고자가 되었고 최근에 있었던 일까지 들어주었다. 그는 치명적인 주사액으로 인해 안색이 죽음에 가까워 보였다. 요점은 프리진이 운명을 결정짓는 과거의 밤에 대한 진실에 대해서 몰두하게 된다. 오랜시간 동안 폰스렛은 자신의 이야기를 내뱉었고, 자신의 과거를 회상하는 장면에서 무서운 관찰자처럼 자신을 묘사하였다. 프리진은 다정스럽게 그를 안정시키고 모순된 것을 직면하도록 하고 스스로를 피해자로 여기는 자신의 정체성을 찾는 일을 계속했다. 지속적으로 과거의 회상 장면을 묘사하는 동안 폰스렛은 무시무시한 행동에 즐겁게 관여한 것을 인정하는 왜곡과 중요한 시점을 찾을 때까지 그 범죄와 관련된 깃치럼 여겨졌다. 마침내 그가 경험한 것들에서 그는 사랑과 용서를 깨닫게 된다. 비록 폰스렛이 정말로 자아를 속이고 있는지에 대해서는 알 수 없으나, 명백한 것은 그는 막대한 고통으로 자신의 무죄를 증명하려고 노력하고 있다는 것이다. 그가 무죄를 주장하며 사용한 노력들과 그의 삶의 마지막 순간까지 그는 하나님이나 다른 존재를 접할 수 없었고 프리진의 애정만이 그를 깨닫게 한 것은 분명히 알 수 있다.

을 선택한 이유는 우리가 죄를 범할 때 다른 사람에게 거짓말하고, 속이고, 훔치는 이런 외적인 죄는 심각하게 생각하지만 내적인 측면의 죄는 심각하게 생각하지 않으려는 성향이 있는데 이것의 심각성을 설명하고자 했기 때문이다.

인간 타락의 자연적인 결과는 인간의 모든 삶 속에 죄나 덕을 과장하는 환상 속에 살게 된다. 상습적인 성범죄자들은 피해자들에게 손해를 입힌 것에 대한 자신의 책임을 부정한다. 그리고 그 부정은 모든 사람에게 심지어 자신에게도 명백하게 나타난다. 자아 기만은 특히 성숙한 그리스도인을 통해 표출될 수 있다. 서로 다른 시대에 살았던 사람들이지만, 그레고리 대제와 미국 청교도 조나단 에드워즈(Jonathan Edwards)는 죄악이 덕으로 쉽게 둔갑할 수 있다는 것에 대해서 독자들에게 경고한 바 있다(예를 들어 죄악된 분노는 정의를 추구하는 열정으로 둔갑할 수 있다).[30]

기만은 속임수의 대가인 데이비드 카퍼필드(David Copperfield)가 하는 마술과 같은 것이라는 생각이 든다. 카퍼필드는 뭔가 중요한 것을 조작하는 것처럼 하여 관중의 시선을 빼앗은 후, 곧 바로 사람들이 보지 않는 각도에서 사물을 조작한다. 이와 같이 인간의 욕구는 인간의 흥미를 끌기 위해 티끌만큼의 진리를 사용하여 관심을 그쪽으로 쏟도록 한 후, 마술로 그것이 진리인 것처럼 수용하도록 요구한다. 이것은 흑백논리이자 거짓된 것으로서 우리는 이러한 말을 거부하고 들어서는 안 된다. 러시아인으로 노벨문학상 수상자인 레오 톨스토이(Leo Tolstoy)는 지식추구가 어떻게 자신의 삶을 속였는지 보여준다. "우리는 어렸을 때의 신앙이 변하지 않았을 것이라고 믿지만 사실은 우리 속에는 조그만치의 믿음도 남아 있지 않다"고 고백했다.[31]

자아 기만의 결과는 무엇인가? 이 죄는 공동체를 파괴하고, 고립과 두려움을 자처하며, 거짓숭배를 하게 만든다. 또한 자아 기만의 구체적인 결과는 무엇인가? 나는 토마스에 대한 사례 연구를 통해서 기만이 어떻게 우리를 교만하게 만들고, 기억력을 흐리게 하며, 현실을 왜곡시켜 다른 죄악을 끌어들이는지를 드러내고 싶다.

토마스는 독신이며, 어느 정도 교육받은 그리스도인이었다. 그는 좋은 직업을 가지고 있었으며 월급도 웬만큼 받는 사람이었다. 그렇지만 압도적으

제9장 상담에서 내담자의 죄 탐색: 자아 기만의 사례연구에 대한 신학적 전망

로 밀려오는 공허함과 무의미함으로 인해서 점차 우울해지는 증상을 갖게 되었고 이것을 회복하고자 상담실을 방문하게 된 것이다. 또한 그는 엄청난 빚이 있었고, 이것은 자신이 가지고 있는 콘도미니엄을 더 이상 유지할 수 없게 만들어 결국 매각해야 하는 상태에 이르게 되었다. 이런 재정적인 부담으로부터 어떻게 빠져나올 것인가에 대해서 그는 마땅한 대책이 없이 미궁 속을 헤매는 상태라고 진술했다. 이러한 자신의 상황을 설명하는 동안, 그는 아버지의 엄격한 기준에 절대로 맞출 수가 없다는 것을 느낀다고 분명하게 말했다. 그는 충분히 감당할 수 있는 체력이 안 되며, 그는 능력이 없다고 생각하고 있으며, 확실히 형만큼 활발하지 못했다. 또한 그는 무력하고 냉담한 어머니로부터 감정적으로 애정어린 돌봄을 받아 본 일이 없다고 느꼈다.

토마스가 말한 자신의 인생 이야기 저변에는 그가 어렸을 때에 심각한 언어적 학대를 당한 것과 자아를 찾기 위해서 다른 사람들을 의지하려는 성향과 관련성이 있다는 것을 관찰할 수 있다. 그의 의존성을 보여주는 두 가지의 강력하고 반복되는 경향이 그의 이야기에서 나타난다. 토마스는 다른 사람들로부터 인정받기 위해서라면 어떤 일이라도 서슴치 않을 것이다. 그는 자신이 매력적이라고 느끼기 위해 잘 알지 못하는 여성들과 성적 관계를 가지고 재정적인 지원도 아끼지 않았다. 그는 "주님에 대해 이야기할 수 있는지 확인하기 위해서" 술집에서 파트너들을 만났다. 그는 자신이 감당할 수 없는 양의 돈을 친구나 가족에게 줄 선물을 사는 데 썼다. 토마스는 자신이 인자하고 사랑이 넘치는 사람이라고 생각한다. 그는 가끔 돈을 너무 많이 쓴다고는 생각하지만 이는 단지 다른 사람들을 잘 대해 주려고 한 데서 비롯된 것이라고 변명한다. 그가 돈을 통해 인정을 받으려고 하지만 그것이 잘 안 되는 경우에는 화를 내거나 우울증에 빠진다. 그는 분노가 발생할 때는 동료들에게 협박성 전화를 하기도 하고, "독약"이라고 쓴 편지를 옛 애인에게 보내기도 한다. 그는 얼마 전에 자신을 떠난 전 애인의 자동차 바퀴를 칼로 찢기도 했다. 그는 허탈감과 우울증에 빠져 "왜 하나님은 나의 기도를 들어주시지 않습니까?"라고 절규한다. 그리고 "하나님! 내가 단지 원하는 것은 다른 사람에게 무엇을 줄 수 있고, 내가 누군가라는 것을 느끼는 것인데, 도대체 이게 뭐가 잘못 된 것입니까?"라고 울부짖으면서 극도로 분

노했고 복수심에 불타는 행동을 했다.

1) 자아 기만은 교만을 부른다.

자아 기만은 거의 언제나 자신의 업적을 과대평가하게 만든다. 어떤 이들을 보면 쉽게 교만하다는 것을 느낄 수 있으며 이러한 죄악에도 불구하고 그들은 죄의 영향을 거의 인식하지 못하고 하루하루 살아간다. 시편 기자는 부유하고 편안한 사람들은 하나님을 비웃는다고 인식하였다(시 73편). 이와 유사하게 모세는 이스라엘 백성에게 하나님의 은총에 대한 만족은 교만을 부를 수 있다고 경고한다. "네가 먹어서 배불리고 아름다운 집을 짓고 거하게 되며 또 네 우양이 번성하며 네 은금이 증식되며 네 소유가 다 풍부하게 될 때에… 또 두렵건대 네가 마음에 이르기를 내 능과 내 손의 힘으로 내가 이 재물을 얻었다 할까 하노라"(신 8:12-13, 17).

모세는 왕국을 건설하는 자가 지나치게 교만한 것은 위험한 일이라고 이해했던 것 같다. 그러나 순교자들은 아마도 이같은 자아 숭배의 교만이 발달할 수도 있다고 이해했다. 어떤 경우든지 교만은 하나님의 영광을 자신에게 돌리는 것이며 자아가 주목받는 것이다. 우리는 항상 어떤 일을 할 때에 '선한' 동기로 그 행동을 해야 하며, 그것은 유일한 관심의 초점이 되어야 한다. 깨진 관계에서는 무시 받고 짓밟히게 되며, 하나님과의 단절된 관계는 철저히 무시된다. 그러면 토마스는 어느 쪽인가? 그는 조울증적 교만인가? 겉보기에 그는 모든 일에 죄악된 교만으로 갈등을 나타내는 사람은 아니었던 것 같다. 사실, 많은 사람들은 그가 낮은 자존감 때문에 고통을 받는다고 믿는다. 그러나 토마스의 삶은 우울증의 소양을 지닌 교만의 전형적인 예이다. 토마스는 심리학적으로 주의를 기울여야 한다. 토마스는 어렸을 때부터 부모로부터 받아야 했던 사랑과 애정을 받지 못한 것을 깨달았다. 부모의 무능력에도 불구하고 그는 자신의 성취에 대해 자랑스러워 할 줄 안다. 그는 가족 중에서 처음으로 대학을 나와 학사학위를 얻은 최초의 사람이었으며, 회사에서 가장 젊은 컴퓨터전문가가 되었고, 지금은 과거에 대한 원한 없이 그의 아버지를 봉양하고 있다. 그는 자신의 깊은 아픔을 통해 스스로를 위로하는데, 종종 자신의 능력을 보면서 "나는 이것보다 더 대접을

제9장 상담에서 내담자의 죄 탐색: 자아 기만의 사례연구에 대한 신학적 전망

받을 가치가 있어!"라고 스스로에게 말하곤 한다. 이것을 깨닫기 전에, 그는 알코올 중독자였으며, 흥청망청 돈을 소비하고, 외설 도서를 보며 불법적인 성행위를 하는 자신의 모습을 발견했다.

2) 자아 기만은 기억을 흐리게 하고 현실에 대해 잘못 판단하게 한다.

신, 구약 성경에 보면 성경말씀 가운데 규칙적으로 우리에게 경고하는 것은 하나님께서 삶 가운데 자신의 백성들에게 어떠한 일을 행하셨는지 우리가 기억해야 한다는 것이다. 이러한 사실에 대한 해명은 하나님의 창조물들이 종종 짧은 생각이나 선택적으로 기억한다는 사실을 깨달아야 한다.[32]

내담자의 삶에서 선택적 기억이 미치는 영향은 어떠한가? 영국의 유명한 신학자 존 오웬(John Owen)은 그리스도인들 가운데 자신의 정욕을 이기지 못하고 종종 자아를 속이며 습관적으로 죄악에 사로잡히는 것을 인정하기를 피하기 위해 그들 스스로를 기만하는 것이라고 주장했다. 그들은 아마도 더 큰 문제들로부터 자신의 기분을 전환시키기 위해 자신의 장점에 치중할지도 모른다. 그들은 진정한 회개 없이 신속하게 은혜와 자비로 나아가려 한다. 그리고 그들은 아마 자신이 저지르지 않은 '큰' 죄악들의 목록을 통해 자신이 그러한 죄악을 저지르지 않음에 만족해하며, 자신이 저지른 '작은' 죄악들에 대해서는 무시하고 죄책감에서 안심할 것이다.[33] 나는 네 가지 가능성에 대하여 제시하고자 한다. 심리학적 관점에서 보면, 사람들은 자신의 죄를 "자아를 찾거나 자아를 실현하려는 과정에서 발생하는 미숙함으로 인한 것"이라고 합리화할 수 있다. 대개 사람들은 자신의 결점에 대하여 정직하려는 성향이 없으며, "사실상 의롭게 되는 '과정 중'에 있다고 합리화하거나 '진정한 자신을 향한 반성으로 나아가고 있기 때문에…'라고 죄와 죄악된 행동에 대해서 책임을 회피하려고 한다."[34]

토마스는 습관적으로 커다란 역경을 맞아 어떻게 극복했는지를 자신에게 상기시킨다. 안타깝게도 그의 자아는 죄악에 대하여 관대했기에 자신의 이기주의적인 면이나 성적인 죄악을 무시하고 자신의 존경스런 면을 찾으려는 것이 더욱 쉬운 일이었다. 이러한 순간 그는 성적인 죄악으로부터 벗어

나지 못하는 경우, 그는 종종 너무 서둘러 하나님의 은혜 안으로 몸을 숨겼고, 수치스러움을 피하고 자신의 영적 건강에 대한 의심을 억누르기 위해 하나님께 용서를 간구한다. 오웬의 견해를 기초로 살펴보면, 이러한 행동은 가장 위험한 것으로 간주된다. 사람들은 위험을 자초하는 죄책감을 회피하려고 은혜를 사용하기 때문에 섣부른 하나님의 자비와 은혜를 통해서 죄책감을 모면하려는 이들은 엄청난 위험에 빠지게 된다는 것이다. "죄악은 은밀해 보이지만 그것은 결코 은밀하지 않다."[35]

토마스는 죄를 증오하는 것이 아니라 자신의 죄책감을 회피하기 위해 하나님의 은혜와 자비를 간구했다. 이러한 것은 토마스가 도움이 필요한 고통스런 상황을 무시하도록 도와줄 뿐이지, 그는 진심으로 용서와 변화의 능력을 경험하는 것을 원하지 않았다. 이러한 잘못된 토마스의 거짓된 방법이 얼마나 위험한지 모른다. "만약 인간이 죄책감을 느끼지 않고 하나님의 은혜와 자비를 통해 죄를 용서받고자 한다면 이는 하나님의 은혜와 자비를 오히려 모욕하고 기만적인 죄악에서 벗어나지 못하게 된다."[36]

토마스는 상담을 받는 동안 자신의 역경과 불행, 고통스런 상황은 극대화하려고 했고, 죄악된 행동은 최소화 하려는 경향을 나타냈다. 그는 자신의 삶 자체가 문제가 있다고 생각하지 않았다. "다른 사람들은 빚이 있고... 누구나 가끔 성관계를 즐기고... 술집에서 춤추는 여자들도 하나님에 대한 몇 가지 의문을 가지고 있는데... 아무래도 그녀를 다시 만나야 할 것 같다는 생각이 들어요." 토마스는 자신의 삶에 대한 의미를 잃어 갈 때, 명백히 죄에 대해서 간과하고 있으며, 최근 자신의 애인이 자신의 행복에 대해서 거의 관심을 보이지 않는다는 것을 짐작할 수 있었다. 토마스는 사랑에 실패할 때면 다른 사람들이 자신을 학대한 기억들을 되살리는 경향이 있었으며, 자신이 자주 위험한 상황에 처해 있다는 것을 방치하고 있었다.

토마스의 상담은 특별한 문제들(예를 들어 불충분한 경계들, 자신을 무의식적으로 깎아내리는 경향)과 상담중재(위험한 성행위들을 감소시키기 위한 적당한 본보기들을 제공하여 자신에 대한 분별력을 발달시키고 생각하도록 하거나 책임감을 발달시키도록 중재하는 것)에 초점을 맞추었다. 이러한 관점은 아주 유용하였다. 하지만 이러한 상담은 과연 그의 증상들이 다른 사람들의 존중을 받기 위한 무절제한 욕구를 추구하고, 자신이 원하는

제9장 상담에서 내담자의 죄 탐색: 자아 기만의 사례연구에 대한 신학적 전망

것을 충족해 주지 않았다고 하나님을 비난하는 것을 인식하게 할 수 있는가? 외적인 증상은 완화될 수 있으나, 외적인 요인만 진단하고 상담하는 것은 그의 자존심을 낮추게 되고, 그의 무절제한 욕구와 합리화는 여전히 남아 있을 것이다. 전통적인 상담방법들은 현실을 왜곡시키기 때문에 도움이 되지 않을 수 있다. 반면, 하나님께서는 일치를 추구하고, 토마스가 비록 대인관계에서 의미 있는 관계를 위해 노력하였을지라도 그것에 거의 만족 하지 못하였다는 것을 알려 주었다.[37]

비록 토마스가 자신의 악행에 대하여 과소평가하는 많은 신호들이 보였을지라도, 깊은 우울 반응을 보인 동안에는 너무나 많은 자신의 죄 때문에 회개하느라 절망적인 것처럼 보였다. 하나님께서는 그가 알고 지은 죄를 용서하실 수 있는가? 청교도 신학자 토마스 브룩스(Thomas Brooks)는 사탄은 그 계략 중 하나인 절망을 조장하여 "그들의 구원자(하나님)보다 자신의 죄에 대해 더욱 생각나도록 하는 것"을 우리에게 깨닫게 해주었다.[38] 낙심의 증가는 회개를 감소하도록 하는데, 그 이유는 회개가 효과가 없는 것처럼 여기도록 인식시키기 때문이다. 토마스는 성경에 자신의 비참한 현실을 극복할 수 있는 구절이 없다고 믿어 성경을 소홀히 대하였다. 대신에, 그는 회개가 부족하다는 증거인 되풀이되는 죄악에 대하여 자세히 말하였다. 이러한 종류의 절망은 토마스로 하여금 구원을 의심하고 신앙마저 부정하는 단계까지 이르게 했던 것이었다.

3) 자아 기만은 다른 사람을 정죄하게 만든다.

자아 기만은 마치 자신이 선을 많이 행한 것처럼 느끼게 하고 자신에게는 죄가 없다고 생각하게 만든다. "사탄은 만약 그가 죄의 본성에 대해 드러낸다면 그 영혼은 거기에 굴복하는 것보다 혐오스러움으로 인해 죄를 짓지 않을 것이라는 가식과 과장으로 죄를 미화시킨다"[39]고 했다. 죄에 대해서는 우리가 가지고 있는 강력한 힘 가운데 하나인 막중한 책임감을 나타내야 한다. 토마스는 다른 사람들에게 존중 받으려는 무절제한 욕구가 자주 위험한 성적 행위 및 사치를 초래했음에도 불구하고 이를 덕으로 여겼다. 그는 선을 존중하고 소망하여야 하며 무절제한 행위들을 감소시키기 위해 노력했

어야만 했다. 그의 자아 기만의 결과로, 그는 쉽게 학대받은 것에 대한 당연한 반응이라고 인식하게끔 복수심을 불태우며 합리화했다("내가 지금까지 그렇게 잘 해줬는데... 어떻게 나에게 그럴 수가 있어?"). 토마스는 자아 탐색을 피하기 위해 악한 분노를 기만적인 진언(mantra-힌두교에서 기도할 때 외우는 주문)으로 자신의 상태를 미화시켰다(나는 솔직하다. 분노를 나타내는 것은 당연하다. 예수 그리스도께서도 화를 내셨다). 그 동안의 분노는 평화를 깨고 스트레스와 혈압을 높여 그의 영적, 신체적 건강에 피해를 자초한 것이다.

토마스가 하나님과 다른 사람들을 향하여 분노를 나타낼 때, 우리는 어떻게 반응해야 하는가? 역사적으로 인간은 감정을 억압하는 것을 가치 있게 여기고 그것의 신빙성을 강조하였다. 하지만 상담자는 감정의 솔직해야 할 뿐만 아니라, 분노의 근원을 찾기 위한 자아 탐색도 권장해야 한다.[40] 청교도 목사이자 매사추세츠(Massachusetts) 인디언들의 복음전도자인 조나단 에드워즈는 바른 자아 탐색은 분노를 나타내는 행동(예: 죄 없는 개를 발로 걷어차기), 분노의 목적, 분노의 정도(얼마나 심각한지, 그리고 얼마나 오랫동안 지속되었는지) 등의 분노의 반응 유형(예: 복수심) 등을 관찰하는 것을 포함한다고 주장했다.[41] 에드워즈는 분노의 마음에 대해 탐색하기 위해서 다음과 같은 질문을 사용한다. 첫째, 은혜와 자비를 방해하는가? 둘째, 감정을 상하게 만드는가? 셋째, 분노를 회복하기 위해 최소한의 노력을 하는가? 넷째, 분노를 통해서 무엇을 얻게 되는가? 다섯째, 자신의 어떤 결점들이 이런 분노를 일으키게 하는가? 여섯째, 자신과 하나님과의 관계에 어떤 영향을 미치는가? 일곱째, 자신이 하나님의 일을 하는 데 어떤 방해가 되는가?

4. 상담을 위한 네 가지 제안

나는 내담자의 죄를 탐색하고 이해하는 것에 있어 모든 상담자들이 네 가지 기본적인 질문을 해야 한다고 생각한다.

1) 상담자의 상담방식이 내담자의 죄를 탐색하게 하는가?

상담자의 이론적 성향에 따라서 내담자의 자아 탐색을 권장하는 정도가 다르다. 완전한 행동주의 또는 인지치료는 존재론적 또는 내면을 살피는 자아 탐색적 상담을 권장하기보다 결과(불안감 해소)에 중점을 둘 것이다. 실존적이고, 통찰 지향적 이론은 신념에 전제를 두는 것으로 내담자가 얻은 통찰력만이 내담자의 행동과 정서를 변화시킬 수 있으므로 상담자는 오직 내담자의 내면적인 통찰을 대상으로만 상담해야 한다고 전제한다. 이 이론을 지지하는 자들은 내담자가 스스로 자신의 개인적 죄를 탐색하고자 원해야 상담이 가능하다고 주장한다. 하지만 내담자들은 자신의 죄를 덜 혐오스럽게 만들기 위해 상담을 받으려는 경향이 강한 것 같다.

2) 상담기법은 내담자를 하나님과 더 깊은 관계로 이끄는가? 아니면 단지 그들의 자아 기만을 키우는가?

상담자는 심리상담의 상황에서 죄와 결점의 고백을 시작하게 되었다.[42] 죄의 고백은 내담자에게 자신의 악행을 명백하게 인정할 수 있는 계기를 마련해 주며, 그리스도의 십자가 구속 사역에 대한 이해를 더 의미 있게 알게 해 준다. 이와 마찬가지로 기도, 성경읽기 그리고 영적 훈련은 상담을 통해 엄청난 가치를 지니게 할 수 있다. 하지만 이와 같은 방법들은 진정한 목적을 잊은 채, 단지 자신의 상담기술로 피상적인 죄책감과 수치심을 감소시키는 데 사용될 수 있다. 어떤 상담기술은 하나님과의 관계를 고려하지 않은 자아 탐색으로서 내담자로 하여금 죄의 중대성을 과소평가하게 하여 내담자가 자신의 현실에 맞게 왜곡되는 결과를 초래할 수 있다. 그러나 정의로 우신 하나님은 더 인내하도록 하기 위해 현실을 재구성하도록 내담자를 이끄신다.

3) 상담자가 일시적으로 유행하는 심리학적 기술을 따르는가? 아니면 성경적인 세계관으로 내담자를 상담하는가?

서양의 그리스도인들은 일반적인 대중 심리학의 유형에 대해서 결코 우둔하지 않은 것 같다. 그들은 자신의 '질병'에서 축복을 찾고, '속죄'를 위한 기회로 상담을 이해하며 심리학에 접근한다고 간주한다.[43] 어떤 내담자는 심리학을 통해 자신을 진단하는 것에 흥미를 가지고 있지만 자신의 인생을 분석하는 데 필요한 신학적인 배경이 부족하다. 상담자로서 우리는 내담자가 자신의 죄 문제를 스스로 다루도록 내맡길 것인가? 아니면 그들의 이기적인 관점을 고쳐서 그들이 하나님과의 관계에 있어서 좀더 균형잡힌 이해를 갖도록 도와줄 것인가에 대해서 결정해야 한다.

4) 자아 탐색의 삶이 상담자의 삶에서 모범이 되는가?

옛말에 "알지 못하는 것은 가르칠 수 없다!"는 말은 매우 적절하다. 만약 상담자가 속죄를 경험하지 못하였다면 상담자는 내담자에게 청교도적 자아탐색을 인도하는 데 어려움을 겪을 수 있다. 신앙의 연조가 있는 그리스도인들은 과거 은혜의 경험에 안주해서는 안 되며, 지속적으로 성령의 열매가 자랄 수 있도록 끊임없이 하나님의 은혜를 구하는 것이 반드시 필요하다(갈 5:22-23).

5. 결론

상담자의 이론적 관점이 어떠하든지 간에 상담은 내담자의 죄를 다루어야 한다. 그러나 내담자를 돌보는 데 있어서 적절한 한계를 정하는 지배적인 문화적 입장에서는 인간의 죄 또는 그로 인한 기능과 행동 등에 미치는 의미 있는 영향과 그 효과 등에 대해서는 일반적으로 잘 언급하고 있지 않다. 왜냐하면 우리는 지배적인 구조 내에서 작용하고, 우리도 내담자의 삶에서 죄의 영향을 과소평가하거나 아니면 적어도 죄의 전통적인 표현을 제거할지도 모른다.

우리가 죄에 대해 말할 때 사용하는 어휘의 결과를 고려해야만 한다. 상담자는 내담자에게 상황에 맞는 말을 하도록 노력해야 하고, 우리가 간혹 사용하는 용어들은 그들이 듣기에 더욱 바람직한 것이 되어야 한다. 그러나 상담자가 새로운 표현을 사용하는 이유는 죄에 대한 의미를 잃어버리기 때문이다. 그렇다면 우리가 사용하는 새로운 용어로 인해 죄가 더욱 황폐하게 되고, 하나님과의 관계를 약화시키며, 죄의 파괴력으로 인해 그 개념이 실효성을 잃게 되었는가? 결점과 역기능적인 단어들이 죄의 파괴력과 하나님의 거룩함으로부터 우리의 눈을 떼어 놓는가? 그러한 단어들이 우리를 자아 탐색과 회개의 삶으로 도전을 주고 있는가?

청교도들은 성경에 묘사된 은혜로운 구원의 배경에 대해서 강력하게 자아 탐색을 추구하게 되었다.[44] 죄와 구원에 대한 이해를 바탕으로 한 상담은 사순절과 같은 과정으로 자아 탐색을 장려하게 한다. 그것은 우리에게 죄의 끔찍한 결과를 알게 할 것이고, 인간에게 반드시 필요한 것으로써 영광을 주님께 돌릴 수 있게 한다. 이러한 방법으로 용서가 나타나겠지만 단지 반복적으로 습관적인 죄에 대해서 은혜와 자비를 베푸는 것이 아니라, 내담자와 상담자의 삶에서 역사하는 죄의 능력을 깨뜨리기 위한 방법이 될 것이다.[45]

■주(Notes)

1) S. Bruce Narramore, "The Concept of Responsibility in Psychopathology and Psychotherapy," *Journal of Psychology and Theology* 13 (1985): 91-6.
2) 1996년말까지 "Journal of Psychology & Christianity" 그리고 "Journal of Psychology & Theology"의 모든 논문에서 심리학과 관련된 연구는 1974년 전까지 1,143편이 발표되었다. 죄에 대한 43편의 논문과 26개의 주제는 죄의 본질과 기원에 대한 심리학적 묘사, 죄의 신학적 개념의 변화 그리고 정신병리와 죄의 차이 등이었다. 13개의 논문은 용서, 책임, 죄와 의분(義奮)의 특징 등 다양한 주제들이었다. 여기서 두 편의 논문은 상담과 관련된 주제를 다루었고, 두 편의 논문은 죄의 영향을 다룬 것이다(죄악된 사고의 자동적 반응과 태도). 연구의 유형은 '죄'라는 용어의 다른 표현 없이 죄의 실태에 대한 논문들은 간과할 것이다.
3) G. C. Berkouwer, *Sin* (Grand Rapids: Eerdmans, 1971), 235, emphasis his.
4) Thomas의 사례는 사실이 아니지만, 이러한 문제는 실제로 상담에서 빈번히 접하게 되는 내담자들의 문제를 묘사한 것이다.
5) Cornelius Plantinga Jr., *Not the Way It's Supposed to Be: A Breviary of sin* (Grand Rapids: Eerdmans, 1995), 63.
6) Bernard L. Ramm, *Offense to Reason: A Theology of Sin* (San Francisco: Harper & Row, 1985), 109.
7) 죄의 힘에도 불구하고 이것은 궁극적으로 인간의 요구를 만족시키는 데 실패하였다. 그리고 "더욱 더 극도의 외고집"으로 깊숙이 이끌고 간다. Anthony Campolo, *Seven Deadly Sins* (Wheaton, IL.: Victor, 1987), 37-8.
8) Plantinga, *Not the Way It's Supposed to Be*, 70.
9) C. John Miller, *Repentance and 20th Century Man*, rev. ed. (Fort Washington, PN.: Christian Literature Crusade, 1980), 94.
10) 비록 죄의 형태가 인간의 사고, 감정, 행동에 악영향을 끼친다고 할지라도 그들 자신을 향한 이익의 사이에서 기독교인들이 죄를 범한다는 견해를 제한한다.
11) John R. Stott, *The Cross of Christ* (Downers Grove, IL: InterVarsity Press, 1986), 98.
12) S. Bruce Narramore, *No Condemnation* (Grand Rapids: Zondervan, 1984), 251.
13) Ernest Kurtz & Katharine Ketcham, *The Spirituality of Imperfection: Storytelling and the Journey to Wholeness* (New York: Bantam, 1992).

14) 죄인에게 가혹한 죄의 영향을 서술적으로 묘사한 시편 51편 참고.
15) Plantinga, *Not the Way It's Supposed to Be*, 73.
16) Ibid. 26.
17) Mark R. McMinn, Psychology, *Theology, and Spirituality in Christian Counseling* (Wheaton, IL.: Tyndale House, 1996).
18) David A. Powlison, *Personal Communication* (February 1997).
19) Diagnostic and Statistical Manual of Mental Disorders, 4th ed. (Washington, D.C.: American Psychiatric Association, 1994).
20) David Powlison의 말을 인용하면서, "Adams의 *Competent to Counsel*은 보수적 장로교의 반정신의학 운동의 역사"라고 했다(Ph.D. diss., University of Pennsylvania, 1996), 170.
21) Eric Ostrov, in-service lecture, Illinois Youth Center, St. Charles, Illinois, April 1997.
22) Berkouwer, Sin.
23) Ibid., 160.
24) I. Breward, "Puritan Theology," *New Dictionary of Theology*, Sinclair B. Ferguson. David F. Wright & J. I. Packer (eds.) (Downers Grove, IL.: InterVarsity Press, 1988), 551.
25) Richard Sibbes & David A. Powlison, "To Take the Soul to Task," *Journal of Biblical Counseling* 12, no. 3 (1994): 2.
26) Thomas, *Precious Remedies Against Satan's Devices: With the Covenant of Grace* (1652; reprint [n.p.]: Sovereign Grace, 1960); Jonathan Edwards, *A Treatise on Religious Affections* (1852; reprint (Grand Rapids: Baker, 1982); John Owen, *The Works of John Owen* (1850-1853; reprint, Edinburgh: Banner of Truth, 1967), vol. 6; Thomas Watson, *The Mischief of Sin* (1671; reprint, Morgan, PN.: Soli Deo Gloria, 1994).
27) Solomon Schimmel, *The Seven Deadly Sins: Jewish, Christian, and Classical Reflections on Human Nature* (New York: Free, 1992), 4.
28) William Ames, *The Marrow of Theology* (1968; reprint, Durham, N.C.: Labyrinth, 1983), 78.
29) William F. May, *A Catalogue of Sins: A Contemporary Examination of Christian Conscience* (New York: Holt, Rinehart & Winston, 1967), 145.
30) Gregory *Pastoral Care* 7.14; 9.30, Henry Davis (us.), (New York: Newman, 1950); Edwards, Religious Affections.

31) Leo Tolstoy, *Confession* (1884; reprint, New York: W. W. Norton, 1983), 15.
32) 애굽으로 돌아가겠다는 이스라엘 백성의 요구는 기억을 흐리게 하는 전형적인 사례이다. 이스라엘 백성들은 만나와 메추라기를 먹었던 것을 기억하지만 자신들이 노예상태였을 때의 고통스러웠던 기억은 잃어버렸다.
33) Owen, *Works*, 6:43ff.
34) Narramore, "Concept of Responsibility," 95.
35) Owen, *Works*, 6:11.
36) Ibid., 6:15.
37) C. S. Lewis, "The Weight of Glory," *The Weight of Glory and Other Addresses* (Grand Rapids: Eerdmans, 1965), 2.
38) Brooks, *Precious Remedies*, 91.
39) Ibid., 17.
40) 분노에 대해서는 이 책 Dennis Okholm의 제7장 참조.
41) Jonathan Edwards, *Charity & Its Fruits: Christian Love as Manifested in the Heart and Life* (London: Banner of Truth, 1969), 199ff.
42) McMinn, *Psychology, Theology, and Spirituality*; Kurtz & Ketcham, *Spirituality of Imperfection*.
43) Ostrov, in-service lecture.
44) Sacvan Bercovitch, *The Puritan Origins of the American Self* (New Haven, CN.: Yale University Press, 1975).
45) David A. Powlison, "Idols of the Heart and 'Vanity Fair,'" *Journal of Biblical Counseling* 13, no. 2 (1995): 35-50.

제10장

기독교상담자를 위한 통합적 지도:
목회상담에서 신학과 심리학

드보라 밴 듀센 헌싱거(Deborah van Deusen Hunsinger)

　내가 목회상담자로 사역하고 있을 때, 간혹 미지의 세계를 여행하는 것 같은 느낌을 받곤 할 때가 있었다. 나는 가끔 상담 중에 내담자와 함께 밤중에 숲 속을 걷고 있는 영상이 무의식 중에 마음속에 떠오르곤 한다. 나의 손에 들려진 불빛은 한두 발자국 정도 간신히 앞을 보기에도 그다지 밝지 않아 보이는 등불이다. 나는 그 불빛이 우리가 예상치 못하게 구덩이에 빠지지 않도록만 밝게 비춰 줄 수 있기를 바랄 뿐이다. 내담자는 중요한 여행을 하는 사람이고, 나는 동행자 또는 여행 안내자로 함께 가도록 초대받은 사람이다. 하지만 도대체 우리는 어디로 가고 있는가? 우리가 향하고 있는 곳을 확인하기 위하여 나는 여러 종류의 지도를 손에 쥐고 있다. 그 지도 중 몇 장은 심리학자들에 의해 만들어진 것이고, 몇 장은 신학자들과 영적지도자들에 의해서 만들어진 것이다. 그것들이 어떻게 모두 서로 맞아 떨어질 수 있겠는가?

　한 장의 지도만을 보고 여행한다면 우리는 확실한 여행 경로를 찾을 수 있을지도 모른다. 하지만 그 길의 끝이 진정 우리가 가고자 하는 종착지일까? 우리의 모든 노력은 하나님의 나라로 향하고 있는 것일까? 아니면 심리학적 외상(trauma)을 회복하는 데 더 적절한 목적을 향해 가고 있는 것인가? 내담자는 영적인 친교를 갈망하는 것인가? 아니면 단순히 우울증과 고독에서 벗어나고 싶어 하는 것인가? 이 길들은 서로 언젠가는 교차되는 것인가? 아니면 각자의 길이 우리를 다른 도착지로 인도하는 것인가? 두 가지의 지도가 보여주는 길들이 교차하는 지점은 도대체 어디인가?

우리가 이른 바 영혼돌봄의 목회 기술에 관심을 가질 때, 도대체 신학과 심리학이 만나는 지점은 어디인가? 이것은 오랫동안 나를 힘들게 했던 질문이다. 그리고 신학과 목회상담에 관한 나의 저서 『신학적 목회상담: 새로운 학문의 상호통합적 접근』(Theology and Pastoral Counseling: A New Interdisciplinary Approach)은 내가 오랫동안 숲 속에서 길을 잃어가며 그려놓은 나의 지도이다.[1]

내담자와 더 오랫동안 길을 헤맬수록 나는 그 답이 더욱 절실히 필요하게 되었다. 같은 지역을 이상하게도 다른 방식으로 묘사한 두 장의 지도를 보며, 여행하는 것은 매우 혼란스러운 일이다. 그것들은 나 뿐만이 아니라 내가 돕고자 하는 사람들에게 어떻게 도움이 될 수 있겠는가? 내가 이런 문제를 오랫동안 곰곰이 생각해 보았는데, 그러면 그럴수록 점점 더 혼란스러웠다. 나는 숲 속에서 길을 찾는 것에 대하여 더욱 어려움을 느끼고 희망이 점점 사라졌다. 그리고 어떻게 하면 우리가 목회상담이라는 맥락에서 신학과 심리학, 이 두 학문 사이의 연관성을 생각할 수 있을까? 이 질문은 나의 사명감의 핵심과도 같은 중요한 것이다. 신학과 심리학은 모두 내게 주어진 일을 하기 위해서 반드시 필요한 것들이지만 이 두 개념을 어떻게 서로 연관시킬 수 있는가?

통합을 위해 논리적으로 가능성이 있는 부분들은 무엇인가? 내가 만약 어떻게든 내 자신을 내담자와의 직접적인 접촉상황에서 심리학을 제외시키고 좀더 신학적인 관점에서 접근한다면 나는 전체를 납득 할 수 있을 지도 모른다. 만약 그렇게 한다면 신학과 심리학과의 관계는 어떻게 이해할 수 있을까?

첫째, 나는 신학과 심리학의 관계를 약속과 성취의 관계 또는 불완전한 것과 완전한 것의 관계처럼 이해하고 있다. 그렇다면 심리학은 사람들을 목적지로 가는 길 중 일부분을 가리키는 지도라고 생각한다.[2] 그것이 끝나는 지점부터 신학이 인계를 받아 목적지까지 인도한다고 생각해 볼 수 있다.

제10장 기독교상담자를 위한 통합적 지도: 목회상담에서 신학과 심리학

다시 말하면, 심리학은 본래부터 어떤 한계를 지니고 있다고 보여진다. 그것이 온전해지기 위해서는 신학적인 개념의 도움을 받아서 확장되거나 보충될 필요가 있는 것이다.

둘째, 나는 심리학의 몇몇 관점들은 신학이 이미 개념화시킨 것들과 같거나 혹은 유사한 경험들을 단지 다른 용어를 사용하여 개념화했다고 본다. 이 두 언어는 인간경험의 특정 부분을 서로 다른 방법으로 형상화하였고, 의미를 부여하기 위한 시도를 한다. 그래서 두 개념 사이에 심리학은 신학으로, 신학은 심리학으로 해석이 가능하다.

셋째, 나는 신학과 심리학을 상호보완적이라고 본다. 두 학문 모두 서로 다른 전문 영역이며, 그 영역에서 신뢰할 수 있는 안내를 제시한다. 나는 그것들을 상호모순적이거나 대립적이라고 생각하지 않는다. 왜냐하면 두 학문은 서로 다른 분야에 관한 것들이기 때문이다.

넷째, 나는 셋째 주장과는 모순되게도 신학과 심리학이 정면으로 대립하고 있다고 생각한다. 사실 그것들은 같은 지역을 묘사한 지도라고 볼 수 있으나 그것들이 나타낸 숲을 통과하는 길은 확실히 다른 목적지로 인도한다. 이 길들은 잠시 동안 교차할 수는 있겠으나 결정적인 부분에서는 우리에게 선택을 강요하며 갈라지게 된다.

다섯째, 나는 신학과 심리학의 관계에 대한 최고의 해석은 일관된 것과 모순된 것, 혹은 인증된 것과 인증되지 않은 것 간의 관계로 생각한다. 아마도 어떤 지도는 그것이 보여주는 숲의 특정한 길에 대한 표시에 불일치나 모순점이 있을 수 있다. 그러나 다른 지도는 숲의 한 부분을 통과하는 길을 일관성 있게 나타내고 완벽하게 이해할 수 있게 된다. 심리학적으로 건강한 방식을 추구하는 사람들은 기독교 신앙을 실천하는 사람들과 비슷한 도덕적 견해를 갖고 있을 것이다. 우리가 두 학문의 관계를 이런 식으로 이해한다면, 헌신된 그리스도인들은 명목상 그리스도인들보다는 상담을 받고 그 처방에 따르는 사람들과 많은 공통점을 갖고 있다고 보아야 할 것이다.

마지막으로, 내가 연구한 신학과 심리학의 관점에 따르면 이 가능성들의 조합을 통해 서로의 관계에 있어서 적절한 개념에 도달할 수 있을 것이라고 생각한다.

1. 신학의 나침반: 칼케돈 유형

각각의 논리적 가능성들을 살펴보는 대신 나는 다른 방식으로 접근하는 방법을 소개하고자 한다. 나는 어떤 것을 제한적인 것보다 암시하는 다른 접근법을 제안하고 싶다. 통합과 관련하여 혼란스럽고 복잡한 가능성들 가운데서 우리는 신학적으로 이끌어 줄 방법이 필요하다. 우리는 지도보다 좀 더 기초적인 어떤 것이 필요하다. 우리는 바른 나침반이 필요하다. 나는 이런 나침반을 예수 그리스도의 신성과 인성이 어떻게 교회의 가르침과 연관되는지에 대한, 교회의 정의에서 나침반을 찾는다. A. D. 451년 칼케돈 회의에 모인 교부들은 신학과 심리학 사이의 관련성을 이해할 적당한 방법을 깊이 고민해야 하는 개념상의 논쟁에 직면했다. 칼케돈 회의에서 나온 예수 그리스도의 두 가지 특성 사이의 연관성 정의와 관련된 구절은 다음과 같다.

> 그러므로 우리 모두는 한 마음으로 완전한 신성을 가지고 있고, 완전한 인성을 가지고 계신 참 하나님이며, 참 인간이시고, 한 분이면서 동등한 위치의 아들인 우리 주 예수 그리스도를 인정할 것을 사람들에게 가르친다. 주는 그리스도시며 하나님과 한 분이신 아들의 두 성격에 대해서 혼돈 없이, 변화 없이, 분열 없이, 이탈 없이 인지하였다. 결코 취소되지 않는 그 연합 안에서 특성이 구별되지만 각 성격은 보전되었다. 그리고 한 사람의 형상에 동시에 존재해 있으며, 두 사람 안에서 나뉘거나 분리됨 없이 현존한다. 하지만 한 분이시며 동등한 아들이신 그리스도는 이 세상의 하나님의 독생자이시다.[3]

원문에서는 이를 어떻게 정의하는가? 칼케돈의 지도자들은 어떻게 성경과 초대교회가 주장하는 바, 즉 예수는 구세주이며, 하나님의 아들이라는 사실을 이해할 수 있을까에 대한 세기에 걸친 토의를 위해 소집되었다. 회의의 궁극적인 목적은 신앙을 이해할 수 있는 방법으로 정의하는 것이 아니라, 정통교리에 대한 경계를 긋는 것이다. 칼케돈 회의는 한편으로는 아리우스파의 학설이나 네스토리우스의 교리 같은 이교도의 가르침을 배제하는 방법을 찾고, 다른 한편으로는 알렉산드리아와 안디옥의 그리스도인들처럼

제10장 기독교상담자를 위한 통합적 지도: 목회상담에서 신학과 심리학

예수의 신성과 인성에 관한 가르침에서 서술되는 부분적인 사실을 통합했다.

칼케돈 정의는 무엇을 수용하는가보다는 무엇을 배제시키는가에 더 중점을 두었다는 것을 증명한다. 칼케돈 정의의 초점은 그리스도의 양면성이 한편으로는 분류와 나눔 없이, 다른 한편으로는 혼돈과 변화 없이 서로 연관되어 있다는 것이다. 이것은 아주 중요한 것이다. 이 정의의 형식적인 특성은 칼케돈 정의에서 요약될 수 있고, 넓은 의미에서 다른 질문들에 응용되었다.

나에게 분명한 신학적 적용을 제공한 나침반은 학자들이 이른바 '칼케돈 유형'이라고 부르는 것이다.[4] 예수 그리스도 안에서 하나님의 말씀이 성육신했다는 사실을 어떻게 바르게 이해할 것인가에 관한 칼케돈 정의는 목회상담에 적용되는 신학과 심리학의 관계를 바르게 이해하도록 나의 사고의 기틀을 제공한 것이었음을 여기서 분명히 밝혀두고자 한다.

나는 칼케돈 유형과 칼케돈 정의는 결정적으로 다르다고 생각한다. 나에게 신학과 심리학과의 관계를 알도록 인도해 준 것은 칼케돈 유형이지 칼케돈 정의는 아니다. 칼케돈 정의가 실제적인 데 반해, 칼케돈 유형은 거의 형태가 없다. 그리고 실제적인 칼케돈 정의가 기독론에 집중한 반면, 칼케돈 유형은 다른 여러 관계에 응용될 수 있다. 칼케돈 정의는 문장을 제공하는 반면에 칼케돈 유형은 문법을 제공한다.

칼케돈 유형에는 세 가지 특성이 있다. 첫째, 두 용어는 혼돈과 변화 없이 함께 존재하는 관계에 자리잡고 있어 영속적으로 구별된다. 둘째, 이 용어들은 혼돈과 변화 없이 관련되어 있어서 하나로 공존한다. 마지막으로 한 용어는 논리적으로 다른 용어에 비해 우선시 된다. 그것은 규범의 방향과 틀을 제공한다. 두 용어 사이에 개념의 모순됨이 발생할 경우에는 논리적으로 앞서는 용어가 개념을 지배하게 된다. 칼 바르트(Karl Barth)는 이것을 일컬어 '파괴할 수 없는 순서(indestructible order)'라고 불렀다.[5]

각각의 형식적이며 상관적인 특성들을 상세하게 설명하기 위하여 나는 먼저 그것들이 실제적으로 칼케돈 정의에 사용되는 것인가에 대해서 탐구해 보고자 한다. 그리스도의 양면성에 대한 바른 이해는 우리가 성육신의 신비에 관해 숙고할 때 어떻게 관련되어 있는가? 둘째, 각각의 경우에 신학

과 심리학의 관계에서 어떤 해결점을 제공하는지에 대한 탐구를 통해 그 정의로부터 형식적인 유형을 유추해 낼 것이다.

1) 확고한 차이점: 혼돈과 변화 없이

우리가 예수 그리스도의 성육신의 신비에 관해 생각해 볼 때, 이 상관적인 문법은 무엇을 요구하는가? 확고한 차이점은 그리스도의 신성과 인성 사이에 명확한 구분을 유지하는 중요성과 관계가 있다. 예수 그리스도는 하나가 아닌 두 가지의 상상할 수 없는 특성이 합쳐진 존재이다. 이 특성의 공존은 사실상 믿기 어려운 것이다. 그 이유는 보편적으로 어떤 존재도 완전한 신성, 그리고 완전한 인성을 동시에 가지고 존재할 수 없기 때문이다. 하나님은 영원하시고 인간은 반드시 멸망하는 존재이다. 하나님은 신성한 존재이시며, 인간은 타락되어 죄가 많은 존재이다. 하나님과 인간의 존재를 혼동하고 이 두 존재가 어떻게든 바뀔 수 있다고 생각하는 것은 아주 큰 잘못이다.

키에르케고르(Kierkegaard)는 하나님과 인간 사이의 '무한한 질적 차이'에 관해 강의할 때, 성육신의 특성에 관한 설명을 했었다. 우리는 이 차이를 하나님을 인간으로부터 구별화하는 '존재론적인 구분'을 생각할 수 있다. 이것은 하나님만이 예수 그리스도를 통해서 나타내실 수 있다. 신성과 인성을 연결하는 공통된 존재는 이 세상에 없다. 바르트는 "우리라는 존재가 죽음에 넘겨주지 않을 것인가? 그렇지 않음에 대한 우리의 확신이 의심받지 않을 수 있을까? 그렇다면 창조주와 피조물 사이, 거룩한 존재와 죄악된 존재 사이, 영원한 존재와 유한한 존재 사이에 어디에 유사성이 있다는 것인가?"라고 의문을 제기했다.[6]

일반적으로 한 존재 안에 신성과 인성이 연결된 사람은 없다. 비록 예수 그리스도가 완전한 신성과 완전한 인성을 가지고 있기는 하지만, 그의 신성은 그의 인간적 특성과 혼동되어서는 안 된다.

우리가 그 형태적 유형을 추론하여 신학과 심리학이 목회상담에 어떻게 적용되는지를 고려할 때, 처음에는 두 분야의 명백한 차이점을 확고히 인식하는 것이 중요하다고 생각한다. 각각의 학문은 상대적인 자율성이 있다.

제10장 기독교상담자를 위한 통합적 지도: 목회상담에서 신학과 심리학

각각의 학문은 스스로 규정한 고유성을 확보하기 위하여 적합한 연구방법과 범위를 정하게 된다. 하나님의 자기 계시(self-revelation)에 기초된 연구는 심리학적 발전에 관한 학설에 바탕을 이루는 유년기 대인관계의 경험적인 관찰과는 확연히 다르다.

비록 신학과 심리학 두 학문이 사랑과 증오, 신뢰와 불신 등에 대한 기본적인 문제들을 다루기는 하지만, 두 학문은 그 주제들을 확연히 다른 의미로 다루게 된다. 이 두 학문이 서로 교환될 수 있다거나 그것들이 궁극적으로 같은 것을 약간 다른 언어로 표현하고 있다고 생각하는 것은 잘못된 발상이다. 신학적, 심리학적 용어와 개념이 간단히 각각의 언어로 해석될 수 있다고 생각하는 것은 잘못된 것이다. 예를 들어 우리는 내담자의 죄와 증상들을 사실상 동일한 것으로 보거나 구원과 개성화를 같은 개념인데 두 가지 다른 방법으로 서술한 것이라고 믿는 것 등 신학과 심리학의 개념과 용어들이 서로 통용된다고 생각한다면 이는 혼란스러운 일이다. 만약 우리가 신학과 심리학의 분명한 차이점을 주장하려면 그 학문들에 대해서 결정적인 차이점들을 무시하지 않도록 주의해야 한다. 우리는 매우 다른 주제들과 활용된 다른 방법들과 다른 표준들에 유념해야 한다. 물론 한 가지 또는 다른 생각의 세계에서 살 때, 우리가 사는 전혀 다른 개념에도 유념해야 한다.

2) 분리될 수 없는 통합: 분리 혹은 나눔 없이

우리가 성육신의 비밀에 관해 숙고할 때, 예수 그리스도는 완전한 신이시며, 또한 완전한 인간이셨지만 두 사람이 아닌 한 사람이었다는 역설에 대해서 생각해야 한다. 그리스도의 두 가지 특성은 본질의 합체이다. 그는 두 가지 특성을 지니고 있으나 하나의 본질, 즉 하나의 생명체 혹은 한 인간이셨다. 그리스도의 신성을 인간적인 특성에서 분리시키고 나서 그분을 바르게 이해할 수는 없을 것이다. 완전한 인간이시며 하나님이셨던 그리스도께서는 고난을 당하시고 십자가에 못박혀 죽으셨다. 그로 인해 우리는 한편으로, 하나님께서 고난을 당하시고 죽으셨다는 이해할 수 없는 수수께끼 같은 신비를 확증할 수 있다. 하나님이시며 완전한 인간이셨던 예수 그리스도께서는 죽음에서 부활하셨다. 그로 인해 우리는 한 인간이 불멸의 삶을 얻었

다는 이해할 수 없는 수수께끼에 대해서도 확증할 수 있게 되었다. 예수 그리스도의 모든 사역과 고난에 있어서 과거에도 현재에도 전인간적이셨고 온전한 하나님이었다는 것을 보여준다.

그래서 예수 그리스도께서는 그의 거룩한 본성에 의해 한 점의 죄악도 없으신 존재였으나 세상의 모든 죄의 대가를 치르셨다. 바르트는 예수 그리스도에 대해서 충격적으로 말하기를 "한 위대한 죄인"이라고 불렀다.[7] 예수 그리스도께서는 인간의 육체를 가지시고 우리의 죄를 사하시려고 죄인으로서 고난 받고 돌아가셨던 것이다.

형식적 또는 상관적인 유일성에 관한 범주는 신학과 심리학의 관계에 대해 어떻게 설명할 수 있는가? 세상의 인간을 보고 그들을 전체로서 이해하려고 한다면 우리는 신학적 관점과 심리학적 관점을 분리할 수 없다는 것을 알 수 있게 된다. 비록 두 학문은 다르고 그들의 다른 주제, 방법, 표준에 의해 차별화되어야 하지만 교회에서 목회자로서 목회상담적 상황에서 보면 두 학문을 떼어 놓고 생각할 수는 없다. 우리가 행하고, 생각하고, 말하며, 고통받는 모든 것들은 심리학적인 존재로서 행하고, 생각하고, 말하며, 고통받는 것이다.

우리가 시공간적으로 겪는 모든 경험들은 하나님께서 우리를 만나시는 바로 그 장소이다. 하나님께서는 하나님의 은총의 결정적인 방법으로 인간의 삶에 들어오시고 우리는 알든지 모르든지 간에 하나님을 믿고 신앙의 사람이 되도록 부름 받았다. 우리 인성의 중심은 바로 하나님과의 관계이다. 계시를 통해 우리는 하나님의 형상으로 창조되었다는 사실과 우리의 삶을 위해 하나님의 뜻을 저버렸다는 사실, 그리고 그리스도에 의해 그 모든 죄를 용서받고 다른 삶을 약속받았다는 사실을 안다.

신앙의 관점에서 보면 이 심리학적이며 영적인 사실들은 떼어 놓고 생각할 수 없다. 우리 몸은 영혼으로부터 떼어 놓고 생각할 수 없는 것과 같은 이치이다. 우리는 '육체화된 영혼' 혹은 '영혼이 불어 넣어진 형상'이라고 불리는 영적 융합체이다.[8] 인류의 영적 융합을 이해하고자 한다면 우리는 신학적 또한 심리학적 안경을 쓰고 보아야 할 것이다.

티 토랜스(T. F Torrance)는 이런 종류의 복잡한 융합체에 대해 잘 파악하고 있으며 그 기초를 예수 그리스도의 성육신에서 보여준다고 했다.

제10장 기독교상담자를 위한 통합적 지도: 목회상담에서 신학과 심리학

비록 예수 그리스도 안에서 하나님의 말씀과 진리가 성육신했고, 경험적 상관관계가 우리에게 임한 거룩한 계시와 묵상, 그리고 신학적 개념과 진술이라는 근절할 수 없는 부분을 가지고 있다고 할지라도, 우리는 그것에 어떤 신앙적 해석을 내리기 위해서 경계를 정해야 한다. 이러한 개념들과 진술들은 삼위일체 하나님의 궁극적 신비에 그것들 스스로를 넘어서 모호하게 지적한다. 그리고 만일 그것들이 거룩한 의미와 타당성을 갖도록 하는 것이라면 그렇게 해야만 할 것이다. 그러나 피조세계에서 그것들은 우리를 위해서 아무런 의미를 갖지 못하게 되는 경험적 실체이다.[9]

토랜스는 하나님께서 시간과 공간에서 평범하게 발생하는 인간의 사건들을 이용할 뿐만 아니라, 우리가 신앙을 갖고 사건들을 이해하기 위해 우리가 이용해야 하는 개념들에 관해서도 말하고 있다. 예수 그리스도께서 완전히 인간의 시간과 공간으로 들어오셨기 때문에 우리의 엄격한 신학적 진술들은 평범한 경험적 현실들을 표현하는 다른 학문 분야의 진술들과 상호관계를 찾아야 한다. 우리는 역사학, 사회학, 정치학, 인류학, 심리학 그리고 다른 학문과의 상호관계를 가져야 한다. 비록 우리는 여기에서 신학과 심리학과의 관계에 초점을 맞추고 있지만, 신학과 다른 학문과의 개념적 관계에도 같은 유형이 적용된다.

3) 파괴할 수 없는 위계(位階): 비대칭적 관계

지금 우리는 칼케돈 정의의 세 번째 특성인 예수 그리스도의 두 가지 본성의 '파괴할 수 없는 위계'에 관해 알아보고자 한다. 바르트에 따르면 완전한 하나님이시며 동시에 완전한 인간이셨던 예수 그리스도의 양면성의 칼케돈 순서는 그의 신성이 인간의 특성을 앞선다는 논리적인 순서이다. 바르트는 아들을 아버지보다 가볍게 여기는 것이 아니라, 그리스도의 신성과 인간으로서의 특성을 서로 비교하며 순서를 정한 것이다.

서로 완선히 다르면서 그리스도라는 한 인간에게 존재하는 이 양면성은 그들이 나누어 갖는 몇몇의 공통된 요소나 특성의 도덕성에 의해 융합되지는 않는다. 그것의 융합은 실제이면서도 인간들에게는 이해하기 힘든 것이

다. 하나님과 인간 간의 연속성에 따라 현존하는 존재와의 중립적 존재가 있는 것은 아닌 것 같다. 그러한 잘못된 개념에 따르면 그리스도의 인간적 특성은 그의 신성에 비교해 볼 때 경시된다는 것이다. 그러나 그러한 개념은 신성과 인성에 대한 근본을 설명하지 못할 것이다.

신성과 인성이 측정될 수 있는 공통의 척도는 없다. 그러므로 그리스도의 두 가지 본성은 일반적인 기준과 계산으로 순서를 매길 수는 없다. 불균형(asymmetry)이라는 단어는 그리스도의 신성과 인성 사이의 관계에 관한 논리를 더욱 타당하게 설명해 준다. 선재하는 하나님의 말씀은 이 세상이 창조되기 전과 세상이 창조되는 공간과 시간 안에서 인간으로, 유대 랍비로, 나사렛 예수로, 마리아의 아들로서 성육신된 하나님과 함께 있었다. 비록 예수 그리스도께서 완전한 신이시며 또한 완전한 인간이셨음에도 불구하고, 그의 양면성은 서로 동등하지 않고 상반된 것이면서도 신성이 논리적인 우선권을 가지고 서로 상호연관 되어 있다.

그것이 신학과 심리학과의 복잡한 관계에 응용될 때, 형식적 유형과 어떠한 관계가 있는가? 기독론이 심리학과 비교된다면, 신학이 논리적으로 우선권을 갖는다. 그 말의 의미는 심리학적 개념들은 신학 개념들의 큰 울타리 안에 포함된다는 것이다. 즉 단순화시킬 수 없는 독특한 차이와 심리학적 개념으로서의 자율을 유지하는 반면, 심리학적 개념은 더욱 더 모든 것에 앞선 기독론의 상황 안에 적절하게 위치되어 있다. 불균형의 형식적 유형에 있어 함축적 의미는 세 가지로 나누어 볼 수 있다.

첫째, 신학과 심리학은 논리적으로 서로 다른 수준을 다루기 때문에 이 두 학문을 개념적으로 통합하는 것은 가능하지 않다.

둘째, 우리는 신학적 개념들을 심리학적 개념으로 해석하거나 그 반대로 해석해서도 안 된다. 그 이유는 이런 방식의 해석은 개념들이 균형적으로 연관되어 있을 때만 가능하기 때문이다.

셋째, 목회 현장에서 상담을 원하는 사람들에게는 신앙과 관련된 표준 및 가치는 심리학을 포함한 다른 것들에 관련된 표준과 가치보다 우선권을 지닌다.

이에 관련된 각각의 요점들은 뒤에서 설명할 것이다.

2. 개념적 통합은 없다.

개념적 수준에서 신학과 심리학을 통합하려고 하는 것은 잘못된 것이다. 존재론적으로 신적 존재와 인간이 서로 다르듯이 신학은 논리적으로 심리학과 다르다. 신학과 심리학이 모두 인간의 상태를 설명하는 학문이지만 두 학문은 논리적으로 서로 다른 구조와 가설들을 이용한다. 이 두 학문은 서로 경험적으로 얽혀졌을지라도 개념적으로 서로 다른 수준으로 작용한다.

마이클 포라니(Michael Polanyi)는 학문들이 다른 수준에서 이용되면서도 그가 '계층화된 순서'라고 부르는 방식으로 어떻게 연관되는가에 대해 밝혔다. 그가 저술한 책 『암묵적 차원』(The Tacit Dimension)에서 포라니는 여러 이해의 수준에서 인간 이해에 관해 조사했다는 생생하고 적절한 예들을 이용해 아주 복잡한 관계들에 관해서 묘사해 그것들이 이해되고 기억되게끔 하였다. 하나의 예는 다양한 지식의 형태 중 논리적 수준의 차이점이란 것에 관해서 분명히 밝힌 것이다. 포라니는 "벽돌 만드는 기술을 습득하라"고 기록했다.

> 벽돌 만드는 기술이란 그 기술과는 비교가 되지 않는 하위 수준이라고 볼 수 있는 가공하지 않은 흙 그 자체에 의존하게 되어 있다. 좋은 흙이 좋은 벽돌을 만들게 되기 때문이다. 또 건축가는 벽돌 제조공보다는 상당한 상위 수준의 작업을 한다고 볼 수 있다. 그렇지만 건축가는 벽돌 제조공의 작업에 의존할 수밖에 없다. 벽돌을 잘 찍어 주어야만 좋은 건물을 세울 수 있기 때문이다. 그런가 하면 건축가는 또 도시 설계사의 지침을 따르지 않을 수 없다. 이러한 네 가지 연속되는 수준(흙-벽돌 제조공-건축가-도시 설계자)에는 서로 맞물려 있는 네 가지 연속되는 규칙이 있는 것이다. 물리학이나 화학의 법칙들은 벽돌 제조에 필요한 흙과 같은 기본 자료를 다스린다. 벽돌 제조 기술, 건축 설계는 건물을 짓는 기초가 된다. 또한 도시 설계자들은 도시를 통제하면서 도시 설계의 기준을 제시한다.[10]

각각의 수준은 계층화된 제계에서보다 낮은 수준의 학문들의 지식에 의존한다. '높은'이나 '낮은'이라는 것은 '더 훌륭한', '덜 훌륭한'을 뜻하지는 않는다. 각각의 학문은 전체를 위해서 꼭 필요하다. 불충분한 논리와 화학 법칙의 지식에 의해서 만들어진 벽돌로 지은 집이 건축학적으로 아무리 훌륭하더라도 사람이 살기에는 불가능할 것이다. 도시 설계자는 도시의 전체적인 환경에 대해 더 폭 넓게 이해할 수 있을지는 몰라도 벽돌 제조공들은 그들의 임무가 목적을 달성하는 데 대체할 수 없는 역할을 맡고 있다는 데 믿음을 가지고 있다. 포라니가 생각하는 계층화적 계급구조는 믿음에 대한 관계의 논리성에 대한 설명이다. 이 이론을 개괄적으로 설명하면, 그는 "높은 수준의 기능은 그것의 특성을 지배하는 법칙들로 인해서보다 낮은 수준을 형성한 계층을 설명할 수 없다"고 강조한 바 있다.[11]

아마 다른 명백한 예를 살펴보면 도움이 될 것이다. 포라니는 우리가 말을 할 때 목소리와 단어의 사용, 문장, 전달 형태와 문학적 구성이 정확해야 한다고 말하고 있다. 하지만 단어는 음성에서 비롯되지 않고, 언어의 문법은 단어에서 비롯되지 않으며, 문법이 옳다고 좋은 형태의 글이 아니며, 좋은 형태가 글의 내용을 훌륭하게 만들어 내는 것도 아니다. 각 수준의 우수성은 그것보다 하위 수준에 의존하지만 상위 수준의 것들을 하위 수준의 것으로 논리적인 설명을 할 필요는 없다. "이해할 수 있는 존재들은 이어지는 수준의 현실 속에서 특이한 논리적인 조합에 존재한다."[12] 각각의 우위적 수준은 그 자체로 존재하는 것이 아니라, 그보다 하위 수준에 서로 의존하게 되어 있다. 그것은 우리가 논리적으로 개념상 낮은 수준의 것들을 통해서 더 높은 수준의 것들을 설명할 수 있는 아니지만, "실존의 연속적인 수준에서 이같이 독특하고 고유한 논리적 결합을 통한 광범위한 존재로 인식을 해야 할 것이다."

또한 각각 상위 개념은 그 다음의 보다 하위 개념들에 의해 불명확한 경계를 통제한다. 그것은 그것이 하고자 하는 일을 하위 수준의 법칙을 위배하지 않는 한도 내에서 의존하고 있다는 것이다. 상위 수준의 개념은 하위 수준의 것으로는 논리적으로 설명할 수 없다.[13]

신앙의 관점에서 보면, 포라니의 계층적 계급구조에서 신학은 심리학보다 높은 곳에 위치해 있다. 그러므로 신학은 심리학이 정의하지 못한 부분의 경계를 정의하고 있지만, 심리학은 그들의 고유한 영역에서 수집한 지식에 의존하고 있다. 신학은 심리학의 자유로운 역할에 간섭하지 않는다. 그

제10장 기독교상담자를 위한 통합적 지도: 목회상담에서 신학과 심리학

러나 우리는 심리학적 가설의 범주 내에서 하나님과 인간, 세계에 대한 궁극적인 우리의 믿음, 신학 등을 추론해 낼 수는 없다. 심리학적인 관점에서 신학적인 확신의 본질을 이해하려는 시도는 벽돌 제조공이 벽돌을 만드는 것을 통해서 알고 있는 물리와 화학적 지식을 가지고 건축을 설명하려는 것만큼이나 무의미하다고 할 수 있다. 포라니가 환원주의를 상대로 주장하는 것은 매우 인상적이다. 그는 낮은 수준에서 높은 세계의 일들을 설명하려는 것을 '특허받은 허튼소리'라고 보고 있다.[14]

비록 포라니가 계층적 계급구조라는 용어를 사용하고 있지만 그는 다양한 규율 간의 일반화된 척도의 기준을 가정하고 있지는 않다. 예를 들어 좋은 벽돌을 만드는 데 필요한 기술과 지식은 건축자에게 필요한 기술과 지식과 어울리지 않는다. 여기서 계급이라는 용어를 배척하고 대칭적인 개념을 사용하게 된 이유는 어울리지 않는다는 것을 강조하기 위해서이다. 우리는 이 두 가지 용어를 다르게 사용하고 있지만 포라니가 묘사한 계층적 계급구조는 내가 말한 대칭성을 밝혀준다고 믿고 있다.

신학에는 포라니가 언급하지 않은 어떤 특수한 점이 있다. 신학이 다른 과학 범주와는 극단적으로 비교할 수 없는 존재로 만드는 특이한 논리적 위치는 그 연구 대상의 특이함과 연관지어 보아야 한다. 신학 그 자체는 분명 인간적인 활동의 하나이지만, 신학이 확실하게 나타내 보여주고, 묘사하기 위해 탐색하는 것들은 인간의 역사와 동등하지도 상반되지도 않는다. 말하자면, 예수 그리스도께서 성육신하여 이 세상에 오신 것, 역사상 사람의 아들로서 살아가시고 죽으신 것, 그리고 죽은 자들 가운데서 부활하신 것들에 의한 존재론의 구분 사이에서의 주님의 교차점 같은 것이다. 다른 모든 학문이 그 지식의 기반을 경험적 사실에서 찾는데 오직 신학만은 경험적이며 또한 초월적인 사건에 대해 언급하고 있다.

또한 심리학은 아마도 인간의 하나님에 대한 이해와 관련하여 무의식적 하나님의 형상을 설명할 수 있으며, 인간의 자아 이해를 통찰하고자 하는 것이다. 심리학은 사람들의 신앙경험들에 대해서 그것의 의미를 어떻게 해석해야 할 것인지에 대해서 말해 줄 것이다. 그러나 심리학은 물질을 조건으로 하는 가치에 의한 것이며 그 한계 때문에 인간과의 관련성 속에서 하나님 자신을 말할 수는 없을 것이다. 오직 신학만이 하나님에 대해서 말할 수 있고, 그 의미의 핵심을 재발견할 수 있는 방법론을 가지고 하나님의 자기-계시를 설명할 수 있다. 이러한 구조는 신학적 지식에 기초된 것과는 매우 다른 기초를 가리킨다. 신학적인 시각에서 볼 때, 우리가 가지고 있는 인간에 대한 지식은 예수 그리스도 안에서 우리가 알게 된 진정한 인성으로서 이는 하나님의 계시로부터 드러난 것이었다. 인간에 대한 신학적 이해는 심리학으로부터 끌어내어 우리가 가지고 있는 다른 논리적인 수준의 인간에 대한 지식에 작용한다. 신학과 심리학은 변화하는 의미의 논리적인 수준을 왜곡하지 않고는 종합적인 체계 안에서 통합될 수 없다.

3. 해석 차이

　신학과 심리학은 논리적 수준의 차이가 있기 때문에 신학적이고 심리적인 개념들이 각각의 특징 속에서 서로 다른 주제로 해석될 수는 없을 것이다. 예를 들면, 두 개의 서로 다른 개념 사이에서 수치심이라는 개념이 어떻게 작용하는지를 생각해 볼 수 있다. 만일 우리가 신학적 시각에서 수치심의 개념을 생각해 본다면, 우리는 수치심에 대한 심리학적 이해가 본질적으로 똑같은 것을 의미한다고 가정할 수 없다. 수치심의 심리학적 개념과는 달리 수치심의 성경적인 이해는 항상 개개인이 하나님과의 관계 속에서 발생하게 된다는 것을 생각할 수 있다. 다윗은 수치심에 노출되어 공포심과 함께 이것으로부터 해결되기를 하나님께 요청한 바 있다. 시편 기자는 그가 진실로 하나님께 변함 없이 충성을 바쳤기에 그의 적들의 면전에서 수치심으로부터 하나님의 섭리와 하나님의 영광으로 인해 자신이 구원받게 될 것을 믿었다.

　수치심에 대한 또 다른 기본적인 성경적 개념은 하나님 앞에 죄인으로서 수치심과 관련이 있다. 베드로는 예수 그리스도의 거룩하심 앞에 그의 죄악된 심령을 깨닫는 순간, 자포자기하고 말았다. "주여 나를 떠나소서 나는 죄인이로소이다"(눅 5:8). 베드로는 그의 궁극적인 죄를 깨닫고 감히 눈을 들지 못한 채 하나님 앞에서 수치심을 느낄 수밖에 없었다. 어리석은 바리새인과는 다르게, 그는 인간의 하찮은 교만과 자기 정당화를 꾀하는 것이

제10장 기독교상담자를 위한 통합적 지도: 목회상담에서 신학과 심리학

얼마나 쓸데없는가를 알고 있었다. 이러한 두 가지 사례에서 수치심의 경험은 수평적인 개념과는 달리(시편 기자가 그의 적들 앞에서 수치심으로부터 구원받았고, 베드로는 스스로를 치켜세우던 바리새인들과는 달리 겸손하였다) 수치심이라는 단어의 중요한 의미는 수직적인 개념과 하나님 앞에서 죄인이라는 현실로부터 비롯된 것이다. 죄인으로서 우리는 하나님의 자비로 인하여 수치심으로부터 구원받은 자이다. 하나님께서는 그의 자비와 의를 통해 우리의 수치심을 덮고 감싸주신다.

반면에, 심리학은 수치심을 인간 관계 상황에서 발생하는 결과에 중점을 둔다. 노출과 부적절함의 정서는 가치 있는 다른 사람들과의 관계에서 불화와 단절이 있을 때마다 발생하는 것으로 이해한다. 어떤 작가가 썼듯이 "인간 간의 균열"이 있을 때 수치심이 발생한다고 했다.[15] 만일 어떤 아이가 그러한 경험을 계속해서 하게 된다면, 그리고 다른 귀한 사람이 관계단절에 의해 손상된 감정을 회복시켜주려는 시도나 방법을 찾지 않는다면, 그 아이는 결과적으로 수치심을 내면화시키게 될 것이다. 시간이 지나감에 따라 내면화된 수치심은 자기 자신의 무가치함과, 결핍성, 그리고 부적절함 등의 정서를 야기시킬 것이다. 인간의 정체성은 수치심과 밀접한 관련을 갖게 된다. 그러한 상황에서 개개인의 긍정적인 자아 존중의 기초를 다지게 하는 가능성은 거의 없다. 수치심의 개념에 의존하는 사람들은 자신이 실제로 열등하고, 결점이 많고, 부적절하며, 가치가 없다고 믿어버린 사람이다.

그러나 신학적인 시각에서 볼 때, 무가치한 감정이나 수치심을 죄와 동일시해야 하는가? 다른 두 가지 차원을 동일시하는 것은 의미를 혼동시키는 것이다. 수치심의 개념은 신학적인 맥락으로부터 심리학적 맥락으로 전환될 때 의미가 바뀌게 된다. 그러나 오늘날 상당히 많은 문헌에서 이러한 중요한 차이를 혼동시키는 내용들이 비일비재하다. 이 문헌에서 죄악의 용어는 자아 존중감 형성에 유해한 것으로 여긴다. 죄의 고백을 포함한 예배, 기도문 등은 사람들이 그들 자신에 대해서 나쁜 정서를 초래할 수 있으므로 그런 것들이 배제된 새로운 예배의식과 기도문을 고안해야 한다고 주장한다. 이와 같은 경우에 새로운 예배의식과 기도문을 생각하는 사람은 죄라는 언어가 문제되기 때문에 이를 다른 용어로 바꿀 것인데 이는 근본적으로 다른 기능과 복음 전체의 맥락을 오해하게 되는 것이며, 창조자의 예배를 분

명 잘못 이해하는 것이다.

복음 안에서 죄에 대한 지식과 수치심을 이해하게 되면, 회개, 용서, 회복, 소명과 최후의 기쁨을 이끌게 된다(고후 7:9-10). 수치심은 비록 인간이 죄인이지만 용서받은 죄인이라는 인식으로 이끌게 된다. 실제로 용서받은 죄인은 하나님의 자녀로 받아들여지며 사랑받는 사람이 되는 것이다. 하나님께서 이미 예수 그리스도를 통해서 죄를 극복하고 물리치도록 하셨기 때문에 죄를 안다는 것은 이미 죄에서 용서받을 수 있는 첫 걸음을 내딛는 것이다. 삶과 죽음이 예수 그리스도에게 속한 사람은 예수 그리스도를 향한 경외심으로 가득 찬 사람이다. 나는 하나님의 사랑을 받는 자녀로서의 정체성을 갖는 것보다 더 안정적인 자아 존중의 기초를 상상할 수 없다.

4. 신학의 논리적 우위

만일 우리가 자아 존중감을 향상시키는 유일한 수단으로 또한 죽음을 극복하려는 수단으로 신앙을 사용한다면, 우리는 두 가지 기준 사이에서 혼란을 경험하게 될 것이다. 신앙을 갖는 것은 그 자체가 목적을 의미하는 것이 아니라, 더 가치 있는 목적을 추구하는 것의 방편이다. 심리학적인 기준은 인간의 문제를 진단하고 상담하는 데 있어서 중요한 역할을 하게 되지만, 우리는 신앙의 기준이 된다고 간주하는 요소들이 정신건강에 매우 좋은 역할을 하게 됨을 때때로 간과하게 된다.

예를 들어 사람들이 상담을 위한 수단으로서 기도를 생각할 때, 이러한 변화가 일어나기 시작한다. 상담은 우리의 모든 노력이 미치는 것에 대한 목표로 인식된다. 만일 기도가 스트레스를 경감하고 그 때문에 상담에 도움을 준다면 그것은 중요한 자원이기 때문에 반드시 사용되어야 한다. 기도와 심리적, 육체적 치료 사이에 긍정적인 상관관계를 보여주는 경험적 연구들이 발표되고 있다. 어떤 사람들은 그러한 연구가 기도에 대한 변증적인 역할을 한다고 생각하고 또 어떤 사람들은 그러한 연구들에 의하여 기도의 실제적인 혜택이 일상의 기도와 연관되어 있다고 확신하고 있다. 하지만 하나님과의 영적 교감의 수단으로서 기도의 실제 목적과 중요성은 간과되게 된다. 모든 것이 뒤 바뀌어 우리의 삶의 중심에 계시는 하나님이라기보다는 우리의 감정적 또는 정신건강의 중심을 차지하게 되는 것이다. 하나님은 우리 스스로에 의해 결정된 목적에 대한 유용한 부속물이 되어 버리고 만다.

성경적이고 신학적인 개념들이 그것들을 둘러싼 심리학적인 틀에 놓아지게 될 때 가치의 변환이 발생하게 된다. 기도와 고백, 성경과 용서 등이 성경적인 교훈과 관례로서 심리학적인 상담으로 통합되어 사용될 때 그것들은 신앙을 위하여 사용되기보다는 다른 목적을 위하여 사용될지 모른다. 그것들은 심리학적인 문맥 속에서 취급될 것이다.

뉴톤 마로니(Newton Maloney)는 최근에 성경적 원리와 실제를 상담에 접목시키고자 하는 책에 대한 논평에서 "저자는 영적인 훈련을 포함해서 어떠한 방법론도 상담 상황에서 역할을 할 수 있다는 유일한 이론적인 기능이 고통을 경감시키고 어떤 사람이 살고자 선택한 문화에서 적응을 도와준다는 사실을 깨닫지 못하는 것 같다"고 진술했다.[16] 마로니의 기본적인 가정은 자기 자신의 변환이다. 그는 두 원리 사이의 비대칭적 관계를 뒤바꾼 순서로 가정하고 있다. 그는 심리학의 표준과 가치들이 더 큰 범주에 있다고 가정한다. 따라서 성경이나 기도는 고통을 완화시키고 적응을 강화시키는 목적에 대한 수단이 된다고 보았다. 반대로 나는 심리학적 원리와 관례들이 성경적인 그리고 신학적인 맥락에서 만들어진 상담에 도움이 되도록 만드는 것에 관심을 가지고 있다.

욥은 단언하기를 "하나님이 나를 죽이실지라도 나는 그를 의지하리니..." (욥 13:15)라고 고백했다. 욥의 고백은 심리학적 기준을 우선순위에 둔 사람들에게는 이해할 수 없는 진술이다. 욥이 그런 식으로 발언한 것은 자학적인 사람이라고 진단할 것이다. 그러나 욥은 이해할 수 없는 고난과 고통 속에서도 하나님을 자신의 중심에 두었고, 하나님을 경외했다. 비록 하나님이 욥에게 적으로 느껴지고, 살해자라고 할지라도 하나님에 대한 신뢰와 믿음을 지켰으며, 건강, 가족, 명예, 재물 심지어 자신의 생명 자체도 욥에게 있어서는 우위를 차지하지 않았다. 비록 우리가 자신의 삶에서 접근할 수 없지만 욥의 신앙의 심오함에 접근한다는 것은 신앙의 내부 규범과 가치들이 모든 외부적으로 파생된 규범과 가치에 대하여 우선순위를 갖는다는 것을 이해하는 것이다. 따라서 다른 규범들과 가치들은 하나님에 대한 믿음과 충돌할 때마다 필연적으로 상대적으로 다루어진다. 신앙의 목적으로서의 하나님, 아니 신앙 그 자체는 우리 삶의 바로 중심에 위치해 있는 것이다. 다른 모든 가치와 관계들은 이런 중심적인 관계 주변에 나열된다.

　두 가지의 비대칭적 나열의 주제로부터 화제를 돌리기 전에, 나는 최소한 오해받지 않도록 하기 위하여 몇 가지 언급을 하고 싶다. 신학과 심리학의 관계의 비대칭적 나열은 논리상으로 뒤이어 계속되고, 우리가 하나님 앞에 다른 어떤 신도 가져서는 안 된다는 사실을 따른다. 그러나 심리학의 규범과 가치들이 그 자체로서 중요하지 않다는 것을 뜻하는 것이 아니다. 두 번째의 가치는 최고의 가치일 수는 없지만 그럼에도 불구하고 중요한 가치를 가진 것이다. 사람들 사이에 그 누가 정서적 건강 또는 훌륭한 의사소통 기술 또는 자녀양육의 가치를 무시할 수 있겠는가? 우리들 가운데 자녀들이 사회에 건강하게 적응해 나가고 그들의 동료를 수용하는 등의 기본적인 관계를 간과할 사람이 있겠는가?

　나는 복음이 우리에게 신학적 개념 속에서 반영될 필요가 있는 궁극적인 요구를 하고 있다는 것을 확신한다. 하지만 심리학을 약간만 또는 아예 반영하지 말자는 말로 이해하지 않기를 바란다. 나는 성인기 전체의 삶을 심리학을 연구하는 데 보낸 사람이다. 나는 심리학이 하나님을 온 맘과 뜻과 영을 다해 예배하기를 원하는 사람과 그들의 이웃을 자기 자신처럼 사랑하기 원하는 사람에게 충분한 영향을 준다고 믿는다. 나는 때때로 신학과 관련된 심리학의 연구가 때로는 기대치 않은 방식으로 우리의 신앙 생활을 더욱 깊고 풍성하게 만들 가능성을 가지고 있음을 믿고 있다. 나는 비록 교회 안에서 "치료의 승리"라고 불리는 것에 대해서 우려하는 자들에 대한 표현에 대해 많은 관심사를 공유하고 있으며, 심리학이 영혼돌봄을 추구하는 목회자의 사역에 기여한 바가 크다고 믿는다. 나는 신학의 특수한 개념을 상실하거나 그 개념들을 심리학적인 개념 속에서 붕괴시켜 버리고 싶지 않다. 우리의 신학적 유산을 보호하기 위해서 심리학을 무시해야 된다고 믿지는 않는다. 심리학은 목회자들에게 가져다 줄 수 있는 선물일 수 있다.

　심리학이 목회에 가져다주는 세 가지 선물에 대해 토론하는 것으로 들어가기 전에 우리는 명백하게 찾아야 하고, 우리의 지도 전체의 올바른 빛을 잡아야 하며 지금까지 우리가 이루어 놓은 것을 평가해야 한다. 우리는 숲

제10장 기독교상담자를 위한 통합적 지도: 목회상담에서 신학과 심리학

속에서 길을 잃어버린, 우리를 이끄는 경이로움과 우리가 가지고 있는 지도들을 심사숙고 했었다. 우리는 그리스도의 두 가지 본질 사이에 칼케돈 정의의 관계로부터 표면적인 유형에 대한 사고의 발췌를 우리의 신학적인 나침반으로 삼았다. 우리는 그리스도의 본질은 혼동과 변화 없이, 또 한 편으로는 격리와 분열 없이 관련성이 있다는 것을 확언하는 것이 의미하는 점에 대해서 논하였다. 첫째로 우리는 어떻게 육체의 몸을 입으신 예수 그리스도를 신학과 심리학에 적용할 것인가에 대해 물었고, 그 다음 어떻게 그 형식적인 칼케돈 유형이 서로 원리가 상이한 신학과 심리학의 관계에 적용되는지에 대해서 물었다. 마지막으로, 우리는 때때로 갈등적 요구의 질문에 시간을 소비했고, 심리학을 넘어 신학적 논리의 우위에 대해 밀접한 관련을 이끌어 내려고 시도했다. 이제 우리는 영혼돌봄의 목회에 가져다주는 심리학적 선물에 대해 초점을 맞출 것이다.

나는 비록 더 많은 언급을 할 수 있을지라도, 오직 세 가지 선물에 대해서만 초점을 맞출 것이다. 내가 생각하는 최고의 전통적인 선물을 고려하면, 비록 그것들이 서로 다르고, 아마 어쩌면 서로 동등한 것일 수도 있는데 인지 또는 행동주의 심리학 그리고 가족체계 이론에 의해 도출될 수 있으며, 프로이드와 융의 통찰력으로부터 나오는 것을 선물로 인식했다.

우리는 세 가지 기본적인 심리학적 개념들을 찾게 될 것이다. 첫째, 무의식 이론, 둘째, 치유의 상황에서 본 목회 관계, 셋째, 상담 과정에 대한 관심에 초점을 맞추게 될 것이다. 각각의 경우를 통해 나는 신학이 어떻게 상담을 이용하여 목회돌봄에 있어서 그 고유한 개념과 방법의 침해 없이 목회를 더 깊이 있게 할 수 있는 심리학적 통찰력을 신뢰할 수 있게 되는지 보여 줄 것이다. 목회돌봄은 목회자의 몫이며, 그것은 본질적으로 신학의 기준에 의해 고유한 판단을 하는 활동이다. 그럼에도 불구하고 계층화된 서열로 볼 때, 목회돌봄과 신학은 심리학을 하위체제로 보고 그 원리로부터 비롯된 통찰력에 의지할 수 있을 것이다.

5. 신학에 주는 심리학의 첫 번째 선물: 무의식 이론

근래 심리분석이 시작된 이후 작금까지 그 이론에서 논의된 일련의 비판과 질문들에도 불구하고 무의식 이론은 그 개념이 힘을 잃는 것 같지 않다.[17] 우리의 온 마음과, 영, 뜻 그리고 힘을 다해 하나님을 사랑한다는 것은 우리의 사랑의 목적이 되는 하나님에 대하여 무엇인가를 아는 것 뿐만 아니라, 하나님에 대한 사랑의 주체인 우리 자신의 마음과 영혼에 대하여 무엇인가를 아는 것도 요구된다. 무의식 이론은 우리가 실제로 누구인지에 대하여 거의 모르고 있다는 사실을 가정하고 있다. 이 이론은 우리를 자극하는 대부분의 것들, 그리고 우리가 느끼고, 생각하고, 바라고, 희망하는 대부분의 것들이 우리의 인식 밖에 놓여 있다고 주장한다. 이 이론의 풍부함과 신비로움과 복잡함 속에서 우리 자신과 우리의 영혼과 친숙해지는 방법을 제공하고 있다.

프로이드와 융은 꿈에 대하여 연구했다. 그들은 각각 수년 동안 이 이상한 야간 암시들에 대한 수수께끼를 해석하기 위하여 오랜 세월을 보냈다. 오랜 세월 동안 자신의 꿈을 이해하기 위해 노력하고 무의식 중에 과정의 깊이를 알아내기 위해 노력했던 사람들은 자신이 절대 상상하지 못했던 자기 자신의 여러 가지 모습들에 대하여 연구할 측정 불가능한 가치를 주장할 수 있을 것이다. 나의 은사 앤 울라노프(Ann Ulanov)는 무의식을 의식의 표면 아래 흐르는 강이라고 설명하곤 했다. 수면과 꿈을 꾸는 것은 의식과 시간 속에서 소원, 동경, 두려움, 희망, 슬픔과 즐거움이 반영되어 존재하는 것이다.

무의식을 연구하는 심리학자들에 의해서 조심스럽게 이끌려 나온 인간의 내적 풍경들은 우리가 부모나 또 다른 보호자들과의 어린 시절 경험을 기초로 하나님을 상상하게 되는 방식에 통찰력을 부여해 줄 수 있다. 우리는 그러한 지식을 '영원'이라는 알려지지 않은 스크린 위에 무의식의 희망을 투사하는 것이라고 무시할 수도 있고, 또 프로이드처럼 그것을 '환상'이고 부를 수도 있으며, 바르트가 말했듯이 계시에 의해서만 알려질 수 있는 하나님의 실체에 대하여 그러한 지식은 아무 것도 우리에게 말해 주는 것이 없

제10장 기독교상담자를 위한 통합적 지도: 목회상담에서 신학과 심리학

기 때문에 아예 무시해 버릴 수도 있다. 하지만 우리의 정신 속에 있는 것들은 그런 방식으로 투사된 이미지 속에 숨겨져 있기 때문에 그 이미지들에 집중하여 우리는 더욱 현명해 질 수 있을 것이다. 그러한 이미지들의 가치는 그것들이 하나님에 대하여 우리에게 말하는 것 속에 있는 것이 아니라 (바르트가 옳다고 믿는 가정 하에…) 그것들이 우리 자신에 대하여 말해 주는 것 속에 놓여 있는 것이다. 우리는 이러한 인간 정신세계의 창조를 무시해서는 안 된다. 우리는 설령 성경이 하나님의 실체를 묘사하고 있는 방식과 그러한 이미지들이 충돌한다 할지라도 그 이미지들은 존중할 필요가 있다. 만일 우리가 이러한 하나님 특유의 이미지에 집중한다면, 우리는 아마도 깊게 느껴지는 어린 시절의 필요와 희망, 슬픔과 갈망 등에 대해서 충분히 깊이 느낄 수 있을 것이다.

어린 시절에 버려진 경험이 있는 여성을 예로 들면, 이 여인은 그리스도가 십자가에 매달리신 순간을 반복적으로 생각하는 자기 자신을 발견할지 모른다. 유아시절 학대받았지만 그 학대의 기억을 억누르며 자라 온 사람은 하나님에 대한 신뢰에 의문을 갖게 되고 그의 의식 속에 그러한 학대를 강요하는 기억을 발견할지도 모른다. 일종의 무대 장치로서 그녀가 수동적이고 의존적인 존재로 남아있는 반면에 능동적인 파트너로서 하나님을 묘사하고 있는 그 여성은 어린 시절의 충격으로 인한 손실 때문에 개인적인 주체성과 대리성의 개념이 대단히 약화되어 있을 지도 모른다.

이러한 가설들의 예는 하나님의 형상이 실제 로샤 잉크블랏 검사처럼 될 수 있다는 것을 보여주는 것을 의미하지 않는다. 그러나 오히려 심리학은 하나님과 함께 그늘의 삶에 무엇을 가져다주는지 심사숙고하는 사람들처럼 영향을 주는 그리스도인들에게 무엇인가를 제공한다. 인간의 상상은 너무나도 미약하고 하찮은 것이고 부적절한 것이어서 분명히 하나님의 형상을 왜곡시키고 만다. 인간의 본질은 때때로 하나님에 의해 사용됨에도 불구하고 확실히 인간은 완전히 부적절해서 하나님이 정말 그런 분이신지에 대한 지혜를 얻지만, 우리는 그 형상 자체로 이것이 이러한 경우인지 검증할 수는 없다. 우리의 형상은 예수 그리스도 안에서 우리가 하나님에 대하여 배우는 것을 기초로 항상 검증되어야 한다. 그리고 심지어 우리의 하나님에 대한 묘사가 하나님에 대하여 믿을 만한 어떤 것도 말해주지 못한다 하여도 그 형상들은 항상 우리 자신에 대하여 엄청나게 많은 가치를 말해 주고 있는 것이다. 우리의 하나님에 대한 묘사는 우리가 하나님과의 관계 속에서 얻는 기대와 두려움을 나타내고 있다.

어떤 경우에는 사람들의 하나님에 대한 의식적 이해가 그의 무의식 속에 있는 하나님의 형상과 충돌하는 경우가 있다. 신중하게 생각한 신학적 관점이 아마도 하나님의 내적 형상의 위협적인 성품에 대항하는 심리적 방어기제로 작용할지도 모른다. 아마도 당신은 신학을 다른 관점에서 보려는 사람과 신학을 그러한 무기처럼 보려는 사람을 알 수도 있을 것이다. 그런 사람들에게 있어서 신학의 불일치는 긴장으로 가득 찬 정서적인 분위기를 초래하게 된다. 내가 믿기로 무의식에 대한 지식은 자신에 대한 탐구에 이론적이고 실제적인 도구를 제공한다. 인간은 왜 그렇게 딱딱한 하나님의 형상을 붙잡고 있는 것인가? 아마도 하나님에 대한 열정을 단순하게 표현하지 못하는 것 같다. 그리고 의식적으로 이해하고 있는 신학적인 정설과 불일치하는 하나님의 형상에 의해 내부적으로 위협받았는지도 모른다. 인간은 자신에 대한 의구심과 공포심의 내면의 목소리를 몰아내기 위한 의식적인 이해가 인간을 방어적으로 만들고 그것을 유지시키게 한다.

그러한 사람은 아마도 의식적으로 하나님을 찾고 섬기겠지만 이러한 사랑은 그의 무의식의 뿌리까지 도달하지는 못할 것이다. 표면 아래로 숨긴다는 것은 아마도 인간의 고통을 보며 즐기는 하나님, 인간의 고난에 관심이 없고 인간을 버리신 가학적이고 인간을 핍박하는 하나님의 형상일 수 있다. 사람들이 신학적인 믿음을 소극적으로 유지할 때마다 그들이 반대 의견에 심할 정도로 위협받는 듯이 보일 때마다, 우리는 과연 내면으로부터 그들을 위협하는 하나님의 다른 형상이 있는가 의심을 가질 수 있다. 심층심리학과 무의식에 대한 이해는 이러한 가정을 탐구하는 도구를 우리에게 제공한다.

이는 신앙 생활에 극적인 영향을 미친다. 최근에 나는 목회자와 교회 지도자들이 악령에 들렸다고 믿는 다른 문화권 내의 어떤 여자에 대한 비극적인 이야기를 들은 바 있다. 그녀는 환청을 듣고, 약속의 아들인 이삭을 임신했다고 믿는다. 그녀 교회의 신자들은 그녀를 위해 그녀와 함께 몇 번이고 되풀이해서 기도했다. 그러나 아무런 도움도 주지 못하는 것 같았다. 결국 교회의 신자들은 기도회를 갖는 여러 시간동안 그녀가 멍이 들 때까지 때리

제10장 기독교상담자를 위한 통합적 지도: 목회상담에서 신학과 심리학

고, 그녀에게 고통을 주는 파괴적인 영을 그녀에게서 없애기 위해 노력했다. 그녀의 오빠들은 이러한 상황을 듣고 이를 저지할 수 있는 모든 일을 했다. 비록 그 오빠들은 지구 반대편에 살고 있었지만 그녀를 도울 수 있는 기독교심리학을 찾을 때까지 끝까지 노력하였다.

심리학자는 남편 가족들의 부추김으로 일곱 번이 넘는 낙태를 하고 그로 인해서 우울, 억압된 감정을 가지고 있다는 것을 알았다. 성경 시대와 마찬가지로 그들의 문화는 모든 일을 아들 낳는 것에 의존했다. 그녀가 임신했을 때마다 현대의 발달된 기술을 통해 딸임을 알게 되었다. 그녀의 남편은 그 집안에서 유일한 아들이었다. 그는 아들을 임신할 때까지 기다리자고 자신의 아내에게 요구했다. 그와 그의 가족들은 한두 번도 아니고 일곱 번까지 이렇게 요구했던 것이다. 그녀의 슬픔과 분노는 더 이상 억제하지 못했고, 극도의 징후도 있었다.

귀신들림은 항상 정신병리적인 사례라고 할 수 없다. 나는 귀신들림의 신비를 정확하게 이해할 수는 없지만 그러한 사례들이 존재할 수 있을 지도 모른다고 짐작한다. 그러나 이 경우는 교회의 신자들이 너무 앞서 갔음을 확신할 수 있다. 그들은 잘 진단하지도 못했고, 그녀의 내력을 면밀히 조사하지도 않았다. 그들은 적절하고도 유용한 다른 방법을 찾아보지 않고 그들에게 용이한 방법을 사용하였다. 그들은 심리학적 관점에 의견이 일치하지 않았고 그 관점들을 하나의 신학적 관점에 몰입시켰다. 모든 일이 죄의 결과라고 이해하였고 다른 가능성은 배제되었다. 그들의 진단은 너무나도 범위가 좁은 신학이었다. 그것은 억지로 설명을 했지만 합리적이지 못했다. 그들이 심리학적인 면을 충분히 구분 짓지 못했기 때문에 심리학이 제공할 수 있었던 독립적인 시야가 가려질 수밖에 없었다.

이러한 사례는 매우 극단적인 것이다. 하지만 수많은 사람들의 인생이 만약 심리학적 무의식에 의해 설명되었다면 매우 효과적으로 설명되고 치료되었을 사건들이 있을 것이다. "내가 아무리 노력해도 내 부모를 용서할 수 없는 이유가 무엇일까?" 한 젊은 여성이 묻는다. 그녀가 용서받았음에도 불구하고 용서할 수 없는 것에 대해서 그녀 자신이 죄의식과 경멸을 쌓아가기보다는 그녀가 가지고 있는 슬픔과 분노에서 완전히 회복되었는지에 대해서 파악하는 것이 더 좋을 것이다. "왜 나는 나의 의지에 반대되면서 내 스

스로를 비하하여 느끼게 만드는 성적 욕망을 계속 가지고 있는가?"라고 한 남성이 물었다. 그는 그것에 관해 기도하라고 충고할 수 있었고 그렇게 하는 것이 그 자신에게 좋을 것이다. 그러나 심리학적 관점은 그러한 환상들에 대한 숨겨진 의미를 찾기보다 무의식에 이유가 있다는 가설을 가지고 생각한다. 만일 이 남성이 단지 그의 환상들로부터 두려움을 가지고 그것들을 더욱 억제하려고 한다면 그 내용물을 억제로 인해서 오히려 더한 강도로 돌아올 수 있다.[18]

이러한 각각의 경우에 신학적 조사와 상담에 의해 그리고 죄의 개념적 분류에 의해 이해와 치료가 오는 것이 아니라 오히려 인지 밖의 의미의 유형으로 얽힌 무의식의 가닥들을 탐구함으로써 오는 것이다. 만약 우리가 신학적 관점으로만 이러한 일들에 접근한다면, 이 일들을 저변에 움직이는 심리적 부분에서 분리한다면 우리는 오류에 빠질 수 있다. 우리가 만약 그 사람이 어떻게 상처 받고 타격을 받았는지 주의 깊게 살펴보는 대신에 죄를 규명하고 용서를 제공하는 것만을 배타적으로 주장한다면 우리는 목회에 실제적으로 도움을 줄 수가 없다. 오히려 그 사람이 어떻게 상처 입었는가에 세심한 주의를 기울이는 것이 필요하다. 영혼돌봄의 목회에 대해 배우고자 하는 사람에게 상처에 대해 무의식적 생각이 어떻게 방어기제를 사용하는지를 아는 것은 값을 매길 수 없는 보물이 될 것이다.

6. 심리학의 두 번째 선물: 치유의 상황으로서 목회 관계

우리들은 기쁘던 슬프던 우리의 삶의 조건을 하나님과의 관계에 유입하도록 교육받았기 때문에 교회는 관계를 치유하는 능력이 있다고 알려져 왔다. 인간으로서 우리의 정체성은 "관계 속의 인간"으로서 구성된다. 그리고 신자들의 공동체로서 교회는 일생 동안의 안락과 힘, 책임과 교제의 원천이 된다. 우리는 계속해서 기도 속에서 하나님과 교제하도록 부름 받은 자이다. 즉 결혼, 우정, 양육 등 끊임없는 교제를 위해 부름 받았다. 만일 교회가 모든 관계는 가치 있는 관계로서 알고 있다면 상담은 과연 우리에게 무엇을 가져다 줄 것인가?

제10장 기독교상담자를 위한 통합적 지도: 목회상담에서 신학과 심리학

첫째, 우리는 두 가지 근접이 가능한 개념들을 고려해 볼 수 있다. 치유관계라는 개념은 "붙들어주는 환경"과 전이의 현상이다. 아동심리학자 위니캇(D. W. Winnicott)은 상담 관계를 일차적인 모자관계와 비교하여 이 상담 관계를 '안아주는 환경'이라고 불렀다. 유아는 외부 세계에서 자신을 방어하지 못할 뿐 아니라, 내면으로부터 격한 감정으로부터 위협받지만 항상 싸우지 못한다. 이 때 어머니나 아이를 돌보는 사람은 이러한 근심이나 홍분을 어떻게 억누를 수 있는지를 알고 있으므로 안아주는 환경을 제공해야 한다. 구체적으로는 첫째, 걱정 없는 안정적인 표정을 갖고, 둘째, 아이에게 점차적으로 다룰 수 있을 만한 단계로 세상을 소개해 주며, 그리고 셋째, 자기 자신이 어렸을 때를 돌아보게 하는 것이다.

유사한 방식으로, 감정에 입각한 엄마는 홍분으로 자녀를 압도하고 위협할 때 그 사이에 끼어들어 정서적으로 누그러뜨리고 안정적인 환경을 제공하는 방법을 알 것이다. 상담의 모든 의식적 관점들은 문화형태로서 심리학적 용법의 모든 종교적 관점들 ―특정한 시간과 장소, 의지할 수 있는 공감하며 들어 주는 사람, 심리현상을 분석하는 방법― 사람의 근심을 억제해 주는 장치로 여겨지는 관계의 안전한 구조를 제공하고 돕는 예견 가능한 방법이다.

신앙 생활 가운데 수많은 문제들이 우리를 불안하게 하며, 문제로부터 안전하게 도피할 수 있는 곳이 별로 없는 것 같이 느껴지게 한다. 많은 교회들이 성에 대하여 말하는 것을 맹렬히 비난하는 것처럼 보인다. 게다가 신자들의 생각은 자신이 하나님에 대해서 깊은 신앙을 가지고 있는지, 또는 자신의 신앙이 정통교회의 그것과 같은지 다른지, 자신이 구원 받았는지에 대하여 의구심을 제기하며 두려운 마음을 가지고 있다. 때때로 신자들은 그들의 죄 또는 잘못된 행동에 대해서 동료들에 대한 판단을 두려워하고 부끄러워하며 고민하고 있다. 목회상담자는 이러한 모든 현상에 대해서 내담자의 약점을 이용하지 않겠다고 서약해야 하며, 판단 없이 그들의 죄의 결과들을 탐색하고자 하는 목회상담자의 관계는 필요하다. 여기서 내담자는 안정적으로 자신의 필요를 충분히 얻을 수 있게 될 것이다.

둘째, 밀접하게 관련된 것은 심리학적 용법의 전이 개념이다. 전이를 가장 단순하게 정의하면 "전이는 어떤 사람이 자신도 모르게 다른 사람에게 어떤 내용을 전달하여 활성화시키는 현상을 말한다. 그 내용은 그 사람의 현재 갈등하고 활성화되지 않은 감정들을 옮기거나 현재 상황에서 흩어진 과거의 기억을 알아내는 것이다."19) 전이는 과거에 있었던 관계가 현재의 관계로 옮겨지는 모든 복잡한 문제들인 만큼 특정 다른 사람을 향하여 나타내는 하나의 특성이 아니라는 것을 제외하고 투사와 유사한 개념이다. 전이는 무의식 중에 발생하며, 현재 한 사람이 다른 사람을 정확하게 인식하는 것은 정확하게 인식하는 것이다.

전이 현상을 이해하는 것이 영혼돌봄을 추구하는 사람에게 어떤 도움을 줄 수 있는가? 전이 현상을 이해하는 유능한 목회상담자는 내담자의 격한 감정들을 다스리는 방법을 이해할 수 있을 것이다. 첫째, 내담자가 상담자를 향하여 갖는 많은 감정들이 개인적인 것이라기보다는 내담자를 이해하는 단서에 속한 것이다. 즉 유감스럽기는 하지만, 이미 내담자의 과거로부터 전해오던 미결의 문제가 상담현장에서 다시 제기되는 것이다. 현재의 관계는 그 문제를 설명할 수 있도록 해 준다. 현실적으로 말하자면 그것은 무의식 중에 살아있기 때문에 과거는 진짜 과거가 아니다. 치유되지 않은 모든 것들이 현재의 관계 속에서 인식되고 주의를 받아야 한다.

하나의 단순한 예는 너무 흔해서 상담자들 사이에 농담거리가 될 수도 있다. 상담자의 정기휴가에 대하여 내담자들의 반응은 어떠할까? 일반적으로 상담자는 정기 휴가를 떠나기 위해 여러 가지 여행 준비를 할 때, 내담자는 상담자에 의해서 버려진다고 느끼며, 두려운 마음을 갖게 된다. 내담자가 정말 그렇게 느낄까? 이해할 수 없고 터무니없는 것처럼 보인다. 그렇지만 내담자들에게는 부인할 수 없는 충분한 두려움이 발생된다. 여기서 무엇을 말하려고 하는 것일까? 내담자가 이러한 상황에 있기 때문에 상담자는 이 상황을 충분히 고려하여 내담자에게 안전을 제공하고 그의 모든 억압되었던 염려를 안전하게 담는 수단이 작용되어야 한다. 아마 내담자는 어렸을 때에 느꼈지만 억압해야만 했던 두려움을 경험할 수 있다. 전이 관계는 그의 잃어버렸던 부분을 다시 찾을 수 있는 기회를 제공해 준다. 오랫동안 숨겨져 왔던 두려움과 분노가 지금 이 자리에서 표출될 수도 있고 그의 성인자아 속으로 통합될 수도 있다. 일단 이러한 감정들이 인식되면 그의 선택, 그들의 결심을 잃게 된 것이다. 이러한 감정들이 무의식 중에서 인식되기 시작한다면 자아는 강화된다.

　프로이드가 전이의 본질에 대해서 일반화할 때, 그는 성적, 공격적 본성에 대해 해결되지 않은 감정을 강조하였다. 욕구, 독립성, 성적 욕구, 갈망, 권력과 권위 등에 대한 갈등은 그가 발견한 가장 논란이 되는 문제들이다. 이러한 현상에 대한 이해가 부족한 상담자는 쉽게 파괴적인 힘에 빠지거나 파괴적인 성적 행동에 빠지게 된다. 신학은 이러한 무의식적 역동에 정답을 가지고 있지 않다. 공격적이거나 성적인 욕망을 의식적으로 억압하려고 해도 실제로는 그 욕망들의 힘은 증가하게 된다. 왜냐하면 억압되었던 욕망들은 표현되기를 지속하기 때문이다. 반면 전이의 방편에 대한 인식에서 욕구를 자제한다면 그 힘을 줄일 수 있다.

7. 심리학의 세 번째 선물: 상담 과정에 대한 관심

　영혼돌봄을 추구하는 목회자들에게 주는 세 번째 선물은 상담의 과정에 대한 관심이다. 상담의 중요성에 대하여 그 내용이 아니라, 과정에 관심을 집중시킨다는 것은 많은 의구심이 제기된다. 당신은 어떻게 다른 사람들과 감정적 관계를 발전시켜 나가는가? 당신은 어떻게 공격적이지 않고 감정적 접촉을 하는가? 당신은 어떻게 상대방의 행동 언어, 시선 접촉 또는 목소리의 의미를 정확하게 이해할 수 있는가? 당신은 방어적으로 내쫓기는 대신 경청의 기회를 최대화하기 위해 어떻게 대면하는가? 당신은 내담자를 어떻게 존중하며 내담자의 이야기를 정확하게 들었다는 것을 어떻게 보여주는가? 당신은 내담자를 공감하기 위하여 어떻게 하는가? 당신은 당황할 수 있는 가능성을 최소화하고 통찰력을 최대화하기 위해 상담 내용을 어떻게 이끌고 가는가? 당신은 내담자에게 이해하고 있다는 사실을 보여주기 위해 자신의 경험담을 인용하기에 적절한 때는 언제라고 생각하는가? 당신은 상담 중에 내담자를 위로해 주어야 하는 바른 시기와 바른 해석, 방법 등의 감각을 어떻게 개빌하는가? 심리학은 이 모든 방법들과 그 이상의 것들을 목회사역에 몸담고 있는 자들에게 가르쳐 줄 수 있다.

　이처럼 다양한 문제들을 놓고 대부분의 목회상담자로 훈련받는 사람들,

원목, 군목 또 임상목회교육(CPE)을 받고 있는 신학생들에 의해 제기되었다. 우리 중 일부는 이러한 문제들을 당연하게 여기는 바람에 우리가 상담에서 얼마나 배웠는지, 얼마나 더 배울 것이 있는지를 망각한다. 그러나 우리는 이러한 통찰력들을 목회 기술에 충분히 통합시키지 못했다. 목회자들과 목회상담자들은 심리학 구조 밖에서 일을 할 때는 이러한 방법을 매우 잘 수행하는 것처럼 보인다. 그러나 목회자로서의 역할에 대하여 엄격하게 관찰해 본다면 '진행과정의 문제들'에 관심을 집중시키는 지속 능력이 떨어지는 것처럼 보인다. 한 저명한 목회신학자는 다음과 같이 진술했다.

> 기도와 신학적 반영은 상담 과정에서 사용되는 가장 중요한 요소들이다. 그러나 실제로 상담하는 시간과 상담자와의 관계에 있어서 나의 기도와 신학적 생각들은 드러내지 않는다. 나는 사실상 상담 관계 밖에서, 즉 상담시간 외에 혼자 있는 시간에 내담자를 위하여 많은 기도를 한다. 또한 상담 관계는 영적으로, 신학적으로 많은 통찰력을 길러주지만 나는 상담시간을 교육시간으로 바꾸지 않기 위해서 이러한 통찰력을 내담자와 공유하지 않는다. 왜냐하면 이런 기도와 신학적 통찰들을 공유하는 것이 상담 과정을 저해할까 두렵기 때문이다.[20]

왜 기도는 필연적으로 상담 과정에 저해한 것인가? 왜 신학적 통찰을 공유하는 것은 필연적으로 상담시간을 교육시간으로 바꾸어 버리는가? 상담자가 상담 과정에서 자신이 이미 가지고 있는 심리학적 통찰을 내담자와 공유한다면 신학적 통찰도 함께 나누게 될 것이다.

나는 상담을 비유하건대, '도제 관계'를 통해 상담 기술들을 가장 잘 배울 수 있을 것이라고 믿는다. 상담현장을 경험하고, 관찰하고, 모방하고 선생의 상담 과정을 지켜보면서, 상담이 진행되고 있는 집단에 참여하면서 배우는 것이 가장 좋다고 생각한다. 목회상담은 우리를 온전한 인격체로서 요구하는 과정이다. 그것은 단순히 몇 자 가르쳐서 정복되는 기술이 아니다. 초보자에게 상담하는 방법을 말해 주는 숙련가의 문제가 아니다. 때때로 상담자들이 할 수 있는 것은 단순히 일반적인 지침을 제공해 주기만 하면 되는 것들도 있다.

목회상담에서 기도할 때 상담자는 성경에 기초해야 하며, 내담자에게 그

제10장 기독교상담자를 위한 통합적 지도: 목회상담에서 신학과 심리학

상황의 특별함을 설명해 주어야 한다. 기도는 모든 상황과 모든 문제, 즉 폭넓은 상황과 즉각적인 상호 간의 상황에 민감하게 조절되어야 한다. 상담자는 엄격하게 심리학적 개념을 사용한 해석을 설명하는 것과 같은 방법으로 신학적 개념을 사용한 해석을 내담자에게 설명할 수 있어야 한다. 내담자의 특별한 상황, 요구, 언어 같은 종류의 절묘한 관심을 기울여야 한다. 상담자는 상담실을 강의실로 만들어서는 안 된다. 상담자는 언제나 중재 과정의 역동성을 고려해야만 한다.

목회상담의 수준은 상담자의 생각, 느낌, 의지에 관련되어 있다. 그러므로 나는 해석의 이론적 범주에서 개념적 통합에 대하여 강하게 반대하는 견해를 가지고 있음에도 불구하고 지적으로, 정서적으로, 영적으로 개인적 통합을 지지하는 입장이다. 상담자가 신앙 언어를 더욱 더 유창하게 말하고 그의 내면에 신학적 개념을 잘 이해할 수 있다면 좋을 것이다. 상담자가 적극적으로 경청하고, 통상적으로 작용하는 방식을 침범하지 않는 질문을 하는 것이 좋으며, 상담기술을 더 많이 축적할수록 더욱 좋을 것이다. 상담자는 기도하는 사람이 되어야 하고 하나님 앞에서 모든 것을 취할 때 더욱 편안함을 느끼게 될 것이다. 목회상담은 일하러 가기 위해서 작업복을 착용하는 것 같은 역할이라기보다는 차라리 그것은 개인의 기능적 방법으로 완전하게 통합하는 것이 되어야 한다.

8. 결론

신학과 심리학의 비대칭적인 순서를 강조하는 것과 관련하여 나는 그것이 "먼저 그의 나라를 구하라!(마 6:33)"는 의미일지도 모른다는 것을 목회자로서 목회상담을 하는 상황 속에서 실증하기 위해 노력했다. 그러나 우리가 하나님의 나라를 함께 추구할 때 심리학과 상담학이 교회에 부여한 논리적이고 실제적인 수단임을 간과해서는 안 된다.

우리가 신학과 심리학 각각에 관련된 이론들을 되돌아 볼 때, 다음과 같은 여섯 가지 기본 명제들을 제시할 수 있다.

첫째, 목회상담에서 신학과 심리학을 여러 가지 상황을 설명하기 위한 기본 수단으로 삼을 때, 이에 사용되는 언어에 있어서 그것들 특유의 방식과 목적과 기준과 언어적 습관은 각각의 자주성을 갖는다.

둘째, 우리가 인간을 심리적, 영적 총체로서 이해하려고 할 때 이 두 가지 개념적인 기본 토대를 각각 분리하지 않는 것이 중요하다. 그들이 명확하게 구별되지도 않지만 그렇다 할지라도 분리하거나 구별시켜서는 안 된다.

셋째, 상담자는 다른 논리적 단계에 작용하는 비교할 수 없는 언어로서 이러한 개념적인 토대를 알아야 한다. 그것들을 서로 같은 개념으로 통합하는 것은 문제가 될 것이다.

넷째, 상담자는 오히려 그 반대로 심리학적 대화를 보다 큰 신학적 의미의 틀 속에 담아 두어야 한다.

다섯째, 영혼돌봄의 목회를 배우기 원하는 사람은 심리학을 연구하고 그 개념과 기술 중 일부를 목회상담에 적용, 응용하는 것이 도움이 될 수 있다. 특히 심리학의 무의식 이론, 치유의 차원에서 상담 관계에 대한 이해, 그리고 심리학의 상담 과정에 대한 태도를 숙지함으로써 도움을 얻을 수 있을 것이다.

여섯째, 비록 신학과 심리학을 논리적으로 그 체계를 통합하려는 시도가 오류라고 할지라도, 실제로 개인적으로 그것들을 통합하려는 것은 대단히 중요한 것이다. 통합을 염두에 두고 지적으로, 감정적으로, 그리고 영적으로 생각하고 말하는 것은 바로 목회상담자의 일상적인 업무를 수행하는 데 필요한 덕목이다.

목회상담의 일을 수행하기 위해서 교회는 우리 이웃과 함께 온 마음과 뜻과 정신과 영과 힘을 다해 하나님을 사랑하기 위한 노력을 경주해야 하며, 그렇게 이끄는 것은 최고의 방법들 가운데 하나가 될 것이다.

제10장 기독교상담자를 위한 통합적 지도: 목회상담에서 신학과 심리학

■ 주(Notes)

1) Deborah van Deusen Honsinger, *Theology and Pastoral Counseling: A New Interdiscriplinary Approach* (Grand Rapids Mich.: Eerdmans, 1995).
2) 이러한 비유는 George Lindbeck의 연구에서 사용된 것으로서 Lindbeck의 연구는 다양한 종교들 간에 가능한 관계성을 연구하면서, 다양한 지도로서 이론들을 개념화시키는 기능을 내포한 지도 제작이라는 은유를 확장시키고 개발했다.
3) James E. Loder, & W. Jim Neidhardt, *The Knight's Move* (Colorado Springs, CO.: Helmers & Howard, 1992), 83.
4) George Hunsinger, *How to Read Karl Barth: The Shape of His Theology* (New York: Oxford University Press, 1991), 185.
5) Karl Barth, *Church Dogmatics 3/2* (Edinburgh: T & T Clark, 1960), 437.
6) Barth, *Church Dogmatics 2/1*, 83.
7) Barth, *Church Dogmatics 4/1*, 239.
8) Barth, *Church Dogmatics 3/2*, 327.
9) T. F. Torrance, *The Christian Doctrine of God: One Being, Three Persons* (Edinburgh: T & T Clark, 1960), 82-3.
10) Michael Polanyi, *The Tacit Dimension* (Gloucester, MA.: Peter Smith, 1983), 36.
11) Ibid., 36.
12) Ibid.
13) Ibid., 49.
14) Ibid., 37.
15) Gershen Kaufman, *Shame: The Power of Caring* (Cambridge, MA.: Schenkman, 1980), 11.
16) Newton Maloney's review of Mark McMinn, *Psychology, Theology and Spirituality in Christian Counseling* (Wheaton, IL: Tyndale House, 1996), *Journal of Pastoral Care* 51, no. 1 (Spring 1997): 119.
17) Richard Webster, "The Bewildered Visionary," *The Times Literary Supplement* (May 16, 1997): 10-1.
18) Ann Belford Ulanov, "The perverse and the Transcendent," *The Functioning Transcendent: A Study in Analytical Psychology* (Wilmette, IL: Chiron, 1996), 52-71.
19) Ann Belford Ulanov, "Transference/Countertransference: A Jungian Perspective," *The Functioning Transcendent: A Study in Analytical Psychology* (Wilmette, IL.:

Chiron, 1996), 123.
20) Edward P. Wimberly, *Prayer in Pastoral Counseling* (Louisville, KY.: Westminster John Knox, 1990), 15.

제11장

기억의 상처 치유:
구원과 죄에 대한 신학과 심리학

그레고리 존스(L. Gregory Jones)

몇 가지 보편적인 가르침이 해결되지 못한 갈등의 상황과 관련하여 사용되고 있다. "용서하고 잊어라," 그리고 "시간이 모든 상처를 치유한다." 이런 표현들 하나 하나에는 세대와 세대를 통해 전해 오면서 그 말을 살아남게 한 일종의 지혜를 담고 있다. 어떤 사람을 용서는 한다고 했는데, 가해자의 악행을 여전히 기억하고 있고, 논쟁이나 갈등 상황에서 그 사람을 반대하고 있는 자신의 모습을 발견한다. 우리는 과거는 그냥 과거에 묻어둘 필요가 있는 상황과 관계를 어렴풋이 알고 있다. 왜냐하면 그렇게 하지 않을 경우, 그 과거가 우리에게 짐이 되고 좀더 생명력 있는 미래로 나아가는 데 걸림돌이 되기 때문이다. 더 나아가, 어떤 상처는 치유되는 데 시간이 걸린다는 것을 알고 있다. 시간이 흘러가면서, 우리 존재를 회복하게 하는 경이로운 치유의 힘은 상처를 치유하고 그것을 잊게 한다.

그러나 우리는 또한 이런 교훈들이, 특별히 후자의 것이 한계가 있다는 것을 안다. 우리는 시간이 모든 상처를 낫게 하는 것이 아니라는 것을 안다. 만약 그랬다면, 우리는 의사나 상담 및 심리치료자를 필요로 히지 않았을 것이다. 많은 치료받지 못한 상처들이 감염되고 곪게 되고, 그 감염은 우리 몸 전체를 통해 확대될 수 있다. 더 정확히 말해서 "시간은 어떤 상처를 치유하지만 치료받지 못한 상처는 더 확산되고 전이되는 원인이 된다"고 해야 할 것이다. 그러나 이게 그렇게 간단한 문제는 아니다.

우리는 "용서하고 잊어라"고 말하는 것의 한계에 대해서 주의를 기울이지 않는다. 이 말은 우리의 진정한 싸움은 다른 사람들을 용서하는 것을 배우는 것이라는 의미를 담고 있다. 이것은 어느 정도 우리의 힘과 통제력을 가정하고 있다. 반면에 용서받는 것을 배우는 것 역시 중요하다. 이것이 마태복음 7장 1-5절의 순서이다. 우리는 다른 사람을 기꺼이 판단하고 용서하고자 하지만, 누군가 우리를 판단하고 용서해야 한다는 필요성을 거의 보지 못한다.

그러나 "용서하고 잊으라"는 문구의 심각한 문제는 우리가 너무나 밀접하게 용서와 망각을 관련지으면서, 용서와 망각의 관련성에 대한 연구가 그렇게 활발하게 이루어지지 않고 있다는 점이다. 특히 논란이 되는 점은 상처를 치유하는 데 요구되는 시간과 용서의 시점이다. C. S. 루이스는 자신이 한 사람을 용서하는 데 삼십년 이상이 걸렸다고 기록하고 있다. 어떤 상황이나 관계에서 용서를 실현하는 것에 어느 정도의 시간이 걸린다면, 적어도 그 시간보다 더 오랜 시간에 걸쳐 만들어지고 자라왔던 기억의 짐을 옮기는 데 우리는 얼마나 더 많은 시간을 필요로 하는가?

아마도 두 번째 문구인 "시간이 모든 상처를 낫게 한다"는 용서와 망각을 동일화하는 잠재적 위험을 최소화하는 것에 도움을 준다. 아마도 모든 상처를 치유하는 것에 필요한 충분한 시간을 가진다면, 우리는 마침내-아마도 이 생 이후에나- 용서와 망각의 능력을 연결할 수 있을 것이라는 확신을 가질 수 있다. 그러나 우리는 우리가 범하고 고통받는 죄, 다시 말해 하나님과 다른 사람들로부터 우리를 분리시키고 더욱 악화시키는 죄를 잊을 수도 없고 잊어서도 안 된다. 용서하고 잊으라는 권고는 거룩한 백성으로서 하나님의 용서를 구현할 수 있는 우리 능력을 전제한 것이라고 말할 수 있을까? 잊는 것과 용서를 연결하려는 것이 십자가를 지시고 다시 사신 그리스도보다는 십자가에 달리지 않으신 그리스도를 예배하도록 우리를 유혹하는 것 같아서 두렵다.

용서와 관계된 기억과 잊음의 역동성안에는 중요한 심리적, 윤리적, 신학적 주제들이 있다. 심리학적으로, 핵심적인 질문은 이것이다. 우리가 기억

제11장 기억의 상처 치유: 구원과 죄에 대한 신학과 심리학

에 대한 건강하지 못한 억압 없이 일어난 일을 잊는 방법을 발견할 수 있는가? 윤리적으로 제기되는 중요한 질문은 이렇다. 우리가 잊는 데 있어서 그 범위가 어디까지 인가? 내가 상처를 준 사람이나, 나에게 상처를 준 사람, 또는 고난을 겪고 있는 사랑하는 사람, 그리고 내가 만난 적도 없는 어떤 사람의 배신행위를 잊어야하나? 신학의 영역에 있어서 핵심 질문은 우리가 온전히 기억해야 한다는 의미가 무엇이며, 미로슬라브 볼프(Miroslav Volf)가 최근에 제시했듯이, 기억하지 못하는 신의 선물을 받는다는 것의 의미는 무엇인가?

본장은 세 단계로 이루어져 있다. 첫째, 과거의 기억이 우리에게 짐이 되는 다양한 경우를 구분하고, 또한 기억의 복합적 성격을 제시할 것이다. 둘째, 용서가 과거를 다르게 그래서 건강하게, 기억하는 것을 배우는 것과 관련될 수 있다는 점을 분석할 것이다. 더 나아가 그리스도의 고난과 관련하여 우리의 기억과 용서의 위치를 추적할 것이고 기억과 잊음의 역동성을 다루기 위해 수반되는 것들이 무엇인지 생각해 볼 것이다. 마지막 셋째에서는 기억의 상처를 치유하는 데 기여하는 기독교적 자원을 활성화하고, 신학과 심리학이 담당할 수 있는 중요한 역할에 관한 몇 가지 제안을 할 것이다.

1. 짐으로서의 기억

우리 모두는 기억이 얼마나 우리를 속일 수 있는지를 알고 있다. 우리는 절실히 기억하기를 원하는 것들을 잘 기억하지 못하고, 그래서 부난히 사동차 열쇠를 찾게 된다. 우리가 보기에 기꺼이 잊고자 하는 다른 것들은 그러지 못하는 것 같다. 기억은 종종 예상치 못한 방식으로 되살아 난다. 꿈으로도 오랫동안 잊었던 기억을 상기시키는 장소를 여행하며, 심지어 엘리베이터나 백화점에 흘러나오는 음악에 의해서도.

물론 뇌의 생리적 구조에 의해서 이루어지는 것과 같은 다른 원인들도 있다. 예를 들면, 우리는 생리적으로 경험하는 모든 것을 기익할 수 없다. 이것은 축복이자 지주이다. 우리 인식의 선택 능력은 지각된 자료에 의해서 압도되는 것에서 보호하려고 하기 때문에, 이것이 축복이다. 종종 우리는

우리에게 너무 중요한 것들을 기억할 수 없기 때문에 저주가 된다. 이런 선택의 능력은 뇌의 나이와 관련해서 복잡하게 작용한다. 어린 아동들은 성인처럼 그렇게 많이 기억할 수 없고, 알츠하이머 병으로 고통당하는 사람들의 모습에서 보듯이, 많은 사람들이 노년기에 나타나는 기억 능력의 생리적 부조화로 어려움을 겪고 있다.[1]

더 나아가 기억이 얼마나 쉽게 우리를 속이는지를 알고 있다. 우리는 마음을 단순히 정보를 쌓아두는 중립적 자료 창고로 생각하기를 원한다. 그러나 우리는 또한 얼마나 쉽게 기억이 우리의 선택적 인식능력, 감정, 선입관과 편견, 이전의 경험과 문화와 성과 관련된 주제들과 같은 요소들에 의해서 왜곡되는지를 알고 있다. 또한 다른 사람들이 그들의 제언과 설득의 능력을 가지고, 우리의 기억에 영향을 끼치고 심지어 변경할 수도 있다. 가장 해롭게는 억제된 기억은 복잡한 어려움을 초래한다는 것이다. 우리는 사람들이 오래전 사건을 진정으로 기억하는 것인지, 아니면 치료사들이나 다른 사람들에 의해서 전달되는 영향력을 통해 새로운 기억을 창조하고 있는 지를 분별하는 것에 주의를 기울여야 한다. 이런 사례의 가장 알려진 경우는 조셉 버나딘(Joseph Bernardin) 추기경과 관련되어 있다. 대단한 평판과 심한 갈등을 유발시킨 후에, 버나딘의 비난자들은 "회상된 기억"이 정확하지 않다는 사실을 인식했다.

기억과 잊음에 관련되어 있는 이러한 생리학적 그리고 심리적 주제들에 우리는 죄라고 하는 신학적 요소를 추가해야 한다. 데이비드 켁(David Keck)이 올바르게 제시하였듯이, 죄는 잊는 것의 원인이자 결과이다.

> 주 하나님과 죄를 잊지 말라는 신명기 기자의 이스라엘에 대한 경고에도 불구하고(신 8:11), 이스라엘은 기억하지 못하는 데 있어서 상당히 익숙했다. 기드온의 가족을 향한 이스라엘의 우상숭배와 배은망덕은 "여호와 자기들의 하나님을 기억지 아니하며"(삿 8:34)라는 사실과 밀접하게 관련되어 있다. 잊는 것과 죄의 비슷한 패턴이 선지서를 통해서 발견된다(느 9:17). 게다가, 인간의 잊는 것에 대한 증언이 수도 없이 많다. 간부(姦夫)는 그 배우자를 잊고, 부자는 가난한 자를 잊으며, 친구는 친구를 잊는다.[2]

제11장 기억의 상처 치유: 구원과 죄에 대한 신학과 심리학

가끔은 기억의 선택적 특성이 우리가 단지 보기 원하는 것만 보는 것을 배우고, 그 나머지는 잊어서 생기기도 한다. 그러나 그것 역시 우리가 보아 왔고 행해 왔다고 하면서, 아는 것을 보거나 행하지 않는 것처럼 적극적으로 가장하는 것에서 올 수 있다. 어거스틴(Augustine)이 그의 『고백록』(Confessions)에서 언급하였듯이, "나는 그것(나의 죄악)을 알고 있습니다. 그러나 마치 내가 모르는 듯이 행동합니다. 나는 그것을 보고도 못 본 체하고 있습니다."[3] 우리는 하나님과 다른 사람에 대한 우리의 책임을 잊는 방법을 배우는 데 있어서 놀라운 능력을 가지고 있다. 우리는 또한 자신의 죄를 잊을 수 있고 그래서 스스로 좀더 안락하게 삶을 영위하고자 한다.

이러한 실제를 이해하면서, 우리는 하나님과 우리 삶의 현실을 기억하기를 즐겨야 한다. 하나님에 의해서 알게 된 것은 또한 우리가 알아야 하는 것이고 기억해야 되는 것이다. 교회는 기억하는 것을 배우기 위한 훈련 방법을 발전시켜 왔고, 그러면서 진리에 대해 간증하고 잊는 것을 방지하게 되는 것이다. 세례, 성찬예식, 교제 등과 같은 기독교의 실제는 우리가 기억해야 할 것을 기억하는 사람들로 성숙해 가는 것에 도움을 준다.

이러한 훈련들은 중요하다. 그러나 문제를 잊으려는 유혹에 빠지는 것이 아니라, 기억하는 것이 소름끼치게 힘든 것이며 그 힘이 우리를 마비시키고 좀더 나은 미래를 소망하지 못하게 막는 그런 경우라면 어떻게 할 것인가? 잊는 것이 우리의 마음과 관계를 치유하는 것에 도움을 줄 수 있는 그런 상황이라면 어떻게 할 것인가? 이러한 주제들이 아모스 엘론(Amos Elon)이 1993년에 발표한 『기억의 정치』(The Political of Memory)라는 평론에서 날카롭게 제시되고 있다.

> 나는 내 인생의 대부분을 이스라엘에서 살았고 어떤 결론에 이르게 되었다. 그곳은 너무나 많은 잊지 못할 기억, 너무나 많은 고통, 정치적 목적에 의해서 치밀하게 구성된 기억의 내용들이 있고, 단지 몇몇의 것들만 잊을 수 있었다. 이것이 "용서하고 잊으라"에 대한 진부한 핑계로 작용해서는 안 된다. 용서는 그렇게 해서 아무 역할도 할 수 없다. 기억이 종종 복수의 원인도 되지만, 역설적으로 그것은 또한 화해의 기초가 된다. 내가 보는 관점에서 볼 때 필요한 것은 강조와 조화, 그리고 이스라엘이 정치적 역량을 발휘함에 있어서 기억과 소망

사이의 새로운 균형을 찾는 것이다.[4]

엘론이 설득력 있게 피력한 관점은 복수의 원인과 화해의 기초라는 기억의 역설적이고도 이중적인 기능과 관련된 가장 어렵고도 심리적인 그리고 정치적인 문제들의 일부를 설명한 것이다. "잊기에는 너무나 벅차다" 그런데도 "용서가 분명한 역할을 한다"는 제언에 대해서 어떻게 이해할 것인가?

이런 주제를 다루기 위해서, 우리는 "너무나 많은 잊지 못할 기억"의 전개와 관련된 여러 가지 역동성과 모든 것이 어려운 심리적, 사회적, 정치적 딜레마에 너무 자주 빠지게 되는 역동성을 해결해야 할 필요가 있다. 중동부, 보스니아, 르완다의 문제들, 미국 내의 인종 분리현상, 깨어지고 억압되는 가족 관계 등, 이런 것들을 해결하는 것이 우리가 기억의 문제를 처리하는 것과 관련되어 있는 중복된 주제들을 이해하는 데 도움을 준다.

첫째, 어떤 사람들은 자녀의 살해 또는 자살, 납치 또는 성폭행, 가슴 아픈 배신, 집과 가재를 파괴시킨 폭탄 공격 등, 그들의 기억 속에 새겨진 일회적인 개인의 사건을 다루고 그것이 주는 소름끼치는 영향력 때문에 어려움을 겪고 있다. 로이드 르블랭크(Lloyd LeBlanc)의 아들은 잔인하게 살해당했다. 이 이야기는 헬렌 프레장(Helen Prejean)의 '데드 맨 워킹'(*Dead Man Walking*)을 통해 알려져 있다. 르블랭크는 용서를 위한 능력을 간구하면서, 또한 자신의 매일의 삶 속에서 상처의 기억으로 인해 어려움을 겪고 있다.

둘째, 어떤 사람들은 반복되는 학대, 괴롭힘, 또는 다른 심한 폭력 행위로 인해 고통을 당하고 있고 그 영향은 매질이나 감정적 학대와 폭력이 중지된 이후에도 오랫동안 지속된다.[5] 이것은 몸에 영구적인 상처나 흉터가 있을 때, 더 고통이 되지만, 상처가 마음에 새겨질 때에도 고통이 덜한 것이 아니고, 그것을 다루거나 분별하는 데 좀더 어려움이 있게 된다.[6]

셋째, 반복되는 학대와 폭력으로 한 개인이 고통을 당하는 것만이 아니고, 그 영향력이 세대를 이어서 반복되어 문화와 사람들 가운데 확대되는 혐오스러운 일도 있다. 한 특정한 개인이 직접적으로 이런 고통을 체험하지 않을 수 있지만 외상의 기억은 현재에 영향을 주며 이전의 고통이 이전된다.

제11장 기억의 상처 치유: 구원과 죄에 대한 신학과 심리학

마지막으로, 우리가 또는 다른 사람들이나 죄 없는 생소한 사람들이 고통을 체험했기 때문이 아니고, 우리 스스로가 그들에게 해를 끼쳤기 때문에 자신의 기억에 새겨지는 어려움이 있다. 제2차 세계대전이 끝난 후에, 나치의 건축가이며 장교였던 알버트 스피어(Albert Speer)는 진정으로 나치정권에 공모했던 것에 대해서 뉘우치고자 했다. 그런 경우라 해도 그는 아마도 온전히 고백할 수도 없고 또 그것으로 인해 자신의 생명이 위태롭게 된다는 두려움 때문에, 자신의 가장 명백한 죄에 대해서도 다 고백할 수가 없었다.[7]

분명히, 많은 사람들이 위에서 언급한 네 가지 경우 이외에도 한, 두 가지 이런 종류의 기억의 낙인으로부터 고통을 당할 수 있다. 기억의 이러한 다양한 형태는 주로 사람의 마음(비록 기억이 생리적 그리고 심리적 이유 때문에 마음속에서 통제될 수 없지만) 또는 사회와 정치의 전통 속에서, 좀더 보편적으로는 저 밖의 어떤 장소에 존재하는 정도를 포함하여 복합적인 문제를 제공하고 있다.

우리 기억은 일단의 가장 어려운 딜레마에 빠지게 된다. 기억의 강력한 영향력은 토니 모리슨(Toni Morrison)의 『빌러비드』(Beloved)라는 소설에 극적으로 묘사되어 있다.[8] 이 소설은 노예의 비통한 고통과 그 냉담한 결과에 초점을 맞추고 있다. 남북전쟁이 끝나고 몇 년 후 오하이 주의 한 시골이 배경인 이 소설은 노예 생활에서 도망하였지만, 그 영향력에서 벗어나지 못하는 세드(Sethe)라는 여인의 일생을 연대기적으로 기술하였다. 세드는 그녀의 육신에 가해졌던 끔찍한 학대와 그녀의 영혼에 심겨진 학대의 흔적까지 모든 면에서 삶이 매여 있는 상태였다. 노예로 있을 때, 그녀는 매에 맞고 성폭행을 당했으며, 남편과 사랑하는 다른 이들과 떨어져 있어야 했고 마치 동물 같이 취급을 당했었다. 그녀가 자녀들과 함께 노예에서 벗어나려고 도망쳤지만, 어느 날인가 그녀를 다시 데려가기 위해 다가오는 백인들을 보았다. 그들의 다가옴을 종말론적 문체로 묘사하고 있다. 말을 탄 네 명의 백인이 있었고 그들은 빌린 노새에 그녀를 태울 계획이었다. 악의 험악한 실체를 우리 주변에서 발견한다는 것은 두려운 일이다.

세드는 다시 노예의 삶으로 돌아갈 수 없었고, 그녀의 자녀들이 노예로 살아가게 되는 것을 막고 싶었다. 그녀는 아무도 자신들을 해칠 수 없는 곳으로 가기 원했다.[9] 결국 극단적인 방법을 택하게 되는데, 세드는 자신의 아기목을 베어서 죽인다. 백인 남자들이 이 광경을 보자, 미친 여자는 쓸모 없다고 생각한다. 그래서 그들은 그녀만 남기고 떠나간다. 그러나 여자가 거했던 공동체의 흑인들 역시 자신의 아이를 죽인 그녀를 두려워했고, 그녀만 두고 떠난다.

세드는 자신의 과거 즉 그녀에게 행해졌던 그리고 자신이 행했던 과거에 의해서 매이게 되었다. 그녀의 과거는 아무 곳에도 속할 수 없는 한 젊은 여인에게 특별한 모습으로 영향을 주고 있다. 세드는 나무 그루터기에 앉아 있는 한 소녀를 보았다. 그 소녀는 세드의 사랑하는 죽은 아기의 환영인 것으로 보인다. 세드는 필사적으로 어떻게 이 소녀를 사랑할 수 있을지 알아내기를 원했고, 이 소녀 역시 사랑 받기 원하는 것이 분명했다. 그러나 세드에게 미친 과거의 영향은 과거와는 너무나 다른 어떤 미래를 꿈꾸는 것조차 허락하지 않았다. "세드에게 미래는 과거로 인해 접근하지 못하는 영역이었다."[10] 기억들은 우리가 그들을 원하든 원하지 않든 간에 다시 살아날 방법을 가지고 있다. 기억들은 그들 자신의 삶이 있다. 세드의 인생은 그녀의 삶 속에서 기억이 자신의 방식대로 활동하는 것을 막으려고 노력하는 끊임없는 그러나 별로 성공적이지 못한 작업으로 점철되어 있다. 세드에게 매일의 삶은 과거와 싸우는 힘든 작업을 필요로 하는 것이었다.[11]

가끔 그녀는 죽음이 단지 잊는 것이라는 사실을 인식하는 경우 이외에, 죽고 싶다는 생각을 한다. 그녀는 "삶의 어려움과 죽음의 야비함 사이에 멈춰 있는 것이다."[12] 육신의 흉터 그리고 다시 자녀를 노예로 살게 하느니 차라리 죽이도록 한 왜곡된 사랑이 그녀의 영혼에 또한 흉터가 되어 있다. 그녀의 모든 에너지는 과거를 떨쳐 내려는 노력으로 소비되었다. 거기에는 다른 선택의 여지도, 내일에 대한 인식도 없었다. 그녀는 미래에 대한 어떤 생각도 가질 수 없었고 그것을 상상할 시간조차 없었다.[13]

소설이 마무리되면서, 허물어진 시간에 대한 고통이 분명히 이해되기 시작하였다. 그녀의 고통은 "피로 물든 가슴이 그런 것처럼 담배 한 깡통을 가슴에 담고 있었고, 그 입구는 녹슬어 닫혀 버렸다"[14]는 표현으로 비유되고 있다. "누구보다도 더 많은 과거를 안고 살아가고 있다. 우리는 미래를 필요로 한다."[15] 그러나 미래는 세드가 결코 가질 수 없는 것처럼 보인다.

세드는 분명히 엘론이 말하고자 하는 과거의 짐을 가지고 살아가고 있는

제11장 기억의 상처 치유: 구원과 죄에 대한 신학과 심리학

인생이다. "너무나 버거운 상처의 기억과 고통", "망각이 결국은 자리를 잡을 수 있다"는 데 동의하지만, 어떻게 그것이 가능한가? 심리학 또는 신학, 또는 이 둘 모두가 이런 일을 가능하도록 기여할 수 있는가? 용서는 아무런 역할도 못하는 것인가, 아마도 이생에서 용서와 화목은 기껏해야 요행일 수밖에 없는 것이 아닌가라는 엘론의 주장은 옳은 것인가? 그렇지 않으면, 용서는 십자가에 달리시고 다시 사신 예수 그리스도의 종말론적 사역 안에 이해되어야 하고, 그것이 용서가 이룰 수 있는 모든 것인가?

2. 용서와 기억

그리스도인의 삶은 분명히 잘 기억하는 것에 대한 훈련에 기초하고 있고 관련되어 있다. 하나님을 기억하고, 죄를 이기기 위해서 죄가 용서받았음을 기억하고, 우리의 소명과 하나님과 이웃을 사랑해야 되는 책임을 기억하는 것. 하나님 안에서의 우리 삶을 깨닫고 우리를 자유하게 하는 진리에 대한 헌신은 십자가에 달리시고 다시 사신 그리스도의 용서가 우리를 그분의 지체가 되게 했다는 사실에 의해서 분명해진다. 어거스틴은 이렇게 가르친다.

> 나는 당신을 찾으면서 내 기억의 광야를 탐험했습니다. 오 주님! 그리고 나는 밖에서 당신을 발견하지 않았습니다. 내가 당신에 대해서 배운 이후 내가 기억한 것 이외에 나는 당신에 관한 어떤 것도 발견할 수 없었기 때문입니다. 그때 이후로 나는 당신을 잊을 수가 없습니다. 내가 진리 그 자체이신 나의 하나님을 발견했기 때문에, 나는 진리를 발견했고 그 진리를 배운 이후 나는 그것을 잊지 못합니다. 그래서 내가 처음 당신에 대해서 알게 된 이후에 당신은 항상 내 기억 속에 존재하고 계십니다. 그리고 그 곳이 내가 당신을 기억하고 당신 안에서 기쁨을 발견할 때 마다, 내가 당신을 발견하는 곳입니다.[16]

잘 기억하는 것을 배우는 것에 있어서 핵심은 하나님이 보여주고 가르쳐주신 용서를 배우는 것이다. 로완 윌리엄스(Rowan Williams)는 이렇게 말한다. "하나님은 모든 실체가 존재하는 곳에 현존하시기 때문에, 우리의 기

억들을 되살리게 하는 매개자이시다." 그러나 윌리엄스는 곤란한 질문을 던지는 것을 주저하지 않는다. 그는 이렇게 묻는다.

> 되살려지고 회복된 과거가 죄와 상처의 내용이라면 어떻게 할 것인가? 내가 되찾은 기억은 나의 특정하고 불변의 과거이다. 그리고 그 기억의 회상이 견딜 수 없을 정도로 고통스럽고, 도덕적이고 영적인 궁핍함이라면 어떻게 자유할 수 있겠는가? 인간사에 너무나 자주 잇달아 일어나는 쓴 뿌리의 파괴적 힘을 어떻게 할 것인가?[17]

여기서 우리는 기억의 복합성에 대해서 대면하게 된다. 잊고자 하는 우리의 시도, 고통스런 상처, 귀 기울여 주지 않는 불만, 용서하지 않았고 용서하지 않고 있는 가해에 대해서 아픔과 분노에 빠지는 방식으로 대처하는 폭넓은 자아 현혹. 우리는 그것이 무덤에서 마리아가 경험했던 버림 받음에 대한 기억이든, 모닥불 옆에서의 베드로가 저질렀던 자신의 배신에 대한 기억이든, 문에 엎드려져 있는 죄를 다스리지 못했던 가인의 경우처럼 죄를 회개하기를 거절하는 기억이든, 또한 싫어하며 노했던 요나와 같이 원수가 회개하기 때문에 갖게 되는 적의(敵意)의 기억이든 간에, 자신의 모습에 대해서는 잘 기억하기를 거부하고 있다. 우리의 죄의 모습과 과거가 무엇이든지 간에, 하나님께서는 미래의 새로운 삶을 위해 과거를 구원할 방법을 찾으시고 계시고 우리의 특정한 과거를 주의 깊게 다루고 계신다.

이런 의미에서 용서는 중요한 역할을 하고 있다. 윌리엄스가 제시하듯, "용서가 자유라면, 그것은 또한 소망 가운데 과거를 회복하게 하는 것이다. 잠재적으로 위협적이고, 파괴적이고 절망을 야기할 수도 있는 기억의 회복이지만, 과거는 소망의 기초가 되는 것이다."[18] 이것은 정죄하기보다는 새 생명의 소망을 제시하는 심판을 위해서, 자신을 십자가에 못박은 사람들에게 다시 찾아오시는 그리스도를 통해 일어나게 되는 것이다. 기억에 대한 제거나 부인이 아니고 기억에 대한 회상을 통해 다다르게 되는 것이 소망이다. 그리스도는 과거를 구원 하신다. 그분은 과거를 망쳐버리지 않으신다. 그리스도 안에서 새 생명이 제공되기 때문에, 어떤 과거든 다시 태어날 수 있다.

제11장 기억의 상처 치유: 구원과 죄에 대한 신학과 심리학

그리스도 안에서의 우리의 인생은 세례와 함께 그리스도와 함께 죽고 다시 사는 것으로 이루어진다. 우리는 옛 자아가 죽고 생명의 새로움으로 살아난다. 용서받은 죄인으로서, 우리는 생의 이야기를 다르게, 그럴듯하게 아니 진지하게 진술하는 것을 배울 수 있다. 우리는 현혹시키는 이야기에 매여 있는 것에서 자유했다. 우리는 하나님의 은혜를 입은 이들이기 때문에, 칭찬할 만한 것이든 부끄러운 것이든 우리 스스로에 관한 이야기에 매일 필요가 없다. 더 나아가 우리가 세례를 받았기 때문에, 아니 필요하다면 마음의 세례를 계속 받는 가운데, 우리의 생, 우리 기억들 그리고 우리의 용서를 십자가에 달리시고 다시 사신 그리스도의 은혜 안에 두어야 한다.

게다가 성찬예식은 인간의 죄와 불신앙으로 인해 무너진 관계를 다시 회복하는 표식이다. 부활의 식탁에 대한 요한과 누가의 묘사를 윌리엄스는 이렇게 설명했다.

> 두 복음서에서 음식은 위기, 오해, 환영, 참사라는 특별한 사건을 반영한다. 그들은 식탁 교제에 대한 기억만이 아니고 잘못된 소망, 배신, 도망의 기억을 회복했다. 제자들을 결국은 실패로 이끌었던 과거가 있다. 자신들 스스로의 권세를 바라면서 앞으로 펼쳐질 일에 대해서 말씀하셨던 예수 그리스도의 말씀을 거절하고 무시하고 왜곡했던 과거였다. 그러나 예수 그리스도께서는 이미 그들의 부인을 알고 계셨지만 이들과 식탁에서 떡을 나누시면서 배신하는 이들에게 자신을 내어 주셨다. 부활의 식탁은 다함 없는 은혜와 이에 대한 부인, 왜곡, 배신을 서로 배치해서 정확하게 회복하게 하는 것이다.[19]

성경을 읽는 예식 역시 십자가에 달리시고 다시 사신 그리스도와 성령의 독특하고 특별한 은혜를 덧입는 방편이다. 이를 통해서 기억은 길들여지고 확정되며, 용서와 거룩의 사람들이 된다. 초대와 중세 그리스도인들에게 있어서, 기억은 그렇게 중요하게 여겨지지 않았다. 기억은 하나님과 하나님의 말씀에 집중하는 훈련과 습관에 의해서 형성되는 것으로 이해되었다.

고백의 연습, 더 일반적으로 말하면, 영혼돌봄은 가 사람이 과거를 처리해 가는 데 있어서 세부적 내용에 집중하는 것을 익히고, 기억해야만 하는지의 여부와 어떻게 그것을 기억하는가를 결정하는 면에 중요했다. 여기서 폭넓은 훈련(예를 들면, 영적지도의 전통)과 구원에 대한 이해, 그리고 심리적 통찰들은 고백, 상담 그리고 영혼돌봄을 효과적으로 만들고 이런 훈련의 역동적인 측면을 이해하는 데 도움을 준다.

이런 모든 방법들을 훈련하는 가운데, 용서를 잊는 것보다는 잘 기억하는 것에 좀더 밀접하게 연결해야 한다는 점이 중요하다. 교회는 기억에 대한 훈련을 가지고 기억과 잊음으로 인해 어려움을 겪고 있는 사람들을 돕는 공동체이다. 그러나 엘론이 제안하듯이 "잊어버림이 결국은 자리를 잡을 수" 있는 상황에서 우리는 무엇을 해야 하나? 부분적으로 이것은 우리가 기억하는 것이 정말로 화목의 기초가 되는지에 대한 여부, 또는 우리가 자신의 상처에 스스로가 빠져들어, 그것을 핥고, 맛보고, 심지어 도덕적 그리고 정치적 이용을 위해서 그것을 곪도록 하는지의 여부에 달려 있다. 만약 우리가 화목과 치유를 위해 노력하고 있다면, 매일의 과제가 정말로 과거에 집착에서 벗어나는 것인데 잘 기억하는 것을 배워야 하는 것인가? 우리는 조금은 잊을 수 있는가?

미로슬라브 볼프는 최근의 그의 책 『배척과 포용』(Exclusion and Embrace)에서 기억의 고통과 잊음의 잠재적 중요성 또는 그가 좀더 정확하게 표현하길 "기억하지 않게 하시는 신의 선물"에 관한 풍성하지만 어려운 제안을 하고 있다. 볼프는 우리의 용서와 하나님과의 화평의 표식으로서, 잊음의 위험성과 잘 기억하는 것을 배우는 중요성에 대해서 잘 알고 있다. 그는 또한 진리와 정의가 다루어지는 것과 가해자들이 밝혀지고, 판가름되고, 변화되며, 피해자가 안전하고 그들의 상처가 치유되는 것이 확실해서, 궁극적으로 단지 모든 것이 새로워지는 창조와 함께 발생되는 잊음의 경우도 알고 있다. 그는 이렇게 제안한다. "우리가 이 불안한 세상에서 가해 행위를 기억해야만 한다면, 우리는 또한 결국은 회복하기 위해서 그런 기억들을 흘러가게 해야만 한다. 단지 궁극적으로 잊고자 하는 사람이 올바르게 기억할 수 있을 것이다."[20]

볼프의 분석에서 분명하고 정확하게 지적한 점이 있다. 그의 "기억하지 않는 은혜"라는 표현은 잊음이라는 용어가 더 적합할 것이다. 이 생 가운데, 우리는 죄의 기억에 의해서 인도되어야 한다. 왜냐하면 치유하시는 그리스도의 상처에 대한 기억에 의해서, 고통을 경험한 모든 희생자들과 고통

제11장 기억의 상처 치유: 구원과 죄에 대한 신학과 심리학

을 지금도 겪고 있는 사람들과의 결속 안에서, 죄의 기억이 오히려 죄를 대항하는 보호막을 제공하기 때문이다. 볼프가 주장하듯이, 우리는 그들의 고통을 기억해야만 하고 모든 사람들이 들을 수 있도록 크게 이야기해야 한다. 볼프는 "기억하는 것이 필요하다고 하면서" 이렇게 말한다.

> 어느 날인가 우리에게 가해졌던 가해 행위와 고통스러운 상처의 기억은 구속의 소망에 의해서 안내를 받아야만 한다고 믿고 있다. 궁극적으로, 온전함이 부서짐보다 낫고, 사랑의 교제가 의심의 서먹함보다 나으며, 조화가 부조화보다 낫기 때문에 고통을 잊는 것이 그것을 기억하는 것보다 더 낫다. 우리는 이제 잊을 수 있기 위해서 기억한다. 그리고 우리는 조건 없이 사랑하기 위해서 잊을 수 있을 것이다. 비록 우리가 새 시대의 새벽 이전에 손에서 기억의 보호막을 떨어뜨릴 정도로 미련하지만, 우리는 다른 이들 심지어 이전의 적을 얼싸안기 위해서 손을 벌려서 조심스럽게 기억을 다른 곳으로 옮겨 놓을 수 있는 것이다.[21]

볼프의 제안은 우리가 잊음에 대한 엘론의 제안을 이해하는 데 도움을 준다. 더 나아가, 그의 제안은 죄를 잊으시고 이스라엘의 죄를 씻으시며 새 일을 행하시기 때문에 "이전 일을 기억하지 말라"(사 43:18-19; 65:17)고 말씀하시는 하나님과 그분의 말씀을 이해하는 데 도움을 준다. 그러나 볼프의 "기억하지 않는 것과 잊음"에 대한 묘사에는 여전히 긴장 관계가 남아 있고 이것에 대해서 그는 충분히 해결하지 않고 있어서 잠재적 위험성을 안고 있다.

어느 부분에서 볼프는 기억이 꼼짝할 수 없을 정도로 그리고 종말론적으로 고통스럽다고 설명한다.

> 선택은 이것이다. 천국 아니면 고통의 기억, 천국은 고통스런 기억이 어떤 기념물처럼도 존재하고 있지 않을 것이고, 지옥에 가두게 될 것이다. 만약 천국이 아우슈비츠(Auschwitz)를 새롭게 보지 못하게 한다면, 아우슈비츠의 기억은 천국의 체험을 망쳐 버릴 것이다. 구속은 "모든 것이 새롭게"되는 창조가 모든 옛 것과 결부되지만 결국은 존재와 기억이 무의 상태가 될 때 완성될 것이다.[22]

볼프는 모든 처음 것이 사라진다는 계시의 말씀이 담고 있는 소망에 대한 언급으로 자신의 연구를 마무리하고 있으나, 그는 어린 양 예수 그리스도께서 "세상의 죄를 제하시고"(성경의 표현), "그들의 기억을 지우실 것"이라고 말하고 있다.[23]

다른 곳에서 볼프는 이것은 기억이 충분히 치유될 수 있고 기억이 더 이상 고통을 주지 않는 기억들의 온전한 치유를 확실하게 하는 것이라고 말한다. 내 생각에, 이것은 기억들을 잊는다거나 제거한다는 의미라기보다는 종말론적 최종 결과를 그리는 데 있어서 좀더 효과적인 방법이 된다는 의미일 것이다. 이렇게 생각하는 두 가지 이유가 있다.

첫째, 우리는 사람들의 이야기들 안에 있는 어떤 연속성을 유지할 필요가 있다. 비록 볼프가 이런 목적에 대한 기대와 반응을 피력했지만, 그의 제시는 설득력이 떨어진다. 볼프가 제안했듯이, 우리가 비록 모든 것을 기억하지 못한다고 할지라도, 매일 기억과 잊음의 역동성에 반응하면서 우리의 정체성을 재구성해야 한다는 것은 분명히 맞다.[24] 그러나 동시에 분명한 점은, 고통과 깨어짐을 포함하고 있는 우리 삶과 관계의 성격은 이생에서의 정체성에 대한 우리의 정의에 있어서 핵심적인 것이다. 그렇기 때문에 우리 스스로가 온전해질 수 있고, 정체성과 관계를 재구성할 수 있는 유일한 길은 기억이 제거되거나 잊어지는 것보다는 종말론적으로 충분히 우리가 치유되는 것에 달려 있다.

둘째, 이런 주제를 담고 있는 계시록을 포함한 성경말씀을 읽었을 때, 하나님 나라의 소망은 상처와 깨어짐이 제거되기보다는 온전히 치유되는 것이다. 십자가에 달리시고 다시 사신 그리스도의 상처를 치유하시는 능력을 통하여, 기억을 제해 버리는 것은 종말론적으로 기억들을 온전히 치유한다기보다는 오히려 그리스도를 십자가에 못박지 않는 것에 더 가까운 것처럼 보인다.

그러면 "죄를 사하시고 다시는 기억하지 않으시는" 하나님에 대한 말씀을 어떻게 이해해야 하는가? 새 하늘과 새 땅과 함께 "옛 것은 지나갔으니"라는 계시록의 비전을 어떻게 이해해야 하는가? 이 말씀은 비록 추한 흔적이 있는 역사라고 할지라도 기억하는 법을 배워야 하고, 그것은 온전히 치유될 것이기 때문에, 단지 죄로만 그것을 기억하지 않게 되는 변화를 언급한 것이라고 믿는다. 이생에서도 시간을 통해서 이런 저런 상처가 적잖게 치유되듯이, 장차 기억은 희미해질 것이고, 또한 하나님의 나라에서는 가장 고통스러운 이생에서의 기억이라 할지라도 십자가에 달리시고 다시 사신 그리스도의 상처에 의해서 치유될 것이다. 예수 그리스도께서 부당하게 경험한 고통과 죽음은 생각건대 가장 소름끼치는 일이었다. 바울은 이렇게 권고 한다. "생각건대 현재의 고난은 장차 우리에게 나타날 영광과 족히 비교할 수 없도다."[25] 이런 의미에서, 우리의 기쁨이 완성될 것이기 때문에 용서가 완성되고 옛 것이 지나간 것을 발견하게 될 것이다.

그러므로 궁극적으로, 이 주제에 대한 나의 관점은 볼프와는 약간 다르다. 죄와 악의 실존을 인정할 때, 깨어지고 치유된 마음만큼 온전한 것은 없고, 부서진 것이 온전히 치유된 새로운 창조물만큼 완전한 것은 없으며, 어린 양의 피로 씻음 받은 제자들의 완전한 거룩을 통해 용서를 이룰 수 있다는 약속만큼 소망스러운 것이 없다. 우리는 십자가에 달리시고 다시 사신 그리스도의 몸의 한 지체가 되었기 때문에, 틀림없이 기억하지 않을 수 있는 종말론적 신적 은사가 주어진 것이다. 그러나 용서와 치유가 요구되고 죄와 악과 시간의 고통스러운 현실에 의해서 영향을 받는 이생에서 우리는 신학과 심리학 둘 다를 필요로 한다.

설사 이전의 원수라 할지라도 우리의 팔을 벌려 포옹하는 것을 배우기 시작하는 한편, 고통을 경험했고 지금도 고통당하는 사람들의 기억과 연대하면서 이생에서 분별할 것은 분별해야 한다고 주장하는 볼프와 의견을 같이한다. 잊는 것이 합당한 일이지만, 기억하지 않는 것은 예수 그리스도가 이루신 용서와 함께 역사하게 될 때만 가능한 것이다.

3. 신학과 심리학의 관계

신학과 심리학은 기억의 상처를 치유하는 기독교적 훈련을 내실화하는 데 중요한 억할을 힐 수 있다. 다섯 가지 점이 신학과 심리학의 관계에 대한 중요한 측면을 드러내준다. 이것들은 충분히 설득력을 갖기 전에 먼저 주의 깊은 설명과 변호를 필요로 한다. 여기서 나는 단지 미래의 논의와 연구를 위한 방향성을 제시하고자 한다.

첫째, 신학과 심리학은 잊음과 기억의 복잡한 역동적 측면에 대한 우리의 이해를 돕는 데 중요한 기여를 하고 있다. 특별히 하나님과 관련된 인간의 삶에 대해 이야기 형식으로 구성할 필요가 있다. 한스 프라이(Hans Frei), 스탠리 하워즈(Stanley Hauerwas), 알라스데일 맥킨타이어(Alasdair MacIntyre)와 같은 신학자와 기독교 철학자의 노력과, 다른 한편으로 제롬 브루너(Jerome Bruner)와 조나단 리어(Jonathan Lear) 등과 같은 심리학자들에 의해서 발견되는 흥미롭고 중요한 접촉점이 있다.

둘째, 신학은 관계를 이해하고 이에 기초한 결정력 있는 상황을 수립하는 데 우선순위를 갖고 있다. 그것은 하나님의 종말론적 구원과 죄로부터의 구속의 상황 내에 우리의 이해와 훈련을 위치하게 한다. 다시 말해 신학은 인간과 세상을 섭리하시는 삼위의 하나님의 특별한 이야기 내에 우리의 삶을 위치하게 하는 것이다. 그 이야기는 교회의 사역을 통해 배우고 실천하게 된다. 이 점에 대해서는 로완 윌리엄스(Rowan Williams)와 사라 코크리(Sarah Coakley)의 최근 연구를 참고하기 바란다.

셋째, 칼케돈 회의를 근거로 또한 분리하거나 나누어지는 것 없이, 혼란이나 변화 없이, 그리고 개념상의 우선순위를 가진 신학을 중심으로 신학과 심리학의 관계성에 대해 논한 드보라 밴 듀센 헌싱거(Deborah van Deusen Hunsinger)의 제안을 추천 한다. 헌싱거의 제안은 하나님을 아는 열망을 중심에 두는 반면에 학문 분야의 상관적인 자율성을 유지하고 있다. 스탠리 리비(Stanley Leavy)와 로버트 로버츠(Robert Roberts)에 의한 연구 역시 헌싱거의 입장과 유사한 점을 지적하고 있다.

넷째, 기독론의 어려운 논의점에 대한 훌륭한 해결점을 제시한 칼케돈 회의가 모든 기독론적 주제를 다 해결한 것이 아닌 것처럼, 헌싱거의 제안이 신학과 심리학 분야 사이의 관계에서 제기되는 모든 주제들을 해결한 것은 아니다. 사실상, 기독론에 대한 알렉산드리아파(Alexandrian) 또는 안디옥파(Antiochene)의 입장에 대한 사람들의 경향이 칼케돈의 결과를 어떻게 평가하는가에 영향을 미치듯이, 각각의 분야의 관계적 자율성에 대한 사람들의 평가 역시 그 각도를 달리하고 있다.[26] 예를 들면, 내 관점은 어거스틴적 토마스주의(Augustinian-Thomist)의 전통에 의해서 형성되었다. 나는 이 두

제11장 기억의 상처 치유: 구원과 죄에 대한 신학과 심리학

분야가 독립적인 반면에, 신학이 심리학적 연구를 바꾼다고 믿는다. 헌싱거의 어거스틴적 칼빈주의(Augustinian-Calvinist)의 입장 때문에, 그녀는 내가 생각하는 것보다 심리학에 독립적인 위치를 더 부여하고 있다. 『신학과 사회 이론』(*Theology and Social Theory*)에서 밝힌 존 밀뱅크(John Milbank)의 논의가 이 점에 대한 문제를 조명하는 데 도움이 된다.[27]

다섯째, 정서, 미덕과 악덕, 습관의 힘 등, 그리스도인의 삶의 훈련과 관련하여 신학과 심리학에 대한 우리의 이해를 풍성하게 할 수 있는 적잖은 기독교적 전통이 있다. 우리는 연구를 결정하거나 생각과 삶을 재구성할 수 있는 주제의 한계를 세우는 데 있어서 현대적 접근방법이 우선을 점유하지 않도록 해야 한다. 토마스 오덴(Thomas C. Oden), 데니스 오크홈(Dennis Okholm) 그리고 엘렌 체리(Ellen Charry)에 의한 최근의 저술들이 우리의 연구를 위한 풍성한 자료를 제공한다.

많은 사람들이 기억하는 것과 잊는 것의 어려움으로 힘들어하고 있다. 이런 어려움들 중에 일부는 중대한 사건에 기인하든 또는 반복되는 사건에 기인한 것이든, 소름끼치는 낙담의 기억과 관련되어 있다. 그런 경우라 해도 그리스도 안에서 살아가면서 우리는 하나님의 종말론적 화목의 비전을 지켜가고, 기억하지 않는 하나님의 선물을 누릴 수 있다. 재삼 발견하지만, 신학과 기독교심리학은 하나님의 성령의 능력으로 모든 것이 새롭게 되는 것과 같이 용서가 가능하다는 것을 발견하는 데 도움을 준다.

■주(Notes)

1) 기억, 알츠하이머, 신학에 대한 이해를 위해서 David Keck, *Forgetting Whose We Are: Alzheimer's Disease and the Love of God* (Nashville, TN.: Abingdon, 1996). Keck의 연구는 기억과 신학의 복합적 관련성을 이해하는데 도움을 주었고, 본 연구에 적잖은 도움을 주었다.
2) Ibid., 58.
3) Augustine, *Confessions and Enchirideon* 8.7, trans. Albert C. Outer (Philadelphia: Westminster Press, 1955).
4) Amos Elon, "The Politics of Memory," *New York Review of Books* 40 (1993): 5.
5) G. Simon Harak, "Child Abuse and Embodiment from a Thomistic Perspective," *Modern Theology* 11 (1995): 315-40.
6) Elaine Scarry, *The Body in Pain* (New York: Oxford University Press, 1985).
7) Gitta Sereny의 *Albert Speer: His Battle with Truth*에 대한 필자의 분석 참고. Gitta Sereny, "Becoming a Different Man: Inside Albert Speer," *Christian Century* 113 (1996): 516-9.
8) Toni Morrison, *Beloved* (New York: Plume, 1987), 163. 이 부분의 논의는 내 책의 9장 초반부에서 가져온 것이다. *Embodying Forgiveness* (Grand Rapids: Eerdmans, 1995), 279-80.
9) Morrison, *Beloved*, 163.
10) Ibid., 42.
11) Ibid., 73.
12) Ibid., 34.
13) Ibid., 72.
14) Ibid., 72-3.
15) Ibid., 273.
16) Augustine, *Confessions* 10.24, R. S. Pine-Coffin (ed.) (New York: Penguin, 1961), 230.
17) Rowan Williams, *Resurrection* (New York: Pilgrim, 1982), 32.
18) Williams, *Resurrection*, 32.
19) Ibid., 39-40.
20) Miroslav Volf, *Exclusion and Embrace* (Nashville: Abingdon, 1996), 131-2.
21) Ibid., 139.
22) Ibid., 135-36.

23) Ibid., 140.
24) Ibid., 136.
25) 같은 구절에 대한 볼프의 해석과 비교해 보길 바란다. "어떤 것이 비교할 만한 가치가 없다면, 그 때는 비교되지 않을 것이다. 그리고 비교되지 않을 것이라면 기억되지도 않을 것이다"(Ibid., 138). 내가 생각하기에는 그것이 온전히 치유되고 화목해졌기 때문에 기억될 필요가 없는 것이지만, 그것이 잊어지거나 없어지는 것은 아니다.
26) 알렉산드리아 교회에서는 예수를 구세주로 보되 완전한 하나님으로 보았다. 이들은 예수의 신성을 강조한 나머지 인성을 소홀히 여겼다. 대표적으로 아폴리나리스라는 사람은 "예수는 모든 다른 인간들처럼 육체를 지니셨으나 인간의 영혼은 소유하지 않았다"고 주장했다. 이런 주장을 하는 사람들을 단성론자라 불렀다. 반면, 안디옥 교회에서는 인간의 구세주이신 예수님은 완전한 인간이셔야 한다는 것이다. 하나님이 예수 안에 분명히 거하시지만 그의 인간되심이 결코 손상되어서는 안 된다는 것이다. 대표적인 인물로 네스토리우스가 있었다. 이런 주장을 하는 사람들을 두 본성론자 또는 네스토리우스파라고 불렀다.
27) John Milbank, *Theology and Social Theory: Beyond Secular Reason* (Cambridge, MA.: Blackwell, 1991).

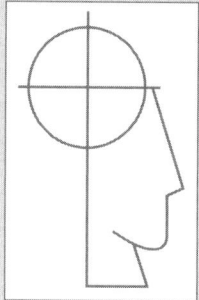

Care for the Soul:
  Exploring the Intersection of Psychology & Theology

제12장

지혜문서에 대한 책임 있는 해석

리처드 슐츠(Richard Schultz)

"모사가 많으면 평안을 누리느니라"(잠 11:14).

에릭 존슨(Eric Johnson)은 1996년에 "심리학과 신학"(*Journal of Psychology and Theology*)에 실린 한 논문에서 "성경은 길에 빛을 비추기 위해서, 물론 심리학의 길을 위해서도 교회에 허락된 것이다"라고 주장한다.[1] 기독교심리학계 내의 대중적 저술들에서 비록 그런 저술들의 저자들이 좀처럼 그렇게 하는 이유를 분명히 밝히지는 않지만, 인간의 심리적 문제에 대한 분석과 제시되고 있는 상담 및 심리치료의 해결책에 대한 성경적 근거를 세우기 위해 성경에 초점을 맞추고 있다.

기독교상담자들과 심리학자들에 의해 저술된 대중적 서적들과 논문들을 분석해 보면, 성경과 심리학의 통합에 대한 두 가지 형태 또는 방향이 있다는 점을 발견하게 된다. 어떤 경우 저자는 현대 심리학의 이론 내지 치료법과 병행하는 성경구절, 선례, 또는 원리들을 인용하고 있다. 더 보편적이지는 않지만 어떤 경우는 저자가 성경 이야기(예를 들면, 욥이 경험했던 좌절의 성격을 규명하거나 에스겔의 기행의 원인을 찾는 것)를 조명하거나 성경 인물이 어떤 정서와 동기를 가지고 사역을 행했는지를 설명하기 위해서 심리학적 이론을 활용하고 있다. 비록 이런 접근 방법들이 정반대의 방향으로 나아가는 경우도 있지만 이따금은 서로 부분적으로 겹치고 있다. 학자들이 심리학 이론의 근거를 위해서 성경을 인용하게 될 때, 때때로 그들은 성경에 대한 생소한 관점과 용어를 사용하면서, 심리학의 관점으로 성경 말씀을 재해석하고 있다. 다른 한편, 성경을 이해하기 위한 해석학적 도구로서 심리학의 이론을 활용하는 학자들은 종종 인간 심리의 어떤 측면에 대한 자신들의 이해를 분명히 하기 위해 심리학의 주석을 참고한다. 이렇게 심리학과 성경 사이의 역동적 관계는 통합의 과정에서 작용할 수 있다.

기독교심리학의 문헌은 성경과 심리학의 통합에 대한 세 가지 기본적인 관점들을 반영하고 있다. 스펙트럼의 한 쪽 끝에 위치하고 있는 입장은 비록 세속적 이론이 기독교 세계관을 통해 검증되어야만 하지만 "모든 진리는 하나님의 진리"이기 때문에 올바른 심리학은 기독교심리학이라는 점을 암시적으로 또는 가시적으로 지지하는 심리학자와 상담자들이 있다. 따라서 성경에 대한 분명한 언급이 없이도 기독교심리학에 대한 책을 쓰는 것이 가능하다고 주장한다.[2]

또 다른 상대적인 입장은 모든 일반심리학을 무신론적, 인본주의적, 그리고 비성경적인 것으로 평가하는 기독교상담자들이다. 인간 심리에 대한 모든 지식과 상담에서 활용되는 모든 접근방법이 성경으로부터 추론되어야만 한다. 이들은 성경과 일반심리학을 통합하려는 어떤 의도를 가지고 있지 않기 때문에 개인적 견해보다는 흠이 없는 성경말씀과 상담자와 내담자의 관계에 대한 성경의 예를 폭 넓게 적용하려고 한다.

이런 상대적인 두 입장의 중간 정도에 성경말씀으로 확증된다고 여겨지는 세속 이론의 여러 가지 핵심적 요소를 활용하려는 기독교상담자들과 심리학자들이 있다. 이런 접근을 하는 상담자들은 특정한 성경본문이 자신들의 견해가 성경적(다시 말해, 성경의 가르침과 조화를 이루고 있다)이라는 것을 보증한다고 생각한다. 또한 그리스도인의 영적 문제를 다루는 데 있어서 일반심리학의 이론을 사용하는 것에 대한 회의적인 독자나 환자들의 불안을 가라앉힐 수 있을 것이라고 확신한다. 논문은 세 번째 입장이 대중적인 기독교 저술들에 나타나는 대표적인 접근이기 때문에 여기에 초점을 맞출 것이다.

제12장 지혜문서에 대한 책임 있는 해석

1. 성경의 권위와 책임 있는 해석

어떻게 우리는 성경적인 정당성을 세울 수 있는 것인가? 기독교상담자가 기독교의 가르침과 조화될 수 있고 진리라고 보편적으로 인정되는 심리적 이론의 요소들을 예증하고 명료화하고 강화하기 위해서 성경구절을 인용하는 것은 본질적으로 반대할 만한 것은 아니다. 어떤 다른 학문 분야의 기술적 용어는 일반적인 그리스도인들에게 생소한 외국어와 같은 것이기에, 가나안의 언어로 다시 말해 성경의 언어로 바뀌어질 필요가 있다. 성경적 언어로 심리학의 표현을 바꾸는 것은 비전문가인 그리스도인들에게 심리학을 친숙하게 하는 데 도움이 된다.

그럼에도 불구하고 이런 접근은 신학적 필요성보다는 강박적 마음에서부터 발생한 것이 아닌가 하는 생각이 든다. 특정한 심리학적 이론 또는 치료가 인간 본성, 죄, 구원에 관한 성경적 가르침을 가시적 또는 암시적으로 부정하지 않고, 성경의 윤리에 어긋나지 않는 한 기독교심리학자 또는 상담 및 심리치료자에 의해서 활용되는 것은 문제가 없다. 그러나 기독교심리학 분야의 대중적 저술가들은 심리 이론들이 근본적인 성경의 가르침과 어떻게 관련되어 있는지를 보여주기보다는 그들이 추측건대 자명하다고 여겨지는 몇몇 특정한 성경구절을 단지 증명을 위해서만 인용하고 있다. 불행하게도 그런 저술가들이 성경구절을 인용하는 것이 바른 성경해석의 원리에는 자주 위배되는 경우가 있다.

비록 그들은 자신들이 인용하는 성경본문의 정확성과 유효성에 대한 깊은 확신을 가지고 있지만,[3] 근본적으로 잘못 해석하고 적용된 내용과 연결시켜서 왜곡하여 해석하였을 때 성경의 권위는 훼손될 수 있다. 기독교상담자들이 인용하는 본문은 때때로 자신들이 개진하고자 하는 심리학적 이론들을 위한 성경적 근거가 된다고 말하지만 잘못된 경우가 많다. 이렇게 사용된 "성경치료"는 몇몇 성경구절을 섭취하게 해서 환자의 기분을 좋게 만드는 단지 프라시보(placebo) 효과만 있는 것이다. 모든 성경구절이 자신의 입장을 견고하게 할 근거를 찾는 상담자들을 지지해 주는 것이 아니다. 책 안에 있는 모든 약속이 바로 나에게 주신 것이다"라는 것은 올바르지 못한 것일 수 있다.

일단의 기독교심리학자들과 상담자들은 이런 위험성에 대해서 주의를 기울이고 있지만 그들이 그 문제의 진정한 본질과 한계를 이해하는 것으로 보이지 않는다. 댄 알렌더(Dan Allender)는 "좋은 결과를 불러왔다고 해서 그 신념들이 진리인 것은 아니다. 터무니없이 왜곡된 성경구절의 해석을 통해 위로받거나 본문과 상관없는 견해를 강요받으면서도 그것을 통해 확신과 격려를 받는" 그리스도인들에 대해서 언급하고 있다.[4] 존 스캐니쉬(John Scanish)와 마크 맥민(Mark McMinn)은 유능한 평신도 기독교상담자들은 "성경을 이해하고 지혜롭게 활용해야"만 한다고 제시한다.[5] 그러나 그들은 해석학적 원리의 관점이 아니라 성경과 신학에 대한 적절한 지식의 관점에서 이러한 이해를 설명했다. 기독교상담에 대해 한 책은 "상담에 있어서의 성경의 활용"에 대해 부록을 35페이지나 수록하고 있지만[6] 인용된 성경구절이 쉽게 상담에서 오용될 수 있다는 가능성을 인식하는 것에 있어서는 실패했다.

2. 기독교상담에서 성경의 활용을 위한 근본적인 해석학적 원리

대중적 기독교심리학의 저술 안에 있는 성경본문에 대한 잘못된 해석과 적용의 대부분은 아마도 고의적이라기보다는 무심코 이루어진 것으로 보인다. 이런 실수 중에서 가장 자주 일어나는 몇 가지 예들을 분류하고 예증하는 것이 유용할 수 있다. 올바른 해석의 중요성에 대한 주의 깊은 인식은 기독교심리학자들과 상담자들이 교회를 위해서 또는 동역자들을 위해서 책을 저술할 때, 성경에 대해서 좀더 조심스럽게 주해하고 올바르게 접근하도록 이끌 수 있다. 다음의 예들은 기독교심리학자들 또는 상담자들에 의해서 출판되었고 교회에 상당한 영향을 미친 책에서 추려진 것이다.[7]

1) 해석과 적용에 있어서 문맥에 대한 고려

가장 보편적인 해석학적 표어 중의 하나는 "문맥이 없는 본문은 무의미하다"는 것이다. 누구든 특정한 성경본문을 정확하게 해석하고 적용하려고 할 때 그 전후 문맥을 고려해야만 한다. 문맥에는 문학, 역사 문화적, 구원 역사적, 신학 주제적 측면을 포함한다.

각 각의 퍼즐 조각의 중요성은 우선적으로 색의 조화에 의해서 결정되는 것이 아니고 퍼즐의 특별한 부분과 각 부분이 형성하는 전체의 그림에 의해서 결정된다. 동일하게 주어진 본문의 의미는 주로 그 본문에서 사용된 각 단어의 의미에 의해서가 아니라 그 구절을 포함하는 인접하고 폭 넓은 본문에 의해서 결정된다.

헨리 클라우드(Henry Cloud)와 존 타운센드(John Townsend)는 그들의 책 『경계선』(*Boundaries*)에서 이사야 1장 18절("오라 우리가 변론하자")을 해석하고 있다. "진정한 친구 또는 진정한 아버지와 같은" 하나님께서 우리 편의 사정을 듣고 그분의 마음을 바꾸기를 원하신다는 것을 가르친다고 해석한다.[8] 그러나 이사야 1장 2-20절 전체를 살펴보면 뻔뻔스러운 죄를 짓는 이스라엘에 대한 하나님의 기소는 논박할 수 있는 것이 아니고, 그 판결은 이미 확정된 것이었다는 점을 드러내고 있다. 백성들에 주어진 하나님의 제시는 두 가지이다. 회개와 용서, 그러지 않으면 반항과 파멸(19-20절)이다.

각 성경 기자는 주로 자기 자신과 공동체의 역사적 그리고 문화적 배경에 근거한 확정된 관점으로부터 성경을 기록하였고 그리고 대개의 경우 보편적 배경을 공유했던 사람들에 의해서 읽혀졌다. 이런 배경이 문헌 내에 전제된 것이고 따라서 그 문헌이 이해되기 전에 인식하고 있어야만 한다.

린 페인(Leanne Payne)은 사람들이 다른 가족들의 알려지지 않는 죄에 대해 중보기도를 하고 고난당하는 이들을 더욱 상처 주는 죄의 힘을 물리쳐야 한다고 역설한다. 그녀는 구약의 선지자들로부터 중요한 원리를 적용했다면서 다니엘(단 9:4-19)과 느헤미야(느 1:5-11)의 고백적 기도를 인용하고 있다.[9] 그러니 이스라엘의 공동체적 죄에 대한 다니엘과 느헤미야의 기도의 목적은 하나님의 백성의 바벨론 유수의 타당성을 알게 하고 자비와 회복을 탄원하기 위한 기초를 놓는 것이었다(그리고 첨언하면 느헤미야는 선지자가 아니었다). 그러므로 이런 본문은 페인이 제시한 것 같은 특정한 효력을 지닌 중보기도에 대한 근거를 제공하지 못한다.

인류에 대한 하나님의 계획은 점진적으로 성경 역사의 과정에 드러나기 때문에 각 구절은 신적 계시의 연속성 상에서 그리고 성경의 역사를 통해 특정한 시기에 맺어졌었던 언약관계의 관점에서 해석되어야만 한다.[10] 우리가 적용에 대해서 생각해 볼 때, 특정한 성경의 명령은 모세의 율법, 포로 이후의 선지자들의 책 또는 바울의 서신들에 기록되었느냐에 따라서 그 적용이 다른 것이다.

성경적인 용서가 어떤 것인지를 다룬 책에서, 아담스는 비록 합력해서 선을 이루게 되는 죄의 결과가 있을 수 있지만 신적 용서의 성격은 죄인에 대한 더 이상의 형벌은 없다는 점을 확증하는 것이라고 주장한다. 그리고 아담스는 민수기 14장 20-23절을 포함해서 잠재적으로 논쟁적일 수 있는 구절들이 이런 관점을 가지고 있다는 것을 증명하고자 한다. 출애굽한 모든 세대가 광야에서 죽을 것이라는 하나님의 선포는 형벌로서 해석되어서는 안 된다고 주장한다. 그것보다는 고린도전서 14장 20-23절의 말씀에 비추어서 후세의 세대에게 신앙 공동체의 유익을 위해 생겨났던 일로 이해해야 한다.[11] 이러한 부자연스러운 해석은 광야에서 이스라엘 백성들이 죽을 수밖에 없었던 것에 대해서 흔쾌히 받아들이고 싶지 않은 마음과 모호한 이론을 지지하려다 보니까 생각해낸 것이다.

우리가 구속의 역사 내에서 민수기 본문의 위치를 추적해 보면 민수기와 출애굽기에 기록된 시내산 사건 이후의 모든 반역은 시내산 언약의 규정을 엄수하는 가운데 사람들을 벌하는 결과를 낳게 한 것이다. 열두 명의 정탐꾼 중 두 명 이외에 온 회중이 약속의 땅을 저버리고자 했던 사건은 민수기에 나타난 핵심(일곱 번 중에 네 번째)이자 정점에 이른 반역이었다. 민수기 14장에 따르면 하나님은 사실상 모세의 중보기도로 인해 사람들을 용서하지만 그 때에 사람들이 겨우 모면했던 징벌은 즉시 모든 백성을 멸하는 것이었다(11-12절).

비록 성경이 조직신학적인 책은 아니라 하더라도 각 각의 본문은 특정한 근본적인 신학적 주제를 전제하여 형성되고 있고(예를 들면, 하나님의 속성

제12장 지혜문서에 대한 책임 있는 해석

과 피조물과의 관계 같은 것), 정경의 신학적 주제를 발전시키는 데 도움을 주고 있다.[12] 그러므로 우리가 한 본문을 해석할 때, 그 본문의 핵심 주제가 동일한 정경 내에서 어떻게 해석되었는지를 분별해야만 한다.

우울증의 원인에 대한 논의에서 프랭크 미너스(Frank Minirth)와 폴 마이어(Paul Meier)는 이사야 43장 8절을 인용하였다("눈이 있어도 소경이요"). 그들은 하나님께서 지속적으로 인간의 소경됨을 언급하시고 "인간 모두는 예외 없이 소경되었다"고 결론내리셨다고 말한다.[13] 아마도 모든 사람에 대한 그들의 결론이 인간 상태에 대한 정확한 평가이고 그러므로 비성경적이지 않다고 수긍할 것이다. 그러나 그들의 주장은 이사야서의 가르침(또는 성경의 다른 부분)을 통한 결론이 자신들의 의견에 성경적 확증을 부여해 주는 것이라고 공언한다. 불행하게도 그들이 이사야 43장 8절을 이런 목적으로 인용했을 때 육체적, 영적 소경을 모두 포함하는 소경됨이 이사야서의 대표적인 주제가 된다는 점(특별히 이사야 42:7, 16, 18-19)을 인식하지 못한 것이다.[14] 이사야 43장 8절에서 주된 주제는 분명히 이스라엘의 뿌리 깊은 영적 무감각과 단지 소경된 문제만이 아니라 하나님께서 맡기신 사명을 감당하기에 부족한 모습을 언급한 것이다. 그러므로 미너스와 마이어의 생각을 지지하는 성경본문으로 인용되어서는 안 된다고 할 수 있다.

2) 포괄적인 고찰

각각의 문학적 장르는 어떤 특정한 요소를 갖고 있어서 전하고자 하는 메시지를 독특한 방식으로 전달한다. 우리가 책과 본문에 붙인 꼬리표는 주로 우리가 어떻게 그것을 해석하고 적용해야 하는가를 결정하게 할 것이다. 예를 들면, 만약 우리가 아가서를 신적 사랑에 대한 풍유로 본다거나 창조 기사를 신화로 본다면 이것이 우리의 해석에 영향을 줄 것이다.

게리 스몰리(Gary Smalley)와 존 트랜트(John Trent)는 부모의 축복의 중요성에 대한 책을 저술 했고, 그것은 장자에 대한 축복의 모델에 기초하고 있다. 긍정적인 면은 저자들이 장자의 복이 구속사에서 차지하는 독특한 위치를 정확하게 인식하고 있다는 점이다. 이것이 하나의 특정한 사건을 위해 준비된 것이고 이것은 결정되고 예정된 것이며, 신적 축복의 생물학적 혈통에 대한 하나님의 주권적 선택에 기초하고 있다. 그러나 스몰리와 트랜트는 이에 대한 성경구절이 장자권에 대한 것만이 아니라 부모의 축복에 대한 중요성을 가르치고 있는 것이라고 확신한다. 게다가 그들은 축복의 다섯 가지 본질적 요소들을 구체화하였다. 의미 있게 어루만지는 것, 언어를 통해 메시지를 전달하는 것, 축복받는 대상에게 존귀함을 부여하는 것, 축복받는 대상을 위한 특별한 미래를 묘사하는 것, 그 축복의 성취를 도우면서 적극적으로 헌신하는 것이다.[15]

스몰리와 트랜트의 접근방법은 성경의 이야기가 어떻게 영적진리를 전달하는가에 대한 기본적인 오해에서 나온 것이다. 이야기를 해석할 때 묘사된 것을 가르침으로 적절하게 추론하기 위해서는 성경의 영웅과 여걸, 또는 악인의 행위가 아닌 하나님과 그분의 역사 가운데 섭리하심에 초점을 맞추고, 무엇보다 구속에 대한 전체적인 성경내용 안에서 이 이야기의 위치를 파악하는 것이 중요하다. "이야기 중심의 본문이 종종 직접적이고 단언적으로 가르치고자 하는 것을 비유하고 있기 때문에",[16] 이야기체의 묘사로부터 직접적으로 신학적 또는 원리적 범례를 추론하려는 것을 피해야 한다. 대신에 우리는 이야기체의 본문과 그 구체적인 전개가 신적 주권과 인간의 책임 사이에서 상호작용 하는 가운데 진정한 믿음과 순종의 본질에 중점에 두는 방식으로 고찰해야만 한다.

창세기의 주도적인 주제는 죄의 파괴적 영향력을 대적하기 위해 하나님께서 언약의 가족을 주권적으로 선택하고 예비하고 보호하셨다는 것이다. 그 언약의 가족은 민족에 대한 하나님의 축복의 통로로 쓰여 지게 될 것이다. 그가 아들을 축복할 때 장자는 하나님께서 이미 그렇게 하도록 결정하셨고 약속하신 것을 단순히 알게 되는 것이지만 장자의 권한이 속여서 빼앗겨지거나 그 자신의 편견에 의해서 왜곡될 수 있다. 한 가정에서 한 아들(딸은 제외하고)이 그 복을 받도록 택함을 받는다는 것이 기독교적 부모양육을 위한 모델을 제공하는 것이라고 말하기에는 어렵다. 또한 임종시에 복을 수여받는 장자가 성취된 축복을 알도록 위임받은 사람이라고 설명할 수 없는 것이다.

아브라함이 공식적으로 그의 아들, 이삭을 축복했다는 암시가 없다는 것과 창세기 이외에 구약성경에서 단 한 번의 부모 축복의 예도 기록된 바가

제12장 지혜문서에 대한 책임 있는 해석

없다는 사실은 부모 축복이 우리를 위한 독특한 모델이라기보다는 시내산 언약 이전의 의식이라는 것을 알 수 있다. 부모 축복의 가장 근접한 예인 이스라엘 지파에 대한 모세의 축복(신 33장)은 신적 축복을 전하는 하나님의 방법이 이미 모세 시대에 바뀌었다는 것을 알 수 있다. 앞에서 언급한 저자들이 축복의 모델을 위해 시편과 잠언에 초점을 맞춘 사실은 현대를 사는 그리스도인 부모들의 기도, 격려, 낙관적인 소원들이 부모 축복과 일치성이 거의 없다는 사실을 시사하는 것이다. 현대의 축복에 대한 잠언의 인용은 또한 장르와 관련된 혼란을 반영한다. 성경의 잠언들은 신적 약속이라기보다는 한 사람이 지혜롭게 살아갈 때 자주 생겨지는 영적 결과로 이해하여야 한다.[17]

3) 어의적 고찰

각 단어의 의미는 그 역사적 어원(소위 말하는 근본적 의미)에 의해서가 아니라, 주로 주어진 정황 속에서 강화적 용법, 성경 다른 곳에서의 의미 또는 현대 사회 속에서의 활용에 의해서 결정된다. 기독교심리학의 문헌은 자주 강화적 용법을 무시하고 그 적용에 있어서 오류를 낳고 있다. 두 종류의 어의적 활용의 오류를 여기서 언급할 것이다. 어원적 오류와 어의의 시대착오성이 문제가 된다.[18]

어원오류는 로버트 힉스(Robert Hicks)의 『남성의 여정』(The Masculine Journey)에서 찾아볼 수 있다. 저자는 어원론적으로 근본적 의미를 추론하는 것에 기초해서 남성을 언급하는 데 사용된 여섯 개의 히브리 단어와 다니엘 레빈슨(Daniel Levinson)[19]의 일반적 연구결과를 상호연결하고자 했다. (1) 창조 때의 남성-$'ādām$, (2) 남근을 상징하는 남성-$zāk̲ār$, (3) 전사-$gibbôr$, (4) 상처입은 남성-$'^enôš$, (5) 성숙한 남자-$'iš$, (6) 지혜자-$zāqēn$. 비록 이러한 어의적 내용을 형성하는 단어들이 연대기적 순서를 대표하는 것으로 볼 수 있다는 주장이 의심스럽지만 힉스는 남성의 인생주기를 이해하도록 "성경이 기여한 것"으로 단어연구를 제시하고 있다.[20]

힉스는 같은 의미를 담고 있는 두 가지 보편적 히브리 단어를 누락한 것

곧 아들-*bēn*과 젊은 남자-*na'ar*에 대해서 설명하고 있지 않다. 그러나 더 문제가 되는 것이 어원이 문맥적 의미와 부합하고 있지 않다는 사실이다. 파인애플 나무에서 자라지도 않았고 사과처럼 보이고 맛을 내는 파이애플 격이다. 비록 영어의 nice란 단어가 "무지한"이라는 의미를 가진 라틴어 necius에서 나온 것이지만, "nice"라고 어떤 사람에게 말하는 것은 무례한 것이 아니다.

힉스의 주장에 따르면 $'^enôš$라는 명사가 "약하다 또는 병약하다"라는 의미의 동사에서부터 온 것이라고 하는데 이것 역시 확실치 않은 것이다. 한 히브리 사전은 그것이 "사교적이다" 또는 "사회적이다"라는 의미를 가진 동사에서 온 것으로 말하고 있다. 이런 경우라면 저자는 새로운 인생주기 단계인 $'^enoš$, 즉 "잘 관계를 맺는 남자"를 제시해야 한다. 그러나 설사 힉스의 단정적 어원론이 맞는다 해도, 그는 단어 활용에 대한 잘못된 가설을 만들고 있다. 구약성경의 기자들이 $'^enôš$란 단어를 남자의 연약함을 강조하고자 할 때 마다 사용하였다거나 또는 많은 구절에서 "사람"으로 번역하는 것이 더 좋은 $'iš$를 남자의 성숙을 강조하고자 할 때마다 사용하였다고 가정하는 것은 잘못된 것이다(사실상 $'^enôš$는 하나님의 영원한 왕국을 다스리는 권능을 받기 위해 구름 가운데서 오시는 인자와 같은 이를 가리키는 다니엘 7:13에서 아람어 형태인 $'^enôš$로 사용되어졌다. 거의 약함의 의미를 찾아볼 수가 없다). 성경기자들이 이런 용어들을 모든 남자가 겪어야만 하는 여정의 구별된 단계를 언급하는 것으로, 다시 말해 남성다움에 대한 힉스의 주장을 확증하는 식으로 이해했다고 보기는 어렵다.

다수의 기독교심리학자들과 치료사들이 구약의 용례를 기독교심리학의 현대적 개념으로 읽으려고 할 때 어의의 시대 착오성을 드러내고 있다. 한 저자는 이렇게 묻는다. "지금까지 살았던 사람 중에 누가 가장 위대한 심리학자요 치료사인가?" 그 대답은 놀랄 필요도 없이 이사야 9장 6절이 언급되면서 "예수 그리스도"라고 답한다. 미너스와 마이어의 우울증에 관한 책에서는 전문 기독교상담 및 심리치료의 성경적 인준의 근거로 잠언 11장 14절("도략이 없으면 백성이 망하여도 모사가 많으면 평안을 누리느니라")[21]을 인용하고 있다. 그러나 구약의 조언자($yô'ēṣ$)는 현 시대의 기독교상담자와는 사뭇 다른 사회적 역할을 완수했다. 조언자는 역대상 27장 32-33절

제12장 지혜문서에 대한 책임 있는 해석

에서 보여지듯, 자주 이스라엘 또는 유대의 왕궁 내의 높은 직위의 관리로 일했다.

3. 기독교상담에서 구약 지혜문서를 활용하기 위한 안내

몇 가지 기본적인 해석학적 원리를 제시하고 조명했는데 이제 기독교적 돌봄의 사역을 담당하는 사람들이 자주 언급하고 있는 구약의 지혜문서를 비교적 자세히 살펴보겠다. 우리는 이런 장르의 문서가 성경적 가르침과 심리학의 통합을 위해 활용할 때 갖게 되는 가능성과 위험성을 논의할 것이다. 지혜서는 보통 잠언, 전도서, 시편, 욥기, 아가를 말하고, 또는 시편 1, 37, 49, 73, 119편과 같은 시편 일부(시락, 집회서, 솔로몬의 지혜를 포함하는 외경 일부)를 일컫는 것이다.

지혜문서는 전통과 무관하고 세속적이며, 인본주의적이고 단순히 실용주의적이고 개인적이라고 자주 잘못 오해되고 있고, 다른 고대 근동지역 또는 현대 지혜문헌과도 실제로 차별성이 없는 것으로 여겨졌다. 그래서 이스라엘의 언약의 역사가 그 내용에 초점을 맞추고 있는 다른 성경의 책들보다 가치가 떨어지는 것으로 생각되었다. 그러나 지혜문서는 그 독특한 문체와 주제로 인해 분명히 매력적인 면이 있다.[22]

1) 지혜문서는 이목을 집중시킨다.

지혜의 관점과 지혜문서의 형태는 보편적이고 세월에 무관하다. 뚜렷한 대조와 보편적 관찰이 엿보이는 지혜문서는 고대 이스라엘 사회의 경계를 넘어서도록 했다. 그러한 특색을 이루는 문헌의 형태는 세계 여러 곳의 많은 문화에서도 발견된다. 지혜문서는 잠언(잠 10:1-22:16), 풍유(잠 5:15-18; 전 12:1-7), 비유(전 9:13-16), 대화 또는 논쟁(욥 3-27장)의 형태를 가지고 있다.

지혜문서는 지적이고 실제적인 호소력을 가지고 있다. 잠언은 "지혜와 훈계를 알게 하며 명철의 말씀을 깨닫게"(잠 1:2) 하기 위한 것이다. 지혜문서는 생각하는 사람의 문헌이다. 분석, 고찰과 반추를 요구한다. 앤드류 힐(Andrew Hill)에 따르면 "비잠언적 지혜문서는 하나님의 지혜의 신비를 찾도록 호기심, 탐구심, 모험심을 불러일으킨다. 그런 탐색은 모든 사람을 위한 것이 아니다."[23] 지혜문서 중에서도 특별히 잠언 형태의 문서는 일터(거래, 돈, 재산), 언어생활(거짓말, 약속, 다툼), 상호관계(결혼생활, 성적 조화, 신실, 양육, 우정, 이웃과의 관계), 도덕행위(지혜와 어리석음, 의와 악), 권위와 정부, 그리고 음식과 음료와 같은 매일의 삶과 관련된 주제를 설명하고 있다. 전도서와 욥과 같은 비잠언적 지혜문서 역시 현실의 역설적 본질을 파고들고 있고 고통, 불의, 그리고 인간의 한계에 대한 신적 오묘함을 탐색하고 있다.

지혜문서는 직접적으로 명령하기보다는 초대하고, 격려하고 훈계하며 비유하고 있다. 율법이 시내산에서 공포되고 선지자의 목소리가 크게 왕궁에서 "여호와께서 말씀하시되"라고 선포되지만, 지혜는 사람들이 많이 모인 길 한 모퉁이(잠 1:20-21; 8:1-4)에서 목소리를 내고 있고 듣는 이들의 삶의 체험과 상식에 호소하고 있다. 그러므로 기독교상담자들이 자신들에게 도움을 요청하는 사람들의 날마다의 삶의 관심과 안타까운 문제들을 돕고자 할 때 지혜문서와 같은 풍성한 성경의 자원에 눈을 돌리는 것은 자연스러운 일이다.

2) 지혜문서의 성격

성경 내의 지혜문서의 독특한 특징과 성경 밖의 지혜문헌들과의 상당히 유사한 점들이 이런 장르의 문서에 대한 잘못된 활용으로 발전하지 않기 위해서, 그 활용에 있어서의 실제적 안내로 넘어가기 전에 지혜신학의 성격을 논의하는 것이 필요하다.[24]

하나님께서 주신 것(잠 2:6; 30:5-6; 욥 28:20-28; 전 12:11-12; 왕상 3:12; 4:29)이자 삶의 과정을 통해 얻게 된(잠 1:5; 2:1-6) 성경의 지혜는 하나님을 기쁘시게 해드리고 사회적으로 개인적으로 유익을 얻는 결정을 하고 완수하게 하는 능력이다. 그러므로 성경의 지혜는 비록 지혜를 갖는 것이 분명히 우리를 여러 면에서 돕지만 인생을 습득하고 극복하기 위한 단

제12장 지혜문서에 대한 책임 있는 해석

순한 기술로 평가절하해서는 안 된다.[25] 그러기에 지혜문서는 기독교상담에 적합한 원리를 찾는 데 자원이 된다.

구약 지혜문서와 다른 문헌들과의 유사점과 잠언 형태의 지혜문서의 격언적 성격, 그리고 인간경험과 관찰에 근거한 특징 때문에[26] 지혜문서는 종종 유일하게 일반계시로부터 추론된 것으로 여겨지고 있다. 존 골딩게이(John Goldingay)에 따르면 "지혜문서의 특징은 마치 이 세상 안에서 하나님 앞에 사는 우리의 정황에 대한 인간의 고찰의 가능성을 극대화한 것이다. 잠언과 전도서의 접근방법은 진리를 초자연적으로 계시된 것에서가 아니고 세상과 삶으로부터 발견하고자 노력하고 있다."[27] 그러나 욥기는 인간의 참여가 욥의 고난에 대한 정확한 설명을 제공할 수 없다는 것을 보여주고 있다.

확실히 잠언은 지혜가 부모 또는 지혜의 가르침, 또는 개인적 체험과 개미나 다른 생물체(잠 6:6; 30:24-28)에 대한 주의 깊은 관찰을 통해서도 얻을 수 있다는 점을 반복적으로 확언하고 있다. 그럼에도 불구하고, 지혜에 대한 이런 획득은 이스라엘의 신앙의 정황과 창조주로서의 하나님에 대한 인식에서 생겨난 것이다.[28] 하나님에 대한 언약적 이름인 야훼가 잠언과 욥의 고백 속에 87번 나오고 있다(잠 8:22-31; 14:31; 17:5; 20:12; 22:2; 29:13; 전 3:11; 12:1, 7; 욥 38-40장). 이것은 사회에 나타난 삶의 패턴에 대한 인간에 대한 관찰 그 이상의 자원을 제시하고 있는 것이다. 그러므로 지혜문서는 비록 사회 과학의 분야가 하나님의 피조물로서의 인간 존재에 대해 많은 것을 발견할 수 있다고 해도, 그것을 통해 신적 계시를 기대할 수 있다는 명백한 보증을 제시한다고 볼 수 없다.

그러므로 지혜의 신학적 기초는 두 가지 곧 창조와 언약이다. 창조라 함은 하나님께서 질서 있고 선하게(잠 3:19-20; 전 3:11; 7:29) 세상을 창조하셨고, 그래서 그분의 지혜를 드러낸다는 점이다. 지혜는 창조주의 선물로서의 창조의 좋으심에 대한 찬양(전 2:24-26; 9:7)과 전도서가 "헛되다"(*hebel*)라고 표현한 창조물의 타락의 상태에 대한 인식과 관련되어 있다.[29] 지혜는 하나님의 주권적 권능 하에 그분이 허락하시는 매일의 선물 곧 음식, 교제, 일에 대한 진정한 기쁨에 대한 성경적 확증이고, 그래서 세속 또는 거룩으로 삶의 체험을 이원화하고 구별하는 것을 막는다. 동시에, 고난이 인간 체험의 필수적이고 의미 있는 한 부분이라는 것을 인식하고 있다 (전 7:2-3, 13-14, 욥기 전체).

이스라엘의 언약적 신앙에 근거해서 지혜는 성경적 지혜의 근본적 원리라고 할 수 있는 "여호와 경외"라는 한 분 진정한 하나님과의 역동적 관계를 전제하고 있다. 이 진술이 비록 항상 같은 색깔을 가지고 있지 않지만 여러 가지 관련된 표현과 함께(잠 1:29; 8:13; 31:39; 욥 1:1, 8-9; 2:3; 전 12:13 이외에 성경전체를 통해서), 잠언에 18번, 전도서에 5번, 욥기에 10번 나오고 있다.[30]

지혜는 민족보다는 개인에 초점을 맞추면서 모세의 율법과 같은 윤리적 요구를 하고 있고,[31] 시내산 언약과 같은 약속과 징계를 말하고 있다.[32] 지혜의 선생은 비록 전체 민족이 반역했다 해도 언약적 축복이 여호와를 경외하는 사람에게 가능한 것을 단언한다. 거꾸로 말하면, 하나님께서는 민족에 대한 궁극적 징벌을 은혜로 늦추실 수 있기 때문에, "때가 이르기 전에" 불의한 개인에게 하나님의 진노가 임할 수 있다(전 7:17; 8:8). 지혜 신학의 기초에 대한 이러한 이해는 지혜의 원리가 인간이 하나님에 의해서 피조 되었고 그분을 의지해야 한다는 성경의 가르침을 받아들이지 않는 개인의 삶에 효과적으로 적용될 수 없다는 것을 말해 준다.

지혜롭게 성숙하는 것은 신적 성품을 형성하는 핵심적인 요소이다. 윌리엄 브라운(William Brown)에 따르면 "판단능력과 좋은 분별력의 실제적 성품은 밀접하게 공동체의 발전과 관여되어 있다. 분별력 있는 삶의 스타일은 개인적 목표의 효과적이고 성공적인 달성이라는 관점을 넘어서 관계성에 영향을 끼친다."[33] 지혜를 표현하는 다양한 표현들(영리함, 자제, 분별, 통찰, 지식, 총명)이 삶을 위한 보충적 기술을 대표하기 때문에 넓고 깊은 성숙은 전 생의 과정을 통해 일어날 수 있다. 다른 한편, 어리석음(또는 우둔함)은 "우직함" 또는 "숙맥"에서부터 "어리석음"($^{e}w\hat{\imath}l, k^{e}s\hat{\imath}l\ n\bar{a}\b{b}\bar{a}l$) 그리고 "비웃음"($l\bar{e}ṣ$)에 이르는 의미를 가지고 있다. 이는 어리석음의 개인적 문제, 지혜의 소리에 귀를 기울이는 수용성, 변화의 가능성 정도의 다양함을 묘사하기 위한 것이었다.[34]

폰 라드(Gerhard von Rad)에 따르면 "'어리석음'이란 단어는 특별한 지적 능력의 결함을 묘사하는 것이 아니라... 어리석음은 인간 삶의 중심에 있는

제12장 지혜문서에 대한 책임 있는 해석

무질서이다."[35] 어리석은 사람은 그의 삶의 통제 센터로부터 하나님과 그분의 기준을 배척하는 근본적으로 잘못된 결정을 하는 것을 말한다(*lēb*; 시 14:1-3; 53:1-3). 그래서 문자적으로 "결핍된 마음"이라고 말할 수 있다(잠 6:32; 7:7; 10:13, 21; 11:12; 12:11; 15:21; 17:16, 18; 24:30). 그 결과는 계속적으로 틀린 결정을 하게 한다. 지혜는 의심할 여지없이 도덕적 성격을 가지고 있고 실용적인 측면에서 만이 아니라 옳고, 정당하고 공정한 것을 행하는 것을 포함한다(잠 1:3; 2:9). 어리석음은 악함(지혜는 의로움과)과 상호교차적으로 사용될 수 있다. 어리석은 사람은 죄를 가볍게 여기고(잠 10:23; 14:9) 하나님을 향한 원망(잠 19:3)이 있다. 지혜로운 사람은 여호와를 경외하고 악을 멀리한다(잠 14:16). 그러므로 지혜문서는 단지 성공적인 삶을 위한 비결이 될 뿐 아니라, 일생을 통한 도덕 발달의 지침을 주는 것이다.

지혜는 잠언과는 형태와 강조점이 다른 욥기와 전도서를 포함하고 있다. 금언적 형태보다 좀더 대화적이고 논쟁적이다. 인간 지혜의 중요한 유익보다는 한계에 초점을 맞추고 있다. 그러나 이것이 욥기와 전도서가 잠언의 낙관적인 관점에 대한 이의로서, 바벨론 유수 이후의 "지혜의 위기"를 반영한다고 하는 학문적 주장을 정당화하는 것은 아니다.

데이빗 허바드(David Hubbard)에 의하면 "잠언은 '이것은 삶을 위한 규칙들이다. 노력하고 발견하라'고 말하는 듯이 보인다. 욥기와 전도서는 '우리는 행하고 그들은 행하지 않는다'고 말하고 있다."[36] 그러나 지혜와 의의 상대적인 가치와 한계에 관하여, 또는 비록 잠언 속에 이런 주제들이 덜 뚜렷하게 표현되어 있기는 하지만 거기서 발견될 수 없는 신적 사유, 정의, 불가해에 관하여 욥기와 전도서의 책들이 진술하고 있는 바는 없다.[37] 그러므로 욥과 전도서는 지혜의 가르침의 지나치게 독단적이고 자신 있는 적용에 대비한 일종의 통제의 역할을 하고 있다. 또한 잠언은 욥과 전도서가 관찰한 예외적 지혜의 원리가 그들이 진술한 일반적 진리들을 무효화하는 것이 아니라는 점을 확인한다. 욥과 전도서는 사람이 신적 정의 또는 보기에 부당하게 보이는 불의를 경험하든 안하든, 그것은 하나님의 주권적 타이밍의 문제라는 점을 강조한다. 욥이 자신의 불평에 대한 하나님의 답을 기다리는 것은 그의 육체적 질병과 같이 그에게는 고통스러운 것이었다. 이런 지혜의 모든 문서들이 우리가 낙관주의와 비관주의 사이에 균형을 발견하고 유지하도록 돕는 것이다.

4. 특정한 지혜의 책들을 해석하기

우리가 지혜 문서의 본문을 해석하고 그것을 현대의 삶의 정황에 적용하는 데 있어서, 이러한 문헌적 성격과 신학적 주제들은 무엇을 시사해 주는가? 각 지혜의 책들의 다양성 때문에 각 권에 따라 논의할 것이다.[38]

1) 잠언

지혜문서의 기본적인 형태는 테드 힐더브랜트(Ted Hildebrandt)가 "잠언은 짧고 재치 있고 함축적이고 정돈되어 있고 역설적이며, 운문으로 형성된 격언이다"[39]라고 정의 내렸다. 이러한 다양한 특성은 개인의 격언을 번역하고 해석하는 것을 상당히 어렵게 한다. 그러므로 지혜 격언의 성격과 독특한 단어구사에 익숙하지 않은 사람들에 의해서 쉽게 오용된다. 조지 쉬와브(George Schwab)는 "이 책의 심오한 구조와 중심된 메시지"에 적절한 주의를 기울이지 않고, "잠언이 너무 자주 심리학적 이론을 인증받기 위한 증거자료로 취급된다"[40]고 말한다. 이런 문제가 기독교 가정상담자들이 선호하는 잠언 22장 6절("마땅히 행할 길을 아이에게 가르치라 그리하면 늙어도 그것을 떠나지 아니하리라")에 뚜렷하게 드러나 있다. 이렇게 잘 알려져 있는 잠언 말씀에 대한 기독교심리학자들과 상담자들의 해석은 그들의 상담이론이 말씀의 해석에 까지 영향을 주고 있다는 것을 보여준다. 부모들이 자녀에게 마땅히 행해야 하는 길을 훈련시킨다면 그들의 자녀가 자라면서 그 길을 떠나지 않을 것이라고 부모들에게 약속하는 상담자들에 의해서 얼마나 많은 상심에 빠진 사람들이 불필요하게 생기겠는가?

잠언 22장 6절의 전통적인 이해가 특별히 생의 초기 6세까지와 관련한 가정교육에 대한 폴 마이어(Paul Meier)의 표어가 된다.[41] 그러나 이따금

'아동'으로 번역되는 명사 *na'ar*가 주로 취학 전 아동을 지칭한다는 것은 거의 불가능한 해석이다. 잠언이 대상으로 하고 있는 사람은 잠언을 공부할 수 있을 정도이고 간부에 의해서 유혹을 받을 정도로 나이가 들었기 때문에 여기서는 '젊은이'로 *na'ar*를 번역하는 것이 좀더 정확하다. 클라우드와 타운센드는 다른 해석을 하고 있다. "이 말씀은 '하나님께서 그들이 가도록 한 길'을 사실상 의미한다.", 다시 말해 "그들을 위해서 하나님께서 계획하신 것이다."[42] 이것이 본문에서 말하는 '길'이란 의미와는 다른 것이다. 스몰리와 트랜트는 이 부분을 "그들의 성향에 따라서"라고 번역하고, 그래서 우리가 자녀들을 양육할 때 각 아이들의 독특한 필요를 알기 때문에 그 성향에 주의를 기울여야 한다고 말한다.[43] 그러나 각 개인의 특성에 세심하게 주의를 기울이는 특별한 양육 형태에 대한 현대적 강조점이 지혜자의 관점에 기초하고 있다고 주장하는 것은 근거가 거의 희박한 것이다. 로버트 힉스는 이 구절이 그런 것보다는 부모들이 아이들에게 "지혜로운 삶에 대한 다양한 기초 체험을 경험하도록 격려하는 것"이라고 말한다.[44]

잠언에 대한 박사논문을 쓴 구약학자인 힐더브랜트는 특별히 잠언의 역사 문화적 배경에 기초한 관점을 언급하면서 이런 모든 해석들은 "전수하다"라는 의미의 동사 *ḥānak*을 포함해서 잠언 22장 6절에 등장하는 핵심용어에 대한 제한적인 의미를 간과하고 있다고 한다. 가능할 수 있는 다양한 해석을 살펴본 후에, 힐더브랜트는 가장 가능한 석의는 다음과 같을 것이라고 말한다. "전수 받는 자의 자격이 인정되고 있고 그의 체험, 훈련, 계속되는 책임은 높은 지격을 나타낸다 왜냐하면 이것이 그의 전 삶에 근거한 자격이 될 것이기 때문이다."[45] 잠언에서 자주 생략되거나 보편화된 표현이 광범위한 해석의 가능성을 열어놓고 있지만 자녀양육에 대한 상담자의 특별한 이론이 한 특정한 번역을 선택하는 기준이 되어서는 안 된다. 이런 위험성을 주의하기 위해서 주어진 본문에 대한 다양한 번역본을 비교하고 주석이나 두 가지 정도의 선택 가능한 관련된 해석을 참고하는 것이 도움이 된다.

잠언 1-9장은 시혜를 이해하기 위한 해석학적 열쇠(핵심요소)가 된다. 잠언 10장 이후를 구성하고 있는 보편적이고 보기에 세속적이라 여겨지는 내용은 처음 9장에 나타난 잠언적 지혜의 깊은 신학적 특징의 배경(또한 잠언

전체를 통해 산재된 신학적으로 명백한 잠언 말씀)을 근거해서 읽어져야만 한다. 잠언적 격언은 동기를 부여하는 약속 또는 축복(예를 들면, 잠언 3:1-12)이 뒤따르는 명령적 훈계인 직설적인 진술(예를 들면, 잠언 3:13-20)로서 표현될 수 있고, 이 두 형태는 모두 동일하게 권위 있게 여겨져야 한다. 그들의 권위는 그 형태보다는 자원에 기초하고 있다. 힐더브랜트에 따르면 해석자가 각 격언과 그것에 대한 해설의 주제 또는 논지를 밝히는, "주제/해설적 방법"을 사용해서 잠언을 분석하려고 한다면 다음의 범주를 활용하는 것이 유용하다고 한다.[46]

성품	→ 결과	(잠 10:1, 4, 6)
성품	→ 행위	(잠 10:12, 23, 32)
성품	→ 평가	(잠 10:11a, 20)
행위	→ 평가	(잠 10:5; 29:5)
행위	→ 결과	(잠 10:9, 17)
항목	→ 평가	(잠 10:2a, 15)

힐더브랜트의 접근방법은 우리가 잠언의 주변적 요소보다 핵심적인 성향에 초점을 맞출 수 있도록 돕는다. 예를 들어 잠언 10장 12절의 경우("미움은 다툼을 일으켜도 사랑은 모든 허물을 가리우느니라"), "성품 → 결과"보다는 "성품 → 행위"의 범주를 활용하는 것이 좋다. 우리가 사랑은 연약한 점을 눈감아주는 것이라기보다는 보상해 주는 것이라고 잘못 결론을 내리지 않도록 해 준다.

각 격언의 겉으로 보기에 함축적이고 단편적 성격에도 불구하고, 최근의 연구는 잠언 18장 10-11절과 같이 짝을 이룬 격언이 기본적 요소로 구성되어 주제별 단락을 형성하도록 배열되어 있다는 점을 지적하고 있다. "여호와의 이름은 견고한 망대라 의인은 그리로 달려가서 안전함을 얻느니라. 부자의 재물은 그의 견고한 성이라 그가 높은 성벽 같이 여기느니라." 잠언 26장 1-12절은 어리석음의 성격과 위험을 묘사하는 주제적 단락의 좋은 예이다. 4절과 5절에서 친숙한 격언의 짝을 보게 된다. "미련한 자의 어리석은 것을 따라 대답하지 말라 두렵건대 네가 그와 같을까 하노라. 미련한 자

제12장 지혜문서에 대한 책임 있는 해석

의 어리석은 것을 따라 그에게 대답하라 두렵건대 그가 스스로 지혜롭게 여길까 하노라." 해석자가 해석과 적용 과정에 도움을 줄 수 있는(잠언 1-9장만이 아니고) 연관된 잠언과 주어진 잠언의 주변적 문맥을 조사하는 것은 중요하다.[47] 잠언 26장 4-5절에 나타난 격언의 짝 역시 잠언의 정황적 성격을 반영하고 있다. 분별력 있는 사람은 잠언(또한 행위, 4a 또는 5a)이 주어진 상황(4b 또는 5b)에 적합하다는 것과 적용이 때때로 인접한 문맥에 나타나 있다는 것을 알 것이다.

더글라스(Douglas)는 잠언의 올바른 활용을 위한 유용한 지침을 제공하고 있다.[48]

(1) 잠언은 종종 비유적이다. 달리 말하면, 잠언은 그 자체 외에 다른 것을 비유하고 있다.
(2) 잠언은 상당히 이론상으로 신학적이라기보다는 실제적이다.
(3) 잠언은 기술적으로 정확하다기보다는 잊기 어려운 말로 표현하고 있다.
(4) 잠언은 이기적인 행위를 지지하기 위해 구상된 것이 아니고 그 반대이다.
(5) 고대 문화를 강력하게 반영하고 있는 잠언은 그 의미를 놓치지 않기 위해서 세심한 "번역"이 필요할 수 있다.
(6) 잠언은 하나님과의 어떤 언약의 내용은 없지만 좋은 행동에 대한 운문적 안내를 하고 있다.
(7) 잠언은 요점을 강조하기 위해서 구체적 언어, 과장, 또는 다양한 문학적 기술을 사용할 수 있다.
(8) 잠언은 삶의 어떤 측면에 대한 지혜로운 접근을 위해 좋은 충고를 주고 있지만, 그 적용은 다양하다.
(9) 잘못 사용될 때 잠언은 어리석은 물질주의적 생활 방식을 정당화 할 수 있지만, 옳게 사용될 때 매일의 삶을 위한 실제적 조언을 제공한다.

해석자가 이러한 지침과 예를 주의한다면 잠언의 지혜에 대한 적잖은 남용을 피하게 될 것이다. 비록 이런 지침들이 잘 제시되어 있지만 잠언은 영적 영역에 있어서는 신적 영감에 의한 법칙들만 제공하고 있다. 그 법칙들이 삶의 한 부분에 대해서는 진리이지만 실재의 한 측면만을 반영하고 있다. 우리는 짧은 어구로부터 신학을 종합화하려고 시도해서는 안 된다.

2) 전도서와 욥기

전도서와 욥기의 특정한 문학적 형태 또는 장르의 독특한 성격에 주의를 기울이는 것이 중요하다. 욥기가 논쟁적 대화와 독백이라는 이야기식 뼈대로 구성되어 있는 반면에, 전도서는 직접적인 교훈의 자서전적 숙고로 구성되어 있다. 각각은 성경 기자의 개인적 환경, 경험, 그리고 관찰을 반영하고 있고, 그런 진술의 보편적 타당성에 대해 절대적 주장을 하고 있는 것은 아니다. 그러므로 특정한 구절이 지적으로 영적으로 역설적인 측면과 종종 현실의 불가사의한 본질로 인해 씨름하고 있고, 우리는 여기에 나타난 관점에 대해서 쉽게 확인할 수도, 또는 못할 수도 있다.

따라서 우리는(격언을 담고 있을 수도 있는) 각 구절들을 전체적인 관점(문학적 문맥과 전체의 메시지)에서 해석해야만 하다. 우리는 성경 주석들 내에서도 전도서의 메시지에 대한 상당히 상반된 관점을 만날 수 있다는 것에 주의해야 한다. 와이브레이(R. N. Whybray)는 "기쁨의 설교자"로서 전도서 기자가 하나님이 창조하신 매일의 선물을 확언하고 있다고 설명하고 있는 반면에 스캇(Scott)은 전도서 기자를 지혜의 유익과 인생의 의미를 논쟁하고 있는 이성주의자, 불가지론자, 회의론자, 비관주의자이고 숙명론자로 특징지어 설명하고 있다.[49] 전도서 12장 9-14절에 대해서 어떤 사람은 전도자(자칭)의 진술이 질서 있고, 신뢰성이 있으며, 권위 있다는 결론을 내릴 수 있다. 왜냐하면 해 아래 있는 모든 것이 아직 일시적(*heḇel*, 전도서에서 32번 나오는 단어이다. 예를 들어 전도서 1:2; 12:8)인 것이고, 무엇이 이런 세상에서(전 1:3) 영구적인 가치(*yitrôn*, 또는 "유익" 15번 사용되었다)를 가진 것인지 결정하기 위해서 삶의 다양한 활동에 참여하고 분석하고자 하기 때문이다. 전도서 기자는 인간의 성취와 지혜(전 1:12-2:26), 사회관계(전 4:1-16), 그리고 부(전 5:10-6:9)를 고민하고 있다. 그러기에 전도서는 왜

제12장 지혜문서에 대한 책임 있는 해석

곡된 장소에서 필사적으로 인생의 의미와 행복을 추구하고 있는 사회와 때때로 매일의(세속적) 활동의 즐거움(전 2:24; 3:12-13, 22; 5:18-19; 8:15; 9:7-9)을 과소평가하는 교회에 대한 응답을 위해 훌륭한 자원을 제공한다.

매우 다른 형식으로 욥기는 비록 하나님의 약속된 혜택과 지속적으로 또는 즉각적으로 체험되지 않는다 해도, 진정한 믿음이 존재하고 살아있다는 것을 드러냄으로써 고소인의 질문("욥이 어찌 까닭 없이 하나님을 경외하리이까"(욥 1:9)에 대한 답을 찾고 있다. 욥의 고난에 대한 궁극적인 설명을 찾는 것은 비록 바울이 고린도전서 3장 19절에서 엘리바스의 말(욥 5:13)을 단언적으로 인용할 정도로 일반적인 진리이기는 하지만 욥의 특별한 상황(욥 42:7)에 대한 올바르지 못한 많은 진술을 드러내게 한다. 욥은 고난을 직면(약 5:10-11)하는 그의 인내에 있어서 모범이 될 만하다. 그의 이야기는 심각하고 예상치 못한 고난을 직면한 사람들을 위한 격려의 귀중한 자원이 될 수 있다.

이런 성경의 각 책의 큰 목적 또는 메시지의 관점에서 볼 때 왜 한 구절 또는 하나의 진술이 종종 그 이후의 구절들을 설명(또는 부정)하고 있는지를 이해하는 것이 쉬워진다. 이것은 특별히 전도서에 자주 나타나고 있듯이, 우리는 가끔은 상반되는 구절이 나란히 나와서 파생되는 긴장을 하나는 긍정하고 다른 것은 부정하는 방법을 통해서 해결하려고 하기보다는 그 긴장을 유지해야만 한다. "분복은 기쁨과 낙담을 가져온다"(전 2:10-11). "지혜는 유익하고 헛되다"(전 2:12 16). "죽음의 실제는 미치게 하든가 소망으로 이끈다"(전 9:3-5). 전도서 7장 1-2절은 다음과 같이 분류될 수 있는 충격적인 격언의 내용의 두드러진 예를 제공한다. "아름다운 이름이 보배로운 기름보다 낫고 죽는 날이 출생하는 날보다 나으며 초상집에 가는 것이 잔치집에 가는 것보다 나으니 모든 사람의 결국이 이와 같이 됨이라 산자가 이것에 유심하리로다." 유사하게, 전도서와 욥기에서는 극단적 표현이 그 책의 기자의 상황과 체험에 대한 강력한 정서적 반응을 반영한다. 그러기에 전도자는 삶을 싫어하고(전 2:17), 욥은 자신의 생일을 저주하고 지워버렸으면 한다(욥 3:1-5). 그러므로 어떤 한 구절도 그 개념적 그리고 문학적 문맥으로부터 구별되어 생각할 수 없다는 것이 본질적인 측면이다.

불행하게도 욥은 사단에 의해서 너무 큰 고난을 겪었을 뿐 아니라, 기독교상담자에 의해서도 고난을 겪는 듯하다.[50] 심리학의 문헌에는 욥에 대한 두 가지 기본적인 접근방법이 있다. 하나는 욥, 그의 친구들, 심지어 하나님까지 욥기에 그려져 있는 모습에 근거해서 정신분석을 하는 것이다. 또 하나는 욥기로부터 효과적인 상담의 원리를 도출해내는 것이다. 이야기식 본문에서 원리를 추론하고자 하는 문제점과 함께 욥기가 상담기술을 배우기 위한 적절한 자원이 되는지를 물어야만 한다.

세 친구와 엘리후를 성경은 그렇게 그들을 묘사하고 있지 않은데 흄(Hulme)과 같이, 왜 사람들은 그들을 욥의 네 명의 "상담자들"이라고 부르는가? 욥기 32장 3절에서 엘리후의 판단에 따르면 단지 함께 있으면서 욥에게 위로를 주려고 모였던 세 친구는 욥의 논증에 반박할 수 없었고 나중에 그를 비난한다. 그들은 엄격한 보상 신학을 진술하는 변호가였다. 엘리후 역시 욥이 그의 말에 대해서 주의를 기울였다거나 반응했다는 본문을 찾을 수 없고, 긍휼보다는 분노를 거리낌 없이 말했기 때문에 상담자로 볼 수가 없다. 한 저자는 엘리후의 욥에 대한 사역과 하나님과 욥의 만남 사이에 어떤 경계선이 없기 때문에 욥의 침묵을 목회상담자로서의 엘리후의 능력을 보여주는 증거로 보고 있다.[51] 욥기가 지혜문서의 비격언적 논쟁 장르라고 하는 점에서 욥의 논쟁의 내용은 상담 과정이라기보다는 논쟁에 가깝다. 아무리 잘 보아도, 욥기는 극심한 고난을 겪고 있는 사람에게 어떻게 반응해서는 안 된다는 것을 강하게 보여주고 있다.

3) 아가서

아가서는 잠언 5장 15-20절과의 어구적 그리고 개념적 유사점과, 그 교훈적 결론 때문에 지혜문서로 포함시키는 것이 옳다(아 8:6-7). 비록 아가서를 지혜의 책 중의 하나로 포함시키기를 꺼리는 학자들도 있지만 욥기와 전도서와 같이, 아가서는 통일되고, 예술적이고 잘 정비된 구성을 가지고 있다.

아가서에서 우리는 결혼한 연인의 발전 되어가는 관계(결혼예식과 첫날밤이 아가서 3:6-5:1에 분명하게 진술되고 있다)를 중심으로 내용과 문학적 구성을 발견할 수 있다. 이 책은 전기(傳記)적 성격을 가진 갈망의 노래이다. 그 서정적인 세계는 애굽의 사랑 노래와 유사점을 가지고 있는데 상징, 대조, 비유의 구조이다. 또한 되풀이가 두드러진다. 반복되는 상징(예를 들면 포도원, 1:6; 8:11-12), 관용구("내가 사랑하므로 병이 났음이니라", 2:5; 5:8), 극의 한 장면(꿈, 3:1-4; 5:4-7) 그리고 반복구(2:7; 3:5; 8:4)를 볼 수 있다. 비록 아가서의 각 구절이 데이트 또는 결혼관계에 대한 특정한 교훈을 주고 있지만 전체적인 책의 전개 과정을 통해서 그 위치를 이해하지 않고 한 구절에 초점을 맞추는 것은 적절하지 않다.

비록 성적 역기능을 극복하기 위한 교과서가 될 수 없지만[52] 아가서는 교훈적인 목적을 가진 것으로 보인다. 아가서는 잠언이 젊은 남자에게 교훈하는 방식과 비슷한 형태로 젊은 여인("예루살렘의 딸")에게 교훈하고 있다. 남녀 간의 관계에 있어서 일시적이고 자기 이익을 도모하는 현대 사회가 절대적으로 깨달아야할 필요성이 있는 메시지를 제시하면서, 순결과 정절의 가치와 결혼 안에서의 성생활의 즐거움을 말과 상징을 통해 선명하게 묘사하고 있다. "이 사랑은 많은 물이 꺼치지 못하겠고 홍수라도 엄몰하지 못하나니 사람이 그 온 가산을 다 주고 사랑과 바꾸려 할지라도 오히려 멸시를 받으리라"(아 8:7).

5. 앎의 통로인 지혜

지금까지 본 논문에서는 사회 과학, 특별히 심리학과 신학(또는 성경적 가르침)을 통합하는 데 있어서 주의할 점을 언급했고, 이제 믿음과 배움의 통합을 위한 지혜의 가치를 논의하고자 한다.

에릭 존슨(Eric Johnson)은 인간 사고의 한계와 그 비수동성, 개조적, 공동체적, 언약적 성격, 그리고 "의심의 위기"가 불필요하다는 인식과 같은, 지혜와 성인 발달 사이의 관계성을 연구하고 있다. 글래드슨(Gladson)과 루카스(Lucas)는 지혜는 시각과 통각(統覺) 사이 또는 종교와 무종교 사이를 엄격하게 구별하지 않고 있고, 경험적이고 인간중심적 방침을 가지고 있기 때문에 심리학적 대화를 위한 기초로서 적절하다고 논증한다. 그들은 심리학의 실험, 관찰적 그리고 자연주의적 접근방법과 지혜의 접근방법을 뚜렷하게 대조하고 있지만 지혜와 심리학이 각각의 인식론에 있어서 여러 가지 유사점을 갖고 있다고 논증하고 있다. 그들은 "의미에의 의지"와 "사회적 책임"과 같은 지혜와 프랭클(Frankle)과 아들러(Adler)의 이론 사이에 공통분모를 찾고자 했다.[53]

리처드 웰(Ricadd Well)은 비록 "holy"($qāḏôš$)를 어근으로 하는 기본적인 히브리 말이 잠언에 단지 세 번 등장하고, 그 중에 둘은 신을 지칭하고 있음에도 불구하고 또한 지혜의 특징이 거룩을 추구하는 것이라고 말하는 것이 거의 가능하지 않지만, "신학적으로 해석된 체험"을 강조하는 기독교심리학과 지혜 사이에 유사점을 찾으려고 한다. 웰(Well)은 또한 지혜가 치유적 목적으로써 인격을 강조하고 "역질서의 역설"을 변호하고 있기 때문에, 심리학적 이론에 적합하다고 주장한다. 에드워드 커티스(Edward Curtis)는 믿음과 학습의 통합을 위한 모델로서 지혜 안에서 일반계시와 특별계시의 관계를 찾고 있다. 그는 일반계시가 "하나님께서 이 세상의 질서와 규칙을 창조하셨기 때문에" 가능하다고 적고 있다. 마지막으로, 조지 쉬와브(George Schwab)는 상담 과정에 적용될 수 있는 '설득의 예술'과 관련하여 잠언으로부터 원리를 추론하고 있다. 그는 잠언을 '지혜의 연속적인 자원'으로 보고 있다.[54]

언급한 논문들은 여러 가지 면에서 공통점을 갖고 있다. 저자들은 심리학 또는 상담과 신학을 통합하기 위한 적절한 접근방법을 찾고 있다. 그들은 일부 구절을 인용하기보다는 전체로서 지혜 또는 격언적 지혜를 이해하려고 노력하고 있고, 그들은 현금의 구약 연구 자료에 대한 충분한 활용을 하고 있다. 또한 성경적 지혜와 심리학 사이의 차이를 공정하게 인식하고 있으며, 결론 역시 교리적 이라기보다는 탐구적이고, 규범적이기 보다 시사적이다. 비록 몇 몇 저자들이 지나치게 역사 비평적 재건에 의존하고 있기는 하지만, 즉 고대근동의 정황 내에서의 구약 지혜의 독특성에 부적당한 주의를 기울이고 있거나, 구약 지혜의 언약적 뿌리를 무시하고 있지만, 이런 연구의 노력은 환영할 만하다.

6. 결론적 제언

독자들은 본 논문을 읽으면서 성경신학자의 집요하게 물고 늘어지는 논리적 성향을 부담스럽게 느낄 수도 있지만, 본 논문이 말하고자 하는 중요한 분석을 간과하지 않았으면 한다. 유사한 염려가 지도급 기독교상담자에 의해서 역시 제기되고 있다. 아담스는 이 문제를 상당히 솔직하게 말하고 있다. "하나님의 말씀을 올바르게 해석할 수 없는 사람은 성경적으로 상담할 수 없다. 어떤 사람이 성경본문을 언급하지만, 하나님께서 말씀하시는 것을 잘못 전하고 피상적이고 단순화한 형태로 성경을 사용하는 것은 용서가 되지 않는 것이다."[55]

심리학과 신학의 통합이 지속적으로 발전하려면, 몇 가지 구체적 단계가 필요하다. 첫째, 지혜문서를 통해 살펴보았듯이, 토대가 성경적 장르와 주제의 철저하고 종합적인 일련의 연구위에 이루어 져야만 하고 심리학자들과 상담자들은 통합적 사역의 좋은 모델이 되어야 한다. 둘째, 각각의 성경본문은 해석학적으로 책임 있게 해석되어야 하고, 그 해석을 확인해 주는 여러 가지 저명한 주석을 참고한 후에 비로소 인용되어야 한다. 셋째, 기독교상담자들과 심리학자들은 일반심리학 이론을 평가하기 위한 선명한 뼈대를 얻기 위해서, 성경신학과 조직신학, 기독교윤리에 대한 책을 좀더 폭 넓게 참고해야 한다. 통합에 대해 관심을 갖고 있는 성경학자들은 또한 표준적인 심리학적 문헌에 대해서 좀더 익숙해야 한다. 넷째, 신학과 성경적 해석을 위해 요구되는 과정이 기독교심리학자와 상담자를 훈련하는 데 있어 필수 부분이 되어야 한다. 일부 기독교상담사들은 신학전공의 학위과정을 취득할 필요성을 가질 수 있다. 다섯째, 신학자와 심리학자는 함께 파트너가 되려는 그들의 노력을 배가해야만 하고 서로 배우려고 해야 한다. 트램퍼 롱맨(Tremper Longman III)과 댄 알랜더(Dan Allender)의 협력적 사역이 이 점에 있어서 본보기가 된다.[56]

우리가 함께 앞으로 나아갈 수 있기를 소망한다. "네가 진리의 말씀을 옳게 분변하며 부끄러울 것이 없는 일군으로 인정된 자로 자신을 하나님 앞에 드리기를 힘쓰라"(딤후 2:15).

■주(Notes)

1) Eric L. Johnson, "The Call of Wisdom: Adult Development Within Christian Community, Part II: Toward a Covenantal Constructivist Model of Post-Formal Development," *Journal of Psychology and Theology* 24 (1996): 94.
2) Edward Hindson, "The Inerrancy Debate and the Use of Scripture in Counseling," *Grace Theological Journal* 3 (1982): 209 n. 10.
3) Ibid., 210, 213. Hindson. "Thy Word Is Truth: Confidence in the Message," "Thy Word Works: Confidence in Counseling." 참고.
4) Dan B. Allender, & Tremper Longman III, *Bold Love* (Colorado Springs, CO.: NavPress, 1992), 15. Jay Adams 역시 비슷하게 "어떤 무신론자의 책에서 이전에 발견되었던 의견에 맞도록 하나님의 말씀을 비틀고 포장하는 사람들"에 대해서 말하고 있다 "Biblical Interpretation and Counseling," *Journal of Biblical Counseling* 16 (1998): 7.
5) John D. Scanish, & Mark R. McMinn, "The Competent Lay Christian Counselor," *Journal of Psychology and Christianity* 15 (1996): 31-2.
6) Clyde Narramore, *The Psychology of Counseling* (Grand Rapids: Zondervan, 1960), 237-73. 더 나아가, 기독교상담자들이 "중대한 관점이 부족"하다고 성경에 대한 다른 저자의 주석을 비판하는 것도 특이한 일이 아니지만 Leanne Payne, *Restoring the Christian Soul: Overcoming Barriers to Completion in Christ Through Healing Prayer* (Grand Rapids: Baker, 1991), 215. 그들 스스로의 성경에 대한 해석에 있어서의 문제들은 인식하지 못하고 있다.
7) 대부분의 예는 내가 성경의 구약에 익숙하고 좀더 오용되는 경향이 있기 때문에 구약의 말씀과 관련된 것이다.
8) Henry Cloud, & John Townsend, *Boundaries: When to Say Yes, When to Say No to Take Control of Your Life* (Grand Rapids: Zondervan, 1992), 233.
9) Payne, *Restoring the Christian Soul*, 69, 92.
10) Willem A. VanGemeren, *The Progress of Redemption: The Story of Salvation from Creation to the New Jerusalem* (Grand Rapids: Zondervan, 1988)이다.
11) Jay E. Adams, *From Forgiving to Forgiving* (Wheaton, IL.: Victor, 1989), 151-3.
12) 본문의 신학적 맥락의 중요성에 대한 구체적인 논의를 위해 다음 문헌 참고: Richard L. Schultz, "integrating Old Testament Theology and Exegesis: Literary, Thematic, and Canonical Issues," *New International Dictionary of Old Testament Theology and Exegesis*, Willem VanGermeren (ed.) (Grand Rapids: Zondervan,

1997), 1:188-98.
13) Frank B. Minirth, & Paul D. Meier, *Happiness: Is a Choice: A Manual on the Symptoms, Causes, and Cures of Depression* (Grand Rapids: Baker, 1978), 97.
14) Kenneth T. Aitken, "Hearing and Seeing: Metamorphoses of a Motif in Isaiah 1-39," *Among the Prophets. Language, Image and Structure in the Prophetic Writings*, Philip R. Davies, & David J. A. Clines (eds.) (Sheffield, U.K.: JSOT, 1993), 12-42.
15) Gary Smalley, & John Trent, *The Blessing* (Nashville: Thomas Nelson, 1986), 22-4.
16) Gordon D. Fee, & Douglas Stuart, *How to Read the Bible for All Its Worth: A Guide to Understanding the Bible* (Grand Rapids: Zondervan, 1993), 82.
17) 장르와 관련된 혼란의 예는 Cloud와 Townsend(*Boundaries*, 41)가 "사람이 무엇으로 심든지 그대로 거두리라" (갈 6:7; 잠 22:8)는 잠언의 원리가 아무도 (부모를 포함하여) 어떤 원인에 의해서 생겨나는 예상된 결과를 막을 수 없다는 신적 법칙이라고 오해하는 것에서도 나타난다.
18) 단어연구의 오류에 대한 논의를 위해서 다음 문헌 참고: Donald A. Carson, *Exegetical Fallacies*, 2nd ed. (Grand Rapids: Baker, 1996), chap. 1.
19) Robert Hicks, *The Masculine Journey: Understanding the Six Stages of Manhood* (Colorado Springs, CO.: NavPress, 1993); Daniel J. Levinson, *The Seasons of a Man's Life* (New York: Knopf, 1978).
20) Hicks, *Masculine Journey*, 19.
21) George Scipione, "The Wonderful Counselor, the Other Counselor, and Christian Counseling," *Westminster Theological Journal* 36 (1973-74):: 174-97; Minirth, & Meier, *Happiness Is a Choice*, 98. (Minirth, & Meier는 잠언 11:14에서 "counselor"라고 한 NASB 판을 인용했는데, NIV의 "adviser"라는 표현보다 그들의 해석에 좀더 부합되기 때문이다.)
22) 구약 지혜문서에 대한 유용한 입문서는 아래와 같다. C. Hassell Bullock, *An Introduction to the Old Testament Poetic Books*, 2nd ed. (Chicago: Moody Press, 1988); Fee, & Stuart, *How to Read the Bible*, chap. 12; Graeme Goldsworthy, *Gospel and Wisdom: Israel's Wisdom Literature in the Christian Life* (Carlisle, U.K.: Paternoster, 1987); Derek Kidner, *The Wisdom of Proverbs, Job and Ecclesiastes: An Introduction to Wisdom Literature* (Downers Grove, IL.: InterVarsity Press, 1985); William E. Mouser, *Getting the Most out of Proverbs* (Grand Rapids: Zondervan, 1991); D. Bent Sandy, & Ronald L. Giese Jr., (eds.) *Cracking Old Testament Codes: A Guide to Interpreting the Literary Genres of the*

Old Testament (Nashville: Broadman & Holman, 1995), chap. 12-13.
23) Andrew Hill, Sandy, & Giese, *Cracking Old Testament Codes*, 255에서 재인용.
24) 지혜신학의 좀더 깊은 논의를 위해서 다음 문헌 참고: Richard L. Schultz, "Unity or Diversity in Wisdom Theology? A Canonical and Covenantal Perspective," *Tyndale Bulletin* 48 (1997): 271-306; Richard L. Shultz, "Ecclesiastes," *New Dictionary of Biblical Theology*, T. Desmond Alexander (ed.) et al. (Downers Grove, IL.: InterVarsity Press, 2000), 211-5; Alan W. Jenks, "Theological Presuppositions of Israel's Wisdom Literature," *Horizons in Biblical Theology* 7 (1985): 43-75; Goldsworth, *Gospel and Wisdom*, chap. 10.
25) James L. Crenshaw, *Old Testament Wisdom: An Introduction* (Louisville, KY.: Westminster John Knox, 1998), 111. "주제상으로 지혜는 사람의 성숙과 삶의 습득에 대한 자명한 직관적 통찰을 포함하고 있다."
26) 비록 설득력 있게 설명되고 있지는 않지만, 잠언 22:17-24:20 말씀은 애굽의 "아메네모프 (Amenemope)의 가르침"에서 개작되었거나 표절되었다고 주장한다. John Ruffle, "The Teaching of Amenemope and Its Concern with the Book of Proverbs," *Tyndale Bulletin* 28 (1977): 29-68.
27) John Goldingay, *Models for Scripture* (Grand Rapids: Eerdman, 1994), 362-63. 동일하게 Waltke는 이렇게 말한다. "하나님은 지혜자들에게 얼굴과 얼굴을 맞대고 말씀하지 않으셨다." 주로 창조물과 인간 행동에 대한 관찰과 그들의 본 것에 대해 그들의 거룩한 반추와 신앙을 통해 말씀하셨다. Bruce K. Waltke, "Theology of Proverbs," *New International Dictionary of Old Testament Theology and Exegesis*, Willem VanGemeren (ed.) (Grand Rapids: Zondervan, 1997), 4:1079,
28) 잠언 29:18은 하나님의 뜻이 선지자나 율법사를 통한 어떤 계시(*hāzôn*)로 전달되지 않을 때, 사회의 구조가 와해될 것이라고 말한다.
29) 이런 번역에 대한 타당성이 Fredericks에 의해서 설득력 있게 제시되고 있다. Daniel C. Fredericks in *Coping with Transience: Ecclesiastes on Brevity in Life* (Sheffield, U.K.: JSOT, 1993). 잠언에 따르면 지혜로운 사람과 의로운 사람은 어리석은 사람과 악한 사람의 죄스런 행동으로 인해 지속적으로 괴로워한다.
30) Joachim Becker는 구약에서의 하나님 경외는 초자연적, 의식적, 윤리적 또는 율법주의적이 될 수 있다고 말한다. *Gottefurcht im Alten Testament* (Rome, PBI, 1965).
31) 이것은 거래 관계에서의 부정직(잠 11:1; 16:11; 20:10; 신 25:13-16; 레 19:35-36), 지계석을 옮기는 것(잠 22:28; 23:10; 신 19:14; 27:17), 부모를 공경하라는 명령(잠 13:1; 15:5; 19:26; 20:20; 28:24; 신 5:16; 21:18-21; 21:16), 간음의 경계

(잠 22:14; 신 5:18; 22:22)에 대한 말씀을 포함한다.
32) 지혜로운 행동은 장수(잠 3:1-2; 4:10-13; 8:32-36; 신 5:16; 30:15-18)와 땅을 소유하는 것(잠 2:20-22; 신 5:32-33; 30:15-18)으로 이끌지만 어리석은 행동은 죽음, 그리고 불순종은 심판을 초래한다.
33) William P. Brown, *Character in Crisis: A Fresh Approach to the Wisdom Literature of the Old Testament* (Grand Rapids: Eerdman, 1996), 35. Daniel J. Estes, Hear, *My Son: Teaching and Learning in Proverbs 1-9* (Leicester, U.K.: Inter-Varsity Press, 1997), Deryck Sheriffs, *The Friendship of the Lord: An Old Testament Spirituality* (Carlisle, U.K.: Paternoster, 1996), chap. 6. Sheriffs는 현세가 야훼의 권한 내에 통합되어 있기 때문에 "세속에 진정한 영성"을 제시하는 것으로 지혜를 보고 있다(158).
34) 이런 의미론에 대한 유용한 연구를 위해 다음 문헌 참고: Michael V. Fox, "Words for Wisdom," *Zeitschrift für Althebräistik* 6 (1993): 149-69, "Words for Folly," *Zeitschrift für Althebräistik* 10 (1997): 4-15, Derek Kidner, *Proverbs*, Tyndale Old Testament Commentary (Downers Grove, IL.: InterVarsity Press, 1964), 36-43.
35) Gerhard von Rad, *Old Testament Theology*, vol. 1, *The Theology of Israel's Historical Traditions* (New York: Harper & Row, 1962), 429.
36) David A. Hubbard, "The Wisdom Movement and Israel's Covenant Faith," *Tyndale Bulletin* 17 (1966): 6.
37) Schultz, "Unity or Diversity?," 281-89.
38) 이 주제에 대해서 George M. Schwab Sr.는 유용한 논문을 발표했다. "The Proverbs and the Art of Persuasion," *Journal of Biblical Counseling* 14 (1995): 6-17; "Cultivating the Vineyard: Solomon's Counsel for Lovers," *Journal of Biblical Counseling* 15 (1997): 8-20; "Ecclesiastes and Counsel Under the Sun," *Journal of Biblical Counseling* 15 (1997): 7-16; "The Book of Job and Counsel in the Whirlwind," *Journal of Biblical Counseling* 17 (1998): 31-43. 그러나 그의 접근방법은 통합된 구성이라기보다는 사랑의 노래들의 선문집으로 아가서를 분석한 점과 전도서의 메시지에 대한 지나치게 부정적인 관점으로 인해 약해졌다. 다음의 논문 참고: John W. Hilber, "Old Testament Wisdom and the Integration Debate in Christian Counseling," *Bibliotheca Sacra* 155 (1998): 411-22.
39) Ted A. Hildebrandt, "Proverbs," Sand, & Giese, (eds.), *Cracking Old Testament Codes*, 234-7.
40) Schwab, "Proverbs and the Art of Persuasion," 17.

41) Meier는 잠언 22:6절을 그의 책 *Christian Child-Rearing, & Personality Development* (Grand Rapids: Baker, 1977)에서 일곱 번 인용하고 있다(18, 45, 92, 123, 151, 159, 160). 1.
42) Cloud and Townsend, *Boundaries*, 62-63.
43) Smalley, & Trent, *Blessing*, 103.
44) Robert Hicks, *In Search of Wisdom: Timeless Insights for the Practice of Life* (Colorado Springs, CO.: NavPress, 1995), 120-22.
45) Ted Hildebrandt, "Proverbs 22:6a: Train Up a Child?" *Grace Theological Journal* 9 (1988): 3-19. "신적 지혜의 길"로서 길을 이해하는 것, 다시 말해 모든 젊은이가 그들의 부모에 의해서 지도를 받아야만 하는 그 길은 또한 22:4의 "여호와를 경외"하는 것과 패역한 자의 길(같은 히브리 단어)에는 가시와 올무가 있다는 묘사에 비추어 변호되어야 한다.
46) Hildebrandt, "Proverbs," 236.
47) John Goldingay, "The Arrangement of Sayings in Proverbs 10-15," *Journal of the Study of the Old Testament* 61 (1994): 75-83; Raymond C. Van Leeuwen, *Context and Meaning in Proverbs 25-27* (Atlanta: Scholars Press, 1988); Ted Hilebrandt, "Proverbial Pairs: Compositional Units in Proverbs 10-29," *Journal of Biblical Literature* 107 (1988): 207-24. 최근의 주석들은 인접한 잠언 사이에 주제별 배치 또는 텍스트 간의 상호연관을 짓는 성향을 갖고 있다. Adams는 문학적 맥락에 대해 주의를 기울이는 것이 어떻게 잠언 23:7의 오용을 바로 잡을 수 있을 것인가에 대한 좋은 예를 보여주고 있다. "Biblical Interpretation and Counseling, Part 2," *Journal of Biblical Counseling* 17 (1998): 26-7.
48) Fee, & Stuart, *How to Read the Bible*, 225-26.
49) Roger N. Whybra, "Qoheleth, Preacher of Joy," *Journal for the Study of the Old Testament* 23 (1982): 87-98; 비슷한 관점은 다음 문헌 참고: Matin A. Klopfenstein, "Kohelet und die Freude am Dasein," *Theologische Zeitschrift* 47 (1991): 97-107. Robert B. T. Scott, *Proverbs, Ecclesiates* (Garden City, N.Y.: Doubleday, 1965), 192.
50) James R. Beck, "Patient Job as a Patient," book review of I. J. Gerber, *Job on Trial: A Book for Our Times, Journal of Psychology and Theology* 12 (1984): 136; William E. Hulme, "Pastoral Counseling in the Book of Job," *Concordia Journal* (1989): 131-8; Jeannette P. Maas, "A Psychological Assessment of Job," *Pacific Journal of Theology* 2 (1989): 55-68; Peter W. Nimmo, "Sin, Evil, & Job: Monotheism as a Psychological and Pastoral Problem," *Pastoral Psychology* 43

(1994): 427-39; James H. Reynierse, "Behavior Therapy and Job's Recovery," *Journal of Psychology and Theology* 3 (1975): 187-194; James M. Siwy, & Carole E. Smith, "Christian Group Therapy: Sitting with Job," *Journal of Psychology and Theology* 16 (1988): 318-23.

51) Hulme, "Pastoral Counseling," 136.
52) 다음의 책이 좀더 아가서 주해에 있어서 포괄적이고 실제적인 해석을 하고 있다. Joseph C. Dilow, *Solomon on Sex* (New York: Thomas Nelson, 1977); S. Craig Glickman, *A Song for Lovers* (Downers Grove, IL.: InterVarsity Press, 1976),
53) Johnson, "Call of Wisdom," 93-103; Jerry Gladson, & Ron Lucas, "Hebrew Wisdom and Psycho-Theological Dialogue," *Zygon* 24 (1989): 357-76.
54) C. Richard Wells, "Hebrew Wisdom as a Quest for Wholeness and Holiness," *Journal of Psychology and Christianity* 15 (1996): 58-69; Edward M. Curtis, "Old Testament Wisdom: A Model for Faith-Learning Integration," *Christian Scholars Review* 15 (1986): 213-27; Schwab, "Proverbs and the Art of Persuasion," 6-17.
55) Adams, "Biblical Interpretation and Counseling," 5-9; "Biblical Interpretation and Counseling, Part 2," 23-30. 인용부분은 첫 번째 논문의 서론에서 가져온 것이다. Adams는 네 가지 분석단계를 구별하면서 해석 과정의 간략한 요약을 첨부하고 있다. 문학적-수사학적, 역사적-문법적, 조직적-성경적-신학적, 그리고 목적적 (성령께서는 사람들이 이 본문을 통해 어떻게 변화하기를 원하시는가?).
56) Dan Allender, & Tremper Longman III, *Intimate Allies* (Wheaton, IL.: Tyndale House, 1995); Allender, & Longman, Bold Love.

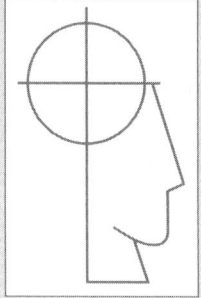

Care for the Soul:
Exploring the Intersection of Psychology & Theology

제13장

성경적 해석학과 기독교심리학

브라이언 메이어, 필립 몬로(Bryan N. Maier & Philip G. Monroe)

당신이 심리학 박사 과정에 있는 학생을 감독지도 한다고 하자. 당신이 한쪽에서만 볼 수 있는 거울을 통해 지켜보는데, 훈련생이 내담자에게 자신을 소개한 후, "어떻게 도와 드릴까요?"라고 말한다. 그런데 내담자가 자신의 이름을 알려주고 독신이라고 말하기가 무섭게, 그 학생은 내담자의 말을 정지시키더니 당신은 남근기에 문제가 있으며, 당신에게는 아직 해결되지 못하고 문제를 일으키고 있는 수많은 부정적인 감정적 자아 대상들(self objects)이 있다고 말한다. 이런 식으로 내담자를 다루는 것은 있을 수 없는 일이지만 때때로 기독교심리학자들은 하나님의 말씀을 이런 식으로 취급한다. 임상심리사가 진단과 처방 계획을 제대로 배우기 위해 내담자 분석에 대해 몇 년씩 공부하는 것처럼, 유능한 기독교상담자도 성경을 해석하는 데 적어도 그와 비슷한 노력을 기울여야 할 것이다.

거의 20여년 전에 존 카터(John Carter)와 브루스 내러모어(Bruce Narramore)가 '성경을 증거자료 제시하듯 사용하는 것'이나 '성경을 심리학에 억지로 갖다 붙이는 것 혹은 부적절한 사용'[1]이 성경과 심리학의 통합에 걸림돌이라고 경고했다. 그 경고는 아직도 유효하다. 심리학에 대한 성경적 해석의 방법이나 중요성에 대해 쓰여진 글들이 여전히 적다. 몇 년 후

421

에 내러모어는 다시 내담자가 성경을 엉터리로 해석하여 자기방어의 도구로 쓸 위험성[2]에 대해 지적했다. 존 가트너(John Gartner)와 로버트 카보(Robert Carbo)는 내러모어의 글에 대한 반응으로, 상담자들이 자신은 항상 옳고 내담자는 옳지 않다는 오류에 빠지기 쉽다고 지적했다.[3] "심리학과 신학"(Journal of Psychology and Theology)의 같은 호에서 데이비드 크랜머(David Cranmer)와 브라이언 에크(Brian Eck)는 해석학적인 도구를 강조하면서 치료자가 내담자보다 정확한 해석에 있어 자격을 더 잘 갖추고 있다고 가정하였다.[4] 기독교심리학자가 성경에 대한 올바른 훈련을 받았다고 가정하면 성경해석이 내담자보다 탁월하다는 기대를 할 수 있을 것이다. 그러나 '만약' 이라는 것은 위험성이 큰 가정이다.

기독교상담자들이 성경해석의 중요성에 대해 입으로는 말하지만, 실제로 기독교심리학 분야의 연구를 해보려는 시도는 거의 없었다. 우리는 이론 개발과 실제 상담을 위해 기독교심리학자들에게 가장 중요한 일 중 하나가 바로 성경해석이라고 주장한다. 기독교심리학에서 성경해석이란 성경의 본질과 성경 사용 때문에 중요하다. 이 논문의 전반부에서는 기독교심리학에 분명히 중대한 의미를 주는 성경의 세 가지 특징들을 언급하고자 한다. 첫째로 성경은 하나님의 형상을 가진 인간을 향한 하나님의 특별계시이다. 둘째로 하나님이 성경의 저자이시므로 성경은 그것이 다루는 모든 면에서 권위가 있다. 마지막으로, 하나님의 말씀은 능력이다. 후반부에서는 성경이 기독교심리학에서 어떻게 사용되어져야 되는지를 언급할 것이다.

1. 성경의 본질

"모든 성경은 하나님의 감동으로 된 것으로 교훈과 책망과 바르게 함과 의로 교육하기에 유익하니"(딤후 3:16).

1) 성경은 특별계시이다.

성경은 하나님과 그의 뜻에 대한 가장 분명한 계시이기 때문에 주의 깊고 정확한 해석을 요한다. 신학용어인 계시는 우리가 다른 길로는 알 수 없는, 우리에게 대한 하나님의 의사전달 방식이다. 궁극적으로 우리가 하나님에 대해 아는 모든 것은 계시의 결과이다.[5] "우리는 하나님께서 자신을 나타내시기에 또 나타내시는 만큼 하나님을 알 수 있다."[6] 계시에 대한 개념은 우리가 모든 사물을 이해하는 데 영향을 준다. 모든 계시는 하나님께로부터 왔고 우리는 그것을 내용에 따라 대략 두 개의 범주로 나눈다. 첫 번째 범주는 일반계시로 창조와 자연을 통한 하나님의 계시이고, 두 번째는 특별계시로 그리스도의 성육신과 영감으로 쓰여진 성경을 통해 하나님께서 인간에게 직접적으로 하시는 말씀에 의한 계시이다.

성경의 창세기는 창조주의 영광스러운 이야기를 전한다.[7] 이 메시지는 너무 분명하고 확실해서 이 진리를 아무도 부인할 수 없다(롬 1:18-2:1). 지각되는 모든 만물이 창조주의 능력과 위엄을 증거해 준다. 모든 것은 하나님의 형상으로 창조된 것을 증거하기 때문에 특별히 사람이 우리 자신을 볼 때 지각할 수 있는 자료는 중요하다(창 1:26).

일반계시를 통해 알 수 있는 모든 정보에도 불구하고 하나님께서는 자연을 통해 알게 해 줄 수 있는 것보다 더 많이 자신을 나타내기로 결심하셔서 창조주로서의 자신의 놀라운 능력과 영광의 계시 외에도 매우 특별한 방법으로 자신의 윤리적이고 거룩한 성품과 자신의 사랑을 계시하셨다. 첫째로, 하나님께서는 실제로 아담과 이브와 더불어 말씀하셨다. 창세기 1장 28절에서 하나님께서는 그들을 축복하시고 만물을 다스리는 역할에 대해 설명해 주셨다. 또 도덕적 결정을 내릴 수 있도록 필요한 개념들을 주셨다. 도덕이란 하나님께서 허락하는 것은 하고, 금지하는 것은 하지 않는 것으로 성의된다(창 2:16-17). 하나님께서는 이 모든 것들을 직접적으로 그리고 명제적인 표현 방식을 통해 말씀하셨다. 인간의 타락 이후에도 하나님께서는 이런 특별한 방식을 이용하되 선지자들과 성경을 통해 자신을 나타내셨다. 계시의 주제는 아담의 죄에 대한 하나님의 해결책이었다. 성경은 구체적으로 하나님께서 구원 과정의 원천이요, 시작하는 자요, 마치는 이이심을 계시한다(엡 1:4-12; 요 6:44; 롬 8:28-30; 빌 1:6). 이 계시는 그리스도의 성육신에서 정점을 이루었다. 현재 모든 특별계시는 그리스도와 그가 성취하신 것과 연관된다. 이 특별계시는 또한 우리를 위해 성경에 기록된 것이다.

그러므로 이 두 형태의 계시 간의 관계를 이해하는 것이 반드시 필요하다. 하나님께서는 천지창조와 성경 이 두 가지의 지은이이시므로 둘 사이에는 상호모순 됨이 없다. 게다가 두 형태의 계시의 주제는 바로 하나님이시다. 우리가 하나님을 두 이야기의 주연으로 보지 않는다면 본질과 목적들이 계시되어 있는 자로서의 자연과 성경을 제대로 이해할 수 없다. 마지막으로, 이 두 가지 형태의 계시는 인간에게 향해 있고 하나님의 형상으로 창조된 인류는 특별계시와 일반계시를 받도록 작정된 존재이다. 우리는 하나님께서 나타내신 것을 이루도록 능력을 부여받았다.

두 종류의 계시의 유사성에도 불구하고 일반계시는 구원을 이루기에 불충분하다는 가장 치명적인 한계를 가진다. 타락 전에도 하나님은 자연을 통해 나타내신 것으로는 하나님의 형상을 가진 피조물과의 대화가 충분하지 않았기에 아담과 이브와 직접 말씀을 나누셨다.

자연계시는 하나님에 대한 모든 이야기를 말할 수 없다. 자연은 우리가 피조물이고 창조주는 무한한 능력이 있으시며 지적이고 영광스러운 분이시라는 것을 말할 수 있지만 하나님께서 우리를 창조한 목적을 말해 주지는 않는다. 무엇이 하나님을 기쁘시게 하고 무엇이 그렇지 않은지 알려주기 위해서는 창조주의 피조물을 향한 특별한 언어를 이용한 커뮤니케이션이 필요했다.

타락 이후에는 상황이 더 악화되었다. 현재 인간은 일반계시조차도 정확하게 해석할 수 없게 되었다. 우리의 본능은 우리가 피조물이고 단지 하나님의 형상을 지닌 자라고 말해도, 우리는 일반적으로 그 본성을 너무 억누르고 살았다(롬 1:18-20). 인간들은 벗길 수 없는 색안경을 자신의 눈 위에 부착시켜버렸다.[8] 하나님께서는 우리가 구속받을 수 있는 길을 계획하심으로 이 비극에 대처하셨다. 바로 그리스도께서 이 땅에 오시고 죄의 대가를 지불하시므로 우리가 창조된 목적인 하나님과의 친밀한 관계를 회복할 수 있게 된 것이다. 특별계시의 초점은 이 계획을 인류에게 전달하는 것이고 이것이 성경의 모든 것을 다 포괄하는 대주제이다. 그러나 우리의 눈멂이 너무 심해서 단순히 구속의 계획의 진리를 우리 눈앞에 제시되는 것으로는 충분치 않고 성령에 의한(요 6:44; 고전 2:14) 초자연적인 마음의 변화가 필요하다. 성령의 조명하심으로 특별계시를 깨달을 때 중생을 체험하는 것

제13장 성경적 해석학과 기독교심리학

이다.

특별계시를 이해하는 것이 기독교상담자에게 왜 중요한가? 특별계시 없이는 궁극적인 의미에서 타락의 형상을 지닌 인간은 어떤 것도 제대로 해석할 수 없다.[9] 하나님께서는 심리학자가 다루는 많은 문제에 대해, 아니 원칙적으로 모든 문제에 대해 이미 말씀하셨다. 성경은 자연 상태의 마음, 인간의 본성, 사람들이 어떻게 변화되고 성장하는가에 대해 많은 것을 말한다. 그리고 마지막으로 인간의 마지막 결말을 말해 준다.

그런데 문제는 기독교상담자들이 도움이 안 되는 양극단 중 하나에 자주 빠진다는 것이다. 어떤 이들은 성경을 마치 모든 심리학적 질문을 대답해 주는 상담 핸드북처럼 취급한다. 그래서 20세기 내담자가 치료받으러 올 때 가져오는 모든 구체적인 문제들이 성경에 직접적으로 다 기록되어 있으므로, 상담자가 할 일은 내담자의 현재 문제에 적용 가능한 성경의 교훈을 찾아서 내담자가 그것에 따르도록 유도하는 일만 해야 한다는 것이다. 이것은 기독교심리학과 성경의 관계를 너무 단순하게 보는 관점이다. 기독교심리학이 일반심리학에서의 통찰이나 기술들을 배제한다고 하더라도, 성경적인 심리학자는 성경에는 직접적으로 언급되지 않은 현 시대의 독특한 심리적 질병을 다룰 때 성경에는 언급되어 있지 않은 상황을 성경적으로 적용해야 하는 것이다.[10]

또 다른 극단적인 견해는 성경은 20세기 및 더 근래에 나온 과학적이고 임상학적 저작들과는 너무 다르기 때문에 성경은 이론 형성에 있어서나 상담 및 심리치료의 현장에서 부차적 역할만 할 수 있다는 추론이다. 이 견해에 따르면 성경은 심리학적 작업의 윤리적 동기를 제공하며 영적 성장의 원천일 뿐이므로 상담에 간접적 영향을 주는 것으로 여겨진다. 이 견해는 성경의 심리학적 깊이를 무시한다(예를 들면 시편, 예수의 가르침, 사도 바울의 서신 등).[11]

2) 성경은 권위가 있다.

올바른 해석이 기독교심리학에서 중요한 두 번째 이유는, 우리가 자신의 심리학적 모델의 진실성을 입증하는 방편으로 성경을 자주 사용하기 때문이다. 우리는 심리학과 심리학 연구의 대상이 되는 문제들에 대해 성경이 어느 정도 권위 있게 이야기하는지 주의 깊게 이해하려고 꾸준히 애를 쓴다. 우리는 성경이 어떻게 사용되어져야 하는지 잘 알고 있지는 않지만, 성경의 모든 텍스트의 권위를 인정하지 않으려는 포스트모더니즘적 사회상황에서 어떻게 성경본문을 해석해야 할지 이해해야 하는 기념비적인 임무를 앞에 두고 있다.

그리스도인들은 성경은 하나님의 권위 있는 말씀이라는 것을 믿는다. "오직 성령으로 감동하심을 입은 사람들"(벧후 1:21)이라는 말씀처럼 하나님의 말씀은 선지자들에 의해 우리에게 전해진 것이다. 그러나 이러한 교리에 대한 정통적인 이해가 곧 성경이 심리학의 틀을 마련해 준다는 의미인지 아닌지, 그리고 어느 정도까지 의미하는 것인지에 대해 기독교상담자들은 질문을 해왔다. 몇 년 동안 혹자들이 성경이 상담의 교과서가 될 수 있는지에 대해 불필요하게 논쟁하는 것을 들었다.[12] 우리가 이 문제에 대한 양극화(즉, "성경은 심리학에 대해 아무것도 말하지 않고 있다" 대 "성경은 상담 자료의 유일한 원천이다")를 피한다고 하더라도, 성경이 심리학의 이론과 실제에 관해 무엇을 권위 있게 말해야 되는지에 대한 의문은 남는다.

성경에서 어떤 심리학 자료를 얻을 수 있을까를 놓고 기독교상담자들이 토론한 내용을 무작위로 들어본다고 가정하자. 그럴 경우 어떤 내용을 들을 수 있을까? 대부분이 하나님의 형상으로 만들어진 것에 대한 긴 대화를 비롯해서 인간의 본성에 대한 토론들일 것이다. 또 기독교상담자들은 죄와 고난이 인간에게 미치는 영향, 치료하는 공동체에 대한 하나님의 디자인 그리고 깨지고 상처 받는 사람들을 구속하시는 하나님의 계획에 대해 논할 것이다. 이러한 대화들은 가치가 있지만 기독교상담자들은 심리학과 관련된 세밀한 성경적 자료들보다는 성경에서 발견되는 일반적인 주제(예를 들면, 죄와 은혜)를 다룰 때가 많다는 것이 나의 경험이다. 때때로 우리는 성경이 죄인으로서의 우리의 조건들과 구속에 대한 하나님의 계획을 깊이 있게 이야기하지만 우리가 현세에서 어떻게 건강하게 살아야 할지에 대하여는 오히려 지나칠 정도로 단순하게 이야기하고 있다고 믿는 것 같다.

성경은 분명 구원의 길을 계시하며, 동시에 교훈과 책망과 바르게 함과 의로 교육시킴을 통해(딤후 3:15-16) 신자들로 하여금 의로운 삶을 살도록

제13장 성경적 해석학과 기독교심리학

무장시킨다. 베드로는 하나님의 계시가 우리에게 "생명과 경건에 관한 모든 것을 주신다"(벧후 1:3)고 쓰고 있다. 웨스트민스터 고백은 이 점을 잘 요약해 주고 있다. "하나님의 영광, 인간의 구원, 신앙 그리고 삶에 관한 하나님의 조언이 성경에 모두 분명히 서술되어져 있으며 그렇지 않은 경우라도 적당하고 필요한 절차에 의해 성경으로부터 연역될 수 있다."[13]

성경은 우리가 중생의 형상을 지닌 자로서 삶을 살아가는 데 필요한 모든 것을 우리에게 주고 있다. 삶에 관한 질문들 그리고 삶에 동반되는 모든 고통과 혼돈과 의미에 관한 질문들 -모든 내담자들이 암시적으로든, 드러내게든 가져오는 질문들- 에 대해 하나님의 권위 있는 말씀은 깊이 있게 다루고 있다.

그러면 이 말을 성경이 모든 정신건강 문제와 육체적 질병을 치료하는 처방전을 주고 있다는 뜻으로 이해해야 하는가? 성경 안에서 정신분열증이나 전립선암을 치료하는 방법을 알아낼 수는 없다. 하지만 성경은 심리적 어려움들을(예를 들면, 절망과 좌절과 그로 인한 우울증, 그리고 염려와 그로 인한 불안 장애 등) 어떻게 피할지 방향을 제시해 준다고 과감하게 말하도록 하자. 성경은 인간의 기능과 죄악된 삶의 일시적이고 영구적인 영향력(그리고, 죄의 심리적 표현)에 관하여, 그리고 내주하는 죄를 어떻게 죽일 것인지에 대해 분명하게 말씀하고 있다. 하나님은 우리가 우리의 정신적 육체적 한계에도 불구하고 어떻게 삶 속에서 우리의 목적을 -하나님께 영광을 돌리고 그를 영원토록 즐거워하는 것[14]- 성취해 나갈 수 있는지를 계시하신다.

우리는 성경이 특별하고 권위가 있으며 상담 및 심리치료에 있어서 중심적인 문제들을 말하고 있다고 인정하고는 있지만 그 의미를 발견하는 데 있어서 어려운 문제들에 봉착하게 된다. 다시 말하면 이 포스트모더니즘 세상에서 하나님의 말씀에 어떻게 접근할 것인가 하는 것이다. 교육받고 사려 깊은 기독교상담자들조차도 자신에게 성경을 정확하게 해석할 수 있는 능력이 있는가를 놓고 점점 더 많은 염려를 하고 있다. 그들은 가능한 의미와 해석에 대한 항목들을 놓아놓기는 하지만 "내가 이해하기로는 이것이 실제로 하나님께서 하시는 말씀이야"라고 말하려 하지는 않다는 것이다. 비뚤어지고 양립하기 어려운 견해들과 상담 실제들을 정당화시키기 위해 성경을 마구잡이로 인용한 책들이 가득한 선반과 통로를 헤매본 경험이 있는 사람이라면 누구나 해석하는 것을 주저하는 것에 대해 놀라지 않을 것이다. 게다가, 우리 교회사에 비추어보더라도 모든 시대에 잘못된 성경해석의 예들이 수도 없이 많다. 포스트모더니즘적인 사고가 인간은 자기의 문화나 개인적 편견이라는 필터로부터 자유롭게 어떠한 과학적 혹은 문학적 자료도 고찰할 수 없다고 말할 때 더더욱 해석의 어려움을 느낀다. 그러나 올바른 성경해석의 가능성에 대해 절망하기보다는 어떻게 하면 올바르게 성경을 해석할 수 있는지 알아보고, 그러한 기술을 얻기 위해 노력해야 한다.

기독교심리학자들도 성경해석론을 알아야 한다. 초기 해석학자들은 성경본문으로부터 저자가 의도한 뜻을 추출해내는 것을(어떤 이는 문자적 해석을, 다른 이들은 영적 해석을 주장했다) 주업무로 삼았지만 그들이 성경본문을 볼 때 자신이 문화적 렌즈를 끼고 있다는 사실을 의식하지 못했다. 현대의 해석학자들은 "모든 성경의 독자들이 자신의 문화적 안경을 끼고 있어서 우리는 저자의 의도에 대해 어떤 해석도 할 수 없고 성경본문에 각 독자가 자신의 의미를 부여하는 것일 뿐이다"라고까지 말하기도 한다.[15]

해석사에 대한 지식을 갖게 되면 포스트모더니즘의 지나친 실험성 때문에 무력해지지 않으며, 오히려 상대주의론자들을 상대화할 수 있게 되므로 요지를 파악하는 것이 어렵지 않게 될 것이다. 이 해석사의 도움으로 우리는 성경 본문 그 자체가 말하는 것과 우리가 성경을 읽어가면서 집어넣게 되는 의미들 간의 애매모호한 타협을 할 필요가 없다. 오히려 자신의 편견에 대한 자아비판적인 인식을 갖고, 역사적? 문자적 정보에 대해서도 잘 알고 있는 상태에서 본문을 읽으면, 성경본문이 주는 의미를 확신 있게 선포할 수 있을 것으로 우리는 소망한다. 독자의 편견이 미치는 영향에 대해 지나치게 과장한 나머지 성경본문 속에서 우리 자신의 편견 말고는 아무것도 발견할 수 없다고까지 주장하고 있는 그러한 사회 분위기에서는 성경의 구체적 해석에 대해 논쟁하는 대신 성경의 문제점들을 질문하기에만 급급하게 되는 경향이 생겨나는 것은 당연하다. 성경에 대해 비꼬는 듯 애매모호한 이러한 태도는 심리적인 이유 때문에 편리할 때가 많다. 『입을 막으신 하나님』(The Gagging of God)이라는 책에서 도날드 카슨(Donald Carson)은 다음과 같이 말했다.

제13장 성경적 해석학과 기독교심리학

그리스도인들은 때때로 이전 시대의 불필요한 교리주의와 율법주의에 대한 지나친 반발을 정당화하기 위해 포스트모더니즘에 호소하고 있는데, 그렇게 함으로써 욕조의 물과 함께 아이를 버리는 우를 범하는지에 대해서는 자문하고 있지 않다. 그들은 질문을 하고 자신은 모른다고 말하는 사람들이 영적으로 특별히 높은 위치에 있고 "이는 각하로 하여금 배운 바를 확실하게 알게 하려함이라"(눅 1:4)고 글을 쓰고 설교하는 사람들은 단지 낮은 위치에 있는 사람들이라고 느낀다는 인상을 준다.[16]

카슨이 요점을 잘 지적하였다. 우리는 복음에 대해 논쟁하기 좋아하는 사람들이 우리의 믿음에 입각한 지식 상속권을 빼앗지 않게 해야 하고, 우리의 개인적인 인간 발달의 문제들로 말미암아 포스트모더니즘의 심리적 위로에 탐닉하지 않도록 해야 한다. 부차적으로 카슨은 우리가 해석하기 주저하는 두 번째 심리적 이유를 말하고 있다. 많은 복음주의자들이 성경에 대해 문맹이다. 그들은 은혜의 교리를 가르치기보다는 은혜를 체험하는 일에 더 신경을 쓴다. 성경의 여러 책들의 구조나 주제에 대해 잘 모르므로 정확한 해석을 내릴 때 불안해지고 예민해진다.

성경이 믿는 자에게 하나님의 말씀이라(딤후 3:16)는 것을 믿는 사람들은 극단적인 포스트모더니즘의 해석학을 거부한다. 그러나 성경 독자 자신의 편견의 위력을 부인해서는 안 된다. 자신만의 해석 체계가 있다는 것을 의식하지 못하는 사람들은 역사적 상황을 무시할 가능성이 있고 따라서 탈선하여 해체주의자적인 예언 쪽에 가까워져서 순전히 투사적인 독서를 하게 된다. 이런 일은 "이 부분이 나의 상황과 어떤 관련이 있는가?"에 대해서만 질문하는 개인적인 성경공부에서 자주 일어난다.[17] 매카트니(McCarteney)와 클레이톤(Clayton)은 복음적인 입장에서의 성경의 해석과 적용을 다음과 같이 간결하게 기술했다. 독자는 자신이 해석을 하는 과정에서 집어넣게 되는 의미들과 성경본문에 대한 하나님의 분명한 뜻 둘 다 부인할 필요가 없다는 것이다 "우리는 언어의 발명자이신 하나님께서 참으로 객관적이고 동시에 참으로 주관적인 해석의 토대를 제공하신다는 것을 자명하게 받아들인다."[18] 모든 교회 역사 속에서 신실하셨던 하나님께서는 현대 그리스도인들에게 해석사의 덕을 볼 수 있는 기회를 제공하셨다. 이러한 역사를 알고 있으며, 독자 자신의 개념과 편견과 관심이 성경 읽기에 미칠 수 있는 영향력에 대해 인식하고 있는 기독교상담자들은 영혼을 돌보는 데 필요한 성경적 기초를 신실하게 따를 수 있다.

3) 성경은 강력한 힘이 있다.

성경적 해석학이 기독교심리학에 중요한 세 번째 이유는 성경은 하나님에 대해 단순히 명제적 지식만을 모은 책이 아니라는 것이다. 성경은 능력을 동반한다. "하나님의 말씀은 살았고 운동력이 있어 좌우에 날선 어떤 검보다도 예리하여 혼과 영과 및 관절과 골수를 찔러 쪼개기까지 하며 또 마음의 생각과 뜻을 감찰하나니"(히 4:12). 이 글은 문맥상 인간의 마음속에 있는 모든 악과 위선을 드러내는 하나님의 능력을 말한다. 어떤 것도 인간 심리의 가장 깊은 것까지라도 하나님께 드러나지 않을 것이 없다. 하나님의 말씀은 성경 저자의 시대에 있었던 무기류 중 가장 날카로운 검에 비유된다. 좌우에 날선(문자적 해석으로는, 좌우에 입이 있는) 검은 가장 쉽게 자르고 가장 깊이 들어간다.[19] 대적의 가장 깊은 곳을 찌르고 칼이 들어가는 것을 아무것도 막지 못하는 것이다. 히브리서의 저자는 하나님의 말씀이 어떤 검보다도 날카롭다고 이야기한다. 그러나 이 검은 파괴적 목적이 아니다. 생산적인 외과용 메스이다. 성스러운 외과 의사인 하나님은 인간 영혼의 모든 부분을 꿰뚫어 악성종양을 발견하고 그것을 치료하신다. 하나님의 말씀은 인간의 생각(문자적으로, 심사숙고)을 절단하며, 그러한 생각을 하게 만든 마음 속 의도들 또한 절단한다.

하나님의 말씀의 능력은 죽거나 정체되지 않고 살아 있고 역동적이다. 성경은 인간의 마음속에서 일어나고 있는 것들을 꿰뚫어 보고 드러내는 데 쓰이는 강력하고 생명력 있는 도구이다. 어떤 심리학적인 평가 도구도 그런 진단 능력이 있다고 주장하지 못할 것이다. 어떤 치료 기술도 그런 결과를 낳지는 못할 것이다. 성경의 능력에 대해(렘 23:29; 살전 2:13; 엡 6:17) 말하고 있는 다른 구절들을 보면, 하나님의 전신갑주 중에서 말씀만이 유일하게 공격 무기이다.

성경이 이런 능력을 소유하고 있다면, 해석학의 역할은 더욱 결정적이다.

제13장 성경적 해석학과 기독교심리학

성경을 책임 있게 해석하는 데 필요한 도구들에 대한 지식이 부족하면, 날카롭고 꿰뚫는 외과용 메스가 단지 의식용 버터나이프가 된다. 그것은 그 장소 세팅을 위해 필요할 뿐 거의 사용되지 않는다. 그것은 무디고 무능한 것이다.

기독교심리학을 확립하려면 성경해석학을 무시하지 말아야만 한다. 단순히 자세하게 설명해 주는 식의 접근법을 채택한다거나 성경의 진리를 영적인 삶의 영역으로 격하시키는 대신, 원래 의도인 능력 있는 도구로 성경을 사용하기 위해서 해석학을 연구할 수 있다. 해석학은 모든 문제에 해답을 준다거나 특정 본문의 의미에 대한 완전한 합의를 이끌어 내지는 않는다. 그러나 해석학은, 단순히 성경을 증거본문으로 사용하지 않도록, 혹은 투사적인 자기 해석 대신 본문의 의미를 충분히 그리고 문맥에 맞게 해석해보도록 끊임없이 도전하게 한다.

2. 기독교심리학에 있어서 성경의 사용과 오용

올바른 해석학은, 하나님의 권위 있고 능력 있는 특별계시인 성경의 숭고한 본질을 존중하기 때문에 중요하다. 뿐만 아니라 올바른 해석학은 크리스천들이 성경을 올바르게 사용하도록 이끌어주어 삶 속에서 실제적으로 일어나는 일들에서도 가이드 역할을 한다. 통합과정이 발전함에 따라 성경해석은 더 이상 목회자와 신학교 교수만의 임무가 아니다. 기독교심리학자들은 심리학적 문제들을 생각할 때와 내담자를 치료할 때 성경을 실질적인 길잡이로 규칙적으로 사용한다. 전통적으로 심리학자들은 성경해석학을 훈련받지 않고 있긴 하지만, 해석학은 기독교심리학자들에게는 훈련의 본질적인 부분인 것 같다.

심리적인 문제에 관심 있는 목회자와 신학자들 뿐 아니라 기독교심리학자들도 성경을 읽는 훌륭한 방법들을 많이 제시하고 있다. 이런 방법들 중 일부는 정통적인 기독교 표준에 못 미친다. 해석학과 심리학 그리고 신학 분야에 대해 잘 알고 있는 누군가가 구체적으로 심리학자들이 사용할 수 있도록 성경해석학에 대한 책을 쓴다면 교회에 큰 도움이 될 것이다. 그런 책이 전혀 없는 지금 우리는 심리학자로서 성경을 읽을 때 바람직하지 않은 다섯 가지 방법들을 간략하게 언급한 후, 이어서 더 바람직한 네 가지 접근법에 관해 약술하고자 한다.

3. 성경과 상관없이 읽는 다섯 가지 방법

이 부분과 다음 부분은 우리의 스승인 로버트 로버츠에 의해 개발되어 그 분의 교실에서 사용되고 있다.[20]

1) 심리학적 번역

이 해석학은 정신적이고 관계적인 기능을 잘 해내고 있는 비기독교심리학적 모델과 이 모델의 진단체계 및 치료에 대해 전적으로 인정하는 것으로 시작한다. 그 다음 성경에 의거하여 그러한 심리학 모델을 선택한 것임을 나타내보이려고 성경을 재해석한다. 나는 이것을 번역 해석학이라 부르는데, 이유는 이 부류의 상담자들은 성경에 나오는 특정 단어들을 심리학에서 사용하는 중요한 용어들과 동의어로 사용하기 때문이다. 그런고로 칼 로저스의 심리학에서는 성경적 용어인 죄를 로저스의 표현인 '자아 불일치'와 동일시할지도 모른다. 이와 비슷하게 은혜는 '무조건적 긍정적 존중'으로, 구속은 '다른 인간에 대한 무조건적 긍정적 존중을 통해 자기와 일치하는 과정' 등으로 '번역' 된다.[21]

이 해석학은 사람들과 사람들의 문제와 변화를 성경적으로 이해하게 하는 대신 비기독교심리학으로 이해하게 만들어버린다. 내가 번역이라는 말을 인용부호로 나타내는 이유는 이 해석학에서는 진정한 번역이 진행되지 않고 단지 한 개의 개념적 체계(인간에 대한 성경적 관점)를 다른 한 개의 체계(예를 들면, 인간에 대한 로저스 상담학적 관점)로 바꿔치기 하고 있음을 나타내기 위해서이다. 죄와 불일치는 제대로 번역한다면 동의어가 아니라 유추적 개념이다. 그 둘이 유추적이라 함은 죄가 역기능의 주요한 성경적 단어이고, 불일치는 로저스 상담학에 있어서 역기능의 주요한 단어라는

제13장 성경적 해석학과 기독교심리학

점에서이다. 죄의 개념은 반드시 하나님을 언급한다(죄는 항상 하나님께 대한 범죄로 정의되기 때문이다). 반면에 불일치에 대한 로저스의 개념에는 그와 같은 언급이 없다. 그러므로 죄와 불일치는 동의어가 될 수 없고 그러한 '번역'은 가짜이고 잘못된 길로 이끈다.

2) 상관관계의 방법

지난 세기 중엽의 영향력 있는 신학자인 폴 틸리히(Paul Tillich)는 성경적 메시지가 현대인의 삶과는 점점 상관이 없어 보이는 점에 관심을 두었다. 이런 상황을 고쳐나가기 위해 그는 신학자들과 목회자들은 성경과 기독교 전통을 해석할 때 아주 주의 깊게 문화에 대해서도 귀를 기울여야 한다고 제안했다. 그래야 그 문화가 어떤 "실존의 문제들"을 묻고 있으며 그러한 문제들에 대해 성경과 전통은 어떠한 답을 주고 있는지 알 수 있기 때문이다. 틸리히는 질문과 대답 사이에 상호연관성이 있다고 가정했다. "상징적으로 말하면 하나님은 인간의 질문에 대답하시고, 하나님의 대답에 영향을 받은 상태에서 인간은 질문을 던진다. 신학은 인간 존재에 함축되어 있는 질문들을 공식화한다. 그리고 신학은 인간 존재에 함축되어 있는 질문들의 인도 아래, 하나님의 자기 계시에 함축되어 있는 대답들을 공식화한다."[22]

상관관계 모델은 성경과 문화 간의 긴밀한 상호작용이 이루어지고 또 매우 주의 깊게 이 모델을 실행한다면 부적당한 해석 방법인 것만은 아니다. 그러나 문화가 교회의 할 일을 결정해 버릴 위험성이 많다. 문화가 묻고 있는 실문들은("어떻게 돈을 더 많이, 더 빨리 벌 것인가?", "어떻게 하면 나의 창조성을 해치는 관계로부터 죄책감을 가장 덜 느끼며 벗어날 수 있을 것인가?", "나는 나의 내적 자아와 어떻게 좀더 완전하게 하나가 될 것인가?", "나는 어떻게 나 자신을 좀더 만족시킬 것인가?", "나는 내 자신을 어떻게 좀더 좋아할 수 있을까?", "나는 어떻게 하면 질병이나 임신의 위험 없이 좀더 왕성한 성생활을 누릴 수 있을까?") 기독교 전통이 대답하려고 하는 질문들은 아닌 것 같다. 우리 문화에 대해 올바르게 질문하는 방법 중 하나는 문화의 구성원들로 하여금 올바른 실문들, 즉 우리의 신앙이 답을 주는 질문들을 묻게 하는 것이다.

성경을 단순한 상관관계 방법으로 읽는 한 예는, 『정신진단통계편람』 (*Diagnostic and Statistical Manual, DSM*)[23]의 진단 범주나 일반 정신요법을 인정하고, 그런 다음 이러한 범주에 속한 사람들을 성경에 근거하여 어떻게 다룰 것인지 결정하는 것이다. 좀더 성경을 존중한 접근법은, 올바른 질문들을 하고 그렇게 생각된 질병들을 치료할 치료방법을 고안하기 위해 이 진단 범주들을 성경적인 관점에서 다시 생각해 보는 것이다(이는 정신과 의사인 하우세피안이 추천한 방식이다).[24] 하우세피안(A. A. Howsepian)은 정신질환적 망상을 신학적 관점에서 다시 생각하도록 우리를 격려한다. 정신질환은 단지 왜곡된 생각의 문제가 아니고, 왜곡된 감정(관심, 사랑, 헌신)의 문제이다. 그런데 정신질환은 희귀한 현상은 아니다. 우리 모두는 실제적이지 않은 것을 좀더 실제적인 것으로 경험하고, 삶에 있어서 가장 중요한 것을 알아차리지 못한다는 점에서 정신질환자이다. 심리학자들이 정신질환이 제기한 질문들을 이런 관점에서 생각한다면, 우리는 참으로 성경적인 대답들을 성경에서 발견할 수 있을 것이다.[25]

3) 상징적 해석

칼 융(Carl Jung)과 그의 추종자들은 성경적 주제와 이야기들을 개인과 인류의 무의식에서 일어나는 사건들의 표현으로 보았다. 그들의 견해에 의하면, 성경의 이야기를 실제로 일어난 역사적 사건으로 해석하는 것이 반드시 잘못된 것은 아니지만 이러한 해석은 심리적 투사 즉 심리적 변화의 상징으로서의 그 이야기들의 중요성을 훼손시키는 것이다. 다른 말로 하자면, 원칙적으로 성경의 한 이야기 -말하자면, 예수가 죽음에서 부활한 이야기-가 역사적으로 사실일 수 있지만 설사 사실이라고 하더라도 그것은 그 이야기의 심리학적, 종교적 의미와는 상관없다는 것이다. 융은 세계의 신화, 꿈, 그리고 특별히 고전적 연금술을 해석할 때와 동일한 해석 패턴을 이용하여 성경도 해석한다.

> 숫자와 법률들은 그것들이 정신에 속한 것임에도 대부분 중요한 것으로 인식되거나 취급되지 않았다. 알려지지 않고 텅 빈 모든 것은 심리적 투사로 가득

제13장 성경적 해석학과 기독교심리학

차 있다. 그것은 조사자 자신의 심리적 배경이 어둠 속에서 거울에 비쳐진 것과 같다. 그가 물체에서 보는 것, 혹은 본다고 생각하는 것은 그가 주로 그 대상에 투사하는 그 자신의 무의식의 자료일 뿐이다.

연금술사가 그 자신의 무의식의 내용에 대해 어떤 구체적 생각을 형성하는 데 성공했다면 그는 그가 그리스도의 자리를 취한 것을 인정해야 한다. 혹은 좀더 정확하게 말하자면 그 연금술사는 자아로서가 아닌 자기로서의 그는 인간이 아닌 하나님을 구원하는 일을 맡은 것과 같을 것이다. 그렇다면 그는 자신을 그리스도와 동등하다고 인정했거나, 그리스도를 자기의 상징으로 인정했을 것이다.[26]

성경의 이야기들이 인간의 무의식에서 일어나는 것들에만 관련된 것이고, 그 이야기들의 역사적 의미는 기껏해야 부차적 중요성만 지닌다고 여기며 성경을 읽는다면 성경의 중심 메시지를 훼손시키고 만다. 다소 상징적이지만 받아들일 수 있는 성경 읽기 방법을 C. S. 루이스가 제안하고 있다. 루이스는 죽었다가 다시 살아나는 구세주의 형상들과 연관된 그리스도 이전의 신화들은, 후에 성육신을 통해 초점이 맞춰지고 역사화된 성경의 중심적 진리를 시적이고 의식적인 형태로 나타낸 신성한 암시로 보는 것이다.[27]

4) 자아 발견의 촉진자로서의 성경

앞서 다룬 세 가지 왜곡된 성경해석법이 직업적 심리학자와 신학자들의 특별한 영역이라면, 이번에 다루는 것은 자조적인 책들(self-help books)이나 우리 시대의 심리학적 정신에 영향을 받은 평신도들이 자주 저지르는 것이다. 성경을 자아 발견의 수단으로 읽는다면 우리는 성경의 내용 즉 성경이 객관적으로 말하는 바를 상당 부분 간과하게 되고, 성경을 자아 탐색의 자극제 정도로 여길 것이다. 이런 접근법을 가진 상담자들은 성경을 로저스식 치료사로 다루거나 혹은 융 계열의 분석심리학자가 꿈을 분석하듯이 성경을 대한다. 내가 몇몇 목회자들에 인본주의 심리학이 회중에 어떤 영향을 끼치는지를 물었다. 그중 한 분이 다음과 같이 대답했다.

"우리는 함께 모여 성경공부를 하는데 주석도 읽지 말고, 너무 많이 연구도 말고, 단순히 성경을 읽고 그것이 무엇을 의미하는지를 나누자"고 말하는 움직임이 있습니다. 저는 사람들이 성경을 자신에게 적용하려는 것을 감사합니다. 그러나 성경을 연구하는 훈련이 전혀 되어 있지 않다면, 성경공부는 자기 나름대로의 이해의 과정이고 자신이 필요로 하는 것을 느끼는 것 외에 아무 의미도 없습니다. 지금 이 순간 성경이 내게 말하고 있는 것이 바로 성경이 의미하는 바가 되어 버립니다.[28]

위 인용문에 나오는 마지막 문장은 잘못된 해석 원리이다. 이런 해석 원리는 하나님과 그의 메시지가 우리를 심판하실 수 있게 하며, 또 위로 향한 소명을 우리에게 명하실 수 있게 하고 따라서 참으로 강력한 방법으로 우리를 축복하실 수 있게 하는 그런 식의 성경읽기를 철저히 막기 때문이다.

5) 성경적 환원주의

이런 해석학적 접근법은 일반심리학을 교회의 사역에 통합하려는 데 대한 저항이 동기가 되었다. 이것은 성경 외의 어떤 자료들도 심리학적인 관계적 문제를 다루는 데 필요치 않다는 전제에서 나온다. 순수한 성경적 상담을 어떤 세속적 통합적 접근보다 더 좋은 심리적 치료 방법으로 여긴다. 나는 이 접근법의 성경에 대한 높은 존경심에 대해서는 박수갈채를 보내지만 이 접근법을 두 가지 이유에서 환원주의라고 부른다.

첫째로, 심리학은 천문학, 영양학 그리고 의학과 같은 인간탐구 분야들과 다를 바가 없다. 성경이 다른 분야보다 심리학에 대해서 더 할 말이 많은 것은 사실이지만, 성경 시대 이래로 발전되어 온 주의 깊은 관찰법들을 통해 성경에는 나타나 있지 않지만 사람들을 돕는 데 매우 유익한 인간 정신에 대한 통찰들이 생겨났다. 따라서 성경이 심리적 통찰과 개입의 유일한 원천은 아니다.[29]

둘째로, 이 접근법의 상담자들은 전형적으로 성경을 읽는 방식이 환원주의적이다. 순수한 성경적 상담자들은 모든 인간의 역기능을 정확히 죄의 탓으로 돌리는 경향이 있다. 그런데 이들은 심리적인 인간 관계의 문제들을 일으키는 죄란, 그 문제들 때문에 고통받고 있는 사람들의 특정한 죄악된 행동들이라고 전형적으로 주장한다. 죄에 대한 이런 해석을 성경은 지지하지 않는다. 오히려 개인의 문제들 중 많은 것은 고통당하는 자의 죄 때문이 아니고, 인간 외의 대상들과 타인들의 죄 때문이며, 심지어는 우리의 삶 속에 널리 퍼져 있는 일반적인 죄성의 결과로 보는 것이 더 성경적일 것이다. 죄의 개념을 이렇게 축소하는 것은 이런 접근법의 성경을 대하는 태도를 보여주는 일례이다. 이 접근법에서는 하나님, 구원 그리고 기독교적 미덕에 대한 개념에 대해서도 유추적인 축소를 시킬 것으로 짐작된다. 기독교를 이해하고 실천할 수 없게 만들어버릴 정도로 성경의 개념을 지나치게 단순화시키는 성경해석 방법이라면 그 어떤 것도 '성경적' 환원주의의 예이다.

4. 성경을 읽는 네 가지 바람직한 방법

성경을 읽는 더 좋은 방법들이 있다.

1) 전통적인 건전한 해석법

앞서 언급한 해석적 전략들은 이런 저런 면에서 성경본문 스스로 자신의 목소리를 내게 하는 데 실패하였기에 부족함이 있다. 우리와는 다른 문화적 배경 속에서 쓰여진 성경의 본문은 우리와의 문화적 거리 때문에 특별한 주의를 가지고 취급되어야 한다. 일반적으로 전통적인 해석의 원리들은 우리의 문제나 문화의 영향을 받지 않고 성경을 해석하도록 돕는다. 몇몇 전통적 해석의 원리들은 성경을 읽는 심리학자들이 준수해야만 한다.

첫째, 가능한 한 역사적 배경에 대해 많이 알라. 예를 들면, 우리가 바울 서신을 읽을 때 바울이 편지를 보내는 교회들 안에서 다루어지고 있는 문제들을 고려하는 것이 중요하다.

둘째, 성경구절을 문맥 속에서 읽으라. 때때로 독자들이 문맥과 상관없이 성경구절들을 읽으므로 그 구절들은 성경과는 전혀 별개의 금언이 되고 만다. 성경의 "구절들"은 단지 구절로서가 아니라 이야기나 논쟁이나 시의 부분으로 쓰여진 것이다. 그러므로 구절들은 문맥 안에서 읽혀져야 한다. 구절들은 전체 책의 배경 안에서 읽혀져야만 되고(예를 들면, 바울의 로마서), 그리고 동일 저자의 다른 글들의 배경 안에서 읽혀져야만 한다(예를 들면, 바울의 모든 서신). 기독교 해석자로서 우리는 보다 넓은 문맥인 정경을(성경 전체)을 갖고 있고 그런 문맥에서 본문들을 읽어야 된다.

셋째, 번역의 함정을 인식하라. 어떤 고대 단어의 의미는 학자도 모른다. 그런 단어들의 번역은 추측이다. 또 종종 학자들이 헬라어나 히브리어의 단어들의 의미를 알지만 현재 영어에서 그와 완전히 상응하는 단어를 찾지 못한다. 어떤 단어들의 의미는 모호해서 선택적 번역을 하게 된다. 따라서 그 구절을 읽을 때에도 이를 감안하여 해석해야 한다. 성경을 심리학에 적용하려 할 때 해석에 있어서 이런 문제들을 의식하고 있어야 한다.

넷째, 본문의 장르를 알아. 성경은 여러 다른 문학 형태 곧 역사, 지혜, 예전, 율법, 계시록, 예언, 애가, 찬양, 비유, 서신, 도덕적 권고 등으로 되어 있다. 우리는 이런 장르를 모르기 때문에 해석을 잘못할 수 있다.

다섯째, 본문이 말하는 것을 전달하는 것과 본문에 의거하여 추정하는 것을 구별하라. 심리학자로서 우리는 이론 형성이나 상상적 적용의 과정에서 약간의 자기 생각을 집어넣는 것이 확실하지만 본문이 말하는 것을 전달할 때나 우리 생각에 본문에 충실한 방식으로 본문의 의미를 뛰어넘을 때 자기비판적이고 분명해야 된다. 경험이 부족한 독자들은 자주 이런 구별을 못하고 자기 해석을 마치 본문의 내용인양 넘긴다.

여섯째, 이런 저런 이유로 본문을 자신의 편견이나 심리적 필요를 가지고 읽는 것을 주의하라. 우리는 본문을 읽을 때 항상 이런 요소들의 영향을 받고 있는지 자문함으로써 끊임없이 성경을 잘 읽고 있는지 감독해야 한다.

2) 주제에 따른 해석법

이 접근법에서는 모든 심리학(말하자면, 성격 이론)에서 답하고자 하는 질문으로 시작한다. 그 다음 그 질문에 대해 성경이 무엇이라고 말하고 있는지 알아보려 애쓰며 성경을 읽는다. 나도 이런 해석법으로 "기독교심리학의 파라미터"(Parameters of a Christian Psychology)란[30] 글을 썼다.

살바토어 매디(Salvatore Maddi)[31]를 따라, 나는 인격 이론이 두 가지의 질문에 대답하려는 것이라고 결정했다. "정신의 기본적 경향(필요, 안건)은 무엇인가?" 그리고 "인간 발달에 있어서 이런 경향들이 실현되거나 충족되게(혹은 좌절되게)하는 심리적 구조는 무엇인가?" 이런 질문들을 마음에 두고 성경을 읽으면서 나는 기독교심리학의 아홉 가지 항목을 발견했다. 즉, 세 가지 경향(신앙, 교제 그리고 청지기 정신)그리고 여섯 개의 구조(말이 많음, 대리, 내향성, 애착, 자아 연상과 자아 분리 그리고 침투성)가 그것이다. 이것이 올바른 해석이라면 성경적 심리학은 이 아홉 가지 요소들의 발전 결과물이며 방어막일 것이다. 또한 성경적 심리학은 인격의 성숙과 발달, 인격적 실패에 대한 진단, 그리고 그 실패들에 대한 치료의 견지에서 이 요소들을 정교하게 만들 것이다. 성경적 심리학은 이 요소들의 타당성에 대한 임상적, 실험적 증거도 제시할 것이다.

주제에 따른 해석법은 상관관계 방법의 한 형태로 보일지도 모른다. 성경이 대답하고자 하는 질문을 정할 때, 문화(전문적인 심리적 공동체의 형태)로 하여금 그 질문을 정하도록 허용하고 있지 않는가? 물론 그렇다. 이 질문들은 현대 심리학의 문화로부터 나온 것들이다. 나는 이 해석법은, 이 질문들이 굉장히 일반적이기 때문에 상관관계 방법에 늘 따라붙는 왜곡들로부터 상대적으로 안전하다고 생각한다. 심리학적 번역 방법과는 달리 주제에 따른 해석법은 어느 특정한 심리학 이론을 따르지 않는다(매디는 모든 인격 이론에서 공통적으로 던질 수 있는 질문들을 하려고 했다). 이것뿐만 아니라, 초기 질문들을 성경적으로 대답할 수 있게 그 질문들을 성경이 재구성할 수 있도록만 해 준다면 상관관계 방법도 꼭 나쁜 것만은 아니다.

3) 차이점 찾기

심리적 번역의 해석법의 문제점은 성경적 심리학과 성경적 심리학의 홈 베이스격인 일반심리학 사이의 유사점들을 인정하지 않는 것이다. 일반심리학과 성경적 심리학 사이에는 유사점들이 있다. 심리적 번역의 해석법의 문제점은, 그것이 두 심리학 사이의 차이점을 체계적으로 산과해버린다는 것이다. 그래서 성경적 심리학의 독특성을 체계적으로 깨닫지 못한다.

이런 점은 상관관계의 방법이나 상징적 해석법, 그리고 자아발견의 촉진자로서의 해석법에서도 비슷하다.

성경을 주의 깊게 읽는 심리학자들은 일반 심리학을 접할 때, 성경적 인간관과 비기독교심리학의 인간관 사이의 차이를 찾는다. 로저스 계열의 심리학을 예로 들면 성경적 심리학자는 다음과 같이 예리한 질문을 해야 할 것이다. "죄와 불일치가 어떻게 다른가? 성경적인 은혜와 무조건적 긍정적 존중은 어떻게 다른가? 이론상 효과적인 로저스식 치료를 받은 내담자가 경험하게 되는 변화와 성화의 과정은 어떻게 다른가? 기독교적 미덕들은 로저스 상담학의 일치와 어떻게 다른가?" 이 해석은 비우호적이고 부정적으로 보이지만 우리가 찾지 않는 것을 볼 수 없기에 기독교심리학자는 성경적 심리학의 독특한 점을 감지하는 것이 필요하다.

4) 지혜와 판단

요컨대, 올바른 해석 기술을 사용하고 잘못된 해석 기술들을 피한다고 해도 기독교심리학자에게 소중한 성경에 대한 심리학적 통찰이 치료자에게 주어지지는 않는다는 것이다. 기술이니 주의사항이니 하는 것들은 모두 성경을 민감하게 그리고 분별력 있게 읽는 사람의 특징을 우회적으로 묘사한 것으로 간주될 수는 있다. 내가 추천한 해석학적 방법들의 규칙들에 얽매이게 될 수 있다. 그렇게 되면 그 규칙들은 도움이 되기보다는 오히려 예리하고 통찰력 있게 성경을 읽고자 할 때 장애물이 될 수 있다. 지혜란 하나님과 그의 길과 우리가 조화를 이루도록 해 줌으로써, 하나님의 말씀을 놀랍고도 깊이 있고 창조적으로 판단할 수 있게 해 주는 영적 조건이다. 따라서 분별력 있는 성경해석에 있어 가장 근본적인 원리는 바로 그리스도의 성품 즉, 그리스도의 목적에 온전히 그리고 깊고 사려 깊게 자신의 전 존재를 헌신하는 것이다. 그리스도의 성품을 지닌다는 것은 사도의 명령을 마음에 명심하는 것이다. "너희 몸을 하나님이 기뻐하시는 거룩한 산제사로 드리라 이는 너희의 드릴 영적 예배니라 너희는 이 세대를 본받지 말고 오직 마음을 새롭게 함으로 변화를 받아 하나님의 선하시고 기뻐하시고 온전하신 뜻이 무엇인지 분별하도록 하라"(롬 12:1-2).

제13장 성경적 해석학과 기독교심리학

　　분별력이 결국 우리 해석학의 주요 목표이다. 지혜란 개인과 하나님과의 개인적인 교류를 통해 얻어지는 것이 아니고, 기독교적 행위와 예배라는 공동체적 삶을 통해 얻을 수 있는 것이다. 기독교적 지혜를 위해서는 우리와 같은 세대와 같은 문화에 속한 구성원끼리의 성도 간의 교제 뿐 아니라, 시대와 문화를 뛰어넘어 교제를 확장하는 것도 중요하다.
　　이런 이유로 더 오래전 다른 문화에서는 -초대교회 교부들, 중세 그리스도인들, 종교개혁과 반동 종교개혁의 목사들, 아프리카와 아시아, 남미 그리스도인들의 해석들- 성경이 어떻게 해석이 되었는지 연구함으로써 기독교심리학자들은 성경을 깊이 있고 풍성하며 더 융통성 있게 이해할 수 있게 될 것이다.

5. 결론

　　성경의 본질과 기독교심리학자들이 사역할 때 성경의 영향력과 성경이 오용될 수 있는 가능성들을 생각하면 성경해석의 중요성은 분명하다. 심리학자들이 해석학을 공부해야 하는 두 가지 부차적 이유와 약간의 실제적 제언을 함으로 글을 마치고자 한다.
　　우리가 성경을 조금이라도 규칙적으로 공부하다보면 자기만의 방법이 생기게 된다. 그 방법은 지적으로 선택한 것일 수도 있고, 의식적으로 그 방법을 하나의 기술로 발전시켰을 수도 있다. 아니면 단순히 사회 환경으로부터 우연하고도 무의식적으로 그러한 방법을 흡수했을 수도 있다. 최근의 한 연구 결과 개인의 특성이 해석 스타일에 아주 핵심적인 역할을 하고 있는 것으로 나타나 있다. 그렇지만 자기를 이해하기 위한 수단으로 해석학적 방법들을 연구하지 않는다면, 개인의 특성에 의해 결정된 해석 스타일을 거의 이해할 수 없을지도 모른다.[32] 성경을 해석하는 자기만의 스타일을 알지 못할 경우, 역사적으로 교회 안에서 추천된 좀더 주의 깊은 방법들을 실행하지 않고 대신에 아무것도 모른 채 신뢰할 수 없는 방법을 사용하게 될 위험이 있다. 해석학을 연구하며 자신이 어떤 방식으로 성경을 읽고 있는지 알게 되고, 또 지적이고 지식을 충분히 갖춘 상태에서 성경에 접근할 수 있게 된다.

앞에서 언급했듯이 최근 몇 십년 간은 성경본문이 말하고자 하는 바와는 상관없이, 독자가 사실상 본문의 의미를 만들어낸다는 견해가 지배적이다. 우리는 많은 심리학자들이 실제로 해석사를 알지 못하고 자주 이런 식의 투사적 자아 해석방법으로 성경을 해석한다고 말했다. 우리는 그런 독자중심의 해석 때문에, 심리학에 대해 성경이 가르치고자 하는 바를 배울 수 없게 되며, 또 기독교 공동체는 우리 사회를 지배하고 있는 심리학 체계에 속박된다. 그리하여 독자 중심의 해석은 성경적인 영감을 받은 모든 개선책들을 미리 앞질러가서 방해한다. 심리학자들은 우리 시대의 정신으로부터 자유하게 되는 한 방편으로 성경해석학을 공부하기를 제안한다.

심리학자들이 주의 깊고 책임 있게 성경을 해석하는 것을 배우면 신학과 성경연구 분야의 동료들과 열매가 풍성한 대화를 나누게 될 가능성이 많아지는 이점이 있다. 심리학자들은 심리학 분야의 동료들하고만 이야기하면 안일한 해석을 피할 수 있을지 모르지만 그런 편협성은 심리학자들 안에서는 당황스런 자기만족을 그리고 그것들을 읽고 듣는 신학자들에게는 경멸을 낳을 뿐이다. 우리는 상호 간의 질적 향상과 좀더 큰 교회의 복지를 위해 전문적인 심리학자들과 전문적인 신학자들 간의 동료적 교류를 권장한다. 신학자들은 우리의 통합 노력이 순진무구하고 부실한 성경해석에 바탕을 두고 있다고 생각하고 있다. 그러나 그들이 우리의 통합 노력을 존중하지 않는다고 비난할 수만은 없다. 좀더 많은 신학자들이 "심리학과 기독교"(*Journal of Psychology and Christianity*)와 "심리학과 신학"(*Journal of Psychology and Theology*)과 같은 출판물에 기고를 한다면 그리스도의 몸을 위해 열매가 풍성할 것이다. 심리학자들이 좀더 세련된 해석학적 수준을 보이면 그런 기고는 자주 등장할 것이고 심리학자와 신학자 간의 전문적인 대화는 좀더 풍성하고 강렬해질 것이다.

우리는 기독교 대학원의 심리학 프로그램에는 성경해석학이 포함되어야 하며, 되도록이면 심리학적 관심사와 관련된 과목을 포함시킬 것을 추천한다. 어떤 대학원들은 성경신학, 교리신학, 역사신학, 신학적 인류학 그리고 영성과 같은 신학과목을 요구함으로써 통합작업을 촉진시키려는 노력을 하고 있다. 이런 과목들은 신학을 이해하는 데 학생들에게 중요한 도움을 준다. 해석학 과목을 배우지 않고는 신학적이고 심리학적인 주장들이 성경에 의해서 지지되고 있는지 거부되고 있는지를 학생들이 알 길이 없다. 이미 일하고 있는 상담자들은 지역 복음주의 신학교에서 성경해석학 강의를 청강할 것을 추천한다. 추가로 상담자는 해석을 하는 데에 교수나 목회자와 멘토의 관계를 갖는 것이 좋다.

■주(Notes)

1) John Carter, & Bruce Narramore, *The Integration of Psychology and Theology* (Grand Rapids: Zondervan, 1979), 30.
2) Bruce Narramore, "Dealing with Religious Resistances in Psychotherapy," *Journal of Psychology and Theology* 22 (1994): 249-58.
3) John Gartner, & Robert Carbo, "Serving Two Masters? Commentary on 'Dealing with Resistances to Psychotherapy," *Journal of Psychology and Theology* 22 (1994): 259-60.
4) David Cranmer, & Brian Eck, "God Said It: Psychology and Biblical Interpretation, How Text and Reader Interact Through the Glass Darkly," *Journal of Psychology and Theology* 22 (1994): 207-14.
5) Lewis S. Chafer, *Chafer's Systematic Theology* (Dallas: Dallas Seminary Press, 1975), vol. 1.
6) Benjamin B. Warfield, *Revelation and Inspiration* (Grand Rapids: Baker, 1981), 37.
7) Psalm 8:1-2, & 19:1은 피조물이 분명히 하나님을 영화롭게 함을 나타내준다.
8) Cornelius Van Til, *The Defense of the Faith* (Philadelphia: Presbyterian & Reformed, 1955), 94.
9) Hendrik G. Stoker, "Reconnoitering the Theory of Knowledge of Prof. Dr. Cornelius Van Til," *Jerusalem and Athens: Critical Discussions on the Theology and Apologetics of Cornelius Van Til*, E. R. Geehan (ed.) (Phillipsburg, NJ.: Presbyterian & Reformed, 1980), 25-71.
10) Philip Cushman, *Constructing the Self, Constructing America: A Cultural History of Psychotherapy* (Reading, MA.: Addison-Wesley, 1995).
11) 성경을 심리학 교과서로 취급하지 않으면서 성경으로부터 심리학을 도출하는 사례에 대해 다음 문헌 참고: 이 책에 있는 Robert C. Roberts의 제6장 바울 상담 및 심리치료의 개관을 참조.
12) Philip G. Monroe, "Building Bridges with Biblical Counselors," *Journal of Psychology and Theology* 25 (1997): 28-37.
13) Confession 1.6 in *The Confession of Faith and Catechisms* (Atlanta: Presbyterian Church in America, 1986).
14) Ibid., larger Catechism, question 1.
15) 많은 신학자들이 문학 비평의 철학적인 동향들에 대해 썼다. *The Hermeneutical Spiral: A Comprehensive Introduction to Biblical*

Interpretation(Downers Grove, IL.: InterVarsity Press, 1991)에서 Grant Osborne은 본문의 저자의 의미에 초점을 둔 초기로부터 독자가 독서의 행동에서 본문의 의미를 창조한다고 주장하는 좀더 현대적인 구조에서 해체주의 이론까지의 현대 해석의 움직임을 잘 추적, 서술하고 있다. 다음 문헌 참고: Dan McCartney and Charles Clayton, *Let the Reader Understand: A Guide to Interpreting and Applying Scripture* (Wheaton, IL. Bridgepoint, 1994); Donald A. Carson, *Exegetical Fallacies*, 2nd ed. (Grand Rapids: Baker, 1996); Donald A. Carson, *The Gagging of God: Christianity Confronts Pluralism* (Grand Rapids: Zondervan, 1996).

16) Carson, *The Gagging of God*, 91.
17) Osborne, *Hermeneutical Spiral*, 384.
18) McCartney and Clayton, *Let the Reader Understand*, 283.
19) Albert Barnes, *Barnes Notes: Hebrews to Jude* (Grand Rapids: Baker, 1983), 102.
20) 우리는 이 글을 쓰고 이 글을 우리가 사용하도록 허락한 Dr. Robert C. Roberts 에게 감사한다. 그러나 처음 저자들이 이것이 어떻게 전체 논리에 어울리는지에 대해 최종 책임을 나누어진다.
21) Thomas Oden, "The Theology of Carl Rogers," *Kerygma and Counseling* (New York: Harper & Row, 1978), 83-113. Oden's translation hermeneutic is discussed in Robert C. Roberts, *Taking the Word to Heart: Self and Other in an Age of Therapies* (Grand Rapids: Eerdmans, 1993), 31-4.
22) Paul Tillich, *Systematic Theology* (Chicago: University of Chicago Press, 1951), 1:60.
23) *Diagnostic and Statistical Manual of Mental Disorders*, 4th ed. (Wasbington, D.C.: American psychiatric Association, 1994).
24) A. A. Howsepian, "Sin and Psychosis," *Limning the Psyche: Explorations in Christian Psychology*, Robert C. Roberts, & Mark R. Talbot (ed.) (Grand Rapids: Eerdmans, 1997), 264-81.
25) Howsepian이 제시하는 전략은 DSM 범주들로 시작해서 그 범주들의 기독교 해석을 제시한다. 나는 그것을 통합이라고 부른다. 이 책에서 제6장, 바울 상담 및 심리치료의 개관에 대한 특별히 "1. 통합과 기독교심리학" 참조. 좀더 근본적 접근이 내 글 전체에 모범적으로 나와 있다. 나는 진단의 체계가 성경으로부터 구성되기를 주장한다. 그러나 혹자는 이런 후자의 접근이 DSM을 사람들의 문제들을 정신질환으로 분류하는 사람들에게 있어서 지나치게 세한적이고 상황에 맞지 않다고 볼지 모르겠다.

26) Carl Jung, *Psychology, & Alchemy*, R. F. C. Hull (tr.) (Princeton, NJ.: Princeton University Press, 1968), 128, 355.
27) C. S. lewis, "Religion Without Dogma?" God in the Dock: *Essays on Theology and Ethics*, Walter Hooper (ed.) (Grand Rapids: Eerdmans, 1970), 132.
28) Roberts, *Taking the Word to Heart*, 35-6.
29) 자신을 성경적 상담자들로 부르는 많은 사람들이 성경이 인간 정신에 대한 자료의 오직 유일한 원천이라는 것을 믿지 않는다는 것을 주목하는 것은 중요하다.
30) Robert C. Roberts, "Parameters of a Christian Psychology," *Limning the Psyche: Explorations in Christian Psychology*, Robert C. Roberts, & Mark R. Talbot (ed.) (Grand Rapids: Eerdmans, 1997), 74-101.
31) Salvatore Maddi, *Personality Theories: A Comparative Analysis* (Homewood, IL.: Dorsey, 1980),
32) Rodney Bassett, Kayrn Mathewson, & Angela Gailitis, "Recognizing the Person in Biblical Interpretation: An Empirical Study," *Journal of Psychology and Christianity* 12 (1993): 38-46.

제14장

상처가 깊을 때: 용서하기 위해
노력하고 있는 사람들을 위한 격려

마일라 시볼드(Myrla Seibold)

그의 말 속에 숨어 있는 그의 고통은 나를 놀라게 했다. 그가 특히 이 몇 년 동안 용서하기 위해 애쓰고 있었다는 것을 나는 전혀 몰랐다. 그것을 인정하며 당혹해 하는 것으로 보아 그는 아직도 상처 받고 있었지만, 해답을 얻고자 하는 희망으로 용기 있게 이야기하고 있었다. 그의 이야기를 그 자신의 말로 옮기겠다.

나의 첫 아내는 우리 부부의 좋은 친구였던 한 남자(그 또한 결혼한 남자였다)와 애정행각을 가졌으며, 양쪽 가정이 이혼하자마자 둘은 결혼을 하였다. 나는 상처 받았고, 굴욕감을 느꼈으며, 분노를 느꼈다. 나는 마침내 싸움을 포기하고 그들과 화해를 논의했다. 우리는 어린 딸이라는 가장 큰 관심을 공유하고 있었으므로 서로 잘 지냈고, 몇 년에 걸쳐 좋은 관계를 유지하기 조차했다. 나는 전 아내의 새 남편과 거리에서 우연히 만났을 때 멈춰 서서 이야기까지 하곤 했으며, 커피를 같이 마시기도 했다.
나의 전 아내의 남편은 최근 갑자기 죽었다. 그 소식을 듣는 그 순간부터 나는 이상하게도 기대하지 못했던 여러 가시 감정들과 밑딕뜨리게 되었다. 나는 그 동안 나의 이혼과 관련되어 잘 지내왔다고 생각했으나 나의 딸을 도둑맞는 그

때부터 나는 화가 나 있었던 것이다. 나의 딸과 나는 다른 대부분의 이혼한 딸과 아버지들보다는 더 많이 시간을 함께 가졌고, 아마도 많은 결손 되지 않은 가정의 아버지와 딸보다도 더 많은 시간을 함께 했을 것이다. 그러나 나는 내 딸이 5살 이후부터 매 공휴일의 많은 부분을 함께 보내지 못했으며 몇 해가 지난 지금에서야 그 점에 대해 분개하고 있음이 나를 후려치듯 생각나게 했다. 잘 지내고 있었다고 생각했던 나는 몇 년 동안 내 스스로를 바보로 만들었단 말인가? 나는 단지 잘 대처하고 있었는가? 아니면 이러한 감정을 느끼는 것이 정상이란 말인가? 그것은 매우 뒤엉킨, 소용돌이치는 감정이었지만, 진실이었다.

나의 친구가 보여주는 회의는 깊은 상처가 있을 때, 용서는 매우 긴 여정과 같은 과정이라는 사실을 신랄하게 설명하고 있다. 내 친구가 말하지는 않았지만, 용서에 대해 그가 배운 것과 그가 경험한 것과는 일치하지 않기 때문에, 내 친구는 용서와 투쟁하고 있지 않았을까 하는 생각이 든다.

최근 몇 년간 신학자와 심리학자들은 용서라는 주제에 대해 많은 것을 말해 왔다. 설교, 간행물, 워크샵, 묵상회, 책에서조차 용서라는 주제에 대해 초점을 맞추고 있다. 각계각층의 사람들은 스스로 전문가라고 자처하며 상처로부터 치유받기 위해 어떻게 용서해야 할지 조언하고 있다. 그들의 충고는 어떤 사람들에게는 건전할지도 모르지만, 이 용서 전문가들의 충고를 내 자신의 생활에 적용했을 때 일반적으로 부적절하고 가치를 인정할 수 없음을 느꼈다.

1. 용서에 대한 현재의 부적절한 관점

용서에 대한 현 관점은 신학자와 심리학자의 사려 깊은 이해를 통해 재정의 할 필요가 있다. 그래서 깊은 상처를 경험한 그리스도인 개개인의 요구와 기독교 공동체의 요구가 좀더 잘 맞을 수 있도록 재정의해야 한다. 깊은 상처를 받은 사람들에게 연민과 관심을 보여주는 대신에 그리스도인의 교회는 가해자를 빨리 용서하고 정상적인 생활로 돌아가라고 성급하게 요구

제14장 상처가 깊을 때: 용서하기 위해 노력하고 있는 사람들을 위한 격려

함으로써 오히려 더 스트레스를 주곤 한다. 용서는 아무 연고 없이 생겨난 것도 아니고 또 불가능한 것도 아니지만, 깊은 상처를 받은 경우 용서는 몇몇 그리스도인이 주장하는 것보다는 훨씬 더 복잡하고 힘든 것일 수 있다.

그리스도인은 개인이 처한 환경이나 주변정황, 그리고 인성과는 동떨어진 방식으로 용서를 논의하는 경향이 있다. 용서는 각 모든 상황의 경우에서 규범적인 것이며 기대되는 것으로 설명되고,[1] 정신적 충격을 받은 사건으로부터 치유될 수 있는 열쇠로 여겨지고 있다.[2] 어떤 저자들은 만약 상처 받은 사람들이 용서하지 않는다면, 상처 받은 자는 절대로 치유되지 않을 것이며, 실제로 자신들의 영적 상태를 위험에 빠뜨리게 할 것이라고 분명하게 말하기도 한다.[3] 상처 받은 사람들은 용서하는 것이 좋을 것이며, 그 용서가 빠르면 빠를수록 더 좋다는 분명한 느낌을 지니게 된다.

용서는 포괄적이면서 일정한 모양이 없는 개념으로 종종 설명된다. 용서하는 것이 조작적으로 무엇을 의미하는지에 대해 일치된 설명은 없다. 많은 토론을 통해서 우리는 용서가 잘못을 눈감아 주거나, 마치 아무 일도 일어나지 않은 것처럼 행동하며 또는 별거 아닌 양 위장하는 것이라는 인상을 받게 된다. 대부분의 그리스도인들은 용서를 사건이 일어난 그 순간에 "한번으로 모든 것을 해결하는 사건"으로 묘사한다. 그리스도인들은 사람들이 자신의 감정과는 상관없이 행하고자 하는 "의지적 행동"으로 용서를 정의한다.[4]

용서에 대한 현 시대의 논의는 피해자의 개인적인 특질이나 경험을 적절하게 인정하지 못하고 하는 논의이다. 이점은 특히 중요한데, 피해자는 가해자의 상처 주는 행동에 기여했던 가해자의 개인특실과 생애경험을 인지하도록 종종 설득되기 때문이다. 깊이 상처 받은 사람들은 계속 진행되는 아픔과 상실, 그리고 가해자로부터 받은 상처의 다른 결과들을 견디며 감당해야 하는데, 이러한 오랜 고통에 대해 충분한 인식이 이루어지지 않았다. 거기다 피해자는 용서란 "가해자를 처벌하기 위해 과거를 활용하는 것이 아니다"라는 말을 듣게 되며, 더 이상 그 사건을 상기시키거나 그 사건과 관련된 문제를 불러일으키지 말라는 지침을 받게 된다. 어떤 저자들은 용서란 가해자를 향한 모든 부정적인 감정을 없애거나 또는 다른 사람과 자신에게, 그리고 하나님에게까지 다시는 그 사건을 가져오지 않는 것이라고 정의한

다.⁵⁾ 이는 피해자로 하여금 그들에게 무엇이 일어났는지 침묵을 지킬 것을 요구하고, 어느 누구도 피해자의 고통에 상관하지 않으며, 피해자의 염려는 관심 밖이라는 인상을 피해자에게 주게 된다.

우리 사회에서 심각하게 상처 받고 희생당하는 사람들은 보통 힘이 없는, 즉 여자와 어린이, 가난한 자, 유색 인종들이다. 나는 용서에 관한 문헌들이 이미 힘을 빼앗기고 억압받고 심각한 상처를 경험한 사람들의 진정한 관심사를 적절하게 언급하고 있는지 조차 의심스럽다. 너무 자주, 용서에 관한 글들은 힘이 있고 공격과는 멀리 떨어져 있는 사람들에 의해 쓰여진다. 대부분의 피해자는 힘이 있는 것도 아니고 공격으로부터 멀리 떨어져 있는 것도 아니다.

용서는 가해자에 대해 "원수를 갚지 않는"것으로 자주 정의된다. 하지만 많은 피해자에게 복수는 어떤 형태로든 하나의 선택권이 아니다.⁶⁾ 다시 말해서, 가해의 강도와 범위에 비하면 복수는 최소한의 힘에 지나지 않는다.

현실세계에서 용서를 정의하려는 극적인 고군분투는 남아프리카에서 볼 수 있다. 남아프리카에서 데몬드 투투(Desmond Tutu) 추기경과 넬슨 만델라(Nelson Mandela) 전 대통령은 가해자들이 자신들의 행위에 관해 진실을 고백하는 교환조건으로 가해자들에게 사면을 제공했다. 윌리엄 라스프베리(William Raspberry)가 "정권교체 기간 동안 죽임을 당하거나 잔인하게 짓밟힌 수천 명의 남아프리카 흑인들에게 공명 정의는 과연 무엇인가?"⁷⁾하고 묻는 것은 많은 사람들의 질문을 대변한다. 명백히 깊은 상처의 경우, 용서는 내 친구가 말한 것처럼 "복잡하게 뒤엉킨 것"이다.

2. 용서 이해하기에 대한 심리학의 공헌

심리학자들 가운데서 용서라는 주제는 최근 몇 년 간 폭발적인 관심을 모았다. 맥민(McMinn)은 1980년대 초부터 1990년대 초까지 심리학 정기 간행물에 실린 용서에 관한 문헌이 300% 증가하였다고 지적한다.⁸⁾ 이 연구들은 넓은 범위의 견해들을 증명한다. 예를 들어 어떤 저자들은 용서하기 위해 회개는 필수라고 논쟁한다.⁹⁾ 다른 저자들은 회개는 분명하게 필수가 아니라고 주장하고,[10] 회개는 용서를 명령하지 않는다고 주장한다.[11] 일반적으로 말해서, 용서를 언급하는 전문심리학 문헌은 3개의 기본유형으로 나눌 수 있다. 첫째, 용서는 심각한 가해와 학대의 경우에 완전히 부적절한 것이라는 주장,[12] 둘째, 용서는 위대한 것이고 하나의 치료적인 기술로 여겨져야 한다는 주장,[13] 셋째, 용서를 정의내리고 조작화하려는 시도[14]가 그것이다.

용서의 복잡성에 관한 논의들에서 가장 도움이 되는 몇몇 연구들은 로버트 엔라이트(Robert Enright)와 그의 동료들에 의한 연구이다.[15] 이 저자들은 분노를 적극적으로 다루어야 하고, 화해에 대해 근거 있는 경고를 해야 하며, 어떤 경우에는 용서를 긴 여정으로 보아야만 하는 필요성을 알고 있다. 글렌 빈스트라(Glenn Veenstra)는 용서에 관한 혼동이 양분적으로 사고하고 단순하게 해결하려는 것과 연결되어 있다고 본다. "피해자는 가해자를 용서하거나 그렇지 않으면 가해자를 벌주거나… 피해자는 가해자의 잘못에 복수하거나 그렇지 않으면 가해자를 사면해주거나… 사람들은 가해자와 직면하는 어려운 일을 하기보다는 차라리, 못 본 체하거나, 변명을 하거나, 눈 감아 주는 형태의 용서를 구한다. 이는 용서의 과정을 단순화하는 것처럼 보이지만, 그 문제를 실제로 해결하지는 않는다."[16] 놀빈 리처드(Norvin Richards)는 "때로는 용서하는 것이 잘못된 일이지만, 때로는 용서하지 않는 것이 잘못된 것이며, 때로는 용서하는 것이 존경받을 일이지만 때로는 용서하지 않는 것이 받아들여질 만한 일일 수도 있다"[17]고 주장한다. 어떤 그리스도인들에게 이것은 너무 상대론적인 것으로 여겨져서 반대할 수도 있을 것이다.

이 외에도 심리학 문헌에서 몇 가지 다른 주제는 용서에 대한 논의와 관련된 것이나, 나의 지식으로는 이 주제를 감당하기 어려워 불러올 수 없던 것들이었다. 이것들은 세상에서 한 개인의 위치와 가치를 표현하는 방식으로서 개인의 생애 이야기 전체를 확인해야 하는 중요성을 말하고 있다. 나는 특별히 두 가지 관점 곧 자기에 대해 침묵하는 이론과, 자기를 이야기하는 이론을 생각한다.

다나 잭(Dana Jack)은 여성의 우울증과 "침묵하는 자기"라고 불리는 것과의 연결에 대해 연구해 왔다.[18] 그녀는 자신의 감정과 욕구를 표현하지 않는 것, 특히 부정적 감정을 표현하지 않는 것은 여성으로 하여금 자신의 전부를 부인하도록 요구한다고 지적한다. 그 결과는 자아 비난, 내적 분열과 우울이다. 여성들은 외적인 기대에 부응하도록 사회화되었고 자신의 욕구와 감정을 무시하도록 사회화되었다. 잭은 너무 자주 여성들이 화나고 분노에 차며 갈등 상황에 무력한 내적 자기를 숨기는 반면, 겉으론 확신에 찬 자신을 과시한다고 주장한다.

여성이 자신의 경험으로부터 보고 아는 것과, 여성으로서 무엇을 느끼고 생각해야 하는지 들어왔던 것 간에는 일치하지 않는 것이 있다. 많은 여성들은 자신들의 진실성이 파괴되는 것을 용서하는 선함의 도덕성과 타협하려고 투쟁한다.[19] 이것은 우리가 고통을 적절하게 표현하는 기회를 갖지 못한 채 용서라는 미성숙한 상태로 압박을 당할 때 일어나는 바로 그것이다. 마리 폴툰(Marie Fortune)은 이것을 우아하게 다음과 같이 묘사했다.

> 용서는… 완전함을 회복하는 하나의 수단일 뿐이다. 용서는 피해자의 경험으로부터 바라보아야만 하며, 단지 치유과정의 한 측면으로만 이해되어야 한다. 많은 피해자에게… 용서하고자 하는 욕구 또는 용서해야 하는 의무는 용서하고 싶지 않은 주관적인 감정에 의해 대체된다. 피해자들이 용서라는 단어를 말로 했을지라도, 그들은 잊지 않는다. 공감과 상투적인 것으로는 충분치 않음을 그들은 너무도 잘 알고 있다. 그들에게 아무런 변화도 일어나지 않았음을 그들은 잘 알고 있다.[20]

심리학과 신학 모두에서 이야기 이론은 우리가 우리의 생애 역사를 말하는 것이 중요하다고 강조한다. "기억하는 것은 해체의 반대이다"라고 존 리(John Lee)는 말한다.[21] 이야기 이론에 따르면 충분히 우리 자신이 되기 위해서는 삶의 이야기의 모든 부분이 필요하다.[22] 용서라는 이름으로 우리 과거의 어떤 부분을 닫아 버리는 것은 치유하기보다는 오히려 우리들 스스로를 조각내 버리는 것이다. 한 작가는 다음과 같이 주장한다. "이야기 은유법은 사람들이 그들의 이야기대로 삶을 산다고 말한다. 이야기들은 사람들의 삶의 모양을 결정짓고, 사람들에게 상상이 아닌 실제적인 영향을 미친다고 말한다."[23]

우리의 과거를 다른 사람들과 우리 스스로에게, 또는 하나님께 꺼내지 말아야 한다고 믿는 사람들의 관점과는 반대로, 이야기 이론은 전체 안에 있는 우리 이야기의 구심점이 "창조적이며 동시에 신의 섭리가 있는, 신비롭고도 모순되는 하나님 본성에 대한 증인임"을 확인한다.[24] 리는 용서라는 주제에 관해 특별하게 언급하지는 않고 있지만, 이 주제에 관해 적절하면서도 동정어린 견해를 내놓는다. "때때로 하나님은 침묵을 지키고 계신다. 때로는 우리가 행동하거나 말하는 그 어느 것도 우리가 현재 경험하는 고통을 완화시키지 않는다. 고통의 한 가운데에서 자서전을 쓰는 것은 우리와 함께 있어 달라고 하는, 또한 우리에게 부활과 소망을 상기시켜 달라고 하는, 하나님에게 보내는 초대장이 될 수 있다."[25]

간략히 말해서, 우리 이야기를 말하는 것은 용서와 양립할 수 없는 것이 아니다. 사실, 하나님은 성경에서 스스로를 나타내는 주요한 방법으로서 역사적 이야기하기를 선택하셨다. 우리는 용서할 수 있고 그러면서도 그 이야기를 말할 수 있다. 하나님도 하시지 않는가! 정말로, 나는 우리의 이야기가 용서라는 긴 여정의 활력소임을 믿는다.

3. 신학적인 고려사항

폴 트루니에(Paul Tournier)는 "종교는 구제받는 대신에 밟아 으깰 수 있다"[26]고 말했다. 이 말이 용서의 경우에서보다 더 적합할 수는 없다. 성경구절은 종종 완전하다고 간주되어, 대조적이며 모순되기조차 하는 문맥들은 이따금 무시된다. 포괄적인 신학적 분석과 성경해석석인 분식으로 용서에 대해 깊이 탐구하는 것은 본장의 연구 범위를 넘어서는 것일지도 모른다. 그런데, 상처 받은 사람의 관점에서 보면 좀더 명확하고 깊게 탐구해야 하는 두 가지 주요 분야가 있다. 첫째, 용서를 너무 급하고 쉽게 하라는 것은 상처 받은 자로부터 치유를 위해 필요한 정당성과 위로를 빼앗는가? 둘째, 성경은 구원이 다른 사람을 용서하는 자의 능력 여하에 달려있다는 메시지를 전하려고 하는가? 다른 말로, 사람은 충분히 용시함으로써 구원을 얻어야만 하는가?

부가적으로, 언약의 개념은 용서라는 과정에 대한 논의에서는 무시된 성경적 관점이다. 창세기부터 요한계시록까지 성경 전체의 역사는 언약관계라는 주제로 연결된다. 하나님은 관계를 원하시고 언약을 통해 이 관계를 가능하게 하는 존재로서 드러난다. 이는 우리가 서로 신뢰와 믿음 속에서 살 것을 요구하는 소명이다. 이것은 상호적인 계약으로서, 각 상대방이 똑같이 하나님 앞에서 나약할 것을 요구한다. 하나님은 언약을 지키는 자에게 축복을 약속하시고 언약을 깨뜨리는 자에게는 저주와 죽음을 내리신다. 언약을 어기는 것에 대한 판단은 언약의 필수적인 구성요소로서, 그래야만 언약이 진정으로 지킬 수 있다.

성경 역사에서 많은 경우에(예를 들어 금송아지에 대한 이스라엘 사람들의 어리석은 숭배 뒤에 온 사건), 하나님은 언약이 깨졌을 때 언약을 다시 설정하는 조건을 말씀하셨고, 이같이 하나님이 새로 갱신된 언약을 주심은 과거 인간의 실패에 영향을 받으신 것처럼 보인다.[27] 언약을 깨뜨린 것에 대한 회개는 관계 회복의 전제조건이다. 진정한 회개는 변화하고자 하는 영혼으로부터의 욕구(메타노이아)를 필요로 하며, 하나님이 인간에게 변화할 수 있는 힘과 능력을 부여할 것이라는 믿음을 수반한다. 성경은 우리에게 사탄이 우리의 언약관계를 파괴하려고 애쓰고 있음을 말해 준다. 인간에게 유일하게 부여된 자유의지는 우주의 드라마를 위한 무대를 세울 것이다. 하나님은 끝없는 사랑을 창조하여 인간으로 하여금 이에 참여하도록 초대하였고, 반대로 사탄은 그 사랑을 무자비하게 파괴한다. 여기에 용서의 정신과 아름다움이 있다.

용서는 정의, 자비, 은혜를 위한 가능성을 창조한다. 그것은 황폐된 언약의 재고부터 아름다운 것이 피어오르는 가능성을 낳는 희망과 사랑의 신비로운 결합인 것이다. 하나님은 우리에게 사랑하라고 강요할 수는 없다. 그렇지 않다면 우리는 자유로운 존재가 아닐 것이다. 그러나 우리는 하나님과 적합한 관계를 맺도록 창조되었으며 또 우리 서로 적합한 관계를 맺도록 창조되었다. 그렇기 때문에, 우리는 언약을 지키고, 꾸준하게 사랑하며, 깨진 언약을 회복하도록 우리를 도울 수 있는 심리 과정이 필요하다. 용서는 회복을 위한 심리 과정이다. 예수 그리스도는 구원에 이르는 길이다. 즉, 하나님과 각 개인의 관계를 회복시키는 예수 그리스도는 우리의 죄를 대신해서 십자가에 못박혀 죽으심으로써 하나님이 자비를 베푸시며 정의로우시도록 길을 열어주셨다. 예수 그리스도는 용서를 구현화하셨다. 거기다, 은총(charisma)이 우리에게 임하여, 성령은 우리로 하여금 언약을 어기는 것을 멈추도록 능력을 주시고 하나님과 우리 서로에게 한 약속을 지키도록 능력을 주셨다.

4. 용서에 대한 좀더 동정심 깊은 이해를 향하여

왜 용서하려고 하는가? 용서는 나쁜 행위에 대해서는 지독한 대가를 치르는 것을 보기를 원하고 좋은 행위에 대해서는 보상이 주어지는 정의로움을 보기를 원하는 우리의 욕구를 반대한다. 왜 우리는 복수할 권리를 포기하려고 하나?

용서는 사회적 가치를 지닌다. 이것은 성경 역사 전체를 통해 알 수 있다. 사람들은 자신의 상처를 복수하기 위해 전력을 다하여 파괴를 가하기 시작했다. 이는 점차적으로, 죄 없는 사람들의 전체 집단이 공격에 대응하여 모두 학살되지는 않도록 "눈에는 눈, 이에는 이"로 수정되었다. 그러나 기독교 윤리조차 소위 정의로운 폭력으로 불리는 폭력을 행사할 수 있도록 허가해 주었다. 핵무기와 화학 살상무기를 사용할 능력을 갖춘 현세에서 폭력을 최소화하도록 공격에 대응하는 방법을 강구하는 것은 일리가 있는 것이다. 용서는 미움과 그 미움이 수반하는 파괴의 위기를 해소하는 방법을 제공한다.

우리는 용서함으로 얻을 수 있는 이익을 화제로 삼는 심리학자들을 점점 더 많이 볼 수 있다. 그 예는 성폭력자와 피해자들과 작업했던 클로 마단스(Cloe Madanes)가 될 수 있다.[28] 사람들이 용서하지 않기로 결정할 때, 심리학자들은 그것을 기껏해야 끝내지 못한 일의 경우로 간주하거나, 기껏해야 고통을 숨기는 정도로 보기 쉽다. 어떤 작가들은 용서는 개인의 신체적 안녕을 향상시킬 수 있고, 역으로 용서하지 않음은 신체적 질병을 갖고 올 수 있다고 주장한다.[29] 그런데 용서가 개인의 행복에 미치는 부정적인 영향을 감소하게 하고, 행복감을 증진시킨다는 것은, 경험적으로 잘 입증되지 않고 있다.[30]

1) 용서는 정확하게 무엇을 말하는가?

용서를 단 한 번뿐인 별개의 사건으로 묘사하는 "용서 전문가"가 많음에도 불구하고 그 주제에 관한 대부분의 작가들은 깊은 상처의 경우, 용서는 때때로 오랫동안 전개되는 하나의 과정으로 본다. 내 생각에는, 깊은 상처의 경우 용서 과정의 특정요소는 특정 환경에서 특정한 개인의 상황으로만 정의되어져야 한다. 엘리자베스 가씬(Elizabeth Gassin)과 로버트 엔라이트는 용서 과정의 수많은 구성요소를 묘사했다. 그들의 이러한 작업은 용서를 경험적으로 연구하려는 많은 연구를 낳았다.[31] 그러나 깊은 상처의 경우 용서를 정확하게 정의내리는 것은 어려운 일이었다. 도날드 홉(Donald Hope)은 그것을 다음과 같이 요약했다. "사람은 수용할 수 없는 것을 어떻게 수용하겠는가? 현재에 좀더 생산적으로 살기 위해 실망, 불의, 굴욕감, 희생, 공격을 어떻게 손에서 놓을 수 있겠는가?"[32] 한 가지는 분명하다. 깊게 상처받은 사람이 용서라는 긴 여정을 시작하기 전에 반드시 기초 작업이 있어야 한다는 것이다.

2) 용서를 향한 여행을 시작하기

무엇보다도 먼저 사람은 자신의 생존이 안전하다고 느끼기 전까지는 용서에 관한 생각을 시작할 수 없다. 이것은 단지 현학적인 생각이 아니다. 용서는 개인이 쉽게 간과될 수 있는 사소한 모욕을 다룰 때의 이야기가 아니다. 용서는 개인이 아주 심각하고 가혹하게 상처를 받았을 때만 투쟁하는 것이 된다. 많은 사람에게 있어 상처 입는다는 것은 신체적 생존이나 정신적 안녕을 위협하는 것일 수 있다. 상처 입은 자를 상담하면서, 광범위하게 손상을 가한 사람(아직도 계속하고 있을지도 모르는)을 용서하는 것에 초점을 두는 것은 무신경한 태도일 뿐만 아니라, 그것은 거만함의 극치인 것이다.

정서적 안전과 신체적 안전 모두를 확립하는 것이 최우선이다. 극심한 공포는 종종 외상(마음의 상처)을 수반한다. 상처 받은 사람은 폭력이 계속될 것이라고 떨기 쉽다. 피해자가 도망칠 수 없는 학대의 경우는 특히 해로운

제14장 상처가 깊을 때: 용서하기 위해 노력하고 있는 사람들을 위한 격려

것으로 그 위협이 사라지거나 제거된 후에도 피해자는 오랫동안 계속해서 공포에 사로잡히게 된다. 두려움에 대한 언급을 시작하기 위해서는 안전하다는 분위기를 조성해 주는 것이 절대적으로 필요하다. 개인이 계속되거나 다가올 위협으로부터 자신을 보호하는 데 감정적 에너지를 주력해야 하는 한 용서를 위한 기초를 마련하기는 가능하지 않다. 이런 상태의 사람에게 용서하라고 상담해 주는 것은 그 자체가 학대적이다.[33]

안전이 외형상으로도 어느 정도 보장된 후에, 한 인간으로서의 완전하고 지속적인 자아 돌봄이 필요하다. 자기에게 인내심을 가지고 자기가 처한 조건과 환경을 받아들이는 것이 관심을 용서로 돌릴 수 있는 선행조건이다. 말할 필요도 없이, 치유가 되고 또 치유된 상태를 유지하는 데에는 오랜 시간이 걸린다. 빠른 치유를 얻고자 서둘러 용서함으로써 이 단계를 회피하려 하는 것은 진정으로 용서할 수 있는 능력을 지연시킬 뿐이다.

3) 용서로 가는 길은 가시밭길

용서로 가는 길이 정의와 회개라는 문제와 부딪히기 시작할 때 그 길은 특히 바위가 많은 험한 길이 된다. 가해자가 진정으로 후회할 때와 더 이상 공격의 위협이 없을 때는 용서하기가 훨씬 쉽다.

마리 폴툰은 용서하기 위한 전제조건으로, 비록 제한된 방법일지라도 정의가 반드시 이루어져야 한다고 주장한다.

> 정의보다 우선하는 용서는 공허한 연습에 불과하나… 정의가 이루어지지 않은 용서는 '싸구려 은혜'에 불과하고 진정한 치유에 기여할 수 없으며, 피해자와 가해자 모두에게 진정한 회복이 될 수 없다. 그것은 치유 과정을 잘라버리고 학대 사이클을 영속하게 할 것이다. 그것은 또한 가해자가 자신의 학대 행동에 책임을 지는 것을 막음으로써 가해자의 속죄를 잘라내는 것이다.[34]

폴툰은 누가복음 17장 3-4절의 말씀을 인용하면서 정의(正義)에 대한 몇 가지 요소를 정의내리고 있다.

첫째, 한 사람에 의해서 다른 한 사람에게 가해진 해악을 인정하는 것이

다. 이때 직면해야 되는 것은 정의롭지 못한 행동에 대해 책임을 지는 것이다. 고백하는 것은 가해 행동에 대한 책임감을 인정하는 것이다.[35]

둘째, 단순히 후회하는 것이 아닌 회개하는 것이다. 여기서 회개는 메타노이아와 근본적인 변화를 요구한다(겔 18:30-32). 회개는 시간과 힘든 작업, 어떤 종류의 처치나 치료라도 기꺼이 받는 것 등을 요구한다.

셋째, 손해 배상을 하는 것이다. 가해자는 상처를 입힌 피해자에게 금전적으로 제공할 책임이 있다는 점에서, 이는 피해자가 상처 받은 것에 대해 무언가를 하려는 구체적인 노력을 나타낸다.

폴툰은 가해자가 이러한 절차를 실제로 밟을 수 없거나, 밟을 의지가 없을 수도 있음을 인정한다. 그러한 경우에 교회, 법제도, 가족, 친구 그리고 상담자는 피해에 대한 정의가 이루어질 수 있도록 도와줄 수 있다고 폴툰은 제안한다. 좀더 폭넓은 공동체가 도와줄 수 있는 네 가지 방법은 다음과 같다. 첫째, 진실을 말하기: 피해자에게 가해진 해악에 대한 인정(피해자의 분노를 느끼고, 신뢰로 대화하기) 둘째, 사유화하지 않기(비밀 깨기): 침묵을 깨기(침묵을 깨려는 욕구와 비밀유지 간에 균형을 지키기) 셋째, 최소화하지 않기: 피해자 경험에 대한 전체 이야기를 듣고 그 경험을 사실로 인정하기 넷째, 약자를 보호하기(피해자와, 또한 가해자에 의해 해를 당할 위험에 있는 다른 어떤 누구라도).

폴툰은 가해자가 자신의 가해 행동에 대한 죄책감으로부터 벗어날 수 있는 빠른 길로서 용서를 생각할 수 있다고 경고한다. 회개의 구체적인 행동이 없는 후회는 의미가 없고, 후회가 피해자에게 용서를 의무적으로 하라고 압박을 가하기 위한 것으로 사용되어서도 안 된다. 한 작가는 "용서는 나쁜 행위가 간과되거나 경시되거나, 유야무야 되어서는 안 된다"[36]고 규정한다.

글렌 빈스트라는 잘못된 행위를 사면하는 것과 그 행위에 대해 책임을 지우는 것이 서로 완전히 상반될 필요는 없다고 본다.[37] 용서는 피해자의 고통을 덜어주기 위해 가해자의 책임을 사면하지 않는다. 손해 배상은 피해자에게만 가치 있는 것이 아니라, 가해자에게도 가치가 있다. 그것은 깊게 상처를 주었다는 자각과 진실성, 진정한 후회를 뜻한다. 손해 배상 없는 사면은 계속적으로 해악적인 행동을 하게 하고 오히려 더 해악적인 행동을 증식시킬 수도 있을 것이다. 자신이 끼친 해에 대한 자각은 인간애의 기본요소이다. 이것의 부재는 심각한 정신병리적 또는 영적 타락을 가리킨다. 게랄드 시처(Gerald Sittser)는 자신의 아내, 어머니, 어린 딸을 죽인 차의 운전자와 입장을 바꾸기를 원하지 않는다고 말한다. 왜냐하면 그 운전자는 반드시 죄책감에 시달리거나 모든 감정이 굳어버렸음에 틀림없기 때문이다.[38]

가해자가 손해 배상을 하려고 노력하는 확실한 모습을 보일 때조차, 용서는 피해자가 가해자를 신뢰해야 하거나 전에 가졌던 관계를 회복하려고 노력해야 함을 뜻하지 않는다. 이러한 입장은 가해자와 피해자 간에 완전한 화해를 위해 완전히 서로의 마음을 열 때만 용서가 일어났음을 주장하는 사람들과는 아주 다른 것이다.[39] 폴툰은 다음과 같이 저술하고 있다. "신뢰는 아주 극심하게 깨져버렸기 때문에 다시 생긴다고 하더라도, 많은 시간이 지난 후에야 얻을 수 있다. 관계 회복은 전적으로 신뢰에 달려 있다. 피해자는 가해자가 그녀를 다시 학대하지 않을 것이라고 진정으로 믿을 수 있을까? 용서에 대한 선택은 이러한 결정들에 묶여 있어서는 안 된다."[40]

용서란 피해자가 가해자와의 관계 회복을 시도하는 것이라고 상담해 주는 것은 피해자에게 많은 해를 가하는 것이다. 관계란, 정의를 내리면, 상호 신뢰, 존경, 헌신(언약의 요소인)을 필요로 하는 것이다. 피해자가 가해자를 관대하게 용서해 왔다고 해서 지금의 피해자와 가해자 간의 관계 속에 상호 신뢰, 존경, 헌신 같은 관계 핵심요소가 존재한다고 말할 수 없다. 용서의 목적은 치유이지, 피해자에게 더 많은 상처를 주기 위함이 아니다. 정의를 먼저 확립하고, 피해자가 용서하려는 의지가 준비되어 있는 경우에야 진실로 화해를 가져올 수 있을 것이다. 그러나 우리는 어느 경우에나 다 이것을 기대해서는 안 될 것이다.

신뢰와 용서는 동의어가 아니다. 용서와 화해도 동의어가 아니다. 나는 용서란 "상처를 가하고 우리에게 해를 주었던 사람을 우리의 마음속에 다시 불러들임"을 뜻한다는 노스의 주장[41]에 동의하지 않는다. 깊은 상처는 우리의 마음으로부터 스스로를 제거하기를 선택하는 가해자에 의해 깊게 가해지게 된다. 우리를 거부하고 버렸던 사람을 우리 마음속에 불러들이려고 노력하는 것은 확실히 쓸데없는 연습이다. 도리스 도니리(Doris Donncily)는 용서가 항상 부당한 처사를 관대히 용서함을 뜻하는 것은 아니라고 주장하며 이와 유사한 입장을 명백하게 밝혔다. 그녀는 용서하는 정신과 직면하는

접근방법은 양립할 수 있다고 계속해서 말한다.[42]

가해자 측에서의 회개는 용서로 가는 여정을 부드럽게 한다. 그러나 회개가 용서의 필요조건일까? 엔라이트와 그의 동료,[43] 그리고 다른 저자들은[44] 용서하는 피해자의 능력은 가해자의 회개 여부에 의해 정해져서는 안 된다고 설득력 있게 주장했다. 그렇지 않으면 피해자는 자신의 통제를 벗어난 태도와 행동에 의해 영원히 사로잡혀 있을 것이다. 그러나 가해자의 회개가 곧 뒤따르지 않을 때, 피해자로 하여금 용서를 향해 가도록 하기 위해 피해자에게 각별한 격려와 지원이 필요하다.

5. 치유와 용서에 있어 교회의 역할

그리스도인의 교회는 용서할 수 있는 능력을 그리스도인에게 증진시켜주거나, 아니면 이미 극심하게 상처입은 사람에게 더 많은 상처를 입힐 수도 있다. 대부분은 기독교 공동체가 연민의 입장에 있느냐 아니면 평가의 위치에 있느냐에 달려있다. 우리는 상처 받은 사람의 고통 속으로 들어가서 그와 한 마음으로 고통을 함께 할 마음이 있는가? 그리고 상처 받은 자들이 투쟁하는 고통의 크기를 이해하려고 노력하는가? 아니면 우리는 고통받지 않은 채 멀찌감치 떨어져 서서, 보잘 것 없이 무익한 의무적인 단어들로 설교하겠는가?

1) 깊은 상처와 용서의 범위

만약 사회에서 가장 힘없는 사람들에게 용서연습을 시킨다면, 그들은 어떻게 용서할 능력을 얻겠는가? 몇몇 심리학자들은 사람들은 용서하는 것이 자신에게 이익을 줌을 알게 될 때, 자연적으로 자기에게 이익이 되는 무언가를 하길 원할 것이라는 이론을[45] 내세운다. 커다란 상실과 황폐가 있었을 때조차, 그리고 커다란 불의가 있었음에도 불구하고, 사람들은 고난으로부터 뭔가 좋은 것을 얻을 수 있다는 자각을 함으로써 용서하려는 쪽으로 박차를 가할 수 있을 것이다. 그러나 단지 자각하게 된다는 것만으로 용서하

제14장 상처가 깊을 때: 용서하기 위해 노력하고 있는 사람들을 위한 격려

려는 충분한 동기가 될 수 있다는 것에는 의문이 든다. 결국, 사람들은 자기에게 이익이 될 길로 행동하라는 권고를 언제나 지키지는 않는다. 그리고 때때로 그러한 긍정적 행동들은 용서하는 것보다는 확실히 덜 고통스럽고 덜 어려운 것들이다. 사람들이 단지 자기 이익 하나만을 가지고 용서하기로 결심한다고 하는 것은 순진한 생각이다.

기독교 정신은 유일하게 사람들에게 용서하라고 준비시킨다. 그러나 용서에 관한 논의는 깊이 상처 받은 사람들을 위해 강조되어야 할 두 가지 점을 종종 경시하고 있다. 첫째는 깊게 상처 입은 사람들은 하나님을 바라보고 경외해야 한다는 점이다. 상처 입은 자는 믿음을 가지고 하나님의 영광과 자신에게 올 미래의 영광을 바라보아야 한다. 이는 신약에서 바울이 자신이 처한 어려움과 폭력에 대처한 방식에서 보여준 관점이다(고후 4:16-18). 이러한 관점은 어떤 의미로든 한 개인에게 가해진 해악이나 상처의 정도를 최소화시키자는 것이 결코 아니다. 오히려 이는 하나님의 완전한 현존의 풍부함과 위대함에 비교하면 악마가 얼마나 작고 보잘 것 없는 것인지를 주장하는 것이다.[46] 우리가 하나님의 영광과 예수 그리스도의 위대함을 묵상할 때, 우리는 우리에게 해를 끼친 사람들을 용서하지 않는 것이 얼마나 욕심 많고 인색한 것인지 감지하기 시작할 수 있다. 그러면 우리는 영생에서 발견한 심오한 보배로운 마음과, 그러한 깨달음으로부터 자연적으로 흘러나온 관대함을 가지고 용서할 수 있다.

둘째, 성령의 힘은 그리스도인에게 용서할 잠재력을 준다는 점이다. 우리는 하나님이 함께 하심을 느낄 때, 하나님이 사람의 모습으로 나타나는 이 신비함 때문에 하나님은 우리가 경험해 온 것을 충분하게 고통받으셨음을 깨닫게 된다. 우리는 혼자 고통받았던 것이 아니라 예수 그리스도도 함께 계셨고, 우리가 고통받은 바로 그 고통을 예수 그리스도도 정확하게 당하셨음을 명확하게 자각하게 된다. 그리고 가해자에 대한 예수 그리스도의 용서를 우리도 이어가기 위해서 예수 그리스도를 바라보아야 한다. 우리는 우리 스스로 용서 감정을 불러일으키거나 용서하는 능력을 만들 필요가 없다. 그것은 우리와 함께 살아 계시는 예수 그리스도로부터 직접 나온다.[47] 트루니에가 지적하는 대로 "우리의 진정한 실패는 하나님의 지휘 하에 우리의 삶을 맡기고 하나님이 주시는 인간적 영감에 우리의 눈과 귀를 여는 것 대신에 -비록 그것이 좋은 원리, 그 원리가 성경으로부터 도출된 원리라 할지라도- 우리 자신의 생활사를 지휘하려고 노력해 왔다는 점이다."[48]

만약 우리가 용서할 것 같은 생각이 들지 않으면? 만약 하나님의 영광과 하나님이 내재하신다는 고결한 감정이 따르지 않는다면? 공격으로부터 떨어져 있게 되고 또 시간이 흐르면 우리가 좀더 용서하기 쉬울 것 같은 가능성은 커진다. 그러나 어떤 경우에는, 가해자는 계속 가해를 하고 이로부터 도망갈 길이 없을 때도 있다. 상처가 깊고 세월이 흘러도 자연스럽게 치유할 방법이 가능하지 않을 때, 용서에 대한 특별하게 공감적 이해가 필요하다.

2) 용서에 대한 동정심 깊은 정의

용서에 대해 내가 발견한 가장 유용한 정의는 피터 컬컵(Peter Kirkup)에 의한 것이다. "용서는 잘못한 행위 곧 의도와 실제로 한 행동 모두에 대한 적극적인 반응이다. 잘못된 행동이란 그것이 고의적으로 한 행동이거나, 우연히 하게 된 행동이건 간에, 다른 사람에게 해를 가하거나 굴욕감을 느끼게 하는 행동을 말한다. 이에 대한 한 가지 긍정적인 반응은 악용하거나 무시하는 것이 아니라 사랑하는 것이다."[49]

용서는 복수심에 불타거나 자아 연민에 꽉 차서가 아니라, 다시 어떻게 살아야할지를 학습하는 것이다. 그것은 억압이나 부인 또는 회피하거나 도망가지 않고 현실적으로 냉정하게 삶을 직면하는 것이다. 용서는 나의 이야기를 하는 것이다. 이는 내가 피해 받은 것으로 다른 사람에게 감명을 주거나 가해자의 명성을 훼손시키거나 하지 않고, 단순히 나는 바로 나의 이야기이며, 나는 위엄과 가치를 지닌 존재이고 존경받을 사람임을 확인하는 것이다. 용서는 고통받고 있는 사람이 누구든지 간에, 괴로워하는 사람이 나 스스로라고 할지라도, 그 사람을 대신해서 불의에 대해 분노할 것을 허락하는 것이다.

용서는 우리가 분노를 폭발시키기 원할 때조차, 그 분노를 폭발시키기로 결정한 것은 절대로 끝나지 않는 악순환 속에서 폭력을 증폭시키는 것이기 때문에, 끝내 생각 있는 인간으로 행동해야 함을 의미한다. 용서는 마치 아

제14장 상처가 깊을 때: 용서하기 위해 노력하고 있는 사람들을 위한 격려

무엇도 일어나지 않았던 것처럼 위장하는 것이 아니다. 용서는 또한 우리에게 가짜 웃음을 지으라고 요구하는 것이 아니다. 어느 누구도 총이나 칼로 상처 받은 사람은 고통을 경험하지 말아야 한다거나, 고통받고 있다는 자각이 믿음이 부족한 증거이고 영적이지 못한 것이라고 말하지는 않을 것이다. 나는 정서적 상처의 아픔을 사람들이 느끼도록 허락하는 데 반대하는 편견에 당황하고 있다.[50] 맥박이 뛰고 아픔을 느끼는 것이 신체적 상처에 대한 반응인 것처럼, 분노, 미움, 두려움, 그리고 혼란은 정서적 상처에 대한 인간의 정상적인 반응인 것이다.[51]

용서는 쥐고 있던 과거를 놓아 버리는 것이다. 그러나 그것은 무슨 일이 일어났는지 잊어버리거나 고통으로부터 자신을 끊어 버린다는 의미는 아니다. 용서는 과거가 내 인생 경로에서 유일한 결정인자가 되는 것을 허락하지 않는 것이다. 용서는 과거가 회복되어 내 인생 이야기가 여전히 완전하고 꽉 찬 것으로 되도록 열린 마음을 갖는 것이다. 용서는 내 인생에 아직도 할 이야기가 더 있어서, 끝을 말할 수 없다고 세상에 대해 외치는 극단적인 선언이다.

우리는 사람들에게 치유되기 위해 무엇을 해야만 하는지 절대로 말하지 않을 것이다. 그러한 말은 깊게 상처 받은 사람들에게 절대 필요하지 않은 것이다. 용서하라고 거칠고 집요하게 명령하는 것은 위엄과 자신의 가치를 다시 얻기 위해 투쟁하고 있는 사람에게서 인간성을 빼앗는 것이다. 극심한 외상은 심각한 소원감을 갖게 한다. 고통을 당하는 사람은 평범한 인생경로에서는 겪지 않는 사건을 경험한다. 고통받는 사람에게 용서라는 이름으로 정신적 충격인 외상을 무시하라고 강요하는 것은 인간이 겪는 평범한 경험의 범위 밖으로 더 멀리 고통받는 자를 몰아내는 것이다. 그것은 고통받는 자로 하여금 내버려지고 추방된 느낌에 압도당하게 한다.

우리가 깊게 상처 받았을 때, 어떤 사람은 우리를 향해 사랑스럽지 못하게 행동했다. 이에 대한 해독제는 우리가 사랑으로 가득 찰 때까지 사랑으로 목욕을 하는 것이다. 그러면 우리는 사랑의 일부가 용서 속으로 흘러 들어가도록 하는 것을 상상하기 시작할 수 있다. 용서는 반드시 사랑으로부터 흘러나와야 하고, 용서는 사랑의 한 형태이기도 하다. 우리가 사랑으로 충분히 가득 찰 때 -우리가 주고 있는 사랑과 우리가 받고 있는 사랑- 우리는 자연적으로 용서할 수 있을 것이다. 그런데, 우리는 가해자를 사랑하는 것에 의해 시작하는 것이 아니라, 깨진 자아를 다시 세우고, 안전하고 믿음이 가는 사람들을 사랑하고 그들로부터 사랑을 받음으로써 시작할 수 있다. 가해자를 사랑하라고 강요하거나 용서하라고 명령할 필요가 절대로 없다. 사랑함으로 인해 용서가 따르는 것은 겨울이 봄에 녹아내리는 것처럼 부드럽게 시간이 가면 해결될 것이다. 이러한 사랑은 영혼으로부터 흘러나온다. 용서는 단순히 의지의 행동, 마음의 협상, 또는 정서의 분출이 아니다. 용서는 아마 가장 유일하게 인간에게 가능한 통합적인 경험 중의 하나일 것이다. 왜냐하면 그것은 정신과 육체, 마음과 의지의 상호연결을 수반하기 때문이다. 이 모든 것들은 성령과 함께 인간정신에 의해 인도되고 조정되면서 자신들의 위치를 부여받아야 한다.

교회는 상처 받은 사람들로 하여금 사랑을 주고받는 연습을 할 수 있도록 독특한 환경을 제공한다. 예배시간이나, 작은 집단에서, 그리고 믿는 사람들과 함께 하나님의 왕국으로 나아가는 많은 경우, 상처 받은 사람들은 치유와 희망, 그리고 새로운 힘을 발견하기 시작한다. 그것은 참 신비롭긴 하지만, 우리가 믿음의 생활로 나아가기로 결정할 때, 용서할 수 있는 우리의 능력은 우리가 용서하는 것에 전적으로 초점을 맞추려고 노력했을 때는 알 수 없었던 방법 안에서 분명해진다.

마음속에서 복수심으로 울부짖는 상처 받은 자들에게 하나님은 단지 용서할 능력보다도 더 놀라운 그 무엇을 주신다. 하나님은 그 자신의 마음을 주시는데, 그 마음은 가난한 자와 마음이 상한 자에 대한 연민에서 흘러나온 것이다. 우리는 하나님 안에서 안전하게 있었다는 것을 역설적으로 깨달을 수 있다. 이는 일시적인 의미에서의 안전이 아니라 -진실로, 정확하게 그 반대의 경우이다- 영구적인 의미에서의 안전이다. 우리의 영혼은 안전했었고, 주의 깊게 인도되었으며, 무엇보다 놀라운 것은, 영혼이 살쪄왔다는 것이다. 어떠한 용서든지, 용서하고자 하는 어떤 아주 작은 욕구라 할지라도, 그것은 은총이다. 그것은 희망의 표시이며 우리의 하나님이 모든 것을 새롭게 하시고, 또 하실 수 있는 약속의 하나님임을 믿는 믿음의 증거이다. 용서는 목적지가 아닌 여정이며 종종 복잡하고 뒤엉킨 길을 따라가야 하는 여행이기도 하다. 용서는 무슨 일이 일어났는지 부인하는 것과 그 일

제14장 상처가 깊을 때: 용서하기 위해 노력하고 있는 사람들을 위한 격려

에 강박적으로 집착해서 거주하는 그 사이의 어딘가에 놓여있다.

왜 용서하는가? 기쁨과 열정을 갖고 우리의 삶을 사는 것을 막는 미움과 비탄으로부터 자유를 향해 나아가기 위해서이다. 예수 그리스도의 고난을 나누는 것이 무엇을 의미하는지 완전하게 알고, 우리의 정신을 예수 그리스도의 정신과 하나로 묶기 위해서이다. 하나님에게 세상에서 피해자의 삶, 가해자의 삶, 그리고 가해자와 피해자가 만나는 모든 사람의 삶에서, 더 많이 하나님의 길을 펼치도록 기회를 주기 위해서다. 결국, 우리가 언젠가는 우리의 하나님 예수 그리스도와 함께 나눌 영광에 비하면, 이러한 가볍고 순간적인 고통은 아주 작은 것이기 때문에 우리는 용서한다.

■주(Notes)

1) Jay E. Adams, *From Forgiven to Forgiving* (Wheaton, IL.: Victor, 1989).
2) Donald Hope, "The Healing Paradox of Forgiveness," *Psychotherapy* 24 (1987): 240-4; Jared P. Pingleton, "The Role and Function of Forgiveness in the Psychotherapeutic Process," *Journal of Psychology and Theology* 17 (1989): 27-35; Franklin C. Shontz and Charlotte Rosenak, "Psychological Theories and the Need for Forgiveness: Assessment and Critique," *Journal of Psychology and Christianity* 7 (1988): 23-31.
3) Adams, *From Forgiven to Forgiving*; Harold Wahking, "Spiritual Growth Through Grase and Forgiveness," *Journal of Psychology and Christianity* 11, no. 2 (1992): 198-206.
4) Neil T. Anderson, *Victory over the Darkness* (Ventura, CA.: Regal, 1990); Meiryls Lewis, "On Forgiveness," *Philosophical Quarterly* 30 (1980): 236-45; Frank B. Minirth, & Paul D. Meier, *Happiness Is a Choice: A Manual on the Symptoms, Causes, and Cures of Depression* (Grand Rapids: Baker, 1978); Wahking, "Spiritual Growth."
5) Norvin Richards, "Forgiveness," *Ethics* 99 (1988): 77-97; Adams, *From Forgiven to Forgiving*.
6) John M. Brandsma, "Forgiveness: A Dynamic Theological and Therapeutic Analysis," *Pastoral Psychology* 31 (1982): 40-50; Richard P. Fitzgibbons, "The Cognitive and Emotive Use of Forgiveness in the Treatment of Anger," *Psychotherapy* 23 (1986): 629-33; Hope, "Healing Paradox"; Lewis, "On Forgiveness"; Pingleton, "Role and Function of Forgiveness"; Shontz, & Rosenak, "Psychological Theories"; Wahkng, "Spiritual Growth."
7) William Raspberry, "Tutu Leads Extraordinary Efforts to Forgive, Forget Racial Wrongs," *St. Paul Pioneer Press*, February 21, 1997.
8) Mark R. McMinn, *Psychology, Theology, and Spirituality in Christian Counseling* (Wheaton, IL.: Tyndale House, 1996).
9) William R. Domeris, "Biblical Perspectives on Forgiveness," *Journal of Theology for Southern Africa* 54 (1986): 48-50, Michael E. McCullough, Steven J. Sandage, & Everett L., Worthington, "Charles Williams on Interpersonal Forgiveness: Theology and Therapy," *Journal of Psychology and Christianity* 14, no. 4 (1995): 355-64; John Wilson, "Why Forgiveness Requires repentance," *Philosophy* 63 (1988): 534-5.

10) Educational Psychology Study Group, "Must a Christian Require Repentance Before Forgiving?" *Journal of Psychology and Christianity* 9, no. 3 (1990): 16-9; Human Development Study Group, "Five Points on the Construct of Forgiveness Within Psychotherapy," *Psychotherapy* 28, no. 3 (1991): 493-96; Lewis, "On Forgiveness."

11) F. Clark Power, "Commentary," *Human Development* 37 (1994): 81-5; Richards, "Forgiveness."

12) Ellen Bass, & Laura Davis, *The Courage to Heal* (New York: Perennial Library, 1988), Susan Forward with Craig Buck, *Toxic Parents* (New York: Bantam, 1989), McCullough et al., "Charles Williams."

13) H. H. Bloomfield, & L. Felder, *Making Peace with Your Parents* (New York: Ballentine, 1983); R. E. Kahrhoff, *Forgiveness: Formula for Peace of Mind* (St. Charles, MO.: Capital Planning Corporation, 1988): Christina E. Mitchell, "A Model for Forgiveness in Family Relationships," *Family Therapy* 22 (1955): 25-30; S. B. Simon, & S. Simon, *Forgiveness: How to Make Peace with Your Past and Get on with Your Life* (New York: Warner Books, 1990); Everett L. Worthington, & Frederick A. DiBlasio, "Promoting Mutual Forgiveness Within the Fractured Relationship," *Psychotherapy* 27 (1990): 219-23.

14) Human Development Study Group, "Five Points" ; Peter A. Kirkup, "Some Religious Perspectives on Forgiveness and Settling Differences," *Mediation Quarterly* 11, no. 1 (1993): 79-94; Lewis B. Smedes, *Forgive and Forget: Healing the Hurts We Don't Deserve* (San Francisco: Harper & Row, 1984); Glenn J. Veenstra, "Psychological Concepts of Forgiveness," *Journal of Psychology and Christianity* 11, no. 2 (1992): 160-9.

15) 사람들이 다른 사람을 용서하려고 할 때 낮닥뜨리게 되는 문제에 관해서는 다음 문헌 참고: Robert D. Enright, & Robert L. Zell, "Problems Encountered When We forgive One Another," *Journal of Psychology and Christianity* 8, no. 1 (1989). 용서에 대한 의견의 차이점에 관해서는 다음 문헌 참고: Robert D. Enright et al., "Interpersonal Forgiveness Within the Helping Profession: An Attempt to Resolve Differences of Opinion," *Counseling and Values* 36 (1992). 발달적 관점에서 본 용서에 관해서는 다음 문헌 참고: Robert D. Enright, Elizabeth Gassin, & Ching-Ru Wu, "Forgiveness: A Development View," *Journal of Moral Education* 21, no. 2 (1992).

16) Veenstra, "Psychological Concepts," 168.

17) Richards, "Forgiveness," 82.
18) Dana J. Jack, "Silencing the Self: The Power of Social Imperatives in Female Depression," *Women and Depression: A Lifespan Perspective*, R Formanek, & A. Gurian (ed.) (New York: Springer, 1987), 161-81; Dana J. Jack, *Silencing the Self: Women and Depression* (Cambridge, MA.: Harvard University Press, 1991).
19) Jack, "Silencing the Self: The Power of Social Imperatives," 180.
20) Marie M. Fortune, "Forgiveness: The Last Step," *Abuse and Religion*, A. L. Horton, & J. A. Williamson (eds.) (Lexington, MA.: Lexington, 1988), 215.
21) D. John Lee, *Storying Ourselves* (Grand Rapids: Baker, 1993), 296.
22) R. A. Neimeyer, "The Role of Client-Generated Narratives in Psychotherapy," *Journal of Constructivist Psychology* 7 (1994): 229-42.
23) Beth Johnson, "The Anti-Depression, Anti-Suicide Group," *Journal of Child and Youth Care* 9, no. 2(1994): 88.
24) Lee, *Storying Ourselves*, 297.
25) Ibid., 298.
26) Paul Tournier, *Guilt and Grace* (New York: Harper & Row, 1962), 23.
27) 이것은 본장에서 다룰 수 있는 범위를 넘어선 복잡한 이론적 입장이다. 언약 관점에 대해 잘 밝혀준 Paul Eddy에게 감사한다. 언약신학에 대한 좀더 많은 설명을 위해서는 다음 문헌 참고: Jakob Jocz, *The Covenant* (Grand Rapids: Eerdmans, 1968). William J. Dumbrell, *Covenant and Creation* (Nashville: Thomas Nelson, 1984). 특별히 언약과 용서 간의 관계에 대해 초점은 다음 문헌 참고: Jerry Gladson, "Higher Than the Heavens: Forgiveness in the Old Testament," *Journal of Psychology and Christianity* 11, no. 2 (1993): 125-35.
28) Cloe Madanes, *Sex, Love, and Violence: Strategies for Transformation* (New York: W. W. Norton. 1990).
29) B. H. Kaplan, "Social Health and the Forgiving Heart: The Type B Story," *Journal of Behavioral Medicine* 15 (1992): 3-14; W. Klassen, *The Forgiving Community* (Philadelphia: Westminster Press, 1966); Frank Minirth et al., *How to Beat Burnout* (Chicago: Moody Press, 1986).
30) Michael E. McCullough, & Everett L. Worthington, "Encouraging Clients to Forgive People Who Hurt Them: Review, Critique, and Research Prospectus," *Journal of Psychology and Theology* 22 (1994): 3-20.
31) Elizabeth Gassin, & Robert D. Enright, "The Will to Meaning in the Process of Forgiving," *Journal of Psychology and Christianity* 14, no. 1 (1995): 38-49.

32) Hope, "Healing Paradox," 241.
33) McCullough, & Worthington, "Encouraging Clients," 1997.
34) Fortune, "Forgiveness," 216.
35) Ibid.
36) Joanna North, "Wrongdoing and Forgiveness," *Philosophy* 62 (1987): 502.
37) Veenstra, "Psychological Concepts."
38) Gerald Sittser, *A Grace Disguised* (Grand Rapids: Zondervan, 1996), 128.
39) Adams, *From Forgiven to Forgiving;* North, "Wrongdoing and Forgiveness."
40) Fortune, "Forgiveness," 218.
41) North, "Wrongdoing and Forgiveness," 505.
42) Doris Donneily, "Forgiveness and Recidivism," *Pastoral Psychology* 33, no. 1 (1984): 15-24.
43) Educational Psychology Study Group, "Must a Christian Require Repentance"; Human Development Study Group, "Five Points."
44) Lewis, "On Forgiveness."
45) Kenneth Cloke, "Revenge, Forgiveness, and the Magic of Mediation," *Mediation Quarterly* 11 (1993): 67-78; Robert Hemfelt, Frank B. Minirth, & Paul D. Meier, *Love Is a Choice* (Nashville: Thomas Nelson, 1989); Hope, "Healing Paradox."
46) 이 견해에 대한 설명에 관해서는 다음 문헌 참고: C. S. Lewis, *The Great Divorce* (New York: MacMillan, 1946).
47) 나는 여기서 Karl Barth와 Dietrich Bonhoeffer의 성육신학과 Henri Nouwen, Thomas Merton, Brennan Manning이 제시한 전통적 입장을 통합하고 있다.
48) Tournier, *Guilt and Grace*, 169.
49) Peter A. Kirkup, "Some Religious Perspectives," 79.
50) Kahrhoff, *Forgiveness: Formula for Peace of Mind,* Enright, Gassin, & Wu, "Forgiveness: A Developmental View."
51) Norvin Richards는 "Forgiveness"에서 이러한 견해를 강하게 드러내고 있다.

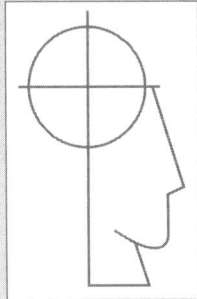

Care for the Soul*:*
  Exploring the Intersection of Psychology & Theology

제15장

우리 자신을 더 높이는 사고에 대한 심리학과 신학적 분석

스티븐 모로니(Stephen K. Moroney)

심리학과 신학 사이에 어떤 관계가 있는가? 복음주의적인 그리스도인들이 이 질문을 하는 경우, 그것들이 통상 의미하는 것은 "우리는 어떻게 성경의 가르침을 가장 영향력이 있는 일반상담 및 심리치료 이론에 관련지을 수 있는가?" 하는 점이다. 복음주의자들이 심리학을 이야기할 때 그들의 관심은 주로 임상심리학이나 상담심리학 분야나 혹은 이들보다는 떨어지지만 발달심리학 쪽에 집중되어 있다.[1] 이러한 분야들은 복음주의 입장에서 심리학과 신학과의 관계를 통합론적 관점에서 연구한 학자들[2]의 주요연구 대상이었고 또한 통합론적인 관점에서 심리학과 신학을 접근한 연구들을 비평할 때 근본주의나 복음주의 입장에 있는 기독교상담학자들[3]이 주로 다룬 분야들이다.

본 연구는 아직도 다른 분야보다 적게 연구된 분야인 사회심리학과 신학의 관계를 연구함으로 임상심리학과 상담심리학에 집중된 연구를 보충하는 대안으로서 주어진다. 사회심리학은 "우리가 다른 사람에 대해 어떻게 생각하며 어떻게 상호 작용하는지를 연구하는 심리학내에 있는 하부의 영역이다."[4] 본장은 두 가지 연구 과제를 가진다. 그것은 첫째, 복음의 관점에서 사회심리학이 기독교의 신학에 어떤 가치 있는 것을 제공할 것인가와 둘째,

복음적인 전망으로부터 신학은 사회심리학에 제공할 귀중한 것이 무엇인가에 관한 것이다. 이러한 연구를 위해 나는 사회심리학과 신학이 "자아 높임(self-serving)의 인지 왜곡"(우리가 우리들 자신에 대해 높게 생각하는 방법들)에 대해서 사람들이 이해하도록 어떠한 기여를 했는지를 조사할 것이다.[5]

1. 사회심리학이 신학에 제공해야 하는 것

초대교회(Augustine), 중세교회(Aquinas), 개혁교회(Calvin) 그리고 미국교회(Edwards)에서 중요 인물들은 우리 죄가 우리 생각을 왜곡하는 것을 발견했다. 이 현상은 때때로 '죄의 사변적인 효과'[6]라고 부른다. 더욱 최근에 아브라함 카이퍼(Abraham Kuyper)와 에밀 브루너(Emil Brunner)는 죄가 우리의 생각을 타락시키는 법에 대한 상세한 모델들을 공식화했었다.[7] 이 모든 작업들은 신학자들에 의해 주도되어왔으며, 이러한 작업은 지난 반세기에 걸쳐 탁월한 학문적 업적인 사회심리학의 출현을 앞서는 것이며 지난 25년에 걸쳐서 발생한 사회 인식에 대한 폭발적인 연구에 앞서는 것이다.

성경은 거듭나지 못한 죄인들의 생각은 타락되어 있으며(고후 4:4; 골 1:21) 심지어 그리스도인들의 생각도 새롭게 될 필요가 있다는 것을 분명하게 말씀한다(롬 12:2; 엡 4:23). 성경에서 우리에게 이야기하지 않은 것은 어떻게 인간의 사고가 타락되었으며 어떤 방법으로 인간의 사고가 새롭게 될 수 있는가 하는 점이다. 이것은 타락 후 언제나 신체적 질병의 현존을 인식하는 성경과 유사한 방법이다. 그러나 성경은 사람이 어떻게 특이한 질병에 걸리거나 그 질병이 어떤 신체 부위를 어떻게 공격하는지 의학적으로 세세하게 설명하지는 않는다.

본장의 첫 부분은 최근 사회심리학적 연구가 인간의 생각이 어디에서 그리고 어떻게 타락했는가를 구체적으로 보여주기 때문에 이 연구는 신학에 이용할 수 있는 방대한 자료를 가지고 있다는 것을 설명하고자 한다. 비록 사회심리학이 그리스도인들에게 비중 있게 다루어지지는 않았지만 사회심리학은 도움이 되는 많은 통찰력을 준다. 우리가 어떻게 자기를 높이는 인

제15장 우리 자신을 더 높이는 사고에 대한 심리학과 신학적 분석

지 왜곡으로 미끄러지는 지와 이러한 왜곡들이 우리 삶에서 가장 공통으로 나타나는 곳이 어딘지에 대한 통찰력을 준다. 사회심리학은 자아 왜곡에 대한 두 가지 주요한 내용을 자아 높임의 속성과 비교(self-serving attributions and self-serving comparisons)로 정의한다.[8]

1) 자아 높임의 속성

사회심리학자의 연구에 의하면 우리의 대부분은 우리 성공이 우리들 자신의 노력과 능력(내부 요인)에 있다고 생각한다는 것이다. 그러나 우리의 실패는 작업의 어려움 또는 상황(외부 요인)이 불가능한 탓으로 돌린다.[9] 이 속성의 패턴은 아이들[10]과 성인들[11] 모두에게서 발견된다. 이 현상의 예는 많이 있다. 예를 들면, 운동선수가 그들의 승리가 자신들의 능력이나 다른 내부 원인에 있다고 생각하는 경향이 있지만 그들이 실패할 때는 그렇지 않다.[12] 시험을 잘 치는 학생들은 그들의 성취가 자신들의 더 많은 능력과 노력에 있다고 생각한다. 그러나 서투르게 하는 사람들은 그들의 결과는 테스트의 어려움에 있다고 더 많이 생각한다.[13] 목회자들은 긍정적인 결과에 대해 더 많이 자신들이 감당한 책임감의 결과로 받아들이지만 부정적인 결과는 더 많이 외부 환경 탓으로 돌린다.[14] 이혼한 부부는 전형적으로 주로 자신에게는 책임이 없고 헤어진 배우자에게 더 많은 책임이 있다고 주장한다.[15] 우리가 성공적인 집단의 구성원일 때, 우리가 실패했던 집단의 구성원일 때보다 우리가 전체 집단의 일에 더 많은 책임을 감당함으로 성공을 일 귀냈음을 주장한다.[16] 심지어 집단의 성공과 실패에 대한 보고서가 실험적인 목적으로 거짓으로 제작되었을 때도 이것은 사실이다.[17]

인지적 요인과 동기화의 요인은 사람들이 누구의 탓으로 돌리는 속성적인 편견에 공헌하는 것으로 나타난다.[18] 쿤다(Kunda)는 동기부여를 "인지적으로 조정했던 것"이라고 본다. 동기부여는 "의도된 결론에 이르는 인지적 과정의 작동을 위한 최초의 출발점(방아쇠)"[19]을 제공한다. 이 견해를 지지하는 측면에서 "우리의 인지진행 메커니즘은 들어오는 정보를 자신에게 유리하고 긍정적인 방향으로 왜곡시키기 위한 여과장치(필터)를 설치한다"는 뚜렷한 증거가 있다.[20]

축적된 데이터는 전형적인 인간이 무엇과 같은지에 대한 많은 사회심리학자들의 견해를 심각하게 바꾸어 왔다. 이러한 양상의 하나로 "진리를 찾기 위해 환경을 연구하는 순수한 과학자 대신에 우리는 그들이 이미 소유한 이론들에 적합하도록 데이터를 만들려고 노력하는 허풍선이의 떠벌리는 모습을 보게 된다"[21]는 것이다. 우리 자신의 긍정적인 면을 부각시키기 위해 우리는 사회적 실체를 무시하기도 하고 때로는 조작하기도 한다.[22]

그러나 사람들은 자신의 장점을 부각시키기 위해 사용하는 자비심이 많은 이와 같은 기준을 다른 사람에게는 적용하지 않는다.[23] 그들은 자신들의 실패를 상황적인 원인 탓으로 돌리지만 전형적으로 다른 이의 실패는 그들이 가지고 있는 개인 특성 탓으로 돌린다. 이것이 근본적인 귀인분석 실패에 나타나는 것인데 마이어스(Myers)는 그러한 실패를 "관찰자가 타자의 행동에 대해서 상황적인 영향은 과소평가하고 개인적인 자질의 영향은 과대평가하는 경향"[24] 때문으로 분석한다. 사람들은 다른 이의 행동의 평가에는 상황적인 여건들을 충분히 고려하지 않는다.[25] 내가 실패할 때 그것은 불가능한 상황이었기 때문이지만 다른 이가 실패할 때는 그것은 그들이 실패할 종류의 사람들이기 때문이다.

다른 사람의 행동을 그들이 갖고 있는 개인적인 특성 탓으로 돌리는 경향은 특별히 보수주의자들에게 강하게 나타난다.[26] 보수주의자들이란 상대적으로 특권을 가진 사회집단[27]의 일원에 속한 사람들이고 개인주의적인 서구의 문화에서 성장한 사람들이다.[28] 제브로위츠-맥아더(Zebrowitz-McArthur)의 제안에 의하면 "안정된 내적 성향으로 야기된 행동을 인지하는 경향들은 미국연구소에서 근본적인 속성 잘못으로 불리어졌고 그것은 몇 가지 근본적인 인간의 개념적 인지적 과정이라기보다는 사람들에게 문화적으로 전해진 견해를 반영한다."[29] 몇몇 문화에서 일본처럼 집단적으로 다뤄지는 곳에서는 좀더 상식적이며 자아 높임의 속성이 좀더 적게 말해질지도 모른다.[30] 그러나 인도와 같은 다른 집단주의 문화에서는 자아 높임의 속성은 분명하게 실존하고 있다.[31] 다른 한편으로 상이한 문화 사이의 문헌을 플레처(Fletcher)와 와드(Ward)는 재검토를 하여 다음과 같은 결론으로 이끈다. "연구는 성취의 속성에서 문화를 넘어 놀라울 정도로의 유사성을 보여준다."[32]

제15장 우리 자신을 더 높이는 사고에 대한 심리학과 신학적 분석

자아 높임의 속성에 대해 다중 문화 간의 연구가 더 많이 필요한 것은 분명하다. 그럼에도 불구하고 현재까지의 연구는 자아 높임의 현상이 보다 더 개인주의적인 서구사회에서 만연하지만, 좀더 집단적인 동양사회에서도 존재한다는 것을 보여준다. 이와 유사하게 자아 높임의 경향은 남성들의 경우에는 학문적인 성과의 영역에서 보다 더 두드러지게 부상하고 여성들은 사회적인 영역에서 드러난다. 남성, 여성 모두가 그들이 부정적인 성과보다 긍정적인 성과에서 좀더 개인적인 책임감의 결과라는 것을 강조하는 입장을 취한다는 것이다.[33]

더욱이 우리의 자아 높임의 속성은 비록 사회적 목적으로 우리가 우리 자신의 진면목보다 더 좋게 자신을 나타낼지라도 단지 공적인 태도의 것으로만 설명될 수는 없다.[34] 우리는 다른 사람에게 진실보다 과장하여 자신을 나타낼 뿐만 아니라 또한 실제로 우리는 자기 자신이 아주 훌륭하다고 믿는다.[35] 사실 우리가 개인적인 조건 아래서 만드는 속성들은 공적인 조건에서 만든 것들보다 좀더 강화된 자기일지도 모른다.[36] 우리의 자아 높임으로 귀속되는 경향은 개인의 공적인 이미지의 높임에서보다는 적어도 개인적인 자아 돌봄을 유지하는 높임에서 훨씬 강화되는 것처럼 보인다.[37] 개인은 다른 사람에게 뿐만 아니라 자신에게도 긍정적인 이미지를 보여 줄 필요가 있는 것으로 믿고 있다.[38] 정리해 보면, 그 증거는 우리가 남을 탓하면서 스스로 자신을 속여 왔다는 것이다.[39]

요약하면, 사회심리학자들은 지속적으로 귀속되는 자아 중심주의(attributional egotism)를 향한 우리의 강한 집착을 발견한다. 귀속되는 자아 중심주의란 "자존감을 높이고 유지하기 위해서, 좋은 성과를 얻을 수 있는 담보는 취하고 나쁜 성과들을 향한 책망은 부인하는 것"이다.[40] 우리는 다른 이에 대해 후하게 평가하지 않으면서 주로 그들의 실패는 그들이 갖고 있는 개인적인 특성 탓으로 돌리는 것을 더 좋아한다. 우리는 자아 높임의 강한 경향성을 부인한다. 다음 장에서 제시하는 것처럼, 우리 자신을 다른 사람과 비교할 때 동일한 자아 높임의 경향이 우리에게 나타난다.

2) 자아 높임의 비교

사회적으로 바람직한 특질의 소유여부에 대하여 우리 자신을 다른 사람과 비교할 때, 우리들 대부분은 평균적인 사람들보다 자신이 더 훌륭하다고 느낀다고 보고한다(통계치로 가늠하는 것은 불가능하다).[41] 우리의 자기평가 기준은 넓고, 모호한 특질들을 활용하여 특별히 과대평가한다(예를 들면, 자신은 매우 감성적이며 정교하다고 주장한다). 확실한 자료가 없었다는 이유를 들어(예를 들면, 나는 수학성적에서 48점을 받았다) 낮은 성과에도 불구하고 사람들은 자기평가를 과장하기 위하여 자아 높임을 위한 특별한 기준을 사용하는 데 자유롭다.[42] 다른 말로 정리하자면, 만약 실제적으로 분명한 사실들과 불일치하다고 인식되지만 않는다면 사람들은 다른 사람보다 자기를 더 좋게 보기를 원하며 그 사실을 증명하기 위해 건설적으로 사회적인 비교를 사용하고 싶어 한다.[43]

예를 들면, 우리 대부분은 특히 미국인이나 스웨덴 사람의 경우 다른 사람보다 자신이 더 안전하고, 좀더 기술적인 운전자라고 믿는다.[44] 사업하는 경영자들은 자신이 평균적인 것보다 더 도덕적이라고 변함없이 보고한다.[45] 교육시험 당국은 대학부서 담당자로 하여금 약 백만 명의 고등학생들을 대상으로 그들 자신과 동급생들을 비교하여 묻는 질문에 대한 조사를 지시했다. 이 결과는 지도자 능력에서 평균보다 위라고 그들 자신을 평가한 사람이 70%인 반면에 평균보다 낮다고 판단한 학생은 단지 2%에 불과했다. 심지어 더욱 놀라운 것은 같은 조사에서 다른 사람과 잘 지내는 능력을 판단하는 질문에 모든 학생들이 최소한 평균이라고 평가하고 60%가 최고 10%에 그들이 위치한다고 하고, 25%는 그들 자신을 최고 1%에 위치한다고 평가했다.[46] 교수들도 자아 높임의 경향성에서 예외가 아니다. 그들은 자신의 강의의 질에 대한 평가에서 그들의 강의가 질이 낮다고 인정하는 사람들은 1%가 안 되며 1% 정도는 강의가 괜찮다고 생각하고 10% 정도는 강의의 질이 평균 정도로 생각하고, 64%는 평균보다 낫다고 믿으며, 25% 정도는 자신의 강의가 우수하다고 믿는다.[47]

우리의 업무수행이 평균 이상이라는 믿음은 삶의 다양한 역할을 수행할 때 존재하는 것으로 발견되어져왔는데 그것은 헤디(Headey)와 위링

제15장 우리 자신을 더 높이는 사고에 대한 심리학과 신학적 분석

(Wearing)에 의해 지시된 대표적인 호주인들의 주요한 연구에서 다음과 같은 결과로 표시된다.[48]

역할	평균보다 위의 %	평균보다 아래의 %	평균
직업	85.9	13.1	1.0
부모	78.3	20.2	1.7
배우자/파트너	77.9	19.7	3.5
친구	76.1	22.2	1.7
돈 관리	64.7	26.0	9.3
몸매 유지와 건강 관리	56.0	32.5	11.5
여가 활동	49.8	43.2	7.0

우리가 직업인, 부모, 배우자, 친구로서 우리 자신을 평균 이하로 인지하는 일은 매우 드물다. 사실 대부분의 사람들은 우리 삶의 다양한 모든 영역에서 자신을 평균 이상이라고 믿는다. 헤디와 위링은 남자와 여자, 젊은이와 늙은이, 높은 지위와 낮은 지위의 사람들 사이에서의 차이란 경미하다는 것을 발견하고 상대적인 높임의 감각은 대부분의 사람들에게 평범한 진술이라고 쉽게 결론 내렸다.[49]

우리가 가상하는 평균적인 동료 집단보다는 개인적으로 접촉하는 구체적인 사람들과 우리 자신을 비교한다는 질문이 주어졌을 때 "평균보다 더 좋은 효과라는 인식"은 감소된다는 것을 주목해야 한다.[50] 사람들에게 평균적인 사람 혹은 평균적인 학생처럼 막연한 비교 목표가 주어질 때는 그들은 아래로 비교하는 데 중점을 두려고 하며, 더 나쁘고 더 많은 위험에 있는 어떤 사람과 그들 자신을 비교 하는 것이다.[51] 명백하게 사람들은 평가가 좋지 않은 나쁜 사람들과 비교함으로 그들의 주관적인 훌륭함을 증가시킨다.[52] 그리고 우리가 특정한 사람과 비교되었을 때도 여전히 자화자찬을 견지한다.[53]

우리의 견해를 지지하기 위해 우리는 우리의 관점에 동의한 사람의 견해를 과대평가한다(잘못된 여론 효과). 즉 "사람들은 실제 상대방이 동의한 것보다 훨씬 더 동의한 것처럼 다른 사람들의 의견을 왜곡한다."[54] 예로 우리는 우리와 정치적인 견해가 같은 일반적인 인구 비율을 자주 과대평가하고 우리가 호감 가는 정당을 위해 비이성적으로 좋아할 만한 결과를 예측하도록 한다.[55] 여론 수렴에 있어서 의견일치는 바람직한 것으로 보이며 다른 사람들은 우리가 옳다는 것을 확신하므로 우리의 좋은 친구가 된다.[56] 또한 흔히 있는 우리의 단점이 드러남으로 인해, 능력과 수행이 낮은 위치에 있을 때 우리는 잘못된 여론에 지나치게 매달린다. 우드(Wood)와 테일러(Taylor)가 관찰한 바로는 "사람이 비우호적인 성격일 때 비슷한 흠을 가진 다른 사람을 자신에게 상기하므로 자아 강화를 하기도 한다"는 것이다.[57] 여기서 비참함은 진실하게 동료를 사랑하게 한다. 그러나 우리는 독특한 우리 성격의 미덕을 과대평가하기 위하여 우리의 수행이나 능력이 호감이 갈 때 우리는 동료를 덜 좋아하는 것처럼 보인다(잘못된 유일함의 효과).[58] 이것은 초등학생과 고등학생, 그리고 중간 관리직 은행원들 사이에서 일어나는 진실이다.[59]

로젠블래트(Rosenblatt)는 "미국사람들은 그들 자신이 개인적으로 매우 좋은 사람이며, 자기나라 사람 중 다른 사람들은 매우 나쁘다고 주장하는 것 사이에 거대한 모순이 있다"고 설명한다.[60] 다른 사람보다 도덕적으로 우월하다는 잘못된 판단을 우리는 너무나 많이 가지고 있다. 미국사람들이 십계명을 따르는가라는 질문에 대해서, 응답자 자신에 대한 평가와 다른 사람에 대한 평가를 했던 국가조사에서 다음과 같은 결과가 나왔다.[61]

누가 십계명을 따르는가?	미국인 본인은	대부분의 다른 미국사람들
저주하거나 신을 모독 하지 말라	64%	15%
주일에 교회, 공회, 혹은 회교 사원에 가라	64%	22%
부모를 공경하라	95%	49%
살인하지 말라	91%	71%
간음하지 말라	86%	45%
도적질하지 말라	90%	54%
이웃에 대하여 거짓 증거하지마라	88%	33%

제15장 우리 자신을 더 높이는 사고에 대한 심리학과 신학적 분석

다른 사람의 물건을 탐내지 말라	76%	23%
다른 사람의 남편이나 아내를 탐하지 마라	84%	42%
오직 유일한 하나님만 섬기라	81%	49%

분명히 우리는 다른 사람보다 자신이 더 훌륭하다고 생각한다. 우리는 또한 다른 사람보다 자신의 미래가 더욱 좋을 것이라고 추정한다. 우리는 비현실적인 낙관주의를 가지고 미지의 내일을 향해 나아간다. 새 차를 사는 사람은 다른 사람들보다 자신들이 차 충돌로 인한 사망사고나 중상이 훨씬 적을 것으로 믿는다.[62] 대학생들은 긍정적인 사건을 경험하는 것이 그들의 동급생들보다 많을 것이고 부정적인 사건은 더 적게 경험할 것으로 믿는 경향이 있다. 그들은 동급생들보다 대학졸업 후 직업을 더 즐기고 자기 소유의 집을 가지고, 높은 봉급을 받고, 유럽여행을 할 수 있을 것이라고 변함없이 믿고 있다.[63]

반대로 대학생들은 그들의 동급생들보다 술 문제, 자살 시도, 결혼생활 몇 년 후 이혼, 40세 이전에 심장병이 오는 것, 성병에 걸리는 것, 해고, 폐암에 걸리는 것, 불임, 대학에서 낙제 혹은 6개월 동안 실직으로 있는 것들이 그들에게는 좀더 적게 일어날 것으로 믿는다.[64] 평균적인 학생이나 평균인과 비교하여 대학생들은 고혈압, 암, 심장병, 알코올 문제, 이혼, 성병, 그리고 나쁜 인상 등에 있어서 그들 자신이 좀더 강할 것이라고 본다.[65] 연구소에서 함께 근무하는 동성동료들과 그들 자신을 비교할 때 학생들은 마약중독, 자살, 성병, 간질, 알코올 중독, 폐암, 비만, 간염, 신장염, 다발성 경화증 등 전반적인 건강문제와 죽음을 가져오는 치명적인 질병에서 위험성이 적을 것이라고 믿는다.[66]

이것을 정리해보면 사람들은 미래에 대해 비현실적인 낙관주의를 지속적으로 드러내는데 그 이유는 우리의 조절 능력을 과대평가하기 때문이며,[67] 또한 우리가 다른 사람의 실제 상황에 대하여 주의 깊게 고려하지 않는 이기적인 경향 때문이다.[68]

더군다나 사람들은 미래에 대한 예측에 있어서 정확성보다는 자신감을 주로 드러낸다. 사실 그것은 우리가 미래에 대해 가장 자신 있을 때는 우리의 자신감 정도와 예측의 정확성 사이의 차이가 가장 클 때임이 명백하다.[69]

우리는 실재보다 우리 자신과 다른 사람들이 획득할 미래에 대해 훨씬 더 많이 안다고 생각한다.[70] 우리는 잘못된 자신감으로 나쁜 일은 다른 사람들에게 더 많이 일어나지만 좋은 일은 우리에게 더 자주 일어날 것이라고 믿는 경향을 드러낸다. 심지어 지진과 같은 부정적인 상황을 경험 할 때조차도 우리는 자신의 전체적인 건강 상태를 고려해서 비현실적인 낙관주의를 유지하며 우리가 경험한 그 재앙이 다른 사람에게보다 우리 자신에게는 더 약하게 왔다고 보고 있다.[71] 테일러와 브라운은 "대부분의 사람들은 '미래는 위대하다 특히 나에게'라고 말하는 것처럼 보인다"고 설명한다.[72] 그것은 희망이란 인간의 마음에서 영원히 솟아나는 것임을 나타낸다.

자아 높임의 비교를 하는 우리의 편견은 개인적인 수준으로 나타날 뿐만 아니라 또한 집단 수준에서도 나타난다.[73] 우리는 강한 내집단(우리-집단) 편애와 외집단(그들-집단) 차별을 내보인다.[74] 연구자들은 근본적인 갈등과 경쟁이 없음에도 불구하고 사람들은 자존감을 강화하기 위하여 상호집단 비교에서 내집단 경향을 나타내려는 충동을 받는다는 것을 발견한다.[75] 사실 임의로 선택되어 형성된 새 집단에서도 최소한의 상호작용이 이루어지면 우리는 다른 팀보다 우리 팀을 더 좋게 보는 경향이 있다.[76] 우리 집단 안에 있는 집단 자존심은 거의 즉각 나타나는데, 그것은 성차별, 인종차별, 민족주의 등을 통해서 드러나고 그리고 우리가 속한 집단이 다른 집단보다 더 우수하다고 잘못 인지한 때에 나타난다.[77]

우리는 다른 사람들과 우리 자신을 비교함으로 우리를 지지하는 많은 방법을 개발한다. 우리 자신에 대해 선택적이고 새롭게 만든 기억들은 우리의 자아 높임 비교를 돕는다.[78] 더욱이 자아 높임 속성과 이기적인 비교와 함께 한 인지적인 왜곡은 우리의 정보처리 과정에서 편견들로 나타난다.[79] 우리의 정보 진행 과정에서 빗나가게 되는 한 가지 길은, 들어오는 데이터에 믿음을 주는 태도이다. 우리는 우리에게 비판적인 피드백을 주는 것들보다도 아부하는 피드백을 확실한 정보의 원천으로 주로 삼는다. 이러한 태도는 우리가 과학적인 연구[80]와 실험[81]을 평가할 때도 나타난다. 심지어 우리가 천체관측의 결과를 평가할 때도 나타난다. 실물보다 크게 보이는 별을 관측했던 천문학의 회의론자들은 그 관측의 내용을 정확한 것으로 인식했고 그들이 선호하는 방향으로 천문학 이론을 변화시켰다.[82]

제15장 우리 자신을 더 높이는 사고에 대한 심리학과 신학적 분석

마침내 자아 높임의 성향이 미국 대학생에게만 제한된 것이 아니라 여러 문화에 널리 퍼져 있다는 것은 알려져 있다. 마이어스는 "독일 대학생들, 벨기에 농구선수들, 인도의 힌두교인, 일본의 운전사, 호주학생과 근로자들, 중국 학생, 그리고 모든 연령층의 프랑스 사람들"에게서 자아 높임의 성향을 발견할 수 있다고 주장한다.[83] 사회심리학 연구는 "다른 사람보다 자신을 더 좋게 보는 경향이 존재한다는 것을 나타낸다.[84] 사실 자아 높임의 성향은 심지어 우리는 다른 사람보다 적은 자아 높임의 성향이 있기 때문에 자아 높임의 성향의 연구가 자신에게는 적용되지 않는다고 믿는 데까지 확대된다. 사람들은 자아 높임의 성향이 많다는 지적을 받을 때에도 자신을 계속해서 겸손하다는 범주 안에 넣어둔 상태에서 자기 자신을 과대평가하게 된다. 이러한 겸손의 예로서 자신을 평균보다 높다고 생각하지 않을 정도로 겸손하기 때문에 자신을 평소 훌륭한 사람으로 여길 수 있는 것으로 설명한다.[85]

본장의 첫 부분에서 연구자는 사람들이 자아 높임에 참여하게 되는 다양한 방법을 드러내었던 최근에 발표된 사회심리학적인 연구들을 자료화했다. 사회심리학의 이러한 발견들은 인간이 자아 높임의 방법으로 그들의 사고를 왜곡시켜 온 구체적인 인식 메커니즘의 복음적인 이해를 하도록 빛을 밝혀준다. 신학자들은 죄가 우리의 이성적인 분별력을 부패시킨다는 것을 오랫동안 인식해 왔으나 사회심리학자들은 죄의 사변적인 효과(Noetic Effects)가 자아 높임의 속성과 자아 높임의 비교에 빠지는 사람들의 성향을 통해서 나타나는 데, 이 때 나타나는 몇 가지 특별한 방법들을 이해하도록 신학자를 돕는다. 사회심리학으로부터 도움을 받는 신학은 사회심리학자들에게 보답의 선물을 하는가? 이 질문에 긍정적인 답을 제공하는 것이 본장의 두 번째 부분의 임무이다.

2. 신학이 사회심리학에 제공해야 하는 것

그리스도인들은 다양한 방법으로 비교적 새롭고 대중성도 있고, 영향력도 있는 심리학의 원리를 연구해왔다. 존 카터(John Carter)와 브루스 내러모어(Bruce Narramore)는 리차드 니버(Richard Niebuhr)의 『그리스도와 문화』(Christ and Culture)[86]의 일반적인 원리에 따라 심리학에 대한 기독교적 응답이 가장 잘 알려진 유형학(Typology)을 진술하였다. 카터와 내러모어의 유형학은 래리 크랩(Larry Crabb)[87]과 존스(Stan Jones)와 부트맨(Rich Butman)[88]에 의해 진술된 유형학에 의해서 밀접하게 유사한 내용으로 반응되고 있다. 이러한 유형학을 활용해서 자아 높임의 인지적 왜곡 연구에 가장 적합한 두 종류의 기독교적 접근은 투시화법자(perspectivalist)의 평행모델과 기독교화주의자(Christianizer)의 통합모델이다. 두 모델은 신학이 심리학에 어떤 가치를 제공한다는 데는 동의하나 이러한 제공의 정확한 성격에 대해서는 동의하지 않는다.

1) 평행모델(균형주의)

카터와 내러모어는 일치모델을 다음과 같이 설명한다.

> 심리학과 기독교는 지식의 두 영역으로 분리된다. 두 영역은 진리에 대한 그들의 근원(과학적인 방법과 계시), 연구방법(실험과 해석), 그리고 데이터(심리학적인 원리와 사실들, 성경적인 원리와 사실들)를 가지고 있다. 통합은 다른 분야(영역)에서 일치하는(동등한) 개념을 찾는 것으로 이루어진다.[89]

기독교와 심리학은 모두가 다른 영역에서 작동하므로 갈등의 두려움 없이 서로를 받아들일 수 있다. 상호관계의 영역과 중복의 영역을 발견하는 곳에서 우리는 신학과 심리학의 모든 학문분야를 받아들일 수 있는 진리의 깊고 넓게 통합하는 요소로, 보다 관심 있는 평행모델로서 이것들을 본다.[90]

크랩은 이 모델을 "분리 그러나 동등" 접근이라고 부른다. 존스와 부트맨은 그것을 "과학적이며 심리학적인 관점들과 종교적인 이해들이 보충하여 완성하지만 서로에게 정말로 영향을 끼치지는 않는다"는 신념으로 균형주의라고 부른다.[91] 이것은 가장 뛰어난 기독교 사회심리학자라고 논의되는 마이어스의 탁월한 접근이다.[92]

마이어스는 명백하게 평행모델(균형주의)에 대한 선호도를 인정하고[93] 이

제15장 우리 자신을 더 높이는 사고에 대한 심리학과 신학적 분석

러한 선호도는 그의 많은 작업에서, 특히 그의 논문인 "심리학의 연구와 기독교의 믿음에서 인과 양"에서 분명하게 예시되어 있다.[94] 마이어스는 그의 균형주의를 인지 왜곡의 문제와 발견에 적용한다. (1) 누가복음 18장 11-12절의 바리새인에게서 자아 정당화 경향의 예, (2) 빌립보서 2장 3절의 "너 자신보다 다른 사람을 더 낫게 여겨라"는 바울의 올바른 충고에 나타난 자아 높임 비교의 가정, (3) 바울(엡 5:28-33)과 예수 그리스도(마 22:39)의 말씀에서 나타난 자기애의 가정,[95] (4) 우리의 인식 기만을 극복하기 위한 희망은 시편기자(시 131편)와 바울(빌 3:9)에 예시된다.[96]

마이어스가 인용한 성경말씀을 사용하는 데 더하여 투시화법주의자들은 누가복음 10장 25-29절에 나오는 율법사와 누가복음 16장 14-15절에 나오는 바리새인을 지적함으로 자아 정당화에 빠지는 경향을 예증해 보일 수 있었다. 그것은 고린도전서 3장 18절과 갈라디아서 6장 3절은 우리가 어리석을 때 현명한 우리 자신을 생각하거나 우리가 아무것도 아닐 때, 어떤 것으로 생각하는 우쭐해진 자기 관점으로 우리 자신을 속이는 인간의 성향을 예상한다고 토론될 수 있다. 자아 높임 속성에 대한 반응은 우리가 스스로를 순수하고 천진하다고 잘못 생각함으로 우리 자신을 어떻게 속이는지 서술한 잠언 16장 2절과 21장 2절, 30장 12절에서 또한 발견된다.

분석의 수준을 고려한 마이어스의 주장에 근거하여 그것은 균형주의자들이 주로 심리학은 기술적이지만 신학은 종종 규정적이라고 토론하는 것 또한 가능한 것처럼 보인다. 자아 높임의 인지 왜곡에 대한 사회심리학적인 문헌은 인간 사고의 문제에 도움을 주는 상세한 설명을 제공하지만, 그렇게 하는 방법 혹은 이런 문제들을 극복 할 필요에 초점을 맞추는 상응하는 규정은 매우 적다는 것은 확실히 이목을 끄는 것이다.[97] 카우프만(Kauffmann)은 사회심리학자들이 찾는 연구들은 기본적으로 기술적이며 이 연구 타입에 빠진 심리학자들은 좀처럼 처방적인 표준으로 연결성을 만들지 않는다고 관찰한다. 즉 그들은 연구라는 특별한 배경에서 일어나야 하는 행동들이 무엇인지 표시하는 것을 전제로 하지 않는다.[98] 반대로 기독교의 성경은 자아 높임의 인지 왜곡들을 대항할 필요성에 관한 많은 함축적이고 분명한 처방들을 내용으로 한다.

예수는 마태복음 22장 39절에서 레위기 19장 18절에서 발견된 첫 계명의 중요성을 강조하면서 우리는 우리 자신처럼 이웃을 사랑해야 한다고 말씀하셨다. 확실하게 이 계명의 함축적인 적용은 우리가 우리 자신에게 하는 것처럼 그런 정신으로 우리의 이웃을 사랑해야 한다는 것이다. 우리는 이웃에 대해 옳게 생각하려고 노력해야 하고, 우리 자신보다도 그들에게 더 엄격하게 적용하기보다는 그들이 행할 때 우리의 높임의 속성으로 평가하지만 그들에게 정당한 평가를 해주어야 한다. 같은 이야기로 마태복음 7장 12절은 그들이 우리에게 해 주기를 원하는 대로 우리도 그들에게 해야 한다는 예수 그리스도의 황금률을 기록한다. 또한 이 사실을 함축적으로 적용해 보면 우리가 다른 사람의 게으름에 대해 비판적일 때 이 원칙을 자신에게 적용해서 우리가 게을러서는 안 된다는 것이다. 우리는 다른 사람들이 우리에게 그렇게 하는 것을 원하지 않는 것처럼 우리도 다른 사람들을 우리 자신의 잘못된 자아 높임의 비교에 빠지도록 하지 말아야 한다.

로마서 12장 3절은 우리 자신에 대한 부풀어진 관점을 반대하는 데에 좀 더 명확하다. "내게 주신 은혜로 말미암아 너희 중 각 사람에게 말하노니 마땅히 생각할 그 이상의 생각을 품지 말고 오직 하나님께서 각 사람에게 나눠 주신 믿음의 분량대로 지혜롭게 생각하라." 디모데후서 3장 2절은 신뢰할 만한 기독교적인 가치에 반대적이며 말세에 고통하는 때에 나타나는 특성으로 부적당한 자기애의 항목을 나열해 놓는다. 마지막으로 마태복음 7장 1-5절에서는 예수 그리스도께서 우리 자신의 잘못보다 다른 이의 단점을 먼저 보는 성향에 대하여, 우리 자신을 판단하는 것보다 더 심한 기준으로 다른 이를 판단하는 우리의 성향에 대하여 거역할 수 없는 직접적인 처방을 기록한다.

> 비판을 받지 아니하려거든 비판하지 말라 너희의 비판하는 그 비판으로 너희가 비판을 받을 것이요 너희의 헤아리는 그 헤아림으로 너희가 헤아림을 받을 것이니라 어찌하여 형제의 눈 속에 있는 티는 보고 네 눈 속에 있는 들보는 깨닫지 못하느냐 보라 네 눈 속에 들보가 있는 데 어찌하여 형제에게 말하기를 나로 네 눈 속에 있는 티를 빼게 하라 하겠느냐 외식하는 자여 먼저 네 눈 속에서 들보를 빼어라 그 후에야 밝히 보고 형제의 눈 속에서 티를 빼리라.

제15장 우리 자신을 더 높이는 사고에 대한 심리학과 신학적 분석

요약하면 투시화법의 평행모델에 따라 심리학은 일치, 지지, 강화, 되풀이, 그리고 현대적인 실례들이 활기를 띠게 하는 것을 신학에 제공한다. 역으로 신학은 현대 심리학의 원리들의 종교적인 예측, 보완재 그리고 실례를 제공한다.[99] 이 견해에 따르면 신학과 심리학은 자주 직접적인 상호작용을 하지는 않는다. 그러나 두 분야는 자아 높임의 인지 왜곡의 경우에서 공통된 주제를 말할 때에 그들의 다양한 전망들이 신학적인 처방과 심리학적인 서술에 의해 예증되어 다른 보충적인 분석의 수준들을 나타낸다.

2) 통합모델(기독교적 관점의 균형주의)

카터와 내러모어는 평행모델을 칭찬하지만 그들은 신학과 심리학의 참된 통합을 산출하기에는 그 능력이 지나치게 제한되어 있다고 또한 믿는다. 그들은 서술한다. "일치모델은 우리가 공통의 의미를 찾기 위해 최선으로 정렬되는 두개의 분리된 본질을 다룬다는 가정 위에 근거하며 이 가설은 진실과 이해심 있는 통합을 배제한다. 이것은 그것의 가장 기본적인 잘못이다. 그것은 진리의 근원을 인공적으로 나누므로 참된 통합을 위해 필요한 더 넓게 화합하는 원리를 산출할 수 없다."[100]
평행모델의 이 한계성에 기인하여 카터와 내러모어는 다음과 같이 묘사한 것으로 통합모델을 부르기를 좋아한다.

> 진리의 통일성을 믿는 통합모델의 제안자들은 기본적으로 상관이 없는 뚜렷이 구별되는 다른 연구 분야로서 심리학적 이해와 신학적인 이해를 깆지 않는다. 대신에 그들은 하나님은 모든 진리의 권위자이고 전 세계의 창조주이므로 궁극적으로 한 묶음의 해설의 가설들만 있다고 가정한다. 심리학의 방법들과 자료들이 아주 구별되는 반면에(구별성은 유지될 필요가 있다) 통합모델의 추종자들은 고립되어 있는 심리학과 신학으로부터 지식을 더 넓게 할 통일개념을 찾는다.[101]

존스와 부트맨은 위와 같은 유사한 이유로 기독교적 관섬의 통합주의적 접근을 좋아하는데, 그것은 사회과학 안에서 사실들, 이론들, 방법들 등을

인식할 때 기독교적인 신앙에 기초한 연구를 해서 통합적인 결과를 만들어 내는 것이다.[102] 이 견해의 제안자들은 평행모델의 제안자보다 훨씬 더 직접적으로 상호작용하는 신학적이고 심리적인 개념들을 인정한다. 두 분야는 분리가 아니라 동등하며 상호 정보를 주며 서로 비판적인 것으로 생각된다. 심리학은 가끔 잘못을 저지르기 쉬운 신학적인 개념들이나 성경적인 해석들에 도전하기도 하며 신학은 가끔 잘못 된 심리학의 주장을 바로잡기도 한다. 본장의 나머지에서 나는 신학이 자아 높임의 인지 왜곡에 대하여 최근의 심리학적인 주장에 중요한 교정수단을 제공하는 토론을 함으로 통합모델을 예증할 것이다. 먼저 나는 심리학적인 주장을 진술하고 신학적인 교정수단을 제공할 것이다.

3) 심리학적 주장

자아 높임의 속성과 자아 높임의 비교는 광범위하게 사람들에게 발견 된다. 청년과 노인, 남자와 여자, 지위가 낮은 사람 높은 사람, 동양인과 서양인. 그러나 연구자들은 어떤 특정한 집단의 구성원은 이런 종류의 자아 높임의 인지 왜곡에 빠지지 않으며 그들의 대부분은 일반인들과는 다르다는 것이 발견 된다. 이 집단은 가벼운 정도의 우울한 상태에 있는 사람들이다. 그들의 좀더 진지한 자아 이해는 탁월한 이론가이며 연구자인 샐리 테일러에 의해 설명된 우울한 현실주의로 보통 언급된다.

> 정상적인 사람들은 그들이 얼마나 유능하고 훌륭한 지를 과장한다. 우울한 사람들은 그렇지 않다. 정상적인 사람들은 과거 행동을 장미 빛으로 기억한다. 우울한 사람들은 성공과 실패들을 상기하는 데 좀더 공평하다. 정상적인 사람들은 기본적으로 그들 자신이 긍정적이라고 서술한다. 우울한 사람들은 긍정적이고 부정적인 양면을 서술한다. 정상적인 사람들은 성공적인 성과를 명예로 삼고 실패의 책임을 부인하는 경향이 있다. 우울한 사람들은 성공과 실패의 양쪽 책임을 받아들인다. 정상적인 사람들은 자신의 주위에서 일어나는 일의 통제력을 과장한다. 우울한 사람들은 통제의 환상이 좀더 약하다. 정상적인 사람들은 미래는 좋은 일들로 가득 차고 나쁜 일들은 적다는 비현실적인 수준을 믿

는다. 우울한 사람들은 미래 인식에 좀더 현실적이다. 사실상 정상적인 사람들의 모든 관점은 자아 돌봄, 통제 환상, 미래의 비현실적인 비전을 강화하여 보여주며 우울한 사람들은 같은 경향성을 나타내는 데 실패한다. 슬픈 사람이면서 동시에 현명한 사람은 실제적으로 우울한 증세를 나타낸다.[103]

테일러의 견해는 그녀가 시인한 것처럼 우울한 사람들의 인식을 지나치게 단순화해서 표현한 것일 수 있다.[104] 우울한 사람들의 일부는 현실주의자다. 반면한 그들 중에 다른 부류는 환상주의자들인데 이 중에 일부는 대부분의 우리와 같이 낙천적이고 긍정적인 환상을 드러내기도 하지만 다른 일부는 비관적이고 부정적인 경향을 가지고 정반대의 인식 왜곡을 나타낸다.[105] 또한 부정적인 사고와 우울과의 상관관계에서 부정적인 사고가 우울증을 일으키는 지 혹은 부정적인 사고가 우울에서 오는지는 분명하지 않다.[106] 테일러와 그녀의 동료 브라운의 우울적인 현상에 대한 연구는 이미 다른 학자들의 연구에서 증명된 것처럼 환자가 정확하게 현실 인식을 하는 것이 정신건강에 중요하다는 역사적으로 인정되어 온 이론의 정당성에 대해 중요한 의문을 제기한다.[107]

테일러와 브라운은 "정신적으로 건강한 사람은 자존감을 강화하고, 개인 효능에 신념을 유지하며, 미래에 대한 낙천적인 관점을 상승시키는 방향에서 현실을 왜곡하는 부러운 능력을 가지는 것으로 나타 난다"고 주장한다.[108] 우울한 사람들은 명백하게 자아 높임의 방법에서 현실을 왜곡하는 이 부러운 능력이 부족하다. 바우미스터(Baumeister)는 "자신과 세상을 보는 것이 너무 정확한 것이 우울이다. 현실적으로 우울의 문제는 사물을 그들의 실재보다 더 좋게 보이게 만드는 자신의 장미 빛 안경의 상실일 수 있다"[109]고 말한다.

만일 현실주의자가 우울하다면 아마 전통적인 관점의 제안자들이 정확한 현실 인식의 미덕을 칭찬하는 것은 잘못이다.[110] 테일러는 "여러 면에서 정신건강은 사아 기만의 일종이다"라고 제시한다.[111] 결국 인식 왜곡자들은 행복하고 잘 조화되며 성싱인으로 나타나는 사람들이나.[112] 그래서 테일러와 브라운은 "확실한 자아 높임의 환상의 타입들은 실제적으로 정신건강과 행복을 위해 채택하는 것으로 보여진다"[113]라고 주장한다. 지나친 인지 왜곡은 환상에 대한 불쾌하면서도 증빙되지 못한 확증을 일으키면서 실재와 충돌할 때에 문제가 될 수 있다.[114] 그러나 건전한 인지 왜곡은 이와 같은 위험을 초래하지 않는다. 바우미스터은 건전한 인지 왜곡을 지나치게 과장하지도 않고 너무 정확하지도 않은 상태에서 실재보다 약간 좋은 상태로 자기 자신을 인식하는 것이라고 설명한다.[115]

테일러와 브라운이 발전시키고 바우미스터가 동의한 이론에 따르면 자아 높임의 인지 왜곡들은 기피되거나 극복되어야 하는 것이 아니라 적극적으로 육성되어야 하는 것이다. 테일러는 "치료의 목적을 달성하기 위해서는 사람들이 그들 자신의 실상에 대해서 정확한 평가를 하도록 돕기보다는 그들이 인지 왜곡의 환상을 개발하도록 도와주는 작업이 필요하다. 이렇게 하면 그들은 일반인들이 쉽게 사용하는 것처럼 건전하게 부풀려진 자아에 대한 편견을 활용해서 그들 자신과 세상과 미래에 대하여 긍정적으로 생각할 수 있다"고 제안한다.[116] 테일러와 브라운은 자아 높임의 인지 왜곡들은 대항할 문제도 아니고 우리가 회개해야 할 죄도 아니라고 결론을 내린다. 반대로 그들은 "긍정적인 환상들을 발달시키고 유지하는 능력은 수정이 필요한 결함을 만드는 인지과정 체제라고 인식하기보다는, 양육하고 장려해야 하는 인간의 자원으로 간주해야 한다"고 주장한다.[117]

테일러와 브라운의 견해는 동료 심리학자들로부터 비판을 많이 받았다. 콜빈(Colvin)과 블록크(Block)는 테일러와 브라운이 그들의 견해를 증명하려고 사용한 논리적이고 경험적인 증거자료의 신뢰성에 의문을 제기했다.[118] 쉐들러(Shedler)와 매이맨(Mayman)과 매니스(Manis)는 "왜곡하는 경향이 있는 사람들은 또한 정신건강을 측정할 때 왜곡된 반응을 주기 때문에 그들의 측정된 정신건강 지수는 단순하게 사실적인 것으로 받아들일 수 없다"[119]고 논증하면서 데이터의 정확성을 보장할 수 없다고 했다. 그러나 이런 비판들은 소수의 사람들의 견해이다. 테일러와 브라운의 견해는 학문적인 연구자들 사이에서 인정을 받았고,[120] 현실적으로 널리 유포되어 인정되었다.[121] 심지어 마이어스는 "외적으로 침체되어 나타난 사람들과 비교해서 자아 높임의 환상을 가진 사람들은 적응력이 뛰어나기 때문에[122] 자아 높임의 인식에는 여러 가지의 실제적인 지혜가 있다"는 주장에 동의하고 있다.

신학이 필요한 자료를 제공해 준다는 사실은 인지 왜곡에 대한 논의에서

제15장 우리 자신을 더 높이는 사고에 대한 심리학과 신학적 분석

중요한 것이다. 특별히 신학은 자아 높임의 인지 왜곡에 빠진 우리의 성향을 고치는 데 유익한 다섯 가지 교정수단을 제공한다.

첫째, 신학은 자아 높임의 인지 왜곡이 장려되고 개발되어야만 한다는 잘못된 개념에 명백한 교정을 제공한다. 성경은 자아 높임의 인지 왜곡에 반대하는 필요성에 대하여 반복되고, 함축적이며 명백한 처방들을 내용을 제시하고 있다. 즉 정신건강이나 치료를 위하여 자아 높임의 인지 왜곡이 눈에 보이는 일시적인 유익을 만들지만 신학은 이것을 그리스도인이 수용할 수 없는 죄로서 '인지 기만'(자신을 더 높게 생각하는)이라고 명명한다.[123] 그리스도인에게 심리학적인 유용함은 최후의 기준이 아니며 자신이 이룩한 행복이 궁극적인 가치를 지니는 것도 아니다. 회개에 이르게 하는 자신의 죄를 인식하는 것 같은 실제적인 사고는 불편하고 고통스럽거나 일시적으로 우울하게 할런지 모르지만 궁극적으로는 우리에게 최고의 유익을 준다(고후 7:8-11; 약 4:9-10).[124] 신학은 우리가 고백해야 하고 반대해야 하는 죄악된 경향성인 자아 높임의 인지 왜곡에 빠지는 인간의 성향을 보도록 가르친다. 그 죄악된 경향성은 테일러와 브라운이 제안한 것처럼 육성되고 장려되어야 하는 가치 있는 인간의 자원이 아니다.[125]

둘째, 신학은 우리 자신을 보다 높게 생각하는 우리의 죄악된 경향성을 대항하는 세 가지 수단들을 제공한다. 신학 역사는 종종 주시를 받지는 못했지만 그리스도를 따르는 자들은 자아 비판적이어야 하고 다른 이로부터의 비판에 열려 있고 겸손해야 한다는 수많은 권고들을 해 왔다. 성령과 하나님의 말씀으로 조명된 자아비판은 인식 왜곡들을 찾아내기 위해 돕는 출발점으로 여길 수 있다.[126] 그러나 자신의 잘못을 보는 우리의 능력은 제한되어 있으므로 우리는 또한 다른 사람으로부터의 비판에 열려 있을 필요가 있다.[127] 잠언 27장 17절은 그것을 말한다. "철이 철을 날카롭게 하는 것같이 사람이 그 친구의 얼굴을 빛나게 하느니라."[128] 심지어 베드로와 바나바는 그들에게 그들의 잘못된 행동을 보여주기 위해 바울이 필요했다(갈 2:11-14).

신학은 또한 겸손해야 할 필요를 우리에게 상기시킨다.[129] 우리가 우리 자신을 사회의 픽션들, 자아 기만들, 진리의 왜곡들을 받아들임으로 쉽게 유혹을 받고 속임을 잘 당하는 피조물로 볼 때에[130] 우리는 겸손에 대한 우리의 필요성을 알아야 한다. 겸손한 태도는 우리의 불신자와의 관계에서와 마찬가지로 그리스도의 몸 안에서 우리로 하여금 서로를 잘 섬기게 할 수 있다. "서로 겸손으로 허리를 동이라"(벧전 5:5). "서로를 향하여 겸손함으로 범사에 온유함을 모든 사람에게 나타내라"(딛 3:2). 이와 같은 권면을 따르면 우리는 모두에게 너무 공통된 자아 높임의 인식 속성과 자아 높임의 비교에 빠지는 경향이 적게 될 것이다.[131]

셋째, 신학은 이 땅에서의 미래에 대한 부풀어진 관점으로 행복을 찾는 필요성을 감소시키는, 영원한 천국의 행복에 대한 희망을 우리에게 제공한다. 우리는 이 세상에서 궁극적인 행복을 찾거나 우리의 문화에 적응하도록 부름 받지 않는다. "너희는 이 세대를 본받지 말고 오직 마음을 새롭게 함으로 변화를 받아"(롬 12:2)라고 우리에게 명령된 것이다. 말씀은 우리에게 이 세상은 우리의 집이 아니라 우리는 세상에서 이방인과 나그네라고 상기시킨다(벧전 2:11). 우리의 마지막 시민권은 하늘에 있다(빌 3:20). 우리는 그리스도의 재림과 우리의 창조주이며 구속자이신 하나님과 영원히 교제하는 천국의 행복에 궁극적인 희망을 두며 우리는 땅의 미래에 대한 낙천적인 관점을 비현실적으로 날조할 필요가 적게 될 것이다(눅 12;18-20; 약 4:13-16).

넷째, 신학은 우리에게 자비, 용서와 그리스도 안에서 자아 높임의 속성과 자아 높임의 비교에 빠지는 우리의 필요성을 감소시킬 수 있는 새로운 정체성을 제공한다. 복음은 우리가 우리의 행위나 우리의 우월성을 통해 하나님으로부터 우리의 수용을 얻을 필요가 없다고 가르친다. 우리의 구원은 그리스도를 믿음으로 받게 되는 하나님의 자비로운 선물이다(엡 2:8-9). 그리스도 안에 있는 모든 사람들은 그리스도가 대신 죄 값을 치르므로 인해 새 피조물이며 하나님과 화목하여 하나님 앞에서 의롭게 되었다(고후 5:17-21). 우리가 십자가 앞에서 평등함(롬 3:22-23)과 그리스도 안에서 평등함(갈 3:26-28)을 묵상할 때에 우리는 다른 사람보다 자신을 더 높여서 세우는 사회의 만행을 통해 자아 강화를 하는 경향을 적게 할 수 있다. 신약성경의 작가들은 결코 사회적 비교를 통해 아래로 향하도록 하지 않고(고후 10:12; 갈 6:4-5), 오직 신령한 모델을 쫓아 위로 향하도록 하며(빌 3:17; 히 13:7) 그리고 궁극적으로는 주 예수 그리스도(고전 11:1; 살전 1:6)

제15장 우리 자신을 더 높이는 사고에 대한 심리학과 신학적 분석

에게까지 자라도록 격려한다.

마지막으로 다섯째, 신학은 우리에게 사고의 거룩함을 위해 싸울 강제적인 동기를 제공하며 순수한 지성의 성화(noetic sanctification)라 불리는 것을 찾도록 하는 동기를 제공한다. 성경은 반복하여 우리에게 그리스도의 정신과 일치하는 진실하고 온전한 사고를 추구하도록 권면한다(롬 12:3; 벧후 3:1). 우리를 부르신 거룩한 자처럼 그리스도인들이 모든 행실에서 거룩하게 되기를 바란다(벧전 1:15-16). 아마 이것은 우리 자신과 다른 사람에 대한 자신의 사고에서 거룩함을 향해 분투하는 것을 포함한다. 비그리스도인들은 자아 높임의 속성과 비교를 버리는 것을 강요당하지 않는다. 그러나 예수 그리스도는 자비와 진리로 충만하며(요 1:14) 정말로 진리이신(요 14:6) 분이시다. 진리의 성령이 거하는 그리스도의 제자들은(요 14:16-17) 진리로 충만한 생각을 하도록 부르심을 받았다. 이것은 모든 우리의 마음을 다하여 주 우리 하나님을 사랑하라는 것을 의미한다.

3. 요약

본장은 드물게 신학과 사회심리학 사이에서의 상호작용에 대하여 철저히 연구된 지형을 탐험하였다. 그것은 심리학이 기독교상담에서 축소될 수 있는 것이 아니라 그리스도인들이 상호작용함으로 많은 하위분야로 구성될 수 있다는 조언을 제공한다. 나는 또한 사회심리학이 인간 죄의 사변적인 효과를 드러냄으로서 몇몇 구체적인 인식 메커니즘의 언구에 중요한 빛을 냈다고 토론하였다. 종종 우리는 자아 높임 속성과 자아 높임 비교에 빠져 원래 우리보다 더 높이 자신을 생각한다.

나는 좀더 신학이 사회심리학에 가치 있는 어떤 것을 제공한다는 것을 확립하려고 시도하였다. 투사주의자들(일치모델 제안자들)을 위해 신학은 종교적인 보완재들과 심리학적인 원리들의 실례를 제공한다. 기독교화주의자들(통합모델 제안자들)을 위해서는 신학은 교정책들과 잘못된 심리학적인 주장들에 도전들을 제공한다. 신학은 최근에 몇몇 사회심리학자들에 의해 제안된 사람들의 삶의 질을 높이는 창조적인 자아 기만을 활발하게 배양해

야만 한다는 잘못된 개념들을 바로 잡아 준다. 또한 신학은, 우리가 자아 높임의 인지 왜곡들은 고백되어져야 하는 죄로서 우리 자신과 다른 사람들에 대해 겸손하고, 진실하고, 복음으로 계몽된 사고를 통해 대항해야만 하는 죄로서 이름을 붙여야 한다고 가르친다.

■주(Notes)

1) 이 견해는 일반사람들에게만 통용되는 것이 아니라 *Psychology and Christianity: Integrative Reading*을 편집한 J. R. Fleck, & J. D. Carter와 같은 심리학자들의 견해와 일치한다. 이 책의 제목은 심리학과 기독교이지만 전체 34장 중에서 90% 이상에 해당되는 31장이 임상심리학이나 발달심리학 같은 내용을 다루고 이 책을 집필한 학자들의 관심도 대부분이 임상심리학이나 상담심리학과 같은 심리학에 관심을 보여주고 있고 신학에는 관심이 적은 편이다.

2) John Carter, & Bruce Narramore, *The Integration of Psychology ann Theology: An introduction* (Grand Rapids: Zondervan, 1979); Gary R. Collins, (ed.) *Christian Counseling* (Dallas: Word, 1988); C. Stephen Evans, *Preserving the Person* (Grands Rapids: Baker, 1982); Stanton L Jones, & Richard E. Butman, *Modern Psychotherapies: A Comprehensive Christian Appraisal* (Downers Grove, IL.: InterVarsity, 1991).

3) Jay E. Adams, *Competent to Counsel* (Grands Rapids: Baker, 1970); Dave Hunt, & T. A. McMahon, *The Seduction of Christianity* (Eugene, OR.: Harvest House, 1985); Martin Bobgan, & Deidre Bobgan, *Psychoheresy; The Psychological Seduction of Christianity* (Santa Barbara, CA.: Eastgate, 1987); John MacArthur, *Our Sufficiency in Christ* (Dallas: Word, 1991).

4) Robert A. Baron, & Donn Byrne, *Social Psychology*, 7th ed. (Boston: Allyn & Bacon, 1994), 8.

5) 모든 인지적 왜곡이 자기를 높이는 것은 아니다. 인간의 사고에 있어서 일반적인 오류는 필요한 자아 높임이 아닌 잘못된 논리의 결과일 수도 있다. 인간의 사고에 있어서 잘못은 예를 들면, 선행적인 사건을 부인하는 것, 상호관계의 통계에서 잘못 추론된 결과를 받아들이는 것 등이다. 본 연구는 자아 높임이라는 인지 왜곡의 항목에 특별히 초점을 맞추고 있다.

6) Stephen K. Moroney, "The Noetic Effects of Sin: A Historical and Contemporary Exploration of How sin Affects Our Thinking" (Landham, MD.: Lexington Books, 2000), especially appendix 2.

7) Stephen K. Moroney, "How Sin Affects Scholarship: A New Model," *Christian Scholar's Review* 28(1999): 432-51.

8) 사회심리학에서 발견하는 두 가지 형태의 인지적 왜곡에 대한 설명이 가치가 있다고 인정할지라도 나는 자아 높임의 인지적 왜곡 같은 잘못된 인지적 환상에 대한 분류는 어느 정도까지나 가변적으로 나눈 것으로 인정한다(Shelley E.

& Jonathon D. Brown, "Illusion and Well-Being: A Social Psychological Perspective on Mental Health," *Psychological Bulletin* 103<1988>: 194). 사회심리학 문헌에 관한 나의 초창기의 연구는 David G. Myers의 Social Psychology, 5th ed. (New York: McGraw-Hill, 1966)의 2장과 3장의 연구결과로 시작되었다.

9) J. E. R. Luginbuhl, D. H. Crowe, & J. P. Kahan, "Causal Attributions for Success and Failure," *Journal of Personality and Social Psychology* 31 (1975): 86-93.

10) B. F. Whitley, & I. H. Frieze, "Measuring Causal Attributions for Success and Failure: A Meta-Analysis," *Journal of Educational Psychology* 77 (1985): 608-16.

11) B. F. Whitely, & I. H. Frieze, "Measuring Causal Attributions for Success and Failure: A Meta Analysis of the Effects of Question-Wording Style," *Basic and Applied Social Psychology* 7 (1986): 35-51.

12) B. Mullen, & C. A. Riordan, "Self-Serving Attributions for Performance in Naturalistic Setting: A Meta-Anylytic Review," *Journal of Applied Social Psychology* 18 (1988): 3-22.

13) M. H. Davis, & W. G. Stephan, "Attributions for Exam Performance," *Journal of Applied Social Psychology* 10 (1980): 235-48.

14) R. Nauta, "Task Performance, & Attributional Biases in the Ministry," *Journal for the Scientific Study Religion* 27 (1988): 609-20

15) J. D. Gray, & R. C. Silver, "Opposite Sides of the Same Coin: Former Spouses' s Divergent Perspectives in Coping with Their Divorce," *Journal of Personality and Social Psychology* 59 (1990): 1185.

16) B. R. Schlenker, "Group Members' Attributions of Responsibility for Prior Group Performance," *Representative Research in Social Psychology* 6 (1975): 96-108.

17) Ibid. B. R. Schlenker, & R. S. Miller, "Egocentrism in Groups: Self-Serving Biases or Logical Information Processing?" *Journal of Personality and Social Psychology* 35 (1977): 755-64.

18) Richard M. Sorrentino, & E. Tory Higgins, "Motivation and Cognition: Warming Up to the Synergism," *Handbook of Motivation and Cognition*, Richard M. Sorrentino, & E. Tory Higgins (eds.) (New York: Guilford, 1986), 3-19. P. E. Tetlock, & A. Levi, "Attributional Bias: On the Inconclusiveness of the Cognition-Motivation Debate," *Journal of Experimental Social Psychology* 18 (1982): 68-88.

19) Ziva Kunda, "The Case for Motivated Reasoning," *Psychological Bulletin* 108 (1990): 480, 493.

20) Taylor, & Brown, "Illusion and Well-Being," 193.

21) Susan T. Fiske, & Shelley E. Taylor, *Social Cognition* (Reading, MA.: Addison-Wesley, 1984), 88.
22) G. R. Goethals, "Fabricating and Ignoring Social Reality: Self-Serving Estimates of Consensus," *Relative Deprivation and Social Comparison: The Ontario Symposium*, James M. Olson, C. Peter Herman, & Mark P. Zanna (eds.) (Hillsdale, NJ.: Erlbaum, 1986), 4:135-57.
23) Note 5에서 언급한 것처럼 다른 사람의 탓으로 돌리는 모든 것이 비뚤어진 것이라고 언급하는 것은 아니다. Baron과 Byrne은 남의 탓하기가 다른 사람들의 행동의 원인을 알아내려고 하는 사람들이 일정한 인지적 단계를 밟아갈 때 거쳐 가는 고단수의 합리화 과정이라고 주장한다(*Social Psychology*, 63). 그러나 대부분의 사람들은 편견을 가지고 다른 사람의 탓으로 돌리는 일을 계속한다. 이러한 편견들을 연구하는 것이 이 연구보고서의 핵심과제이다.
24) Myers, *Social Psychology*, 80. 기본적으로 남의 탓하기의 잘못은 대응편견이나 치우친 경향성으로 알려져 있는데 이것은 다른 말로 하면 인간행동이 개인적인 역량을 반영하고, 개인적인 역량에 의해 다스려지는 정도를 과대평가하며, 동시에 환경의 영향력이나 민감한 반응은 과소평가하려는 경향성을 말한다 (D. Dunning, et al., "The Overconfidence Effect in Social Prediction," *Journal of Personality and Social Psychology* 58<1990>: 569).
25) E. E. Jones, & V. A. Harris, "The Attribution of Attitudes," *Journal of Experimental Social Psychology* 3 (1967): 1-24. Note, however, the exception that "people in happier relationships blame outside forces or unusual circumstances, not their spouse." (J. C. Pearson, "Positive Distortion: 'The Most Beautiful Woman in the World,' " *Making Connections*, Kathleen M. Galvin, & Pamela J. Cooper (eds.) (Los Angeles: Roxbury, 1996), 176.
26) G. S. Zucker, & B. Weiner, "Conservatism and Perceptions of Poverty: An Attributional Analysis," *Journal of Applied Social Psychology* 23 (1993): 925-43.
27) Jean-Leon Beauvois, & N. "Dubois, "The Norm of Internality in the Explanation of Psychological Events," *European Journal of Social Psychology* 18 (1988): 299-43.
28) J. G. Miller, "Cultural Influences on the Development of Conceptual Differentiation in Person Description," *British Journal of Developmental Psychology* 5 (1987): 309-19. L. S. Newman, "How Individualists Interpret Behavior: Idiocentrism and Spontaneous Trait Inference," *Social Cognition* 11 (1993): 243-69.
29) Leslie Zebrowitz-McArthur, "Person Perception in Cross-Cultural Perspective," *The Cross-Cultural Challenge to Social Psychology*, Michael Harris Bond (ed.)

(Newbury Park, CA.: Sage, 1988), 254.
30) Y. Kashima, & H. C. Triandis, "The Self-Serving Bias in Attributions as a Coping Strategy: A Cross-Cultural Study," *Journal of Cross-Cultural Psychology* 17 (1986): 83-87.
31) T. A. Chandler et al,, "Multiattributional Causality: A Five Cross-National Samples Study," *Journal of Cross-Cultural Psychology* 12 (1981): 207-21.
32) G. J. O. Fletcher, & C. Ward, "Attribution Theory and Processes: A Cross-Cultural Perspective" *The Cross-Cultural Challenge to Social Psychology*, Michael Harris Bond (ed.) (Newbury Park, CA.: Sage. 1988), 235.
33) H. L. Mirels, "The Avowal of Responsibility for Good and Bad Outcomes: The Effects of Generalized Self-Serving Biases," *Personality and Social Psychology Bulletin* 6 (1980): 299-306.
34) J. Greenberg, T. Pyszczynski, & S. Solomon, "The Self-Serving Attributional Bias: Beyond Self-Presentation," Journal of Experimental Social Psychology 18 (1982): 56-67. D. Frey, "Reactions to Success and Failure In Public And Private Conditions," *Journal of Experimental Social Psychology* 14 (1978): 172-29.
35) A. G. Greenwald, & S. J. Breckler, "To Whom Is the Self-Presented?" *The Self and Social Life*, Barry R. Schlenker (ed.) (New York: McGraw-Hill, 1985), 126-45.
36) G. Weary et al., "Self-Presentation and the Moderation of Self-Serving Attributional Biases," *Social Cognition* 1 (1982): 140-59. Barry R. Schlenker, J. R. Hallam, & N. E. McCown, "Motives and Social Evaluation: Actor-Observer Differences in the Delineation of Motives for a Beneficial Act," *Journal of Experimental Social Psychology* 19 (1983): 254-73.
37) Greenwald, & Breckler, "To Whom Is the Self Presented?" 129.
38) J. Greenberg, T. Pyszczynski, & S. Solomon, "The Causes and Consequences of a Need for Self-Esteem: A Terror Management Theory," *Public Self and Private Life*, Roy F. Baumeister (ed.) (New York: Springer-Verlag, 1986), 195.
39) 본장에서 언급된 몇몇 연구가들은 대부분의 사람들은 낮은 자존감으로 고통을 당했는데 그들 자신에 대한 부풀려진 평가가 그들의 심한 열등감으로부터 그들을 지켜줄 방어기제가 되었다고 주장했다. 비록 이러한 견해는 이 견해를 반대하는 증거를 인정하지 않는다는 의미에서 거의 일방적인 이데올로기적인 주장처럼 보일 수는 있지만 가설적으로는 가능한 이론이다. 사람들이 그들의 속성이나 비교에서 자기비하를 하고 있을 때(일부의 사람들이 이렇게 한다) 이렇게 열등감을 전제하는 대해서 액면가치 정도의 이익이 있는 것으로 인정

된다. 사람들이 그들의 속성이나 비교에서 자아 높임을 하고 있을 때(대부분의 사람들이 이렇게 한다) 이렇게 하는 것도 열등감의 전제를 극복하기 위한 방어기제로서 설명된다. 의심할 것 없이 어떤 사람들은 낮은 자존감으로 고통을 겪고, 그들의 능력은 과소평가를 받고, 하나님의 형상으로 창조된 인간으로서 그들의 가치를 깨닫는 데 실패한다. 더욱이 이러한 사람들의 하부구조는 그들의 깊은 부적절감을 보상하기 위하여 웅대한 환상을 드러낸다. 그러나 사회심리학적 조사가 그 연구에서 직접적으로 얻은 결과를 옳게만 해석한다면 그 연구의 결과는 대부분의 사람들이 낮은 자존감 보다 오히려 교만으로부터 고통을 겪는다는 것을 보여준다. 이 장의 두 번째 부분에서 신학은 우리의 인간적 상태에 대해서 사회심리학과 똑같은 분석을 제공한다는 것을 보여줄 것이다. 그것은 성경이 우리가 마땅히 해야 하는 것보다 낮게 자신을 생각하는 것에 대해서는 경고하지 않고 우리가 마땅히 해야 하는 것보다 높게 자신을 생각하는 것에 대해서는 경고하는 이유이다.

40) M. L. Snyder, W. G. Stephan, & D. Rosenfield, "Attributional Egotism," *New Directions in Attribution Research*, John H. Harvey, William John Ickes, & Robert F. Kidd (eds.) (Hillsdale, NJ.: Erlbaum, 1978), 2:113.

41) David G. Myers, & J. Ridl, "Can We All Be Better Than Average?" *Psychology Today* (August 1979), 89-98. 각주 5, 23, 39 등에 언급된 것처럼 나는 우리 모두가 자신을 다른 사람과 관련지을 때 항상 우호적으로만 비교하지 않는다는 것을 알게 되었다. 어떤 사회적 비교 속에서 우리는 종종 다른 사람이 소유하고 있는 바람직한 자질, 속성, 관계능력 등이 자신에게는 부족하다는 것을 느낀다. 그리고 이러한 사실은 늘 우리 자신에게 시기심을 일으킨다.

42) D. Dunning, J. A. Meyerowitz, A. D. Holzberg, "Ambiguity and Self-Evaluation," *Journal of Personality and Social Psychology* 57 (1989): 1082-90.

43) G. R. Goethals, D. M. Messick, & S. T. Allison, "The Uniqueness Bias: Studies of Construction Social Comparison," *Social Comparison: Contemporary Theory and Research*, Jerry Suls, & Thomas Ashby Wills (eds.) (Hillsdale, NJ.: Erlbaum, 1991), 172.

44) O. Svenson, "Are We All Less Risky and More Skilled Than Our Fellow Drivers?" *Acta Psychologica* 47 (1981): 143-8.

45) S. N. Brenner, & E. A. Molander, "Is the Ethics of Business Changing?" *Harvard Business Review* (January-February 1977): 64-6.

46) Dunning, Meyerowitz, & Holzberg "Ambiguity and Self-Evaluation," 1082. Original results reported in College Board, *Student Descriptive Questionnaire*

(Princeton, NJ.: Educational Testing Service, 1976-1977).
47) R. T. Blackburn et al., "Are Instructional Improvement Programs Off-Target?" *Current Issues in Higher Education* 1(1980): 37. 한 연구보고서는 놀라울 정도로 94%의 교사들이 자신들을 평균보다 훌륭한 교사로 보았고 68%의 교사들은 강의능력에 있어서 선두의 4분의 1그룹에 속한다는 응답의 결과를 발표했다. K. P. Cross, "Not Can But Will College Teacher Be Improved?" *New Directions for Higher Education* 17 (Spring 1977): 10.
48) B. Headey, & A. Wearing, "The Sense of Relative Superiority-Central to Well-Being," *Social Indicators Reserch* 20 (1988): 503. 배우자 혹은 파트너의 역할에서 총 데이터의 합계가 101.1%가 되었는지에 대해서 확실하지 않다.
49) Ibid., 497, 499.
50) M. D. Alicke et al., "Personal Contact, Individuation and Better Than Average Effect," *Journal of Personality and Social psychology* 68 (1995); 804-25.
51) L. S. Perloff, & B. K. Fetzer, "Self-Other Judgements and Perceived Vulnerability to Victimization," *Journal of Personality and Social Psychology* 50 (1986): 505.
52) Thomas Ashby Wills, "Downward Comparison Principles in Social Psychology," *Psychological Bulletin* 90(1981): 245. See also the literature review by Thomas Ashby Wills, "Similarity and Self-Esteem in Downward Comparison," *Social Comparison: Contemporary Theory and Research*, Jerry Suls, & Thomas Ashby Wills (eds.) (Hillsdale, NJ.: Erbaum, 1991), 51-78. 낮은 쪽을 향한 비교는 자신에 관하여 더 좋게 느끼도록 하지만 높은 쪽을 향한 비교는 우리의 삶에 있어서 적극적으로 분명한 변화를 만들도록 자극을 준다. P. Brickman, & R. J. Bulman, "Pleasure and Pain in Social Comparison," *Social Comparison Processes: Theoretical and Empirical Perspectives*, Jerry M. Suls, & Richard L. Miller (eds.) (Washington, D. C.: Hemisphere, 1977), 149-86.
53) 가상적인 비교와 실제적인 비교 사이의 결과를 뚜렷하게 보여주었던 7차례의 연속실험을 한 후에 Alicke는 "평균보다 더 훌륭하다는 인식"을 가진 사람들은 비교할 때 마땅히 고려해야 할 조건들을 무시하기 때문에 이러한 현상은 널리 퍼지고 강한 영향력을 미치고 있다고 주장한다("Personal Contact," 822).
54) J. D. Campbell, "Similarity and uniqueness: The Effects of Attribute Type. Relevance, and Individual Differences in self-esteem and depression," *Journal of Personality and Social Psychology* 50 (1986); 281.
55) E. Babad, M. Hills, & M. O' Driscoll, "Factors Influencing Wishful Thinking and Predictions of Election Outcomes," *Basic and Applied Social Psychology* 13

(1992): 461-76. Donald Granberg, & Soren Holmberg, *The Political System Matters: Social Psychology and Voting Behavior in Sweden and the United States* (Cambridge: Cambridge University Press, 1988).
56) G. Marks, "Thinking One's Abilities Are Unique and One's Opinions Are Common," *Personality and Social Psychology Bulletin* 10 (1984): 203-8.
57) J. V. Wood, & K. L. Taylor, "Serving Self-Relevant Goals Through Social Comparison," *Social Comparison: Contemporary Theory and Research*, J. Suls, & T. Wills (eds.) (Hillsdale, NJ.: Erlbaum, 1991), 31.
58) Marks, "Thinking One's Abilities Are Unique," 203-8.
59) Goethals, Messick, & Allison, "Uniqueness Bias," 149-76, especially 166-8. 흥미로운 것은 남자들은 자신이 동료보다 뛰어나다고 계속해서 생각하고 있는 데 여성들은 도덕적인 차원에서 남성보다 그들이 훌륭하다고 주장한다는 것이다 (169).
60) R. Rosenblatt, "The 11th Commandment," *Family Circle*, December 21, 1993, 30
61) Ibid., 30. 알기 쉽도록 바꾸어 말한 것을 주의하라(예를 들면 종교적인 다양성을 고려해서, 회교사원에 출석하는 것도 안식일을 거룩하게 지키는 것과 같은 정도로 인정할 수 있다). Rosenblatt의 자료를 분석하면서 Mayer는 분석된 통계 자료의 반 이상은 잘못되었다고 밝혔는데 이 사실에 대해서 주의를 기울일 필요가 있다(Social Psychology, 58).
62) L. S. Robertson. "Car Crashes: Perceived Vulnerability and Willingness to Pay for Crash Protection," Journal of Community Health 3 (1977): 136-41.
63) N. D. Weinstein, "Unrealistic Optimism and Future Life Events," *Journal of Personalty* 39(1980): 818, 810.
64) Ibid., 810.
65) Perloff and Fetzer, "Self-Other Judgements," 504. 흥미롭게도 어떤 특별한 분야의 약점이 적을 것이라는 환상은 그 분야에서 그들 자신들을 평범한 일반인이나 평범한 대학생들과 비교할 때에 주로 나타난다. 그런데 이러한 비교가 그들의 친구나 가족들을 대상으로 실시되면 약점이 적을 것이라는 환상은 대체적으로 사라진다.
66) Ibid., 810.
67) Ibid., 441-460.
68) N. D. Weinstein, & E. Lachendro, "Egocentrism as a Source of Unrealistic Optimism," *Personality and Social Psychology Bulletin* 8 (1982): 195-200.
69) Dunning et al., "Overconfidence Effects," 572-76. 어떤 대상에 관하여 100% 확

신이 있다고 하는 것은 80% 확신이 있다고 하는 것보다 예상되는 결과의 정확성이 부족하다. Iibid., 574.
70) R. Vallone et al., "Overconfident Prediction of Future Actions and Outcomes by Self and Others," *Journal of Personality and Social Psychology* 58 (1990): 582-92.
71) J. M. Burger, & M. L. Palmer, "Changes in and Generalization of Unrealistic Optimism Following Experiences with Stressful Events: Reaction to the 1989 California Earthquake," *Personality and Social Psychology Bulletin* 18 (1992): 39-43.
72) Taylor, & Brown, "Illusion and Well-Being," 197.
73) R. Luhtanen, & J. Croker, "Self-Esteem and Intergroup Comparisons: Toward a Theory of Collective Self-Esteem," *Social Comparison: Contemporary Theory and Research*, Jerry Suls, & Thomas Ashby Wills (eds.) (Hillsdale, NJ.: Erlbaum, 1991), 211-34.
74) M. B. Brewer, "Ingroup Bias in the Minimal Intergroup Situation: A Cognitive-Motivational Analysis," *Psychological Bulletin* 86 (1979): 307-24. S. Hinkle, & J. Schopler, "Bias in the Evaluation of In-Group and Out-Group Performance," *Psychology of Intergroup Relations*, Stephen Worchel, & William G. Austin, 2nd (ed.) (Chicago: Nelson-Hall, 1986), 196-212.
75) Luhtanen, & Crocker, "Self-Esteem and Intergroup Comparisons," 214.
76) Ibid. H. Tajfel, & J. C. Turner, "The Social Identity Theory of Intergroup Behavior," *Psychology of Intergroup Relations*, Stephen Worchel, & William G. Austin, 2nd (eds.) (Chicago: Nelson-Hall, 1986), 7-24.
77) David G. Myers, *The Inflated Self* (New York: Seabury, 1980), 37.
78) W. Klein, & Ziva Kunda, "Maintaining Self-Serving Social Comparisons: Biased Reconstruction of One's Past Behaviors," Personality and Social Psychology Bulletin 19(1993): 732-39. Klein과 Kunda는 사람들은 그들이 다른 사람에 대한 그들의 신념을 왜곡시키거나 자신들에 대한 그들 자신의 신념을 왜곡시킴으로 그들이 다른 사람보다 우수하다는 것을 스스로에게 확신시키고 있다고 결론을 내린다.
79) N. A. Kuiper et al., "Self-Schema Processing of Depressed and Nondepressed Content: The Effects of Vulnerability to Depression," *Social Cognition* 3 (1985): 77-93.
80) Kunda, "The Case for Motivated Reasoning," 489-90.
81) T. Pyszczynski, J. Greenberg, & K. Holt, "Maintaining Consistency Between Self-

Serving Beliefs and Availlabel Data: A Bias in Information Evaluation," Personality and Social Psychology Bulletin 11(1985): 179-90.
82) P. Glick, D. Gottesman, & J. Jolton, "The Fault Is Not in the Stars: Susceptibility Of Skeptics and Believers in Astrology to the Barnum Effect," *Personality and Social Psychology Bulletin* 15(1989): 580.
83) Myers, *Social Psychology*, 69.
84) Taylor, & Brown, "Illusion and Well-Being," 195.
85) J. Friedrich, "On Seeing Oneself as Less Self-Serving Than Others: The Ultimate Self-Serving Bias?" *Teaching of Psychology* 23 (April 1996): 107.
86) H. Richard Niebuhr, *Christ and Culture* (New York: Harper & Row, 1951). Carter와 Narramore는 Intergration of Psychology and Theology의 72쪽 n. 2에서 Niebuhr의 저서를 많이 참고했다고 밝히고 있다. 저자의 관점은 심리학에 대한 기독교의 반응에 초점이 맞춰져 있기 때문에 저자는 Carter와 Narramore에 의해 제공된 모형 중에 신령한 부분을 다룬 내용에 집중하고 있다. Carter와 Narramore의 두 가지 접근인 Against 모델과 Of 모델은 사회심리학의 영역에서 보다 심리치료의 영역에 더 관계가 깊다는 것이 주시되어야 한다. 성서의 가치를 사회심리학의 가치정도로 감소시키거나 성경을 사회심리학의 기준에 맞추는(쿠키 자르는 기계 속으로 집어넣는 것처럼) 크리스천들은 사려깊지 못한 사람들이다. 동일하게 Against 모델의 주장자들은 사회심리학자가 아닌 프로이드나 로저스 같은 세속 심리치료사들의 반기독교적인 주장이라고 그들이 이해하고 있는 것에 대한 비판을 목표로 하고 있다. 이 논문의 전반부의 쟁점은 사회심리학이 기독교신학에 제공할 가치 있는 통찰력을 가지고 있다는 것이기 때문에 나는 본 논문에서 Of 모델과 Against 모델을 더 이상 다루지 않을 것이다.
87) Larry J. Crabb Jr. "Biblical Counseling: a Basic View," CAPS Bulletin 4 (1978):1-6. 나의 견해에 의하면 신학과 심리학의 관계에 대한 Crabb의 분류는 (1) 분리되었지만 동등한 관계(Separate but Equal), (2) 타락시키는 이집트인: 신학이 심리학에 뒤섞여 버린 관계(Spoiling the Egyptians), (3) 아첨하지 않는: 신학이 심리학을 반대하는 관계(Nothing Butterists), (4) 던져버린 샐러드: 심리학에 예속된 신학의 관계(Tossed Salad) 등으로 이렇게 네 가지로 나눌 수 있는데 이러한 분류는 Carter와 Narramore의 네 가지 분류인 (1) 평행관계(Parallels), (2) 통합관계(Integrates), (3) 반대관계(Against), (4) 예속관계(Of models) 등과 대체적으로 유사하다. 나는 이미 앞장에서 설명했기 때문에 반대관계와 예속관계에 대해서는 본 연구에서는 더 이상 거론하지 않을 것이다.

88) Jones, & Butman, *Modern Psychotherapies*, 17-38. 저자의 견해에 의하면 Jones와 Butman이 균형적 통합과 과학의 인간화(혹은 기독교화)라고 이름붙이는 균형주의는 Carter와 Narramore의 평행모델과 통합모델과 본질적으로 맥을 같이 한다. Jones와 Butman가 윤리적인 통합이라는 부르는 세 번째 범주는 심리학자로서 높은 기독교적인 도덕기준을 갖추는 것을 의미하는데 본 연구에서 제기되는 논제와는 직접 관련이 없기 때문에 논의에서 제외된다.
89) Carter, & Narramore, *Integration of Psychology and Theology*, 99.
90) Ibid., 98.
91) Jones, & Butman, *Modern Psychotherapies*, 20.
92) Myers, *Social Psychology*, 7; and David G. Myers and Malcom A. Jeeves, *Psychology Through the Eyes of Faith* (San Francisco: Harper & Row, 1987), 9.
93) Myers, & Jeeves, *Psychology Through the Eyes of Faith*, 17.
94) David G. Myers, "Yin and Yang in Psychological Research and Christian Belief" 39 (1987): 128-39. The Inflated Self에서 Myers의 연구와 Psychology Through the Eyes of Faith에서 Myers와 Jeeves의 연구는 평행모델을 넘어서 상호관계를 하는 통합모델로 움직이는 것을 보여준다. 1997년 5월 12일에 발표된 그의 연구에서 Myers는 어떤 특정한 모델을 강조하거나 설명하는 것이 아니라 심리학적인 연구가 단지 성경적인 관점이나 신학적인 관점과 어떻게 조화를 이룰 수 있는 지를 밝혀보고자 연구를 시작했다고 밝혔다.
95) Myers, & Jeeves, *Psychology Through the Eyes of Faith*, 134-5. Myers alludes to the same Scriptures in "Yin, & Yang,." (137) with the addition of Psalm 19:12.
96) Myers, "Yin, & Yang," 137-8.
97) 우리가 가지고 있는 작은 경험적 증거는 인지적인 왜곡에 대한 지식을 갖고 있다는 것만으로 이 이러한 왜곡들이 제거되는 것은 아니라는 사실이다. 최근에 사회심리학은 인지적 왜곡의 원인을 진단하는 데 도움을 주지만 치료의 방법은 제공하지 않는다. On this following studies: J. S. Croxton, & N. Morrow, "What Does It Take to Reduce Observe Bias?" *Psychological Reports* 55 (1984): 135-8; J. T. Johnson et al., "Causal Attribution and Dispositional Inference: Evidence of Inconsistent Judgments," *Journal of Experimental Social Psychology* 20 (1984); 567-85; J. S. Croxton, & A. G. Miller, "Behavioral Disconfirmation and the Observer Bias," *Journal of Social Behavior and Personality* 2 (1987): 145-52; G. D. Reeder, G. J. O. Fletcher, & K. Furman, "The Role of Observers' Expectations in Attitude Attribution," *Journal of Experimental Social Psychology* 25 (1989): 168-88; J. Krueger, & R. Clement, "The Truly False Consensus Effect:

An Ineradicable and Egocentric Bias in Social Perception," *Journal of Personality and Social Psychology* 67 (1994); 596-610; and Friedrich, "On Seeing Oneself as less Self-Serving," 107-9.

98) D. Kauffmann, "Belief and Behavior: Social Psychology and Christian Living," *Journal of Psychology and Christianity* 15 (1996): 47. 나의 견해에 의하면 크리스천 사회심리학자들은 단지 연구해서 기록만 해두는 지적 사색에 잠기는 잘못에 머물지 않고, 자아 높임의 편견을 감소시키거나 반대하도록 하는 가능성이나 방어기제를 개발하도록 창조적이면서 임상적으로 활용이 가능한 연구를 하도록 해야 한다. 이런 면에서 Sappington은 자아 기만에 대한 참된 이해를 위해서 주류 심리학에 의해서는 아직도 해결되지 못한 도전을 포함해야 한다고 주장했다. 그 도전이란 정확한 인식은 어떻게 증가될 수 있는가에 대한 해답을 제시하는 것이다.

99) Myers, "Yin, & Yang", 135-9.

100) Carter, & Narramore, *Integration of Psychology and Theology*, 100.

101) Ibid,, 104. Myers는 1997년 5월 12일에 발표된 연구에서 Carter와 Narramore를 인용하면서 균형주의자와 통합주의자(혹은 기독교화주의자)를 비교하는 것은 공정하지 못하다고 주장했다. 그는 그 이유로서 하나님은 모든 진리의 창조자이시고 전 세계의 창조자이기 때문에 어떤 가설을 설명할 수 있는 방법은 단 하나의 체계로만 존재하기 때문이라고 설명했다.

102) Jones, & Butman, *Modern Psychotherapies*, 20.

103) 24 Shelley Taylor, *Positive Illusion: Creative Self-Deception and the Healthy Mind* (New York; Basic Books, 1989), 214. 마지막 부분에서 Taylor는 L. B. Alloy와 L. B. Abramson의 초기 연구인 "우울상태에 있는 학생들과 그렇지 않은 학생들에게 불의한 사고가 일어날 가능성에 대한 연구: 우울하지만 현명한 사람(Judgement of Contingency in Depressed and Nondepressed Students: Sadder but Wiser?" *Journal of Experimental Psychology*: General 108 (1979): 441-85쪽에서 얻은 결론을 언급하고 있다.

104) Taylor, *Positive Illusion*, 215. Shellety E. Taylor, & Jonathon D. Brown, "Positive Illusions and Well-Being Revisited: Separating Fact from Fiction," *Psychological Bulletin* 116(1994): 22.

105) K. Dobson, & R. Franche, "A Conceptual and Empirical Review of the Depressive Realism Hypothesis," *Canadian Journal of Behavioural Science* 21 (1989): 419-33. D. Dunning, & A. L Story, "Depression, Realism, & the Overconfidence Effect: Are the Sadder Wiser When Predicting Future Actions and Events?"

Journal of Personality and Social Psychology 61 (1991): 521-32; and R. Ackerman, & R. J. DeRubeis, "Is Depressive Realism Real?" *Clinical Psychology Review* 11 (1991): 565-84.

106) Myers, *Social Psychology*, 174-7.
107) Taylor, & Brown, "Illusion and Well-Being," 197.
108) Ibid., 204.
109) Roy F. Baumeister, "The Optimal Margin of Illusion," *Journal of Social and Clinical Psychology*, 174-77.
110) Taylor, *Positive Illusions: Creative Self-Deception and the Healthy Mind*, 46.
111) Ibid., ix.
112) Ibid., 49.
113) Taylor, & Brown, "Illusion and Well-Being," 193.
114) Ibid., 204. Baumeister, "Optimal Margin," 177-81.
115) Baumeister, "Optimal Margin," 184. Taylor, *Positive Illusions*, 244.
116) Tayl or, *Positive Illusions*, 220.
117) Taylor, & Brown, "Illusion and Well-Being," 205.
118) C. R. Colvin, 과 J. Block은 "긍정적인 환상이 정신건강을 촉진시키는가?"에 관한 Taylor와 Brown의 견해에 대한 조사연구를 진행했고 이것의 결과는 "*Psychological Bulletin* 116(1994): 3-20"에 나와 있다. 이 연구에 대한 Taylor와 Brown의 응답은 "the *Psychological Bulletin*: Taylor and Brown, Positive Illusions and Well-Being Revisited, 21-27)"에 실려 있고 여기에 대한 Colvin와 Block의 재응답도 J. Block, & C. R. Colvin, "Positive Illusions and Well-Being Revisited: Separating Fiction from Fact"의 제목으로 같은 책인 *Psychological Bulletin* 116 (1994): 28쪽에 수록되어 있다.
119) J. Shedler, M. Mayman, & M. Manis, "The Illusion of Mental Health," *American Psychologist* 48 (1993): 1128. Shelley E. Taylor, & Jonathon D. Brown, " 'Illusion' of Mental Health Does Not Explain Positive Illusions," *American Psychologist* 49 (1994): 972-73; J Shedler, M. Mayman, & M. Manis, "More Illusions," *American Psychologist* 49 (1994): 974-6.
120) Shedler, Mayman, & Manis, "The Illusion of Mental Health," 1128.
121) Colvin, & Block, "Do Positive Illusion of Mental Health," 4.
122) Myers, *Social Psychology*, 62. 174. Taylor와 Block의 연구보고서인 *Positive Illusions: Creative Self-Deception and the Healthy Mind*에 대한 Myers의 평가를 주목해야 한다. Taylor와 Block의 주장은 "너 자신을 알라는 옛사람의 지혜는

제15장 우리 자신을 더 높이는 사고에 대한 심리학과 신학적 분석

진리이지만 정신건강은 적당하게 속임을 당하는 기술이 있을 때 얻어진다" 는 것이다. Ibid., 70.
123) Myers, & Jeeves는 "성경의 주요 인물들에게 적절한 적응능력, 즉 자신에 대해서 좋게 생각하고 세상에 관하여 긍정적인 느낌을 갖는 것이 그들의 생의 목표는 아니었다"고 인식하고 있다(*Psychology Through the Eyes of Faith*, 148).
124) 기독교인들이 자신에 대해서 올바르게 생각하는 것은 우울증에 대한 종신형 (평생토록 우울증을 앓는 것)을 받는 것과 같은 결과를 가져온다는 사실의 진위 여부에 대하여 중요한 질문을 제기한 Mark McMinn에 대해서 감사한다. McMinn은 은혜를 경험한 기독교인들은 우울하지 않으면서도 그들 자신을 실제적으로 정직하게 생각할 수 있는 가능성에 대해서 깊이 연구를 했는데 그 결과로 그는 훌륭한 기독교인들은 필연적으로 우울하다는 결론을 내릴 필요는 없다고 주장했다. 나의 세 번째와 네 번째의 해결책과 밀접하게 관련되어있는 McMinn의 견해는 종교적인 헌신과 행복 사이에 긍정적인 상호관계가 있다는 사실을 연구한 보고서로부터 지지를 받고 있다. D. Myers, *The Pursuit of Happiness* (New York: William Morrow, 1992), 183, 261. 이러한 실제적인 연구 외에 하나님의 사람들은 올 세상뿐만 아니라 현실의 세상에서도 행복을 누릴 수 있다는 것을 보여주는 많은 성경적인 가르침이 있다(왕상 1:40; 대상 12:40; 대하 30:26; 스 6:22; 느 12:43; 에 8:16-17; 시 16:11; 요 15:11; 행 13:52; 롬 15:13; 살전 3:9; 벧전 1:8-9). 성경은 기쁨은 환난 가운데서도 성령의 열매를 경험한 정상적인 기독교인의 삶의 일부라고 가르친다(눅 6:20-23; 롬 5:3-5; 고후 8:2; 살전 1:6; 약 1:2-4; 벧전 1:6,7). 성경의 같은 장(롬12장)에서 바울은 하나님의 은혜로서 기독교인들은 그들 자신에 대해서 올바른 판단을 하며(롬12:3) 동시에 기뻐하며 즐거워할 수 있다(롬12:12, 15)는 것을 가르친다.
125) Taylor, & Brown, "Illusion and Well-Being," 205.
126) Soren Kierkegaard, Attack upon "*Christendom* (1885; reprint, Princeton, NJ.: Princeton University Press, 1968); R. Montgomery, "Bias in Interpreting Social Facts: Is that a Sin?" *Journal for the Scientific Study of Religion* 23 (1984): 278-91: S. Mott, "Biblical Faith and the Reality of Social Evil," *Christian Scholar's Review* 9 (1980): 225-40.
127) R. Clark, & S. Gaede, "Knowing Together; Reflections on a Holistic Sociology of Knowledge," *The Reality of Christian Learning*, H. Heie, & D. L Wolfe (eds.) (Grand Rapids: Eerdmans, 1987), 55-86; W. Swartley, *Slavery, Sabbath, War, and*

Women (Scottdale, PN.: Herald Press, 1983).
128) 잘못과 속임수에 대한 해결책으로서 상호간섭의 가치를 연구한 Burwell의 연구서 참조: R. Burwell, "Epistemic Justification, Cultural Universals, and Revelation; Further Reflections on the Sociology of Knowledge," *The Reality of Christian Learning*, H. Heie, & D. L. Wolfe (eds.) (Grand Rapids: Eerdmans, 1987), 96.
129) M. D. Doss, "Humility in Theology: The Way of the Cappadocian Fathers," *Epiphany* 7(1987): 57-62.
130) Clark, & Gaede, "Knowing Together," 80.
131) 성경적인 고찰과 더불어 자아 높임의 인지적 왜곡에 대한 치료책은 기독교 신앙 의식에 참여함으로서 가능하다는 것을 깨닫도록 한 동방교회의 전통을 가진 한 그리스도인 친구에게 감사한다. 예를 들어 겸손함의 덕목을 얻기 위해서 그가 제시한 기독교인의 의식은 "주여, 나에게 자비를 베푸소서"의 기도를 반복하거나 주의 성찬(고전 11:27-29)에 참여해서 우리 자신을 돌아보는 것이다.

제16장

참여를 통한 이해: 심리학과 후비평적 인식론의 교차로를 향해서

데이비드 아란 윌리엄스(David Alan Williams)

생각은 행동의 자녀이다(Benjamin Disraeli, Vivian Grey, 1826).

두 학문의 통합을 시도하는 대화에서 우리는 자주 한 학문의 어떤 부분들이 다른 학문에 서로 어떤 도움을 줄 수 있는지에 대해 말하는 것을 듣게 된다. 우리는 대부분의 참여자들이 주로 말하기를 원하고 경청에는 별로 관심이 없는 태도를 보게 된다. 나는 이러한 추세에 반대한다. 철학자이자 신학자로서 나는 자신의 학문에 대한 통찰력을 얻기 위해 심리학자들의 말을 듣기를 원한다. 따라서 나는 본장에서 신학자와 철학자들을 위해 나의 관점에서 우리가 심리학으로부터 수집할 수 있는 지식에 관해 기술했다.

본장에서 지식에 대하여 철학 안에서 사용되는 언어를 살펴볼 것이다. 철학자들이 보통 말하는 지식이 무엇인지에 대한 논의로 시작하고자 한다. 일반적으로 지식이라고 사용되는 언어에 특별한 관심을 가지고 나는 아는 것에 대한 이해와 함께 또한 그것이 신학적 강연에 어떤 영향을 미칠 수 있는지에 대해 설명하겠다. 다음으로 나는 이 지식에 대한 이해의 적절함에 대한 질문을 현대 심리학에서 발견한 몇 가지에 대해 논의할 것이다. 나는 이러한 발견들이 우리가 "알다"라고 말할 때에 의미로 재개념화할 필요성을 제시하고 있음을 주장하게 될 것이다. 나는 이 지식에 대한 새로운 개념화가 어떤 것인지에 대해 제안하고 또한 이것이 신학적 강연에 도움을 줄 수 있는 방법들을 제시할 것이다.

1. 반영으로서의 앎

리처드 롤티(Richard Rorty)의 책 『철학과 자연의 거울』(Philosophy and the Mirror of Nature)에 나타난 바와 같이 전통적인 서구철학에서 정신을 이해하는 은유는 반영이었다. 철학적 작업은 세상에 대한 적절한 모습을 얻어내려는 시도이다. 즉, 세상은 거기에 있고 그것에 대한 우리와의 연결은 마음 안에 세상에 대한 적절한 모습을 가질 수 있는 능력이다.

이러한 반영에 관해서 우리는 보통 지식이라는 용어로 말한다. 반영하는 것은 아는 것이다. 세상에 대한 우리의 외침이 세상의 방식과 일치할 때 우리는 세상을 아는 것이다. 실제에 대해 왜곡하지 않는 객관적인 반영은 모든 진실에 대한 주장이자 판단의 기준으로서 기능한다. 왜냐하면 적절하게 보는 모든 사람들은 동일한 실제로 알고 있을 것이다. 문제는 물론 우리의 반영이다. 이것은 모든 종류의 편견과 왜곡으로 방해받고 있으며, 그로 인해 세상에 대한 정확한(객관적) 지식보다는 오히려 우리 자신이 창조(주관적)한 세상에 대한 인식을 갖게 된다.

우리의 주장과 세상의 방법 사이의 일치성을 구체화할 수 없을 때 우리는 팔 길이 정도의 주장을 가지고 그것을 단순한 믿음이라고 부른다. 만약 그 주장이 세상의 방법과 명백히 일치하지 않으면 우리는 그 주장을 거짓이라고 말한다. 이 은유 안에서 언어의 작업은 우리의 개인적 정신의 내부 세계와 공적인 외부 세계 간의 수도관 역할을 한다. 따라서 언어는 우리의 정신 안에서 실제로 창조된 그림에 대한 구두 언어를 제공하는 것이다.

반영이 정신을 이해하는 유력한 은유라는 롤티의 주장에 대한 증거는 아마도 대학의 철학 수업에 대한 소개처럼 익숙할 것이다. 당신이 지식에 대해서 생각할 때 무엇을 생각하는가? 1년 동안 철학 수업을 가졌던 다수의 사람들은 지식에 대한 표준적 정의인 "진정한 믿음을 변호하는 것"이라고 말할 것이다. 철학 수업에서 우리는 한 사람이 "안다"고 하기 전에 그는 "믿음"을 가져야 한다고 배운다. 지난 200년 동안 철학은 우선적으로 어떻게

제16장 참여를 통한 이해: 심리학과 후비평적 인식론의 교차로를 향해서

지식이 변호될 수 있는지에 대한 질문에 초점을 맞추어왔다. 그러나 대부분의 철학가들에게 "변호된 믿음"이 우리가 지식이라고 부르는 것과 흡사하다고 해도 아직도 부적절하다. 진심에서 우러나오는 지식을 가지고 있기 위해서는 누군가의 믿음이 변호되어야 할 뿐만 아니라 그 믿음이 진실이어야 한다.

믿음은 지식보다 선행되어야 한다. 그러므로 정의상 우리가 무언가를 안다고 주장하기 이전에 우리는 자신의 생각으로 아는 것을 말할 수 있어야 한다. 즉 우리는 믿음이 지식이 되기 이전에 인지적 믿음을 조리 있게 표현할 수 있어야 한다. 지식에 대한 이러한 접근은 우리가 알고 있는 것을 언제나 말할 수 있음을 의미하는 것이다. 만약 우리가 그것을 안다면 말할 수 있다. 만약 우리가 그것을 말할 수 없다면 그것은 알지 못하는 것이다. 즉 인식은 언제나 명제적인 것이다.

우리가 필히 지식을 인지적 믿음으로 간주할 때 우리는 의미라는 까다로운 문제에 직면하게 된다.[1] 만일 믿음, 또는 명제가 유용한 것이 되려면 그것은 언제나 이해되어야 하기 때문이다. 이것이 바로 우리로 하여금 언어가 우리에게 어떻게 작용하고 있는지 또한 철학자들이 의미 이론이나 언어의 철학이라고 부르는 것이 무엇인지에 관해 연구하게 만드는 것이다. 언어에 대한 초기의 논의들은 언어가 실제로 존재하는 방식으로 기초하는지 아니면 언어가 단순히 인간의 관례인지에 관한 것이었다.[2] 현대로 오면서 인식론에 훨씬 많은 관심을 가지게 되었고 결과적으로 롤티가 이를 언어적 전환이라고 말하게 되었다.[3]

만약 우리가 철학자들이 어떻게 언어를 사용하고 의미를 이해하는 지에 대한 철학의 역사를 읽게 된다면 최근에 가장 우세한 철학적 사상인 표상주의라는 책을 보게 될 것이다.[4] 표상주의의 기초적 사상은 언어가 묘사의 수단으로 기능한다는 것이다. 이것은 이성주의자들과 경험주의자들의 전통에 있어서도 사실이다.[5] 이성주의자의 전통적인 단어들은 실제로 존재하고 있는 사물에 대한 정신의 생각들을 나타내는 데 사용된다. 경험주의자의 전통에서 단어들은 경험의 자료나 감각의 연합을 나타낸다. 본질적으로 단어들은 대표성이 있다. 무엇을 어떻게 대표하는 문제에 대해 많은 논쟁이 있지만 결국 단어는 객체나 주체를 대표한다.

진리 이론의 적합성은 의미의 참조 이론[6]과 밀접하게 연관되어 있다. 왜냐하면 인식이 사실이기 위해서는 단어가 실제로 존재하는 방법과 일치해야 한다. 예를 들어 만약 내가 "그 집이 빨갛다"라고 말한다면 일단 내가 "그 집"이라고 말하는 것이 어떤 객체를 나타내는 지 분명하고 내가 "빨갛다"라고 말하는 그 색이 무슨 색깔인지 분명하다. 그런 후에 우리는 단순히 그 집을 보고 그것이 빨간지 보게 된다. 만약 그것이 베이지 색이면 나는 거짓 진술을 한 것이며 "그 집이 빨갛다"는 진술은 그 집의 실제 존재방식과 일치하지 않는 것이다. 그 집은 베이지 색이다. 이와 같이 사건이나 상태에 대한 진술이 진실이나 거짓일 수 있다는 점에 주목하는 것이 중요하다. 단어들은 오해(대상이 알려져 있지 않을 때)할 수 있으며 또는 애매모호(대상이 두개 이상의 객체를 지적할 때)할 수 있지만, 그러나 단어들은 거짓일 수 없다. 왜냐하면 단어의 진술만이 거짓일 수 있기 때문이며, 그렇다면 오직 진술만 진실일 수 있다. 진리 이론의 적합성은 서구철학에서 오랫동안 분명한 역할을 해 왔지만 그러나 이것은 철학자들이 언어 자체를 인식하려고 했던 계몽주의 시대부터이다.

2. 앎과 실제 사이의 간격

참조 이론 내에서(적합성 이론 포함) 앎과 실제 사이에는 간격이 있다. 간격의 한 면에는 묘사와 단어, 생각들이 있고 간격의 또 다른 면에는 그 단어들과 생각을 표현하는 객체가 있다.

인식론적 작업은 내부 청사진과 외부 실제 간의 간격에 다리를 놓는 것이다. 만약 우리의 지식이 외부적 실제와 내부적 청사진과 서로 같다면 어떻게 그 청사진이 정확하다고 확신할 수 있을까? 어떻게 우리는 그것이 왜곡되지 않은지 또는 악화되지 않았는지 우리 자신의 상상력의 창조물인지 확신할 수 있을까? 내부 세계와 외부 세계를 연결하는 딜레마를 해결하는 것은 17세기 철학자들의 관심사였을 뿐만 아니라 또한 최근의 사상가들에게도 관심사이다. 데카르트(Descartes)의 『교활한 악령』(Evil Genius)과 존 폴락(John Pollock)의 『큰 통 안의 두뇌』(Brain in the Vat)를 시나리오화한 '스타 트렉'(*Star Trek: The Next Generation episodes*)과 아놀드 슈왈제네거 (Arnold Schwarzenegger)가 주연한 '토탈 리콜'(*Total Recall*)은 그 문제에 대해 창조적인 설명을 제시한다. 주요한 인식론적 흐름이 정신 내부의 청사진과 외부 세계와의 간격에 다리를 놓기 위해 시도한 측면에서 나타나고 있다.[7]

나는 지식에 관해 우리가 사용하고 있는 언어에 주목하는 지적 역사에 대해 재고하고 있다. 특히 이것은 거울 은유에 관한 롤티의 주장과 연관된다. 요약하면 우선 지식에 대한 중요한 은유는 그것에 대한 '반영'이라는 것이다. 앎은 반영하는 것이다. 우리가 반영하는 것은 실제를 묘사하는 단어의 사용에 의해 나타난다. 묘사로서의 언어에 대한 이해는 우리가 아는 것을 말할 수 있어야 한다는 암시가 들어 있다. 두 번째 우리는 반영이 정확할 때 우리의 지식이 진실하다고 말하고 반영이 부정확하고 왜곡되었을 때 거짓이라고 간주한다. 세 번째 우리의 지식과 알려진 바에 의해 반영된 실제 간의 간격은 지식에 대한 고유한 개념에서 본질적이다. 이 간격은 현대의 사상가들에게 커다란 어려움을 주었고 결과적으로 두 가지 다른 반응들을 불러왔다. 어떤 사상가들은 이 간격에 다리가 놓아졌으며 지식은 외부 실제의 객관적 성격에 기초한다고 했으며, 다른 사람들은 이 간격에 다리가 놓아지지 않았고 지식이 개인적이고 공동체적인 건설과 함께 우리에게 남겨졌다고 주장했다.

3. 신학에서 지적 전통의 영향

지적 전통은 신학의 기초에 영향을 주었다.[8] 이것은 복음주의 신학에 분명하게 나타나 있다.[9] 거의 모든 복음주의 신학의 책을 보면 당신은 신학적 지식이 은유의 묘사적 형태를 취하고 있음을 알 수 있다. 예를 들어 삼위일체의 교리는 하나님의 본성에 대한 존재론적 묘사이다. 정통 기독론은 그리스도의 두 가지 본성과 함께 또 이것들이 서로 어떻게 연결되어 있는지 그리고 그리스도기 속죄에서 행한 일(주관적, 객관적으로)에 관해서 적절히 묘사하고 있다. 지적 전통의 영향은 특히 최근 신학자들이 일반적 계시의 교리와 특별 성경 교리와 서로 논쟁을 할 때 큰 영향을 미쳤다.

예를 들어 많은 사상가들은 의미의 참조 이론이 지난 2세기 동안 성경에 관한 많은 논쟁을 가속화했다고 보고 있다. 특히 최근의 오류논쟁에서 현저하게 나타났다. 논쟁의 한쪽에서는 성경이 명제적 진리의 신성한 의사소통이고 사물이 일어났던 방식의 신적인 묘사로 믿는 신학자들이 있었다. 이 입장의 지지자들은 성경 안에 주어진 묘사가 완전히 정확하지 않을 수 있다는 생각에 당혹스러워 한다. 왜냐하면 성경은 인간에게 전달된 하나님의 지식이기 때문에 이 이상의 완벽한 진리는 아무 것도 없으며, 즉 이것은 사건을 서술하는 완벽한 묘사이다. 이 묘사의 역사적이고, 과학적이고 지리학적이거나 다른 어떤 면에서 의문을 가지는 것은 하나님의 계시된 지식에 의문을 가지는 것이다. "만약 하나님이 성경의 저자로서 인정된다면 원문에 대한 어떤 실수도 생각할 수 없으며, 하나님의 올바른 성품이 논박 당하지 않아야 한다."[10]

그 논쟁의 다른 한편에는 자유주의자들이 있고 그들은 성경본문의 역사적, 과학적, 지리적 불일치와 함께 역사가, 고고학자, 과학자들이 발견한 사실과 조화할 수 있는 방법이 없다고 믿고 있다. 성경의 저작들은 그 시대의 다른 문학과 같은 유형의 편견과 역사적 부정확함을 반영하고 있다고 논쟁한다. 그러나 하나님의 계시를 명제적 진리로 생각하는 것은 잘못된 것이기 때문에 문제가 없다고 생각하고 있다. 대신에 이러한 신학자들은 "종교적 본질을 구성하는 어떤 기초적 경험 곧 종교적 언어가 그런 경험에 표현을 제공한다"는 관점에서 계시를 이해한다. 성경은 하나님으로부터 전달된 것이 아니라 우리가 믿음의 공동체에서 하나님의 역사하심을 어떻게 경험하였는지에 대한 표현이다. 낸시 머피(Nancey Murphy)는 "슐라이어마허(Schleiermacher)에 의하면 창조의 교리는 우주를 창조하시는 하나님의 행동을 묘사한 것이 아니고 모든 것이 하나님께 의지한다는 그리스도인의 깨달음을 표현한 것이다"[11]라고 진술하였다. 자유주의적 입장을 취하는 사람들은 성경이 역사적 사건들을 정확히 말해서가 아니라 하나님과의 주관적 경험을 기록한 것이기 때문에 가치가 있다고 한다.

우리가 지식을 이해하는 방법은 신학에 대단히 중요한 영향을 미치고 있으며, 특히 어떻게 우리가 하나님으로부터 오는 지식을 이해하는가에 대해

제16장 참여를 통한 이해: 심리학과 후비평적 인식론의 교차로를 향해서

서는 더욱 그렇다. 우리의 지식에 대한 첫 번째 은유는 거울(반사)이며, 우리는 성경을 묘사의 측면에서 본다. 특정한 사람들의 하나님과의 경험에 대한 주관적인 묘사와 또는 역사적 사건과 같은 객관적인 것에 대한 묘사가 있으며, 문제는 두 관점 모두에 진리의 요소들이 있다는 것이다.

4. 인지와 앎에 대한 심리학적 발견

비록 반사은유가 직관적으로 많은 사람들에게 호소력이 있다고 해도 마지막에 그것은 잘못 인도될 수 있다. 인지에 대한 심리학적 연구결과들이 이러한 결론을 지지하고 있다. 연구가 그렇게 간단한 것이 아니라는 결과를 보여주었다.

특정 감각기관이 인지하는 모든 내용들이 모두 다 뇌에 인지될 수 없다는 것은 잘 알려진 사실이다. 우리에게는 너무나 많은 자극들이 있다. 우리는 어떤 자극을 선택해서 주의하고 나머지는 무시한다. 심리학자들은 이것을 주의집중이라고 부른다. 그리고 우리가 세상을 경험할 때 마다 매 번 이것을 경험하게 된다.

아이를 양육하였던 사람들은 이 과정으로 인해 매우 당혹스러웠던 경험을 한 적이 있을 것이다. 우리 부부가 아들을 데리고 오후에 공원에서 놀았던 때를 기억해 볼 수 있다. 우리가 생각하기에 충분히 놀았다고 생각한 후에 아들을 불러 돌아가야 할 시간을 알렸다. 아들은 우리로부터 30야드 정도에 있었는데 전혀 대답하지 않았다. 우리는 다시 불렀다. "매튜야, 집에 갈 시간이다." 이번에는 조금 더 크게, 그리고 우리 목소리에 긴박함을 가지고 불렀다. 여전히 들리지 않았고 우리는 짐들을 싸기 시작하였다. 그리고 아내가 집에 저녁거리가 없다고 말하면서 가는 길에 맥도널드에 들려야겠다고 하였다. 그때 우리 아들이 갑자기 달려와서 기뻐하면서 자기는 맥도널드에서 저녁 먹는 것을 가장 좋아한다고 말하였다. 아들이 우리의 말을 들을 수 있는 능력이 급격히 상승한 것은 어떤 현상에서 기인한 것인가? 우리 모두와 같이 매튜는 그가 듣고 싶은 것을 듣는다. 아주 어릴 때부터 우리는 자신에게 중요하지 않다고 생각하는 것을 배제시키는 것을 배운다. 맥노

널드에서 먹는 것은 매튜에게 매우 중요하며, 그리고 그는 아주 먼 거리에서 놀랍게도 M자의 단어를 들을 수 있었다.

우리 모두가 지금 같은 일을 하고 있다. 독자들이 본장을 읽을 때 아마도 완전히 형광 빛의 윙윙거리는 소리와 종이가 부스럭거리는 소리, 복도에서의 잡음을 듣지 못하고 있을 것이다. 당신이 듣는 것은 당신에게 중요한 것에 부분적으로 연관되어 있다. 독자들은 책을 읽을 때 지속적으로 관심을 기울이고 있다면 모든 잡음들을 배제할 수 있을 것이다. 그러나 만일 독자가 나의 주장에 지루해 하거나 또는 독자가 다른 어떤 것에 더 많은 관심을 기울이고 있다면 아마도 본장을 읽기가 힘이 들고 여러 소음이 독자들을 집중하지 못하게 할 것이다.

만약 비전문적 용어로 당신은 우리가 듣기 원하는 것을 듣게 된다고 말할 수 있을 것이다. 이것은 우리가 듣는 것을 우리가 조작한다는 것이 아니라 우리가 중요하다고 생각하는 것을 걸려내고 나머지를 무시한다는 말이다. 그러나 이 과정은 절대적인 것은 아니다. 우리는 자신이 듣기 싫은 것을 우선 듣는 훈련을 받을 수 있다. 예를 들어 우리는 매튜에게 우리가 말하는 것은 언제나 듣게 했어야 했다. 우리는 아들에게 언제나 네가 알아들을 만큼 크게 말할 것이지만 네가 들었던지 듣지 않았던지 간에 우리가 말한 것에 대해 너는 책임을 가지고 있다고 말하였다. 우리의 목소리에 그가 얼마나 주의 깊게 되었는가에 관해서는 아주 놀라운 것이었다.

이것은 심리학에서 전혀 새로운 것이 아니다. 선택적 인지는 오랫동안 인정되어 온 것이었다. 윌리엄 제임스(William James)는 1890년 그의 책 『심리학 원리』(Principles of Psychology)에서 다음과 같이 기술하였다.

> 수백만 종류의 것들이 나의 감각에 제공되어도 아마도 나의 경험에 전부 들어오지 못할 것이다. 왜냐하면 그들은 전혀 나에게 관심이 없기 때문이다. 나의 경험은 내가 주목하기로 동의한 것이다. 사람들은 주의를 기울이는 것이 어떤 것인지 안다. 그것은 생각의 연결고리 또는 동시에 하나의 명확하고 생생한 객체의 형태로 두뇌 안에 깊이 각인되도록 생각하는 것이다. 의식의 초점화와 집중이 주의의 본질이다. 이것은 어떤 것을 효과적으로 다루기 위해 다른 것들이 물러나는 현상이다.[12]

제16장 참여를 통한 이해: 심리학과 후비평적 인식론의 교차로를 향해서

선택적 인지 과정은 과학적 연구로 상세하게 기록되어 있다. 심리학자들은 인지에 포함되어 있는 많은 요인들에 관한 많은 정보를 가지고 있다. 그들은 인지가 육체적 상태에 의해 영향을 받을 수 있다는 것을 학습하였다.[13] 사람들은 배가 고플 때에 모호한 그림의 음식의 모양을 볼 수 있다.[14] 그리고 거의 아사 직전의 사람은 음식을 기준으로 그의 전체 세상을 배열할 수 있다.[15] 연구결과에서 배가 고픈 사람들은 배가 고프지 않은 사람들이 인지하는 것보다 더 강하게 음식을 인지하는 경향이 있음이 나타났다.[16] 우리는 자기가 특별히 참을 수 없는 인지, 즉 위협이나 금기시되는 말이나 비극적 사건의 기억들을 배제하는 경향이 있다.[17]

인지는 또한 우리가 경험하기를 기대하는 것과 관련이 있다. 우리가 보기를 기대하는 것을 다른 사람들도 기대하거나 또한 우리가 보기를 원하는 것을 그들도 본다는 연구결과가 있다. 사회집단에 의한 인지적 규준의 설정은 잘 알려진 것이며, 잘 연구된 현상이다. 또한 한 사람의 인지가 집단의 기대나 인지적 규범에 부합하는 경향이 있다는 것 역시 잘 연구된 현상이다. 고전적 연구에서 솔로몬 아쉬(Solomon Asch)는 집단 일치성의 힘에 대해 설명했다. 아쉬는 일곱 명의 학생들에게 여러 줄의 길이를 한 번에 비교하기를 요청하였다.[18] 각 집단의 실제 주제는 알 수 없게 하고 6개의 다른 "주제들"을 실험하는 사람들을 연결시켜 놓고 틀린 지시를 주었다. 아쉬는 모든 주제의 3분의 1 정도가 그 집단과 일치하는 것을 발견하였다.

인지는 사회적 힘에 민감할 뿐 아니라 또한 문화의 영향을 상당히 많이 받는다. 그 예로 "1900년대 이래로 산업화된 사회의 사람들이 산업화되지 않은 사회의 사람들보다 훨씬 더 **Muller-Lyer** 환각에 민감한 것으로 알려졌다."[19] 산업화되지 않은 사람들은 산업화된 사회의 사람들보다 줄을 같게 또는 거의 비슷한 것으로 보는 경향이 있다. 이러한 연구들은 문화가 그림의 깊이를 인지하는 능력에 서로 다르게 작용한다는 것을 의미한다.[20]

인지는 인간의 마음에 수동적으로 발생하는 그 어떤 것은 아니다. 그것은 개인이 그들이 살고 있는 세상에 능동적으로 참여하는 것을 허락하는 하나의 과정이다. 우리는 자주 우리가 인지하고 있는 세상을 자신들이 건설한다고 말한다.[21] 이 건설은 우리가 장소 받은 "하드웨어"에 의해 영향을 받을 뿐만 아니라 과거의 경험과 가치, 문화, 우리의 기대에 의해서도 영향을 받

는다.[22]

시각적 인지에 대해 우리가 자주 비유하는 은유 중의 하나는 눈을 카메라로 보는 것이다. 눈이 작동하는 것과 카메라가 작동하는 것 사이에는 분명한 유사성이 있다. 그러나 인지를 연구하는 심리학자들은 그 은유가 잘못된 것이라는 데 동의한다. 켄델(Kendel)과 슈왈츠와 제셀(Schwartz & Jessell)은 다음과 같이 진술했다.

> 최근까지 시각적 인지는 카메라의 작동과 종종 비교되었다. 카메라의 렌즈처럼 눈의 렌즈는 망막 위에 역상으로 초점을 모은다. 이러한 추론은 어떤 시야가 실제로 작용하는 지를 파악하지 못했기 때문에 급격히 해지되고 있다. 즉 망막 위에 투사된 이차원의 상과 함께 3차원의 세상에 대한 또 다른 인지를 창조하는 것이다. 이것이 바로 우리가 시각 시스템의 중요성을 포착하는 데 실패한 이유인 것이다. -우리는 비록 망막 위에 비친 실제 상이 다른 빛의 상황아래에서 크게 차이가 있어도 그 사물을 동일하게 인지할 수 있다- 시각적 인지의 변형과 함께 창조적이 되는 정도는 최근에 와서야 충분히 이해되고 있다.[23]

그러므로 우리가 보는 세상의 상당한 부분은 우리 자신이 만든 세상이다. 우리의 인지능력은 변형성이 있으며, 그리고 그 변형성이 경험의 세계를 만든다. 우리가 정신의 내부 세계의 그림과 실제 세상과의 사이에 다리를 놓을 수 있는지는 가능해 보이지 않는다. 만약 우리가 실제로부터 세상을 인지하기보다는 세상에 대한 우리의 이미지들을 건설한다면 지식을 잃게 되고 우리가 가진 모든 것은 주관성과 상대주의에 깊게 빠지게 될 것이다. 이것이 현대 상황에서 우리가 회의론에 빠지게 되는 결과이다. 그러나 나는 이러한 결론은 확실하지 않다고 믿는다. 그것은 인지 심리학에서 가장 중요한 통찰을 놓친 것이다. 실제로 인지는 하나의 활동이다. 그리고 활동하기 때문에 인지는 세상과 상호작용하는 것이다. 나는 인지를 지식의 실재를 반영한다고 믿는 수동적 입장에서 보기보다는 적극적 입장에서 세상에 참여하는 방식인 하나의 활동으로 간주할 것을 제안한다.

5. 참여로서의 앎

마이클 포라니(Michael Polanyi)는 인식론에 대한 그의 몇 가지 연구에서 앎은 세상에 참여하는 것이라고 주장한다.[24] 그는 우리가 지식의 참여적 성격을 무시하기 때문에 지식을 단지 인지적 믿음에서 보는 경향을 수용하고 인식론을 잘못 인도해서 커다란 재앙을 불러 왔다고 주장한다. 포라니의 인식론에 대한 몇 가지 관점은 우리의 논의와 연관이 있다.

포라니는 지식에 대한 전통적 이해에 도전한다. 그는 우리가 말할 수 있는 것보다 더 많이 알고 있다고 믿는다.[25] 그의 주장을 뒷받침하기 위해 포라니는 해명된 지식과 묵시적 지식을 구분했다. 이 구분을 이해하기 위해 우리는 다른 두 가지의 구분에 대해 논의할 필요가 있다. 첫 번째는 초점적 인식과 보조 인식의 구별이다.[26] 제리 길(Jerry Gill)이 설명한 것처럼 "어떤 주어진 상황에서는 인지의 주제가 되는 어떤 요소들이 있으며, 이것은 그가 그 주제에 주의를 기울이기 때문이다. 이러한 인지를 초점적 인식이라고 한다. 또한 똑같은 상황 아래에서도 우리가 집중하지 않아도 알 수 있는 요인들이 있다. 이것은 보조적 인식이라고 한다."[27]

예를 들어 당신이 "고양이가 매트 위에 있다"라는 문장에서 고양이라는 단어를 볼 때 당신은 고양이라는 단어의 의미에 초점을 가지고 인지하며, 또한 고-양-이(c-a-t)이라는 각각의 문자들을 보조적으로 인지한다. 분명히 이 구분은 상대적인 것이다. 당신은 이전에 보조적이었던 것에 선택적으로 주의할 수 있다. 당신은 초점적 인식을 의미로부터 문자로 변동할 수 있다. 그러나 그 두 가지 종류의 인식은 상호 배타적이다.[28] 즉 당신은 같은 상황에 초점적이면서 보조적인 인식을 동시에 할 수 없다. 이와 유사하게 당신이 타자를 치고 있을 때 초점적 인식으로 당신이 타이핑을 치고 있는 단어에 주의를 기울일 수 있으며, 그리고 비교적 타이핑이 잘 진행될 수 있다. 그러나 만약 당신이 이전에 겨우 보조적 인식에 불과했던 손가락에 주의를 기울이고 무엇을 하고 있는지에 집중하기 시작한다면 당신의 타이핑은 혼돈스럽게 될 것이며, 모든 것을 멈추어야 할 것이다.

초점적 인식은 언제나 보조적 인식을 요구한다. 즉 내가 그것이 고-양-

이(c-a-t)로 구성되어 있기 때문에 고양이라는 단어를 알게 된다. 만약 내가 초점적 인식을 글자에 이동한다면 나는 각각의 문자를 구성하는 라인과 커브에 대한 보조적 인식 때문에 c-a-t를 알 수 있게 된다. 나의 보조적 인식은 배경을 창조하고 그로 인해 초점적 인식이 발생한다. 포라니는 이러한 보조적 인식은 초점적 인식에 논리적으로 앞선다고 주장한다. 나는 언제나 보조적 인식으로부터 초점적 인식에 주의를 기울인다.

길은 인지가 초점적 인식과 보조적 인식의 양극 사이의 지속성에 의해 발생한다고 제안한다. 나는 현대의 신경심리학이 이러한 주장에 반박하고 있다고 생각한다. 만약 초점적, 보조적 인식들이 심리학자들이 말하는 내재하는, 해명된 인식이라고 하는 것과 일치한다면 그들은 전혀 연속적인 것이 아니다. 사실상, 이들은 뇌의 서로 다른 부분의 기능이다.[29] 이 두 가지 형태의 인식이 계속성의 형태를 취하고 있는지, 아닌지에 상관없이 포라니는 초점적 그리고 보조적 인식의 구별은 사실이고 이것이 우리가 아는 것을 어떻게 이해하는지에 중요하다고 주장하였다.

포라니는 두 번째로 인간 활동의 또 다른 유형을 구분하고 있다. 인간 활동은 육체적 활동과 개념적 활동의 지속성에 있다.[30] 육체적 활동은 수영이나 자전거를 타는 것과 같은 것이고 개념적 활동은 책을 읽거나 통계학에서 문제를 푸는 것과 같은 것이다. 자전거를 타는 육체적 성격의 활동은 명확하다. 자전거 타는 것을 배우기 위해서는 페달을 밟는 요령과 균형을 유지하거나 안전한 장소에 넘어지는 것을 배우기 위한 시간 외에는 별로 필요한 것이 없다. 자신이 하고 있는 것을 개념화하는 것은 불필요할 뿐 아니라 오히려 방해가 된다. 육체적 활동은 연습과 노련한 사람의 가르침으로 개발되는 요령에 의한 것이며, 포라니는 이것을 감식안이라고 한다.[31]

책을 읽는 것 역시 육체적 활동을 요구한다. 각 페이지에 눈을 움직이고 어떤 문자 집단에 집중하는 등의 능력을 필요로 한다. 포라니는 개념적 활동은 육체적 활동을 요구하지만 육체적 활동은 개념적 활동을 요구하지는 않는다고 주장한다. 우리 중 거의 대다수가 어떻게 균형을 잡는지에 관해 개념적으로 말할 수 없지만 자전거를 탈 때에는 균형을 잡을 수 있다. 육체적 활동은 논리적으로 개념적 활동에 앞선다. 모든 인간의 활동은 어떤 육체적 활동을 요구한다. 심지어 개념적 활동, 예를 들어 숫자를 더하는 것은

제16장 참여를 통한 이해: 심리학과 후비평적 인식론의 교차로를 향해서

전체적이고 복합적인 신경학적 활동이 요구된다. 수학 시간에 개발되는 요령들 역시 말할 필요가 없다.[32]

일단 우리가 이 두 가지 구분을 이해할 수 있다면 우리는 포라니의 해명된 지식과 묵시적 지식의 의미를 이해할 수 있다. 해명된 지식은 초점적 인식과 통합된 개념적 활동이고 묵시적 지식은 보조적 인식과 결합된 육체적 활동이다. 그 움직임이 보조적 인식으로부터 초점적 인식으로 향상 움직이기 때문에 포라니는 해명된 지식은 언제나 묵시적 지식으로부터 나온다고 한다. 그러므로 진술될 수 있는 지식은 해명된 지식이며, 언제나 묵시적 지식, 즉 진술될 수 없는 지식에 의지하고 있다.

이러한 관점에서 지식의 관계는 매우 중요하다. 인식론의 관점에서 철학자들이 수세기 동안 다리를 놓으려고 하였던 그 차이가 간단하게 좁혀질 수 있다. 왜냐하면 지식이 단순히 거울이 아니기 때문에 우리의 지식과 사실 간에는 어떤 단절도 없다. 그 단절은 은유에 의해 창조된 착각이다. 사실은 우리의 지식이 반사하는 것이 아니다. 오히려 사실은 우리의 지식이 참여하는 것이다. 이것은 참여에 대한 배경이다.

또 다른 관계는 해명된 지식은 절대로 홀로 설 수 없다는 것이다. 이것은 세상에서 활동하는 방식으로 성장한다. 인위적인 것은 그 해명된 것이 언제나 묵시적인 것에서 나왔기 때문에 완성될 수 없다. 따라서 우리가 말할 수 있는 것보다 언제나 더 많이 알고 있다. 우리가 말하는 것은 언제나 세상에 존재하기 위한 방식과 세상에 살기 위해 그리고 세상 안에 효과적으로 기능하기 위해 학습된 요령에 근거하고 있다.

6. 참여로서의 앎에 대한 신학적 의미

참여로써의 앎에 대한 이러한 이해는 우리가 신학을 생각하는 방식에 커다란 영향을 미칠 수 있다. 신학의 인지적 측면들이(명백한 지식) 중요한 것이 아니고 오히려 묵시적 요소들이 성장한 것이다. 이것은 인지적 측면들이 중요하지 않다고 밀하는 것이 아니다. 분명히 그들은 중요하다. 그러나 그들은 모든 것에 근거하지 않는다. 우리가 신학적으로 명료하게 진술하는 것

은 우리가 세상에서 살고, 기능하는 방식의 결과들이다. 우리의 명백한 진술에 의미와 안정성을 주는 것은 세상에 있는 우리의 존재이다. 그러나 복음주의 신학에서는 지식의 인지적 면들이 특혜를 받는 위치에 있다. 신학을 읽을 때 우리는 단지 생각을 올바르게만 한다면 나머지 모든 것이 뒤 따라 올 것이라는 사고를 자주 하게 된다. 물론 이것을 말로 표현하지는 않지만 증거를 가지고 있다. 그 예로 특히 목회지도자를 훈련시킬 때에 우리는 신학을 윤리학으로부터 분리하고 전자에 우선권을 준다.[33]

맥크렌돈(McClendon)은 자신의 저서인 체계적 신학의 제1권 『윤리학』(Ethics)에서 신학의 이러한 경향에 대해 폭넓게 다루었다. 그는 론 사이더(Ron Sider)라는 사람이 말한 신학자들이 최후까지 윤리학을 수호한 다음에 그것을 떼어 버리는 것은 너무나 일반적인 현상이라는 것에 주목하고 있다.[34] 후 비평적 접근방식은 행하는 것이 생각하는 것보다 더 큰 의미가 있다고 보는 것이다. 따라서 하나님의 일은 인지적 믿음이 정확히 말로 표현하는 것보다 실행하는 것이다.[35]

나는 하나님의 실재에 대한 설명으로 우리의 세대에서 신학을 사고하는 것보다 오히려 신학을 세상에 특정한 방식들로 우리를 있게 훈련하는 도구로 생각한다. 그러면 우리는 성경을 우리에게 진술하고 있다는 측면보다는 행함의 측면에서 볼 수 있을 것이다. 우리가 성경본문을 읽을 때 첫 번째 질문은 "이것이 무엇을 의미하는가?"가 아니고 "이것이 어떻게 체험되는가?" 이어야 한다.[36] 그러므로 우리가 예수와 같이 되고 그리스도의 이야기를 수용하며, 또 그것을 우리의 이야기로 만들어야 하는 것을 잊을 때 우리는 언제 어디서 예수께서 무엇을 하였는가에 대한 논쟁에 매달리게 된다. 우리는 우리의 삶이 그리스도의 생애와 닮는 방식으로 세상에 존재해야 한다.

성경에 대한 우리의 명백한 지식은 성경이 우리의 삶에서 어떻게 체험되는지에 대한 성장결과다. 데이비드 켈시(David Kelsey)는 그의 『최신 신학의 성서해석』(Uses of Scripture in Recent Theology)이라는 책에서 유명한 신학자들의 교회 안에서의 행실과 그들의 성경에 대한 관점 간의 상호관계를 흥미 있게 제시하고 있다. 그는 성경의 성격에 대해서 우리가 말하는 것은 우리가 성경을 사용하는 방식의 한 부분이라고 주장한다. 만약 그가 옳다면 (나는 그가 옳다고 믿는다) 성경의 성격에 대한 많은 논쟁들이 잘못 인도된

제16장 참여를 통한 이해: 심리학과 후비평적 인식론의 교차로를 향해서

것이다. 우리는 이러한 논쟁들을 공동 행동에 함께 참여해야만이 해결할 수 있다.

이것은 성경에서 하나님이 우리에게 말씀하시기를 원하는 것을 가치절하하거나 태만히 여기는 것은 아니다. 우리에 대한 하나님의 메시지는 분명히 하나님의 계시의 중요한 측면이다. 그러나 성경이 가르치는 것을 우리가 이해하는 것은 특정 행동으로 나타난다. 만약 우리가 적절한 행동에 참여하지 않는다면(복음주의자들에게 소위 역사적-문법적 방법) 우리가 성경으로부터 얻어내는 것이 하나님의 말씀이 된다고 보장할 수 없다. 물론 신학자들은 적절한 해석의 절차를 구성하는 것에 대해 논쟁한다. 예를 들어 스탠리 하우어즈(Stanley Hauerwas)는 한스 프라이(Hans Frei)와 다른 이들의 연구 위에 더 추가해서 역사적으로 비평적 해석을 정당화하는 공동 행동들은 복음에 반하는 것일 뿐 아니라 실제로 해가 되고 있다고 지적한다.[37] 많은 부분이 위험에 처해 있다. 심지어 하나님께서 성경을 통해서 우리에게 말씀하셨다면 우리는 어떤 해석의 절차 안에서 훈련을 받아야 할 것이다.

앎에 대한 이러한 관점은 복음주의와도 역시 관계가 있다. 만약 우리가 알고 있는 것들이 우리의 몸으로 나타내는 행동이나 습관, 활동의 성장 결과이고 이러한 활동들이 궁극적으로 명백한 지식에 필수적이라면 우리는 다른 사람의 인지적 믿음이 세상에 존재하는 그들의 방식에 대한 변화의 요구라는 것을 인정해야 한다. 적어도 이것은 그들과 우리와의 활동적 관계를 의미하는 것이다. 우리의 관계는 많은 형식들이 있다. 예를 들어 고통받는 사람과 같이 있거나 다른 사람의 잘못된 행동에 직면하는 것 등이다. 가장 중요한 것은 우리가 그리한 관계의 필요성을 인정해야 한다는 것이다. 사람들이 기독교의 진리를 보는 것은 어느 정도 세상에서의 존재에 대한 대안적 방식에 참여하는 것을 요구한다. 그들은 자신들이 명백하게 알게 될 때부터 활동과 실행을 시작한다.

기초적인 심리학적 통찰은 인식론을 많이 함축하고 있으며, 신학에 중요한 통찰력을 제공할 수 있다. 그러한 통찰력의 견지에서 나는 우리의 앎을 세상에 비추는 방식이라고 하기보다는 세상에서 존재하는 방식으로 생각하는 것이 더 정확한 결론이라고 주장한다. 이와 같이 할 때 우리의 지식과 세상 사이의 간격에 다리를 놓는 것은 염려할 필요가 없어지게 된다. 앎에 대

한 이러한 관점은 신학적으로 큰 의미가 있다. 인지적 믿음에 우선권을 주기보다는 우리가 세상에서 존재하는 방식에 훨씬 더 중요한 우선권을 주어야 할 것이다.

제16장 참여를 통한 이해: 심리학과 후비평적 인식론의 교차로를 향해서

■주(Notes)

1) 철학 언어의 역사에 대해, 특히 종교적으로 관련된 언어에 대한 유익한 조사를 위해서는 다음 문헌 참고: Dan Stiver, *The Philosophy of Religious Language: Sign, Symbol, and Story* (Oxford: Blackwell, 1996).
2) 초기 철학자들에 대한 흥미로운 조사를 위해서는 다음 문헌 참고: Vincent Brummer, *Theology and Philosophical Inquiry* (Philadelphia: Westminster Press, 1982).
3) Richard Rotty, (ed.) *The Linguistic Turn* (Chicago: University of Chicago Press, 1967).
4) 이것에 대한 변호를 위해서는 다음 문헌 참고: Jane Rumfelt, "Biblical Narrative, the Christian Form of Life: A Study of the Inadquacy of a Representationalist Philosophy of Language and of the Primacy of a Performative Philosophy of Language"(MA thesis: Denver Seminary, 1995).
5) 예를 들어 Descartes가 다음처럼 말한다. "나의 생각의 어떤 부분을 말하자면 그것은 사물의 이미지이다. 그리고 단지 이 경우들에 있어서는 -예를 들어 내가 사람, 영화, 또는 하늘, 또는 천사, 또는 하나님에 대해 생각할 때- '아이디어' 라는 용어는 아주 적절하다. Rene Descartes, *Descartes: Selected Philosophical Writings*, trans, John Cottingham, Robert Stoothoff and Dugald Murdoch(Cambridge: Cambridge University Press, 1988), 88.
6) 비록 기술적으로 구상주의(representationalism)가 참조적 이론(referentialism) 중의 하나인 특정 형태라 해도, 본장에서 나는 그들을 상호교환하여 사용할 것이다.
7) 이 딜레마에 제안된 해결방법들을 살펴보는 것은 본장의 범위를 넘어서는 것이다. 간략히 말하여, 만약 우리가 단순히 사실이어야만 하는 진리를 발견할 수 있다면 그 거리는 메어질 수 있다고 생각한 적이 있다. 즉, 만약 지식이 거짓일 수 없는 것에 기초한다면 우리는 그 간격을 메울 수 있는 자신감을 가질 수 있다. 두 번째 착수할 일은(지식에 대한 어떤 기초를 찾은 후에) 그러한 사실에 기초한 합당한 추론을 일으킬 수 있는 적절한 방법을 찾는 것이다. 만약 우리가 우리의 추론이 적절하다는 것을 보장 할 수 없다면 우리는 오류에 빠질 수 있을 것이다. 그래서 인식론의 작업은 기초적 사실(진리)과 적절한 추론의 방법을 발견하는 것이다.
8) 이것에 관련된 더 일반적 논의를 위해서는 다음 문헌 참고: George Lindbeck, *The Nature of Doctrine: Religion and Doctrine in a Postliberal Age* (Philadelphia:

Westminister Press, 1984); Ronald Thiemann, *Revelation and Theology* (Notre Dame, IN.: University of Notre Dame Press, 1984);, & Nancy Murphy, *Beyond Fundamentalism and Liveralism: How Modern and Postmoden Philospphy Set the Theological Agenda* (Valley Forge, PN.: Trinity, 1996).

9) Stanley J. Grenz, & John R. Franke, *Beyond Foundationalism: Shaping Theology in a Postmodern Context* (Louisville, KY.: Westminster John Knox, 2000).

10) Everett F. Harrison, "The Phenomenon of Scripture," in Revelation and the Bible, Carl F. H. Henry (ed.) (Grand Rapids: Baker, 1968).

11) Murphy, Beyond Fundamentalism, 46.

12) 다음에서 인용: Eric Kendel, James Schwartz, & Thomas Jessell, *Essentials of Neural Science and Behavior* (Norwalk, CN.: Appleton & Lange, 1995), 403.

13) 이 현상에 대한 극단의 형태는 Star Trek: The Next Generation 의 "Chain of Command" 에피소드에 일례가 있다. Picard 선장은 cardassians에 의해 잡히고 고문을 겪는다. 그 고문은 그의 자아를 완전히 다시 형성하도록 고안된 것이다. 그 에피소드 전체에 걸쳐, Picard는 그의 고문자에게 그에게 비취지는 빛의 수가 얼마인지 말하도록 명령 받는다. 비록 청중은 4개의 빛만이 있는 것을 볼 수 있어도, 그 고문을 끝낼 수 있는 "적절한" 반응은 "5개"로 말하는 것이다. Picard는 마침내 그가 구출될 때까지 완고히 저항하며 4개의 빛이라고 주장한다. 그 에필로그에서 Picard는 그 배의 상담자인 Troi로부터 도움을 구한다. 그의 관심사는 그가 구출되기 바로 직전, 그 고문의 끝에서 그가 5개의 빛을 보았다고 믿는 것이다.

14) R. Levine, I. Chein, & G. Murphy, "The Relation of the Intensity of a Need to the Amount of Perceptual Distortion; A Preliminary Report," *Journal of Psychology* 13 (1942) 283-93.

15) Ancel Keys et al., *The Biology of Human Starvation* (Minneapolis: University of Minnesota Press, 1950).

16) D. C. McClelland, & J. W. Atkinson, "The Projective Expression of Needs. 1: The Effect of Different Intensities of the Hunger Drive on Perception," *Journal of Psychology* 25 (1948): 205-22.

17) J. S. Bruner, & L. Postman, "Emotional Selectivity in Perception and Reaction," *Journal of Personality* 16 (1947):16, 69-77; E. McGinnies, "Emotional and Perceptual Defense," Psychological Reviews 56 (1949): 56, 244-51.

18) Solomon E. Asch, "Effects of Group Pressure upon the Modification and Distortion of Judgements," *Groups, Leadership*, and Men, H. Guetzkow (ed.) (Pittsburgh:

Carnegie University Press, 1951).
19) Don H. Hockenbury, & Sandra E. Hockenbury, *Psychology* (New York: Worth, 1997), 137. M. H. Segall, D. T. Campbell, & M. J. Herskovits, "Cultural Differences in the Perceptin of Geometric Illusion," *Science* 139 (1963): 139, 769-71; M. H. Segall, D. T. Campbell, & M. J. Herskovits, *The Influence of Culture on Visual Perception* (Indianapolis: Bobbs-Merril, 1966). Muller-Lyer 환영은 두 선의 인지된 길이를 포함한다. 두 화살 표시가 각 선의 끝에 연결되어 있다. 한 화살표는 안으로 향하고, 다른 것은 밖으로 향하고 있다. 그 두 선이 같은 길이라도 그 화살 표시가 안으로 향하는 것은 더 길어 보인다.
20) J. B. Deregowski, "Pictorial Perception and Culture," *Scientific America n 227*, no. 5 (1972): 82-8.
21) 우리가 보는 세상을 우리가 건설한다는 개념은 인식론이나 심리학에 있어서 새로운 것이 아니다. Immanuel Kant, *Critique of Pure Reasons*. Norman Kemp (tr.) (New York: St. Martin's 1965)에서 건설에 대한 인식론적 강조를 시작하였다. 그는 정신이 본체적 세상으로부터 받는 인지를 형성한다고 가정한다. 이것은 지식에 대한 객관주의적(objectivist) 관점과 건설적(constructivist) 관점 간의 잘 인지된 계속성(continnum)을 창조하였다. Stanley J. Grenz, *A Postmodern Primer* (Grand Rapids, Mich: Eerdmans, 1996), 40ff. 동일한 계속성이 인지에 대한 관점들에 표현되어 있다. 오래된 객관주의적(objectivist) 관점들은 로크와 버클리의 영국의 경험론에 입각하였지만, 건설론적 관점들에 대체되었다. 심리학에 있어서 건설론적 관점은 Gestalt 심리학파를 창립한 독일인 심리학자에 의해 처음으로 조명되었다.
22) 흥미로우나 비극적인 신경학적 병이 인지에 영향을 끼치는 방법에 대한 설명을 위해서는 다음 문헌 참고: Oliver Sacks, *The Man Who Mistook His Wife for a Hat and Other Clinical Tales* (New York: Summit, 1985).
23) Kendel, Schwartz, & Jessell, *Essentials*, 388.
24) Machael Polanyi, *Personal Knowledge* (Chicago: University of Chicago Press, 1958), Michael Polanyi, *The Tacit Dimension* (Gloucester, MA.: Peter Smith, 1983).
25) Polanyi, *Personal Knowledge*, 95.
26) Ibid., 55-57.
27) Jerry Gill, *On Knowing God* (Philadelphia: Westminster Press, 1981), 92.
28) Polanyi, *Personal Knowledge*, 56.
29) 나는 이 통찰력을 나의 동료, Dr. Gaylc Brosnan-Watters에게서 얻었다.

30) 여기에서의 언어는 Jerry Gill의 것이다. Polanyi는 지적이고 근육의 활동에 대해서 기록한다(Polanyi, *Personal Knowledge*, 90).
31) Polanyi, *Personal Knowledge*, 54.
32) *Personal Knowledge*에 대한 중요한 부분은 Polanyi의 수학과 자연과학이 육체적 활동을 요구하는 방법에 대한 설명으로 구성된다. 1-3장 참조.
33) 예를 들어 필자의 모교인 Denver Seminary에서 M.Div학생은 체계적 신학의 4부분을 받아들일 것을 요구받는다. 그러나 최근까지 윤리학 과목은 순전히 선택 과목이 되었다.
34) James W. McClendon Jr., *Systematic Theology: Ethics* (Nashville: Abingdon, 1986), 42.
35) 이 결론에 대한 지지는 사회심리학의 분야의 일반 지식으로서 받아들여지는 것에서 발견될 수 있다. 사회심리학자들은 생각과 행동 사이의 상호작용이 있다는 것을 오랫동안 알고 있었다. 예를 들어 표준의 대학교의 교과서(*Social Psychology*)에서 David G. Myers는 행동이 태도에 영향을 끼치는 방식에 상당히 주목하였다. "태도-행동의 관계는 또한 역방향으로 작용한다. 우리는 단지 생각하여 행동할 뿐 아니라 행동을 하여 생각에 영향을 줄 수 있다... 우리는 우리가 믿는 것을 지지할 뿐 아니라 우리가 지지하는 것을 믿기도 한다"(143).
36) 체현에 관하여는 다음 문헌 참고: Stephen Fowl, & L. Gregory Jones, *Reading in Communion* (Grand Rapids: Eerdmans, 1991). 특히 Dietriech Bonhoeffer에 대한 장 참고.
37) Stanley Hauerwas, *Unleashing the Scriptures: Freeing the Bible from Captivity to American* (Nashville: Abingdon, 1993);, & Stanley Hauerwas, *A Community of Character* (Notre Dame, IN.: University of Notre Dame Press, 1981), 2, 3, 5장

제17장

가족붕괴: 발달적 접근

신디아 닐 킴볼(Cynthia Neal Kimball)

복음주의 세계에서, 우리는 문제가 있는 가족으로부터 흔하면서도 서로 대비되는 두 가지 반응을 듣는다.

우리가 찾아갔던 모든 치료자와 목회자는 우리 아들 행동의 원인이 우리라고 분명하게 또는 함축적으로 이야기했다. 우리의 죄책감은 가히 압도적이어서 마음을 짓눌렀다. 우리는 최선을 다 했다고 생각했다. 우리가 아들을 충분히 사랑하지 못했을까? 우리가 아들을 너무 심하게 또는 너무 자주 때렸는가? 우리가 아들에게 학교 공부를 잘 하라고 너무 압력을 가했나? 아니면 이들의 학교 성적에 너무 무심했었나? 만약 우리가 모든 일을 제대로 했더라면 아들은 행복했었을 지도 모른다. 아들은 열심히 살고 있을 것이고 하나님을 사랑하고 있을 것이다.

또는

우리의 딸은 제멋대로이고 반항적이다. 딸은 하나님을 멀리해 왔고 우리에게 순종하지 않았다. 우리는 딸을 통제할 필요가 있다. 우리는 우리의 권위를 지지하고(성경이 그것을 주장하는 대로), 딸에게 딸이 사는 방식의 잘못과 앞으로의 파멸을 말해 줄 치료자와 목회자를 찾을 필요가 있다.

부모들이 자녀들의 행동 결과에 대해 가지는 책임감에 대한 이러한 관점은 적절하지 않다. 이런 부모들은 자녀를 양육하는 것이 무엇을 의미하는지 그 기본형상을 놓치고 있다. 자녀양육은 좋은 물건을 제조해 내는 조리법에 관한 것이 아니다. 자녀양육은 존 웨슬리(John Wesley)가 주장한 대로 한 아이의 의지를 꺾는 것에 관한 것이 아니다. "자녀의 의지를 꺾어라. 그러면 자녀의 영혼을 구할 수 있을 것이다."[1] 조지 휫필드(George Whitefield)는 다음과 같이 말했다. 만약 부모가 자녀의 의지를 꺾을 수 있는 해결책을 갖고 있다면, 특히 자녀가 어릴 때 철저하게, 자녀를 개조하는 작업은 훨씬 쉬울 것이다. 그리고 성질이 삐뚤어진 자녀 때문에 골치 아파하지 않을 것이다.[2]

본장에서 나는 부모가 단지 하나님의 은총을 전달하는 수단으로만 봉사할 수 없음을 보여 줄 것이다. 특히 아동의 발달 시기에 은혜를 거의 받지 못한 부모는 특히 봉사할 수 없다는 것을 보여 줄 것이다. 나는 자녀양육이 자녀에게 부모의 발달 역사를 전하는 것이라는 발달적 논쟁을 제시할 것이다. 과거 발달 시기에 적절한 관심을 받지 못했거나 학대받았던 성인들에게 자녀양육은 발달의 상처(부모의 죄가 4대를 걸쳐 전해 내려오는 것, 민 4:18)를 전하거나 그 상처들을 알아보고 그 상처에 대한 치료법을 찾아내는 것이다. 세심하고 사려 깊은 자녀양육에도 불구하고, 만연해 있는 외부 세계의 영향은, 불행하게도, 아이들이 자신과 세상에 대한 관점을 형성하는 데 장애물로 작용할 수 있고 걸림돌이 되기도 한다. 예수 그리스도는 교회가 부모와 아이들을 치유하고 지원하는 중요한 가족 역할을 하기 원하신다. 그 역할은 17세기 초기 복음주의자들이 잃어버린 역할이었다.

1. 역사적 맥락

역사에 대한 분석은 우리로 하여금 왜 교회들이 가정교육과 가족의 고통

제17장 가족붕괴: 발달적 접근

을 다룰 준비가 안 되어 있는지를 이해하도록 도와줄 수 있다. 역사적으로, 복음적인 가정에서는 부모들의 절대적인 권위로 다스렸다. 자녀들은 무조건 복종하고 순종해야 했다. 17세기부터, 수많은 복음주의적 저서들은 훈련과 가족통치에 관한 주제들을 싣고 있다.3) 이상적인 복음주의적인 가족은 자녀들에 대해 절대적인 통제권을 가지고 있는 부모와 그들의 자녀들로 구성되어 있었다. 이 가족세대들은 독자적이었고, 가족 자체로서 완비되었으며, 부모들에게서 발견되는 권위와 사랑이 있었다. 부모의 통제는 아주 절대적이어서 조부모는 종종 응석을 받아준다는 의심을 받았으며 이는 부모의 권위를 훼손시킬 수 있는 것이었다. 존 웨슬리는 어머니들에게 다음과 같이 경고했다.

> 여러분 어머니들! 또는 당신 남편의 어머니는 당신과 함께 살게 될지도 모릅니다. 그리고 당신은 그녀에게 모든 가능한 존경심을 보여주기 위해 잘 할 것입니다. 그러나 당신 자녀를 다루는 데 있어서는 그녀로 하여금 최소한의 참여나 책임도 갖게 하지 마십시오. 그녀는 당신이 해 온 모든 것을 망쳐 놓을 것입니다. 그녀는 모든 일에 아이들 자신의 의지대로 하도록 할 것입니다. 그녀는 아이들이 자신들의 영혼을 파괴하도록 아이들의 비위를 맞출 것입니다. 만약 아이들의 신체가 아니라면… 나는 80년 동안 자신의 손자손녀를 어떻게 다루는 것이 좋은지 아는 할머니를 단 한 명도 만나지 못했습니다. 아이들 할머니에게 성심 성의껏 잘하십시오. 그러나 자녀를 다루는 것과 관련해서는, 당신 자신이 아이들을 다루는 통제권을 갖도록 고삐를 놓지 말고 꾸준히 지키십시오.4)

또 다른 초기 복음주의자 존 위더스푼(John Witherspoon)은 아이들 쪽에서의 절대적 복종을 충고했다. 같은 의견을 가진 부모들은 자녀들 위에 군림하면서 완전한 권위를 매우 일찍부터 수행하였다.

> 나는 심하지 않은 정도의 절대적이고 절대적인 권위를 일찍부터 가져야만 했다. 만약 부모들이 너무 늦게 권위를 발휘하기 시작한다면, 아이들 다루기가 매우 어렵다는 것을 알게 될 것이다. 생애 초기의 몇 년 동안 제멋대로 하는 습관을 갖게 된 아이들은 부모의 제지를 매우 참지 못한다. 만약 아이들이 고

집스럽거나 완강히 저항하는 기질을 갖게 된다면, 아이들에게서 적어도 조용하고 차분한 복종을 기대하기는 어렵다. 반면에 아이들이 적당한 때에 권위로서 통제된다면, 어떤 성깔도 갖지 않게 되고, 쉽게 굴복하는 기질을 갖게 되며, 일찍 습관을 갖게 되어 아이들 스스로에게도 복종은 쉬운 것이 된다.[5]

그렇기 때문에 솟아오르는 아이의 의지는 반드시 통제되어야 하고 생애 초기에 꺾어져야 한다. 아이들의 의지를 꺾는 것이 왜 그렇게 중요할까? 웨슬리는 다음과 같이 말했다.

> 현명한 부모는 아이의 의지가 나타나는 처음 순간부터 그 의지를 꺾어야 한다. 기독교교육이라는 전체 분야에서 이것만큼 중요한 것은 없다. 한 부모의 의지는 어린아이에게 있어서는 하나님의 의지의 위치에 있다. 그렇기 때문에 자녀가 어릴 때 복종하도록 열심히 가르치면, 아이들이 성인이 됐을 때 하나님의 의지에 복종할 준비가 되어 있을 것이다.[6]

아이의 의지를 꺾는 것은 아이의 복종에 관한 것만이 아니라, 아이의 순종에도 관한 것이다. 자녀의 옷 입는 것과 먹는 습관에서부터 태도에 이르기까지 생의 모든 습관에 대한 부모의 통제는 복음주의적 부모에게 민감한 문제가 되었다. 개인의 겉으로 드러난 행동은 관찰되고, 곧 이를 바탕으로 개인의 내적 가치에 대해 평가가 내려졌다. 교회는 아이들의 행동을 관찰함으로써 그들의 부모가 얼마나 잘 하고 있는지 측정할 수 있었다. 웨슬리는 부모모델로부터 벗어나는 자녀들을 허용하는 부모를 분명하게 비난했다. "딸은 잘 차려입었지만 그 엄마는 수수하게 입은 것을 볼 때마다, 나는 즉시 그 어머니가 지적이지만 종교적으로는 부족함을 안다. 하나님의 이름을 걸고, 도대체 왜 당신은 아이들로 하여금 모범인 당신으로부터 한 치의 어김도 없이 자녀들이 그대로 닮게 하지 못하고 벗어나는 것을 그대로 보고만 있는가?"[7]

이런 종류의 교회로, 가족문제를 가져오는 것이 얼마나 두려운 일인지 상상하는 것은 어렵지 않다. 한 개인의 특징은 오늘날과 마찬가지로, 그 사람의 자녀가 어떻게 행동하고, 옷 입으며, 어떤 질문들을 하는지에 의해 평가

제17장 가족붕괴: 발달적 접근

되었다. 부모와 가족에 대한 평가나 판단에는 큰 진전이 없었다. 오늘날 가족들이 자신의 문제와 실패 등을 교회로 가져오는 것에 주저하고 있다는 것은 그리 놀랄 일이 아니다.

초기의 복음주의자들은 미국에 새로운 우상숭배를 가져왔다. 복음주의적 부모들은 스스로를 하나님의 바로 다음 위치에 있다고 여겼다. 부모들은 자녀들에게 "하나님"과 같은 존재가 되어야 했는데 그렇게 함으로써 자녀를 하나님에게로 돌릴 수 있었다. 부모들은 죄책감과 수치심을 이용하고 사랑을 주지 않음으로써 아이의 양심의 틀을 형성하라는 요청을 받았다. 카튼 매더(Cotton Mather)는 다음과 같이 설명했다.

> 나는 하나님의 사랑과 그들에게 좋은 것이 무엇인지를 하나님이 가장 잘 판단할 수 있다고 하는 높은 뜻을 그들에게 심어주었다. 그리고 나는 그들로 하여금 그들 자신의 의지와 지혜를 자부하는 것은 어리석은 것이라는 것을 느끼게 해 주었다. 그들은 자신에게 가장 좋은 것을 한 나에게 모든 것을 맡겨야 한다. 나의 말은 그들의 법이 되어야 한다. 나는 잘못된 행동을 하는 것은 해롭고 수치스런 것이라는 것을 그들로 하여금 이해하도록 한다. 나는 이것을 모든 경우에 더 강하게 말한다. 그들로 하여금 제대로 행동함으로써 스스로가 얼마나 온화한 사람이 될 수 있는지를 보게 한다.[8]

18세기 영국의 복음주의자 웨슬리는 다음과 같이 충고했다.

> 만약 당신이 자녀의 의지를 꺾기 위해 노력해 온 모든 것을 잃고 싶지 않다면, 자녀의 의지가 당신에게 복종하도록 하여라. 그러면 후에 신의 뜻에 복종할 것이다. 여기 잘 알려지진 않았지만 특별히 주목해야 할 충고 한 가지가 있다… 그것은 이렇다. 아이가 울면서 간청하는 것은 어떠한 경우에도 아무것도 주지 마라… 만약 아이가 울며 구하는 것을 아이에게 준다면, 이는 울음에 대한 대가를 아이에게 지불하는 것이고 그렇게 되면 아이는 확실히 다시 울 것이다.[9]

미국의 웨슬리라고 할 수 있는 조나단 에드워즈(Jonathan Edwards)는 자녀양육에 관해 경고할 때 이와 유사한 언어를 사용했다. 이와 같이 억압하는 유형의 충고는 확실히 애착관계의 질과 함축적인 관계를 갖고 있다.
　의절하겠다는 협박은 순종하지 않는 아이들에 대한 궁극적인 무기였다. 의절은 아이로부터 지원을 빼앗고 고립된 채로 남겨 놓았다.

> 자녀들에게 좋은 것이 무엇일지를 결정할 수 있는 부모의 뜻에 따라서만, 자녀 의지가 존재할 수 있을 때, 복음주의 집안의 아이들은 부모에 의해 승인받지 못한 채 홀로 남겨져서, 비참하게 파괴되고 황폐됨을 느꼈다. 사랑의 상실은 오직 두려움만을 남겼다. 아이들에게 제시된 선택권은 명확하고 간단했다. 부모의 뜻에 순종하거나, 그렇지 않으면 버려지던지-즉 그들을 인도하고 부양할 다른 존재 없이 홀로 남겨지게 된다. 일찍이 의지가 꺾인 아이들에게 그러한 벌-어떤 일탈 없이 순종하려는 아이들의 내적 욕구에 초점을 맞춘-은 진실로 혹독한 것이었다. 아이들의 순종을 궁극적으로 보장할 수 있는 것은 그들 스스로 편안하게 저항할 수 없다는 사실이다. 그렇기 때문에 양심은 그들에게 내면화된 규칙을 제공했고, 그 규칙은 보통의 부모들이 가능하다고 생각할 수 있던 것보다 훨씬 더 굳게 부모의 소망과 의지를 그대로 반영한 것이었다. 그렇기 때문에 복음주의자들이 가장 선호하는 훈육방법은 복음주의 가정의 자녀들의 도덕적 양심에 아주 심오한 악영향을 끼쳤다. 아이의 가장 어린 시절 몇 년 동안 아이에게 심어진 수치심과 죄책감으로 인한 당혹감과 고통으로부터 아이는 일생 동안 결코 완전히 자유로울 수 없었을 것이다.[10]

　매더는 교회가 할 역할에 대한 필요는 거의 남겨놓지 않은 채, 아이들의 영적 발달을 위한 부모의 강력한 영향에 관해서만 강하게 언급했다. 그는 만약 부모들이 자녀들에게 성실하게 부모의 임무를 다 한다면, 자녀들은 자동적으로 하나님에게로 나아갈 것이라고 주장했다. 만약 부모가 자녀에게 하나님에 대한 두려움을 가르치지 않는다면, 목회자가 그 일을 가르치고 확립할 수 있다. "숭고한 아이는 거의 언제나 숭고한 부모 밑에서 태어난다"고 일반적으로 동의하고 있다.[11] 이 말에 숨어있는 함축된 의미를 생각해 보자. 한 아이가 외부 세계의 유해물에 유혹됐을 때, 그 아이의 부모는 비난을 받았고 그들의 영성은 의심을 받았다. 그러나 예수 그리스도는 다른 것을 제안하셨다. 부모는 자녀가 원하는 모든 것을 제공할 수 없다. 이는 부부 중한 사람이 다른 쪽이 원하는 모든 것을 제공할 수 없는 것과 같다. 우리는 우리를 지원할 수 있는 완전한 교회가족이 필요하다.

초기의 미국 복음주의 교회는 문제 청소년들의 생활에서 무슨 역할을 하였는가? 청교도 목회자가 자주 한 설교는 성과 헛된 것에 대해 비난을 퍼붓고 나쁜 친구와 또래 압력에 대해 염려를 표현하는 것이었다. "청년들은 원래 불안정하고 변덕스럽기 때문에, 나쁜 친구에 의해 죄악에 빠지는 것은 쉬운 일이었다. 특히, 또래의 인정을 얻으려는 내적 욕구를 지닌 젊은이들이 죄악에 빠지기는 쉬웠다. 청소년들은 '종교로의 귀의를 막는 가장 커다란 장애물 중의 하나는 나쁜 친구들'이라는 말을 듣게 되었다."[12]

어떤 역사가들은 종교교육자들이 아이들에게 도덕적 훈련과 생활지도를 하려고 노력했다고 말하지만, 그러나 교실수업의 기록, 청소년을 위한 팜플렛, 열정적인 설교집 외에는 이를 증명할 증거가 거의 없다. 19세기 개혁자들은 청년기동안 문제를 일으키는 환경적 원인이 있다고 믿었다. 문제가 있는 청소년은 부모양육 부재나 방임의 결과로 결점 있는 성격을 갖게 되었다.[13]

이러한 핵가족은 오늘날에도 계속되는 고립적인 환경을 제공했다. 교회는 가정교육을 위해 필요한 역할을 하지 못했고 지금까지도 필요한 역할을 할 준비가 되어 있지 못하다. 지난 몇 세기를 통하여 우리는 자녀와 가정교육의 임무를 한 두 사람에게만 맡겼다. 외부 세계에는 아이들이 선택할 수 있는 수많은 유해물이 존재하므로, 우리의 아이들에게는 그들을 지도하고, 교육하고, 교정해 주고, 사랑해 줄 공동체, 즉 교회가족들이 필요하다. 발달이론은 교회가 강한 교회론으로 돌아올 수 있도록 도와줄 수 있는 도구임을 입증할 수 있다.

2. 성경적 맥락

하나님은 가족이 함께 돌아오기를 원하신다. 구약의 마지막 두 절은 그 소망을 알린다. "보라 여호와의 크고 두려운 날이 이르기 전에 내가 선지 엘리야를 너희에게 보내리니, 그가 아비의 마음을 자녀에게로 돌이키게 하고 자녀들의 마음을 그들의 아비에게로 돌이키게 하리라 돌이키지 아니하면 두렵건대 내가 와서 저주로 그 땅을 칠까 하노라 하시니라."(말 4:5-6)

나는 하나님이 부모의 마음을 자녀에게로 돌아가게 하고 자녀의 마음을 부모에게로 돌아가게 하리라는 말씀에 흥미를 느꼈다. 그러나 그것은 어떤 모습일 것이며, 하나님은 그것을 어떻게 이루실 것인가? 자녀양육에 관해 신약에는 특별한 지시가 거의 없다. 복음주의자들은 부모교육과 자녀양육에 관한 약속과 명령을 발견할 수 있는 분명한 문장들을 종종 인용한다. 자녀들은 부모를 순종하도록 되어 있고, 부모는 자녀를 성나게 하지 말고 오히려 격려하도록 되어 있다. 분명히, 여기에는 이중 기대가 있다. "자녀들아 모든 일에 부모에게 순종하라 이는 주 안에서 기쁘게 하는 것이니라 아비들아 너희 자녀를 격노케 말찌니 낙심할까 함이라"(골 3:21-22). "자녀들아 너희 부모를 주 안에서 순종하라 이것이 옳으니라 네 아버지와 어머니를 공경하라 이것이 약속 있는 첫 계명이니 이는 네가 잘되고 땅에서 장수하리라 또 아비들아 너희 자녀를 노엽게 하지 말고 오직 주의 교양과 훈계로 양육하라"(엡 6:1-4).

나는 메노파 교도(Mennonite)의 전통과 성경해석학에 근거해서, 복음서로 시작할 것이다. 예수 그리스도는 자녀양육에 관해 단호하고도 신랄하게 말씀하신다.

> 그때에 제자들이 예수께 나아와 가로되 천국에서는 누가 크니이까? 예수께서 한 어린아이를 불러 저희 가운데 세우시고 가라사대 진실로 너희에게 이르노니 너희가 돌이켜 어린아이들과 같이 되지 아니하면 결단코 천국에 들어가지 못하리라 그러므로 누구든지 이 어린아이와 같이 자기를 낮추는 그이가 천국에서 큰 자니라 또 누구든지 내 이름으로 이런 어린아이 하나를 영접하면 곧 나를 영접함이니 누구든지 나를 믿는 이 소자 중 하나를 실족케 하면 차라리 연자 맷돌을 그 목에 달리우고 깊은 바다에 빠뜨리우는 것이 나으니라 실족케 하는 일들이 있음을 인하여 세상에 화가 있도다 실족케 하는 일이 없을 수는 없으나 실족케 하는 그 사람에게는 화가 있도다(마 18:1-7; 막 9-10; 눅 9장).

> 삼가 이 소자 중에 하나도 업신여기지 말라 너희에게 말하노니 저희 천사들이

하늘에서 하늘에 계신 내 아버지의 얼굴을 항상 뵈옵느니라 너희 생각에는 어떻겠느뇨 만일 어떤 사람이 양 일백 마리가 있는데 그 중에 하나가 길을 잃었으면 그 아흔아홉 마리를 산에 두고 가서 길 잃은 양을 찾지 않겠느냐 진실로 저희에게 이르노니 만일 찾으면 길을 잃지 아니한 아흔아홉 마리보다 이것을 더 기뻐하리라 이와 같이 이 소자 중에 하나라도 잃어지는 것은 하늘에 계신 너희 아버지의 뜻이 아니니라(마 18:10-14).

예수는 우리의 아이들에게 유혹에 빠질 유해물들이 주어질 것을 알리신다. 그러나 예수는 유혹에 빠지는 아이들이 아니라 유해물을 제공하는 사람들을 버리신다. 예수는 부모가 아니라 교회의 다음 지도자가 될 사도들에게 말씀하고 계신다. 예수 그리스도께서는 청소년들에 대한 교회의 책임감을 말씀하고 계시는 것이 분명하다.

매우 여러 번 예수는 신중하게 가정과 교회 간에 경계선을 모호하게 하신다.

예수께서 무리에게 말씀하실 때에 그 모친과 동생들이 예수께 말하려고 밖에 섰더니 한 사람이 예수께 여짜오되 보소서 당신의 모친과 동생들이 당신께 말하려고 밖에 섰나이다 하니 말하던 사람에게 대답하여 가라사대 누가 내 모친이며 내 동생들이냐 하시고 손을 내밀어 제자들을 가리켜 가라사대 나의 모친과 나의 동생들을 보라 누구든지 하늘에 계신 내 아버지의 뜻대로 하는 자가 내 형제요 자매요 모친이니라 하시더라(마 12:46-50).

이 말씀 하실 때에 무리 중에서 한 여자가 음성을 높여 가로되 당신을 밴 태와 당신을 먹인 젖이 복이 있도소이다 하니 예수께서 가라사대 오히려 하나님의 말씀을 듣고 지키는 자가 복이 있느니라 하시니라(눅 11:27-28; 막 3:31-35; 눅 8:19-21).

예수는 그리스도의 좀더 큰 지체인 한 가정의 초상화를 그리신다. 예수 그리스도께서는 우리가 그리스도의 지체인 가정 안에서 가족을 어떻게 대해야 할지, 예수 그리스도를 향한 우리의 영적 성장과 헌신을 잘 인도할 것이라고 주장하신다.

유사하게, 사도 바울은 우리가 성직을 배우고 우리의 성직이 자라나는 곳인 공동체로서, 그리스도의 지체인 가정이 어떻게 함께 기능해야 하는지를 묘사하고 있다.

> 그러므로 너희는 하나님의 택하신 거룩하고 사랑하신 자처럼 긍휼과 자비와 겸손과 온유와 오래 참음을 옷입고 누가 뉘게 혐의가 있거든 서로 용납하여 피차 용서하되 주께서 너희를 용서하신 것과 같이 너희도 그리하고 이 모든 것 위에 사랑을 더하라 이는 온전하게 매는 띠니라 그리스도의 평강이 너희 마음을 주장하게 하라 평강을 위하여 너희가 한 몸으로 부르심을 받았나니 또한 너희는 감사하는 자가 되라 그리스도의 말씀이 너희 속에 풍성히 거하여 모든 지혜로 피차 가르치며 권면하고 시와 찬미와 신령한 노래를 부르며 마음에 감사함으로 하나님을 찬양하고 또 무엇을 하든지 말에나 일에나 다 주 예수의 이름으로 하고 그를 힘입어 하나님 아버지께 감사하라(골 3:12-17).

나는 사도 바울이 아이들을 포함한 모든 사람들에게 우리가 어떻게 대응해야 하는지를 말하고 있다고 믿는다. 이는 자녀를 어떻게 다루어야 할지에 관해 예수 그리스도께서 하신 말씀에서 쉽게 볼 수 있다. 그렇기 때문에 부모 뿐만이 아니라 교회의 모든 사람들은 이런 견지에서 아이들을 대해야 한다.

예수 그리스도께서는 유해물이 항상 존재할 것이라고 말씀하신다. 왜 우리는 우리가 실패하거나 아이들이 실패할 때 놀라는가? 왜 우리는 그렇게 쉽게 자녀가 실족할 때 부모를 비난하는가? 왜 우리는 하나님(하늘에 계신 우리 아버지)이 우리가 실족하는 것을 막지 못했을 때(하나님의 거룩한 성직) 부모는 자녀가 실족하는 것을 막을 수 있다고 생각하는가? 상처 입은 가정이 고통 중에 있을 때 안전하고 지원받고 있다고 느끼게끔 우리는 어떻게 교회 공동체를 만들 수 있을까?

3. 현대 발달 이론의 공헌

나는 상처 입은 가족을 치유하는 데 있어 비판적 역할을 하려고 하는 교회의 욕구 뒤에서는 심리학이 선도하는 힘이 아니라는 것을 성경을 가지고 증명하는 것으로 시작했다. 나는 몇 몇 우리의 질문에 관해 우리를 보조할 수 있는 두 가지의 구체적인 발달 이론을 소개할 것이다. 이 발달 이론은 단지 하나님이 모든 것에 관해 분명히 해 오신 것을 강화할 뿐이다.

1) 애착 이론

모든 신생아는 애착욕구를 가지고 태어난다. 애착 체계는 존 보울비(John Bowlby)에 의해 정의된 대로, 심리적 구성 체계이다. 심리적 구성 체계는 안전감과 실제적인 안전상태가 높은 상관관계를 가지도록 구성되어 있다. 이 체계의 목표는 실제 느껴진 안전감이다. 이 지식은 애착 대상이 있고 또 그들이 반응하고 있음을 단순히 아는 것만으로도 개인에게 강력하면서 도처에 존재하는 안전감을 준다. 그래서 개인으로 하여금 애착 대상과의 관계를 가치 있게 여기도록 하고 유지시키도록 격려한다. 애착 조직은 뚜렷한 내적 동기를 가지고 있고 신체적 그리고 심리적 해로움으로부터 애착된 개인을 보호하는 생물학적 기능을 갖고 있다. 보울비(Bowlby)는 애착 행동을 다음과 같이 정의한다.

> 한 개인으로 하여금 외부 세계와 좀더 잘 대처할 수 있다고 생각하게 하고, 분명하게 확인된 다른 사람과 밀접함을 형성하고 그 밀접함을 유지하려는 모든 형태의 행동. 개인이 놀라거나 피곤하거나 아프거나 위로와 돌봄에 의해 만족될 때마다 그 행동은 매우 분명해진다. 그렇지 않을 때, 그 행동은 덜 나타난다. 그럼에도 불구하고 애착 대상이 있고 그들이 반응하고 있다는 것을 아는 것은 개인에게 강한 안전감을 주고 관계에 가치를 두고 계속할 수 있도록 격려한다. 애착 행동의 원이이 되는 생물학적 기능은 보호의 기능이다. 비상시 우리를 도와줄 준비가 되어 있고 도와줄 마음이 있다고 알려진 친숙한 사람을 쉽게 접촉할 수 있는 범위 내에 두는 것은 분명히 나이와 상관없이 하나의 훌륭

한 보험정책이 된다.[14]

애착관계의 질은 일반적인 기대 위에서 세워진다. 이 기대는 아이가 보호자와의 성공적이거나 혹은 실패한 상호경험의 축적에서 얻어진다. 관계의 다양한 구성은 다양한 상호 사건의 기초 하에 발달한다. 자기에 대한 견해는 관계에 대한 관점으로부터 나오고, 이는 다른 상호작용에 이월된다. 그렇기 때문에 어린 시절, 보호자와 맺은 초기 관계의 질은 초기 자아 개념을 낳는다.

애착행동은 신생아의 요구에 반응하고, 사회적 상호작용에 신생아를 끌어들이는 근본 대상에 점점 더 초점을 맞추게 되었다. 일단 안전하게 애착이 형성되면, 신생아는 자기의 세계를 탐구하고, 동시에 안전한 천국이라는 확신을 가지면서, 애착 대상을 안전지로 이용할 수 있다. 애착 대상이 이러한 역할을 얼마나 효과적으로 할 수 있는지는 사회적 상호작용 관계의 질-특히, 신생아의 신호에 반응하는 애착 대상의 민감성-에 달려 있다. 초기의 주요 기본관계 또는 애착 관계를 통하여, 유아는 다른 사람과 자기에 대한 표상적인 모델을 형성한다. 이 모델은 아이가 다른 사람과 관계하는 방식에 강하게 영향을 줄 뿐 아니라, 자기와 애착 대상에 관한 아이의 기대를 결정한다.

안전한 애착을 형성한 아이는 애착 대상의 대표적 모델을 항상 이용가능하고, 응답하고 도움을 주며, 자신과 유사한 모델로 내면화시키며, 적어도 잠재적으로 사랑스럽고 가치 있는 사람으로서의 자신의 모델로 내면화시킨다. 그렇기 때문에 이 아이들은 자기를 가치 있는 사람으로 여기면서 성장하는 경향이 있고, 이에 관한 자료에 의하면 외부의 기대하지 못했던 외상과는 별개로, 결혼 배우자와 또한 자녀들과도 비슷한 관계를 발달시키는 경향이 있다.[15]

그러나 안전에 대한 욕구가 채워지지 않을 때는 많은 부정적 결과가 뒤따른다. 보울비는 "(부모의) 부재로부터 오는 여러 유형의 심리적 혼란 중에서도 양육 능력에 미치는 영향이 잠재적으로 가장 심각하다"고 말한다.[16] 어떤 이유에서든지 부모가 있지 않거나, 부모가 아이에게 반응을 보이지 않으면, 아이는 자기에 대해 왜곡된 견해를 갖게 되며, 자신의 욕구를 채워줄 수 있는 다른 사람의 능력에 대한 관점은 위태롭게 된다. 결과적으로 다음 세대를 양육하는 그들의 능력은 대단한 장애를 갖게 된다. 스스로를 가치 없는 존재로 여기고, 세상은 믿을 수 없다고 생각하는 아이들이 성장해서 부모가 될 때, 그들은 자녀의 사랑과 친밀감에 대한 욕구를 이해하고 반응하는 데 어려움을 겪게 된다. 그들은 자녀에 의해 표현되는 욕구나 친절함을 믿지 못할 수도 있고, 자녀들이 악마의 동기를 가졌다고 투사할지도 모른다.

그렇기 때문에 상처 받고 심리적으로 고통받는 가족을 지원하고 돕는 데 관심이 있는 사람들에게 있어 부모의 발달 역사의 중요성과 부모의 자녀양육과 보호능력에 미치는 이 발달 역사의 영향을 인식하는 것은 의무이다. 발달 역사와 특별히 애착관계는 심리적 자원에 긍정적 또는 부정적으로 영향을 미치는데, 종종 대부분 자각하지 못하는 수가 많다.

애착 임상가들은 "보육원의 유령들"을 언급한다.

> 모든 보육원에는 유령들이 있다. 유령들은 부모가 기억하는 과거로부터의 방문객들이다. 세례식에 초대받지 않은 손님들… 과거로부터의 침입자들은 보육원에 주거를 정하고, 주인으로서의 권리와 관습을 주장하며 거주해 왔다. 유령들은 두 세대이상에 걸쳐 세례의식에 참석해 왔다. 어느 누구도 초대장을 발행하지 않았지만, 유령들은 자리를 잡고는 너덜너덜해진 대본으로부터 가족의 비극을 연습하고 있다. 부모는 끔찍하고 아주 세세하게 자신의 아이와 함께 자신의 어린 시절의 비극을 되풀이하도록 운명지어져 있다.[17]

앨리스 밀러(Alice Miller)는 "당신은 악마를 정원에서 몰아낼 수 있지만, 당신 아들의 정원에서 그 악마를 다시 발견할 수 있을 것이다"[18]라고 언급한다. 자각과 변화가 일어나지 않는 한, 우리는 발달 역사의 횃불을 다음 세대에 전달할 수밖에 없다.

애착 이론은 우리로 하여금 상처 받은 부모가 어떻게 그들의 유령을 자녀양육에 불러오는지 이해하도록 도와준다. "아비의 죄악을 자식에게 갚아 삼사대까지 이르게 하리라 하셨나이다(민 14:18)"와 같은 말씀에서 그 설명을 얻을 수 있다. 우리는 교회가족이 우리를 다시 양육하고 우리의 가치를 찾도록 도와주기를 원한다. 그래서 우리가 부모로서 우리 자녀로 하여금 자신의 가치를 더 잘 볼 수 있게 도와줄 수 있도록 말이다. 교회의 관심은 단순한 쌍의 관계(어머니-자녀, 아버지-자녀)를 넘어서야 한다. 하나님은 교회가 자녀양육에 참여하기를 원하신다. 이것은 교회가 거룩하며 서로 사랑하는 공동체가 되도록 원하시는 하나님의 부르심에 직접적으로 응답하는 것이다(골 3:12-17).

2) 레브 비고츠키의 발달적 견해

비고츠키(Lev Vygotsky)의 인지발달 이론은 아이들이 단지 부모의 훈련을 반영하는 거울일 뿐 아니라, 관계의 과정을 내면화해 온 행위자라고 설명한다. 이것은 우리가 건전한 가치 또는 죄악을 어떻게 전달하는지 설명해 준다. 우리는 단순히 정보만을 전하는 것이 아니라 용서, 겸손, 연민도 같이 전달한다. 또는 반대로, 공감의 상실, 용서하지 않는 정신, 참을성 없음, 경직됨, 겸손이 부족함 등을 전달한다. 아이들은 부모가 그들과 상호작용하는 과정을 내면화하고 그 과정들은 건전한 가치 또는 죄악이라는 아이의 새로운 표상으로 발전된다. 부모와의 관계에서 일어나는 것과 똑같은 현상이 자녀 삶 속에서 모든 중요한 사람들과의 관계에서 일어난다.

비고츠키는 소련의 발달학자였고 1920년대 초기에 저술하였다. 그는 성숙한 개인이 되는 과정으로서 독립적이고 자율적인 개성화를 주장하는 서구의 생각에 도전한다. 그는 인간 본성을 오직 사회문화적 맥락에서만 이해할 수 있다고 주장한다. 인간은 환경으로부터 독립적이지 않다. 인간은 환경의 일부분이다. 인간은 환경맥락에서 행동한다. 한 아이는 상호작용하는 힘들의 광대한 조직 체계에서 하나의 능동적이며 내재적으로 사회성을 지닌 유기체이다. 한 아이의 지식은 공동체 행동에 의해 형성되고 조직되며, 공동체 행동을 통해 의미를 가진다. 그러므로 발달은 사회역사적 맥락 안에 깊게 새겨져 있는 것에서만 오직 이해될 수 있을 뿐이다. 비고츠키에 의하면 사회적 맥락과는 별개로 아동 발달을 설명하려는 시도는 아동의 본성과 공동체에 대한 우리의 이해를 왜곡시킨다.

제17장 가족붕괴: 발달적 접근

　심리구조에 대한 연구에서 기본적으로 두 가지 서로 다른 분석유형이 가능하다. 첫째 방법은 복잡한 심리 전체를 요소로 분석하는 것이다. 그것은 물을 수소와 산소로 나누어 화학적으로 분석하는 것과 비유될 수 있다. 수소와 산소 중 어느 것도 물이라는 전체가 갖고 있는 화학 속성을 소유하고 있지 않다. 그리고 수소와 산소 각각은 물이라는 전체에서 나타나지 않는 특성을 소유하고 있다. 물의 어떤 특성을 설명하기 위해 이러한 방법을 적용하는 학생은 −예를 들어 왜 물이 불을 끄는지−수소는 불을 타게 하고, 산소는 불을 유지시킨다는 것에 놀랄 것이다. 이러한 발견들은 문제를 푸는 데 그를 크게 도와주지 못할 것이다.[19]

　비고츠키의 발달 이론에서 체계적인 하나의 주제는 인지발달이란 기본 생물학적 과정들이 좀더 높은 수준의 심리학적 기능으로 전환되는 것으로 이해될 수 있다. 이 이론에 의하면 아이들 각자는 지각, 주의집중, 기억 능력을 포함하는 생물학적 과정으로 세상을 시작한다. 이들 기본 과정들은 사회적 세계, 언어의 개시, 그리고 형식적인 교육을 통하여 궁극적으로 좀더 높은 수준의 심리적 기능으로 전환된다. 생물학적 과정들은 본래 즉각적인 자극들에 의해 조절되는 반면, 좀더 높은 수준의 심리적 기능으로의 전환은 개인의 자아 조절이 증가함으로써 일어난다. 예를 들어 근본적인 기억 과정은 점차적으로 자발적인 통제 하에 있게 되는데, 이는 기술의 책략을 전략적으로 사용한 결과에 의한 것이다. 선택적으로 주의를 집중할 수 있는 능력은 얼굴 형태와 같은 두드러진 자극 형태를 구별할 수 있는 초기 능력으로부터 온다. 각성과 습관형태는 경계력, 집중력, 지속된 주의력으로 발달한다.[20]

　이 전환은 어떻게 일어나는가? 비고츠키는 기본 과정이 좀더 높은 수준의 심리적 기능으로 전환되는 것은 아동의 사회적 상호작용 안에서 일어나고 언어와 문자, 문제를 풀기 위한 상징들처럼, 문화적으로 형성된 도구나 상징들을 사용함으로써 일어난다고 주장한다. 이런 관점은 피아제의 단계 이론과 첨예하게 대립된다. 특별히 비고츠키는 아동을 보호하는 성인은 아동으로 하여금 근접한 환경과 가까이 지내도록 협상하고 조정할 것을 제안힌다. 이 공유된 과정들은 후에 학습자에 의해 내면화된다. 그렇기 때문에 인지처리 과정에서의 개개인의 차이는 아동이 상호작용하는 주위의 사회적 환경에 의해 이해되고 설명될 수 있다.

비고츠키는 근접 발달 영역이라고 알려진 원리를 소개했다. "아동이 다른 사람들의 도움과 함께 할 수 있는 것은 아동이 혼자 할 수 있는 것보다 아이들의 정신 발달을 어느 정도까지는 좀더 암시할 수 있을 것이다."[21] 아이가 혼자 실제적으로 발달하는 것과 능력 있는 교사가 도와주어서 발달하는 것과의 차이점은 소위 근접 발달 영역이라고 불리는 것이다. "근접 발달 영역은 완전히 성숙하지는 않았지만 성숙과정에 있고, 내일은 성숙할 것이지만, 현재는 미숙한 상태의 기능으로 정의된다. 이 기능은 발달의 '열매' 보다는 발달의 '봉오리' 또는 발달의 '꽃' 으로 불릴 수 있다."[22]

아동보다 좀더 능력 있는 사람은 아동과 협력하여 아동으로 하여금 현재 발달 수준에서 좀더 발달할 수 있는 수준까지 옮겨갈 수 있도록 돕는다. 월취와 로고프(Wertsch & Rogoff)는 근접 발달 영역을 다음과 같이 개념화했다.

> 그것은 아동이 혼자서는 어떤 과제를 부분적으로만 완수할 수 있으나, 어른 또는 좀더 능력 있는 또래의 보조와 감독을 받아 그 과제를 실행할 수 있는 발달 단계를 말한다. 그렇기 때문에 근접 발달 영역은 문화의 기술을 배우는 감수성의 역동적인 영역이다. 아동은 그 문화에 대해 좀더 경험 있는 성인과 문제 해결에 참여함으로써 발달할 수 있다.[23]

이상적으로는 좀더 경험 있는 성인은 아동이 이미 지니고 있는 능력을 믿고, 아동의 현재 발달 수준을 약간 넘어서는 수준의 활동을 아동에게 제시한다.

근접 발달 영역은 중요한 개념이다. 이 개념은 신생아가 출생 때부터 사회적 환경에 푹 빠지게 되기 때문에, 학습은 우선 공유된 행위이고, 상호 대인관계적인 현상이라는 개념을 구체화한다. 그렇기 때문에, 비고츠키 관점으로 발달을 고려할 때, 첫째, 학습은 개인의 것이기 이전에 사회적 현상이라는 점을 반드시 고려해야 한다. 둘째, 발달은 문화적 맥락에서 일어난다는 점이다. 셋째, 발달은 아이의 근접 발달 영역 내에서 일어난다는 점이다.

제17장 가족붕괴: 발달적 접근

비고츠키는 내면화가 단지 좀더 능력 있는 교사와 함께 처음에 공유되었던 지식이나 기술이 단독으로 옮겨가는 문제라고는 믿지 않았다. 비고츠키는 공동교육 과정의 도구는 내면화되고, 오래된 인지능력을 변화시켜서, 새로운 인지능력을 생산한다고 믿었다.[24] 학습자는 그 과정을 내면화시키고, 후에 그것에 의해서 변형된다. 기능적인 목적은 학습자가 교사처럼 되는 것이 아니다. "초점은… 더 알고 있는 사람으로부터의 기술이 덜 알고 있는 사람에게 전해지는 데 있는 것이 아니라, 의미를 창조하고, 습득하고, 대화하는 중개 수단들을 협동적으로 사용할 수 있다는 데 있다."[25]

나는 비고츠키가 하나님의 형상이 되는 것과 우리 각자가 서로 다른 사람의 삶 속에서 제자훈련의 역할을 하는 것과는 구별해 왔다고 믿는다. 비고츠키에 따르면 "한 개인은 사회의 깊은 곳에서 수행되는 활동의 내면화와 근접 발달 영역 내에서 일어나는 상호작용을 통해 형성된다."[26] 이러한 가상은 하나님이 교회가족의 깊숙한 곳 안에서 우리 자녀들이 발달할 때 의도하시는 아름다움과 도움을 포착해낸다. 그렇다면 강조는 조언자에 의해 조정된 초보자의 협력에 있다. "조언자는 초보자가 의미를 얻고 표현하도록 도와주려는 분명한 목표를 가진다. 조언자는 초보자들이 이 지식과 의미를 자기들의 것으로 만들 수 있게 하는 방법으로 도와준다."[27] 아이들은 본질적으로 근접 발달 영역 내에서 도움을 주는 조언자와 부모를 "발판으로" 삼는다. 강력한 교회론은 교회의 이러한 협력적이고 발판이 되는 역할을 당연시한다.

4. 이론을 교회론과 연결시키기

애착개념과 근접 발달 영역을 교회가족에 연관시키는 여러 가지 방법이 있다. 불행하게도, 자녀들의 신앙성장을 위한 제자훈련 또는 조언자 역할을 이와 관련된 것보다는 교과과정의 일과 동일시하곤 한다. 다른 말로 하면, 교회가족이 자녀들에게 신앙을 어떻게 세워줄 것인지 그 방법을 찾기보다는 주일학교의 교과과정을 선정하는 것에 더 많은 시간을 보낸다. 그러므로 우리는 자녀들이 믿음의 주인으로 성장하도록 도울 수 있는 핵심지원을 제공할 기회를 놓치게 된다.

  자녀들은 신앙 공동체의 주요 부분이 되어야 하고, 공동체 생활을 나누어야 한다. 우리가 전통적인 주일학교에만 제자훈련을 맡긴다면, 이는 생활경험으로부터 믿음을 쫓아내는 것이다. 믿음은 본래 하나님에 의해 설득되고, 하나님에게 의지하고 하나님 안에서 신뢰하고, 하나님을 믿는 것을 의미한다.[28] 하나의 동사로서 믿는다는 것은 항상 관계 맺는 것이고 역동적인 것이다. 그것은 존재하고 헌신하는 적극적인 형태이다. 그리스도인의 믿음은 예수 그리스도 안에서의 적극적인 믿음이고, 우리가 세상에 나온 의미와 우리가 누구인지를 인도하는 살아있는 믿음이다. 나는 현재의 주일학교 프로그램이 아이들로 하여금 신앙 공동체의 한 부분이 되도록 돕기 위해 가장 효율적인 방법을 적용해 왔다고는 확신하지 않는다. 우리는 믿음과 성경적 지식을, 생생하게 살아있으며 서로 나누는 경험과 연결시키지 못하고 있다.

  너무 자주, 교회 공동체가 주일학교 밖에서의 아이들의 생활과 거의 접촉하지 않고 있다는 것은 슬픈 현실이다. 교회 공동체는 아이의 믿음에 대한 이해가 어떻게 아이의 세상에 영향을 미치고 아이의 행동을 인도하는지, 또는 영향을 미치지 않거나 행동을 인도하지 못 하는지 결코 보지 못한다. 불행히도, 너무 많은 교회가 자녀들의 신앙 성장에 대한 책임을 주일학교 교사에게 맡기고 있다. 이는 믿음에 대한 성경에 입각한 이해와 곧바로 대조되는 것이다. 신앙 공동체를 양성하기 위해서는 신앙 생활의 경험을 서로 협동적으로 나누는 것과 성경교리가 서로 결합되어야 한다.[29]

  관계를 통해 가정과 교회는 어떻게 믿음이 살아있는지 마음에 깊이 새기게 한다. 우리가 다른 사람과 관계 맺는 사람들이라면, 그리고 다른 사람과의 관계를 통해 배운다면, 우리의 이야기들, 신앙적 이야기들은 교회생활의 필수적인 부분이 되어야 한다. 이 근접 발달 영역이 기능하는 것은 이 공동체 관계 안에서이다. 교회의 성숙한 신자들은 각 아이들이 이미 달성한 발달 수준을 미리 인식하고 곧 성숙할 아이의 능력을 개별적으로 도와준다. 우리는 아동의 발달의 열매를 인식할 뿐 아니라 아직 성숙하지 못한 봉오리를 격려한다. 우리는 아동이 독립적으로 처리할 수 있는 활동 수준을 넘어서는 보다 좀더 어려운 활동과 기술에 참여하도록 초보자적인 아동들을 초대한다.

교회에서 모든 청소년들은 교회환경 밖에서 시간을 함께 보낼 성인조언자를 선택하도록 격려된다. 아이들과 그들의 조언자는 모두 이러한 관계로부터 크게 이익을 얻어 왔다. 아이와 조언자가 한 쌍이 되어 다양한 활동이 만들어지고, 협동 프로그램이 쌍을 이룬 모든 조에 포함된다.

교회가족들이 내 아이들의 어깨를 살짝 두드리며 어떤 특정한 일에 참여하는 것이 중요하다고 제안했을 때, 나의 아이들의 삶은 강력하게 영향을 받았다. 나의 아들에게 다른 사람들이 예배드릴 수 있도록 피아노를 쳐 달라고 요청했을 때, 그는 자신의 참여가 공동체의 예배에 기여하는 것으로 생각한다. 나의 딸은 자가-조력 가게위원회 뿐 아니라 예배위원회에 참여해 달라고 초대받았다. 나는 아이들을 참여시키는 성인들이 아이들의 삶 속에서 얼마나 중요한지 다 묘사할 수 없다. 부모로서, 나는 중요한 역할을 하지만, 그 역할은 또한 내 자신의 타락에 의해서 오염되기도 한다. 다른 사람들이 나의 아이들의 기대를 알아주고 가치가 있다고 여길 때 그것은 내가 줄 수 있는 것보다 훨씬 더 많은 것을 아이들의 삶에 준다.

현명하고 성실한 조언자의 가치는 발달에 관한 연구에서 논쟁의 여지가 없다. 심한 악조건에도 불구하고 "잘 생활하는" 청소년은 조언자로서 봉사하는 한 성인을 꾸준히 인지한다. 아이의 회복력에 대한 연구들은 아이로 하여금 아이의 삶을 인도하는 높은 자아 존중과 사려 깊은 가치를 지닌 개인으로 성숙하도록 하는 몇 가지 보호적 요소를 지적하고 있다. 아동기의 회복력을 탐색한 종적연구는 가난, 부모의 정신질환, 학대 등의 스트레스를 완화하거나 중재하는 몇 가지 요소들을 가족 내에서 그리고 가족범위 밖에시 획인하고 있디.

그 요소들의 몇몇은 예를 들면, 선천적이고 기질적인 성격, 예민함, 건강 등이다.[30] 그런데 환경적 요소는 좀더 흥미롭고 통제력 있는 역할을 한다. 잘 회복하는 아동은 자신에게 긍정적 관심을 주는, 부모가 아닌 적어도 한 명의 어른과 밀접한 유대관계를 갖는 경향이 있다. 이 양육하는 어른은 조부모, 고모나 이모, 삼촌 또는 손위 형제와 같은 가족의 한 구성원일 수 있다. 그런데 그 대리부모는 종종 가족 밖에서부터 온다. 보모, 이웃, 교회신사, 청소년시노사 또는 목회사 등 회복력이 있는 많은 아이들은 스트레스와 위기에 처했을 때 상담할 수 있는 지원체제의 이러한 외부자원에 의존한다.

"이 지원체제망의 도움으로, 회복력 있는 아동은 자신의 삶의 의미를 발달시키고, 자신의 운명을 스스로 통제할 수 있다는 신앙을 증가시킨다. 스트레스를 주는 생활사건을 효과적으로 대처하고 잘 처리한 경험은 아이로 하여금 희망에 찬 태도를 갖게 해주었다. 이는 문제 많은 또래에 의해 표현되는 무력감이나 자신이 무익한 존재라는 감정과 완전히 대조된다.[31] 우리가 지도하고 조언할 때, 우리는 새로운 근접 발달 영역을 창조한다.

현명하고 성실한 조언자가 필요한 것은 단순히 아동만이 아니다. 가족도 조언자가 필요하다. 자녀가 가족으로 태어날 때, 새로운 요구와 스트레스가 출현한다. 어머니와 아버지들은 무엇보다 우선시해야 할 많은 일들과 부딪히게 되고 종종 자녀를 키우는 것에 심각한 회의에 빠지기도 한다. 과도기적인 사회에서 우리는 절대적으로 필요한 지원과 격려를 해 줄 확대가족과 거의 가까이 살지 못하고 있다. 아이들이 청소년이 될 때, 청소년과 부모 모두에게 새로운 의문점과 두려움이 일어난다. 앞서 살았던 가족 조언자로부터 지도와 영양분을 얻는 것은 투쟁하는 가족의 힘과 희망을 새롭게 할 수 있다.

그레그 오그덴(Greg Ogden)은 교회를 향하여 "잠자는 거인을 풀어주고 성직이 하나님의 사람에게로 돌아가는 것을 보라"고 요구했다. 그는 우리가 쓰는 어휘 중에서 목회자와 평신도라는 언어를 없애야 한다고 주장한다. 이러한 용어는 너무 자주 위계적인 역할과 기대를 나타내는데, 이는 신도들이 필요에 의해 성직을 행하는 것을 방해한다. 오그덴은 목사라는 단어를 그리스도의 몸된 공동체 안에 있는 모든 구성원들로 재정의 한다. 교회의 구성원 각자가 하나의 목회자이지, 단지 급여를 받는 사람만이 목회자가 아니다.

> 어느 날 나는 내 자신의 덫에 거의 걸릴 뻔했다. 나는 우리 고등학교 청소년들이 봉사하고 있는 장소를 방문하고 있었다. 그날 저녁식사에서 나는 한 청소년으로부터 질문을 받았다. "당신 교회에는 목사가 몇 명입니까?" 우리 대화를 엿 듣고 있는 사람은 이번 주 상담자로서 봉사하는 성인지도자들 중의 한 사람이었다. 다윗이 나를 구제했을 때 나는 막 전통적인 대답으로 실족할 찰나였다. "그레그, 우리는 몇 명이나 목사가 있지?" 그의 목소리 톤을 알아채며, 나는

제17장 가족붕괴: 발달적 접근

"우리는 600명에 가까운 목사가 있다"라고 말했다. 나는 위험하게도 오래된 술부대의 관점을 새삼 강조하고, 그럼으로 해서 다윗과 다른 사람들이 이미 채택했던 새로운 비전을 약화시킬 뻔했다.[32]

오그덴은 우리로 하여금, "어떤 사람도 그리스도의 완전함을 세상에 보여 주려고 예정되지는 않았다. 우리는 구원받은 공동체를 통해 그리스도의 완전함을 보여 줄 예정이다"[33]라는 것을 상기하게 한다. 이러한 구원받은 공동체-그리스도의 몸된-는 우리 자신의 가족 내에서 시작해서, 성직의 이런 역할을 심각하게 받아들일 필요가 있다. "성인을 준비시키는 것"은 좀더 적극적으로 준비될 필요가 있다. 이는 그 지체 내에서 은총과 힘을 식별하는 것으로부터 시작한다. 성직을 심각하게 받아들이는 것은 은총에 기초하여 예배드릴 준비가 되어 있기를 요구한다. 물론 이것의 다른 한편으로, 목회자들도 다른 성직의 도움을 받아야 한다. 우리가 성인을 보낼 때, 우리는 성인들이 힘과 비전을 위한 영양분이 필요하다는 것을 너무 자주 잊는다.

5. 요약

비고츠키는 인식론적이고 도덕적인 질문을 던진다. 우리는 어떻게 총체적으로 세상을 알게 되고 이해하는가? 그는 우리가 처음에는 주위에 있는 다른 사람의 공유된 의미를 배움으로써 의미를 창조한다고 결론짓는다. 총체적으로 사람들은 공유된 의미를 만들고 이 공유된 의미는 한 세대에서 다음 세대로 전달된다. 우리는 좀더 학식있는 학습자들의 지도와 도제정신을 통해 이해와 전문성을 향상시킨다. 우리의 참여가 허락되고 우리의 참여를 도와줄 때, 우리는 세상에 관해 좀더 잘 식별할 수 있고 기술을 발달시킬 수 있다. 가정과 교회는 아이의 첫 도제 상대방으로서 봉사하기 위하여 좀더 의도적인 시도가 있어야 한다.

교회는 제자들의 공동체이자 이 시대에 필요한 증인이다. 1937년에 세계교회협의회의 간사는 다음과 같이 표현했다.

기독교 공동체의 주요 과제와 기독교 공동체가 세상에서 할 수 있는 가장 큰 봉사는… 기독교 공동체가 되는 것이다. 우리 시대의 진정한 비극은 한 손에는 그리스도인들의 모순 덩어리를 갖고 있고 다른 한 손에는 새로운 형태의 공동체를 향한, 하지만 기독교 공동체가 아닌, 강력한 충동을 갖고 있다. 그리스도인은 오늘날 새로운 공동체를 형성하지 않는다. 새로운 세계를 형성하는 공동체는 그리스도인이 아니다. 그렇기 때문에 현재의 기독교 공동체의 과제는 세상 속으로 좀더 깊숙이 들어가는 것이 아니라, 그 자신을 재발견하는 것이다. 기독교 공동체가 나가서 세상을 변화시킬 수 있기 전에 기독교 공동체가 무엇을 뜻하는지 다시 배워야 한다.[34]

디트리히 본회퍼(Dietrich Bonhoeffer)는 그의 책 『함께 하는 삶』(Life Together)에서 우리로 하여금 기독교 공동체는 신이 주신 현실이지, 이상이 아니라는 것을 상기하게 한다. 예수 그리스도 안에서 살았던 이 공동체는 오직 하나님의 은혜를 통한 인간의 정당성이라고 하는 성경과 종교개혁의 메시지로부터 나온 것이다. 이것은 서로에 대한 그리스도인의 열망의 기초이다.[35]

아이들은 이 세상에 존재하는 많은 방해물들에 대해 어떤 통찰력을 줄 수 있는 수많은 애착 대상을 간절히 필요로 하고 갈망하고 있다. 본회퍼가 주장하는 대로, "그리스도인인 그에게 하나님의 말씀을 전하는 다른 그리스도인이 필요하다. 그리스도인이 회의하고 낙심하게 될 때 또 다른 그리스도인이 필요하다. 왜냐하면 혼자서는 진실을 어기는 것 없이 스스로를 도울 수 없기 때문이다. 그리스도인은 예수 그리스도 때문에 전적으로 그리스도인 형제가 필요하다."[36]

예수 그리스도께서는 꾸준히 교회 공동체가 가족이 될 것을 요구하셨다. 예수 그리스도께서는 젊은이들의 영혼을 돌보는 중요성에 관해서 사도들에게 단호한 태도를 취하셨다. 교회 공동체는 우리들 각자를 위해 비전을 가져다준다. 교회 공동체는 우리로 하여금 용서하고 용서받을 수 있도록 도우며, 우리 스스로 우리의 가치를 볼 수 있기 전에 우리의 가치를 본다. 우리의 젊은이들을 양육하는 교회 공동체의 헌신에 덧붙여, 이러한 과정들은 가족의 영혼을 치유하는 데 근본적인 수단으로 봉사할 것이다.

제17장 가족붕괴: 발달적 접근

　나는 새로운 세기를 맞은 교회로 하여금 강한 교회론을 실습하고 조언 또는 제자훈련 방법을 재발견할 것을 요구한다. 그리고 우리가 가족과 자녀들과 새롭게 시작하기를 요구한다. 단지 훈련을 시키는 것보다는 제자도와 도제의 원리를 이용함으로써 아이들을 양육하고 기르는 것을 생각할 수 있지 않을까? 이 질문은 헌아식이나 세례식을 암송할 때 지키기로 약속하는 것만큼이나, 전 교회가 아이들 양육을 심각하게 받아들일 것을 요구하는 질문이다.

　교회는 이중의 역할을 맡고 있다. 하나는 부모의 중요한 역할을 부모들에게 조언하는 것이고, 다른 하나는 부모 역할만큼 똑같이 중요한, 아이를 돌보는 교회 자신의 역할을 포기하지 않는 것이다. "삼가 이 소자 중에 하나도 업신여기지 말라 너희에게 말하노니 저희 천사들이 하늘에서 하늘에 계신 내 아버지의 얼굴을 항상 뵈옵느니라 이와 같이 이 소자 중에 하나라도 잃어지는 것은 하늘에 계신 너희 아버지의 뜻이 아니니라"(마 18:10-14).

　요약하면 애착 이론과 비고츠키의 발달 이론은 우리가 모두 관계 맺는 피조물로서, 우리에게는 우리를 돌보아주는 제자훈련자나 조언자가 필요하다고 주장한다. 이 제자훈련자나 조언자는 우리가 스스로에 대해 회의를 느낄 때조차 우리가 다음 발달 단계로 전진할 수 있다고 믿고 우리와 함께 동행하며, 돌보아 줄 훈련자와 조언자이다. 자녀들은 자신들의 삶에서 많은 조언자를 필요로 한다. 가족은 서로 돌보아 줄 사람이 필요하다. 발달 이론은 가족붕괴의 역동과 관련해서 제공할 많은 것을 갖고 있다. 용서와 은총의 원리, 그리고 새롭게 갱신된 교회론의 관점은 영혼을 양육하고 보호해 준다. 인간의 역사는 타락의 역사임을 잊어버리지 않도록 조심하라. 가족붕괴를 이해하는 것은 교회로 하여금 하나님의 계획에 따라서 삶이 재건될 수 있는 치유의 장소가 되도록 할 것이다.

■주(Notes)

1) John Wesley, "On Obedience to Parents," *The Works of the Rev. John Wesley* (London: Thomas Cordeux, 1811), 7:103, Philip Greven, *The Protestant Temperament: Patterns of Child-Rearing, Religious Experience, and the Self in Early America* (Chicago: University of Chicago Press, 1977), 35.
2) George Whitefield, *George Whitefield's Journal*, 146, quoted in Greven, *Protestant Temperament*, 35.
3) Greven, *Protestant Temperament*. For a further reading on the historical context of early evangelical families, Gerald F. Moran, & Maris A. Vinovskis, *Religion, Family, and the Life Course* (Ann Arbor: University of Michigan Press, 1992);, & Edumund S. Morgan, *The Puritan Family* (Westport, CN.: Greenwood, 1966).
4) John Wesley, "Sermon on the Education of Children," *The Works of the Rev. John Wesley*, 10:205-19, quoted in Philip Greven, *Child-Rearing Concepts*, 1628-1861 (Itasca, IL.: F. E. Peacock, 1973), 64.
5) John Witherspoon. *The Works of John Witherspoon*, D. D. (Edinburgh: J. Ritchie, 1805), 8:165-89, quoted in Greven, *Child-Rearing Concepts*, 89.
6) John Wesley, "Sermon on the Education of Children," 10:205-19, quoted in Greven, *Child-Rearing Concepts*, 59-60.
7) Wesley, Works, 10:228-229, quoted in Greven, *Protestant Temperament*, 45.
8) Cotton Mather, *Diary of Cotton Mather 1681-1724*, Worthington Chauncey Ford (Boston: Collections of the Massachusetts Historical Society, 1911-1912), 534-37, quoted in Greven, *Protestant Temperament*, 52.
9) Moran, & Vinovskis, *Religion, Family, and the Life Course*, 114.
10) Greven, *Protestant Temperament*, 54-55.
11) Moran, & Vinovskis, *Religion, Family, and the Life Course*, 17.
12) Ibid., 148.
13) Ibid.
14) John Bowlby, *A Secure Base: Parent-Child Attachment and Healthy Human Development* (New York: BasicBooks, 1998), 26-7.
15) 애착의 다양한 요소를 시험하는 탁월한 연구들에 관해서는 다음 문헌 참고: Inge Bretherton, & Everett Waters, "Growing Points of Attachment Theory and Research," *Monographs of the Society for Research in Child Development* 50, nos. I-Z (1985);, & Michael B. Sperling, & William H. Berman, *Attachment in Adults:*

Clinical, & Developmental Perspectives (New York: Guilford Press, 1994).
16) John Bowlby, "Attachment, & Loss: Retrospect, & Prospect," *American Journal of Orthopsychiatry* 52 (1982): 675.
17) S. Fraiberg, E. Adelson, & V. Shapiro, "Ghosts in the Nursery," *Journal of the American Academy of Child Psychiatry* 14 (1975): 387-8.
18) Alice Miller, *The Drama of the Gifted Child: The Search for the True Self* (New York: Basic Books, 1981), 27.
19) L. S. Vygotsky, *Thought, & Language* (Cambridge, MA.: MIT Press, 1962), 3.
20) 비고츠키의 이론에 관한 좀더 많은 문헌에 관해서는 다음 문헌 참고: L. S. Vygotsky, *Mind in Society: The Development of Higher Psychological Processes* (Cambridge, MA.: Harvard University Press, 1978); Cynthia Neal, "Power of Vygotsky," *Nurture That Is Christian: Developmental Perspectives on Christian Education*, James C. Wilhoit, & John M. Dettoni (eds.) (Wheaton, IL.: Victor. 1995):, & Barbara Rogoff, & James Wertsch, *Children's Learning in the "Zone of Proximal Development"* (San Francisco: Jossey-Bass, 1984).
21) Vygotsky, *Mind in Society*, 85.
22) Ibid., 84.
23) Rogoff, & Wertsch, *Children's Learning*, 1.
24) L. S. Vygotsky, *Sociohistorical Psychology, & Its Contemporary Applications* (New York: Plenum, 1991).
25) Luis C. Moll, (ed.) *Vygotsky, & Education* (Cambridge: Cambridge University Press, 1990), 13. A. Rosa, & I. Montero, "The Historical Context of Vygotsky's Work: A Sociohistorical Approach," quoted in *Vygotsky, & Education*, Luis C. Moll (ed.) (Cambridge: Cambridge University Press, 1999), 59-88.
26) A. Rosa, & I. Montero, "The Historical Context of Vygotsky's Work: A Sociohistorical Approach," quoted in *Vygotsky, & Education*, Luis C. Moll (ed.) (Cambridge: Cambridge University Press, 1999), 59-88.
27) Rosa, & Montero, "Historical Context," 14.
28) Henry G. Liddell, & Robert Scott, (eds.) *A Lexican: Abridged from Liddell, & Scott's Greek-English Lexicon* (Oxford, NY.: Clarendon, 1974).
29) James Parker J. Palmer, *To Know As We Are Known: A Spirituality of Education* (San Francisco: Harper & Row, 1983).
30) Emmy Werner, "Children of the Garden Island," *Scientific American* 260 (1989): 106-11.

31) Ibid., 110.
32) Greg Ogden, *The New Reformation: Returning the Ministry to the People of God* (Grand Rapids, Mich.: Zondervan, 1990), 74.
33) Ibid., 75.
34) Franklin H. Littell, "The Anabaptist Concept of the Church," *The Recovery of the Anabaptist Vision: Twenty-Three Essays by Contemporary Scholars*, Guy F. Hershberger (ed.) (Scottdale, PN.: Herald, 1957), 127-8.
35) Dietrich Bonhoeffer, *Life Together* (New York: Harper, 1954), 23.
36) Ibid.

편집자 & 저자 소개

■ 편집자

Mark R. McMinn, Ph.D., is Rech Professor Psychology at Wheaton College, where he teacher in the doctoral program in clinical psychology and oversees the Center for Church Psychology Collaboration. He is Licensed clinical psychologist with Alliance Clinical Associates in Wheaton, Illinois. His most book is *Psychology, Theology, and Spirituality in Christian Counseling.*

Timothy R. Phillips, Ph.D., was associate professor of theology at Wheaton College, where he was instrumental in starting and organizing the annual Wheaton College Theology Conference. Along with coediting several scholarly books, he was coauthor (with Dennis L. Okholm) of *Welcome to the Family; An Introduction to Evangelical Christianity.*

■ 저자

Jeffrey H. Boyd, M.D., is chairman of psychiatry and chairman of ethics at Waterbury Hospital, Connecticut, and an ordained pastor. He has published more than a dozen articles and three books on the biblical concept of the soul, and is one of the authors of the DSM-IV Diagnostic system used in mental health.

Ellen T. Charry, Ph.D., is the Margaret W. Harmon Associate Professor of Systematic Theology at Princeton Theological Seminary. She is the author of many scholarly and popular articles and is editor of Theology Today. Her most recent book is *Inquiring After God: Classic and Contemporary Readings.*

Deborah van Deusen Hunsinger, Ph.D., is associate professor of pastoral theology at Princeton Theological Seminary. Author of *Theology and Pastoral Counseling: A New Interdisciplinary Approach*, she is interested in the relationship between Christian theology and ethics. He is the author, most recently, of Embodying Forgiveness.

L. Gregory Jones, Ph.D., is dean of the Divinity School and professor of theology at Duke University in Durham, North Carolina. His major areas of interest are theology and ethics. He is the author, most recently, of *Embodying Forgiveness.*

Stanton L. Jones, Ph.D., is provost and professor of psychology at Wheaton College. His recent books include *Homosexuality: The Use of Scientific Research in the Church's Moral Debate* (coauthored with Mark A. Yarhouse), and *Psychology & Christianity: Four Views* (coedited with Eric L. Johnson). His major interests are learning, and sexuality.

Cynthia Neal Kimbell, Ph.D., is associate professor of psychology and chair of the psychology department at Wheaton College. She has written numerous articles and chapters pertaining to integration of developmental psychology and Christianity.

Bryan N. Maier, Psy.D., is assistant professor of pastoral counseling and psychology at Trinity Evangelical Divinity School, Deerfield, Illinois. His major area of interest is the integration of psychology and theology with a specific interest in historical aspects of integration.

Michael Mangis, Ph.D., is associate professor of psychology at Wheaton College, where he is the mater' s program coordinator in the psychology department. He practices as a clinical psychologist in Elburn, Illinois, and has authored various articles pertaining to the integration of contemplative Christian spirituality and psychoanalytic psychology.

Philip G. Monroe, Psy.D., is assistant professor of counseling and psychology and director of the master' s in counseling program at Biblical Theological Seminary. He is also in private practice as an associate at Diane Langberg, Ph.D., & Associates in Jenkintown, Pennsylvania.

Stephen K. Moroney, Ph.D., is professor of theology at Malone College in Canton, Ohio, where he has been recognized with the distinguished faculty award for teaching. He is the author of *The Noetic Effects of Sin: A Historical and Contemporary Exploration of How Sin Affects Our Thinking.*

Dennis L. Okholm, Ph.D., is professor of theology at Wheaton College, an ordained minister in the Presbyterian Church (USA), and an oblate of a Benedictine monastery (Blue Cloud Abbey, SD). He has coauthored and coedited several books, including *Welcome to the Family: An Introduction to Evangelical Christianity* (coauthored with Timothy R. Philips).

David Powlison, Ph.D., edits the *Journal of Biblical Counseling*, teaches at Westminster Seminary, and counsels at Christian Counseling & Educational Foundation. He has written numerous articles about Christian counseling, and about how Christian faith and practice relate to the faiths and practices of the modern psychologies.

Robert C. Roberts, Ph.D., is distinguished professor of ethics at Baylor University. He was formerly professor of philosophy and psychology studies at Wheaton College, where he worked on integration aspects of clinical psychology. Author of numerous books and articles, he is currently completing a volume on the moral psychology of emotions.

Richard L. Schultz, Ph.D., is professor of Old Testament and Armerding Chair of Biblical Studies at Wheaton College. He has written various articles on Old Testament wisdom literature, was part of the New Living Bible translation team for Proverbs and maintains a scholarly interest in biblical hermeneutics.

Myrla Seibold, Ph.D., is professor of psychology at Bethel College in St. Paul, Minnesota. A licensed psychologist, she provides psychotherapy and supervision in the student counseling center, teaches undergraduate and graduate courses, is clinical director of the M. A. program in counseling psychology, and serves on the state of Minnesota Board of Psychology.

Brett Webb-Mitchell, Ph.D., is assistant professor of Christian nurture, Duke Divinity School, Duke Unversity, and an ordained pastor in the Presbyterian Church (USA). He has written numerous books and essays, and has given presentations nationally and internationally regarding people with disabilities in the church. His book *Christly Gestures* is to be published in 2001.

David Alan Williams, Ph.D., is professor of philosophical theology and ethics at Colorado Christian University in Lakewood, Colorado. His major area of interest is constructive engagements between evangelical theology and postmodern thought.

역자 소개

전요섭(교육학박사/성결대학교 기독교상담학 교수)
　　　성결대학교(신학전공)
　　　총신대학교 신학대학원 및 대학원(기독교교육학 전공/M.Div. & M.A.)
　　　미국, Oral Roberts University(목회상담학 전공/D.Min.)
　　　연세대학교 교육대학원(상담심리학 전공/Ed.M.)
　　　단국대학교대학원 교육학과(상담심리학 전공/Ed.D.)
　　　한국복음주의 기독교상담학회 전회장(감독상담사)
　　　성결대학교 학생생활상담소장 및 심리상담연구소장
　　　저서 『기독교상담의 이론과 실제』외
　　　논문 "신학과 심리학의 통합" 외

안경승(철학박사/아세아연합신학대학교 기독교상담학 교수)
　　　아세아연합신학대학교(신학 전공)
　　　총신대학교 신학대학원(신학 전공/M.Div.)
　　　미국, Fuller Theological Seminary(기독교상담학 전공/Th.M., Ph.D.)
　　　한국복음주의 기독교상담학회 감독상담사(감독상담사)
　　　아세아연합신학대학교 학생생활상담소장
　　　저서 『복음과 상담』외
　　　논문 "평신도 상담의 활성화를 위한 교회 공동체의 성격" 외

강경미(철학박사/그리스도대학교 임상심리학 교수)
　　　연세대학교(의과대학)
　　　국립대만대학교 심리학연구소(임상심리학 전공/M.A.)
　　　아세아연합신학대학교 치유선교대학원(치유학 전공/M.A.)
　　　중국, 北京大學교대학원(임상심리학 전공/Ph.D.)
　　　그리스도신학대학교 교육대학원장
　　　한국복음주의 기독교상담학회 부회장(감독상담사)
　　　저서 『선인치유의 하나님』외

논문 "영유아 발달과 교육" 외

한숙자(교육심리학박사/한영신학대학교 기독교상담학 교수)
    연세대학교 대학원(교육심리학 전공/Ed.D.)
    미국, New York State University(교육심리학 전공/Ph.D.)
    한국복음주의 기독교상담학회 회계(감독상담사)
    저서 『전문상담학개론』외
    논문 "청소년 집단미술치료에 관한 연구" 외

김영근(철학박사/복음신학대학원대학교 목회상담학 교수)
    고려대학교(경영학 전공)
    장로회신학대학교 신학대학원(신학 전공/M.Div.)
    미국, Princeton Theological Seminary(신학 전공/Th.M.)
    미국, New York Theological Seminary(목회상담학전 공/D.Min.)
    한남대학교 대학원(상담심리학전공/Ph.D.)
    한국복음주의 기독교상담학회(감독상담사)
    저서 『가족치유 마음치유』외
    논문 "고백과 기독교상담 현장" 외

황규명(목회상담학박사/총신대학교 기독교상담학 교수)
    서울대학교(법학 전공)
    총신대학교 신학대학원(신학 전공/M.Div.)
    미국, Westminster Theological Seminary(목회상담학 전공/D.Min.)
    한국복음주의 기독교상담학회 전회장(감독상담사)
    저서 『위기의 십대 기회의 십대』외
    논문 "상담과 목회의 실제" 외

이은규(목회학박사/안양대학교 기독교교육학 교수)
    안양대학교(신학 전공)
    안양대학교 신학대학원(신학 전공/M.Div.)
    캐나다, McMaster University(기독교교육학 전공/M.A.)
    미국, McCormick Theological Seminary(기독교교육학 전공/D.Min.)
    안양대학교 신학대학원장, 한국복음주의 기독교교육학회장
    한국복음주의 기독교상담학회 총무(감독상담사)
    저서 『생의 진단자로서 목회자』외
    논문 "목회상담의 바른 기초를 위한 소고" 외

김태수(목회상담학박사/백석대학교 기독교상담학 교수)
  연세대학교 연합신학대학원(상담학 전공/M.A.)
  미국, Pittsburgh Theological Seminary(신학 전공/STM.)
  미국, SanFrancisco Theological Seminary(목회상담학 전공/D.Min.)
  한국복음주의 기독교상담학회 협동총무(감독상담사)
  저서 『기독교 리더쉽의 이론과 실제』외
  논문 "Wittgenstein의 후기 철학언어와 상담언어의 연관성" 외

한재희(철학박사/백석대학교 기독교상담학 교수)
  성균관대학교(독어독문학 전공)
  서울신학대학교 신학대학원(신학 전공/M.Div.)
  고려대학교 교육대학원(상담심리학 전공/Ed.M.)
  미국, Baylor University(상담심리학 전공/Ph.D.)
  백석대학교 학생생활상담소장
  한국복음주의 기독교상담학회 감독상담사
  저서 『상담 패러다임의 이론과 실제』외
  논문 "한국문화와 기독교상담" 외

심수명(철학박사/국제신학대학원대학교 기독교상담학 교수)
  총신대학교(신학 전공)
  총신대학교 신학대학원(신학 전공/M.Div.)
  미국, Fuller Theological Seminary(목회상담학 전공/D.Min.)
  국제신학대학원대학교(기독교상담학전공/Ph.D.)
  한국복음주의 기독교상담학회 감독상담사
  저서 『인격치료』외
  논문 "A Model of Lay Counselor Training Program" 외

강병문(철학박사/총신대학교 선교대학원 치유학 교수)
  고려대학교(영문학 전공)
  총신대학교 신학대학원(신학 전공/M.Div.)
  미국, Trinity Theological Seminary(목회상담학 전공/Th.M.)
  미국, Fuller Theological Seminary(가족치료학 전공/Ph.D.)
  한국복음주의 기독교상담학회 감독상담사
  논문 "주요 가족 병리 현상의 통합적 이해" 외

영혼돌봄의 상담학

Care for the Soul
Exploring the Intersection of Psychology & Theology

2006년 11월 20일 초판 발행

편집 | 마크 맥민, 티모디 필립스
공역 | 한국복음주의 기독교상담학회

펴낸곳 | 사) 기독교문서선교회
등록 | 제16~25호(1980. 1. 18)
주소 | 서울시 서초구 방배동 983-2
전화 | 02) 586-8761~3 (본사) 031) 923-8762~3 (영업부)
팩스 | 02) 523-0131 (본사) 031) 923-8761 (영업부)
홈페이지 | www.clcbook.com
이메일 | clc@clcbook.com

ISBN 89-341-0935-1(93230)
* 낙장 · 파본은 교환해 드립니다.